PROYECTO
SABER
HACER

W0464064

Física y Química

SERIE **INVESTIGA**

ESO 3

El libro Física y Química 3, para tercer curso de ESO, es una obra colectiva concebida, diseñada y creada en el Departamento de Ediciones Educativas de Santillana Educación, S. L., dirigido por **Teresa Grence Ruiz**.

En su elaboración ha participado el siguiente equipo:
Mª Carmen Vidal Fernández
David Sánchez Gómez
José Luis de Luis García

EDITOR EJECUTIVO
David Sánchez Gómez

DIRECCIÓN DEL PROYECTO
Antonio Brandi Fernández

SANTILLANA

Índice

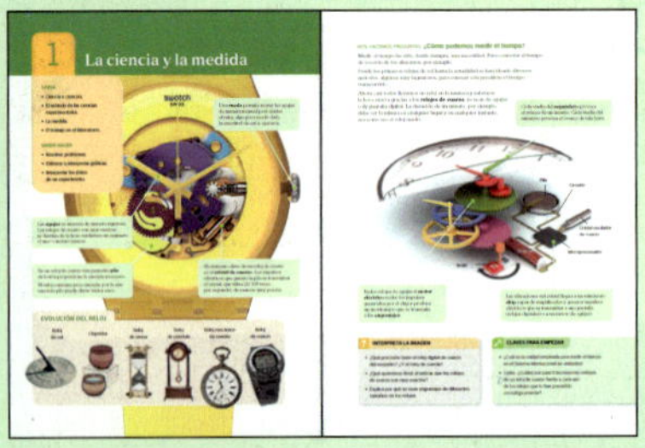
1 La ciencia y la medida

2 Los gases y las disoluciones

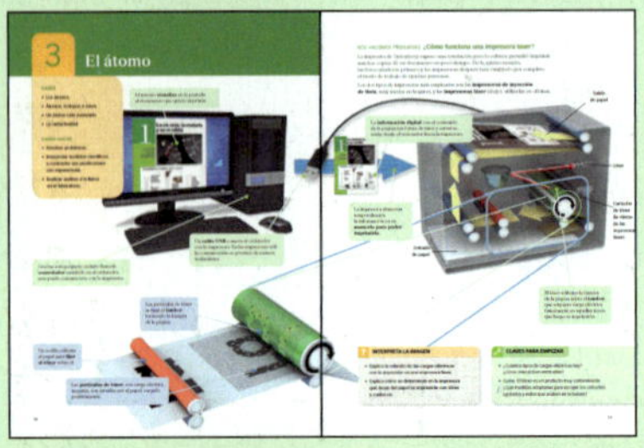
3 El átomo

4 Elementos y compuestos

5 La reacción química

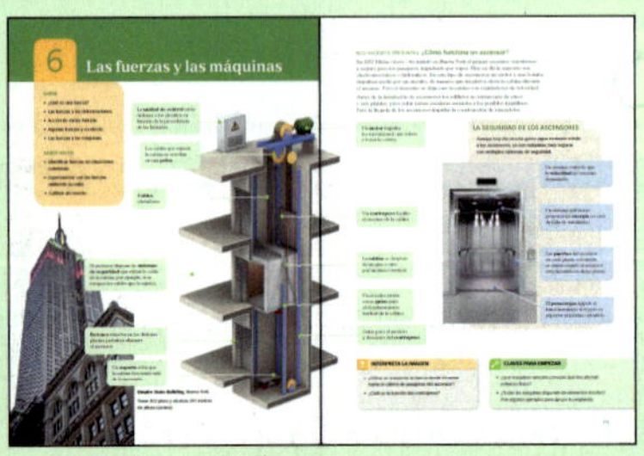
6 Las fuerzas y las máquinas

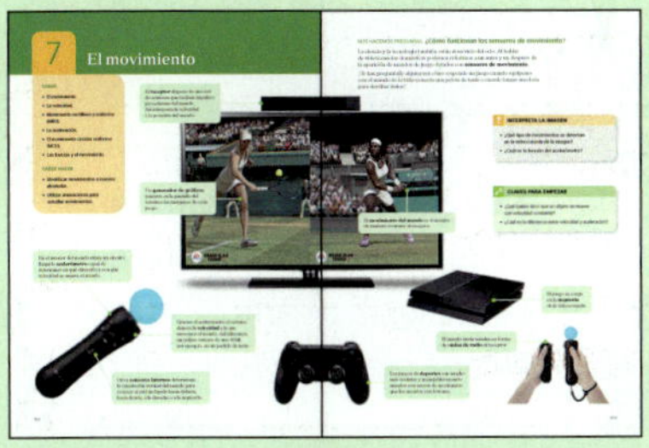
7
El movimiento

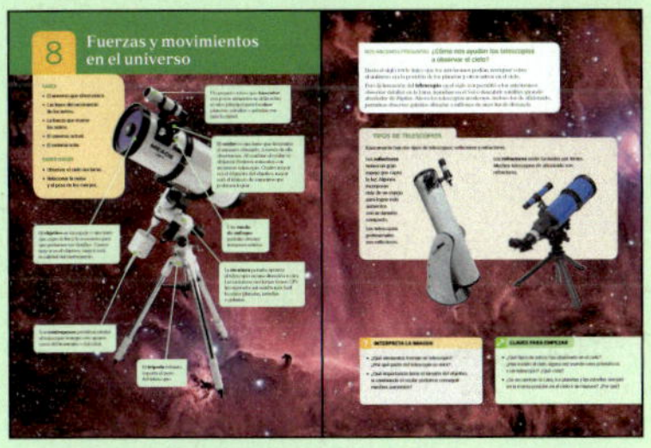
8
Fuerzas y movimientos en el universo

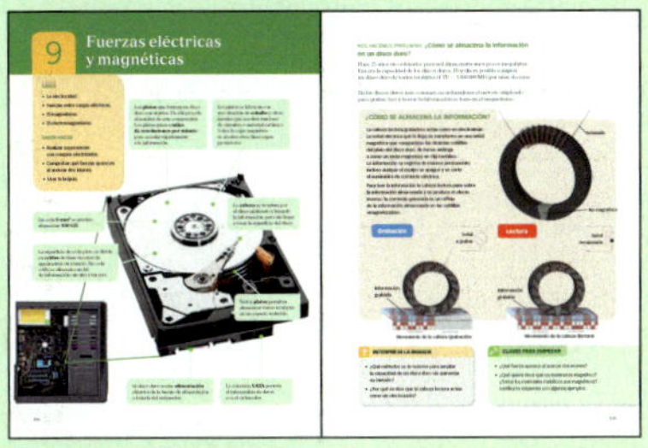
9
Fuerzas eléctricas y magnéticas

10
Electricidad y electrónica

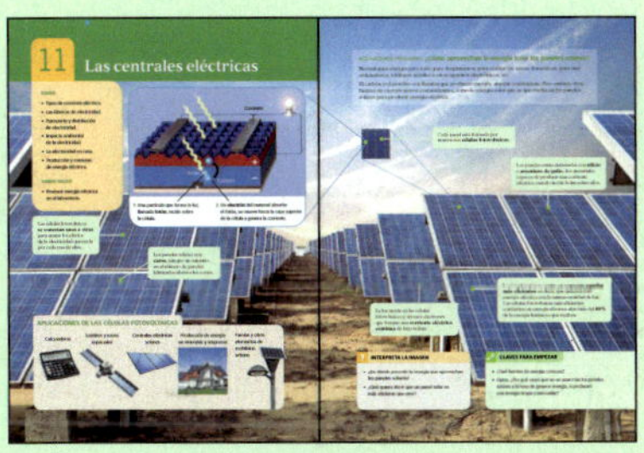
11
Las centrales eléctricas

Esquema de las unidades

Doble página de introducción a la unidad

Contenidos de la unidad. Se incluye teoría (SABER) y técnicas o procedimientos (SABER HACER).

Nos hacemos preguntas. La introducción a cada unidad se presenta a partir de una pregunta.

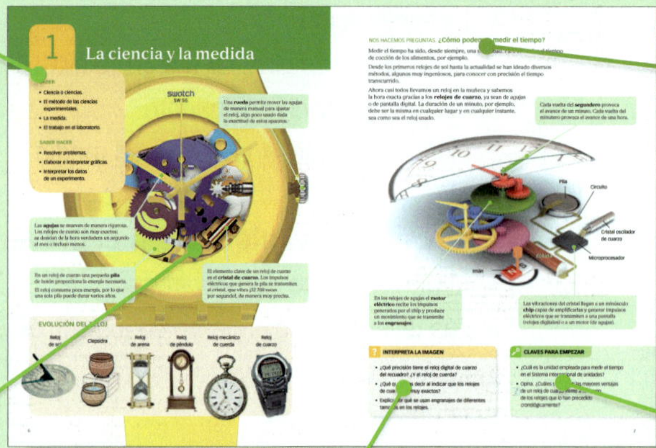

Ilustración. La doble página presenta de manera gráfica una aplicación de los contenidos de la unidad y que usamos prácticamente a diario.

Claves para empezar. Una o varias actividades activan los conceptos previos de los alumnos relacionados con la unidad.

Interpreta la imagen. Varias actividades sirven para afianzar los contenidos presentados gráficamente.

Páginas de desarrollo de los contenidos

Repaso inicial. Antes de abordar los contenidos de cada unidad se incluye un repaso de contenidos de matemáticas, física o química esencial para estudiarla con garantías.

Recuerda. Aquí se incluyen contenidos de otros cursos o estudiados en unidades anteriores.

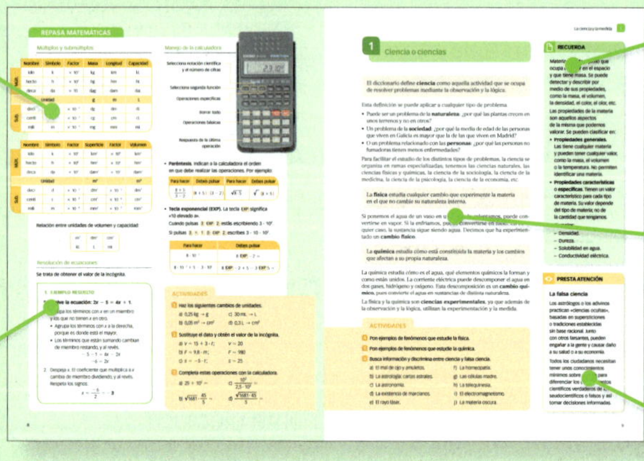

Ejemplos resueltos. A lo largo de toda la unidad se incluyen numerosos ejemplos resueltos, numéricos o no, que ayudarán a resolver los problemas propuestos.

Destacados. Los contenidos y definiciones esenciales aparecen destacados con un fondo de color.

Presta atención. Recoge contenidos esenciales para el estudio de la unidad.

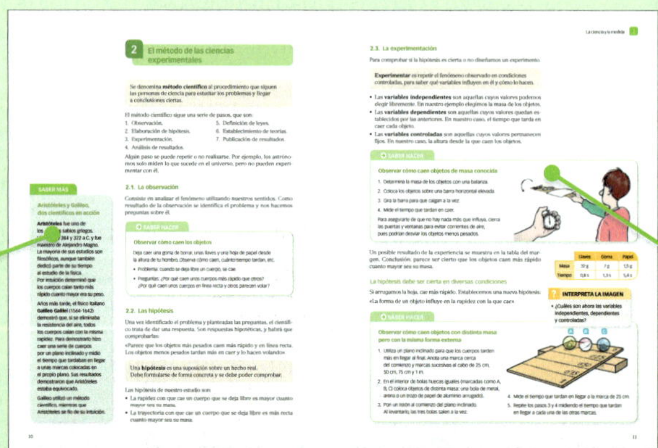

Saber más. Se incluyen contenidos de especial relevancia y que no son esenciales para el desarrollo de la unidad.

Saber hacer. Muestra procedimientos sencillos que deben dominarse para asimilar los contenidos de cada unidad.

Páginas con actividades finales

Repasa lo esencial. Recoge actividades que afianzarán los contenidos esenciales de cada unidad.

Practica. Se incluyen cuestiones teóricas y problemas numéricos de los diferentes apartados de la unidad.

Nivel de dificultad. La dificultad de cada actividad se registra de manera gráfica:

• Fácil ●● Media ●●● Difícil

Amplía. Se recogen aquí actividades que presentan un mayor nivel de dificultad o de ampliación de la unidad.

Ejemplos resueltos. En las actividades también se incluyen ejemplos resueltos justo antes de abordar determinados problemas.

Trabajo de las competencias

Competencia científica. Incluye trabajo específico de las competencias, poniendo énfasis en la competencia matemática, científica y tecnológica.

Tras presentar información con diferente estructura (texto, tablas, gráficos…) se incluyen actividades sobre la información presentada.

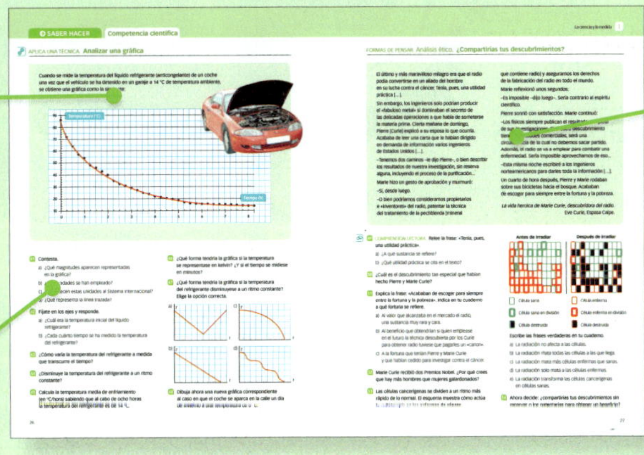

Formas de pensar. Se incluyen en esta página uno o varios documentos y actividades de trabajo que fomentan la reflexión del alumno, que debe interrelacionar los contenidos de la unidad con sus opiniones propias.

Investiga: Experiencia de laboratorio

Investiga. Paso a paso, con ilustraciones, se aplica el contenido aprendido en la unidad.

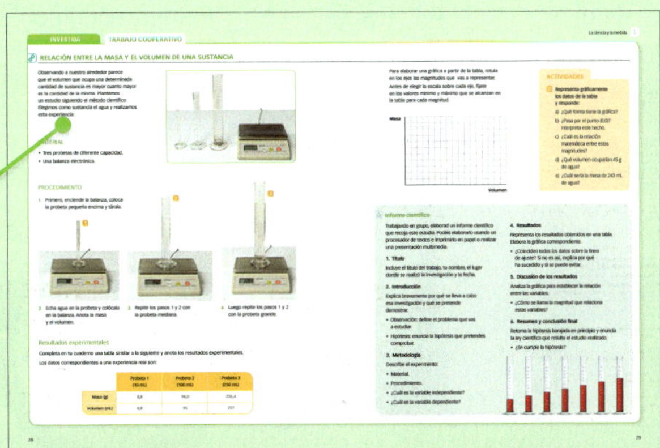

Competencias

A lo largo del libro, diferentes iconos señalan e identifican la competencia concreta que se trabaja en cada actividad o apartado.

- Competencia matemática, científica y tecnológica.
- Comunicación lingüística
- Competencia social y cívica
- Competencia digital
- Conciencia y expresión artística
- Aprender a aprender
- Iniciativa y emprendimiento

1 La ciencia y la medida

SABER

- Ciencia o ciencias.
- El método de las ciencias experimentales.
- La medida.
- El trabajo en el laboratorio.

SABER HACER

- Resolver problemas.
- Elaborar e interpretar gráficas.
- Interpretar los datos de un experimento.

Una **rueda** permite mover las agujas de manera manual para ajustar el reloj, algo poco usado dada la exactitud de estos aparatos.

Las **agujas** se mueven de manera rigurosa. Los relojes de cuarzo son muy exactos: se desvían de la hora verdadera un segundo al mes o incluso menos.

En un reloj de cuarzo una pequeña **pila** de botón proporciona la energía necesaria.

El reloj consume poca energía, por lo que una sola pila puede durar varios años.

El elemento clave de un reloj de cuarzo es el **cristal de cuarzo**. Los impulsos eléctricos que genera la pila se transmiten al cristal, que vibra ¡32 768 veces por segundo!, de manera muy precisa.

EVOLUCIÓN DEL RELOJ

Reloj de sol — Clepsidra — Reloj de arena — Reloj de péndulo — Reloj mecánico de cuerda — Reloj de cuarzo

NOS HACEMOS PREGUNTAS. ¿Cómo podemos medir el tiempo?

Medir el tiempo ha sido, desde siempre, una necesidad. Para controlar el tiempo de cocción de los alimentos, por ejemplo.

Desde los primeros relojes de sol hasta la actualidad se han ideado diversos métodos, algunos muy ingeniosos, para conocer con precisión el tiempo transcurrido.

Ahora casi todos llevamos un reloj en la muñeca y sabemos la hora exacta gracias a los **relojes de cuarzo**, ya sean de agujas o de pantalla digital. La duración de un minuto, por ejemplo, debe ser la misma en cualquier lugar y en cualquier instante, sea como sea el reloj usado.

Cada vuelta del **segundero** provoca el avance de un minuto. Cada vuelta del minutero provoca el avance de una hora.

En los relojes de agujas el **motor eléctrico** recibe los impulsos generados por el chip y produce un movimiento que se transmite a los **engranajes**.

Las vibraciones del cristal llegan a un minúsculo **chip** capaz de amplificarlas y generar impulsos eléctricos que se transmiten a una pantalla (relojes digitales) o a un motor (de agujas).

? INTERPRETA LA IMAGEN

- ¿Qué precisión tiene el reloj digital de cuarzo del recuadro? ¿Y el reloj de cuerda?
- ¿Qué queremos decir al indicar que los relojes de cuarzo son muy exactos?
- Explica por qué se usan engranajes de diferentes tamaños en los relojes.

CLAVES PARA EMPEZAR

- ¿Cuál es la unidad empleada para medir el tiempo en el Sistema Internacional de unidades?
- Opina. ¿Cuáles son para ti las mayores ventajas de un reloj de cuarzo frente a cada uno de los relojes que lo han precedido cronológicamente?

REPASA MATEMÁTICAS

Múltiplos y submúltiplos

	Nombre	Símbolo	Factor	Masa	Longitud	Capacidad
Múlt.	kilo	k	$\times 10^3$	kg	km	kL
	hecto	h	$\times 10^2$	hg	hm	hL
	deca	da	$\times 10$	dag	dam	daL
	Unidad			g	m	L
Sub.	deci	d	$\times 10^{-1}$	dg	dm	dL
	centi	c	$\times 10^{-2}$	cg	cm	cL
	mili	m	$\times 10^{-3}$	mg	mm	mL

	Nombre	Símbolo	Factor	Superficie	Factor	Volumen
Múlt.	kilo	k	$\times 10^6$	km^2	$\times 10^9$	km^3
	hecto	h	$\times 10^4$	hm^2	$\times 10^6$	hm^3
	deca	da	$\times 10^2$	dam^2	$\times 10^3$	dam^3
	Unidad			m^2		m^3
Sub.	deci	d	$\times 10^{-2}$	dm^2	$\times 10^{-3}$	dm^3
	centi	c	$\times 10^{-4}$	cm^2	$\times 10^{-6}$	cm^3
	mili	m	$\times 10^{-6}$	mm^2	$\times 10^{-9}$	mm^3

Relación entre unidades de volumen y capacidad:

m^3	dm^3	cm^3
kL	L	mL

Resolución de ecuaciones

Se trata de obtener el valor de la incógnita.

1. EJEMPLO RESUELTO

Resuelve la ecuación: $2x - 5 = 4x + 1$.

1. Agrupa los términos con *x* en un miembro y los que no tienen *x* en otro.
   - Agrupa los términos con *x* a la derecha, porque es donde está el mayor.
   - Los términos que están sumando cambian de miembro restando, y al revés.

   $$-5 - 1 = 4x - 2x$$
   $$-6 = 2x$$

2. Despeja *x*. El coeficiente que multiplica a *x* cambia de miembro dividiendo, y al revés. Respeta los signos:

   $$x = \frac{-6}{2} = \mathbf{-3}$$

Manejo de la calculadora

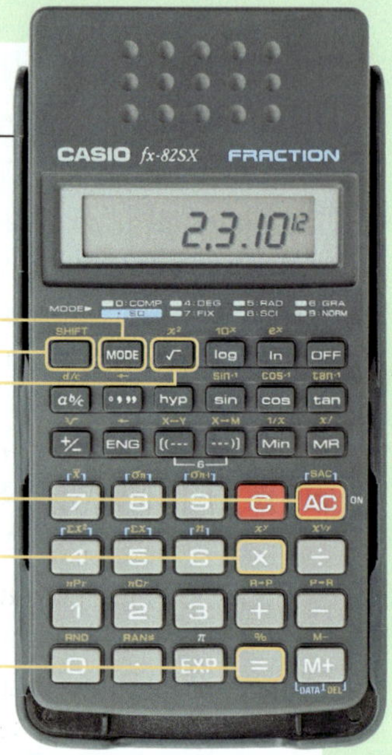

- **Paréntesis.** Indican a la calculadora el orden en que debe realizar las operaciones. Por ejemplo:

Para hacer	Debes pulsar	Para hacer	Debes pulsar
$\frac{8+5}{3-2}$	$(8+5):(3-2)$	$\sqrt{8 \cdot 5}$	$\sqrt{\ }(8 \times 5)$

- **Tecla exponencial (EXP).** La tecla EXP significa «10 elevado a».

Cuando pulsas 3 EXP 2 estás escribiendo $3 \cdot 10^2$.

Si pulsas 3 × 1 0 EXP 2 escribes $3 \cdot 10 \cdot 10^2$.

Para hacer	Debes pulsar
$8 \cdot 10^{-2}$	8 EXP −2 =
$8 \cdot 10^{-2} + 5 - 3 \cdot 10^5$	8 EXP −2 + 5 − 3 EXP 5 =

ACTIVIDADES

1 Haz los siguientes cambios de unidades.

a) 0,25 kg → g
b) 0,05 m^2 → cm^2
c) 30 mL → L
d) 0,3 L → cm^3

2 Sustituye el dato y obtén el valor de la incógnita.

a) $v = 15 + 3 \cdot t$; $v = 20$
b) $F = 9{,}8 \cdot m$; $F = 980$
c) $s = -5 \cdot t$; $s = 25$

3 Completa estas operaciones con la calculadora.

a) $25 + 10^2 =$
b) $\sqrt{1681} \cdot \frac{45}{5} =$
c) $\frac{10^2}{2{,}5 \cdot 10^2} =$
d) $\frac{\sqrt{1681 \cdot 45}}{5} =$

1 Ciencia o ciencias

El diccionario define **ciencia** como aquella actividad que se ocupa de resolver problemas mediante la observación y la lógica.

Esta definición se puede aplicar a cualquier tipo de problema.

- Puede ser un problema de la **naturaleza**: ¿por qué las plantas crecen en unos terrenos y no en otros?
- Un problema de la **sociedad**: ¿por qué la media de edad de las personas que viven en Galicia es mayor que la de las que viven en Madrid?
- O un problema relacionado con las **personas**: ¿por qué las personas no fumadoras tienen menos enfermedades?

Para facilitar el estudio de los distintos tipos de problemas, la ciencia se organiza en ramas especializadas; tenemos las ciencias naturales, las ciencias físicas y químicas, la ciencia de la sociología, la ciencia de la medicina, la ciencia de la psicología, la ciencia de la economía, etc.

La **física** estudia cualquier cambio que experimente la materia en el que no cambie su naturaleza interna.

Si ponemos el agua de un vaso en un cazo y lo calentamos, puede convertirse en vapor. Si la enfriamos, puede convertirse en hielo. En cualquier caso, la sustancia sigue siendo agua. Decimos que ha experimentado un **cambio físico**.

La **química** estudia cómo está constituida la materia y los cambios que afectan a su propia naturaleza.

La química estudia cómo es el agua, qué elementos químicos la forman y como están unidos. La corriente eléctrica puede descomponer el agua en dos gases, hidrógeno y oxígeno. Esta descomposición es un **cambio químico**, pues convierte el agua en sustancias de distinta naturaleza.

La física y la química son **ciencias experimentales**, ya que además de la observación y la lógica, utilizan la experimentación y la medida.

ACTIVIDADES

4 Pon ejemplos de fenómenos que estudie la física.

5 Pon ejemplos de fenómenos que estudie la química.

6 Busca información y discrimina entre ciencia y falsa ciencia.

a) El mal de ojo y amuletos. falsa
b) La astrología: cartas astrales. falsa
c) La astronomía. verdadera
d) La existencia de marcianos. falsa
e) El rayo láser.
f) La homeopatía.
g) Las células madre.
h) La telequinesia.
i) El electromagnetismo.
j) La materia oscura.

RECUERDA

Materia es todo aquello que ocupa un lugar en el espacio y que tiene masa. Se puede detectar y describir por medio de sus propiedades, como la masa, el volumen, la densidad, el color, el olor, etc.

Las propiedades de la materia son aquellos aspectos de la misma que podemos valorar. Se pueden clasificar en:

- **Propiedades generales.** Las tiene cualquier materia y pueden tener cualquier valor, como la masa, el volumen o la temperatura. No permiten identificar una materia.
- **Propiedades características** o **específicas**. Tienen un valor característico para cada tipo de materia. Su valor depende del tipo de materia; no de la cantidad que tengamos.

  Ejemplos:
  - Densidad.
  - Dureza.
  - Solubilidad en agua.
  - Conductividad eléctrica.

PRESTA ATENCIÓN

La falsa ciencia

Los astrólogos o los adivinos practican «ciencias ocultas», basadas en supersticiones o tradiciones establecidas sin base racional. Junto con otros farsantes, pueden engañar a la gente y causar daño a su salud o a su economía.

Todos los ciudadanos necesitan tener unos conocimientos mínimos sobre ciencia para diferenciar los conocimientos científicos verdaderos de los seudocientíficos o falsos y así tomar decisiones informadas.

2 El método de las ciencias experimentales

Se denomina **método científico** al procedimiento que siguen las personas de ciencia para estudiar los problemas y llegar a conclusiones ciertas.

El método científico sigue una serie de pasos, que son:

1. Observación.
2. Elaboración de hipótesis.
3. Experimentación.
4. Análisis de resultados.
5. Definición de leyes.
6. Establecimiento de teorías.
7. Publicación de resultados.

Algún paso se puede repetir o no realizarse. Por ejemplo, los astrónomos solo miden lo que sucede en el universo, pero no pueden experimentar con él.

2.1. La observación

Consiste en analizar el fenómeno utilizando nuestros sentidos. Como resultado de la observación se identifica el problema y nos hacemos preguntas sobre él.

SABER HACER

Observar cómo caen los objetos

Deja caer una goma de borrar, unas llaves y una hoja de papel desde la altura de tu hombro. Observa cómo caen, cuánto tiempo tardan, etc.

- Problema: cuando se deja libre un cuerpo, se cae.
- Preguntas: ¿Por qué caen unos cuerpos más rápido que otros? ¿Por qué caen unos cuerpos en línea recta y otros parecen volar?

2.2. Las hipótesis

Una vez identificado el problema y planteadas las preguntas, el científico trata de dar una respuesta. Son respuestas hipotéticas, y habrá que comprobarlas:

«Parece que los objetos más pesados caen más rápido y en línea recta. Los objetos menos pesados tardan más en caer y lo hacen volando».

Una **hipótesis** es una suposición sobre un hecho real. Debe formularse de forma concreta y se debe poder comprobar.

Las hipótesis de nuestro estudio son:

- La rapidez con que cae un cuerpo que se deja libre es mayor cuanto mayor sea su masa.
- La trayectoria con que cae un cuerpo que se deja libre es más recta cuanto mayor sea su masa.

SABER MÁS

Aristóteles y Galileo, dos científicos en acción

Aristóteles fue uno de los grandes sabios griegos. Vivió entre 384 y 322 a.C. y fue maestro de Alejandro Magno. La mayoría de sus estudios son filosóficos, aunque también dedicó parte de su tiempo al estudio de la física. Por intuición determinó que los cuerpos caían tanto más rápido cuanto mayor era su peso.

Años más tarde, el físico italiano **Galileo Galilei** (1564-1642) demostró que, si se eliminaba la resistencia del aire, todos los cuerpos caían con la misma rapidez. Para demostrarlo hizo caer una serie de cuerpos por un plano inclinado y midió el tiempo que tardaban en llegar a unas marcas colocadas en el propio plano. Sus resultados demostraron que Aristóteles estaba equivocado.

Galileo utilizó un método científico, mientras que Aristóteles se fio de su intuición.

2.3. La experimentación

Para comprobar si la hipótesis es cierta o no diseñamos un experimento.

Experimentar es repetir el fenómeno observado en condiciones controladas, para saber qué variables influyen en él y cómo lo hacen.

P = m·g

F = m·a

- Las **variables independientes** son aquellas cuyos valores podemos elegir libremente. En nuestro ejemplo elegimos la masa de los objetos.
- Las **variables dependientes** son aquellas cuyos valores quedan establecidos por las anteriores. En nuestro caso, el tiempo que tarda en caer cada objeto.
- Las **variables controladas** son aquellas cuyos valores permanecen fijos. En nuestro caso, la altura desde la que caen los objetos.

SABER HACER

Observar cómo caen objetos de masa conocida

1. Determina la masa de los objetos con una balanza.
2. Coloca los objetos sobre una barra horizontal elevada.
3. Gira la barra para que caigan a la vez.
4. Mide el tiempo que tardan en caer.

Para asegurarte de que no hay nada más que influya, cierra las puertas y ventanas para evitar corrientes de aire, pues podrían desviar los objetos menos pesados.

Un posible resultado de la experiencia se muestra en la tabla del margen. Conclusión: parece ser cierto que los objetos caen más rápido cuanto mayor sea su masa.

	Llaves	Goma	Papel
Masa	32 g	7 g	1,5 g
Tiempo	0,8 s	1,3 s	5,4 s

La hipótesis debe ser cierta en diversas condiciones

Si arrugamos la hoja, cae más rápido. Establecemos una nueva hipótesis: «La forma de un objeto influye en la rapidez con la que cae».

? INTERPRETA LA IMAGEN

- ¿Cuáles son ahora las variables independientes, dependientes y controladas?

SABER HACER

Observar cómo caen objetos con distinta masa pero con la misma forma externa

1. Utiliza un plano inclinado para que los cuerpos tarden más en llegar al final. Anota una marca cerca del comienzo y marcas sucesivas al cabo de 25 cm, 50 cm, 75 cm y 1 m.
2. En el interior de bolas huecas iguales (marcadas como A, B, C) coloca objetos de distinta masa: una bola de metal, arena o un trozo de papel de aluminio arrugado).
3. Pon un listón al comienzo del plano inclinado. Al levantarlo, las tres bolas salen a la vez.

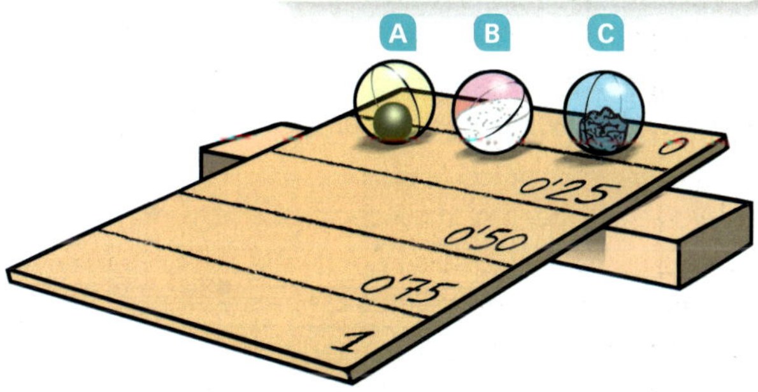

4. Mide el tiempo que tardan en llegar a la marca de 25 cm.
5. Repite los pasos 3 y 4 midiendo el tiempo que tardan en llegar a cada una de las otras marcas.

2.4. El análisis de los resultados: tablas y gráficas

Una **tabla** permite organizar los datos en filas y en columnas.

- En cada **columna** se representan los datos de una característica del problema, es decir, de una **variable**.
- En cada **fila** se colocan los valores de cada variable para una medición.

En nuestro ejemplo: completamos una tabla para cada bola.

En la cabecera de cada columna se coloca el nombre de la **variable**. Entre paréntesis, la **unidad** en que se mide.

En cada fila se colocan los **valores de una medición**.

Bola A → 50 g	
Longitud (m)	Tiempo (s)
0,25	0,34
0,50	0,48
0,75	0,59
1,00	0,68

Bola B → 37 g	
Longitud (m)	Tiempo (s)
0,25	0,33
0,50	0,48
0,75	0,59
1,00	0,68

Bola C → 22 g	
Longitud (m)	Tiempo (s)
0,25	0,34
0,50	0,48
0,75	0,59
1,00	0,68

Análisis: ¿qué podemos deducir de la tabla?

- La rapidez con la que bajan las bolas no depende de su masa.
- La rapidez es mayor cuanto mayor es la distancia recorrida. Cuando la distancia se duplica, el tiempo aumenta menos del doble.

Longitud (m)	0,25	0,50	0,75	1,00
Tiempo (s)	0,34	0,48	0,59	0,68

Las **gráficas** muestran la relación entre dos variables de forma visual. Dibujaremos la gráfica correspondiente a la caída de la bola A por el plano.

SABER HACER

Elaborar una gráfica

1. Dibuja dos ejes. En cada uno se va a representar una magnitud de la tabla. En cada eje especifica el nombre o símbolo de la magnitud.

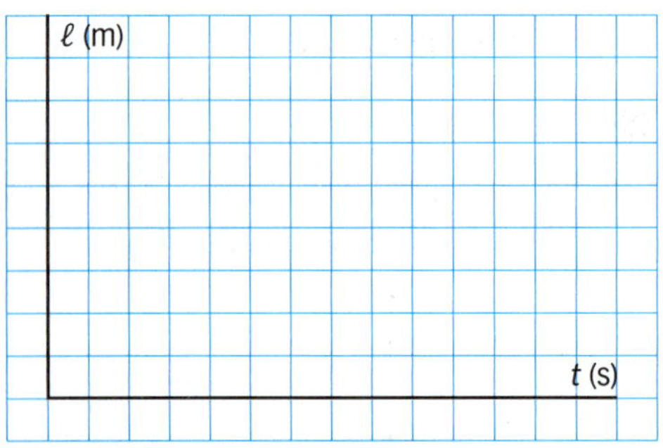

2. Teniendo en cuenta los valores máximo y mínimo de la tabla, anota la escala de cada eje. La escala de un eje es independiente de la del otro.

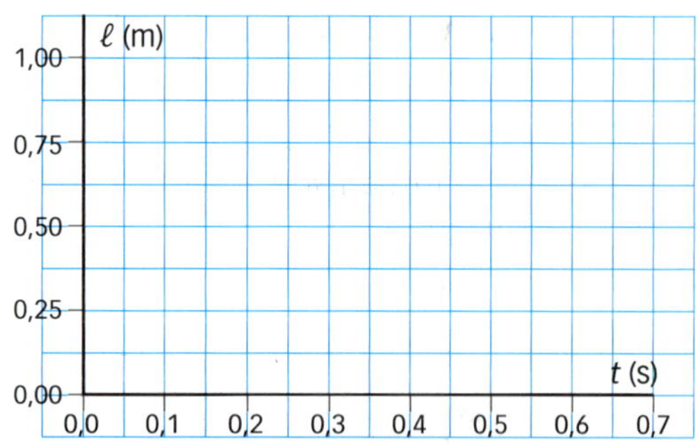

3. Representa con un punto cada par de valores.

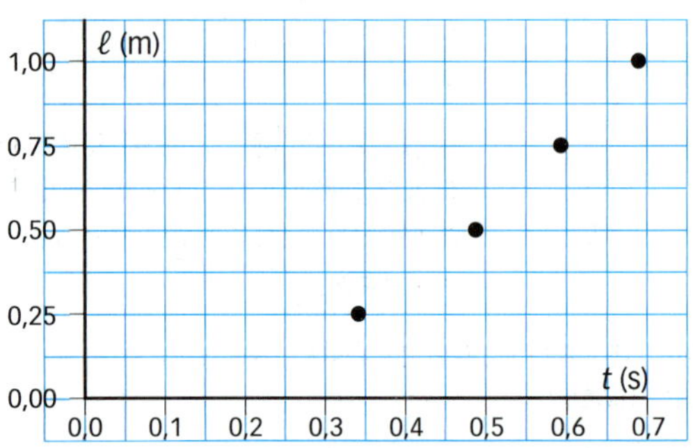

4. Traza la línea que mejor marca la tendencia.

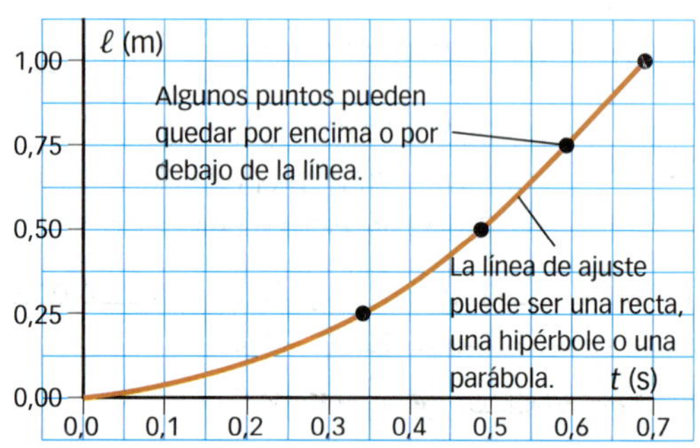

¿Qué podemos deducir de la gráfica? Cuanto mayor es la distancia recorrida, mayor es el tiempo que tarda la bola, pero no es directamente proporcional. La bola tarda más en recorrer 1 m que 0,5 m, pero no tarda el doble de tiempo.

La gráfica permite conocer valores que no hemos medido.

- **Interpolar datos** es obtener valores intermedios a otros medidos. ¿Cuánto tiempo tardará la bola en recorrer 0,35 m?
- **Extrapolar datos** es obtener valores más altos que los medidos. ¿Cuánto tardará la bola en recorrer 1,2 m?

PRESTA ATENCIÓN

La forma de la gráfica muestra la relación entre las variables.

Cuando la gráfica es una parábola, la relación matemática entre las variables es:

$$y = k \cdot x^2$$

SABER HACER

Interpretar gráficas

Línea recta ascendente

Precio de distintas cantidades de caramelos:

Caramelos (g)	Precio (€)
80	0,65
125	1,00
250	2,00
350	2,80

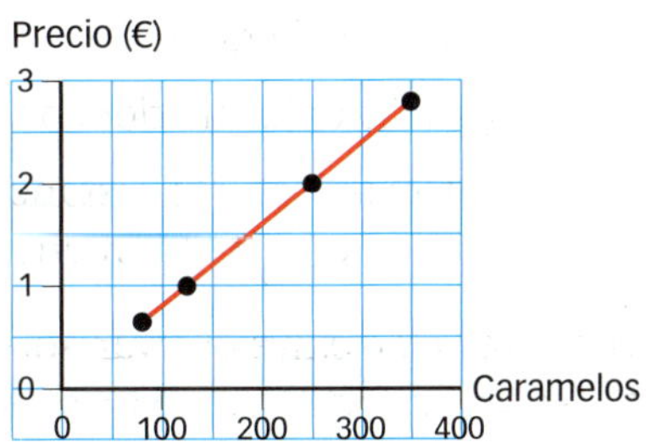

El precio de los caramelos es directamente proporcional a la cantidad: el doble de caramelos cuesta el doble. Si no hay caramelos, el coste es cero.

- Línea recta ascendente que pasa por el punto (0, 0). Magnitudes directamente proporcionales. Cuando una variable vale cero, la otra también vale cero.
- Matemáticamente: $\boldsymbol{y = k \cdot x}$ o bien $\boldsymbol{\frac{y}{x} = k}$.

Precio de un bolígrafo con distintos recambios:

Bolígrafo + recambios	Precio (€)
1	1,5
2	2,0
3	2,5
4	3,0

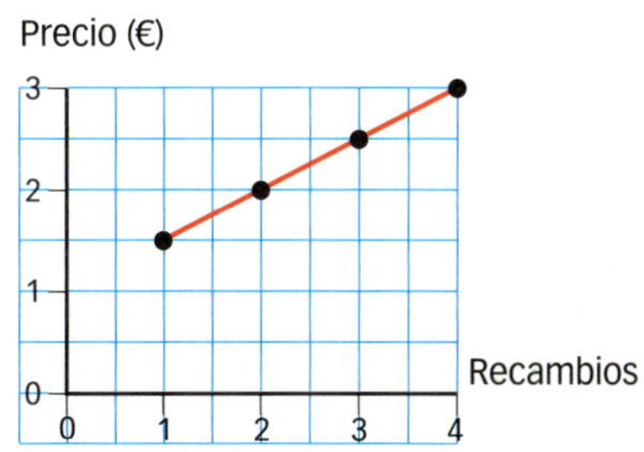

El precio es directamente proporcional al número de recambios, pero el bolígrafo solo tiene un precio.

- Línea recta ascendente que no pasa por el punto (0, 0). Magnitudes directamente proporcionales. Cuando una variable vale cero, la otra no vale cero.
- Matemáticamente: $\boldsymbol{y = k \cdot x + n}$.

  n es el valor de y cuando x vale 0.

Línea recta descendente

La tabla muestra cómo varía la temperatura de un líquido al introducirlo en la nevera:

Tiempo (min)	T (°C)
0	20
2	17
4	14
6	11
8	8
10	5

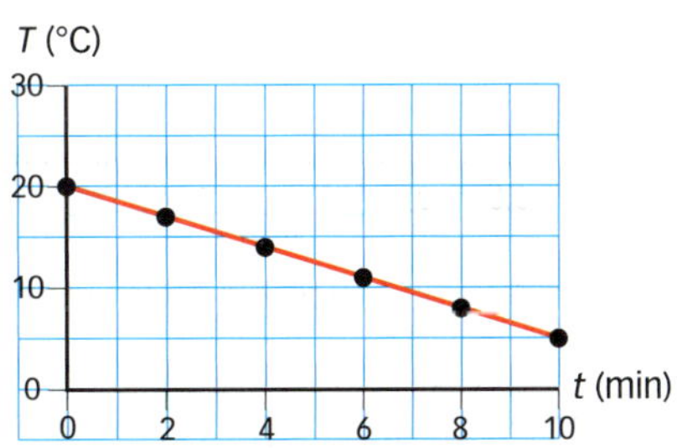

El descenso en la temperatura es directamente proporcional al tiempo. Cada dos minutos desciende 3 °C.

- Línea recta descendente. Magnitudes directamente proporcionales con constante negativa.
- Matemáticamente: $\boldsymbol{y = -k \cdot x + n}$.

  n es el valor de y cuando x vale 0.

Curva hipérbola equilátera

La tabla muestra la presión (p) que ejerce un gas al variar el volumen del recipiente en que se encuentra, si T = cte.

V (L)	p (atm)
30	0,5
15	1,0
10	1,5
5,0	3,0
3,0	5,0
2,5	6,0
2,0	7,5

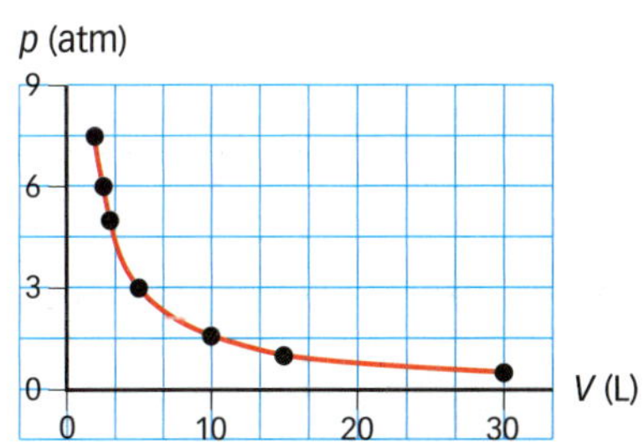

La presión del gas es inversamente proporcional al volumen que ocupa: a mayor volumen, menor presión, y viceversa.

- Curva hipérbola equilátera. Magnitudes inversamente proporcionales.
- Matemáticamente: $\boldsymbol{y \cdot x = k}$.

SABER MÁS

La teoría cinética

Tras descubrir experimentalmente las distintas leyes que rigen el comportamiento de los gases, los científicos idearon la **teoría cinética** que explica por qué los gases se comportan así.

Esta teoría permite predecir que la temperatura no puede bajar de −273,15 °C.

2.5. Definición de leyes

Después de analizar los resultados podemos confirmar o rechazar las hipótesis y con ello establecemos una ley científica.

Una **ley científica** es el enunciado de una hipótesis confirmada.

Una ley se puede expresar:

- Mediante una frase:

  «La presión que ejerce un gas es inversamente proporcional al volumen que ocupa, siempre que no varíe su temperatura».

- Mediante una fórmula matemática:

  Para un gas que se mantiene a temperatura constante:

$$p \cdot V = \text{cte.}$$

2.6. Las teorías

Cuando se estudian distintos aspectos de un problema, los científicos pueden llegar a imaginar el porqué de todo ello y enuncian una **teoría**.

Una **teoría científica** es una explicación a una serie de hechos demostrados mediante leyes científicas. Permite predecir fenómenos desconocidos.

Las teorías deben ser revisadas continuamente y solo se consideran ciertas mientras no se produzca algún nuevo descubrimiento que las contradiga.

2.7. Comunicación de resultados

Para que la ciencia avance hay que comunicar los resultados de los estudios científicos. Esto se hace publicando un artículo o un libro que tendrá los siguientes apartados:

1. **Título**. Incluye el título del trabajo, el nombre del autor, el lugar donde hizo la investigación y la fecha.
2. **Introducción**. Explica brevemente por qué se realiza esa investigación y qué se pretende demostrar.
3. **Metodología**. Indica cómo se ha realizado el trabajo, qué experiencias se han llevado a cabo o cuál ha sido el material utilizado. Se puede acompañar de fotografías o esquemas.
4. **Resultados**. Se indican claramente los resultados obtenidos. Si son datos numéricos, se expresan recogidos en tablas o representados en gráficas.
5. **Discusión de los resultados**. Se analizan los resultados para llegar a conclusiones claras.
6. **Resumen y conclusión final**. Se resume lo que se pretendía con el trabajo y la conclusión más importante.
7. **Bibliografía**. Se indica una reseña de cada uno de los artículos, libros y otro material publicados anteriormente y que se han consultado durante el desarrollo de la investigación.

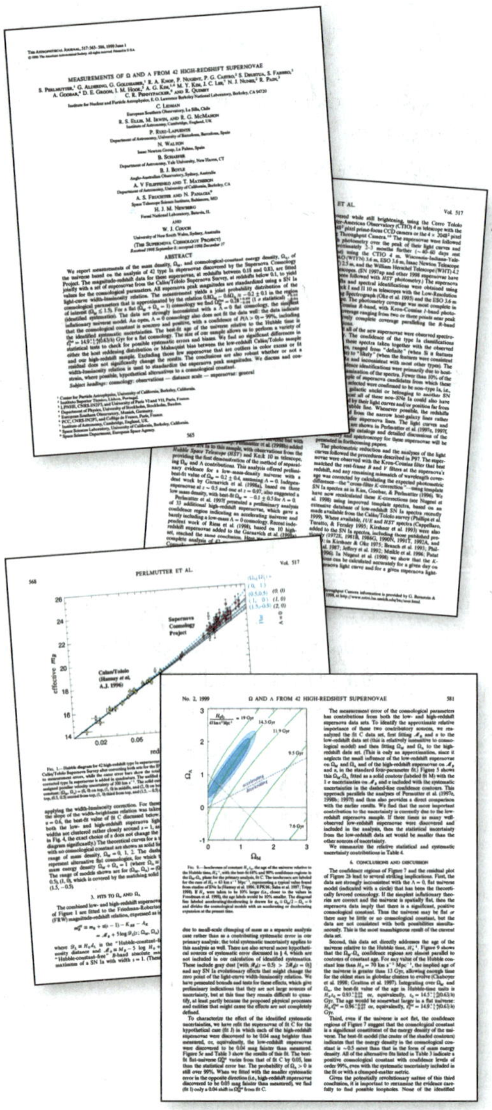

La comunicación de los resultados obtenidos en las investigaciones es esencial para el avance de la ciencia.

2.8. Aplicaciones tecnológicas de la investigación científica

En muchos laboratorios industriales o de centros de investigación se llevan a cabo estudios que hacen posible continuos avances tecnológicos.

En nuestra experiencia hemos visto que la forma de los objetos influye en la velocidad con que caen y la trayectoria que siguen en su movimiento. La aerodinámica es una parte de la física que estudia la influencia de la forma de los objetos en su movimiento. En los **laboratorios de aerodinámica** se estudian todos los factores relacionados con la forma de los vehículos, de manera que su movimiento sea eficaz.

La forma del casco, la ropa, el diseño de la bicicleta y la posición del ciclista están estudiadas para que pueda mantener una velocidad elevada reduciendo el esfuerzo.

La forma del coche está diseñada para que se desplace ofreciendo la menor resistencia al aire. Así se ahorra combustible.

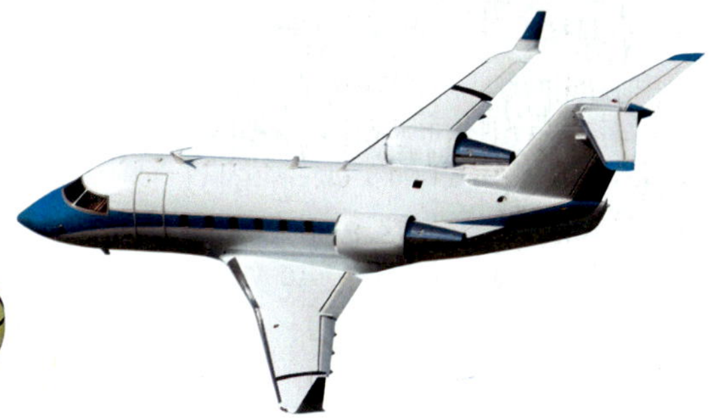

La forma de las alas del avión es la más adecuada para que la circulación del aire bajo ellas sostenga la aeronave.

En los **laboratorios de química** se estudian sustancias que solucionen problemas, de salud o de otro tipo. Por ejemplo, muchas personas, tienen problemas con las calorías que les aporta el consumo de azúcar. Para solucionarlo sustituyen el azúcar común por otras sustancias que aportan el sabor dulce sin proporcionar calorías: son los edulcorantes artificiales.

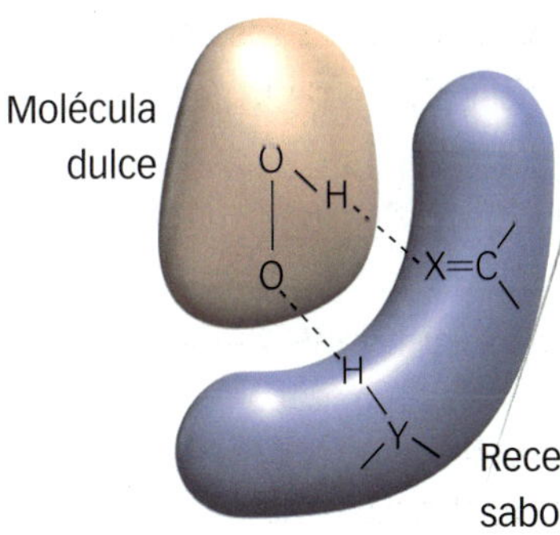

Los **azúcares** tienen en sus moléculas átomos que conectan con puntos específicos de los receptores del sabor dulce en nuestra lengua.

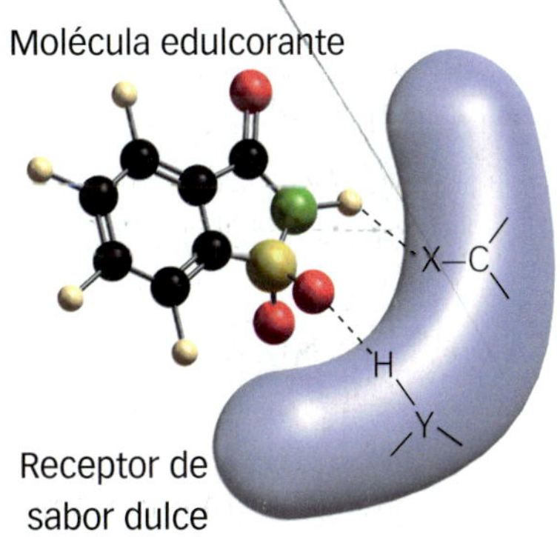

La **sacarina** y **otros edulcorantes** artificiales tienen átomos similares que también pueden conectar con los puntos específicos de los receptores del sabor dulce. Su poder edulcorante es mucho mayor que el del azúcar, y las personas lo eliminamos sin metabolizar, por lo que no aportan calorías.

ACTIVIDADES

7 USA LAS TIC. Busca información sobre algún avance tecnológico como los coches híbridos, la nanotecnología o la fibra óptica. Indica:

a) En qué consiste el avance.

b) Cuándo se desarrolló la investigación correspondiente.

c) Qué consecuencias tiene su aplicación.

PRESTA ATENCIÓN

Tanto el nombre de las magnitudes como el de las unidades y sus símbolos se deben escribir como se indica en la tabla inferior.

Las unidades se escriben siempre en minúscula salvo que se refieran al nombre de un científico, que puede ir en mayúscula. Así, el símbolo del amperio es A, en honor del científico francés André-Marie Ampère (1775-1836).

ACTIVIDADES

8 Indica de forma razonada cuáles de las siguientes características de la materia son magnitudes y cuáles no.

a) El volumen que ocupa.
b) Su color.
c) Su temperatura.
d) Su sabor.
e) La fuerza que hay que hacer para arrastrarla.
f) Lo que me gusta.
g) Su precio en euros.

9 Indica cuáles de las siguientes unidades son adecuadas para medir una magnitud y di qué magnitud miden.

a) Una mano.
b) Un lápiz.
c) Una moneda de un euro.
d) Un grano de arroz.
e) Una taza.
f) Una pulgada.

10 USA LAS TIC. Busca la definición actual del SI para las unidades de longitud, masa y tiempo.

3 La medida

La física y la química son ciencias experimentales. Su trabajo requiere medir diversas características de la materia o de los cambios que experimenta. Se dice que la física y la química son las ciencias de la medida.

3.1. Magnitud y unidad

Llamamos **magnitud** a cualquier característica de la materia, o de los cambios que experimenta, que se puede medir, es decir, que se puede expresar con un número y una unidad.

La masa o la temperatura, por ejemplo, son magnitudes. Podemos decir que la masa de un cuerpo es de 60 kg y su temperatura es de 30 °C.

Medir una magnitud es compararla con una cantidad de su misma naturaleza que llamamos **unidad** para ver cuántas veces la contiene.

Podríamos utilizar cualquier cantidad como unidad; si utilizamos la goma de borrar como unidad, podemos medir la longitud del libro y decir que es de ocho gomas. Pero ¿obtendrías el mismo resultado con otra goma?

Para que el resultado de una medida sea adecuado, la unidad debe ser:

- **Constante:** la misma en todos los lugares y en todos los momentos.
- **Universal:** que pueda ser utilizada por cualquiera.
- **Fácil de reproducir:** que sea sencillo obtener muestras de esa unidad.

3.2. El Sistema Internacional de unidades (SI)

Para facilitar la comprensión de los estudios experimentales los científicos han elegido siete magnitudes fundamentales y la unidad base de cada una. Las **magnitudes fundamentales** son las más básicas. Todas las demás se llaman **magnitudes derivadas** y se pueden expresar en función de las magnitudes fundamentales.

El **Sistema Internacional de unidades (SI)** está formado por las siete magnitudes fundamentales y sus unidades básicas.

Magnitud		Unidad	
Nombre	Símbolo	Nombre	Símbolo
Longitud	ℓ	metro	m
Masa	m	kilogramo	kg
Tiempo	t	segundo	s
Temperatura	T	kelvin	K
Intensidad de corriente	I	amperio	A
Intensidad luminosa	I_V	candela	cd
Cantidad de sustancia	n	mol	mol

3.3. Las magnitudes derivadas y el SI

El SI establece cuáles son las magnitudes derivadas y sus unidades.

A veces, la unidad de la magnitud derivada tiene un nombre propio, como el newton (N), que es la unidad de fuerza. Otras veces nombramos la unidad a partir de su relación con las unidades de las magnitudes fundamentales; por ejemplo, la velocidad se mide en m/s.

Algunas magnitudes también se expresan habitualmente en unidades que no son del SI. Así, es frecuente expresar la velocidad en km/h.

Magnitudes derivadas del Sistema Internacional

Magnitud	Símbolo	Unidad	Otras unidades admitidas
Superficie	S	m^2	ha (hectárea); 1 ha = 10 000 m^2
Volumen	V	m^3	L (dm^3); 1 m^3 = 1000 L
Densidad	d, ρ	kg/m^3	g/L = kg/m^3; kg/L; 1 kg/L = 1000 kg/m^3
Velocidad	v	m/s	km/h; 1 km/h = 0,278 m/s
Aceleración	a	m/s^2	
Fuerza	F	N (newton)	1 kgf (kilogramo fuerza) = 9,8 N
Presión	p, P	Pa (pascal)	mm de Hg (milímetro de mercurio) 1 mm de Hg = 133,3 Pa atm (atmósfera); 1 atm = 101 325 Pa
Energía	E	J (julio)	kWh (kilovatio hora); 1 kWh = $3,6 \cdot 10^6$ J

3.4. Múltiplos y submúltiplos

Los científicos manejan a menudo cantidades muy grandes o muy pequeñas con respecto a la unidad básica. Por ejemplo, el tamaño de algunas células es 0,000 003 m, y la distancia de la Tierra al Sol es 149 597 870 700 m.

El Sistema Internacional también indica el nombre y el símbolo de los múltiplos y submúltiplos que van a facilitar su escritura.

Las cantidades anteriores se pueden expresar así de forma más sencilla:

- El tamaño de algunas células es 3 µm.
- La distancia de la Tierra al Sol es 149,6 Gm.

SABER MÁS

Cómo escribir las unidades

El Sistema Internacional de unidades se estableció en 1960 por acuerdo de 36 naciones, entre ellas España.

Incluye normas de escritura y definiciones muy precisas de las unidades.

Después del símbolo de una unidad nunca se escribe punto ni se añade «s» para indicar plural. Ejemplo: ocho metros se escribe así:

8 m

Prefijos del Sistema Internacional

Factor	Prefijo		Factor	Prefijo	
10^{15}	peta	P	10^{-15}	femto	f
10^{12}	tera	T	10^{-12}	pico	p
10^{9}	giga	G	10^{-9}	nano	n
10^{6}	mega	M	10^{-6}	micro	µ
10^{3}	kilo	k	10^{-3}	mili	m
10^{2}	hecto	h	10^{-2}	centi	c
10	deca	da	10^{-1}	deci	d

ACTIVIDADES

11 De los siguientes términos, identifica cuáles son magnitudes y cuáles son unidades.

a) Velocidad. d) Fuerza. g) Temperatura.
b) Metro. e) Amperio. h) Julio.
c) Tiempo. f) Mol. i) Presión.

12 Indica cuáles de las siguientes son unidades del SI y cuáles no. Señala la magnitud que miden.

a) m/s d) g g) h (hora)
b) Hectárea e) °C h) m^3
c) kg/m^3 f) atm (atmósfera)

13 Escribe el símbolo adecuado para estas unidades y su equivalencia con la unidad correspondiente del SI. Por ejemplo, decagramo: dag = 10^1 g.

a) Miligramo. d) Terámetro.
b) Kilolitro. e) Nanosegundo.
c) Gigajulio. f) Micronewton.

14 Escribe con todas las letras las siguientes cantidades y su equivalencia con la unidad correspondiente. Por ejemplo, µm es un micrómetro y equivale a 10^{-6} m.

a) hL c) Mg e) dA
b) ks d) pN f) cL

3.5. Cambio de unidades y factores de conversión

Para cambiar de una unidad a otra se utilizan los factores de conversión.

Un **factor de conversión** es una fracción que tiene en su numerador y en su denominador la misma cantidad, pero expresada en distintas unidades.

Multiplicar una cantidad por un factor de conversión es lo mismo que multiplicarla por 1; no cambia la cantidad, solo sus unidades, por eso cambia el número con que se expresa esa cantidad.

Para encontrar el factor de conversión adecuado:

1. Escribe la cantidad que quieres cambiar de unidad.	0,27 nm
2. Escribe al lado una fracción con esta unidad (nm) y la unidad en la que la quieres convertir (m). Hazlo de manera que se simplifique la unidad de partida (nm).	$0{,}27\ \text{nm} \cdot \frac{\text{m}}{\text{nm}}$
3. Al lado de cada unidad pon su equivalencia con la otra.	$0{,}27\ \text{nm} \cdot \frac{10^{-9}\ \text{m}}{1\ \text{nm}}$
4. Simplifica lo que sobre y expresa el resultado final.	$0{,}27\ \cancel{\text{nm}} \cdot \frac{10^{-9}\ \text{m}}{1\ \cancel{\text{nm}}} = \mathbf{0{,}27 \cdot 10^{-9}\ m}$

2. EJEMPLO RESUELTO

El radio de un átomo es 0,85 nm. Exprésalo en m.

1 nm equivale a 10^{-9} m.

Factor de conversión

$$0{,}85\ \cancel{\text{nm}} \cdot \frac{10^{-9}\,\text{m}}{1\ \cancel{\text{nm}}} = 0{,}85 \cdot 10^{-9}\ \text{m} = \mathbf{8{,}5 \cdot 10^{-10}\ m}$$

3. EJEMPLO RESUELTO

La película duró 2 horas. Exprésalo en s.

1 h tiene 3600 s.

Factor de conversión

$$2\ \cancel{\text{h}} \cdot \frac{3600\ \text{s}}{1\ \cancel{\text{h}}} = \mathbf{7200\ s}$$

Puedes usar factores de conversión para cambiar unidades derivadas.

4. EJEMPLO RESUELTO

La velocidad de un coche es 90 km/h. Exprésalo en m/s.

Usa los factores de conversión correspondientes:

$$90 \frac{\cancel{\text{km}}}{\cancel{\text{h}}} \cdot \frac{10^3\ \text{m}}{1\ \cancel{\text{km}}} \cdot \frac{1\ \cancel{\text{h}}}{3600\ \text{s}} = \mathbf{25\ \frac{m}{s}}$$

5. EJEMPLO RESUELTO

La densidad del agua del mar es 1,13 g/mL. Exprésala en unidades del Sistema Internacional (SI).

En el SI la masa se expresa en kg, y el volumen, en m^3.

Recuerda que 1 mL = 1 cm^3 = 10^{-6} m^3.

$$1{,}13 \frac{\cancel{\text{g}}}{\cancel{\text{mL}}} \cdot \frac{1\ \text{kg}}{10^3\ \cancel{\text{g}}} \cdot \frac{1\ \cancel{\text{mL}}}{10^{-6}\ \text{m}^3} = 1{,}13 \frac{\text{kg}}{10^{-3}\ \text{m}^3} = \mathbf{1{,}13 \cdot 10^3\ \frac{kg}{m^3}}$$

ACTIVIDADES

15 En el lanzamiento de una falta el balón de fútbol puede alcanzar una velocidad de 34 m/s. ¿Cuál es el valor de esta velocidad expresado en km/h?

16 El aire de una habitación tiene una densidad de 1225 en unidades del SI. ¿Cuáles son esas unidades? Expresa la densidad en g/L.

3.6. Notación científica

A veces, el resultado de una operación con la calculadora es un número muy grande o muy pequeño, y no siempre nos conviene utilizar múltiplos o submúltiplos para expresarlo.

> La **notación científica** consiste en escribir las cantidades con una cifra entera, los decimales y una potencia de diez.

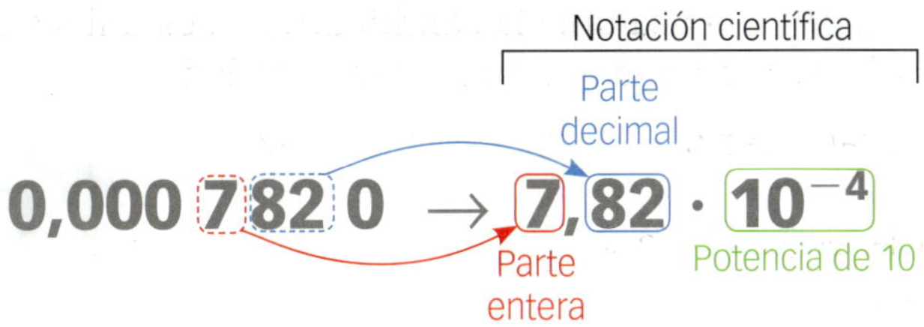

La notación científica es una manera de escribir números que facilita su lectura y comprensión.

La distancia a la **Nebulosa de Orión** es de 1270 años luz. Para expresar este valor en otras unidades es aconsejable emplear la notación científica:

$$1{,}2 \cdot 10^{16}\ \text{km}$$

6. EJEMPLO RESUELTO

Escribe con notación científica los siguientes números:

a) 346 000

b) 0,000 064

Vamos a completar una tabla para cada número:

	A	B
1. Observa el número original.	346 000	0,000 064
2. Escribe la primera cifra distinta de cero, luego coma y después las cifras restantes. No pongas los ceros a la derecha.	3,46	6,4
3. Escribe la potencia de diez (10^x). Cuenta los lugares que tienes que desplazar la coma hasta que quede solo una cifra entera. Ese valor será el exponente que usarás.	3 4 6 0 0 0 → **$3{,}46 \cdot 10^5$** Si el número era mayor que uno, la potencia será positiva.	0,0 0 0 0 6 4 → **$6{,}4 \cdot 10^{-5}$** Si el número era menor que uno, la potencia será negativa.

ACTIVIDADES

17 Escribe los siguientes números con notación científica.

a) 2 073 500 b) 0,000 350 002

18 Escribe todas las cifras de los números cuya notación científica es:

a) $2{,}705 \cdot 10^2$ b) $1{,}075 \cdot 10^{-4}$

19 La luz se desplaza a 300 000 km/s. Calcula su velocidad en m/h y expresa el resultado con notación científica.

20 El caracol de jardín se desplaza a 14 mm/s. Calcula su velocidad en km/h y expresa el resultado con notación científica.

4 El trabajo en el laboratorio

COMPROMETIDOS

Normas de seguridad en el laboratorio

La química es una ciencia experimental. Los estudiantes de química realizan parte de su estudio en los laboratorios, donde existe un material frágil y preciso, y unos productos que pueden ser peligrosos. Por todo ello, hay que conocer una serie de normas que harán que nuestras clases en el laboratorio sean seguras y provechosas.

- Observa dónde están las salidas y los equipos de emergencia. Aprende a utilizar los lavaojos.
- Utiliza guantes y gafas de seguridad cuando sean necesarios.
- Haz solo los experimentos que te indique tu profesor o profesora; no trates de hacer pruebas por tu cuenta.
- Ten encima de la mesa solo el material necesario. Deja los libros y la ropa que no vayas a utilizar en el lugar apropiado, de forma que no moleste el paso de nadie.
- No te muevas más de lo necesario. No corras ni juegues.
- No comas, ni bebas ni masques chicle.
- Lávate bien las manos cuando salgas del laboratorio.
- No toques, huelas ni pruebes los productos del laboratorio.
- No manejes ningún producto desconocido. Si algún frasco no tiene etiqueta, no lo uses y avisa al profesor. Deja los frascos en el armario, con su etiqueta visible.
- No pipetees los líquidos con la boca; utiliza las pipetas con dispositivo para pipetear.
- No utilices material de vidrio roto; si se te rompe algo, avisa al profesor.
- Maneja los aparatos eléctricos con seguridad y nunca con las manos mojadas.
- Si tienes que calentar un tubo de ensayo, sujétalo con unas pinzas. Haz que se mantenga inclinado de forma que su boca no apunte hacia ti ni a ningún compañero.
- Utiliza material limpio para coger un producto de un frasco, a fin de evitar contaminar todo el recipiente.
- Cierra los frascos tras usarlos.
- Si necesitas tirar algo, pregunta al profesor cómo lo puedes hacer para no contaminar.
- Al terminar la práctica, deja el material limpio y ordenado, y los productos en su sitio.

ALGUNAS de las SEÑALES de PREVENCIÓN de RIESGOS

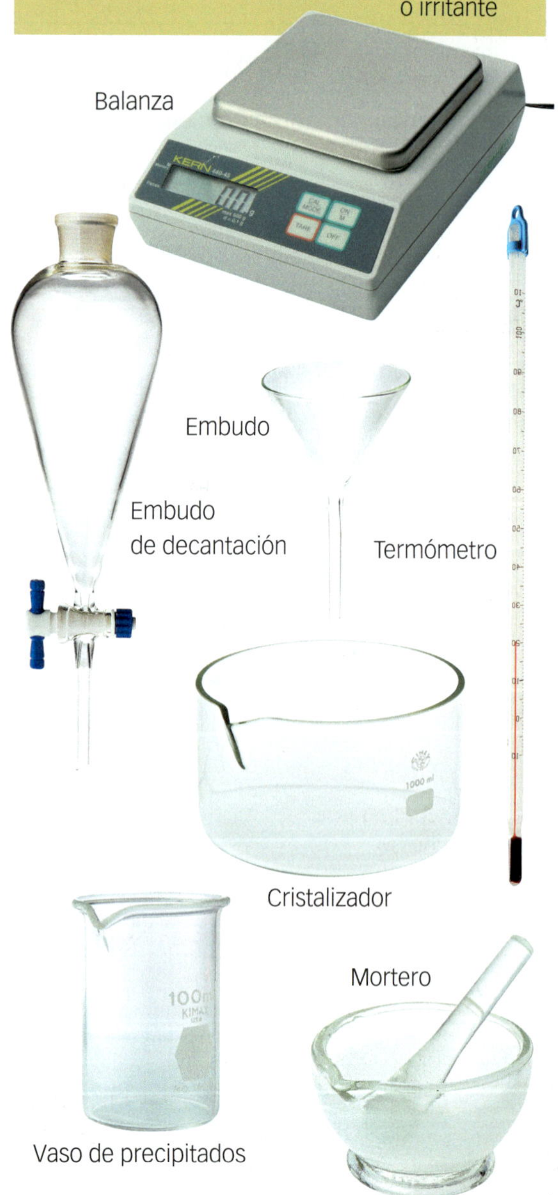

MATERIAL BÁSICO DE UN LABORATORIO

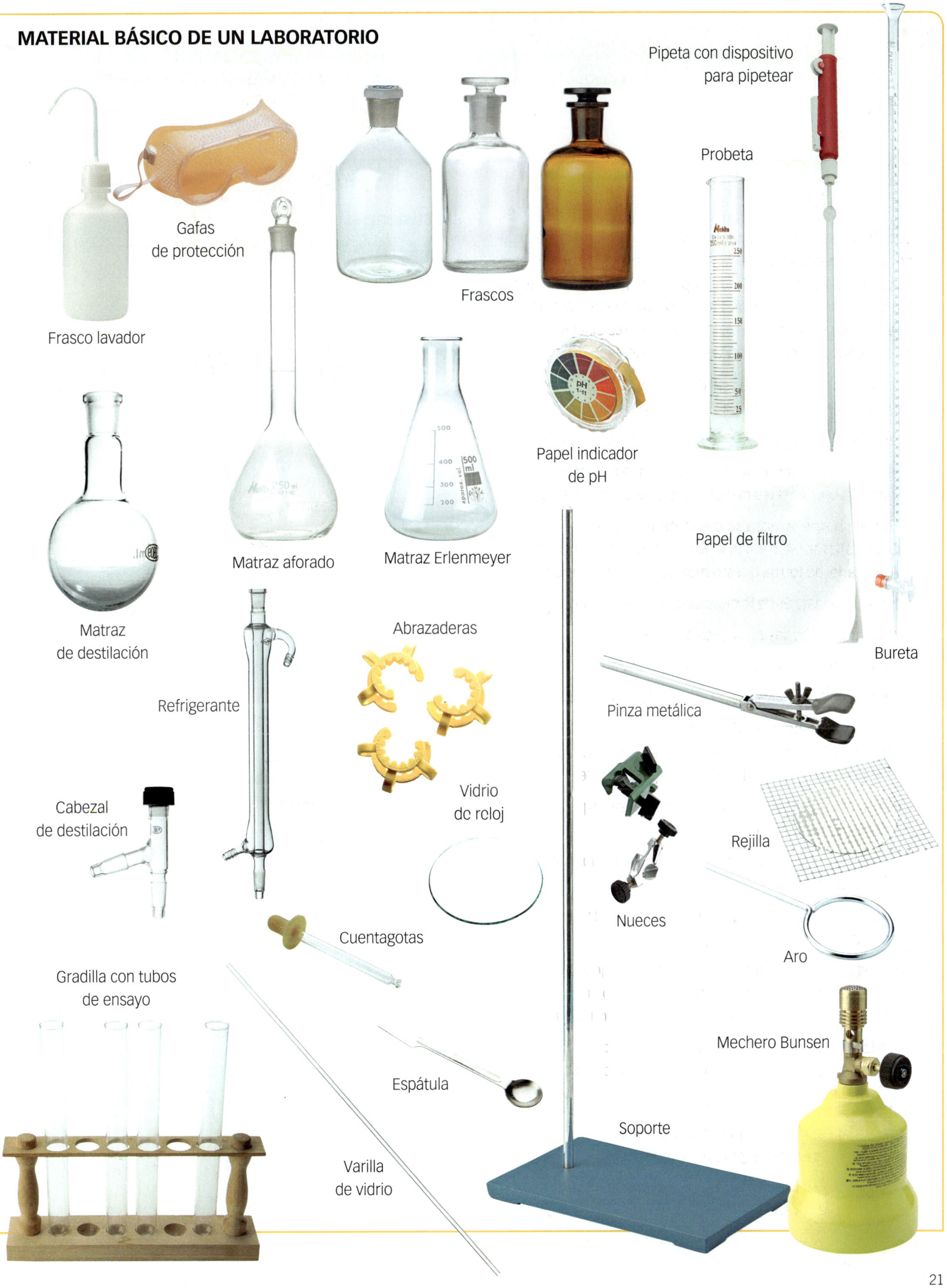

4.1. Técnicas básicas de laboratorio

En cada unidad de este libro se propone una experiencia de laboratorio en la que se indica el material necesario y se explica cómo se lleva a cabo.

A continuación repasamos algunas operaciones que son muy frecuentes en el trabajo de laboratorio.

SABER HACER

Manipular sólidos

- Utiliza **guantes** de látex. No toques los productos con las manos.
- Agrega los **productos** sólidos con la espátula; no uses las manos.
- Deposita los productos sólidos en un **recipiente** de vidrio o de cerámica.
- Para remover utiliza una **varilla de vidrio**.
- Sujeta los recipientes con firmeza para evitar que se caigan.

Pesar sustancias

No coloques las sustancias directamente sobre la balanza. Debes colocarlas en un recipiente de vidrio o de cerámica.

- Enciende la balanza y espera a que marque cero.
- Coloca sobre el platillo el recipiente en el que vas a pesar.

- Pulsa el botón **Tara** para que la balanza se ponga nuevamente a cero: indica que va a descontar la masa del recipiente.
- Pon dentro del recipiente la sustancia que vas a pesar y lee su masa en la balanza.

Manipular líquidos

- Utiliza **guantes** de látex. No derrames líquidos, especialmente sobre tu cuerpo o tu ropa. Ten en cuenta, también, donde están situados tus compañeros.
- Para coger una pequeña cantidad de líquido puedes utilizar una **pipeta Pasteur** o **cuentagotas**. Para coger cantidades mayores puedes utilizar **pipetas**, **probetas** o **buretas**.

Si no necesitas medir exactamente la cantidad de líquido, puedes utilizar vasos u otros matraces.

- Utiliza un **embudo** para echar líquido en un recipiente estrecho.
- Las pipetas permiten coger y soltar líquido. Para asegurarte de que lo sabes utilizar, haz pruebas cogiendo y soltando distintas cantidades de agua.

Medir volúmenes

- Para medir el volumen de un líquido con exactitud se emplean **pipetas**, **probetas** o **buretas graduadas**.
- Cuando el líquido asciende por un tubo estrecho, su superficie se curva formando un menisco.
- La medida es la que indica la parte inferior del menisco.

Para evitar error de paralaje en la medida, el recipiente debe estar apoyado sobre una superficie horizontal, y nuestros ojos deben estar a la altura del menisco.

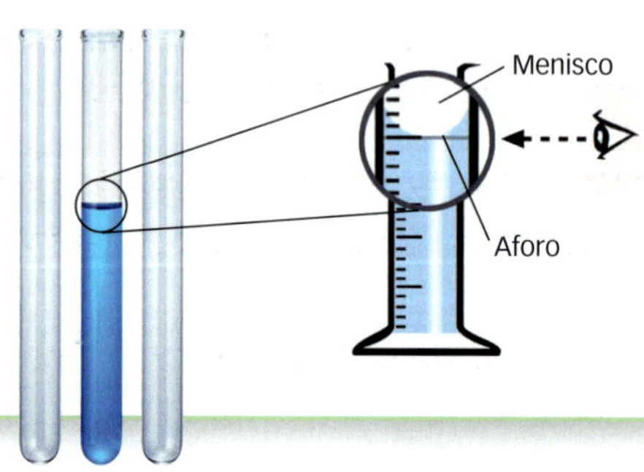

ACTIVIDADES FINALES

REPASA LO ESENCIAL

21 De los siguientes aspectos de la materia, indica cuál o cuáles estudia la química y cuál la física.

a) La composición de la materia.

b) Los cambios que experimenta la materia que no alteran su naturaleza.

c) Los cambios que experimenta la materia que la transforman en otra de naturaleza diferente.

22 Completa el esquema en tu cuaderno con las siguientes palabras.

- Ley
- Teoría
- Tabla
- Hipótesis
- Experimentación
- Análisis de datos
- Gráfica
- Sí
- No

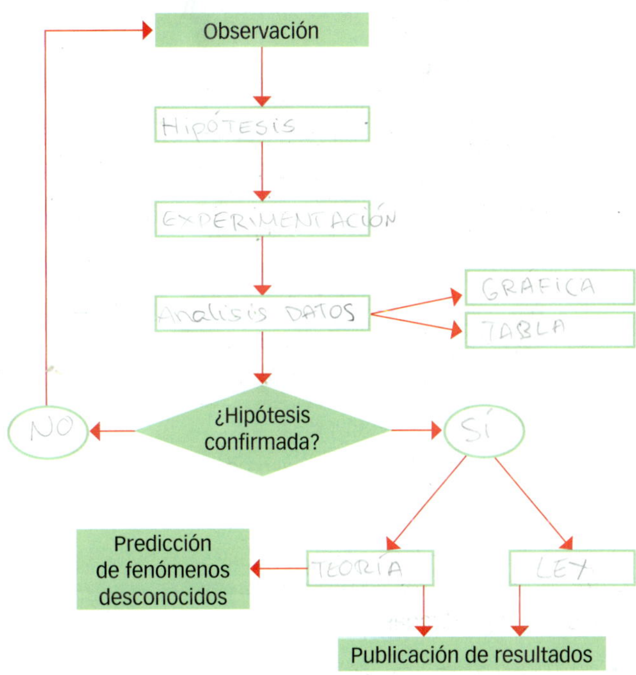

23 Completa en tu cuaderno con las palabras que faltan.

a) Una ________ es cualquier característica de la materia que podemos medir, es decir, que podemos expresar con ________ y ________.

b) Medir ________ es compararla con una cantidad de ________ a la que llamamos ________.

24 Explica por qué una unidad de medida adecuada debe ser constante, universal y fácil de reproducir.

25 Razona cuál de las siguientes afirmaciones es cierta:

a) Un factor de conversión cambia una cantidad en otra.

b) Un factor de conversión cambia una unidad en otra.

26 Relaciona cada gráfica con la expresión que refleja la relación entre las magnitudes.

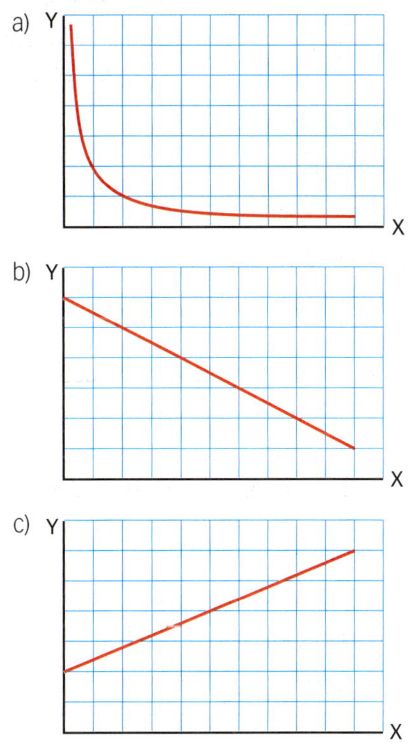

1. Directamente proporcionales. Constante negativa.
2. Directamente proporcionales. No pasa por el punto (0, 0).
3. Inversamente proporcionales.

27 Elabora una lista con las unidades de las magnitudes fundamentales del SI que encuentres en la sopa de letras.

T	O	R	S	P	M	D	Ñ	N	T	Y	C	D	M
U	K	O	V	A	E	M	M	V	A	T	I	O	I
D	X	I	O	R	T	I	L	L	B	X	M	B	I
E	E	M	S	A	R	H	E	D	O	U	A	V	S
E	R	O	P	C	O	D	N	U	G	E	S	A	D
O	I	I	M	E	N	F	H	R	R	P	O	N	O
D	O	R	H	A	N	V	I	I	A	M	F	G	Ñ
X	C	E	C	A	R	I	N	E	M	N	I	N	F
R	I	P	E	M	U	G	C	M	O	I	C	J	Z
A	T	M	E	K	E	E	O	I	U	V	U	O	F
D	R	A	L	R	I	L	F	L	L	L	L	K	C
R	O	I	I	F	K	J	P	U	I	E	I	E	D
K	C	R	K	O	D	G	N	O	P	K	N	N	A
R	D	N	B	M	N	F	H	O	C	F	A	D	F

PRACTICA

Ciencia o ciencias

28 Señala cuáles de estos problemas se pueden estudiar en las clases de física y cuáles en las de química.

a) Un vagón descendiendo por una montaña rusa.

b) Preparar un bocadillo de queso.

c) Digerir un bocadillo de queso.

d) Encender una bombilla.

e) Una explosión de fuegos artificiales.

f) Encender una vela.

g) Calentar leche.

h) Hacer yogur.

29 Lee el texto siguiente y responde a las preguntas.

«¡Señoras y señores, pasen y vean! ¡Acérquense y asómbrense ante el descubrimiento del doctor Einstenio, el mayor avance de la ciencia en los últimos siglos! ¡Pruebe las fantásticas píldoras RapidStar! ¡Su espectro viajará por el tiempo y el espacio sin mayores inconvenientes! Visite a sus ancestros cualquiera que sea la estrella en que se encuentren».

a) Razona si el texto se refiere a ciencia o a falsa ciencia.

b) ¿Por qué crees que se llama doctor al descubridor?

c) ¿Se puede viajar por el tiempo? ¿Y por el espacio? Explícalo con ejemplos científicos.

El método de las ciencias experimentales

30 Para estudiar el problema de la evaporación de agua se diseña un experimento: con una probeta medimos 50 mL de agua y los echamos:

- En un vaso de tubo alto.
- En un plato.
- En un vaso ancho y bajo.

Al día siguiente medimos la cantidad de agua que hay en cada recipiente y calculamos lo que se ha evaporado. Responde.

a) ¿Qué observación nos ha podido llevar a plantear este problema?

b) ¿Qué hipótesis vamos a comprobar?

c) Señala cuál es la variable independiente, cuál la variable dependiente y cuál la variable de control.

d) Imagina los resultados y escribe la ley que se puede deducir del estudio.

31 Teniendo en cuenta las fases del método científico:

a) Explica la diferencia entre ley e hipótesis.

b) Explica la diferencia entre ley y teoría.

7. EJEMPLO RESUELTO

En una experiencia se programa un coche mecánico para que corra a una determinada velocidad y se mide el tiempo que tarda en recorrer una distancia concreta. Observa la tabla.

v (m/s)	t (s)
20	1
16	1,25
10	2
8	2,5
5	4
4	5
2	10
1,25	16

a) Representa la gráfica correspondiente.

b) ¿Qué ley se deduce de este estudio? Comprueba que se cumple la ley.

c) ¿A qué velocidad va el coche cuando han transcurrido 6 s?

a)

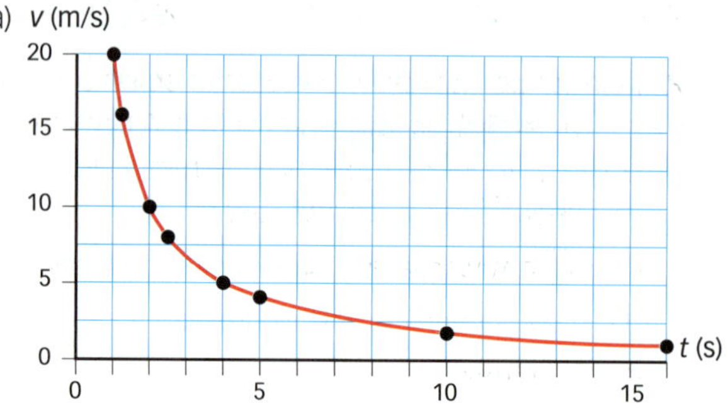

b) La línea de ajuste es una curva hipérbola equilátera:

- «La velocidad del coche mecánico es inversamente proporcional al tiempo que tarda en recorrer una determinada distancia».
- Fórmula matemática: $\boldsymbol{v \cdot t = k}$.
- En todas las mediciones, el producto de $v \cdot t = 20$.

c) En la gráfica se lee que cuando $t = 6$ s, $\boldsymbol{v = 3{,}3}$ **m/s**.

32 Observa la tabla siguiente.

Moneda (€)	1	0,50	0,10	0,05	0,02
Circunferencia (mm)	73,01	76,17	62,02	66,73	58,88
Diámetro (mm)	23,25	24,25	19,75	21,25	18,75

a) Representa en una gráfica la longitud de la circunferencia frente al diámetro. ¿Qué relación hay entre las dos magnitudes?

b) Calcula el cociente entre la longitud de la circunferencia y el diámetro para cada moneda. ¿Qué representa?

c) Lee en la gráfica y luego calcula la longitud de la circunferencia de las siguientes monedas.

Moneda (€)	2	0,20	0,01
Circunferencia (mm)			
Diámetro (mm)	25,75	22,25	16,25

La medida

33 Indica cuál de las siguientes características de una persona son magnitudes físicas.

a) La altura.
b) La simpatía.
c) El peso.
d) La velocidad con que se mueve.
e) La belleza.
f) El índice de masa corporal.

34 Ordena de mayor a menor en cada apartado.

a) 154,5 cm ; 20 000 μm ; 0,000 154 km
b) 25 min ; 250 s ; 0,25 h
c) 36 km/h ; 9 m/s ; 990 cm/s
d) 2,7 kg/L ; 1270 kg/m^3 ; 13,6 g/mL

35 Expresa las cantidades que aparecen en las siguientes frases con el símbolo correspondiente. A continuación, utiliza la potencia de diez adecuada para indicar su equivalencia con la unidad base:

a) En cirugía ocular se usa un láser de 2 femtosegundos.
b) Mi ordenador tiene un disco duro externo de 5 terabytes.
c) En un control antidopaje se detectaron en la orina de un ciclista 50 picogramos de clembuterol por mililitro.

36 El disco duro de mi ordenador tiene 500 gigabytes. ¿En cuánto aumenta su capacidad de almacenamiento si le conectamos un disco duro externo de 2 terabytes?

37 Escribe los siguientes números con notación científica.

a) 2 751 724
b) 0, 000 034 625
c) 35
d) 0,090 02

El trabajo en el laboratorio

38 Asocia cada pictograma con el riesgo correspondiente:

a) 
b) 
c) 
d) 
e) 
f) 

Irritante — Tóxico — Inflamable
Explosivo — Corrosivo — Comburente

AMPLÍA

8. EJEMPLO RESUELTO

Los países anglosajones utilizan unidades propias para medir la longitud y, por tanto, la velocidad. Expresa las siguientes velocidades en unidades del SI y ordénalas.

Guepardo	Tortuga	Balón de fútbol	Pelota de tenis
75 mph (millas/hora)	2625 in/min (pulgadas/min)	127 ft/s (pies/s)	75 yd/s (yardas/s)

Equivalencia entre unidades.

Pulgada (in)	Pie (ft)	Yarda (yd)	Milla (mi)
2,54 cm	30,48 cm	91,44 cm	1,609 km

Utiliza factores de conversión.

- Guepardo:

$$75\,\frac{\text{millas}}{\text{h}}\cdot\frac{1609\ \text{m}}{1\ \text{milla}}\cdot\frac{1\ \text{h}}{3600\ \text{s}}=\mathbf{33{,}5\ \frac{m}{s}}$$

- Tortuga:

$$2625\,\frac{\text{in}}{\text{min}}\cdot\frac{2{,}54\ \text{cm}}{1\ \text{in}}\cdot\frac{1\ \text{m}}{100\ \text{cm}}\cdot\frac{1\ \text{min}}{60\ \text{s}}=\mathbf{1{,}1\ \frac{m}{s}}$$

- Balón de fútbol:

$$127\,\frac{\text{ft}}{\text{s}}\cdot\frac{30{,}48\ \text{cm}}{1\ \text{ft}}\cdot\frac{1\ \text{m}}{100\ \text{cm}}=\mathbf{38{,}7\ \frac{m}{s}}$$

- Pelota de tenis:

$$75\,\frac{\text{yd}}{\text{s}}\cdot\frac{91{,}44\ \text{cm}}{\text{yd}}\cdot\frac{1\ \text{m}}{100\ \text{cm}}=\mathbf{68{,}6\ \frac{m}{s}}$$

Pelotas > Balón > Guepardo > Tortuga.

39 En el SI la presión se mide en pascales (Pa). En los mapas del tiempo la presión atmosférica se suele expresar en hectopascales (hPa) aunque hace algunos años se expresaba en atmósferas (atm) o milímetros de mercurio (mm de Hg). La relación entre ellas es:

- 1 atm = 760 mm de Hg.
- 1 atm = 101 300 Pa.

Expresa en hPa los siguientes valores:

a) 1,25 atm
b) 680 mm de Hg
c) 98 500 Pa
d) 1500 mm de Hg

40 Lee la siguiente hipótesis:

«Todas las sustancias líquidas disminuyen de volumen cuando se congelan».

A partir de ella diseña un experimento que te permita comprobar si se cumple o no en el caso del agua. ¿Es cierta la hipótesis?

APLICA UNA TÉCNICA. **Analizar una gráfica**

Cuando se mide la temperatura del líquido refrigerante (anticongelante) de un coche una vez que el vehículo se ha detenido en un garaje a 14 °C de temperatura ambiente, se obtiene una gráfica como la siguiente:

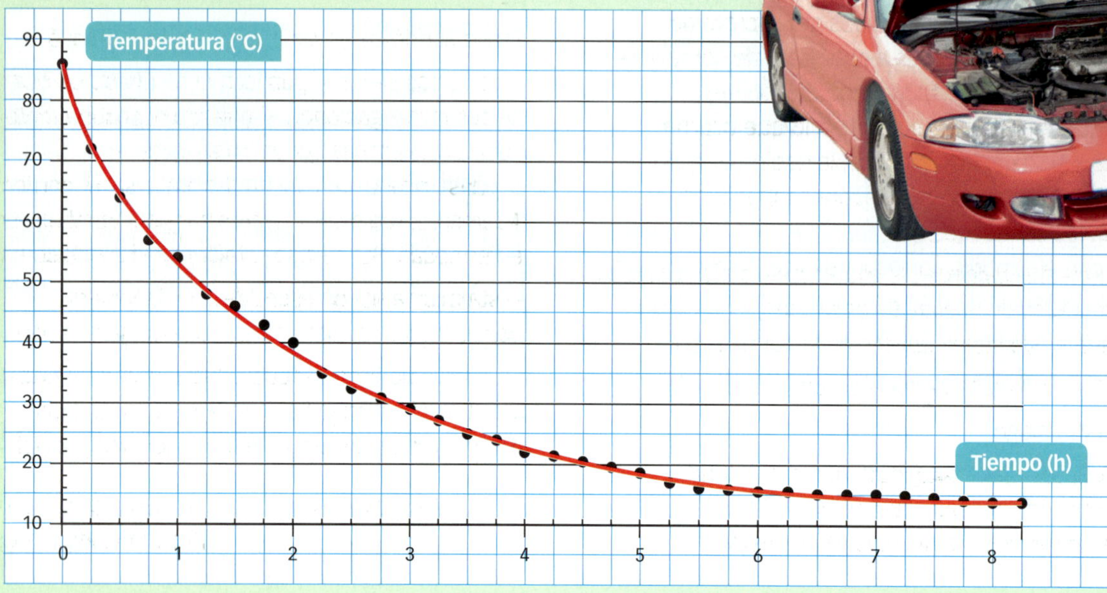

41 Contesta.

a) ¿Qué magnitudes aparecen representadas en la gráfica?

b) ¿Qué unidades se han empleado?

c) ¿Pertenecen estas unidades al Sistema Internacional?

d) ¿Qué representa la línea trazada?

42 Fíjate en los ejes y responde.

a) ¿Cuál era la temperatura inicial del líquido refrigerante?

b) ¿Cada cuánto tiempo se ha medido la temperatura del refrigerante?

43 ¿Cómo varía la temperatura del refrigerante a medida que transcurre el tiempo?

44 ¿Disminuye la temperatura del refrigerante a un ritmo constante?

45 Calcula la temperatura media de enfriamiento (en °C/hora) sabiendo que al cabo de ocho horas la temperatura del refrigerante es de 14 °C.

46 ¿Qué forma tendría la gráfica si la temperatura se representase en kelvin? ¿Y si el tiempo se midiese en minutos?

47 ¿Qué forma tendría la gráfica si la temperatura del refrigerante disminuyese a un ritmo constante? Elige la opción correcta.

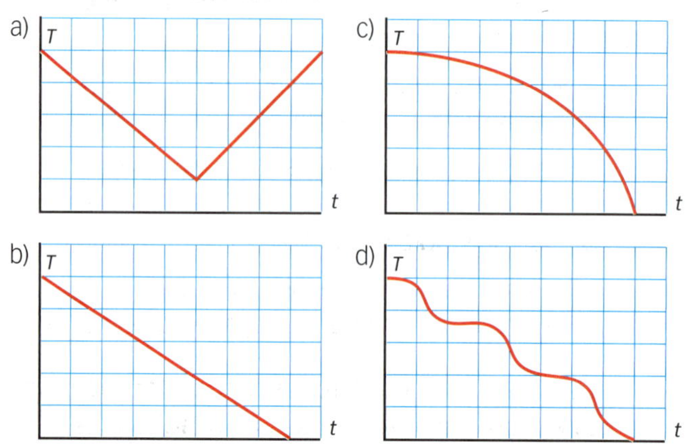

48 Dibuja ahora una nueva gráfica correspondiente al caso en que el coche se aparca en la calle un día de invierno a una temperatura de 0 °C.

FORMAS DE PENSAR. Análisis ético. ¿Compartirías tus descubrimientos?

El último y más maravilloso milagro era que el radio podía convertirse en un aliado del hombre en su lucha contra el cáncer. Tenía, pues, una utilidad práctica [...].

Sin embargo, los ingenieros solo podrían producir el «fabuloso metal» si dominaban el secreto de las delicadas operaciones a que había de someterse la materia prima. Cierta mañana de domingo, Pierre [Curie] explicó a su esposa lo que ocurría. Acababa de leer una carta que le habían dirigido en demanda de información varios ingenieros de Estados Unidos [...].

–Tenemos dos caminos –le dijo Pierre–, o bien describir los resultados de nuestra investigación, sin reserva alguna, incluyendo el proceso de la purificación...

Marie hizo un gesto de aprobación y murmuró:

–Sí, desde luego.

–O bien podríamos considerarnos propietarios e «inventores» del radio, patentar la técnica del tratamiento de la pechblenda [mineral que contiene radio] y asegurarnos los derechos de la fabricación del radio en todo el mundo.

Marie reflexionó unos segundos:

–Es imposible –dijo luego–. Sería contrario al espíritu científico.

Pierre sonrió con satisfacción. Marie continuó:

–Los físicos siempre publican el resultado completo de sus investigaciones. Si nuestro descubrimiento tiene posibilidades comerciales, será una circunstancia de la cual no debemos sacar partido. Además, el radio se va a emplear para combatir una enfermedad. Sería imposible aprovecharnos de eso...

–Esta misma noche escribiré a los ingenieros norteamericanos para darles toda la información [...].

Un cuarto de hora después, Pierre y Marie rodaban sobre sus bicicletas hacia el bosque. Acababan de escoger para siempre entre la fortuna y la pobreza.

La vida heroica de Marie Curie, descubridora del radio.
Eve Curie, Espasa Calpe.

49 COMPRENSIÓN LECTORA. Relee la frase: «Tenía, pues, una utilidad práctica».

a) ¿A qué sustancia se refiere?

b) ¿Qué utilidad práctica se cita en el texto?

50 ¿Cuál es el descubrimiento tan especial que habían hecho Pierre y Marie Curie?

51 Explica la frase: «Acababan de escoger para siempre entre la fortuna y la pobreza». Indica en tu cuaderno a qué fortuna se refiere.

a) Al valor que alcanzaba en el mercado el radio, una sustancia muy rara y cara.

b) Al beneficio que obtendrían si quien emplease en el futuro la técnica descubierta por los Curie para obtener radio tuviese que pagarles un «canon».

c) A la fortuna que tenían Pierre y Marie Curie y que habían cedido para investigar contra el cáncer.

52 Marie Curie recibió dos Premios Nobel. ¿Por qué crees que hay más hombres que mujeres galardonados?

53 Las células cancerígenas se dividen a un ritmo más rápido de lo normal. El esquema muestra cómo actúa la radioterapia en los enfermos de cáncer.

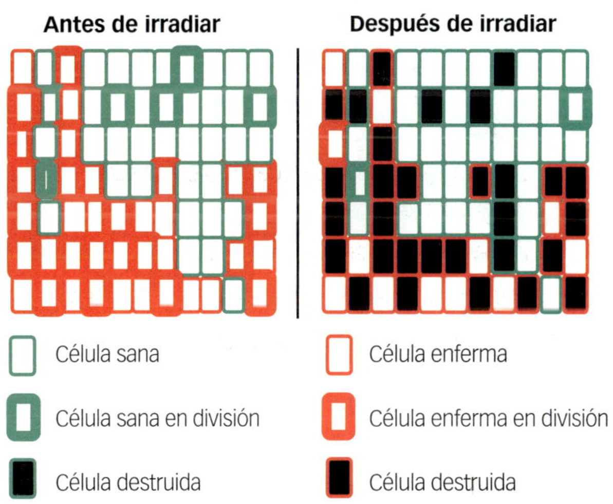

Escribe las frases verdaderas en tu cuaderno.

a) La radiación no afecta a las células.

b) La radiación mata todas las células a las que llega.

c) La radiación mata más células enfermas que sanas.

d) La radiación solo mata a las células enfermas.

e) La radiación transforma las células cancerígenas en células sanas.

54 Ahora decide: ¿compartirías tus descubrimientos sin reservas o los patentarías para obtener un beneficio?

RELACIÓN ENTRE LA MASA Y EL VOLUMEN DE UNA SUSTANCIA

Observando a nuestro alrededor parece que el volumen que ocupa una determinada cantidad de sustancia es mayor cuanto mayor es la cantidad de la misma. Plantemos un estudio siguiendo el método científico. Elegimos como sustancia el agua y realizamos esta experiencia:

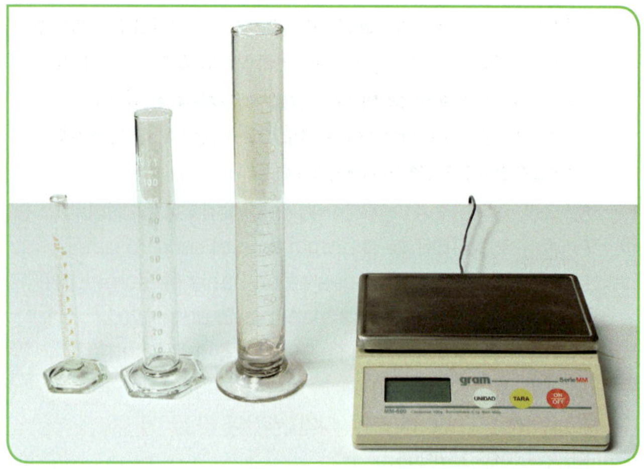

MATERIAL

- Tres probetas de diferente capacidad.
- Una balanza electrónica.

PROCEDIMIENTO

1. Primero, enciende la balanza, coloca la probeta pequeña encima y tárala.

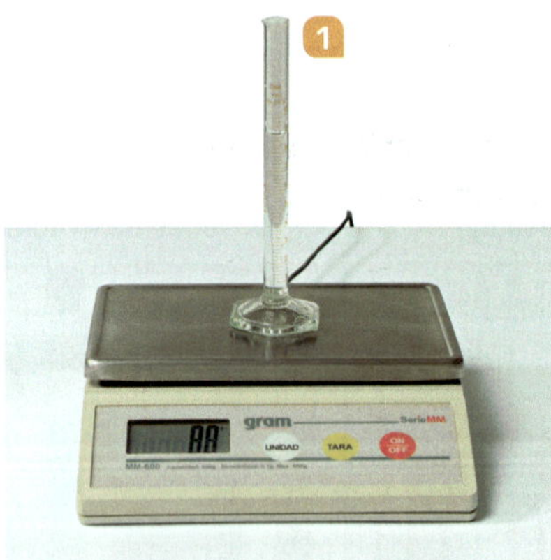

2. Echa agua en la probeta y colócala en la balanza. Anota la masa y el volumen.
3. Repite los pasos 1 y 2 con la probeta mediana.
4. Luego repite los pasos 1 y 2 con la probeta grande.

Resultados experimentales

Completa en tu cuaderno una tabla similar a la siguiente y anota los resultados experimentales.

Los datos correspondientes a una experiencia real son:

	Probeta 1 (10 mL)	Probeta 2 (100 mL)	Probeta 3 (250 mL)
Masa (g)	8,8	94,0	226,4
Volumen (mL)	8,8	95	227

Para elaborar una gráfica a partir de la tabla, rotula en los ejes las magnitudes que vas a representar.

Antes de elegir la escala sobre cada eje, fíjate en los valores mínimo y máximo que se alcanzan en la tabla para cada magnitud.

Masa

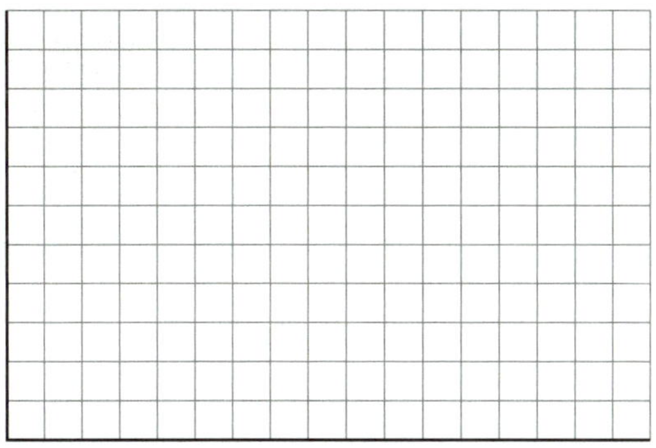

Volumen

ACTIVIDADES

55 Representa gráficamente los datos de la tabla y responde:

a) ¿Qué forma tiene la gráfica?

b) ¿Pasa por el punto (0,0)? Interpreta este hecho.

c) ¿Cuál es la relación matemática entre estas magnitudes?

d) ¿Qué volumen ocuparían 45 g de agua?

e) ¿Cuál sería la masa de 243 mL de agua?

Informe científico

Trabajando en grupo, elaborad un informe científico que recoja este estudio. Podéis elaborarlo usando un procesador de textos e imprimirlo en papel o realizar una presentación multimedia.

1. Título

Incluye el título del trabajo, tu nombre, el lugar donde se realizó la investigación y la fecha.

2. Introducción

Explica brevemente por qué se lleva a cabo esa investigación y qué se pretende demostrar.

- Observación: define el problema que vas a estudiar.
- Hipótesis: enuncia la hipótesis que pretendes comprobar.

3. Metodología

Describe el experimento:

- Material.
- Procedimiento.
- ¿Cuál es la variable independiente?
- ¿Cuál es la variable dependiente?

4. Resultados

Representa los resultados obtenidos en una tabla. Elabora la gráfica correspondiente.

- ¿Coinciden todos los datos sobre la línea de ajuste? Si no es así, explica por qué ha sucedido y si se puede evitar.

5. Discusión de los resultados

Analiza la gráfica para establecer la relación entre las variables.

- ¿Cómo se llama la magnitud que relaciona estas variables?

6. Resumen y conclusión final

Retoma la hipótesis barajada en principio y enuncia la ley científica que resulta el estudio realizado.

- ¿Se cumple la hipótesis?

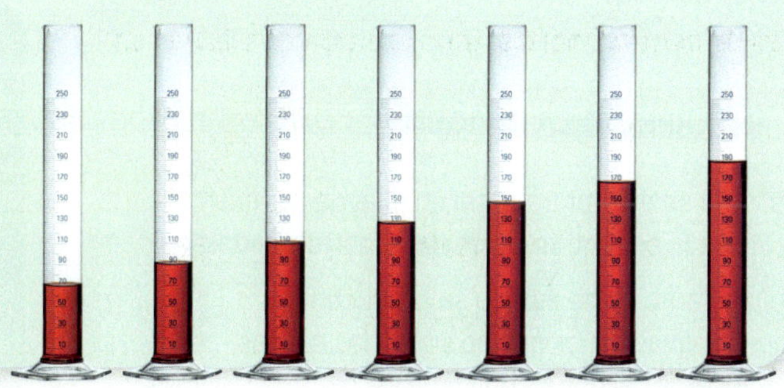

2 Los gases y las disoluciones

SABER

- Los gases y la presión atmosférica.
- Las leyes de los gases.
- La teoría cinética de los gases.
- Las disoluciones.
- La solubilidad.

SABER HACER

- Resolver problemas.
- Interpretar los resultados de un experimento.

1 En las salinas costeras se abre una **compuerta** para captar agua cuando la marea está alta.

2 El agua del mar se distribuye en distintas **parcelas** y a continuación se cierra el acceso para que no entre más agua salada.

3 El **grosor** de la capa de agua salada en cada parcela es de unos pocos centímetros.

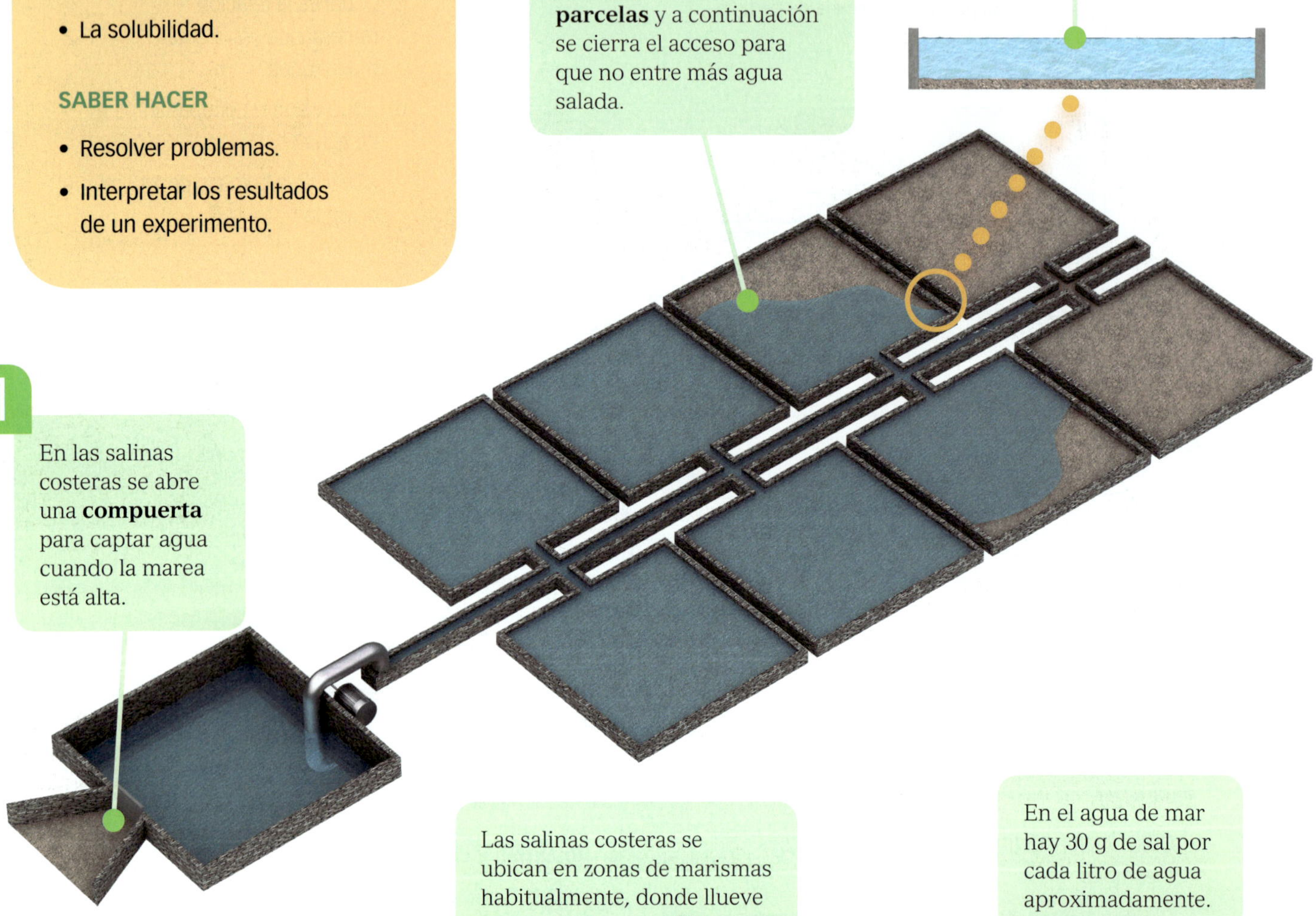

Las salinas costeras se ubican en zonas de marismas habitualmente, donde llueve poco y el clima es cálido.

En el agua de mar hay 30 g de sal por cada litro de agua aproximadamente.

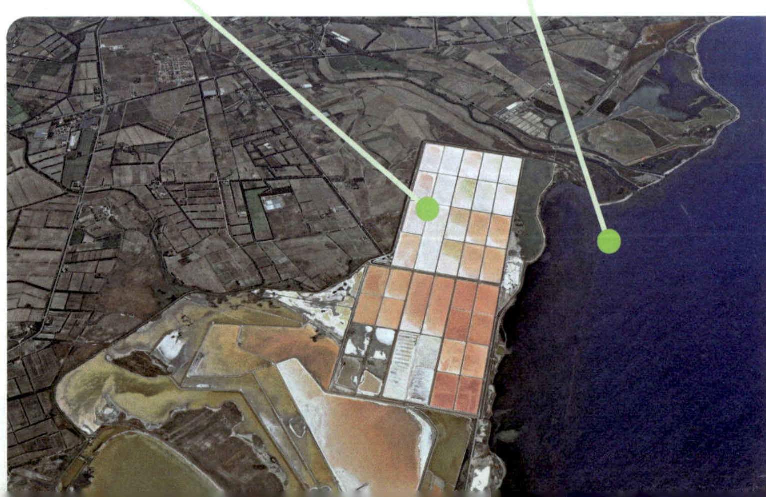

? INTERPRETA LA IMAGEN

- ¿Cómo se encuentra la sal en el agua del mar? ¿Cómo la encontramos en los supermercados?
- ¿Qué cambios de estado se producen en unas salinas? ¿Por qué se sitúan las salinas en lugares cálidos y con clima seco?

NOS HACEMOS PREGUNTAS. ¿Cómo se obtiene la sal?

Puede parecernos que la sal es una sustancia con poco valor. En efecto, podemos comprar un kilogramo en el mercado por poco dinero. Pero antes no era así. De hecho, la palabra **salario** empleada para pagar el sueldo a un trabajador se usa porque hace siglos el pago a ciertos trabajadores se llevaba a cabo en forma de… sal.

Observa en estas páginas cómo obtenemos sal en la actualidad. Luego la usamos en la cocina, pero también para conseguir carreteras menos resbaladizas en invierno o para conservar alimentos.

4

A medida que el **agua se evapora** se reduce el espesor de la capa que contiene la sal.

5

Cuando se ha evaporado la suficiente cantidad de agua la sal disuelta empieza a **cristalizar**.

La sal está formada por muchísimos átomos de cloro y de sodio enlazados.

6

Una vez cristalizada, la **sal** se recoge y se almacena.

7

La sal se lava antes de ser distribuida.

CLAVES PARA EMPEZAR

- Pon ejemplos de sustancias que utilizas habitualmente y que sean mezclas de otras sustancias más simples.
- ¿Conoces algunos ejemplos de disoluciones? ¿Qué sustancias las forman?

REPASA MATEMÁTICAS, FÍSICA Y QUÍMICA

Cambio de unidades. Factores de conversión

Un **factor de conversión** es una fracción que tiene en su numerador y en su denominador la misma cantidad, pero expresada en distintas unidades. Se usa para expresar una cantidad en otras unidades.

1. EJEMPLO RESUELTO

Expresa la densidad del alcohol, 0,78 g/mL, en unidades del SI.

La unidad del SI para la masa es el kilogramo, y para el volumen, el metro cúbico. Para realizar el cambio de unidades utiliza dos factores de conversión: uno para la masa y otro para el volumen. 1 mL equivale a 1 cm^3:

Factores de conversión

$$0{,}78\,\frac{\cancel{g}}{\cancel{cm^3}} \cdot \frac{1\,kg}{10^3\,\cancel{g}} \cdot \frac{10^6\,\cancel{cm^3}}{1\,m^3} = 780\,\frac{kg}{m^3}$$

Cambio de unidad de masa — Cambio de unidad de volumen

Resolución de problemas

Para resolver problemas sigue estos pasos.

1. Identifica la fórmula matemática que debes emplear.
2. Aísla la incógnita en un miembro. Si un factor está multiplicando, pasa al otro miembro dividiendo. Y al revés: si está dividiendo, pasa multiplicando.
3. Sustituye los datos. Si aparecen varias cantidades de una magnitud, exprésalas en la misma unidad.

2. EJEMPLO RESUELTO

Un corredor se desplaza a 6 m/s. ¿Cuánto tardará en recorrer 1,2 km?

1. Hay que emplear la ecuación: $v = \frac{s}{t}$.
2. Despeja la incógnita, t:

$$v = \frac{s}{t} \rightarrow v \cdot t = s \rightarrow t = \frac{s}{v}$$

3. Al sustituir los datos debes expresar 1,2 km en m.

$$1{,}2\,\cancel{km} \cdot \frac{1000\,m}{1\,\cancel{km}} = 1{,}2 \cdot 10^3\,m$$

Por tanto:

$$t = \frac{s}{v} = \frac{1{,}2 \cdot 10^3\,m}{6\,m/s} = \mathbf{200\,s}$$

Tablas de dos variables

La siguiente tabla recoge la presión que ejerce el gas que hay en un recipiente a medida que se va reduciendo su volumen:

Volumen (L)	1,00	0,50	0,33	0,25	0,20
Presión (atm)	1	2	3	4	5

- **Variable independiente: volumen.** Es la magnitud que vamos modificando en la experiencia.
- **Variable dependiente: presión.** Su valor depende del valor del volumen.

Representación gráfica de dos variables

1. Utiliza papel milimetrado o cuadriculado.
2. Dibuja dos ejes perpendiculares. Uno vertical (de ordenadas, Y) y otro horizontal (de abscisas, X).
3. Especifica en cada eje el nombre de la magnitud que vas a representar y la unidad en que se mide.
4. Traza la escala en cada eje, teniendo en cuenta los valores máximo y mínimo. La unidad tiene que ser constante en cada eje, pero la unidad de un eje puede ser diferente a la del otro.

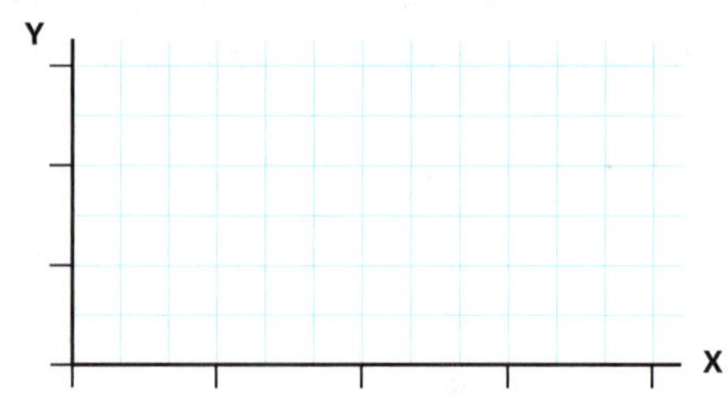

5. Representa cada par de valores con un punto.
6. Traza la línea que mejor se ajusta a los puntos.

ACTIVIDADES

1 Expresa las siguientes cantidades en m^3:

a) 2,5 cm^3
b) 13,25 mL
c) 4,5 L
d) 35,2 dm^3

2 La tabla representa masas y volúmenes de aceite:

Masa (g)	9,6	13,6	18,4	25,6	30,4
Volumen (cm^3)	12	17	23	32	38

a) Representa gráficamente estos datos.
b) ¿Cómo varía el volumen al aumentar la masa?

REPASA MATEMÁTICAS, FÍSICA Y QUÍMICA

¿Qué representa un porcentaje?

Con frecuencia has oído expresiones como estas:

- En la clase de 3.º A hay un 60 % de chicos.
- En las rebajas los precios se han reducido un 25 %.
- La crema pastelera lleva un 55 % de leche, 30 % de yema de huevo, 10 % de azúcar y 5 % de harina.

El símbolo % se lee «por ciento». Cuando un conjunto está formado por varios elementos, el porcentaje de un elemento (%) representa la proporción de ese elemento en un conjunto formado por un grupo similar, pero de 100 elementos. Por ejemplo:

- Si la clase de 3.º A tuviese 100 alumnos, con esa misma proporción de chicos y chicas, 60 de ellos serían chicos.
- Un objeto cuyo precio normal fuese de 100 euros, en las rebajas de verano te costaría 75. Por cada 100 euros de coste, te rebajan 25 euros.
- Para preparar 100 g de crema pastelera debes mezclar 55 g de leche, 30 g de yema de huevo, 10 g de azúcar y 5 g de harina de maíz.

La suma de todos los porcentajes de un conjunto da 100.

Los estados de la materia y la teoría cinética

La mayoría de las veces, la materia se presenta en uno de estos tres estados físicos: sólido, líquido y gas.

Estado	Sólidos	Líquidos	Gases
Características	Forma constante.	Forma variable.	Forma variable.
	Volumen constante.	Volumen constante.	Volumen variable.
	No se expanden.	No se expanden.	Se expanden.
	No se comprimen.	Se comprimen poco.	Se comprimen.
Ejemplos	• Hielo. • Azúcar. • Metales.	• Agua. • Aceite. • Alcohol.	• Vapor de agua. • Butano.

Según la teoría cinética:

- La materia está formada por **partículas muy pequeñas** que se hallan más o menos unidas dependiendo del estado en que se encuentre.
- **Las partículas se mueven** más o menos libremente dependiendo del estado. Cuanto mayor es la rapidez con que se mueven, mayor es la temperatura de la materia.

La teoría cinética y los gases

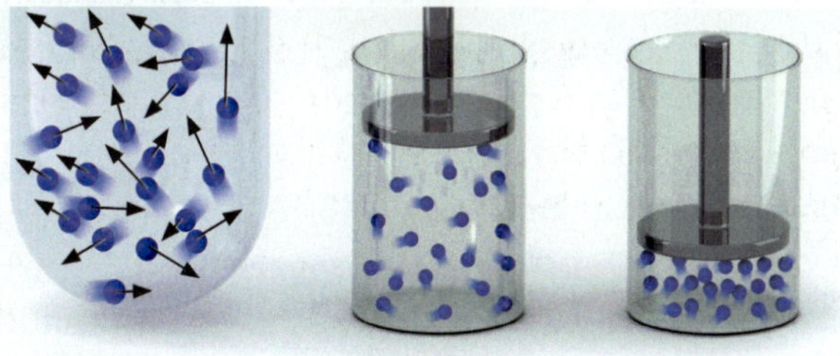

En el estado gas las fuerzas entre las partículas son tan débiles que se mueven con total libertad.

La teoría cinética y los sólidos

En los sólidos las partículas están fuertemente unidas, formando una estructura rígida. Solo tienen un pequeño movimiento de vibración.

La teoría cinética y los líquidos

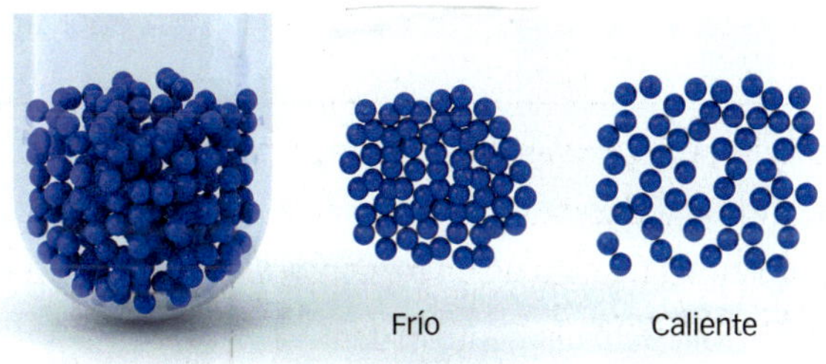

En los líquidos las partículas forman pequeños grupos que pueden deslizar unos sobre otros. La vibración en las partículas es mayor que en los sólidos.

ACTIVIDADES

3 Revisa los datos sobre porcentajes y contesta:

a) Si la clase de 3.º A tiene 25 alumnos, ¿cuántos chicos tiene?

b) Si has comprado en rebajas un juego cuyo precio era 35 €, ¿cuánto ha costado?

c) Si quieres preparar 500 g de crema pastelera, ¿qué cantidad debes tener de cada ingrediente?

4 ¿Qué les ocurre a las partículas de un sólido cuando lo calentamos?

1 Los gases y la presión atmosférica

En la naturaleza existen sustancias muy importantes que se encuentran habitualmente en estado gas, como el aire, el gas natural o el dióxido de carbono. Sus características son muy diferentes de los sólidos y los líquidos, y su estudio ocupó a importantes científicos a partir del siglo XVII.

Cuando se introduce un gas en un recipiente, sus partículas, en continuo movimiento, ocupan todo el espacio disponible. Se dice, por esto, que los gases tienen la forma y el volumen del recipiente en que se encuentran.

Los sólidos y los líquidos son fáciles de manipular. Podemos medir la cantidad de un sólido colocándolo sobre una balanza y leyendo su masa. En el caso de un líquido, podemos introducirlo en una probeta y leer el volumen que ocupa.

Pero resulta difícil medir directamente la cantidad de gas que hay en un recipiente. La mayoría de las veces, la cantidad de un gas se determina de forma indirecta midiendo el volumen del recipiente en que está encerrado, la temperatura a la que se encuentra y la presión que ejerce.

Para medir la temperatura se utilizan **termómetros**. Habitualmente miden la temperatura en °C, aunque en muchos cálculos de gases tendremos que utilizar la temperatura expresada en K.

- El **volumen** del recipiente se mide en unidades de capacidad, como el litro (L) o el mililitro (mL). En el SI se mide en m^3, aunque es frecuente utilizar submúltiplos, como el dm^3 o el cm^3.

$1\ m^3 = 10^3\ L$	$1\ dm^3 = 1\ L$	$1\ cm^3 = 1\ mL$

- Para medir la **temperatura** se utiliza un termómetro. Habitualmente se usa la escala Celsius (°C), aunque la unidad del SI es el Kelvin (K), que corresponde a la escala absoluta de temperaturas. La equivalencia entre ambas escalas es esta:

$$T(\text{K}) = T(\text{°C}) + 273$$

  Por ejemplo, una temperatura de 0 °C corresponde a 273 K.

- La **presión** se mide con un aparato llamado manómetro. La unidad del SI para la presión es el pascal (Pa), aunque en los estudios de gases es más frecuente utilizar como unidad la atmósfera (atm) o el milímetro de mercurio (mm de Hg).

ACTIVIDADES

5 Expresa en kelvin (K) las siguientes temperaturas:

a) 100 °C b) −273 °C c) 35 °C d) −10 °C

6 Expresa en litros (L) los siguientes volúmenes:

a) 250 mL b) 0,03 m^3 c) 50 cm^3 d) 6 m^3

7 Expresa los siguientes volúmenes en unidades del SI.

a) 7500 mL b) 2,5 L c) 125 cm^3 d) 0,5 dm^3

1.1. La presión atmosférica

Llamamos **presión atmosférica** a la presión que ejerce el aire.

El aire está presente en cualquier lugar en que nos encontremos. Su presencia es tan habitual que no lo percibimos a menos que se mueva, el viento.

No obstante, la presión que ejerce es responsable de algunos fenómenos curiosos que podemos analizar.

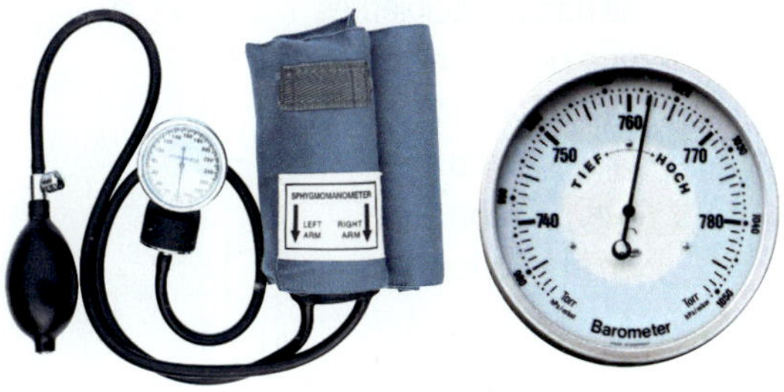

Para medir la presión se utilizan **manómetros** (izquierda). Si lo que medimos es la presión atmosférica, los manómetros se llaman **barómetros** (derecha).

SABER HACER

Experimentar con la presión atmosférica

El líquido alcanza el mismo nivel dentro de la pajita que en el vaso.

Al succionar, desaparece el aire dentro de la pajita y, con ello, la presión que ejerce. La presión atmosférica sobre la superficie del refresco empuja al líquido hasta nuestra boca.

La presión atmosférica impide que se caiga el papel y, en consecuencia, el agua que hay en su interior.

El científico italiano Evangelista Torricelli (1608-1647) midió la presión que ejerce la atmósfera al nivel del mar.

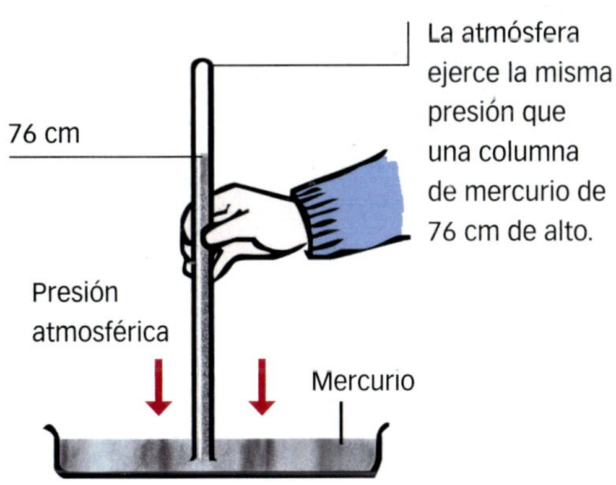

Experiencia de Torricelli. Introdujo mercurio en una cubeta y llenó de mercurio un tubo que luego invirtió de forma que sus bordes quedasen sumergidos en el mercurio de la cubeta. Cualquiera que fuese la longitud del tubo, el mercurio de su interior solo alcanzaba una altura de 76 cm por encima del nivel del líquido en la cubeta.

Concluyó que la presión que ejerce la atmósfera es la misma que ejerce una columna de mercurio de 76 cm de altura (o 760 mm). A esa cantidad de presión le llamó **1 atmósfera (1 atm)**.

Hoy la atmósfera se utiliza como unidad para medir presiones.

$$1 \text{ atm} = 760 \text{ mm de Hg} = 101\,325 \text{ Pa}$$

ACTIVIDADES

8 Reescribe este texto expresando las temperaturas en kelvin, el volumen en m^3 y la presión en atmósferas.

En España, las temperaturas medias oscilan entre los 15 °C y los 40 °C, y las precipitaciones medias anuales van desde los 800 L/m² en el norte a los 300 L/m² en la región de Murcia.

La presión atmosférica es un factor determinante del tiempo atmosférico. En el invierno de 1989 se detectó en el Valle del Ebro una presión de 783 mm de Hg, que ocasionó temperaturas anormalmente altas.

Para estudiar las leyes de los gases se utilizan recipientes que permitan variar y medir el **volumen**, la **temperatura** y la **presión** en el interior.

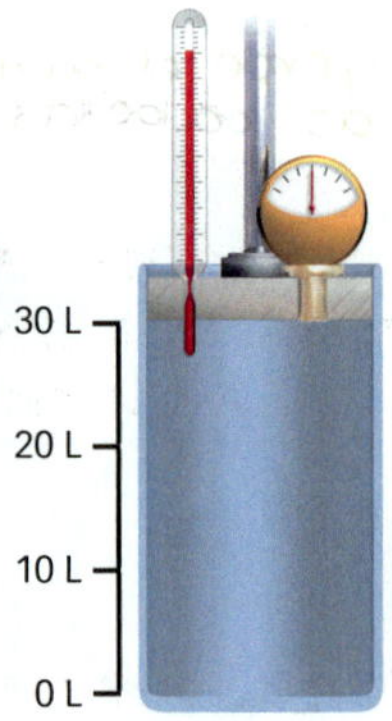

2 Las leyes de los gases

2.1. Variación de la presión con el volumen a temperatura constante. Ley de Boyle-Mariotte

A lo largo del siglo XVII, Robert Boyle (1627-1691) en Inglaterra y Edmé Mariotte (1620-1684) en Francia estudiaron las variaciones que experimentaba la presión del gas encerrado en un recipiente cuando se modificaba el volumen del mismo y se mantenía constante la temperatura.

SABER HACER

Experiencia de Boyle-Mariotte

Subiendo o bajando el émbolo, variamos el volumen y leemos la presión en el manómetro.

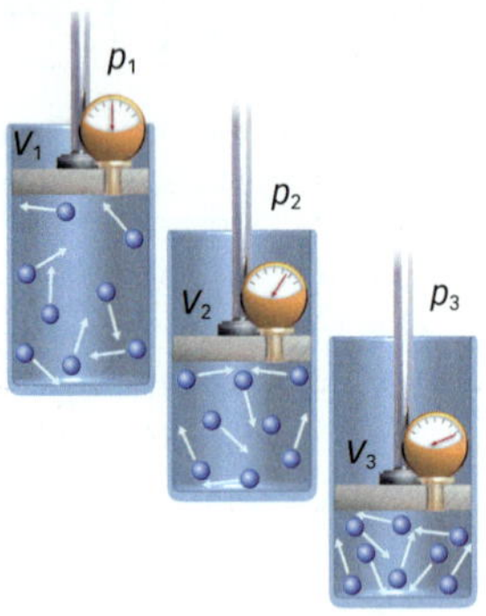

Debemos asegurarnos de que la temperatura permanezca constante.

Completa en tu cuaderno la tabla.

Finalmente, representa los datos en una gráfica. Mostrará un aspecto parecido al de la siguiente.

V (L)	*p* (atm)	*p* · *V*
30	0,5	15
15	1,0	…
10	1,5	…
7,5	2,0	…
6,0	2,5	…
5,0	3,0	…
3,0	5,0	…

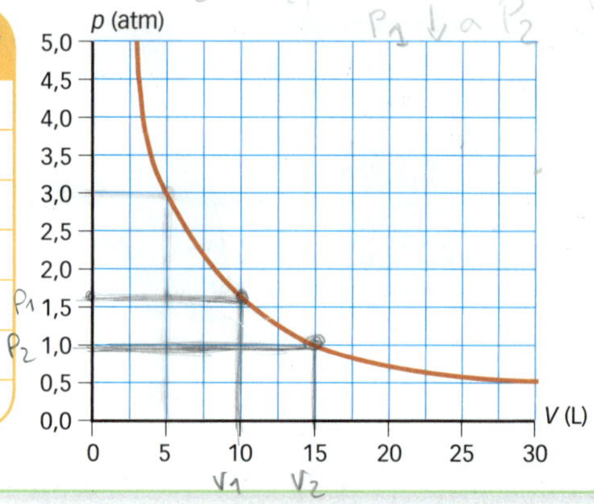

- Cuanto mayor es el volumen, menor es la presión, y viceversa.
- En cada caso, el producto de la presión por el volumen es constante.
- La gráfica de la presión frente al volumen es una hipérbola.

Es decir: ***p* y *V* son magnitudes inversamente proporcionales**.

ACTIVIDADES

9 En un recipiente de 5 L se introduce gas oxígeno a la presión de 4 atm, ¿qué presión ejercerá si duplicamos el volumen del recipiente sin que varíe su temperatura?

10 ¿Cuál será el volumen que ocupa el gas si la presión se triplica?

Ley de Boyle-Mariotte. Cuando un gas experimenta transformaciones a temperatura constante, el producto de la presión que ejerce por el volumen que ocupa permanece constante.

$$p \cdot V = \text{cte.}; \quad p_1 \cdot V_1 = p_2 \cdot V_2$$

3. EJEMPLO RESUELTO

En un recipiente de 500 mL tenemos un gas que ejerce una presión de 650 mm de Hg cuando su temperatura es 80 °C. ¿Cuál será su volumen si la presión es de 1,25 atm y no varía la temperatura?

Representa los dos estados del gas:

Estado 1		Estado 2
$p_1 = 650$ mm de Hg	T = cte. →	$p_2 = 1{,}25$ atm
$T_1 = 80$ °C; $V_1 = 500$ mL		$T_2 = 80$ °C; $V_2 = ?$

La presión en ambos estados tiene que estar expresada en las mismas unidades.

$$650\ \cancel{\text{mm de Hg}} \cdot \frac{1\ \text{atm}}{760\ \cancel{\text{mm de Hg}}} = 0{,}86\ \text{atm}$$

Transformación a T = cte. → ley de Boyle-Mariotte.

$$p_1 \cdot V_1 = p_2 \cdot V_2 \rightarrow V_2 = \frac{p_1}{p_2} \cdot V_1 \rightarrow$$

$$\rightarrow V_2 = \frac{0{,}86\ \cancel{\text{atm}} \cdot 500\ \text{mL}}{1{,}25\ \cancel{\text{atm}}} = \mathbf{344\ mL}$$

2.2. Variación de la presión con la temperatura a volumen constante. Ley de Gay-Lussac

En el siglo XIX, el químico francés Joseph Louis Gay-Lussac (1778-1850) estudió las variaciones que experimentaba la presión de un gas cuando se modificaba su temperatura sin variar el volumen.

PRESTA ATENCIÓN

En todas las leyes de los gases debes utilizar temperaturas absolutas (medidas en K).

SABER HACER

Experiencia de Gay-Lussac

Como el volumen debe permanecer constante, fijamos el émbolo del cilindro. Calentamos o enfriamos el recipiente para que varíe la temperatura del gas y leemos la presión resultante en el manómetro.

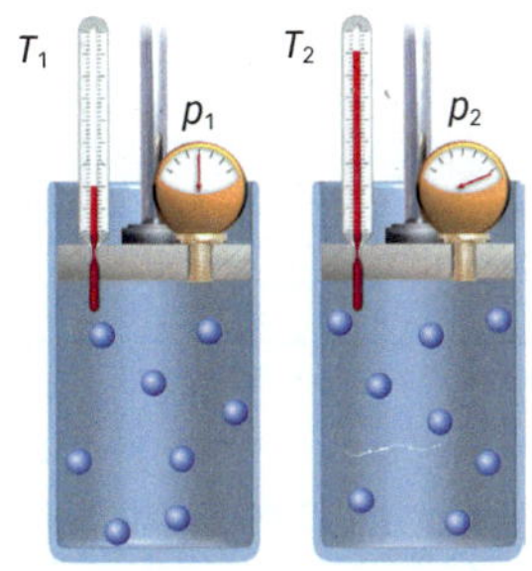

Completa en tu cuaderno la tabla. Finalmente, representa los datos en una gráfica. Obtendrás una gráfica como la siguiente.

p (atm)	*T* (K)	*p*/*T*
0,5	200	$2{,}5 \cdot 10^{-3}$
0,8	320	…
1,0	400	…
1,3	520	…
1,5	600	…
1,8	720	…
2,0	800	…

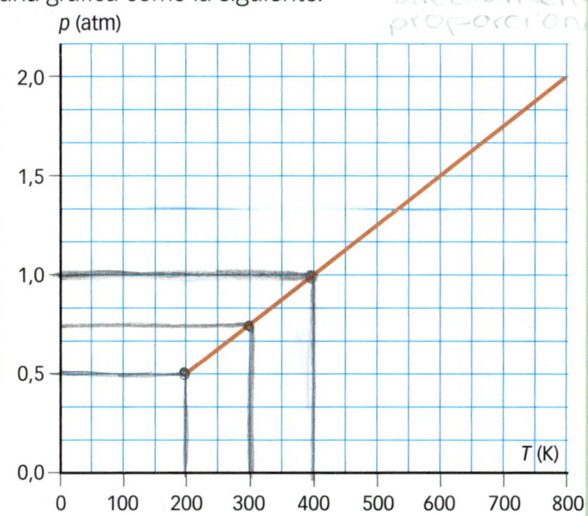

- Cuanto mayor es la presión, mayor es la temperatura, y viceversa.
- El cociente entre la presión y la temperatura absoluta es constante.
- La representación gráfica de la presión frente a la temperatura absoluta es una recta que pasa por el punto (0,0).

Es decir: ***p* y *T* son magnitudes directamente proporcionales**.

Ley de Gay-Lussac. Cuando un gas experimenta transformaciones a volumen constante, el cociente entre la presión que ejerce y su temperatura absoluta permanece constante.

$$\frac{p}{T} = \text{cte.}; \quad \frac{p_1}{T_1} = \frac{p_2}{T_2}$$

ACTIVIDADES

11 En un recipiente de 5 L se introduce gas oxígeno a 4 atm y 27 °C. ¿Cuál será su presión si la temperatura pasa a ser de 127 °C sin que varíe el volumen?

12 Un gas ejerce una presión de 2 atm a 0 °C. ¿Cuál será su temperatura a 4 atm si no varía el volumen?

4. EJEMPLO RESUELTO

En un recipiente de 500 mL tenemos un gas que ejerce una presión de 650 mm de Hg cuando su temperatura es 80 °C. ¿Cuál será su temperatura si la presión es de 1,25 atm y no varía el volumen?

Representa los dos estados del gas:

Estado 1		Estado 2
$p_1 = 650$ mm de Hg	$V = $ cte. →	$p_2 = 1{,}25$ atm
$T_1 = 80$ °C; $V_1 = 500$ mL		$T_2 = ?$; $V_2 = 500$ mL

Expresa la presión en atm y la temperatura en kelvin:

- $650 \text{ mm de Hg} \cdot \dfrac{1 \text{ atm}}{760 \text{ mm de Hg}} = 0{,}86$ atm
- $T(\text{K}) = T(°\text{C}) + 273 = 80\ °\text{C} + 273 = 353$ K

Transformación a $V = $ cte. → ley de Gay-Lussac:

$$\frac{p_1}{T_1} = \frac{p_2}{T_2} \rightarrow p_1 \cdot T_2 = p_2 \cdot T_1 \rightarrow$$

$$\rightarrow T_2 = \frac{p_2}{p_1} \cdot T_1 = \frac{1{,}25 \text{ atm}}{0{,}86 \text{ atm}} \cdot 353 \text{ K} = 513 \text{ K} = \mathbf{240\ °C}$$

2.3. Variación del volumen con la temperatura a presión constante. Ley de Charles

Otro científico francés, Jacques Alexandre Charles (1746-1823) analizó las variaciones que experimentaba el volumen de un gas cuando cambiaba su temperatura y se mantenía constante la presión.

Charles realizó mediciones en globos aerostáticos y llegó a conclusiones que más tarde confirmó el propio Gay-Lussac.

SABER HACER

Experiencia de Charles

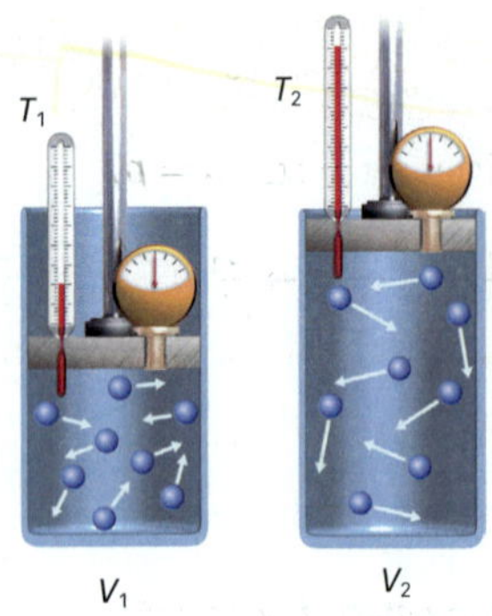

Calentamos o enfriamos el recipiente para que varíe la temperatura del gas.

Modificamos el volumen para que el manómetro indique siempre la misma presión.

Completa en tu cuaderno la tabla. Finalmente, representa los datos en una gráfica. Obtendrás una figura parecida a la siguiente.

V (L)	T (K)	V/T
2	100	0,02
3	150	…
4	200	…
5	250	…
6	300	…
7	350	…
8	400	…

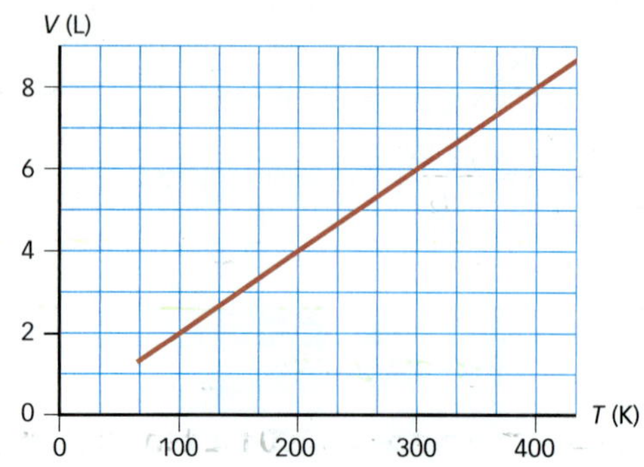

- Cuanto mayor es el volumen, mayor es la temperatura, y viceversa.
- El cociente entre el volumen y la temperatura absoluta es constante.
- La representación gráfica del volumen frente a la temperatura absoluta es una recta que pasa por el punto (0, 0).

Es decir: ***V* y *T* son magnitudes directamente proporcionales**.

Ley de Charles. Cuando un gas experimenta transformaciones a presión constante, el cociente entre el volumen del gas y su temperatura absoluta permanece constante.

$$\frac{V}{T} = \text{cte.}; \quad \frac{V_1}{T_1} = \frac{V_2}{T_2}$$

5. EJEMPLO RESUELTO

En un recipiente de 500 mL tenemos un gas que ejerce una presión de 650 mm de Hg a 80 °C. ¿Cuál será su temperatura si la presión no varía y el volumen llega a ser de 2,5 L?

Representa los dos estados del gas:

Estado 1		Estado 2
$p_1 = 650$ mm de Hg	$p =$ cte. →	$p_2 = 650$ mm de Hg
$T_1 = 80$ °C; $V_1 = 500$ mL		$T_2 = ?$; $V_2 = 2{,}5$ L

- $500 \text{ mL} \cdot \frac{1 \text{ L}}{1000 \text{ mL}} = 0{,}5 \text{ L}$
- $T(\text{K}) = T(°\text{C}) + 273 = 80 °\text{C} + 273 = 353 \text{ K}$

Transformación a $p =$ cte. → ley de Charles.

$$\frac{V_1}{T_1} = \frac{V_2}{T_2} \rightarrow T_2 = \frac{V_2}{V_1} \cdot T_1 = \frac{2{,}5 \text{ L} \cdot 353 \text{ K}}{0{,}5 \text{ L}} = 1765 \text{ K} = \mathbf{1492\ °C}$$

ACTIVIDADES

13. En un recipiente de 5 L se introduce gas oxígeno a la presión de 4 atm y se observa que su temperatura es 27 °C. ¿Qué volumen ocupará a −27 °C si no varía la presión?

14. Un gas ocupa un volumen de 5 L a 0 °C. ¿Cuál será su temperatura si el volumen del recipiente llega a ser de 10 L sin que varíe su presión?

15. Un gas ocupa 250 cm³ a 27 °C. ¿A qué temperatura ocupará un volumen de 1,5 L si su presión se mantiene constante?

2.4. Ley de los gases ideales

Relacionando las tres leyes de los gases estudiados se puede deducir una expresión que relacione la presión, el volumen y la temperatura de un gas en un estado con sus valores en cualquier otro estado.

Esta ecuación se llama **ecuación general de los gases ideales**:

$$\frac{p_1 \cdot V_1}{T_1} = \frac{p_2 \cdot V_2}{T_2}$$

La ecuación de los gases ideales engloba las tres leyes experimentales:

> **PRESTA ATENCIÓN**
>
> En la ecuación general de los gases ideales p y V se pueden expresar en cualquier unidad siempre que sea la misma en los dos estados, pero la temperatura debe expresarse en kelvin.

Ley de Boyle-Mariotte	Ley de Gay-Lussac	Ley de Charles
Transformaciones a T = cte. $T_1 = T_2$:	Transformaciones a V = cte. $V_1 = V_2$:	Transformaciones a p = cte. $p_1 = p_2$:
$\frac{p_1 \cdot V_1}{\cancel{T_1}} = \frac{p_2 \cdot V_2}{\cancel{T_2}} \rightarrow p_1 \cdot V_1 = p_2 \cdot V_2$	$\frac{p_1 \cdot \cancel{V_1}}{T_1} = \frac{p_2 \cdot \cancel{V_2}}{T_2} \rightarrow \frac{p_1}{T_1} = \frac{p_2}{T_2}$	$\frac{\cancel{p_1} \cdot V_1}{T_1} = \frac{\cancel{p_2} \cdot V_2}{T_2} \rightarrow \frac{V_1}{T_1} = \frac{V_2}{T_2}$

6. EJEMPLO RESUELTO

En un recipiente de 500 mL tenemos un gas que ejerce una presión de 650 mm de Hg cuando su temperatura es 80 °C. ¿Cuál será su temperatura si el manómetro marca una presión de 1,25 atm y el volumen llega a ser de 1,15 dm³?

Representa los dos estados del gas, indicando el valor de las variables:

Estado 1		Estado 2
p_1 = 650 mm de Hg	T = cte. ▸	p_2 = 1,25 atm
T_1 = 80 °C		T_2 = ?
V_1 = 500 mL		V_2 = 1,15 dm³

El gas experimenta una transformación en la que no permanece constante ninguna de las variables. Debes utilizar la ecuación general de los gases ideales.

La presión y el volumen de ambos estados tienen que estar expresados en las mismas unidades.

- $p_2 = 1{,}25\ \cancel{\text{atm}} \cdot \frac{760\ \text{mm de Hg}}{1\ \cancel{\text{atm}}} = 950\ \text{mm de Hg}$
- $V_2 = 1{,}15\ \cancel{\text{dm}^3} \cdot \frac{1\ \cancel{\text{L}}}{1\ \cancel{\text{dm}^3}} \cdot \frac{1000\ \text{mL}}{1\ \cancel{\text{L}}} = 1150\ \text{mL}$

La temperatura tiene que estar expresada en Kelvin

$$T\ (\text{K}) = T\ (^\circ\text{C}) + 273 = 80\ ^\circ\text{C} + 273 = 353\ \text{K}$$

Por tanto:

$$\frac{p_1 \cdot V_1}{T_1} = \frac{p_2 \cdot V_2}{T_2} \rightarrow p_1 \cdot V_1 \cdot T_2 = p_2 \cdot V_2 \cdot T_1 \rightarrow$$

$$\rightarrow T_2 = \frac{p_2 \cdot V_2}{p_1 \cdot V_1} \cdot T_1 = \frac{950\ \cancel{\text{mm de Hg}} \cdot 1150\ \cancel{\text{mL}}}{650\ \cancel{\text{mm de Hg}}\ \ 500\ \cancel{\text{mL}}} \cdot 353\ \text{K} \rightarrow$$

$$\rightarrow T_2 = 1177\ \text{K} = \mathbf{904\ ^\circ C}$$

ACTIVIDADES

16 En un recipiente de 15 L se ha colocado un gas a 50 °C que ejerce una presión de 2 atm. Determina cuál será ahora el volumen del recipiente si lo calentamos hasta 100 °C y dejamos que la presión llegue hasta 3 atm.

17 Un gas que ocupa un volumen de 20 L y ejerce una presión de 3 atm se encuentra a 27 °C. ¿A qué temperatura se encontrará si el volumen del recipiente se reduce a 8 L y pasa a ejercer una presión de 5 atm?

18 Una pequeña bombona de 750 cm³ contiene dióxido de carbono que ejerce una presión de 1000 mm de Hg a la temperatura de 30 °C. ¿Qué presión ejercerá si todo el gas se pasa a una bombona de 3 L y se deja que alcance una temperatura de 100 °C?

19 Un gas experimenta una transformación desde un estado 1 hasta un estado 2. ¿Es posible que aumente tanto su presión como su volumen? ¿Qué debe suceder con su temperatura?

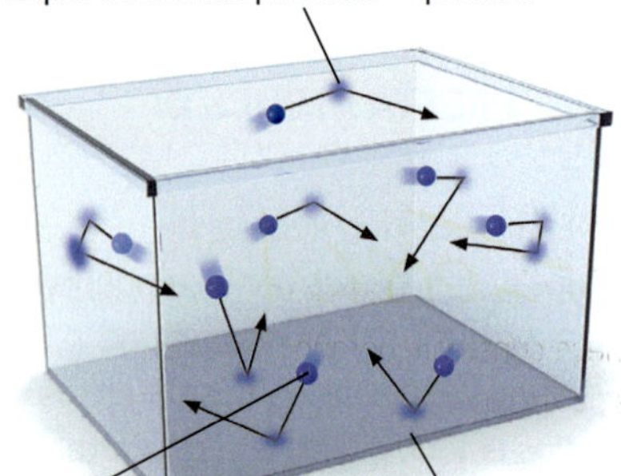

SABER MÁS

El movimiento browniano

En 1827 el botánico británico **Robert Brown** (1773-1858) observó al microscopio que los granos de polen suspendidos en agua se movían continuamente y al azar, chocando entre ellos y contra las paredes. Más tarde esto se denominó **movimiento browniano**.

Se pensó que las partículas de un gas podían tener un movimiento browniano, y con esta idea arrancó la teoría cinética de los gases.

El movimiento browniano explica también otros fenómenos, como la disolución de una sustancia en otra.

En poco tiempo, las partículas de permanganato de potasio se distribuyen por todo el frasco. Si el agua está caliente, el proceso es más rápido, pues las partículas se mueven más rápidamente.

3 La teoría cinética de los gases

Ya has estudiado cómo la teoría cinética permitía explicar las propiedades que observamos en los distintos estados de la materia. Esta teoría surgió en el siglo XIX como resultado de los trabajos de los científicos James C. Maxwell (1831-1879) y Ludwig E. Boltzman (1844-1906) para explicar el comportamiento de los gases.

La **teoría cinética** supone que los gases:

- Están formados por **partículas muy pequeñas** que están separadas unas de otras. El volumen de las partículas es mucho menor que el volumen del recipiente. Podemos suponer que cada partícula se mueve por todo el volumen del recipiente.
- **No existen fuerzas de unión** entre las partículas de un gas. Por eso se mueven con total libertad.
- Las partículas del gas se mueven en **línea recta**. Solo cambian de dirección cuando chocan con otra partícula o contra las paredes. Tras el choque, las partículas se mueven en otra dirección, pero con la misma rapidez.
- La **presión** que ejerce el gas es una medida del número de choques por segundo de sus partículas contra las paredes del recipiente.
- La **temperatura absoluta** del gas es proporcional a la **velocidad** de las partículas que lo forman; cuanto mayor sea su velocidad, mayor será su temperatura.

3.1. El cero absoluto

La teoría cinética dice que la temperatura de un gas es más alta cuando las partículas se mueven con mayor rapidez. Si las partículas del gas se mueven más despacio la temperatura disminuye. Llegará un momento en que las partículas no se mueven; entonces la temperatura ya no puede bajar más.

La escala kelvin de temperaturas se inicia en el cero absoluto, que es la temperatura a la cual las partículas de los gases no se mueven. Es la temperatura más baja posible, y equivale a –273,15 °C.

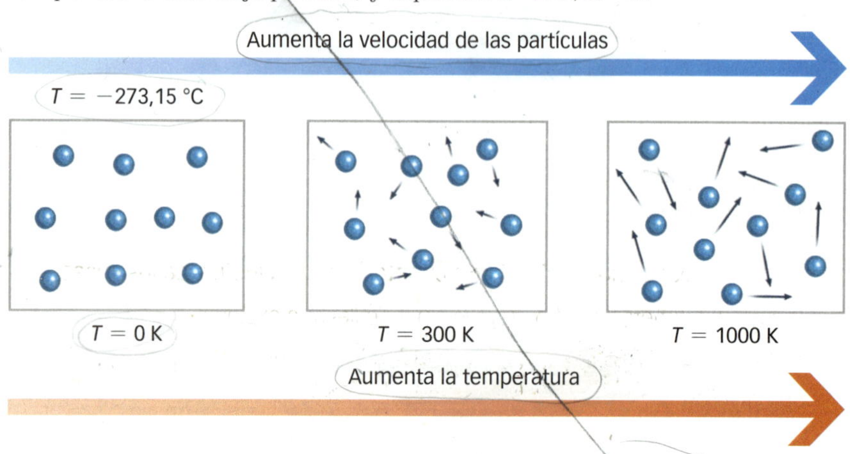

3.2. La teoría cinética y las leyes de los gases

La teoría cinética permite explicar las leyes de los gases que fueron descubiertas experimentalmente.

LA TEORÍA CINÉTICA EXPLICA LA LEY DE BOYLE-MARIOTTE

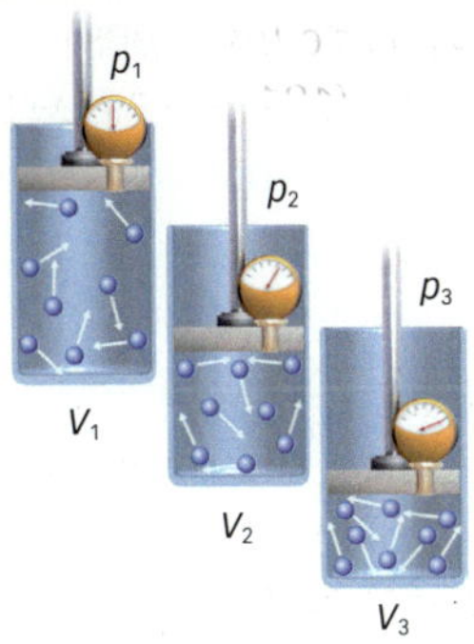

$T =$ cte.

$p_1 \cdot V_1 = p_2 \cdot V_2$

La temperatura permanece constante porque la velocidad a la que se mueven las partículas del gas permanece constante.

Si disminuye el volumen del recipiente, las partículas llegan antes a las paredes. Entonces aumenta el número de choques por segundo y detectamos un aumento en la presión.

Si aumenta el volumen del recipiente, las partículas tardan más en llegar a las paredes. Entonces disminuye el número de choques por segundo y detectamos una disminución de la presión.

LA TEORÍA CINÉTICA EXPLICA LA LEY DE GAY-LUSSAC

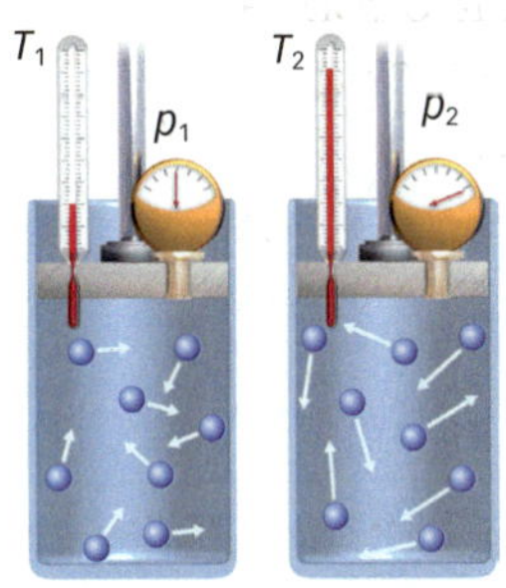

$V =$ cte.

$\frac{p_1}{T_1} = \frac{p_2}{T_2}$

Cuando se calienta el gas, aumenta su temperatura porque sus partículas se mueven a mayor velocidad. Si permanece constante el volumen del recipiente, las partículas llegarán antes a las paredes. Aumenta el número de choques por segundo y detectamos un aumento en la presión.

Cuando se enfría el gas, disminuye su temperatura porque sus partículas se mueven a menor velocidad. Si permanece constante el volumen del recipiente, las partículas tardarán más en llegar a las paredes. Disminuye el número de choques por segundo y detectamos una disminución en la presión.

LA TEORÍA CINÉTICA EXPLICA LA LEY DE CHARLES

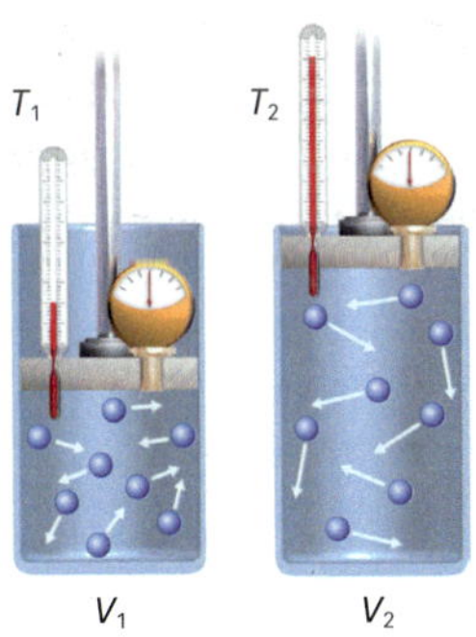

$p =$ cte.

$\frac{V_1}{T_1} = \frac{V_2}{T_2}$

Cuando se calienta el gas, aumenta su temperatura porque sus partículas se mueven a mayor velocidad.

Para que la presión del gas permanezca constante debe aumentar el volumen del recipiente, a fin de que se mantenga el ritmo al que las partículas chocan contra las paredes del recipiente.

Cuando se enfría el gas, sus partículas se mueven más despacio. Para que se mantenga el número de choques contra las paredes en cada segundo, debe disminuir el volumen del recipiente.

ACTIVIDADES

20 Explica estos hechos teniendo en cuenta la teoría cinética de los gases:

a) Cuando aprietas mucho un globo, puede llegar a explotar.

b) Cuando un globo se escapa y llega hasta una farola, puede llegar a explotar.

VOCABULARIO

Amalgama: disolución de mercurio (un metal líquido) con otros metales.

Aleación: mezcla homogénea de dos metales o de un metal y otra sustancia. Se puede decir que son disoluciones sólidas.

Aleación	Componentes
Acero	Hierro (Fe) + Carbono (C)
Bronce	Cobre (Cu) + Estaño (Sn)
Latón	Cobre (Cu) + Cinc (Zn)

Más diluida

Más concentrada

Disoluciones de cromato de potasio (K_2CrO_4) en agua. Normalmente, cuando las disoluciones son coloreadas, un color más intenso indica una mayor concentración.

ACTIVIDADES

21 Observa esta etiqueta de refresco y completa las frases en tu cuaderno.

> INGREDIENTES:
> Agua carbonatada, azúcar, colorante, acidulante y aromas naturales (incluyendo cafeína).

a) El refresco forma una disolución en estado ______.

b) El disolvente es ________ y a temperatura ambiente se encuentra en estado ________.

4 Las disoluciones

En la naturaleza es difícil encontrar sustancias puras; la mayoría de las veces las sustancias aparecen unas mezcladas con otras. En muchas ocasiones se presentan como mezclas homogéneas o disoluciones.

Una **disolución** es una **mezcla homogénea** de dos o más componentes. En una disolución:

- El **disolvente** es el componente que está en mayor proporción.
- El **soluto** es el componente (o componentes) que está en menor proporción.

En la mayoría de las ocasiones trabajaremos con disoluciones en las que el disolvente es un líquido y el soluto es un sólido o un líquido. El estado físico de la disolución coincide con el del disolvente.

Disolvente	Soluto	Disolución	Ejemplo
Gas	Gas	Gas	Aire
	Líquido	Gas	Niebla
	Sólido	Gas	Humo
Líquido	Gas	Líquido	Bebidas con gas
	Líquido	Líquido	Agua y alcohol
	Sólido	Líquido	Suero fisiológico, agua con azúcar
Sólido	Gas	Sólido	Hidrógeno adsorbido sobre paladio
	Líquido	Sólido	Amalgama
	Sólido	Sólido	Aleaciones

4.1. La concentración de las disoluciones

En una disolución, además de conocer qué sustancias forman el soluto y el disolvente, interesa saber en qué proporción se encuentran. Cualitativamente podemos clasificar las disoluciones así:

- Disolución **diluida**: si hay poca proporción de soluto.
- Disolución **concentrada**: si hay una elevada proporción de soluto.

No obstante, en muchas ocasiones necesitaremos conocer cuantitativamente la proporción en que se encuentra el soluto.

La **concentración** en una disolución indica la cantidad de soluto que hay en una cantidad determinada de la disolución o de disolvente.

La importancia de la concentración de una disolución es vital.

- En el cuerpo humano, por ejemplo, la sangre siempre debe tener una determinada concentración de azúcar (glucosa).
- Las bebidas también han de tener constante la concentración de sus ingredientes para conservar el mismo sabor.
- Las aleaciones metálicas presentarán propiedades distintas según la concentración de sus componentes.

4.2. Modos de expresar la concentración de las disoluciones

Existen distintos modos de expresar la concentración de una disolución.

Porcentaje en masa

El **porcentaje en masa** indica la masa de soluto que hay cada 100 unidades de masa de disolución. Se calcula así:

$$\textbf{\% en masa de soluto} = \frac{\textbf{masa de soluto}}{\textbf{masa de disolución}} \cdot \textbf{100}$$

Se utiliza este modo de expresar la concentración cuando las cantidades de las sustancias que forman la disolución se miden en unidades de masa (gramos, kilogramos, etc.). La masa del soluto y la del disolvente se deben expresar en las mismas unidades; un porcentaje no tiene unidades.

El porcentaje de soluto se llama también **riqueza** en el soluto. Por ejemplo, un almíbar que tenga una proporción del 35 % en masa de azúcar se dice que tiene una riqueza en azúcar del 35 %.

SABER HACER

Preparar suero fisiológico

El suero fisiológico se utiliza para administrar fármacos por vía intravenosa, y también para lavar partes sensibles del cuerpo, como los ojos o las mucosas.

Si te entra polvo en los ojos o tienes sequedad nasal, puedes preparar suero fisiológico para lavártelos.

1. Hierve agua y deja que enfríe.
2. Añade una cucharada sopera de sal (aproximadamente 9 g) por cada litro de agua.
3. Remueve para que se disuelva y ya está.

ACTIVIDADES

22. Indica qué disolución es más concentrada, una que se prepara disolviendo 10 g de sal en 100 g de agua o una que se prepara disolviendo 5 g de sal en 20 g de agua.

23. Unas magdalenas tienen un 51,5% de azúcar. Calcula qué cantidad de azúcar se toma al comer 2 magdalenas, si cada una tiene una masa de 60 g.

24. El suero fisiológico se prepara disolviendo 3 g de sal en 330 g de agua. Calcula la concentración de sal en el suero fisiológico, expresada como porcentaje en masa.

25. Los especialistas en nutrición recomiendan que tomemos 0,8 g de calcio al día. Suponiendo que solo tomamos calcio en la leche, qué cantidad de leche deberíamos tomar diariamente para llegar a la cantidad recomendada. Dato: la leche tiene, por término medio, un 0,12% de calcio.

7. EJEMPLO RESUELTO

Se ha preparado una disolución añadiendo a 100 g de agua, 10 g de azúcar y 5 g de sal. Calcula:

a) El porcentaje en masa de azúcar.

b) El porcentaje en masa de sal.

a) Porcentaje en masa de azúcar:

$$\text{\% en masa de azúcar} = \frac{10 \text{ g de azúcar}}{(100 + 10 + 5) \text{ g de disolución}} \cdot 100 = \mathbf{8{,}70\%}$$

b) Porcentaje en masa de sal:

$$\text{\% en masa de sal} = \frac{5 \text{ g de sal}}{(100 + 10 + 5) \text{ g de disolución}} \cdot 100 = \mathbf{4{,}35\%}$$

PRESTA ATENCIÓN

La masa de la disolución es la suma de las masas del disolvente y de los dos solutos.

8. EJEMPLO RESUELTO

Una disolución acuosa tiene un 8,70% en masa de azúcar. ¿Qué cantidad de azúcar tomamos si nos bebemos 150 g de disolución?

El porcentaje indica que de cada 100 g de disolución, 8,70 g son de azúcar. Lo utilizamos como factor de conversión:

$$150 \text{ g disolución} \cdot \frac{8{,}70 \text{ g azúcar}}{100 \text{ g disolución}} = \mathbf{13{,}05 \text{ g de azúcar}}$$

PRESTA ATENCIÓN

También podrías resolver este problema utilizando la fórmula del porcentaje en masa y sustituyendo los datos que conoces.

Bebida	Alcohol (% en volumen)	Gramos de alcohol en 100 mL de bebida
Cerveza	3,5 - 5	3 - 4
Sidra	4	3
Vino	10 - 15	8 - 12
Cava	12	9
Vino dulce	15 - 22	12 - 17
Vermut	16 - 24	13 - 19
Pacharán	28	22
Whisky	35 - 40	28 - 32
Anís	40	32
Ron, vodka	40	32

Porcentaje de alcohol en bebidas alcohólicas. La OMS define el alcoholismo como la ingestión diaria de alcohol superior a 50 g en la mujer y 70 g en el hombre.

El alcoholismo ocasiona graves problemas de salud que afectan al sistema digestivo y al sistema nervioso.

PRESTA ATENCIÓN

En algunos ejercicios calculamos el volumen de la disolución sumando el volumen de soluto y del disolvente. Esto no siempre es así; en el ejemplo 9 lo hacemos porque suponemos que los volúmenes son aditivos.

Los **alcoholímetros** miden la concentración de alcohol en el aire espirado. Se utiliza la siguiente relación: 2000 L de aire espirado equivalen a 1 L de sangre.

De esta forma se obtiene la cantidad de alcohol en sangre, expresada en g/L.

Porcentaje en volumen

(el resultado no tiene unidad)

El **porcentaje en volumen** indica el volumen de soluto que hay cada 100 unidades de volumen de disolución.

$$\textbf{\% en volumen de soluto} = \frac{\textbf{volumen de soluto}}{\textbf{volumen de disolución}} \cdot \mathbf{100}$$

Se utiliza este modo de expresar la concentración cuando las cantidades de las sustancias que forman la disolución se miden en unidades de volumen (mL, L, etc.). El volumen del soluto y el de la disolución deben expresarse en las mismas unidades; un porcentaje no tiene unidades.

9. EJEMPLO RESUELTO

Se ha preparado una disolución añadiendo 10 mL de alcohol a 100 mL de agua. Calcula el porcentaje en volumen de alcohol. (Suponemos que los volúmenes son aditivos).

El porcentaje en volumen es:

$$\text{\% en volumen de alcohol} = \frac{10 \text{ mL de alcohol}}{(100 + 10) \text{ mL de disolución}} \cdot 100 = \mathbf{9{,}09\ \%}$$

Concentración en masa

La **concentración en masa (*C*)** indica la cantidad en masa de soluto que hay en cada unidad de volumen de disolución.

$$\textbf{concentración en masa de soluto} = \frac{\textbf{masa de soluto}}{\textbf{volumen de disolución}}$$

Se utiliza este modo de expresar la concentración cuando el soluto es un sólido y su cantidad se mide en unidades de masa, y el disolvente es un líquido y su cantidad se mide en unidades de volumen. En el SI se debe medir en kg/m^3, aunque lo más frecuente es medirlo en g/cm^3 o en g/L.

ACTIVIDADES

26 Para preparar un desinfectante mezclamos 400 mL de agua destilada con 200 mL de alcohol etílico y 10 mL de alcohol bencílico. Determina la concentración de cada uno de los solutos expresándola como porcentaje en volumen. Supón que los volúmenes son aditivos.

27 Un frasco de colonia indica que tiene un 80 % de alcohol. Calcula qué cantidad de alcohol hizo falta para preparar los 280 mL de colonia que tiene el frasco.

28 Un vino común tiene un 12 % de alcohol, mientras que el whisky tiene un 40 % de alcohol. Calcula la cantidad de alcohol que toma una persona cuando bebe 150 mL de vino o 150 mL de whisky. Un vaso de vino contiene, aproximadamente, 150 mL.

Concentración en masa no es lo mismo que densidad

No debes confundir la concentración en masa de una disolución con la densidad de la disolución. Aunque se miden en las mismas unidades, representan conceptos distintos.

La **densidad** de una disolución representa la relación entre la masa y el volumen de la disolución. Es una propiedad que tiene toda la materia, tanto si es una sustancia pura como si es una mezcla. Así, podemos hablar de la densidad del agua o de la densidad de una disolución de azúcar en agua.

La **concentración en masa** de una disolución representa la relación entre la masa del soluto y el volumen de la disolución.

La expresión concentración en masa solo se puede aplicar a disoluciones. No tiene sentido hablar de la concentración de una sustancia pura.

PRESTA ATENCIÓN

Volumen de disolución (1) no es lo mismo que volumen de disolvente (2).

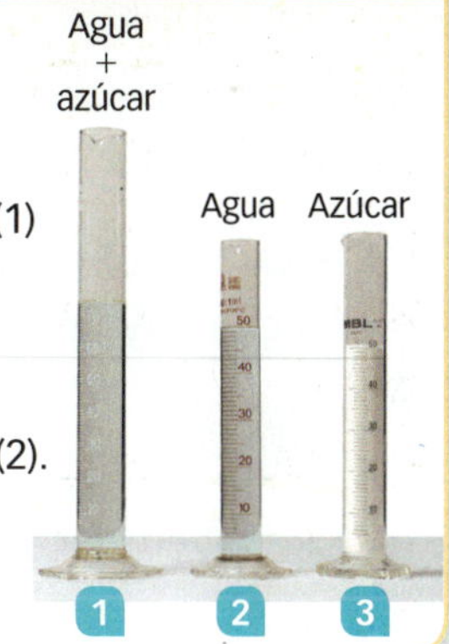

10. EJEMPLO RESUELTO

Se prepara una disolución disolviendo 15 g de azúcar en 100 mL de agua. La disolución resultante ocupa 105 mL. Calcula:

a) La concentración de azúcar en la disolución.

b) La densidad de la disolución.

c) El porcentaje en masa de azúcar.

Plantea un esquema similar al siguiente y coloca en el lugar adecuado la información correspondiente al soluto, al disolvente y a la disolución:

Disolución: 105 mL	Soluto: azúcar 15 g
	Disolvente: agua 100 mL = 100 g

a) Concentración de azúcar:

$$\text{concentración en masa} = \frac{\text{masa soluto}}{\text{volumen disolución}} \rightarrow$$

$$\rightarrow C = \frac{15\text{ g}}{105\text{ mL}} = \mathbf{0{,}14\ g/mL}$$

b) Densidad:

$$\text{densidad} = \frac{\text{masa disolución}}{\text{volumen disolución}} \rightarrow$$

$$\rightarrow d_{\text{disolución}} = \frac{(15 + 100)\text{ g}}{105\text{ mL}} = \mathbf{1{,}1\ g/mL}$$

c) Porcentaje en masa:

$$\%\text{ en masa de azúcar} = \frac{\text{masa de azúcar}}{\text{masa de disolución}} \cdot 100 \rightarrow$$

$$\rightarrow \%\text{ en masa de azúcar} = \frac{15\text{ g}}{(15 + 100)\text{ g}} \cdot 100 =$$

$$= \mathbf{13{,}04\ \%}$$

ACTIVIDADES

29 Podemos preparar un refresco poniendo en un vaso grande 4 g de café soluble descafeinado (2 sobres), 20 g de azúcar (2 sobres) y agua hasta completar 200 mL (el vaso grande lleno). Solo falta revolver y dejar una hora en la nevera.

Calcula la concentración en masa de las sustancias que forman este refresco.

30 El agua del mar tiene varias sales disueltas. Las más abundantes están en la siguiente proporción:

- Cloruro de sodio: 24 g/L.
- Cloruro de magnesio: 5 g/L.
- Sulfato de sodio: 4 g/L.

Calcula cuántos gramos de cada una de estas sales hay en 150 mL de agua de mar.

31 La etiqueta de un agua mineral dice que contiene: sodio, 50,5 mg/L; flúor, 0,4 mg/L; y calcio, 9,2 mg/L. Y la cantidad diaria recomendada (CDR) para una persona de cada uno de estos elementos es: sodio, 200 mg; flúor, 2 mg, y calcio, 800 mg. Contesta.

a) ¿Qué cantidad de agua deberíamos tomar para conseguir la CDR de cada uno de estos elementos?

b) ¿Es este agua una buena fuente de calcio?

32 Según la normativa vigente, una persona no puede conducir si su tasa de alcohol en sangre supera los 0,5 g/L. Teniendo en cuenta que una persona tiene unos 6 L de sangre, ¿cuál es la máxima cantidad de alcohol que se puede tener en la sangre para estar en condiciones de conducir?

4.3. Cómo se prepara una disolución

En los trabajos de laboratorio es habitual preparar disoluciones con una concentración exacta. Requieren utilizar un material preciso.

SABER HACER

Preparar 250 mL de una disolución de sal en agua cuya concentración sea 40 g/L

1. Calcula la cantidad de sal que necesitas:

$$C = \frac{m_{\text{sal}}}{V_{\text{disolución}}} \rightarrow m_{\text{sal}} = C \cdot V = 40 \frac{\text{g}}{\cancel{\text{L}}} \cdot 0{,}25 \cancel{\text{L}} = 10 \text{ g}$$

2. Pesa 10 g de sal en una balanza.
3. Coloca 10 g de sal en un vaso de precipitados.
4. Añade agua (unos 100 mL) y remueve con una varilla hasta que la sal esté disuelta.

5. Pasa la disolución a un matraz aforado de 250 mL. Añade agua hasta el enrase.

PRESTA ATENCIÓN

Cuida que la parte inferior del menisco sea tangente al enrase.

4.4. Cálculos con disoluciones. Un paso más

Si conocemos la concentración de una disolución en unas unidades y la densidad podemos conocer la concentración en cualquier otra unidad.

11. EJEMPLO RESUELTO

Se prepara una disolución mezclando 10 mL de glicerina con 100 mL de agua y se obtiene una disolución con d = 1,05 g/cm³. Sabiendo que $d_{\text{glicerina}}$ = 1,26 g/cm³ y d_{agua} = 1 g/cm³, calcula la concentración de la disolución expresada:

a) Como porcentaje en masa de soluto.

b) Como porcentaje en volumen de soluto.

c) En gramos de soluto por litro.

Disolución d = 1,05 g/cm³	Soluto: glicerina 10 mL, d = 1,26 g/cm³
	Disolvente: agua 100 mL = 100 g

a) Calcula la masa del soluto:

$$d = \frac{m}{V} \rightarrow m_{\text{glicerina}} = d \cdot V = 1{,}26 \frac{\text{g}}{\cancel{\text{cm}^3}} \cdot 10 \cancel{\text{cm}^3} = 12{,}6 \text{ g}$$

El % en masa será:

$$\% \, m_{\text{glicerina}} = \frac{m_{\text{glicerina}}}{m_{\text{disolución}}} \cdot 100 = \frac{12{,}6 \cancel{\text{g}}}{(12{,}6 + 100) \cancel{\text{g}}} \cdot 100 = \mathbf{11{,}19\ \%}$$

b) Al mezclar dos sustancias el volumen de la mezcla no siempre coincide con la suma de los volúmenes de cada sustancia.

$$d = \frac{m}{V} \rightarrow V_{\text{disolución}} = \frac{m_{\text{disolución}}}{d_{\text{disolución}}} = \frac{(12{,}6 + 100) \cancel{\text{g}}}{1{,}05 \cancel{\text{g}}/\text{cm}^3} = 107{,}24 \text{ cm}^3$$

$$\% \, V_{\text{glicerina}} = \frac{V_{\text{glicerina}}}{V_{\text{disolución}}} \cdot 100 = \frac{10 \cancel{\text{mL}}}{107{,}24 \cancel{\text{mL}}} \cdot 100 = \mathbf{9{,}32\ \%}$$

c) La concentración de la disolución es:

$$C_{\text{soluto}} = \frac{m_{\text{soluto}}}{V_{\text{disolución}}} \cdot 100 = \frac{12{,}6 \text{ g}}{0{,}11 \text{L}} = \mathbf{114{,}5\ g/L}$$

ACTIVIDADES

33 Se han añadido 30 g de azúcar a 150 mL de glicerina (d = 1,26 g/mL). La disolución resultante tiene una densidad de 1,30 g/mL. Calcula la concentración de la disolución expresada en % en masa y en g/L.

34 Se disuelven 3 g de azúcar en 20 mL de alcohol (d = 0,8 g/L). La disolución resultante ocupa 21 mL. Calcula la densidad de la disolución y la concentración del azúcar en % en masa y en g/L.

5 La solubilidad

Si tenemos una disolución de sal en agua podemos añadir más soluto y remover hasta que se disuelva. Pero llega un momento en que no se puede disolver más sal y cualquier cantidad adicional de soluto se queda depositada en el fondo del recipiente. Decimos que la disolución está saturada de sal.

Una disolución **saturada** es aquella que ya no admite más cantidad de soluto. Dependiendo del soluto, puede ser diluida o concentrada.

A 20 °C podemos disolver 36 g de sal y 200 g azúcar en 100 mL de agua.

La cantidad de soluto que podemos disolver antes de que la disolución esté saturada depende del soluto y de la temperatura. Por ejemplo, a 20 °C se pueden disolver hasta 36 g de sal y hasta 200 g de azúcar en 100 mL de agua.

Se llama **solubilidad** de una sustancia a la concentración que puede tener en la disolución saturada.

La solubilidad de los sólidos se expresa como:

$$\frac{\text{g de soluto}}{\text{100 mL de disolvente}} \text{ o } \frac{\text{g de soluto}}{\text{L de disolvente}}$$

5.1. La solubilidad de los sólidos

Habitualmente la solubilidad de los sólidos aumenta con la temperatura. No obstante, hay otras sustancias cuya solubilidad apenas varía con la temperatura. Observa la gráfica.

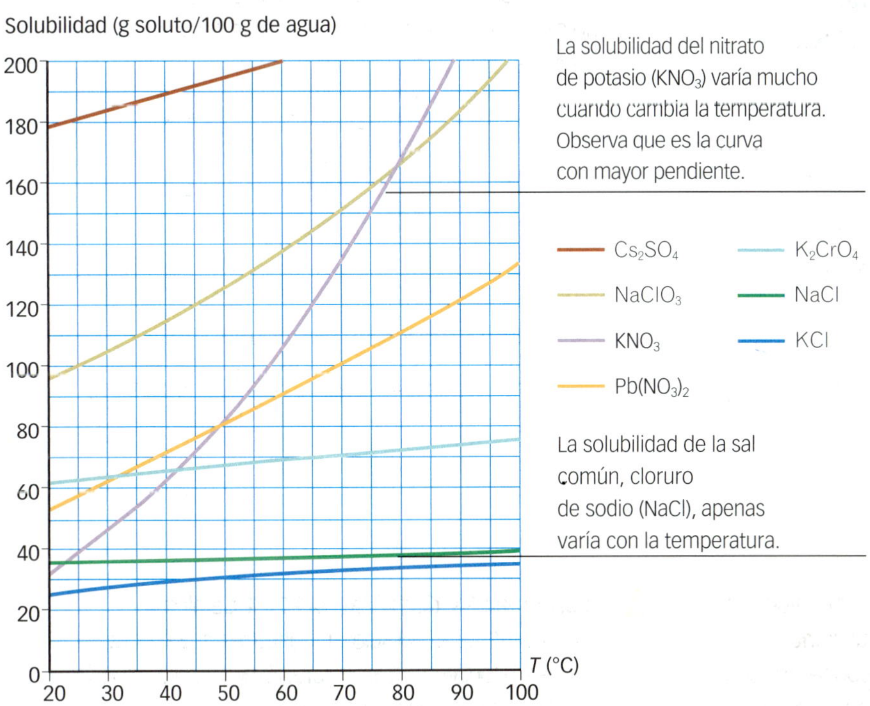

Solubilidad en agua de algunas sales frente a la temperatura.

? INTERPRETA LA IMAGEN

- Imagina que has medido 200 mL de agua y has preparado una disolución saturada de nitrato de plomo(II), $Pb(NO_3)_2$, a 80 °C. ¿Qué cantidad de esta sal se irá al fondo del vaso si la enfrías hasta 50 °C?
- Observa la gráfica de la solubilidad de la sal en agua y calcula la máxima cantidad de sal que se podrá disolver en 50 mL de agua a 20 °C. ¿Y si el agua estuviese a 80 °C?

12. EJEMPLO RESUELTO

Imagina que pones 125 mL de agua en un vaso y preparas una disolución saturada de nitrato de potasio, KNO_3, a 25 °C. Luego la calientas hasta 75 °C. ¿Qué cantidad adicional de KNO_3 podrás disolver?

En la gráfica anterior debes buscar la solubilidad de esta sal a las dos temperaturas:

- A 25 °C: 40 g sal/100 g de agua.
- A 75 °C: 150 g sal/100 g de agua.

Utilizando esta información como factor de conversión, calcula la cantidad de sal que se puede disolver en 125 mL (o 125 g) de agua:

- A 25 °C: $125 \text{ g agua} \cdot \dfrac{40 \text{ g sal}}{100 \text{ g agua}} = 50 \text{ g sal}$
- A 75 °C: $125 \text{ g agua} \cdot \dfrac{150 \text{ g sal}}{100 \text{ g agua}} = 187{,}5 \text{ g sal}$

La cantidad de sal adicional que puedes disolver al calentar es:

$$187{,}5 \text{ g} - 50 \text{ g} = \mathbf{137{,}5\ g}$$

5.2. La solubilidad de los gases

Los gases también se pueden disolver en los líquidos. En el agua de los ríos o los mares hay oxígeno disuelto que los peces aprovechan para respirar. Y las bebidas con burbujas, como los refrescos o la cerveza, llevan dióxido de carbono disuelto.

Pero, a diferencia de lo que sucede con los sólidos, la solubilidad de los gases en los líquidos disminuye a medida que aumenta la temperatura.

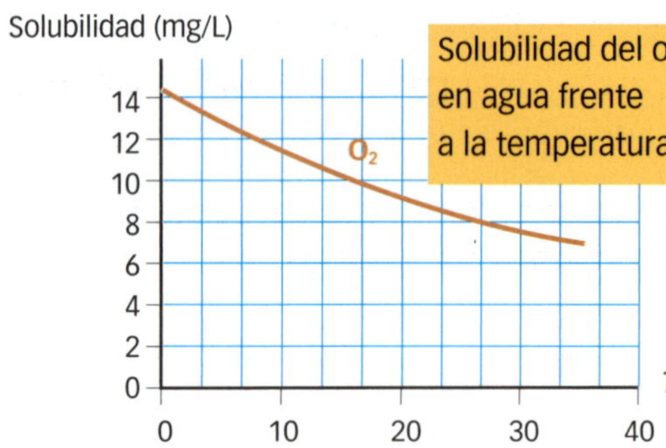

Solubilidad del oxígeno en agua frente a la temperatura.

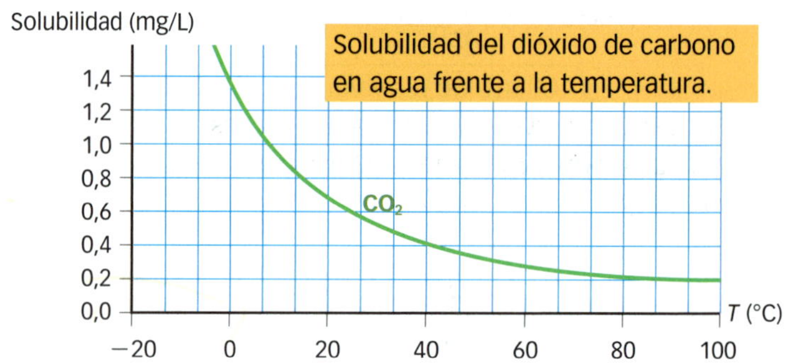

Solubilidad del dióxido de carbono en agua frente a la temperatura.

? INTERPRETA LA IMAGEN

- Lee la gráfica que muestra la solubilidad del oxígeno en agua, y determina cuánto disminuye la cantidad de oxígeno disuelto en cada litro de agua cuando su temperatura pasa de 10 a 30 °C.
- Lee la gráfica que muestra la solubilidad del dióxido de carbono en agua, y determina cuánto disminuye la cantidad de ese gas disuelto en cada litro de agua cuando su temperatura pasa de 0 a 20 °C.

Esto quiere decir que si tenemos una disolución saturada de un gas en un líquido y la calentamos, como la solubilidad disminuye con la temperatura, se formarán burbujas gaseosas que escapan de la disolución. Es lo que sucede cuando sacamos un refresco «con burbujas» del frigorífico.

Este fenómeno nos permite comprender la **contaminación térmica** provocada por determinadas actividades humanas. En efecto, muchas industrias y algunas centrales eléctricas emplean agua para refrigerar las máquinas o condensar el vapor de agua generado en una caldera. La contaminación se produce si al final de su recorrido el agua caliente se vierte en ríos o embalses.

ACTIVIDADES

35 Los peces, como las personas, necesitan oxígeno para respirar. Analiza las gráficas y explica por qué es tan perjudicial que las fábricas viertan agua caliente a los ríos o embalses.

36 Las bebidas gaseadas, como los refrescos, la cerveza o el cava, tienen dióxido de carbono disuelto. ¿Por qué crees que estas bebidas se sirven en vasos o copas que estén fríos?

REPASA LO ESENCIAL

37 Copia en tu cuaderno la tabla siguiente y coloca en la columna de cada magnitud las unidades en que se mide. Especifica cuál es la unidad del SI.

	Volumen	Temperatura	Presión
Unidad SI			
Otras unidades			

L · atm · °C · mL · cm^3 · Pa · K · m^3 · mm de Hg · dm^3

38 Completa en tu cuaderno las siguientes frases que se refieren a los enunciados de la teoría cinética.

a) La materia está formada por ________ muy ________ que se hallan más o menos ________ dependiendo del ________.

b) Las ________ de la materia se mueven a más o menos ________ dependiendo de la ________. Cuanto mayor es la ________ con que se mueven, ________ es la temperatura.

39 Completa en tu cuaderno las tres filas vacías de la tabla ordenando la información que aparece más abajo.

Transformación a T = cte.	Transformación a V = cte.	Transformación a p = cte.

$\frac{p_1}{T_1} = \frac{p_2}{T_2}$	$p_1 \cdot V_1 = p_2 \cdot V_2$	$\frac{V_1}{T_1} = \frac{V_2}{T_2}$
Variables directamente proporcionales	Variables directamente proporcionales	Variables inversamente proporcionales
Ley de Charles	Ley de Boyle-Mariotte	Ley de Gay-Lussac

40 Completa en tu cuaderno las frases rellenando los huecos.

a) La ley de Boyle-Mariotte se refiere a gases que experimentan transformaciones a ________ constante. La representación gráfica de la variable ___ frente a ___ es una línea ________, lo que indica que ambas magnitudes son ________ proporcionales.

b) La ley de ________ se refiere a gases que experimentan transformaciones a V = cte. La representación gráfica de la variable ___ frente a ___ es una línea ________, lo que indica que ambas magnitudes son ________ proporcionales.

c) La ley de ________ se refiere a gases que experimentan transformaciones a p = cte. La representación gráfica de la variable ___ frente a ___ es una ________, lo que indica que ambas magnitudes son ________ proporcionales.

41 Analiza las siguientes frases relativas a la teoría cinética de los gases. Indica cuáles son falsas y corrígelas.

a) Las fuerzas que unen las partículas son débiles.

b) Una partícula en un recipiente tiene más espacio para moverse que 100 partículas en el mismo recipiente.

c) Las partículas se mueven en línea recta y al azar.

d) Cuando las partículas chocan contra las paredes, su velocidad disminuye un poco.

e) La presión que ejerce un gas es una medida del número de choques por segundo de sus partículas contra las paredes del recipiente.

f) La temperatura de un gas es mayor cuanto menor sea la velocidad de sus partículas.

42 Completa estas fórmulas en tu cuaderno colocando el rótulo adecuado en cada recuadro:

% masa de soluto	$\% \, m_{soluto} = \frac{\square}{\square} \cdot \square$
% volumen de soluto	$\% \, V_{soluto} = \frac{\square}{\square} \cdot \square$
C masa de soluto	$C_{soluto} = \frac{\square}{\square}$
Densidad disolución	$d_{disolución} = \frac{\square}{\square}$

m_{soluto} · $m_{disolución}$ · V_{soluto} · $V_{disolución}$ · 100

43 Aplica el término apropiado a los siguientes conceptos y escríbelos en tu cuaderno. Disolución…

☐ … diluida

☐ … saturada

☐ … concentrada

a) Ya no admite más cantidad de soluto disuelto.

b) Elevada proporción de soluto con relación al disolvente.

c) Escasa proporción de soluto con relación al disolvente.

PRACTICA

Los gases y sus leyes

13. EJEMPLO RESUELTO

Expresa estas cantidades en las unidades que se indican:

a) 200 K → °C.

b) 500 mm de Hg → atm.

c) 250 cm³ → L.

En cada caso debes emplear la conversión adecuada:

a) $T\text{ (K)} = T\text{ (°C)} + 273 \rightarrow$
$\rightarrow T\text{ (°C)} = 200 - 273 = \mathbf{-73\ °C}$

b) 1 atm = 760 mm de Hg.

$$500\ \text{mm de Hg} \cdot \frac{1\ \text{atm}}{760\ \text{mm de Hg}} = \mathbf{0{,}66\ atm}$$

c) $$250\ \text{cm}^3 \cdot \frac{1\ \text{dm}^3}{10^3\ \text{cm}^3} \cdot \frac{1\ \text{L}}{1\ \text{dm}^3} = \mathbf{0{,}25\ L}$$

44 Transforma las siguientes temperaturas de forma que aparezcan en escala Celsius y en escala Kelvin. Completa esta tabla y las siguientes en tu cuaderno.

	A	B	C	D
T (°C)	27		−50	
T (K)		273		50

45 Completa con la equivalencia entre unidades.

	A	B	C	D
p (mm de Hg)	1500			650
p (atm)		0,75	2,5	

46 Completa con la equivalencia entre unidades.

	A	B	C	D
V (mL o cm³)	500			
V (L o dm³)		2,5		0,75
V (m³)			0,15	

47 Completa la tabla aplicando la ley de Boyle-Mariotte:

p (atm)	1	2		10
V (L)	2		0,25	

48 Completa la tabla aplicando la ley de Gay-Lussac:

p (atm)	1	2		8
T (K)	100		400	

49 Completa la tabla aplicando la ley de Charles:

V (L)	2	5		48
T (K)	100		200	

50 Un recipiente de 5 L contiene un gas a 2 atm y 27 °C. ¿Qué volumen ocupará a 27 °C y 1,0 atm?

a) 2,5 L.

b) 8,9 L.

c) 10 L.

d) Depende del gas que sea.

51 El gas contenido en un recipiente de 5 L, a la presión de 1 atm y 0 °C se calienta hasta 100 °C.

a) Calcula la presión que ejercerá si el proceso se ha realizado a volumen constante.

b) Calcula el volumen que ocupará si el calentamiento se produjo a presión constante.

52 En un recipiente de 300 cm³ se introduce una determinada cantidad de gas nitrógeno que ejerce una presión de 0,5 atm cuando se encuentra a −20 °C. ¿Qué volumen ocupará si, al calentarlo hasta 20 °C, llega a ejercer una presión de 900 mm de Hg?

53 En un recipiente de 2 L se introduce gas helio que ejerce una presión de 1,5 atm cuando está a 50 °C. ¿Cuál será su temperatura, en °C, cuando ejerce una presión de 600 mm de Hg en un recipiente de 750 mL?

54 Los datos de la tabla siguiente corresponden a un gas que experimenta transformaciones a temperatura constante. ¿Cumplen la ley de Boyle-Mariotte?

p (atm)	0,10	0,25	0,50	0,75	1,00
V (L)	5,00	2,00	1,00	0,67	0,50

a) Construye la gráfica *p*-*V*. ¿Qué forma tiene?

b) ¿Cómo es el producto de la presión por el volumen?

c) ¿Cuál será la presión si el volumen es 0,1 L?

d) ¿Cuál será el volumen si la presión del gas aumenta a 2 atm?

14. EJEMPLO RESUELTO

Un recipiente de émbolo móvil contiene 10 L de oxígeno a la presión de una atmósfera. Al bajar el émbolo sin que varíe la temperatura leemos los siguientes valores:

Presión (atm)	1	2	5	10
Volumen (L)	10	5	2	1

a) Dibuja la gráfica *p*-*V*. ¿Qué forma tiene?

b) Escribe la relación entre ambas variables y la ecuación que la representa.

c) ¿Cómo es el producto $p \cdot V$?

d) Calcula el volumen que ocupa el oxígeno cuando la presión se reduce a 0,5 atm.

a) Elabora la gráfica correspondiente.

Representa la presión en el eje vertical y el volumen en el eje horizontal.

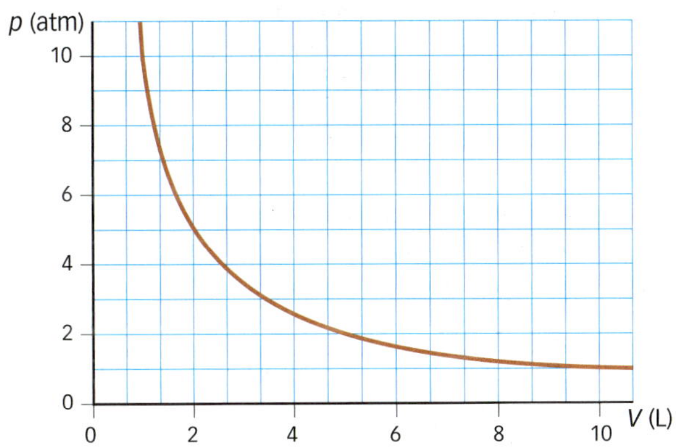

Toma unidades adecuadas. Por ejemplo, valores de 1 cm (2 cuadros) para cada atmósfera de presión y de 1,5 cm (3 cuadros) para cada litro de volumen.

b) La gráfica es una curva con forma de hipérbola, lo que indica que entre las variables existe una proporcionalidad inversa. Al disminuir *p*, aumenta *V*.

$$\mathbf{p \cdot V = cte.}$$

Por tanto, se cumple la ley de Boyle-Mariotte: cuando un gas experimenta transformaciones a temperatura constante, su presión y su volumen son inversamente proporcionales.

c) El producto de la presión por el volumen es el mismo en todos los casos. En este caso, la constante es **10 atm · L**.

d) En este caso:

$$p \cdot V = 10 \text{ atm} \cdot \text{L} \rightarrow V = \frac{10 \cancel{\text{atm}} \cdot \text{L}}{0,5 \cancel{\text{atm}}} = \mathbf{20\ L}$$

55 Construye la gráfica volumen-temperatura a partir de los datos de esta tabla, tomados a presión constante.

V (L)	1,00	1,18	1,37	1,55	1,73
T (K)	273	323	373	423	473

a) ¿Qué forma tiene la gráfica?

b) ¿Cómo es el cociente entre *V* y *T*?

c) ¿A qué temperatura $V = 2$ L?

56 Manteniendo constante el volumen, se ha medido la presión de un gas a diferentes temperaturas. Los datos se recogen en la gráfica:

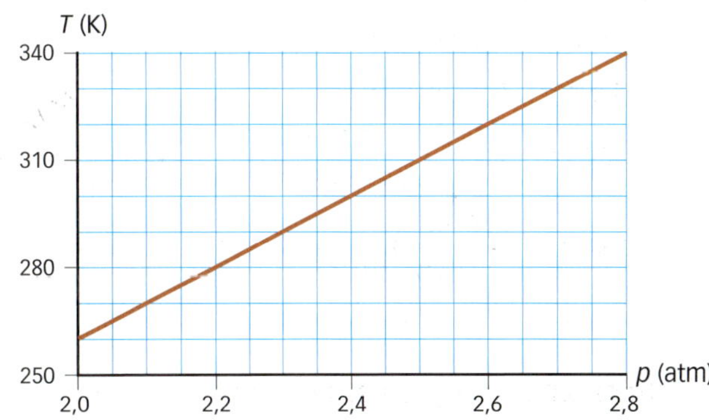

a) ¿Existe alguna relación de proporcionalidad entre la presión y la temperatura del gas?

b) Exprésala en lenguaje científico (enunciado y fórmula).

La teoría cinética de los gases

57 ¿A qué se debe el peligro de los fumadores pasivos?

58 Los siguientes fenómenos tienen una explicación parecida. Razona a qué se debe que:

a) El olor de la comida cocinada llena toda la casa.

b) El olor de los perfumes se nota más, pero dura menos, en verano que en invierno.

c) Las bolitas de naftalina que se cuelgan de los armarios desaparecen con el tiempo, pero su olor llega a todos los rincones del armario.

59 Razona si es cierto o falso.

a) El cero absoluto es la temperatura más baja que se ha podido alcanzar con los medios técnicos actuales.

b) En el cero absoluto la velocidad de las partículas es nula.

c) En el cero absoluto, los gases no ejercen presión.

d) En el cero absoluto, los gases no ocupan el volumen del recipiente.

Las disoluciones

60 Indica en tu cuaderno cuál es el principal soluto y cuál el disolvente en las siguientes disoluciones.

Disolución	Soluto	Disolvente
Alcohol yodado		
Agua de mar		
Vinagre (ácido acético: 3 %)		
Aire (78 % N_2 , 21 % O_2)		
Bebidas con gas		
Alcohol del botiquín 96°		
Bronce (85 % Cu, 15 % Sn)		

61 Una cuchara puede contener 20 g de azúcar. Calcula la concentración final de cada disolución en tanto por ciento en masa y completa la tabla en tu cuaderno.

Disolución	Concentración (% de masa)
Una cuchara de azúcar y 500 g de agua	
Dos cucharas de azúcar y 500 g de agua	

62 Contesta en tu cuaderno. En 100 g de disolución al 10 % en masa hay:

a) 10 g de soluto y 100 g de disolvente.

b) 20 g de soluto y 80 g de disolvente.

c) 10 g de soluto y 90 g de disolvente.

63 La concentración de una disolución de hidróxido de potasio en agua es del 5 % en masa. ¿Qué cantidad de hidróxido de potasio hay en 600 g de disolución?

64 El vinagre es una disolución de ácido acético en agua al 3 % en masa. Determina:

a) Cuál es el soluto y cuál el disolvente.

b) La cantidad de soluto que hay en 50 g de vinagre.

65 Se preparó una disolución disolviendo 50 mL de alcohol en 200 mL de agua. Calcula la concentración en % en volumen. Supón volúmenes aditivos.

66 Una bebida alcohólica tiene un 14 % en volumen de alcohol. Calcula la cantidad de alcohol que tomaremos si ingerimos un vaso de 120 cm^3 de dicha bebida.

67 Algunas cervezas «sin alcohol» pueden contener hasta un 1 % de alcohol. Si bebes 0,5 L de esta clase de cerveza, ¿cuántos mL de alcohol habrás ingerido?

68 Para preparar 0,5 L de una disolución de alcohol en agua al 5 %, ¿qué cantidades de alcohol y agua son necesarias? Supón volúmenes aditivos.

69 Expresa en g/L la concentración de una disolución que contiene 30 g de soluto en 600 mL de disolución.

15. EJEMPLO RESUELTO

La tasa máxima de alcohol en sangre para conductores noveles es de 0,30 g/L. Si un conductor bebe una lata de cerveza (330 mL, 6 % de alcohol) y su volumen total de sangre es de 6 L:

a) ¿Qué masa de alcohol (etanol) ingiere? ($d_{etanol} = 0{,}8$ g/cm^3).

b) Suponiendo que todo ese alcohol pasa a su sangre, ¿daría positivo en un control?

a) El porcentaje en alcohol de la cerveza nos permite conocer su volumen de alcohol.

$$330 \text{ mL cerveza} \cdot \frac{6 \text{ mL alcohol}}{100 \text{ mL cerveza}} = 19{,}8 \text{ mL alcohol}$$

La densidad del etanol permite conocer su masa:

$$d = \frac{m}{V} \rightarrow m = d \cdot V = 0{,}8 \frac{\text{g}}{\text{mL}} \cdot 19{,}8 \text{ mL} = \mathbf{15{,}8\ g}$$

b) La concentración es:

$$C = \frac{m_{soluto}}{V_{disolución}} = \frac{15{,}8 \text{ g}}{6 \text{ L}} = 2{,}6 \frac{\text{g}}{\text{L}}$$

Sí daría positivo. La cantidad de alcohol que pasa directamente a la sangre es distinta para cada persona. Hay personas que incluso bebiendo poco alcohol conservan niveles de concentración altos en la sangre.

70 Elige la respuesta correcta. Una disolución que contiene 25 g de soluto en 500 mL de disolución tiene una concentración de:

a) 50 % en masa.

b) 25 % en volumen.

c) 50 % en volumen.

d) 50 g/L.

71 ¿Cuál es la concentración en g/L de una disolución que se preparó disolviendo 20 g de azúcar en agua hasta tener 250 mL de disolución?

72 En los análisis de sangre se indica como valor normal de la glucosa en sangre el intervalo 70-105 mg/dL. Si en una muestra de sangre se encuentran 17 mg de glucosa en 20 mL de disolución sanguínea:

a) ¿Estará dentro del intervalo normal?

b) Expresa la concentración en g/L.

La solubilidad

73 La gráfica siguiente muestra la solubilidad de tres sustancias (A, B y C) frente a la temperatura.

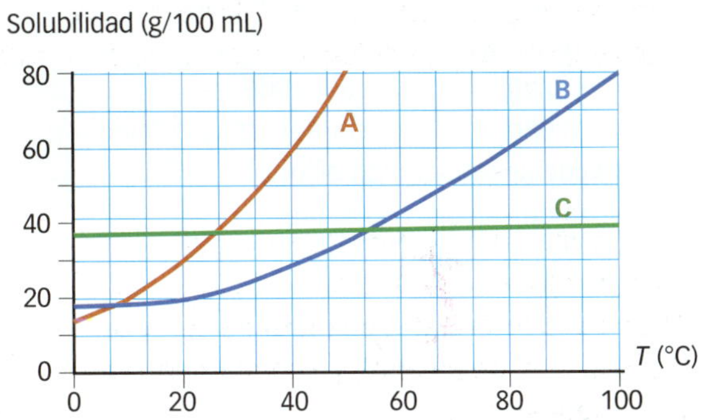

a) Completa la tabla en tu cuaderno.

	0 °C	20 °C	40 °C	60 °C
La más soluble es				
La menos soluble es				

b) ¿A qué temperatura son igual de solubles A y B?

c) ¿A qué temperatura la solubilidad de A, B y C es 37 g/100 mL?

16. EJEMPLO RESUELTO

Observa la gráfica del epígrafe sobre la solubilidad que muestra la solubilidad del dióxido de carbono en agua frente a la temperatura. ¿Qué cantidad de CO_2 puede tener un vaso de refresco (180 mL) en la nevera (0 °C)? ¿Y a 30 °C?

Debes buscar la solubilidad del gas a cada temperatura:

- A 0 °C. 1,3 mg gas/L de agua.
- A 30 °C: 0,7 mg gas/L de agua.

Utilizando esta información como factor de conversión, se calcula la cantidad de gas que se puede disolver en 180 mL de agua (o de refresco):

$$180\text{ mL }\cancel{\text{de agua}}\cdot\frac{1{,}3\text{ mg de gas}}{1000\text{ mL }\cancel{\text{de agua}}}=\mathbf{0{,}23\text{ mg de gas}}$$

$$180\text{ mL }\cancel{\text{de agua}}\cdot\frac{0{,}7\text{ mg de gas}}{1000\text{ mL }\cancel{\text{de agua}}}=\mathbf{0{,}13\text{ mg de gas}}$$

Al aumentar la temperatura disminuye la cantidad de gas en el refresco.

74 En una bodega se fabrica cerveza a 30 °C.

a) ¿Qué cantidad de CO_2 podrán introducir como máximo en un bidón de 5 L? Supón que se disuelve en agua.

b) ¿Y si lo enfrían hasta 0 °C?

AMPLÍA

75 Tenemos dos recipientes de 3 L conectados por una llave. Uno de ellos está vacío, pero en el otro hay gas argón, a una presión de 1000 mm de Hg y a 50 °C. Cuando se abre la llave la presión llega a ser de 0,75 atm. ¿Qué temperatura Celsius marcará el termómetro?

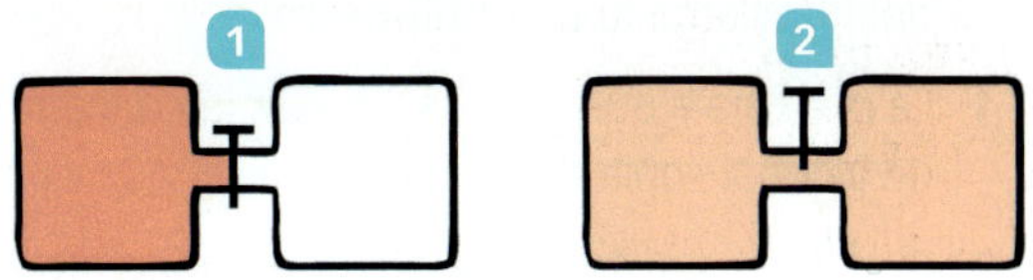

76 Un pequeño extintor está formado por una bombona de 3 L que es capaz de soportar una presión de 15 atm. En su interior hay gas dióxido de carbono que ejerce una presión de 2 atm cuando la temperatura es 27 °C. En un momento dado, las llamas de un incendio alcanzan el extintor. ¿Hasta qué temperatura puede aguantar sin explotar?

17. EJEMPLO RESUELTO

El suero glucosado al 20 % es una disolución de azúcar en agua cuya densidad es 1,15 g/cm³. Se quiere preparar medio litro de suero glucosado al 20 %. Calcula la cantidad de azúcar necesaria.

Disolución: suero glucosado 20 % d = 1,15 g/cm³ V = 500 mL	Soluto: azúcar
	Disolvente: agua

Con la densidad de la disolución calcula la masa equivalente a los 500 mL:

$$d=\frac{m}{V}\rightarrow m=d\cdot V=1{,}15\,\frac{\text{g}}{\cancel{\text{mL}}}\cdot 500\,\cancel{\text{mL}}=575\text{ g}$$

Utiliza la riqueza del suero en azúcar como factor de conversión:

$$575\text{ g }\cancel{\text{de suero}}\cdot\frac{20\text{ g de azúcar}}{100\text{ g }\cancel{\text{de suero}}}=\mathbf{115\text{ g de azúcar}}$$

77 Para preparar medio litro de disolución al 5 % en masa de cloruro de sodio (NaCl), ¿qué cantidad de cloruro de sodio es necesaria? ($d_{disolución}$ = 1,05 g/cm³).

78 Preparamos una disolución mezclando 20 g de hidróxido de sodio en 200 mL de agua. La densidad de la disolución es 1,09 g/mL. Calcula la concentración expresada en % en masa y en g/L.

TÉCNICA. ¿Cómo funciona el alcoholímetro?

El alcohol es un compuesto que pasa rápidamente a la sangre. Para detectar la concentración de alcohol en la sangre se emplea este procedimiento usando un aparato llamado **alcoholímetro**:

1. La persona a quien se va a medir la concentración de alcohol sopla en un tubo.
2. El alcohol que contiene el aire espirado produce un cambio químico.
3. En los alcoholímetros analógicos un indicador de color graduado muestra el nivel de alcohol.

En los alcoholímetros digitales este cambio químico genera una corriente eléctrica cuya intensidad depende de la cantidad de alcohol que ha reaccionado, es decir, de la cantidad de alcohol que se ha introducido en el tubo. Más alcohol ingerido implica una corriente eléctrica más intensa. A partir del valor de la corriente eléctrica se ofrece una lectura de la concentración de alcohol por litro de sangre en una pantalla.

Conductores en general

Tasa permitida: 0,5 g/L en sangre / 0,25 mg/L en aire

	Cantidad equivalente	
	♂ Hombre	♀ Mujer
Cerveza 333 mL	2	1,5
Vino 100 mL	2,5	2
Whisky 40 mL	2	1,5

Conductores profesionales y sin experiencia

Tasa permitida: 0,3 g/L en sangre / 0,15 mg/L en aire

	Cantidad equivalente	
	♂ Hombre	♀ Mujer
Cerveza 333 mL	1	0,5
Vino 100 mL	1,5	1
Whisky 40 mL	1	0,5

Fuente: Dirección General de Tráfico. (Valores correspondientes a personas de peso y estatura medias y en ayunas).

79 Contesta en tu cuaderno. ¿Qué magnitud mide el alcoholímetro?

a) La cantidad total de alcohol que ha bebido una persona.

b) La cantidad total de alcohol que hay en la sangre de una persona.

c) La concentración de alcohol por cada litro de sangre.

d) El alcohol consumido en la última hora.

80 ¿Cómo detectan el alcohol los alcoholímetros?

a) Por un cambio de temperatura: el aire con alcohol es más caliente.

b) Mediante una reacción química en la que interviene el alcohol espirado.

c) Por la cantidad total de aire que el conductor es capaz de expulsar de sus pulmones.

81 Señala si las afirmaciones son verdaderas o falsas.

a) Las mujeres pueden beber más alcohol que los hombres sin dar positivo en un control.

b) La cantidad de alcohol necesaria para dar positivo no depende del sexo.

c) Una cerveza proporciona menos alcohol que una copa de vino.

d) Los conductores profesionales pueden beber más cantidad de alcohol que los no profesionales y no dar positivo en un control de alcoholemia.

82 ¿Cuáles de estas personas podrán ponerse al volante?

a) Un joven que acaba de sacarse el permiso de conducir y que ha tomado dos cervezas y un vaso de vino.

b) Una mujer taxista que ha bebido medio vaso de vino.

c) Un conductor que ha bebido dos vasos de vino y una cerveza.

FORMAS DE PENSAR. Análisis ético. ¿Es una buena idea intentar engañar al alcoholímetro?

[...] Lo cierto es que es imposible mentirle al alcoholímetro. Así lo confirma el Centro de Experimentación y Seguridad Vial (CESVI) [Argentina], que realizó las pruebas correspondientes y, con el asesoramiento de un grupo de médicos, comprobó que el grado de alcohol en sangre no se modifica. Ni una ducha de agua fría, ni un café cargado pueden alterar el resultado del test.

Las leyendas que circulan por diversos lugares hablan, incluso, de masticar chicles y hasta están quienes creen que vomitando se puede expulsar el alcohol del cuerpo. «La única manera que existe es esperar el tiempo suficiente para eliminar el alcohol de la sangre». [...]

La razón por la que todas estas artimañas no resultan efectivas es simple. «El alcohol se absorbe en el estómago, en la primera parte del tubo digestivo, pero luego va directo a la sangre y [...] se distribuye a todo el cuerpo, incluidos pulmones, donde se evapora por los alvéolos. Así, los alcoholímetros miden el alcohol en el aire espirado de los pulmones y no el que contiene el estómago». [...]

Fuente: http://www.clarin.com

83 COMPRENSIÓN LECTORA. Propón un título alternativo para el documento.

84 ¿Dónde se absorbe el alcohol ingerido? Copia las respuestas correctas en tu cuaderno.

a) En los pulmones.
b) En la garganta.
c) En el estómago.
d) En el intestino.

85 Observa cómo actúa el alcohol.

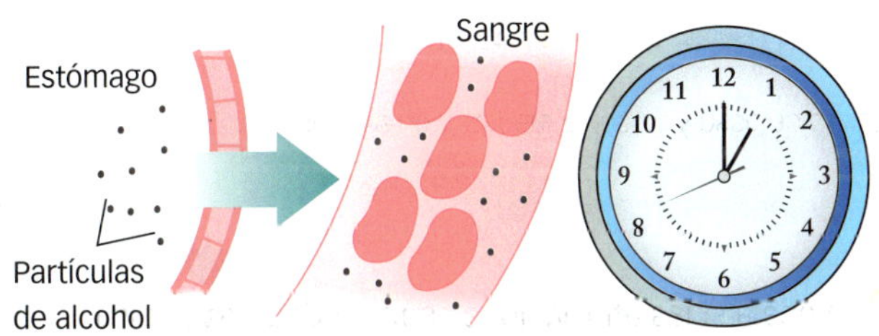

1. El alcohol se absorbe en el estómago y en el intestino delgado.
2. Luego llega hasta la sangre y se distribuye por todo el cuerpo, llegando al cerebro.
3. Cada hora se metabolizan 0,12 g/L. Las mujeres metabolizan el alcohol más despacio que los hombres.

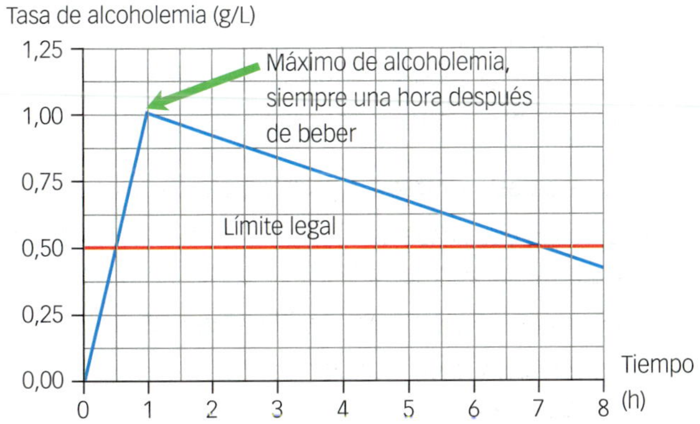

a) ¿Cuándo se alcanza la concentración máxima de alcohol en sangre?

b) Si un conductor ha bebido más de la cuenta y alcanza una concentración máxima de alcohol de 0,8 g/L, ¿cuánto tiempo debe transcurrir, como mínimo, hasta poder conducir? Elabora una gráfica parecida a la anterior para este caso.

86 Elabora una lista con problemas (de salud o económicos) que el alcohol causa en jóvenes.

87 Los controles de alcoholemia son cada vez más frecuentes.

a) ¿Cuál es su principal objetivo?

b) ¿Dónde situarías un control, en una carretera de entrada a una ciudad o en una carretera de salida?

88 Algunos automóviles disponen de un sensor que detecta la cantidad de alcohol ingerida a partir del aire espirado. Si la cantidad detectada es superior a cierto valor, el coche no arranca. ¿Qué te parece esta idea?

a) No es necesario, porque se puede beber cierta cantidad de alcohol sin que eso suponga un mayor riesgo de accidente.

b) Debería implantarse en todos los automóviles, aunque los encarezca bastante.

c) Es una tontería. Todo el mundo sabe bien lo que bebe.

d) Es interesante porque mucha gente con una tasa superior a la permitida piensa que ha bebido poco.

89 TOMA LA INICIATIVA. Ahora decide: ¿te parece una buena idea intentar engañar al alcoholímetro?

INVESTIGA

TRABAJO COOPERATIVO

COMPROBACIÓN DE LAS LEYES DE LOS GASES

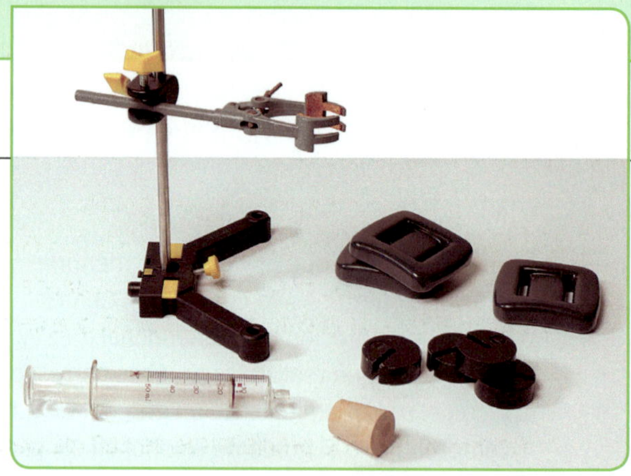

Los gases no tienen forma ni volumen fijo.
Una determinada cantidad de gas ocupa un volumen u otro dependiendo de la presión que se ejerce sobre él. También varía el volumen que ocupa el gas si modificamos la temperatura a la que se encuentra. Estudiando este comportamiento se llega a establecer las leyes de los gases.

MATERIAL

- Una jeringuilla de cristal de 50 cm^3.
- Un tapón de goma horadado por un extremo.
- Varias pesas de valor conocido (200 g y 1 kg).
- Soporte con pinzas.
- Placa calefactora.
- 2 vasos de precipitados de 500 mL.
- 2 termómetros.
- Hielo.
- Grasa de silicona.

PRESTA ATENCIÓN

Puedes comprobar la ley de Boyle-Mariotte con una jeringuilla de plástico. Pero es difícil comprobar la ley de Gay-Lussac con una jeringuilla de plástico, ya que habría que esperar mucho tiempo para que el gas alcanzase la temperatura del agua en que se introduce.

A. COMPROBACIÓN DE LA LEY DE BOYLE-MARIOTTE

Estudiamos qué le ocurre al volumen que ocupa el gas cuando varía la presión que se ejerce sobre él, sin que cambie la temperatura.

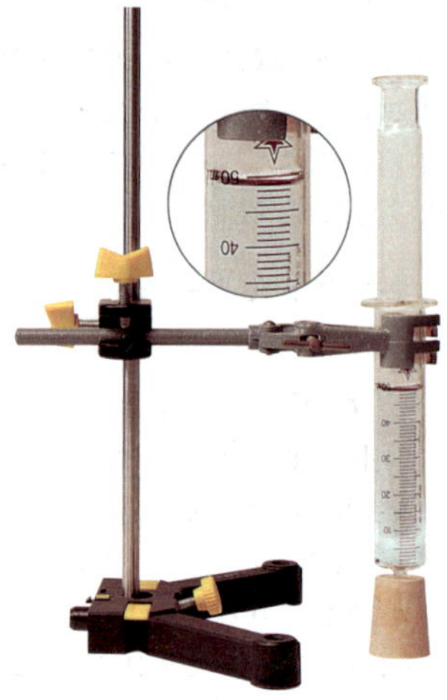

PROCEDIMIENTO

1. Haz que tanto el cilindro exterior de la jeringuilla como el émbolo estén perfectamente limpios. Coloca un poco de silicona en la parte inferior del émbolo (para que haga cierre hermético) e introdúcelo en el cilindro exterior.
2. Baja el émbolo hasta que su extremo inferior coincida con la primera marca (50 mL). Haz un pequeño orificio en un tapón de goma (sin que lo atraviese) y coloca en él el extremo de la jeringuilla de manera que quede ajustado.
3. Coloca la jeringuilla verticalmente y sujétala con las pinzas del soporte. Procura que no haya tensiones.
4. Coloca una pesa de 200 g en la parte superior del émbolo y observa hasta qué posición desciende.
5. Ve colocando pesas sucesivas y anota el nivel del émbolo en cada caso. Anota los resultados de las observaciones en una tabla.
6. Ve retirando ahora las pesas sucesivamente y comprueba que el émbolo sube hasta alcanzar niveles más altos. Anota los resultados.

Pesas (kg)	0,0	0,2	0,6	1	2	3	4
Volumen (mL)	50	48	45	42	37	32	29

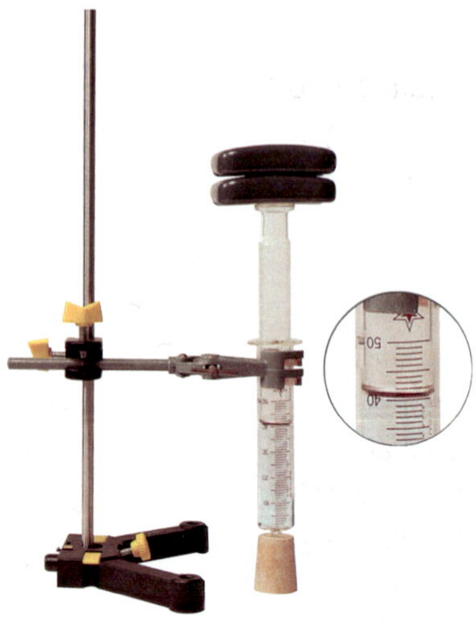

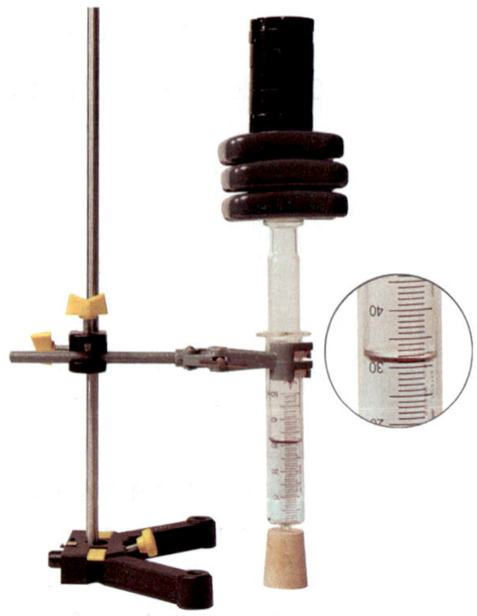

B. COMPROBACIÓN DE LA LEY DE GAY-LUSSAC

Estudiamos qué le ocurre al volumen que ocupa el gas cuando varía la temperatura a la que se encuentra, sin que cambie la presión.

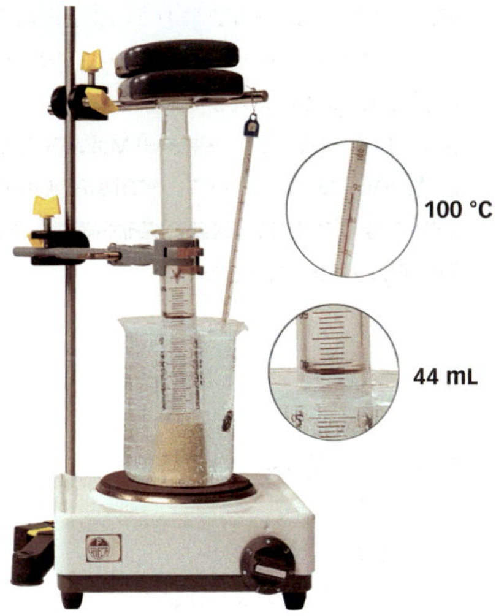

PROCEDIMIENTO

1. Coloca un vaso de precipitados de 500 mL (vacío) sobre una placa calefactora (apagada).
2. Reproduce los pasos 1 y 2 del procedimiento anterior.
3. Coloca la jeringuilla verticalmente dentro del vaso y sujétala con las pinzas del soporte. Pon sobre el émbolo dos pesas de 1 kg y anota hasta qué nivel baja. Anota la temperatura ambiente que indica el termómetro.
4. Llena el vaso de agua y coloca en su interior un termómetro que te permita medir su temperatura.
5. Enciende la placa calefactora y haz que el agua se caliente suavemente. El objetivo es que puedas hacer alguna medida del nivel del émbolo y la temperatura en distintos momentos. En cualquier caso, haz las medidas cuando el agua hierva (temperatura 100 °C).

Podemos hacer una experiencia similar para observar el efecto del descenso de la temperatura. Sustituye la placa calefactora por hielo picado.

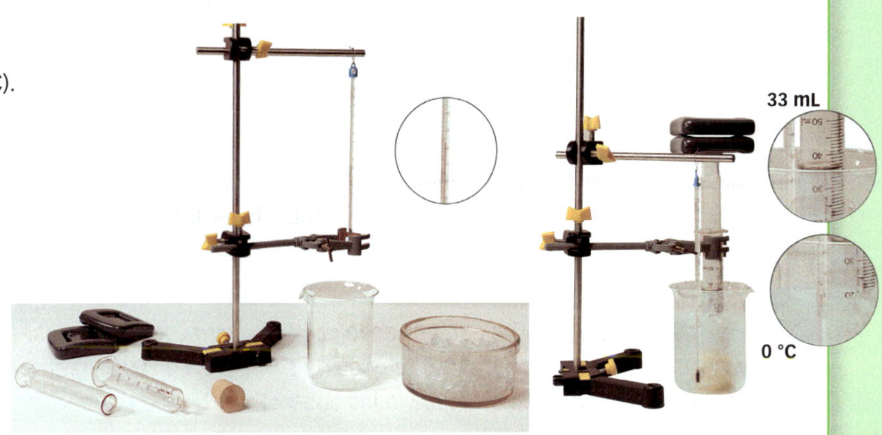

1. Reproduce los pasos 1 y 2 del procedimiento inicial.
2. Coloca la jeringuilla verticalmente dentro del vaso (vacío) y sujétala con las pinzas del soporte. Pon dos pesas de 1 kg sobre el émbolo y anota hasta qué nivel baja. Anota la temperatura ambiente que indica el termómetro.
3. Llena el vaso con hielo picado y coloca un termómetro en su interior.
4. Cuando la jeringuilla lleve un rato dentro de vaso con hielo, anota la temperatura y el volumen cuando el émbolo está más bajo.

PRESTA ATENCIÓN

La temperatura del agua o el hielo que rodea a la jeringuilla puede no coincidir con la temperatura en el interior de la jeringuilla. Para que el dato de la temperatura sea válido debes dejar que la jeringuilla esté un tiempo en el agua hirviendo (100 °C) o en una mezcla de agua-hielo (a 0 °C).

ACTIVIDADES

90 **Representa gráficamente los valores del peso que colocas sobre el émbolo frente al volumen del aire en la jeringuilla.**

a) ¿Qué forma tiene la gráfica? ¿Las magnitudes que representa, son directa o inversamente proporcionales?

b) Enuncia una ley física que relacione el peso que se coloca sobre el émbolo con el volumen que ocupa el gas encerrado. Deja claro si la temperatura del gas permanece constante o varía.

91 **Cuando colocas pesas sobre el émbolo de la jeringuilla, o cuando la colocas en el vaso con hielo, el émbolo desciende. Razona, en cada caso, si sucede lo siguiente:**

a) Disminuye el gas que hay en su interior.

b) Aumenta o disminuye la velocidad de las partículas del gas.

c) Aumenta o disminuye la presión externa que se ejerce sobre el gas.

d) Aumenta o disminuye la presión que ejercen las partículas del gas.

3 El átomo

SABER

- Los átomos.
- Átomos, isótopos e iones.
- Un átomo más avanzado.
- La radiactividad.

SABER HACER

- Resolver problemas.
- Interpretar modelos científicos y contrastar sus predicciones con experiencias.
- Realizar análisis a la llama en el laboratorio.

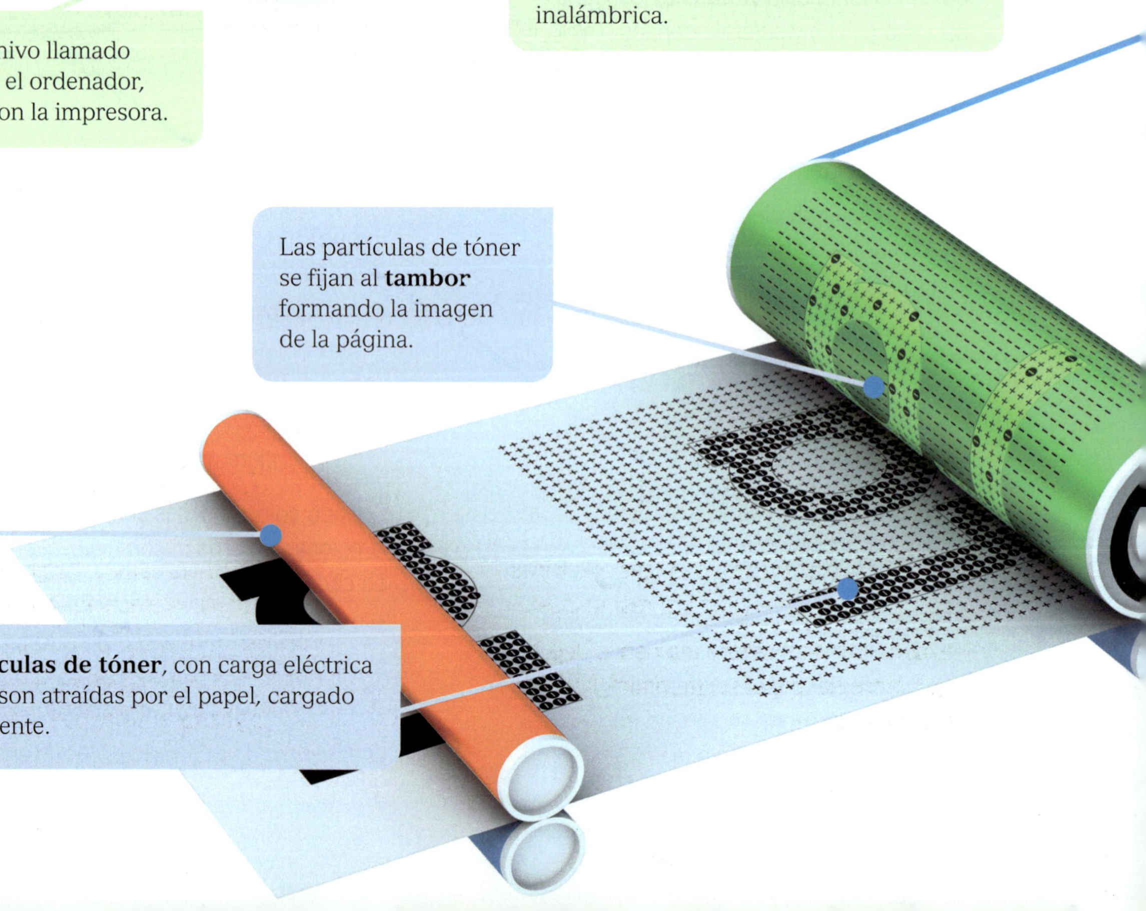

NOS HACEMOS PREGUNTAS. ¿Cómo funciona una impresora laser?

La imprenta de Gutenberg supuso una revolución para la cultura: permitió imprimir muchas copias de un documento en poco tiempo. De la misma manera, las fotocopiadoras primero y las impresoras después han cambiado por completo el modo de trabajo de muchas personas.

Los dos tipos de impresoras más empleadas son las **impresoras de inyección de tinta**, muy usadas en hogares, y las **impresoras láser** (abajo), utilizadas en oficinas.

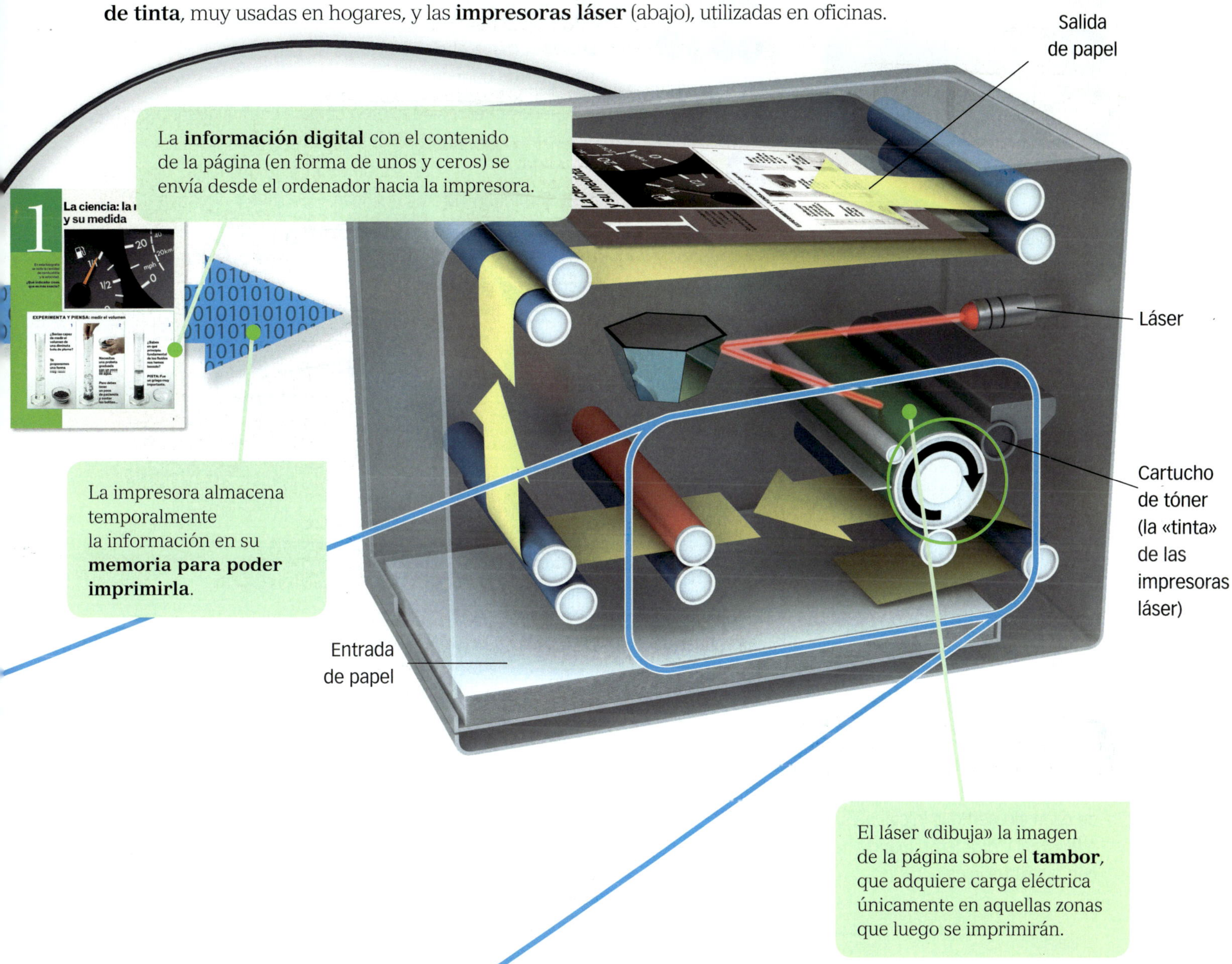

? INTERPRETA LA IMAGEN

- Explica la relación de las cargas eléctricas con la impresión en una impresora láser.
- Explica cómo se determinan en la impresora qué áreas del papel se imprimirán con tóner y cuáles no.

CLAVES PARA EMPEZAR

- ¿Cuántos tipos de cargas eléctricas hay? ¿Cómo interactúan entre ellas?
- Opina. El tóner es un producto muy contaminante. ¿Qué medidas adoptarías para recoger los cartuchos agotados y evitar que acaben en la basura?

REPASA FÍSICA Y QUÍMICA

La **teoría cinética** dice que la materia está formada por pequeñas partículas. Dependiendo de cómo sea la fuerza de unión entre ellas, la materia se puede presentar en estado sólido, líquido o gas.

Sólido	Líquido	Gas

		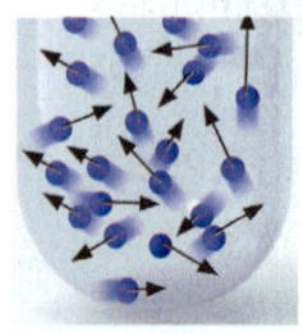
Todas las partículas unidas en una estructura rígida.	Partículas unidas en pequeños grupos.	Partículas libres, sin fuerzas de unión.

Analizando diversas sustancias, el científico británico John Dalton (1766-1844) encontró que la materia está formada por distintos tipos de partículas a las que llamó **átomos**.

Denominó **elemento químico** a cada tipo distinto de átomos.

Dalton representó los átomos de cada elemento químico mediante un **símbolo**. Más adelante los científicos decidieron que era más adecuado representarlos usando un símbolo que recordarse el nombre del elemento.

A principios del siglo XIX, el químico sueco Jacob von Berzelius (1779-1848) estableció como símbolo de cada elemento la inicial de su nombre latino, o la inicial y otra letra cuando había varios elementos con la misma inicial.

Elemento	Símbolo (Dalton)	Símbolo (Berzelius)	Nombre latino
Hidrógeno	⊙	H	Hydrogenium
Oxígeno	○	O	Oxys-gonos (nombre griego)
Carbono	●	C	Carbonis
Nitrógeno	⦶	N	Nitrum
Azufre	⊕	S	Sulphur
Cobre	Ⓒ	Cu	Cuprum
Fósforo	☮	P	Phosfphorus

Fenómenos eléctricos

Los antiguos griegos (600 a.C.) sabían que al frotar un trozo de resina de ámbar con piel de gato, esta era capaz de atraer pequeños trozos de pluma. En griego, *ámbar* se dice *elektron* y a este fenómeno se le llamó **electricidad**.

Diversas experiencias a lo largo de la historia permitieron conocer que:

- Algunos cuerpos adquieren carga eléctrica cuando son frotados. **Electrización por frotamiento**.
- Los cuerpos pueden adquirir carga de dos tipos, denominada vítrea y resinosa o positiva y negativa.
- Cuerpos que tienen carga del mismo signo se repelen, y cuerpos que tienen carga de signo contrario se atraen.

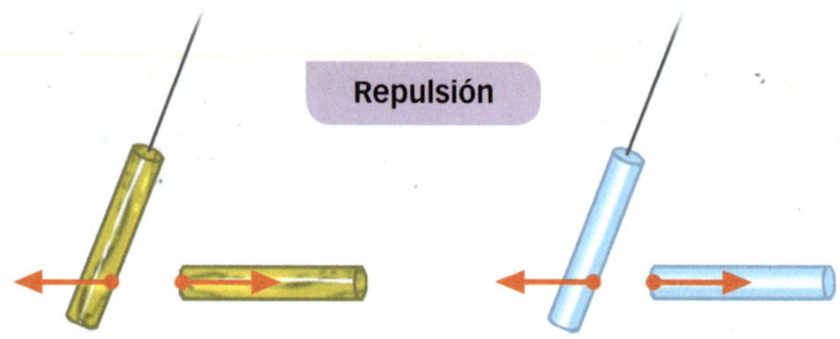

Dos trozos de ámbar electrizados se repelen.

Dos trozos de vidrio electrizados se repelen.

Un trozo de vidrio y otro de ámbar electrizados se atraen.

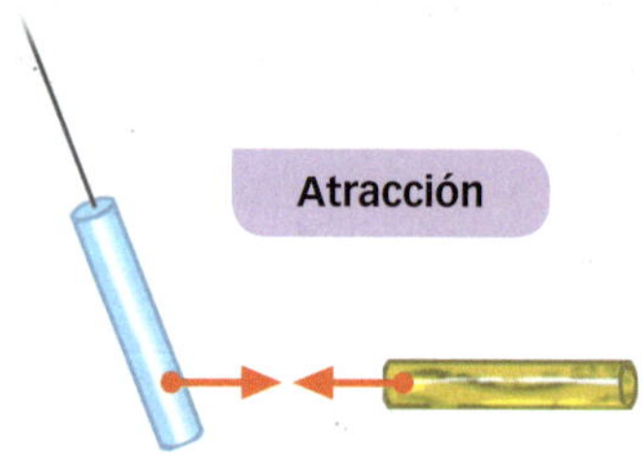

En los primeros años del siglo XX se descubrió que en los átomos existen partículas cargadas que son las responsables de los fenómenos eléctricos.

ACTIVIDADES

1 En esta página se citan tres ideas acerca del comportamiento de la materia:

a) La materia está formada por partículas.

b) Distintos elementos químicos están formados por átomos diferentes.

c) Los átomos son los responsables de que la materia tenga carga eléctrica.

Repasa la información de esta página y asocia cada idea con la teoría a que se refiere. ¿Qué teoría crees que apareció en primer lugar? ¿Por qué? ¿Cuál crees que es la teoría más avanzada de las tres? ¿Por qué?

1 Los átomos

A comienzos del siglo XIX, el científico británico John **Dalton** (1766-1844) estableció una teoría según la cual la materia estaba formada por partículas indivisibles denominadas **átomos**. Llegó a esta idea tras analizar los resultados de estudios científicos llevados a cabo por varios químicos en distintos países de Europa en el último tercio del siglo XVIII.

Y a principios del siglo XX, nuevos descubrimientos obligaron a revisar la teoría atómica de Dalton, pues se encontraron en el interior de los átomos otras partículas que se denominaron **protones**, **neutrones** y **electrones**.

Distintas investigaciones permitieron conocer la masa y la carga eléctrica de cada una de las partículas presentes en los átomos, y que resultaron ser:

	Protón	Electrón	Neutrón
Masa	$1{,}673 \cdot 10^{-27}$ kg	$9{,}11 \cdot 10^{-31}$ kg	$1{,}675 \cdot 10^{-27}$ kg
Carga	$+1{,}6 \cdot 10^{-19}$ C	$-1{,}6 \cdot 10^{-19}$ C	0

De estos datos se deduce:

- La carga del electrón es igual a la del protón, pero de signo contrario.
- La masa del protón es muy parecida a la del neutrón.
- La masa del electrón es mucho más pequeña que la del protón y la del neutrón.

Comparando la masa del protón y el electrón, tenemos:

$$\frac{m_{\text{protón}}}{m_{\text{electrón}}} = \frac{1{,}673 \cdot 10^{-27}\ \text{kg}}{9{,}11 \cdot 10^{-31}\ \text{kg}} = 1836 \rightarrow \mathbf{m_{\text{protón}} = 1836 \cdot m_{\text{electrón}}}$$

Como estas partículas son muy pequeñas, cuando se trabaja con átomos es adecuado emplear la escala atómica, que utiliza como unidades de masa y de carga, aproximadamente, la masa y la carga de un protón.

Hoy día sabemos que en el átomo hay otras partículas más pequeñas, llamadas **quarks**, que forman los protones y los neutrones.

1. EJEMPLO RESUELTO

Calcula cuánto valen la masa del protón y la masa del electrón en unidades atómicas.

Escribe la correspondencia entre las unidades.

- Masa del protón $= 1{,}67 \cdot 10^{-27}\ \cancel{\text{kg}} \cdot \frac{1\ \text{u}}{1{,}66 \cdot 10^{-27}\ \cancel{\text{kg}}} \simeq \mathbf{1\ u}$
- Masa del electrón $= 9{,}11 \cdot 10^{-31}\ \cancel{\text{kg}} \cdot \frac{1\ \text{u}}{1{,}66 \cdot 10^{-27}\ \cancel{\text{kg}}} = \mathbf{5{,}49 \cdot 10^{-4}\ u}$

RECUERDA

La IUPAC (Unión Internacional de Química Pura y Aplicada) ha definido la **unidad de masa atómica, u,** y ha determinado que equivale a $1{,}66 \cdot 10^{-27}$ kg.

	Protón	Electrón	Neutrón
Masa	1 u	1/1840 u	1 u
Carga	+1 e	−1 e	0

Unidades empleadas para expresar la masa y la carga de las partículas que forman los átomos.

ACTIVIDADES

2. Calcula cuántos protones debes reunir para que su masa sea igual a 1 kg.
3. Calcula cuántos protones debes reunir para que su carga eléctrica sea igual a 1 C.
4. Repite las actividades 2 y 3 suponiendo ahora que las partículas son electrones.

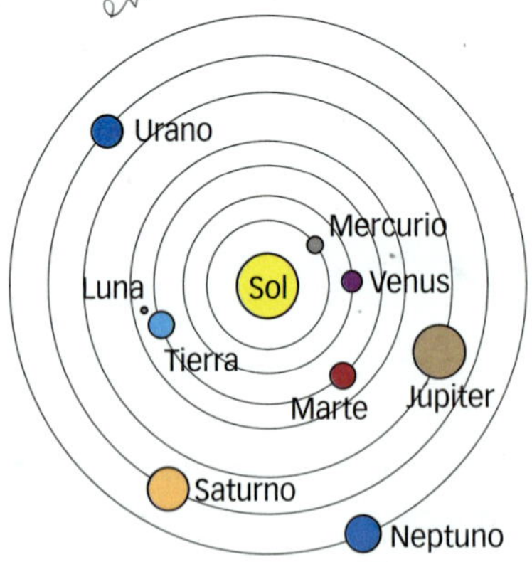

En el **sistema planetario**, los planetas giran alrededor del Sol, que permanece fijo en el centro.

1.1. Cómo son los átomos

Desde el principio los científicos pensaron que los átomos eran pequeñas esferas. Pero, ¿cómo eran por dentro? Una de las primeras cuestiones que debieron resolver era saber cómo estaban dispuestas las partículas en el interior del átomo.

Utilizaron como modelo la disposición de los planetas alrededor del Sol o de los satélites alrededor de los planetas: en el centro se sitúa el cuerpo de mayor masa, y los cuerpos más pequeños giran a su alrededor.

Así, tomando como modelo el sistema planetario, los científicos se imaginaron átomos con las siguientes características:

- Tienen un **núcleo** en el que se encuentran las partículas de mayor masa (protones y neutrones).
- Tienen una **corteza** formada por los electrones que giran alrededor del núcleo.
- Los átomos son neutros. Por eso deben tener el **mismo número de protones que de electrones**.
- **El número de neutrones es similar al número de protones**, pero no es necesario que sea exactamente igual.

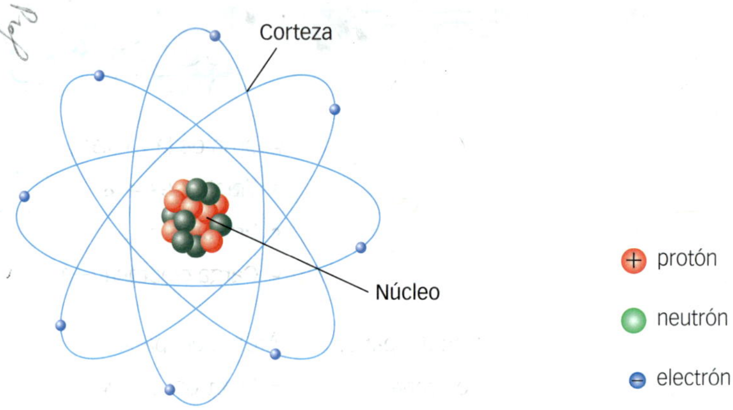

SABER MÁS

¿Por qué giran los electrones?

La carga negativa de los electrones hace que sean atraídos por el núcleo, donde se concentra la carga positiva. El único modo de vencer esta atracción es estar en continuo movimiento.

Es un caso parecido al de un cubo con agua que gira. Si haces que gire lo suficientemente rápido, el agua no se cae, aunque el cubo llegue a estar boca abajo.

El tamaño del átomo

Distintas experiencias han permitido medir el tamaño de los átomos. Considerado como una esfera:

- El **átomo** tiene un radio de unos 10^{-10} m.
- El **núcleo** tiene un radio de unos 10^{-14} m.

Es decir, el núcleo es unas 10 000 veces más pequeño que el átomo:

$$\frac{\text{Radio del átomo}}{\text{Radio del núcleo}} = \frac{10^{-10}\ \text{m}}{10^{-14}\ \text{m}} = 10^4 = 10\,000$$

Si el átomo tuviese las dimensiones de un campo de fútbol, el núcleo tendría el tamaño de una canica colocada en su centro y los electrones serían como cabezas de alfiler girando alrededor del estadio.

Para expresar el tamaño del átomo se suelen utilizar el amstrong (Å) y el nanómetro (nm). 1 Å = 10^{-10} m; 1 nm = 10^{-9} m; 1 nm = 10 Å.

ACTIVIDADES

5 Si colocases átomos en fila, ¿cuántos tendrías que poner para que ocupasen 1 cm?

6 Busca información y ordena, de mayor a menor: una célula, una cabeza de alfiler, un átomo.

1.2. Los átomos y la electricidad

Desde muy antiguo se sabe que algunos cuerpos adquieren carga eléctrica cuando se frotan y que existen dos tipos de carga: positiva o negativa. El conocimiento de los átomos nos permite saber cómo puede adquirir carga eléctrica un objeto.

Cuando se frota un material, sus átomos pueden perder algunos electrones de la corteza. Estos electrones deben pasar a los átomos del material con que se frotan. Es lo que ocurre, por ejemplo, cuando frotamos una varilla con un paño.

Dependiendo del material de que estén elaborados los objetos, los electrones pueden pasar de la varilla al paño, o viceversa.

Inicialmente tanto la varilla como el paño son eléctricamente neutros: sus átomos tienen el mismo número de cargas positivas que de cargas negativas.

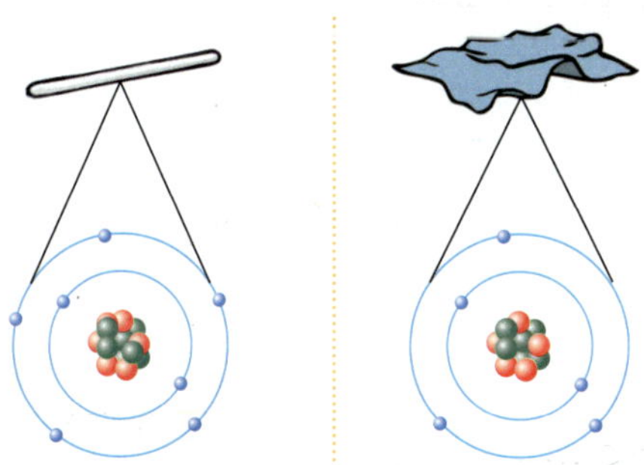

Átomo de la varilla:

- Electrones = 7.
- Protones = 7.
- Neutrones = 8.

Átomo del paño:

- Electrones = 5.
- Protones = 5.
- Neutrones = 6.

Al frotar la varilla pasan electrones del paño a la varilla.

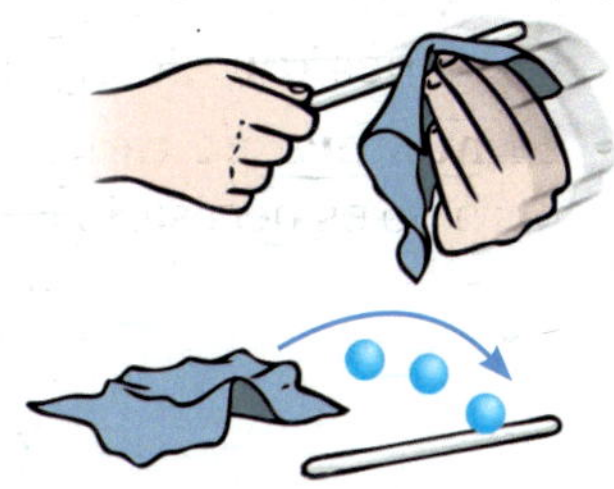

Átomo de la varilla:

- Electrones = 8.
- Protones = 7.
- Carga eléctrica: −1.

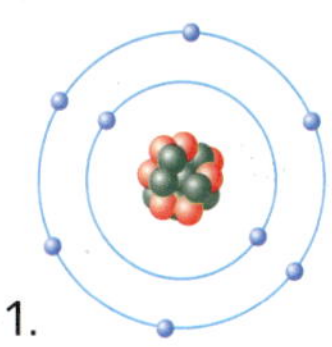

Átomo del paño:

- Electrones = 4.
- Protones = 5.
- Carga eléctrica: +1.

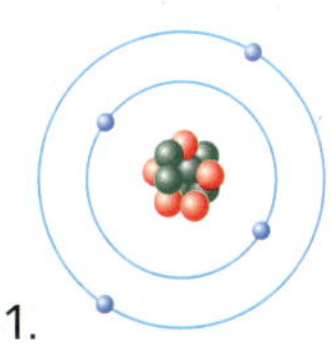

Los átomos tienen a recuperar el estado neutro.

La varilla cargada (−) atrae al paño cargado (+).

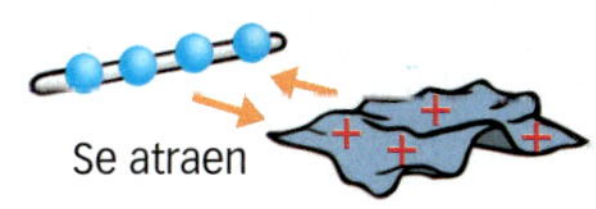

2 varillas cargadas (−) y (−) o dos paños cargados (+) (+), se repelerán.

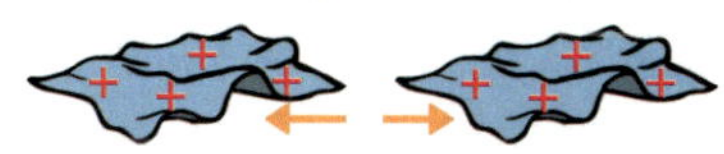

El átomo que pierde electrones queda con carga positiva, y el que los gana, con carga negativa.

Observa que cuando se frota un material, sus átomos pueden ganar o perder electrones, que están en su corteza dispuestos en una o varias capas. El núcleo del átomo no sufre cambios.

ACTIVIDADES

7 Si un átomo tiene 3 protones, 3 electrones y 4 neutrones, y pierde 1 electrón, ¿qué carga adquiere?

8 Si un átomo tiene 3 protones, 3 electrones y 4 neutrones, y gana 1 electrón, ¿qué carga adquiere?

9 Si un átomo tiene 3 protones, 3 electrones y 4 neutrones, y pierde 1 neutrón, ¿qué carga adquiere? ¿Qué carga adquiere si gana 1 neutrón?

10 Teniendo en cuenta cómo son los átomos, explica por qué se atraen los objetos que tienen carga de distinto tipo y por qué se repelen los objetos que tienen carga del mismo tipo.

2 Átomos, isótopos e iones

Todos los átomos de **cobre** tienen 29 protones en el núcleo. Pero no todos tienen el mismo número de neutrones. En la naturaleza podemos encontrar átomos de cobre con 34 neutrones y átomos de cobre con 36 neutrones.

Todos los átomos tienen la estructura de núcleo y corteza que acabamos de estudiar. Pero el número de partículas que forman los átomos de un elemento químico son diferentes de los de cualquier otro elemento.

Para representar un átomo se utiliza un símbolo y dos números: $^{A}_{Z}X$.

- El **símbolo, X,** está formado por la inicial del nombre del elemento en latín. Puede ir seguida de otra letra si hay varios elementos con la misma inicial. Para el hidrógeno, H; para el helio, He; para el platino, Pt; etc. En el sistema periódico del anexo final puedes ver el nombre y el símbolo de cada elemento.
- El **número atómico,** ***Z***, indica su número de protones. Coincide con el número de orden de cada elemento en el sistema periódico: para el hidrógeno, 1; para el helio, 2; para el litio, 3; etc.

  Todos los átomos que tienen el mismo número atómico pertenecen al mismo elemento químico.
- El **número másico,** ***A***, es el número de protones más neutrones.

	$^{35}_{17}Cl$	$^{23}_{11}Na$
Nombre	Cloro	Sodio
Número atómico, *Z*	17	11
Número másico, *A*	35	23
Número de protones	17	11
Número de electrones	17	11
Número de neutrones	$A - Z = 35 - 17 = 18$	$A - Z = 23 - 11 = 12$

En un átomo neutro el número de protones coincide con el número de electrones. Por tanto, *Z* representa también el número de electrones del átomo neutro. A partir de esta información podemos conocer muchos datos de los átomos. Por ejemplo, para el $^{35}_{17}Cl$ y el $^{23}_{11}Na$ se recogen dichos datos en la tabla.

La **masa de un átomo** es la suma de las masas de las partículas que lo constituyen. Es similar a la suma de las masas de los protones y los neutrones, ya que los electrones tienen masa despreciable. Expresada en unidad de masa atómica (u), la masa de un átomo es una cantidad similar al número másico, *A*.

ACTIVIDADES

11 Completa las tablas en tu cuaderno indicando el nombre, el símbolo y las partículas que forman cada átomo (supón que es neutro). Busca la información necesaria en el sistema periódico del anexo final.
P: N.º de protones; E: N.º de electrones; N: N.º de neutrones.

	Nombre	Símbolo	Z	A	P	E	N
A	Boro	$^{11}_{5}B$	5	11	5	5	6
B					18		22
C	Flúor			19			
D				23		11	
E		$^{52}_{24}Cr$					

	Nombre	Símbolo	Z	A	P	E	N
F			15	31			
G	Plata						60
H				16		8	
I		$^{56}_{26}Fe$					
J	Silicio			28			

2.1. Isótopos

Todos los átomos de un elemento químico tienen el mismo número de protones, pero se pueden diferenciar en el número de neutrones.

Se llaman **isótopos** los átomos que tienen el mismo número de protones y distinto número de neutrones. Se representan con el mismo símbolo y tendrán el mismo Z y diferente A.

Los isótopos son átomos de un mismo elemento, ya que lo que determina las características químicas de los átomos es el número de protones.

Para nombrar uno de los isótopos de un elemento se indica su nombre seguido de su número de masa: cobre-63 (Cu-63) o cobre-65 (Cu-65).

	$^{63}_{29}Cu$	$^{65}_{29}Cu$
Nombre	Cobre-63 (Cu-63)	Cobre-65 (Cu-65)
Número atómico, Z	29	29
Número másico, A	63	65
Número de protones	29	29
Número de electrones	29	29
Número de neutrones	$A - Z = 63 - 29 = 34$	$A - Z = 65 - 29 = 36$

Casi todos los elementos químicos presentan isótopos. Habitualmente todos los isótopos de un elemento tienen el mismo nombre; como excepción, el hidrógeno tiene tres isótopos, cada uno con un nombre propio:

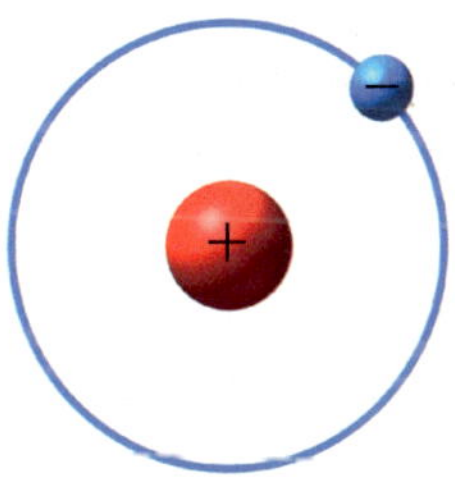

Protio, $^{1}_{1}H$(hidrogeno):
1 protón
1 electrón

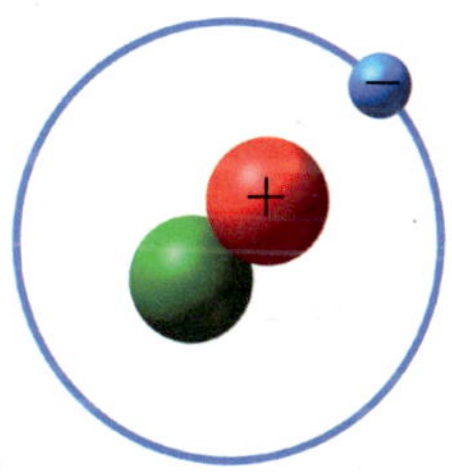

Deuterio, $^{2}_{1}H$:
1 protón
1 electrón
1 neutrón

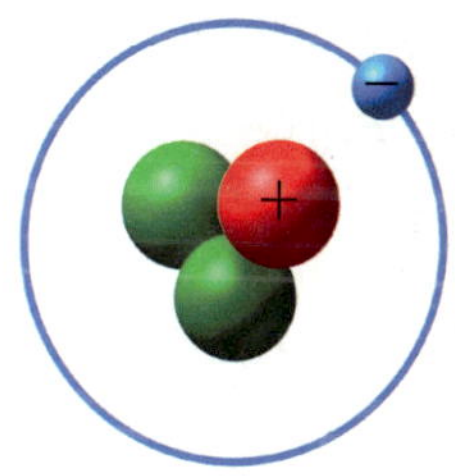

Tritio, $^{3}_{1}H$:
1 protón
1 electrón
2 neutrones

RECUERDA

El **símbolo** de un elemento químico lo identifica igual que su número atómico, por eso, a veces se puede abreviar y no escribir el número atómico.

Por ejemplo, podemos escribir ^{63}Cu en lugar de $^{63}_{29}Cu$.

Casi todos los elementos químicos tienen varios isótopos. El **estaño**, por ejemplo, tiene 10 isótopos estables. El de menor masa tiene 62 neutrones, y el de mayor masa, 70 neutrones.

ACTIVIDADES

12 Completa las tablas en tu cuaderno (supón átomos neutros). Busca la información necesaria en el sistema periódico del anexo final. P: N.º de protones; E: N.º de electrones; N: N.º de neutrones.

	Nombre	Símbolo	Z	A	P	E	N
A	Níquel-58	$^{58}_{28}Ni$	28	58	28	28	30
B		$^{25}_{12}Mg$					
C	Potasio-□						20
D					12		12
E				60		28	

	Nombre	Símbolo	Z	A	P	E	N
F		$^{41}_{19}K$					
G	Magnesio-□			26			
H			35	81		35	
I		$^{62}_{28}Ni$					
J	Bromo-□						44

Analiza si algunos de los átomos son isótopos y completa en tu cuaderno frases como esta:

- El átomo A es isótopo del átomo ________.

PRESTA ATENCIÓN

La existencia de isótopos es la causa de que casi todos los elementos químicos tengan como masa atómica un número no entero.

Por ejemplo, la masa del cobre es 63,5. Ese número aparece en la casilla de cada elemento en el sistema periódico.

2.2. La masa atómica de los elementos químicos

La **masa atómica de un isótopo** es la suma de las masas de las partículas que lo constituyen.

Por tanto, la masa atómica del isótopo $^{63}_{29}Cu$ será diferente de la masa del isótopo $^{65}_{29}Cu$.

- Masa atómica de $^{63}_{29}Cu$: 63 u.
- Masa atómica de $^{65}_{29}Cu$: 65 u.

La mayoría de los elementos químicos presentan isótopos, es decir, tienen átomos de distinta masa.

La **masa atómica de un elemento** químico es la masa de un átomo medio de ese elemento teniendo en cuenta todos los isótopos que existen de dicho elemento.

Para calcularla tendremos que considerar la masa atómica de cada isótopo y su abundancia en la naturaleza.

2. EJEMPLO RESUELTO

Del elemento cloro se conocen dos isótopos, el $^{35}_{17}Cl$, que tiene una masa de 35 u y se presenta con una abundancia del 76 %, y $^{37}_{17}Cl$, con una masa de 37 u y que se presenta con una abundancia del 24 %. ¿Cuál es la masa atómica del elemento cloro?

Supón que tienes 100 átomos de cloro.

- 76 átomos serán del isótopo Cl-35. Su masa será:

$$35\ \text{u} \cdot 76 = 2660\ \text{u}$$

- 24 átomos serán del isótopo Cl-37. Su masa será:

$$37\ \text{u} \cdot 24 = 888\ \text{u}$$

La masa de la muestra de 100 átomos de cloro será:

$$2660\ \text{u} + 888\ \text{u} = 3548\ \text{u}$$

La masa atómica de un átomo de cloro medio será:

$$\frac{3548\ \text{u}}{100} = 35{,}48\ \text{u}$$

Por tanto, ya puedes calcular la masa atómica del cloro:

$$\text{Masa atómica media de Cl} = \frac{35\ \text{u} \cdot 76 + 37\ \text{u} \cdot 24}{100} = \mathbf{35{,}48\ u}$$

La masa atómica media se calcula así para el caso de un elemento con dos isótopos:

$$\text{Masa atómica media} = \frac{\text{Masa 1.}^{\text{er}}\text{ isótopo} \cdot \text{Porcentaje} + \text{Masa 2.}^{\text{o}}\text{ isótopo} \cdot \text{Porcentaje}}{100}$$

Un elemento químico puede tener dos o más isótopos; la suma de los porcentajes de todos los isótopos es 100. Con más isótopos basta con añadir la masa atómica de cada uno y su abundancia en el numerador.

ACTIVIDADES

13 El elemento bromo se presenta en forma de dos isótopos, el Br-79, cuya masa es 79 u y tiene una abundancia del 51 %, y el Br-81, cuya masa es 81 u y tiene una abundancia del 49 %. ¿Cuál es la masa atómica del elemento bromo?

14 Supón que un elemento químico está formado por dos isótopos. ¿Puede suceder que la masa atómica del elemento coincida con la media aritmética de la masa de sus isótopos? Justifica tu respuesta.

2.3. Iones

Cuando los átomos de los distintos elementos químicos se combinan para formar un compuesto es bastante frecuente que lo hagan ganando o perdiendo electrones. Cuando esto sucede, los átomos dejan de ser neutros y pasan a tener carga; decimos que se convierten en iones.

- Cuando un átomo pierde electrones adquiere carga positiva y se convierte en un **ion positivo** o **catión**.
- Cuando un átomo gana electrones adquiere carga negativa y se convierte en un **ion negativo** o **anión**.

Por ejemplo, cuando el átomo de calcio forma compuestos suele perder 2 electrones y se convierte en un catión de carga 2+. El nombre del catión coincide con el nombre del elemento químico.

	$^{40}_{20}Ca$	$^{40}_{20}Ca^{2+}$
Nombre	Átomo de calcio	Catión de calcio
Número atómico, *Z*	20	20
Número másico, *A*	40	40
Número de protones	20	20
Número de electrones	20	18
Número de neutrones	$A - Z = 40 - 20 = 20$	$A - Z = 40 - 20 = 20$

Cuando el átomo de cloro forma compuestos suele ganar 1 electrón y se convierte en un anión de carga 1−. El nombre del anión deriva del nombre del elemento terminado en *-uro*.

	$^{35}_{17}Cl$	$^{35}_{17}Cl^{-}$
Nombre	Átomo de cloro	Anión cloruro
Número atómico, *Z*	17	17
Número másico, *A*	35	35
Número de protones	17	17
Número de electrones	17	18
Número de neutrones	$A - Z = 35 - 17 = 18$	$A - Z = 35 - 17 = 18$

PRESTA ATENCIÓN

En la representación de un ion se indica la carga como superíndice a la derecha de su símbolo.

Primero se indica el número de la carga y luego su signo. Así:

- Ca^{2+} representa el ion del átomo de calcio que tiene carga positiva de 2.
- Cl^{1-} representa el ion del átomo de cloro que tiene carga negativa de 1.

La carga 1+ y 1− se indica solo con el signo, es decir, escribimos Cl^{-}.

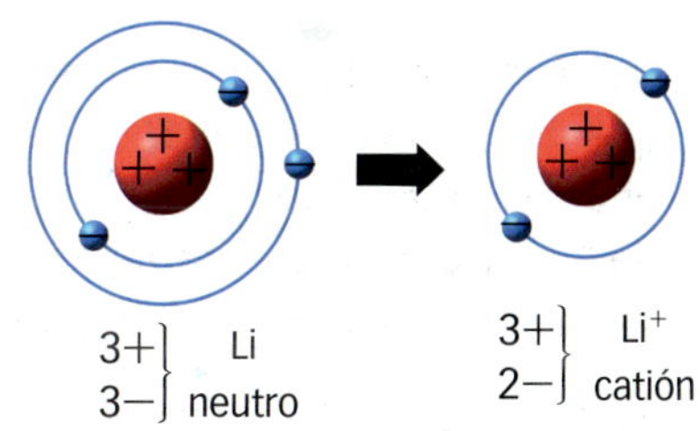

Átomo de litio (Li) Ion de litio (Li^{+})

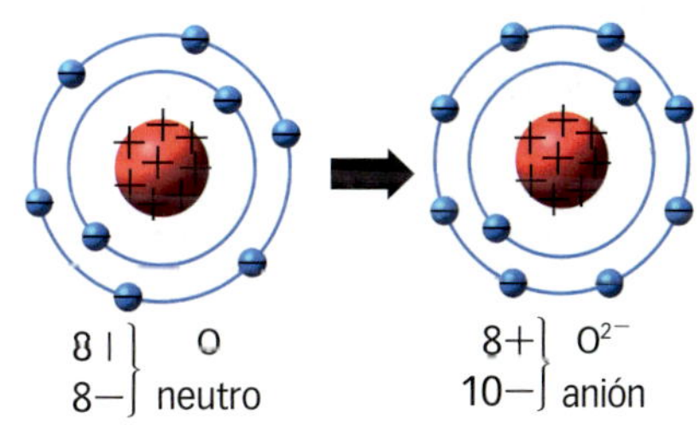

Átomo de oxígeno (O) Ion de oxígeno (O^{2-})

Formación de **iones**.

ACTIVIDADES

15 Completa las tablas en tu cuaderno. Busca la información necesaria en el sistema periódico del anexo final.

	Nombre	Símbolo	*Z*	*A*	P	E	N	Carga eléctrica
A	Catión aluminio	$^{27}_{13}Al^{3+}$	13	27	13	10	14	3+
B			29	63		28		
C			13			13	14	
D						54	74	1−

	Nombre	Símbolo	*Z*	*A*	P	E	N	Carga eléctrica
E	Anión nitruro			14	7			3−
F			7			7	7	
G						27	34	2+
H			16			18	16	

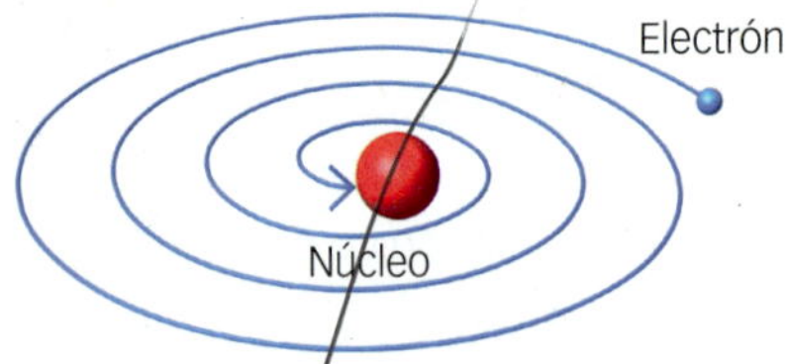

Si el electrón girase alrededor del núcleo como un planeta alrededor del Sol **emitiría energía**. Esto le llevaría a describir una espiral que finalizaría con el electrón cayendo en el núcleo.

3 Un átomo más avanzado

El modelo planetario del átomo presentaba un importante problema que obligó a su revisión. Los electrones son partículas cargadas y, de acuerdo con las leyes físicas, al girar en torno a un núcleo cargado deberían perder energía. Con el tiempo, los electrones acabarían cayendo sobre el núcleo y el átomo se destruiría.

El físico danés Niels Bohr (1885-1962) dedujo que los átomos se deben comportar de manera distinta a las partículas eléctricas macroscópicas.

En el **modelo atómico de Bohr**:

- El átomo está formado por un **núcleo** en el que se encuentran los protones y los neutrones. Los electrones forman la **corteza** alrededor del núcleo.
- Los electrones de la corteza solo se pueden mover en determinadas órbitas. En ellas, aunque gire, el electrón no emite energía. **En cada órbita el electrón tiene cierta energía**, que es menor cuanto más cerca está del núcleo.
- Para que un electrón pase de una órbita que está más cerca del núcleo a otra que está más alejada hay que darle energía. De forma similar, cuando el electrón está en una órbita más alejada y pasa a una órbita más próxima al núcleo desprende energía.

Observa el paralelismo entre el modelo atómico de Bohr y una estantería.

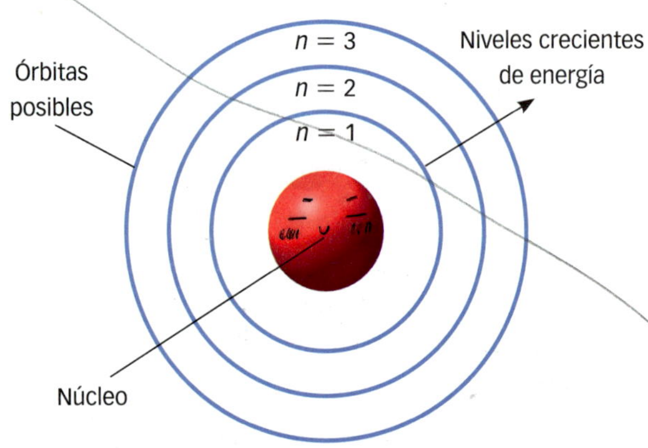

- Los electrones solo pueden girar alrededor del núcleo en determinadas órbitas: la primera órbita, la segunda, la tercera…
- En cada órbita el electrón tiene una determinada energía. Mientras que el electrón no cambie de órbita su energía no varía.
- Para que un electrón pase a una órbita más alejada del núcleo hay que comunicarle energía.
- Cuando un electrón pasa de una órbita alejada a otra órbita más próxima al núcleo pierde energía.

- Los libros solo pueden estar en el primer estante, en el segundo, en el tercero…
- Los libros de cada estante están a una cierta altura sobre el suelo; tienen una determinada energía. Cuando un libro cambia de posición en el mismo estante su energía no cambia.
- Para que un libro que está en un estante inferior pase a un estante superior hay que subirlo (darle energía).
- Cuando un libro que está en un estante superior pasa a un estante inferior pierde energía, porque está más cerca del suelo.

3.1. El átomo cuantizado

El modelo atómico de Bohr se conoce como el **modelo de capas**: en el átomo los electrones se organizan en capas y en cada capa tienen una cierta energía. Se dice que los átomos están **cuantizados**. Y sabemos cuántos electrones puede haber en cada capa.

- En la **primera capa** puede haber hasta **2 electrones**.
- En la **segunda capa** puede haber hasta **8 electrones**.
- En la **tercera capa** puede haber hasta **18 electrones**.
- En la **cuarta capa** puede haber hasta **32 electrones**.

Los electrones se colocan en la primera capa, y cuando está llena, en la segunda, y luego en la tercera. Cuando esta tiene ocho electrones, se inicia la cuarta capa, según reglas que estudiarás en los próximos cursos.

Observa los electrones de la corteza en algunos átomos.

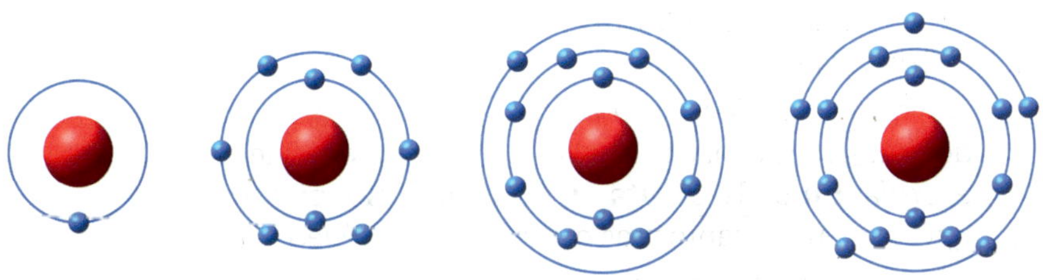

Hidrógeno (H) Oxígeno (O) Sodio (Na) Fósforo (P)

Algunas experiencias han demostrado que este modelo no explica algunos comportamientos de los átomos, por lo que ha sido necesario idear un nuevo modelo atómico que estudiarás en cursos sucesivos.

Capa	N.º de electrones que caben
1	2
2	8
3	18
4	32

En cada capa cabe un **número máximo de electrones**. Cuando una capa de la corteza se llena o llega a ocho electrones, comienza a ocuparse la capa siguiente. La capa 1 es la más interna, es decir, está formada por los electrones más cercanos al núcleo.

? INTERPRETA LA IMAGEN

- ¿Cuántos electrones hay en cada capa de los átomos representados?

ACTIVIDADES

16 Completa en tu cuaderno las palabras que faltan en los textos siguientes y compara los modelos atómicos que hemos estudiado en esta unidad.

Modelo planetario del átomo

a) El átomo está formado por un ______ muy pequeño, dentro de una gran ______.

b) En el núcleo, donde están los ______ y los ______, está concentrada toda su carga positiva y casi toda su masa; en la corteza están los ______ girando continuamente alrededor del ______.

c) Un átomo tiene el mismo número de ______ que de ______. El número de ______ es parecido al de ______, pero no tiene por qué coincidir.

d) El modelo planetario no explica que los ______ puedan girar alrededor del ______ sin perder energía, lo que les llevaría a describir una ______ que acabaría en el ______.

Por esto, este modelo no era correcto y fue necesario idear un nuevo modelo atómico.

Modelo atómico de Bohr

e) Igual que en el modelo planetario, el átomo tiene un ______ y una ______.

f) Los ______ solo pueden girar en determinadas ______, en las cuales no ______ energía.

g) Cuando el electrón está en una órbita más ______ al núcleo, tendrá menos energía que cuando está en una ______ más alejada del núcleo.

h) El electrón solo puede pasar de una ______ posible a otra órbita ______ ganando o perdiendo energía.

i) Para que el electrón pase de una órbita más próxima al núcleo a otras más alejadas, hay que ______ energía.

j) El modelo de Bohr también se conoce como modelo de ______ porque los electrones se colocan en ______ alrededor del ______.

PRESTA ATENCIÓN

Tipos de radiación:

- **Radiación alfa (rayos α)**: son partículas formadas por dos protones y dos neutrones (núcleos de helio). Su carga es positiva y se emiten a gran velocidad, aunque tiene muy poco poder de penetración; unas cuantas hojas de papel las pueden detener.
- **Radiación beta (rayos β)**: está formada por electrones. Su carga es negativa y su masa es muy pequeña. Tienen mayor poder de penetración que las partículas alfa: pueden atravesar una lámina de aluminio de varios milímetros.
- **Radiación gamma (rayos γ)**: es una radiación del tipo de la luz. Tiene gran poder de penetración: para detenerla es necesario utilizar gruesas placas de plomo o de hormigón.

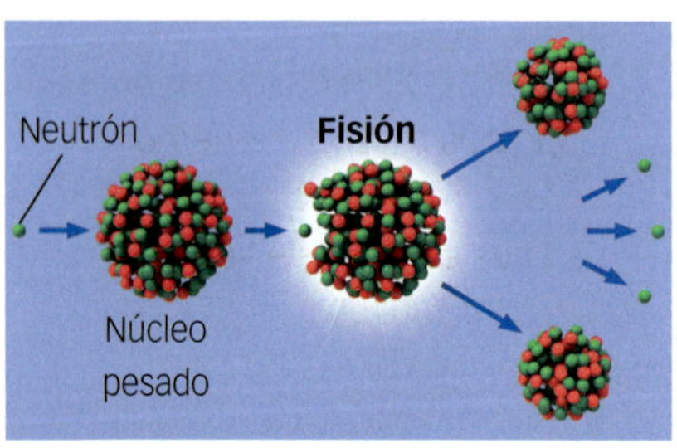

Fisión nuclear.

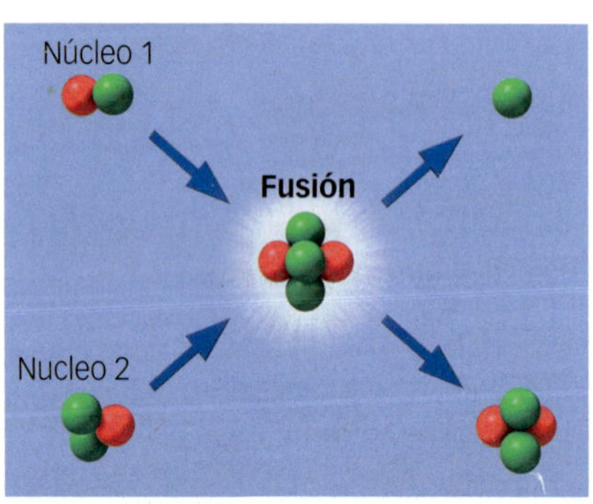

Fusión nuclear.

4 La radiactividad

La mayor parte de los procesos físicos o químicos que experimentan los átomos afectan a su corteza, es decir, a los electrones que giran alrededor del núcleo. Solo en algunos isótopos de ciertos elementos químicos los núcleos pueden sufrir transformaciones en las que:

- El núcleo pierde o gana alguna partícula.
- El núcleo se rompe y forma otros núcleos más pequeños.
- Se unen varios núcleos pequeños para formar un núcleo mayor.

En general, cuando los átomos de un elemento sufren un proceso en su núcleo se convierten en átomos de un elemento químico diferente.

4.1. Emisiones radiactivas

La **desintegración radiactiva** es el proceso que experimentan los núcleos de algunos átomos por el cual emiten radiación.

Esos átomos se llaman **isótopos radiactivos**. La radiación que emiten puede ser de tres tipos: alfa (α), beta (β) o gamma (γ).

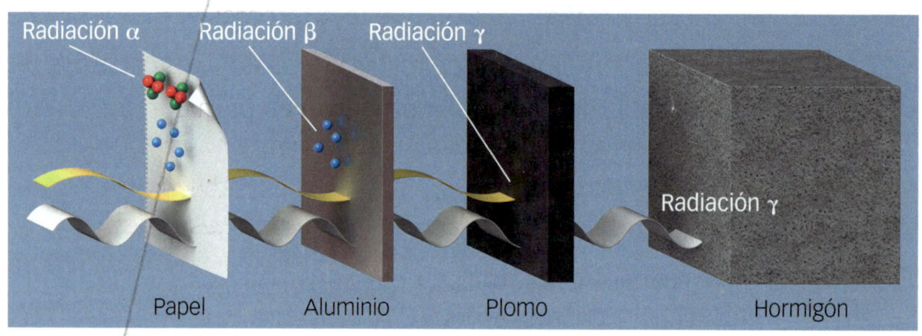

4.2. Fisión nuclear

Se produce la **fisión nuclear** cuando los núcleos de los isótopos radiactivos de átomos muy grandes, como el uranio o el plutonio, se rompen para dar núcleos de átomos más pequeños.

El proceso de fisión comienza cuando se bombardea un átomo grande con partículas; por ejemplo, neutrones. Además de los dos núcleos más pequeños se pueden liberar otros neutrones que bombardean y rompen otros núcleos grandes. En lo que se denomina **reacción en cadena**. En este proceso se libera una gran cantidad de energía, denominada **energía nuclear**, que se aprovecha en las centrales nucleares para obtener energía eléctrica.

4.3. Fusión nuclear

Se produce la **fusión nuclear** cuando los núcleos de átomos muy pequeños, como el hidrógeno, se unen para dar núcleos de átomos mayores, como el helio.

En el proceso de fusión nuclear se libera mucha energía. Pero para que se produzca la fusión de los núcleos estos deben alcanzar temperaturas muy altas, como las que se dan en el Sol y otras estrellas. La fusión nuclear es la causante del brillo de las estrellas.

De momento la tecnología aún no ha avanzado lo suficiente como para conseguir que la fusión nuclear se utilice como fuente de energía en un laboratorio o en una central eléctrica. Si se lograse, sería mucho mejor que la energía liberada durante la fisión nuclear, pues los productos que se obtienen en los procesos de fusión nuclear no son radiactivos.

4.4. Aplicaciones de los isótopos radiactivos

Fuente de energía

En las **centrales nucleares** se obtiene energía aprovechando la fisión de isótopos radiactivos del uranio y el plutonio: $^{235}_{92}U$ y $^{239}_{94}Pu$.

También se puede aprovechar la energía nuclear para fabricar **pilas de muy larga duración** alimentadas por plutonio-238. Se utilizan en los marcapasos, en equipos de medición en sondas espaciales o en estaciones marítimas o terrestres situadas en lugares de difícil acceso.

Investigación y experimentos científicos

Midiendo la velocidad a la que se desintegran los isótopos radiactivos podremos rastrear su presencia, lo que tiene diferentes aplicaciones.

- Para **determinar la antigüedad** de restos arqueológicos o históricos.
- En investigación se utilizan como **rastreadores** para conocer cómo transcurren las reacciones químicas en los organismos vivos.
- En **investigaciones forenses** se utilizan isótopos radiactivos para detectar residuos de munición o de arsénico en personas envenenadas.

Medicina

Como método de diagnóstico de algunas enfermedades se administra a los posibles enfermos una sustancia (bebida o inyectada) que contiene un isótopo que emite radiación de baja energía. Esa sustancia se fija en el órgano y permite observarlo registrando la radiación que emite.

El cáncer hace que algunas células se reproduzcan con rapidez y originen un tumor. Los isótopos que emiten radiación de alta energía afectan al proceso de reproducción celular: si se administran estos isótopos a un enfermo de cáncer matarán más células enfermas que células normales, ya que estas últimas se reproducen menos. En esto se basa la **radioterapia**, que usa distintos isótopos: oro-198, estroncio-90 o cobalto-60…

4.5. Los residuos radiactivos

Todas las actividades relacionadas con los isótopos radiactivos generan residuos, como los restos de combustible nuclear o los materiales radiactivos empleados para el diagnóstico o tratamiento de enfermedades. También se consideran residuos aquellos objetos que han estado en contacto con material radiactivo, como utensilios de taller, embalajes, etc.

Los residuos radiactivos son **muy peligrosos** y **duraderos**. Pequeñas cantidades de residuo pueden emitir radiación peligrosa para la salud. Algunos siguen emitiendo radiación durante miles de años.

Por seguridad, los operarios que trabajan con material radiactivo deben utilizar equipamiento y vestimenta adecuados que les protejan del contacto con los residuos nucleares. Un aparato denominado **contador Geiger** permite medir la radiación.

SABER MÁS

Residuos radiactivos

Se clasifican en residuos de baja, media y alta actividad.

Los residuos de **baja y media actividad** son aquellos que dejan de ser peligrosos para la salud en unos trescientos años, como máximo.

Los residuos de **alta actividad** proceden de restos de combustible de las centrales nucleares o del armamento nuclear. Tardarán miles de años en dejar de ser nocivos para la salud.

ACTIVIDADES

17 ¿Por qué se utilizan isótopos radiactivos para eliminar tumores?

18 Busca información que te permita conocer los métodos que se utilizan para almacenar los residuos nucleares, según su actividad.

ACTIVIDADES FINALES

REPASA LO ESENCIAL

19 Copia la tabla en tu cuaderno y completa las casillas colocando de forma adecuada los datos que se indican.

	Protón	Electrón	Neutrón
Masa			
Carga			

- $-1{,}6 \cdot 10^{-19}$ C
- 0 C
- $9{,}11 \cdot 10^{-31}$ kg
- $1{,}673 \cdot 10^{-27}$ kg
- $1{,}675 \cdot 10^{-27}$ kg
- $+1{,}6 \cdot 10^{-19}$ C

20 Completa la tabla en tu cuaderno indicando el valor de la masa y la carga en unidades atómicas.

	Protón	Electrón	Neutrón
Masa			
Carga			

21 Los esquemas siguientes se refieren a los dos modelos estudiados en esta unidad para explicar los átomos. Dibújalos en tu cuaderno e identifica cada uno de ellos. Escribe en cada recuadro alguno de los rótulos de abajo:

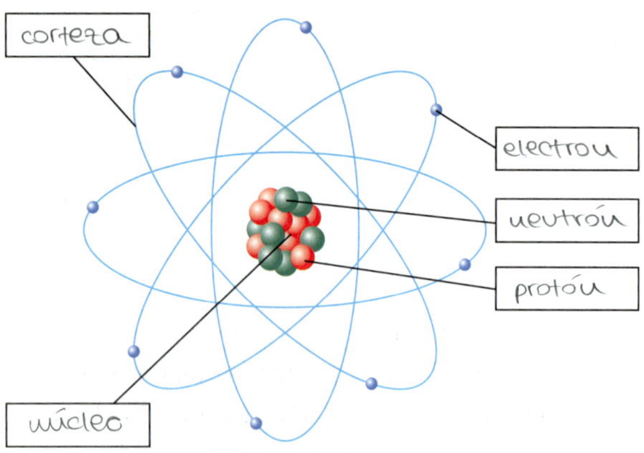

Modelo: planetario

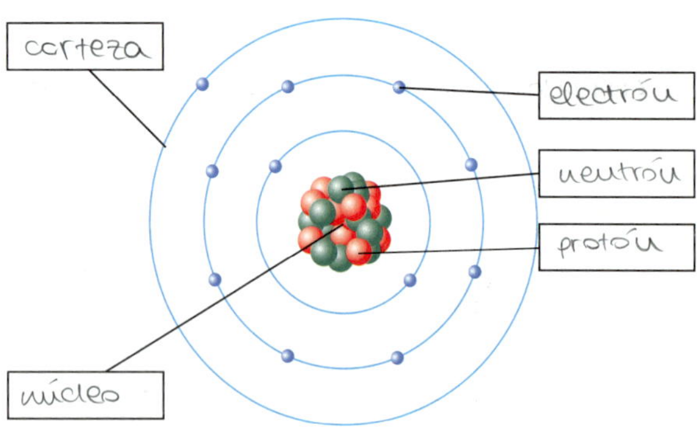

Modelo: de capas

Núcleo | Corteza | Modelo de capas | Protón | Electrón | Modelo planetario | Neutrón

22 Para representar un átomo se utiliza el símbolo $^{A}_{Z}X$. Completa las frases en tu cuaderno.

a) *X* es el nº elemento.
b) *Z* es el nº atómico.
c) *A* es el nº másico.
d) El número de protones viene dado por Z.
e) El número de electrones viene dado por Z.
f) El número de neutrones viene dado por A − Z.

23 Completa en tu cuaderno las frases siguientes.

a) Dos o más átomos que tengan el mismo *Z* y distinto *A* se llaman Isótopos.
b) Los Isótopos son átomos del mismo elemento químico que se diferencian en la masa atómica.
c) Los Isótopos no son átomos idénticos, pero se representan con el mismo símbolo químico.

24 Completa en tu cuaderno las frases siguientes que se refieren todas al mismo hecho.

a) Cuando un átomo adquiere carga eléctrica se llama ion positivo.
b) Un átomo adquiere carga cuando gana o pierde electrones.
c) Un átomo que gana electrones adquiere carga eléctrica negativa. Se transforma en un ion negativo / anión.
d) Un átomo que pierde electrones adquiere carga eléctrica positiva. Se transforma en un ion positivo / catión.

25 Escribe en tu cuaderno el nombre adecuado de cada uno de los fenómenos radiactivos.

a) Emisión de partículas radiactivas procedentes del núcleo de algunos átomos.
b) Rotura de un átomo muy grande para dar otros átomos más pequeños.
c) Unión de núcleos de átomos pequeños para dar átomos mayores.

Fisión nuclear | Emisiones radiactivas | Fusión nuclear

26 Señala en tu cuaderno cuáles de las siguientes son aplicaciones de la radiactividad.

a) Obtención de energía.
b) Obtención de radiografías.
c) Investigaciones forenses.
d) Dataciones arqueológicas.
e) Tratamiento de enfermedades infecciosas.
f) Tratamientos de quimioterapia.

PRACTICA

Los átomos y la electricidad

27 Completa las frases en tu cuaderno.

a) Los protones y los ________ tienen la misma carga eléctrica, pero de signo opuesto.

b) Cuando el número protones es igual al de electrones, el átomo es ________.

c) Si un cuerpo gana electrones adquiere carga ________, y si los pierde adquiere carga ________.

d) Las cargas de igual signo se ________ y las de distinto signo se ________.

28 Razona si esta afirmación es verdadera o falsa:

«Los cuerpos neutros no tienen cargas eléctricas».

29 Contesta.

a) ¿Qué carga eléctrica en culombios adquiere un cuerpo que gana un millón de electrones?

b) ¿Cuántos electrones tiene que ganar un cuerpo para que su carga sea de 1 culombio?

30 Si los átomos están formados por partículas con carga eléctrica, ¿por qué son neutros?

31 Razona si las afirmaciones son verdaderas o falsas.

a) La masa de un átomo es casi igual a la masa de sus protones y de sus electrones.

b) La masa de un átomo es casi igual a la masa de sus protones y de sus neutrones.

c) La masa de un átomo es casi igual a la masa de sus neutrones y de sus electrones.

32 Conocidos los valores de la masa del protón, el neutrón y el electrón en esta unidad, averigua cuántos protones, neutrones y electrones serán necesarios para tener un gramo de cada uno de ellos.

Modelos atómicos

33 Un campo de fútbol tiene una longitud aproximada de 100 m de largo. Suponiendo que un átomo tiene el tamaño de un campo de fútbol, calcula el tamaño que debe tener su núcleo, situado en el centro del campo. Busca un objeto circular o esférico cuyo diámetro coincida aproximadamente con el tamaño del hipotético núcleo.

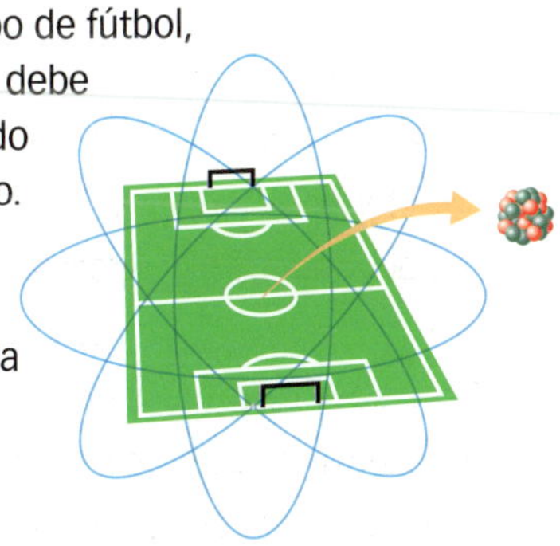

Átomos, isótopos e iones

3. EJEMPLO RESUELTO

Dibuja un esquema de los átomos siguientes incluyendo sus partículas subatómicas.

$^{2}_{4}He$ $^{7}_{3}Li$

En primer lugar identifica las partículas constituyentes de los átomos. Recuerda el significado de $^{A}_{Z}X$:

X: Nombre	*Z*: N.º de protones	N.º de electrones	*A* − *Z*: N.º de neutrones
Helio	2	2	4 − 2 = 2
Litio	3	3	7 − 3 = 4

Los protones (rojo) y los neutrones (verde) están en el núcleo del átomo; se colocan en el centro.

Los electrones (azul) se sitúan en capas circulares alrededor del núcleo. La primera capa se llena con 2 electrones. A continuación se colocan en la segunda, que se llena con 8 electrones, luego en la tercera, etc.

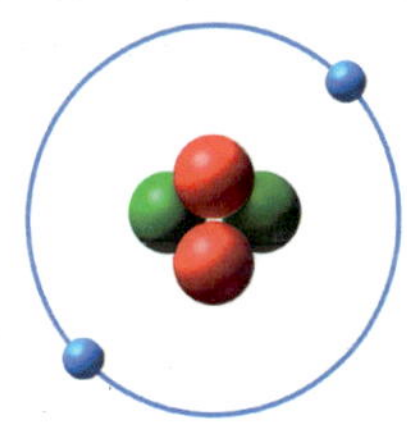

Helio

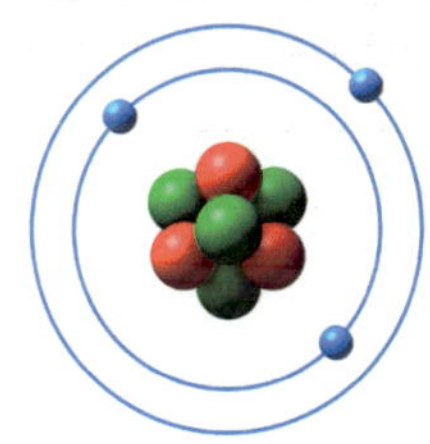

Litio

34 Analiza las partículas que hay en cada uno de los átomos siguientes y dibuja un esquema que permita conocer dónde se encuentra cada partícula en el átomo:

a) $^{14}_{6}C$

b) $^{14}_{7}N$

35 Analiza los dibujos y completa la tabla en tu cuaderno.

Berilio

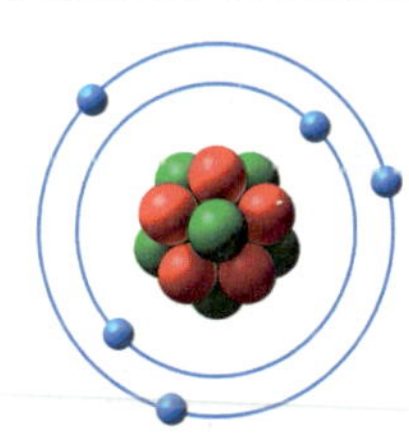

Boro

Átomo	N.º de protones	N.º de electrones	N.º de neutrones	Número atómico: *Z*	Número másico: *A*
Berilio					
Boro					

ACTIVIDADES FINALES

36 Busca la información necesaria en el sistema periódico del anexo final y completa las frases en tu cuaderno:

a) El número atómico del hierro es ________. Esto significa que todos los átomos de hierro tienen ________ protones y, si son eléctricamente neutros, ________ electrones.

b) Cuando un átomo de hierro pierde 3 electrones adquiere una carga de ________. Se ha convertido en un ion ________ y se llama ________.

c) El número atómico del azufre es ________. En muchos compuestos el átomo de azufre tiene 18 electrones, lo que indica que adquiere una carga de ________. El átomo de azufre se ha convertido en un ion ________ y se llama ________.

4. EJEMPLO RESUELTO

Completa la tabla en tu cuaderno y responde.

	Símbolo	Nombre	Z	A	N.º de protones	N.º de electrones	N.º de neutrones
A	$^{39}_{19}K$						
B	$^{39}_{18}Ar$						
C			19				22

a) ¿Los átomos A y B son isótopos?
b) ¿Los átomos A y C son isótopos?

En primer lugar identifica las partículas que forman los átomos. Recuerda el significado de $^{A}_{Z}X$.

	Símbolo	Nombre	Z	A	N.º de protones	N.º de electrones	N.º de neutrones
A	$^{39}_{19}K$	Potasio	19	39	19	19	20
B	$^{39}_{18}Ar$	Argón	18	39	18	18	21
C	$^{41}_{19}K$	Potasio	19	41	19	19	22

Dos átomos son isótopos del mismo elemento si tienen el mismo *Z*. Se representan por el mismo símbolo porque pertenecen al mismo elemento.

Átomos con distinto *Z* pertenecen a distintos elementos y se representan con distinto símbolo.

a) Los átomos **A y B no son isótopos** porque tienen distinto *Z*.

b) Los átomos **A y C son isótopos** porque tienen el mismo *Z*.

37 Completa la tabla siguiente en tu cuaderno y localiza en ella parejas de isótopos.

	Símbolo	Nombre	Z	A	N.º de protones	N.º de electrones	N.º de neutrones
A		Calcio					22
B				53		24	
C	$^{40}_{20}Ca$						
D		Neón		22			
E						10	10
F	$^{52}_{24}Cr$						

38 Razona cuáles de estas afirmaciones son ciertas.

a) Todos los isótopos de un mismo elemento tienen el mismo número de neutrones.

b) Todos los isótopos de un mismo elemento tienen el mismo número de protones.

c) Todos los isótopos de un mismo elemento tienen el mismo número másico.

d) Todos los isótopos de un mismo elemento tienen el mismo número atómico.

5. EJEMPLO RESUELTO

Completa la tabla siguiente en tu cuaderno y escribe el nombre de los iones.

	Símbolo	Nombre	N.º de protones	N.º de electrones	N.º de neutrones	Carga
A		Bromuro				
B	$^{138}_{56}Ba^{2+}$					
C			15		16	3−

En primer lugar, identifica las partículas que forman los átomos.

La carga se obtiene del balance entre el número de protones y el de electrones.

El catión se llama como el elemento, y el nombre del anión deriva del elemento terminado en *-uro*.

	Símbolo	Nombre	N.º de protones	N.º de electrones	N.º de neutrones	Carga
A	$^{80}_{35}Br^{-}$	Bromuro	35	36	45	1−
B	$^{138}_{56}Ba^{2+}$	Bario	56	54	82	2+
C	$^{31}_{15}P^{3-}$	Fosfuro	15	18	16	3−

39 Busca la información necesaria en el sistema periódico del anexo final y completa en tu cuaderno la tabla.

	Símbolo	Nombre	N.º de protones	N.º de electrones	N.º másico	Carga
A	$^{88}_{38}Sr^{2+}$					
B			28	25	58	
C				54	127	1−
D	$^{83}_{36}Kr$					
E	$^{32}_{16}S^{2-}$					
F			33		75	3−

Radiactividad

40 Razona qué frase se puede aplicar al proceso de fusión nuclear, al de fisión nuclear y cuál es falsa.

a) Se rompen las partículas presentes en el núcleo atómico y se libera una gran cantidad de energía.

b) Se unen entre sí las partículas presentes en el núcleo atómico y se libera energía.

c) Se desintegra el núcleo en varios fragmentos, liberándose gran cantidad de energía.

d) Se unen varios núcleos, liberándose mucha energía.

e) Los átomos de un elemento se transforman en átomos de un elemento diferente.

41 Explica las diferencias entre las radiaciones α, β y γ.

a) ¿Qué tipo de radiación es detenida antes por una pared de plomo?

b) ¿Cuál puede atravesar placas gruesas de hormigón?

42 Explica para qué se utilizan los isótopos radiactivos.

a) En medicina.

b) En arqueología.

c) En pilas de larga duración.

d) En experimentos de biología.

43 ¿Qué se quiere decir cuando se afirma que la energía nuclear es una energía limpia? ¿Sus residuos no contaminan?

44 ¿Cuál es la ventaja de utilizar baterías de material radiactivo? ¿En qué casos se usan?

45 Los técnicos que realizan las radiografías abandonan la sala en la que está el paciente justo antes de tomar la imagen. ¿De qué se protegen?

46 Si la radiactividad es peligrosa, ¿cómo es que se utilizan algunos isótopos radiactivos para curar enfermedades como el cáncer?

AMPLÍA

47 Siguiendo el modelo de capas, representa los átomos de nitrógeno, aluminio, calcio y neón.

48 Identifica estos iones y escribe el nombre en tu cuaderno.

A

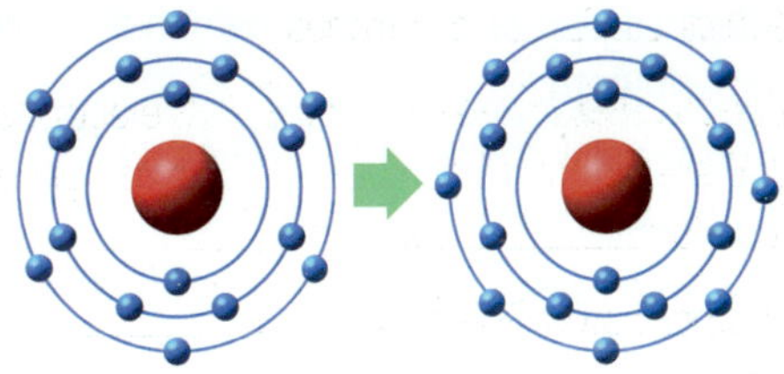

B

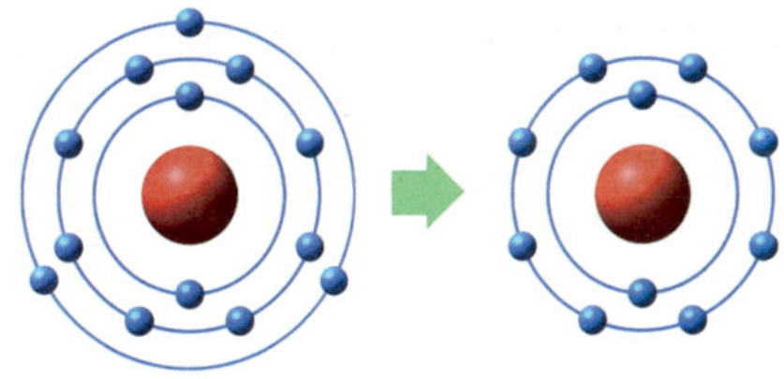

6. EJEMPLO RESUELTO

La plata tiene una masa atómica de 107,87 u. Sabiendo que está formada por dos isótopos de masas atómicas 107 y 109 u, averigua la proporción en que se encuentra cada isótopo.

Si x es el porcentaje en que se halla el isótopo Ag-107, el porcentaje del isótopo Ag-109 será $100 - x$.

$$\text{Masa atómica Ag} = \frac{\text{masa Ag-107} \cdot \text{porcentaje}}{100} + \frac{\text{masa Ag-109} \cdot \text{porcentaje}}{100}$$

Sustituyendo los datos:

$$107{,}87 = \frac{107 \cdot x + 109 \cdot (100 - x)}{100} \rightarrow$$

$$\rightarrow 10\,787 = 107 \cdot x + 10\,900 - 109 \cdot x \rightarrow$$

$$\rightarrow x = \frac{10\,900 - 10\,787}{109 - 107} = \frac{113}{2} \rightarrow x = \mathbf{56{,}5\ \%}$$

Isótopo Ag-107 → 56,5 %: isótopo Ag-109 → **43,5 %.**

49 El litio se presenta en forma de dos isótopos, el Li-6 y el Li-7. Si la masa atómica del elemento litio es 6,9, ¿cuál de estos dos isótopos es más abundante?

50 En los últimos años se ha reabierto el debate sobre la energía nuclear. El calentamiento global y otros daños medioambientales hacen que se piense en ella como una energía más limpia que otras.

a) ¿Qué opinión tienes al respecto?

b) ¿Crees que la comunidad internacional debe presionar para que no se construyan más centrales nucleares?

APLICA UNA TÉCNICA. Analizar un experimento

En 1909 **Robert A. Millikan** y **Harvey Fletcher** utilizaron gotitas de aceite en suspensión y midieron su carga eléctrica. Observa el desarrollo del experimento:

1. Al pulsar el atomizador las gotitas de aceite electrizadas comienzan a caer.
2. Las gotitas pasan por un agujero situado en una placa unida al polo positivo de un generador eléctrico.
3. Ajustando el voltaje del generador se varía la fuerza eléctrica que sufren las gotitas.
4. Cuando la fuerza eléctrica es de la misma intensidad que la fuerza gravitatoria, la gotita permanece suspendida en el aire.
5. En ese momento se anota el valor del voltaje y de ahí se puede deducir fácilmente la carga eléctrica de la gotita.
6. Se repite la medida con muchas gotitas.

Millikan y Fletcher encontraron que estas cargas para distintas gotitas eran siempre múltiplos de una carga elemental: la carga del electrón.

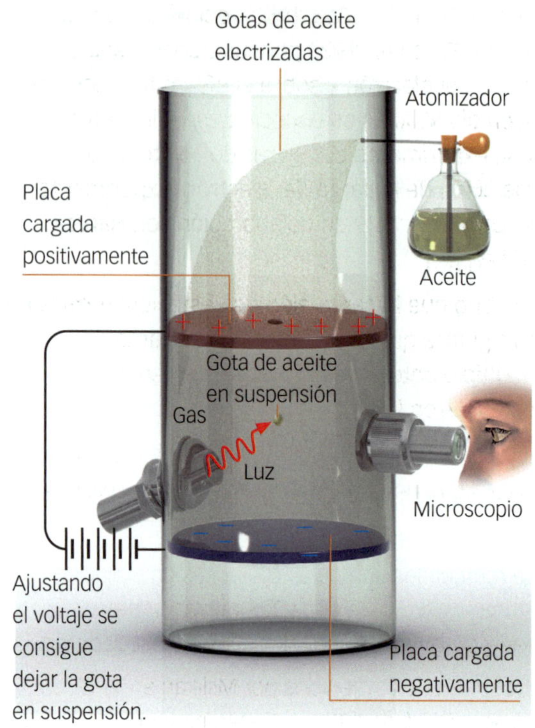

51 ¿Qué magnitud pretendían medir Millikan y Fletcher en su experimento de 1909 con gotas de aceite? Copia en tu cuaderno la respuesta adecuada.

a) La carga eléctrica que puede almacenar el aceite.
b) La velocidad a la que caían las gotas de aceite.
c) La carga eléctrica del electrón.
d) La carga eléctrica neta de los átomos.

52 ¿Por qué crees que usaron un microscopio en este experimento?

53 ¿Por qué no tienen todas las gotitas el mismo valor de la carga eléctrica?

54 Señala en tu cuaderno cuáles de las siguientes magnitudes influyen en el valor de la fuerza eléctrica que soporta cada gotita.

a) La fuerza de la gravedad.
b) La masa de la Tierra.
c) La carga eléctrica de la gotita.
d) El diámetro del agujero por el que pasa la gotita.
e) El voltaje eléctrico aplicado por el generador.
f) La altura desde la que cae cada gotita.

55 Completa en tu cuaderno el dibujo incluyendo en él con flechas la dirección y el sentido de las fuerzas que sufre cada gota.

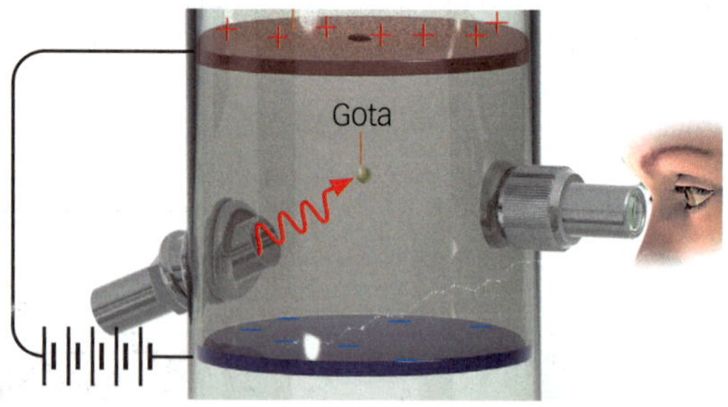

a) ¿Cómo varían estas fuerzas con el tamaño de las gotas?
b) ¿Cómo eran estas fuerzas en el momento en que Millikan y Fletcher anotaban el valor del voltaje para deducir la carga eléctrica de la gota?

56 Contesta.

a) ¿Por qué se repitió el experimento muchas veces con muchas gotas?
b) ¿Cuál es la ventaja de repetir muchas veces un experimento?

FORMAS DE PENSAR. Análisis científico. ¿Manipularías los datos de un experimento?

Robert A. Millikan (1868-1953) recibió el Premio Nobel de Física en 1923 por sus trabajos sobre la carga del electrón y sobre el efecto fotoeléctrico. Hoy en día Millikan es conocido especialmente por su experimento con gotas de aceite para la medición de la carga del electrón [experimento que realizó en 1909 en colaboración con Harvey Fletcher] [...].

Descubrió que la carga eléctrica está «cuantizada». Esto significa que cualquier valor de carga es múltiplo entero de una carga elemental, la del electrón [...].

Adicionalmente logró medir el valor de dicha carga, una de las constantes físicas fundamentales. [...]

Sin embargo, y aunque normalmente no aparece en los libros de texto [...], Millikan ha sido acusado de fraude científico. En sus publicaciones [Millikan repitió el experimento él solo en 1912 y publicó los resultados en 1913], Millikan decía que se incluían todas las medidas que había realizado, mientras que en sus notas de laboratorio aparecían anotaciones como medida mala, desechar, o datos magníficos, guardar, y solo publicó unas 60 medidas de las más de 160 que realizó. En definitiva, al parecer engañó para reforzar unos valores que él creía correctos, y que así resultaron serlo. [...]

Ernesto Martín Rodríguez, *La Verdad de Murcia*, 25 de octubre de 2008.

57 COMPRENSIÓN LECTORA. ¿Qué afirmaciones se recogen en el texto? Escríbelas en tu cuaderno.

a) Los resultados obtenidos por Millikan en 1912 y que publicó en 1913 no tienen ningún fundamento: se inventó todos los datos.

b) La carga eléctrica está cuantizada.

c) El valor de la carga del electrón obtenido por Millikan se considera correcto hoy en día.

58 En el gráfico se representan las gotitas de aceite que Millikan estudió entre el 13 de febrero y el 16 de abril de 1912 (63 días). Aparecen las gotitas que usó en el artículo de 1913 (negro) y las que no utilizó (blanco).

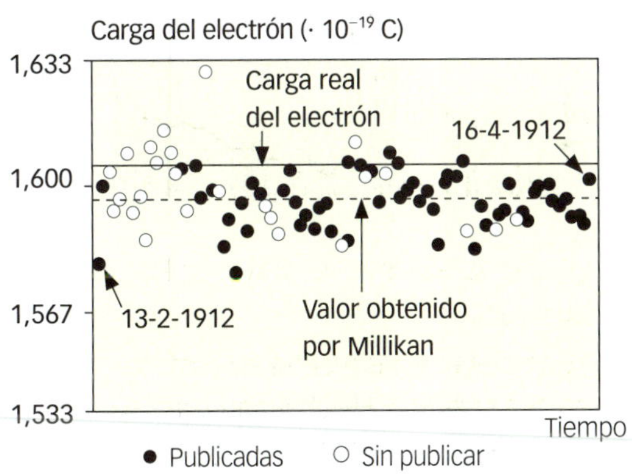

Escribe en tu cuaderno las afirmaciones correctas:

a) Muchas medidas no tenidas en cuenta en la publicación se obtuvieron en los primeros días del experimento.

b) Las medidas no tenidas en cuenta en la publicación muestran más dispersión que aquellas que Millikan empleó para calcular la carga del electrón.

c) La precisión al final es mejor que al principio.

d) Era absurdo y laborioso utilizar muchos datos, por eso Millikan eliminó algunos.

59 Con la ayuda de una regla y la gráfica, estima el valor de la carga del electrón.

60 Señala en tu cuaderno si las siguientes afirmaciones sobre el comportamiento de Millikan en 1913 son verdaderas o falsas.

a) Empleó todas las medidas disponibles para calcular la carga del electrón.

b) Utilizó solamente los datos que más le interesaban.

c) Empleó solamente los datos posteriores a una fecha.

61 Hoy parece probado que Millikan desestimó las gotas que le ofrecían menos confianza; bien porque eran demasiado pequeñas, porque eran demasiado grandes o por otros motivos. ¿Cómo crees que debería haber actuado Millikan? Copia las frases correctas en tu cuaderno.

a) Actuó correctamente, pues la carga del electrón coincide con el valor por él calculado.

b) Debería haber sido más sincero en su artículo, explicando por qué había descartado algunas gotitas.

c) Debería haber realizado los cálculos a partir de las observaciones de todas las gotitas.

d) Debería haber escogido solamente 10 valores y luego calcular el valor medio.

62 TOMA LA INICIATIVA. ¿Manipularías los datos de un experimento para obtener resultados que tú crees que son correctos?

INVESTIGA

TRABAJO COOPERATIVO

EL COLOR DE LOS ÁTOMOS

Un átomo es una cantidad de materia tan pequeña que es imposible verlo directamente. Uno de los métodos para detectar la presencia de átomos de un elemento químico es realizar su espectro a la llama.

MATERIAL

- Crisoles (uno para cada elemento que queramos analizar).
- Espátula de metal.
- Varillas de vidrio (uno para cada crisol).
- Alcohol de quemar (metanol o etanol).
- Mechero.
- Un vaso grande con agua.
- Sustancias a analizar:
  - Dicloruro de cobre, $CuCl_2$.
  - Ácido bórico, H_3BO_3.
  - Nitrato de estroncio, $Sr(NO_3)_2$.
  - Carbonato de sodio, Na_2CO_3.
  - Bromuro de potasio, KBr.

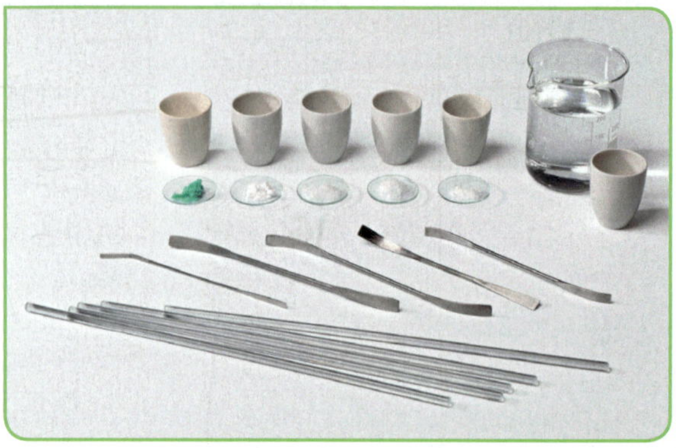

PROCEDIMIENTO

Para cada sustancia que quieras analizar.

1. En un crisol limpio pon una punta de espátula del producto que vas a analizar.
2. Añade entre 3 y 5 mL de alcohol y remueve con la varilla.
3. Enciende con la llama de un mechero en el borde del crisol.
4. Observa el color de la llama. Al principio es de color azul, debido al alcohol; luego cambiará. De vez en cuando puedes remover con la varilla para avivar la llama.
5. Deja que la llama se apague o apágala con agua.

PRESTA ATENCIÓN

- Todo el material debe estar muy limpio, con el fin de que no se contaminen unos productos con otros.
- No debe caer nada de alcohol sobre la mesa. Si cae algo hay que limpiarlo bien antes de encender una llama.
- Si realizas más de un análisis a la vez procura que los crisoles estén separados para que las llamas no se interfieran.
- Ten preparado un vaso grande con agua por si el fuego se sale de un crisol sin control.

¿Por qué se producen las llamas de colores?

En el modelo atómico de Bohr los electrones se sitúan en capas o niveles alrededor del núcleo.

- Cuando calentamos los átomos a una temperatura elevada (como la de una llama) sus electrones pasan de una capa a otras capas más alejadas del núcleo: se dice que el átomo está en un **estado excitado**.
- Cuando estos electrones vuelven a las capas que ocupaban inicialmente (**estado fundamental**), emiten radiaciones similares a la luz solar.

  Al igual que sucede con la luz solar, algunas de estas radiaciones son visibles y provocan un cambio en el color de la llama que observamos.

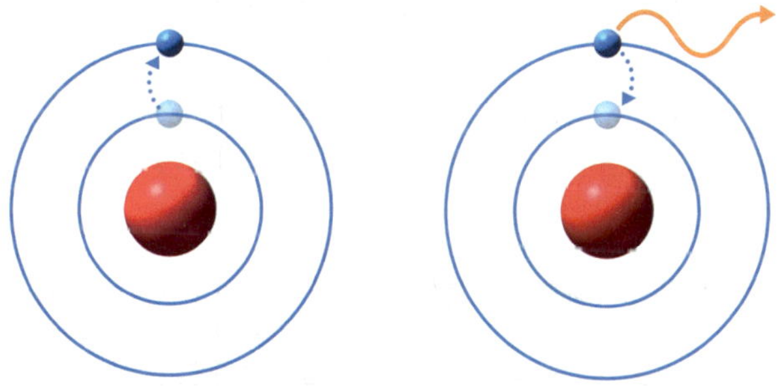

El conjunto de las radiaciones que emite un átomo excitado se denomina su **espectro** y es distinto para cada elemento químico. El espectro de un átomo es como «su huella dactilar». Nos sirve para identificarlo.

ACTIVIDADES

63 Completa la tabla en tu cuaderno indicando el color que observas para la llama de cada sustancia.

Sustancia	Alcohol					
Color						

64 ¿A qué crees que se deben los colores que observamos en los fuegos artificiales?

65 ¿Cómo podemos conocer los elementos químicos que hay en las estrellas si nadie posee una muestra del material que lo forma?

4 Elementos y compuestos

SABER

- Historia de los elementos.
- El sistema periódico de los elementos.
- Los elementos químicos más comunes.
- Cómo se presentan los elementos: átomos, moléculas y cristales.
- Los compuestos químicos más comunes.

SABER HACER...

- Separar una sustancia en sus componentes.

1

El **petróleo** es la materia prima. Se extrae desde torres extractoras terrestres o desde plataformas marítimas.

En las **gasolineras** diferentes surtidores abastecen a los vehículos con gasolina o gasóleo.

Desde las refinerías el combustible se transporta en **camiones** hasta las estaciones de servicio.

5

6

? INTERPRETA LA IMAGEN

- Elabora un esquema con los medios de transporte mostrados en la imagen.
- ¿Cómo se obtienen el gasóleo y la gasolina del petróleo?

NOS HACEMOS PREGUNTAS. ¿Como se obtienen la gasolina y el gasóleo?

Pocas sustancias son tan empleadas a diario por millones de personas en todo el mundo como la gasolina o el gasóleo, los combustibles que mueven la mayor parte de vehículos en todo el mundo.

Pero estas sustancias no aparecen de manera aislada en la naturaleza, sino que sus componentes se mezclan con otros formando un líquido que es el motor de la economía: **el petróleo**.

Para el transporte marítimo también se emplean **petroleros**, grandes buques capaces de llevar miles de toneladas de petróleo de un continente a otro.

2

Para transportar el petróleo se han extendido kilómetros y kilómetros de grandes tuberías: los **oleoductos**.

3

El petróleo o crudo se transporta hasta las **refinerías**, las «fábricas» donde se transforma en las sustancias que emplearemos.

4

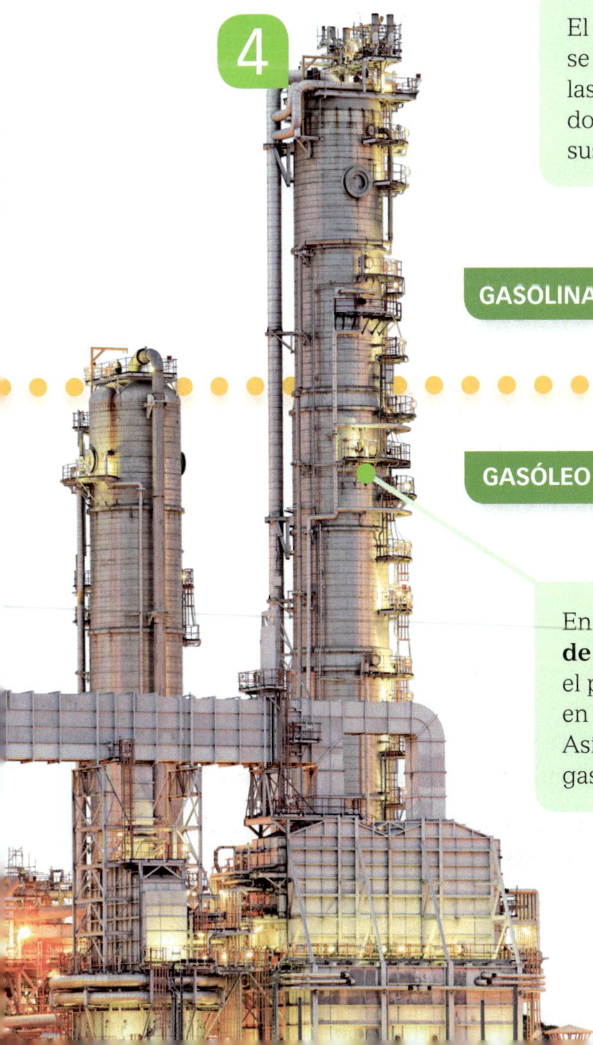

GASOLINA

GASÓLEO

En las **torres de destilación** el petróleo se separa en sus componentes. Así se obtienen la gasolina y el gasóleo.

CLAVES PARA EMPEZAR

- ¿El petróleo es una mezcla o una sustancia pura?
- Cita el nombre de algunas sustancias puras que conozcas.
- ¿Se pueden descomponer en otras sustancias más simples?

REPASA FÍSICA Y QUÍMICA

1. Elementos y compuestos

La materia está formada por átomos de distintos tipos. Cada tipo de átomos pertenece a un **elemento químico**.

Los elementos químicos forman sustancias que pueden ser:

- **Sustancias simples.** Aquellas que están formadas por un único tipo de átomos.
- **Compuestos químicos.** Sustancias formadas por átomos de más de un elemento químico, combinados en una proporción fija.

Dalton estableció un símbolo gráfico para representar los átomos de cada elemento químico.

Con posterioridad, el químico sueco Jöns Jacob Berzelius (1779-1848) determinó que era mucho más adecuado representar los elementos químicos con símbolos de letras. Se eligió como símbolo la inicial del nombre latino del elemento; en el caso en que varios elementos tengan la misma inicial, esta va seguida de otra letra.

Estos símbolos de Dalton y de Berzelius permiten representar las fórmulas de los compuestos químicos:

O_2	H_2O	CO	CO_2	PH_3

2. Cómo son los átomos

Los átomos son una estructura con un **núcleo** y una **corteza**. El tamaño del núcleo es unas diez mil veces menor que el del átomo.

- En el núcleo del átomo están los **protones** y **neutrones**.
- En la corteza están los **electrones** dispuestos en capas.

En cada capa se puede colocar un número máximo de electrones:

- 1.ª capa → 2 electrones.
- 2.ª capa → 8 electrones.
- 3.ª capa → 18 electrones.
- 4.ª capa → 32 electrones.

Los electrones se colocan en orden en las sucesivas capas. Primero se colocan en la primera, la más cercana al núcleo. Cuando esta se llena, se colocan en la segunda. Cuando se llena la segunda, se colocan en la tercera, hasta que tiene ocho electrones; luego comienzan a colocarse en la cuarta…

Para representar un átomo debes conocer cuántos electrones hay en su corteza (lo indica su número atómico, *Z*) y colocarlos en las distintas capas:

Elemento	N.º de electrones/ Capas	Esquema
Helio (He)	2 electrones. • Capa 1 → 2.	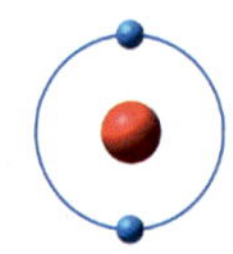
Oxígeno (O)	8 electrones. • Capa 1 → 2. • Capa 2 → 6.	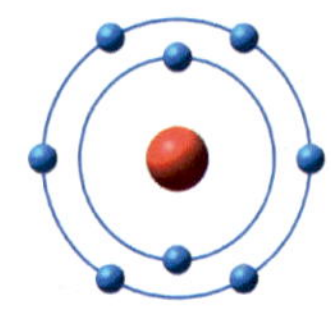
Sodio (Na)	11 electrones. • Capa 1 → 2. • Capa 2 → 8. • Capa 3 → 1.	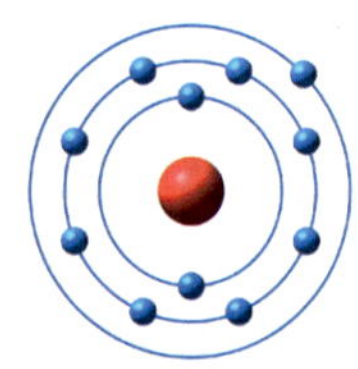

ACTIVIDADES

1 De las sustancias que se indican a continuación, señala en tu cuaderno cuáles son sustancias simples y cuáles son compuestos químicos.

Oxígeno	Hierro	Amoniaco	Diamante	Ozono	Butano	Azufre	Sal común	Grafito
O_2	Fe (*s*)	NH_3	C (*s*)	O_3	C_4H_{10}	S_6	NaCℓ	C (*s*)

2 Elabora en tu cuaderno un esquema representando las capas electrónicas de estos átomos.

a) Litio (*Z* = 3). b) Hidrógeno (*Z* = 1). c) Neón (*Z* = 10). d) Cloro (*Z* = 17).

NO !!

1 Historia de los elementos

Los elementos químicos que hoy conocemos se fueron descubriendo poco a poco a lo largo de la historia. Hasta el año 1700 solo se conocían doce elementos, y en 1830 se habían identificado cincuenta y cinco. La mayoría de los elementos se descubrieron durante el siglo XIX.

La lista se completó a lo largo del siglo XX y en la actualidad están identificados 118 elementos, si bien los núcleos atómicos de los elementos con mayor número *Z* son muy inestables: se desintegran rápidamente formando núcleos atómicos de otros elementos.

1.1. Clasificación de los elementos

Cuando empezó a aumentar el número de elementos químicos, uno de los retos de los científicos fue clasificarlos agrupando aquellos que tienen propiedades comunes.

El criterio de clasificación también ha ido cambiando a medida que se iban conociendo los elementos.

Metales y no metales

Hasta comienzos del siglo XIX solo se distinguió entre metales y no metales.

Tríadas

En 1817 Johan W. Dobëreiner (1780-1849) clasificó los elementos atendiendo a sus masas atómicas. Consiguió relacionar grupos de tres elementos con propiedades similares.

Ordenados según su masa, el elemento central de la tríada tenía propiedades intermedias a las de los otros dos.

Ley de las octavas

En el año 1863 John A. R. Newlands (1837-1898) ordenó los elementos conocidos según su masa, y comprobó que las propiedades se repetían cada siete elementos.

Denominó este hecho «ley de las octavas», en recuerdo a las octavas musicales. Su ley solo se cumplía hasta el calcio, por lo que no se tuvo en cuenta como ley general.

Ley de las octavas de Newlands

1	2	3	4	5	6	7
Li 6,9	Be 9,0	B 10,8	C 12,0	N 14,0	O 16,0	F 19,0
Na 23,3	Mg 24,3	Aℓ 27,0	Si 28,1	P 31,0	S 32,1	Cℓ 35,5
K 39,0	Ca 40,0					

SABER MÁS

Las tríadas

Una tríada está formada por tres elementos químicos con propiedades semejantes.

Elemento	Masa atómica
Cloro	35
Bromo	80
Yodo	127

Los elementos cloro, bromo y yodo forman una tríada. La media aritmética de las masas atómicas (80,1) coincide con la masa atómica del elemento intermedio (el bromo).

Las propiedades del bromo también son intermedias entre las del cloro y el yodo.

Ley de las octavas de Newlands. Ordenados los elementos conocidos según su masa, el octavo (Na) tenía propiedades similares al primero (Li); el noveno (Mg), al segundo (Be), y así sucesivamente. Esta ley solo se cumplía para los 16 primeros elementos conocidos.

Mendeleiev dejó huecos en su tabla que correspondían, según él, a elementos químicos no descubiertos en la época en que él vivió.

La tabla de Mendeleiev

En 1870 Dmitri I. Mendeleiev (1834-1907) publicó la primera tabla de los elementos químicos. Los ordenó según su masa atómica y los agrupó por sus propiedades. Le llamó **tabla periódica de los elementos** porque las propiedades de los elementos se repetían cada cierto número de ellos (con cierta periodicidad).

El acierto de Mendeleiev estuvo en considerar la importancia de las propiedades de los elementos, más aún que su masa. Por eso no tuvo inconveniente en alterar el orden de algún elemento para que coincidiese en el grupo de propiedades similares o en dejar huecos suponiendo que aún faltaban elementos por descubrir.

I	II	III	IV	V	VI	VII	VIII
H 1							
Li 7	**Be** 9,4	**B** 11	**C** 12	**N** 14	**O** 16	**F** 19	
Na 23	**Mg** 24	**Aℓ** 27,3	**Si** 28	**P** 31	**S** 32	**Cℓ** 35,5	
K 39	**Ca** 40		**Ti** 50	**V** 51	**Cr** 52	**Mn** 55	**Fe**(56), **Co**(59), **Ni**(59), **Cu**(63)
Cu 63	**Zn** 65			**As** 75	**Se** 78	**Br** 80	
Rb 85	**Sr** 87	**Y** 88	**Zr** 90	**Nb** 94	**Mo** 96		**Ru**(104), **Rh**(104), **Pd**(104), **Ag**(108)
Ag 108	**Cd** 112	**In** 113	**Sn** 118	**Sb** 122	**Te** 128	**I** 127	
Cs 133	**Ba** 137			**Ta?** 182	**W?** 184		**Os**(199), **Ir**(198), **Pt**(197), **Au**(197)
Au 197	**Hg** 200	**Tℓ** 204	**Pb** 207	**Bi** 208			

Tabla periódica publicada por Mendeleiev en 1870. Observa el hueco al lado del elemento calcio, Ca. Mendeleiev supuso que faltaba un elemento de propiedades similares al aluminio. Cuando se descubrió el galio en 1875, se pudo comprobar que sus propiedades coincidían con las que había predicho Mendeleiev.

Otras ordenaciones de los elementos

Mendeleiev se basó en la masa atómica para ordenar los elementos, pero otros científicos emplearon otros criterios.

- Julius Lothar Meyer (1830-1895) ordenó los elementos atendiendo a los **volúmenes atómicos**. Su tabla resultó muy parecida a la de Mendeleiev, pero tardó un año en publicarla.
- Henry Moseley (1887-1915) ordenó los elementos en función del **número de protones** de su núcleo. Es el criterio empleado en la actualidad para ordenar los elementos químicos.

El científico británico **Henry Moseley** determinó mediante estudios con rayos X el número atómico de 92 elementos, lo que permitió establecer el sistema periódico moderno.

2 El sistema periódico de los elementos

La tabla periódica actual recoge los conocimientos sobre el átomo que se produjeron en el siglo XX. El resultado es una herramienta que proporciona una gran cantidad de información acerca de los elementos químicos; por eso se le llama **sistema periódico**.

Se ordenaron los elementos químicos en **orden creciente de su número atómico** y se colocaron en la misma columna aquellos que tenían propiedades similares.

Si analizamos cómo están dispuestos los electrones en las distintas capas de cada átomo, encontraremos la causa de que algunos elementos tengan propiedades similares:

PRESTA ATENCIÓN

La última capa en la que tiene electrones un átomo se llama **capa de valencia**. Es muy importante, pues de ella depende su comportamiento químico.

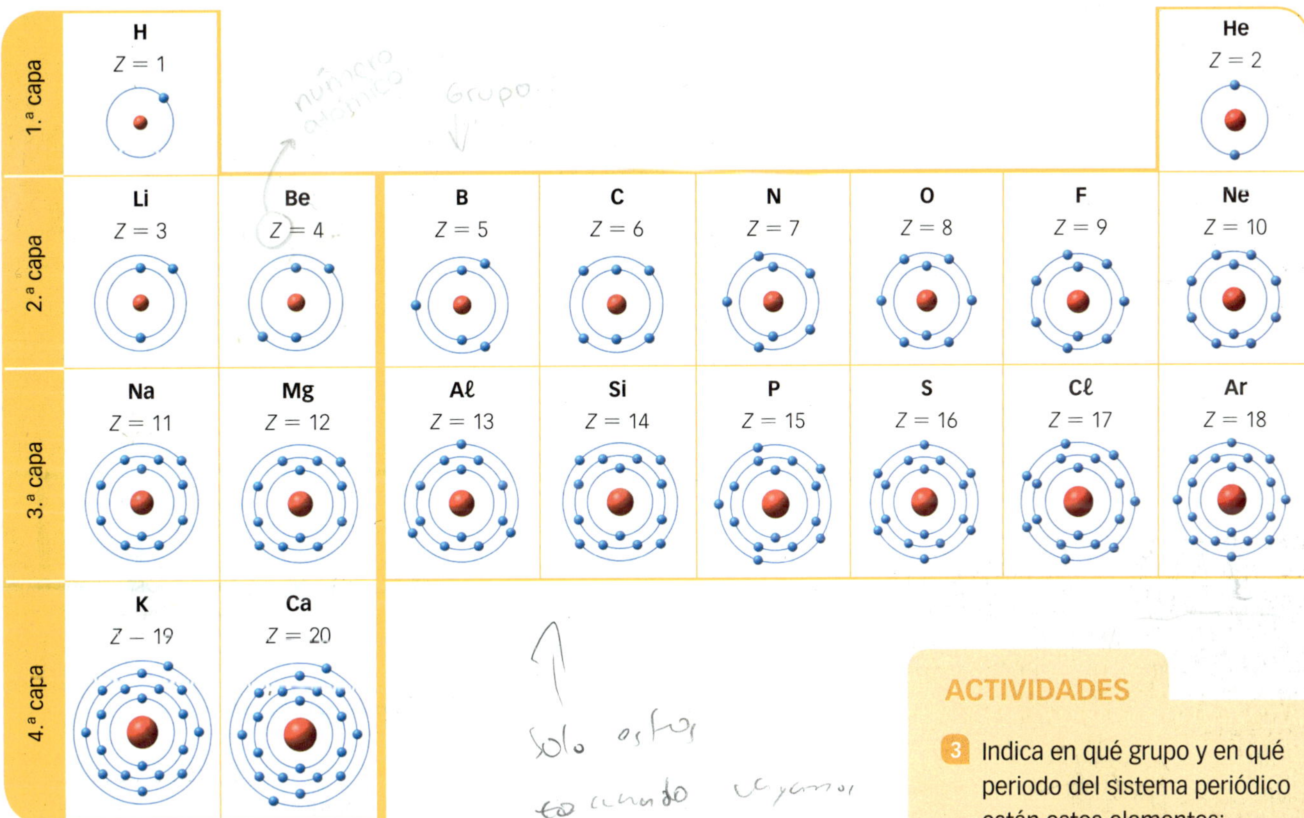

La distribución de los electrones a partir del Ca sigue ciertas reglas. No obstante, podemos establecer conclusiones con carácter general.

En el **sistema periódico** se organizan todos los elementos químicos en orden creciente de su número atómico.

- Las filas de la tabla se llaman **periodos**. Todos los elementos que están en el mismo periodo tienen el mismo número de capas de electrones.
- Las columnas de la tabla se llaman **grupos**. Todos los elementos que están en un mismo grupo tienen el mismo número de electrones en la última capa.

ACTIVIDADES

3 Indica en qué grupo y en qué periodo del sistema periódico están estos elementos:

a) Rubidio.
b) Kriptón.
c) Bismuto.
d) Calcio.
e) Yodo.
f) Azufre.

4 Localiza ahora el elemento que se encuentra en el:

a) Segundo periodo, grupo 15.
b) Sexto periodo, grupo 2.
c) Tercer periodo, grupo 14.
d) Cuarto periodo, grupo 16.
e) Quinto periodo, grupo 13.

SABER MÁS

El hidrógeno y sus iones

El H está en el grupo 1 porque tiene 1 electrón en su capa de valencia. Al igual que los demás elementos de este grupo, tiende a perderlo y convertirse en un catión de carga 1^+.

Pero al H solo le falta 1 electrón para adquirir la configuración del gas noble He; por eso también se puede convertir en un anión con carga 1^-.

❶ Los elementos del grupo 1, los **alcalinos**, tienen 1 electrón en su capa más externa. Deben perder 1 electrón para adquirir la configuración de gas noble. Al hacerlo se convierten en iones con carga 1^+. Son metales, salvo el H.

❷ Los elementos del grupo 2, los **alcalinotérreos**, tienen 2 electrones en su capa más externa. Deben perder 2 electrones para adquirir la configuración de gas noble. Al hacerlo se convierten en iones con carga 2^+. Son metales.

❸ Los elementos del grupo 13 tienen 3 electrones en su capa más externa. Deben perder 3 electrones para adquirir la configuración de gas noble. Al hacerlo se convierten en iones con carga 3^+.

❹ Los elementos del grupo 14 tienen 4 electrones en su capa más externa. Pueden ganar o perder 4 electrones para adquirir la configuración de gas noble. Al hacerlo se convierten en iones con carga 4^- o 4^+.

❺ Los elementos del grupo 15 tienen 5 electrones en su capa más externa. Deben ganar 3 electrones para adquirir la configuración de gas noble. Al hacerlo se convierten en iones con carga 3^-.

❻ Los elementos del grupo 16, los **calcógenos** (también llamados anfígenos), tienen 6 electrones en su capa más externa. Deben ganar 2 electrones para adquirir la configuración de gas noble. Al hacerlo se convierten en iones con carga 2^-.

2.1. Lectura del sistema periódico

En cada casilla del sistema periódico se representa un elemento químico. Además de su símbolo, nombre y número atómico, se indica la masa atómica; en la mayoría de los casos es un número con decimales porque representa la masa media de un átomo de un elemento y se ha calculado teniendo en cuenta los isótopos que existen y su abundancia.

Todos los elementos conocidos tienen su lugar en una tabla de 7 filas (**periodos**) y 18 columnas (**grupos**).

(Nota: comienza el análisis de la tabla en el grupo 18, el de los gases nobles).

❶ ❷

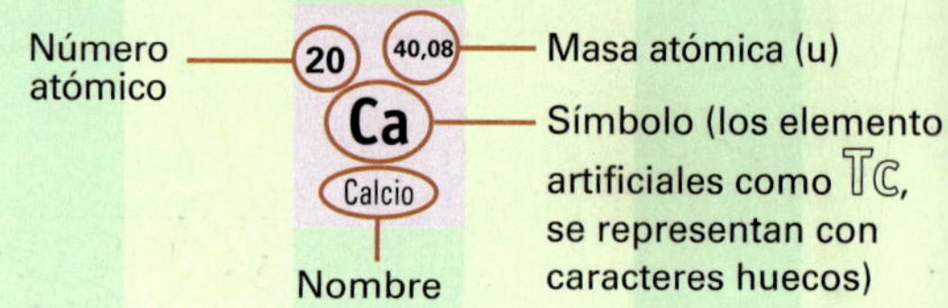

PERIODO \ GRUPO	1	2	3	4	5	6	7	8
1	1 H* Hidrógeno 1,008							
2	3 Li Litio 6,941	4 Be Berilio 9,012						
3	11 Na Sodio 23,00	12 Mg Magnesio 24,31						
4	19 K Potasio 39,10	20 Ca Calcio 40,08	21 Sc Escandio 44,96	22 Ti Titanio 47,87	23 V Vanadio 50,94	24 Cr Cromo 52,00	25 Mn Manganeso 54,94	26 Fe Hierro 55,8
5	37 Rb Rubidio 85,47	38 Sr Estroncio 87,62	39 Y Itrio 88,91	40 Zr Circonio 91,22	41 Nb Niobio 92,91	42 Mo Molibdeno 95,96	43 Tc Tecnecio (98)	44 Ru Rutenio 101,
6	55 Cs Cesio 132,9	56 Ba Bario 137,3	57-71 Lantanoides	72 Hf Hafnio 178,5	73 Ta Tántalo 180,9	74 W Wolframio 183,8	75 Re Renio 186,2	76 Os Osmio 190,
7	87 Fr Francio (223)	88 Ra Radio (226)	89-103 Actinoides	104 Rf Rutherfordio (265)	105 Db Dubnio (268)	106 Sg Seaborgio (271)	107 Bh Bohrio (270)	108 Hs Hassio (27

A B

* El hidrógeno, aunque esté a la izquierda del sistema periódico, no es un metal.

E

	Periodo						
Lantanoides →	6	57 La Lantano 138,9	58 Ce Cerio 140,1	59 Pr Praseodimio 140,9	60 Nd Neodimio 144,2	61 Pm Prometio (145)	62 Sm Samario 150,4
Actinoides →	7	89 Ac Actinio (227)	90 Th Torio 232,0	91 Pa Protactinio (231)	92 U Uranio 238,0	93 Np Neptunio (237)	94 Pu Plutonio (244

A Los elementos de los grupos 1 y 2 son todos metales excepto el H (hidrógeno).

B Los elementos de los grupos 3 al 12 (inclusive) se llaman **elementos de transición**. Aparecen desde el periodo 4 al 7.

C En la parte derecha del sistema periódico, en los grupos 13 a 17, el carácter metálico aumenta a medida que descendemos en el grupo y disminuye a medida que avanzamos en el periodo. En el grupo 13 son metales todos salvo el B (boro), y en el grupo 16 son metales a partir del Po (polonio).

D En los grupos 13 a 17 los elementos que están en el límite entre los metales y los no metales se llaman **semimetales**, y su comportamiento es intermedio entre ambos.

E En la parte inferior de la tabla se colocan dos filas de 15 elementos cada una. La primera fila, los **lantanoides** o **lantánidos**, está a continuación del Ba (bario). La segunda fila, los **actinoides** o **actínidos**, está a continuación del Ra (radio).

7 Los elementos del grupo 17, los **halógenos**, tienen 7 electrones en su capa más externa. Deben ganar 1 electrón para adquirir la configuración de gas noble. Al hacerlo se convierten en iones con carga 1⁻.

8 En el grupo 18 se sitúan los elementos que tienen la capa más externa completa. Esto es, 2 electrones en el caso del He y 8 electrones en los demás. Estos elementos son los **gases nobles**. Son los más estables. Los demás elementos ganarán o perderán electrones hasta tener una configuración electrónica similar en su capa de valencia.

Leyenda: NO METALES · SEMIMETALES · METALES · GASES NOBLES

D: semimetales (límite entre metales y no metales). C: grupos 13 a 17.

9	10	11	12	13 (3)	14 (4)	15 (5)	16 (6)	17 (7)	18 (8)
									2 He Helio 4,003
				5 B Boro 10,81	6 C Carbono 12,01	7 N Nitrógeno 14,01	8 O Oxígeno 16,00	9 F Flúor 19,00	10 Ne Neón 20,18
				13 Al Aluminio 26,98	14 Si Silicio 28,09	15 P Fósforo 30,97	16 S Azufre 32,06	17 Cl Cloro 35,45	18 Ar Argón 39,95
27 Co Cobalto 58,93	28 Ni Níquel 58,69	29 Cu Cobre 63,55	30 Zn Cinc 65,38	31 Ga Galio 69,72	32 Ge Germanio 72,64	33 As Arsénico 74,92	34 Se Selenio 78,96	35 Br Bromo 79,90	36 Kr Kriptón 83,80
45 Rh Rodio 102,9	46 Pd Paladio 106,4	47 Ag Plata 107,9	48 Cd Cadmio 112,4	49 In Indio 114,8	50 Sn Estaño 118,7	51 Sb Antimonio 121,8	52 Te Teluro 127,6	53 I Yodo 126,9	54 Xe Xenón 131,3
77 Ir Iridio 192,2	78 Pt Platino 195,1	79 Au Oro 197,0	80 Hg Mercurio 200,6	81 Tl Talio 204,4	82 Pb Plomo 207,2	83 Bi Bismuto 209,0	84 Po Polonio (209)	85 At Astato (210)	86 Rn Radón (222)
109 Mt Meitnerio (276)	110 Ds Darmstadtio (281)	111 Rg Roentgenio (280)	112 Cn Copernicio (285)	113 Uut Ununtrio (284)	114 Fl Flerovio (289)	115 Uup Ununpentio (288)	116 Lv Livermorio (293)	117 Uus Ununseptio (294)	118 Uuo Ununoctio (294)

63 Eu Europio 152,0	64 Gd Gadolinio 157,3	65 Tb Terbio 158,9	66 Dy Disprosio 162,5	67 Ho Holmio 164,9	68 Er Erbio 167,3	69 Tm Tulio 168,9	70 Yb Iterbio 173,1	71 Lu Lutecio 175,0
95 Am Americio (243)	96 Cm Curio (247)	97 Bk Berkelio (247)	98 Cf Californio (251)	99 Es Einstenio (252)	100 Fm Fermio (257)	101 Md Mendelevio (258)	102 No Nobelio (259)	103 Lr Lawrencio (262)

PRESTA ATENCIÓN

Se llaman **metales** aquellos elementos que tienden a perder electrones y formar iones positivos o cationes.
Son metales los elementos de los grupos 1 y 2, los metales de transición y algunos elementos a partir del grupo 13.

Se llaman **no metales** aquellos elementos que tienden a ganar electrones y formar iones negativos o aniones.
Son no metales el H (hidrógeno) y algunos elementos de los grupos 13 al 17.

ACTIVIDADES

5 Indica en cuántas capas tienen electrones y cuántos electrones tienen en su capa más externa estos elementos:

a) Magnesio. d) Plomo.
b) Aluminio. e) Bromo.
c) Potasio. f) Helio.

6 ¿Qué carga tienen los átomos de estos elementos al adquirir configuración de gas noble?

a) Berilio. c) Hidrógeno.
b) Carbono. d) Flúor.

? INTERPRETA LA IMAGEN

- ¿Cuál es el elemento químico más abundante en el universo, en la corteza terrestre y en los seres vivos?
- Indica qué elementos forman el 50% de la masa del universo, la corteza terrestre y los seres vivos.
- Explica por qué el oxígeno y el hidrógeno forman casi el 100% de la masa de los océanos.

Información nutricional		Por 100 g	% de la CDR
Valor energético	(kcal)	378	3%
	(kJ)	1598	
Proteínas	(g)	6,8	2%
Hidratos de carbono	(g)	78	5%
azúcares	(g)	70	14%
Grasas / Lípidos	(g)	2,4	<1%
saturadas	(g)	1,5	1%
Colesterol	(mg)	0	
Fibra alimentaria	(g)	8,4	6%
Sodio	(g)	0,1	<1%
Calcio	(mg)	300	38%
Fósforo	(mg)	245	35%
Hierro	(mg)	11,5	82%
Magnesio	(mg)	125	33%

Etiqueta de cacao en polvo.

ACTIVIDADES

7 Localiza en el sistema periódico los distintos tipos de bioelementos, e indica cuáles de ellos son metales y cuáles no metales.

8 La etiqueta del envase de cacao en polvo dice que aporta 245 mg de fósforo por cada 100 g, y un cartón de leche indica que aporta 96 mg de fósforo cada 100 mL.

a) ¿Cuánto fósforo tomamos con cada taza de este desayuno? (200 mL de leche y 20 g de cacao).

b) ¿Cuántas tazas similares deberíamos tomar para alcanzar la CDR de fósforo, que es de 800 mg?

3 Los elementos químicos más comunes

En el sistema periódico se representan todos los elementos químicos conocidos. Actualmente están reconocidos 118 elementos, pero no todos se distribuyen por igual. Algunos son muy abundantes en el universo, pero apenas aparecen en la corteza terrestre o en los seres vivos. Y los elementos más abundantes en la corteza terrestre no son los mismos que en la atmósfera o en los océanos. Observa:

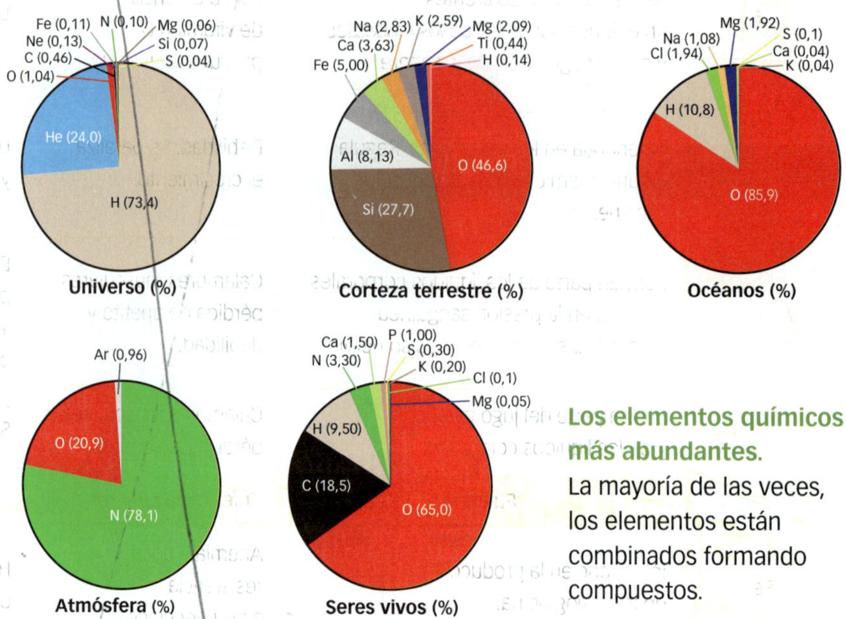

Los elementos químicos más abundantes. La mayoría de las veces, los elementos están combinados formando compuestos.

3.1. Los elementos químicos de la vida

La mayor parte de la masa de los seres vivos corresponde a un reducido número de elementos químicos: son los **bioelementos**. Entre ellos distinguimos:

- **Bioelementos primarios.** Representan el 99 % de la masa de los seres vivos y forman sus moléculas esenciales. Son C, H, O, N. También P y S (menos abundantes).
- **Bioelementos secundarios.** Representan el 0,9 % de la masa de los seres vivos, aunque también son imprescindibles. Son Na, K, Ca, Mg y Cl.
- **Oligoelementos.** Son bioelementos que están en una proporción menor que el 0,1 %. Pueden ser:
  - **Indispensables.** Se encuentran en todos los seres vivos: Mn, Fe, Co, Cu, Se y Zn.
  - **Variables.** Solo los necesitan algunos organismos: B, Al, V, Mo, I y Si.

La carencia de alguno de estos elementos puede provocar trastornos de la salud. Por eso deben estar presentes en nuestra dieta en la proporción adecuada. A esta cantidad se le denomina **cantidad diaria recomendada, CDR**.

Documento de trabajo 1

Bioelemento	Función	Enfermedad por carencia	Fuentes	CDR
P	Forma parte de los huesos, de las membranas de las células y de los ácidos nucleicos.	Debilidad general.	Leche, aves, pescado, carne, legumbres y frutos secos.	800 mg
S	Forma parte de las proteínas presentes, por ejemplo, en el pelo y en las uñas.	No produce trastornos de importancia.	Alimentos proteínicos, como carne, pescado y huevos.	No está establecida.
Ca	Interviene en el correcto desarrollo de los huesos y los dientes, en el funcionamiento de los músculos y en la coagulación de la sangre.	Su falta, junto con la carencia de vitamina D, produce raquitismo.	Leche, queso, pan y verduras.	800 mg
Mg	Activa los procesos de obtención de energía en los seres vivos. Regula el funcionamiento de los músculos y los nervios.	Debilidad. Se paraliza el crecimiento.	Leche, carne, verduras, legumbres y nueces.	300 mg
Na y K	Forman parte de los líquidos corporales. Influyen en la presión sanguínea y en la transmisión del impulso nervioso.	Calambres musculares, pérdida de apetito y debilidad.	El sodio, en la sal común. El potasio, en muchos alimentos: leche, chocolate, fruta, verduras, cereales.	• K: 2000 mg • Na: 500 mg
Cℓ	Forma parte del jugo gástrico y de los líquidos corporales.	Calambres musculares y pérdida de apetito.	Sal común.	No está establecida.
Oligoelemento	**Función**	**Enfermedad por carencia**	**Fuentes**	**CDR**
Fe	Interviene en la producción de la hemoglobina.	Anemia y poca resistencia a las infecciones.	Hígado, legumbres, carne, yema de huevo.	14 mg
Zn	Favorece el desarrollo y la reproducción celular. Facilita la cicatrización de las heridas.	Enanismo y problemas con la piel.	Carne, cereales integrales, legumbres.	15 mg
Mn	Activa los procesos que producen energía en los seres vivos. Ayuda a formar huesos.	Falta de memoria, ruidos en los oídos.	Té, arroz integral, frutos secos, legumbres.	2-5 mg
F	Mantiene los dientes sanos y sin caries.	Mayor incidencia de caries.	Té, pescado y agua fluorada.	No está establecida. Adolescentes: 1,5-25 mg
Cu	Favorece la mayoría de las reacciones metabólicas que se producen en las células.	Anemia en los niños prematuros.	Hígado, nueces y legumbres.	1,5-3 mg
Co	Contribuye a la formación de los glóbulos rojos, ya que forma parte de la vitamina B12.	Anemia, problemas neurológicos y falta de crecimiento.	Carne, pescado, lácteos, lentejas.	No está establecida.
I	Es necesario para la producción de la hormona tiroidea.	Bocio, obesidad y debilidad generalizada.	Sal yodada, marisco, algas.	150 mg
Se	Antioxidante. Protege al organismo frente a infecciones y alergias. Favorece la función muscular y cardiovascular.	Enfermedad cardíaca, problemas en huesos y articulaciones.	Brécol, cebolla, ajo, levadura de cerveza, pescado, carne, huevos.	70 mg

4 Cómo se presentan los elementos: átomos, moléculas y cristales

SABER MÁS

¿Huele?... Es molécula

Para que una sustancia huela debe volatilizarse fácilmente. Será una sustancia molecular con un punto de ebullición bajo.

El olor a pescado descompuesto se debe a unas sustancias moleculares llamadas **putrescina** y **cadaverina**. Al añadir zumo de limón al pescado, el ácido del limón reacciona con ellas y dejan de ser sustancias moleculares para convertirse en sustancias iónicas... ¡Ya no huele!

4.1. Átomos aislados

Los elementos del grupo 18, los gases nobles, se presentan a temperatura ambiente como gases cuyas partículas son átomos aislados. La razón: los átomos de estos elementos son muy estables y no necesitan combinarse con otros átomos. La fórmula de estos elementos coincide con el símbolo químico de cada gas: He, Ne, Ar, Kr, Xe y Rn.

4.2. Moléculas

Los átomos de los elementos no metálicos necesitan ganar electrones para alcanzar la configuración de gas noble. Un modo de lograrlo es que dos o más átomos compartan electrones; se dice que los átomos se unen mediante **enlace covalente**.

Una **molécula** es un grupo concreto de átomos unidos mediante uno varios enlaces covalentes.

La molécula es la parte más pequeña de una sustancia que conserva sus propiedades químicas. Los átomos pueden pertenecer al mismo elemento o a varios diferentes. Son átomos de elementos no metálicos.

Una **sustancia molecular** es un conjunto de moléculas.

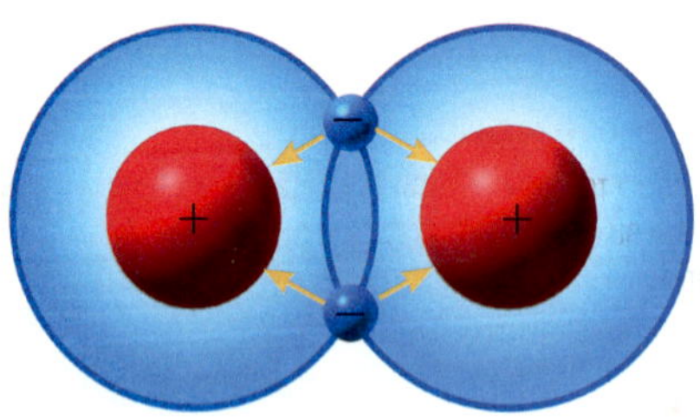

Molécula de hidrógeno: dos átomos de H unidos mediante **enlace covalente**. Los electrones que se comparten son atraídos por los núcleos de los dos átomos enlazados.

Por ejemplo, el oxígeno y el agua son sustancias moleculares. La molécula de oxígeno está formada por dos átomos de oxígeno, y la de agua, por dos átomos de hidrógeno y uno de oxígeno.

- La fórmula de las sustancias simples moleculares incluye el símbolo de su elemento químico con un subíndice que indica el número de átomos que forman la molécula. Por ejemplo: H_2, O_2, N_2, F_2, Cl_2, Br_2, I_2, P_4, S_6.
- La fórmula de sustancias moleculares formadas por átomos de elementos diferentes incluye los símbolos de cada elemento y un subíndice que indica el número de átomos de cada elemento.

Como no hay subíndice, en la molécula hay 1 átomo de C — CO_2 — Hay 2 átomos de O en la molécula

Hay 2 átomos de N en la molécula — N_2O_5 — Hay 5 átomos de O en la molécula

Las sustancias moleculares presentan puntos de fusión y ebullición bajos. A temperatura ambiente se pueden encontrar en estado sólido, líquido o gas, dependiendo de las fuerzas existentes entre moléculas.

Intensidad de la fuerza entre moléculas	Fuerte	Intermedia	Débil
Estado físico a temperatura ambiente	Sólido.	Líquido.	Gas.
Ejemplos	• Glucosa ($C_6H_{12}O_6$).	• Agua (H_2O). • Alcohol etílico (C_2H_6O).	• Oxígeno (O_2). • Dióxido de carbono (CO_2).

4.3. Cristales

Un **cristal** es una agrupación de muchos átomos o iones con una estructura interna perfectamente ordenada que se extiende en las tres direcciones del espacio.

Dependiendo de las características de los átomos que lo forman, el enlace entre las partículas del cristal es diferente.

PRESTA ATENCIÓN

Los cristales son sólidos a temperatura ambiente. Sus puntos de fusión son mucho más altos que los de las sustancias moleculares.

	Tipos de átomos que lo forman	Partículas que forman el cristal	Ejemplo	Fórmula
Cristal iónico 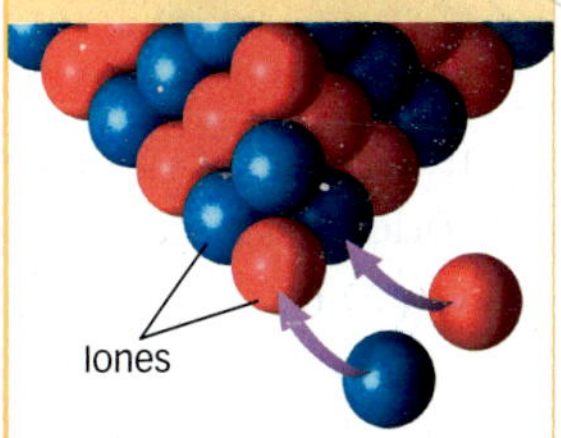	Metal + no metal	Iones: cationes y aniones. Enlace iónico: entre iones de signo contrario.	$MgC\ell_2$	Indica la proporción de iones en el cristal: dos iones cloruro por cada ion magnesio.
			$NaC\ell$	Indica la proporción de iones en el cristal: un ion cloruro por cada ion sodio.
Cristal covalente 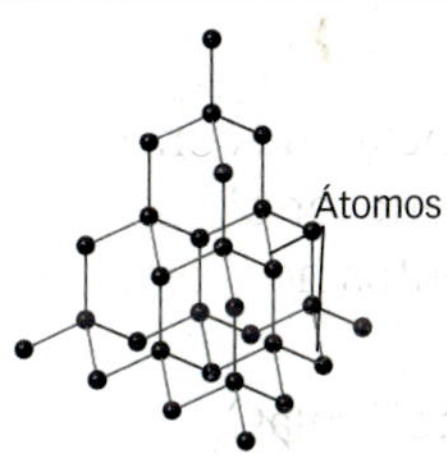	No metal	Átomos. Enlace covalente: átomos que comparten electrones.	SiO_2	Indica la proporción en la que se encuentran los átomos en el cristal. Hay un átomo de silicio por cada dos átomos de oxígeno.
			C (diamante y grafito)	En el diamante y el grafito, formados solo por átomos de carbono, su fórmula coincide con el símbolo del elemento; la diferencia está en el modo en que se ordenan.
Cristal metálico 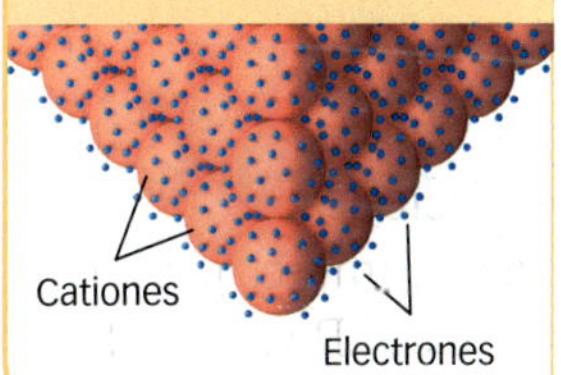	Metales	Cationes metálicos rodeados de una «nube» de electrones. Enlace metálico.	Cu, Ag, Au	Como están formados por átomos del mismo elemento, su fórmula coincide con el símbolo del metal.

ACTIVIDADES

9 De las siguientes sustancias di cuáles son sólidos o gases, con seguridad:

a) Kr b) $CaC\ell_2$ c) K d) Fe e) Ne f) NH_3 g) Na h) $PC\ell_5$

10 Algunas sustancias con fórmulas muy parecidas tienen propiedades muy diferentes. Observa el $SC\ell_2$ (molécula) y el $CaC\ell_2$ (cristal iónico).

a) Asígnales en tu cuaderno los puntos de fusión y ebullición adecuados:

$SC\ell_2$

$CaC\ell_2$

Sustancia	Punto de fusión	Punto de ebullición
	−121 °C	59 °C
	771 °C	1935 °C

b) ¿En qué estado físico se encuentra cada sustancia a 25 °C?

SABER MÁS

Cristales moleculares

Algunas sustancias moleculares forman cristales en estado sólido.

Un ejemplo es el agua, que forma cristales de hielo.

5 Los compuestos químicos más comunes

Como hemos visto en el sistema periódico, se conocen 118 elementos químicos. Pero el número de compuestos que existen es muy superior: ¡supera los diez millones!

Lo que es aún más sorprendente es que el átomo de carbono forma un número de compuestos mucho mayor que todos los demás elementos químicos juntos.

- El carbono forma la mayor parte de los compuestos que están en los seres vivos. Por este motivo a los compuestos del carbono se les llama **orgánicos**.
- Al resto de los compuestos se les denomina **inorgánicos** porque se encuentran fundamentalmente en el mundo inanimado, aunque algunos también están presentes en los seres vivos, como el agua o el cloruro de sodio.

PRESTA ATENCIÓN

Utiliza el anexo de formulación para conocer cómo se obtienen la fórmula y el nombre de los compuestos químicos.

5.1. Compuestos inorgánicos comunes

Documento de trabajo 2

Nombre	Fórmula	Estado físico a temperatura ambiente	Características
Agua	H_2O	Líquido.	Es el líquido más importante para los seres vivos. Debido a su estructura interna, es el disolvente universal; por eso es tan importante.
Peróxido de hidrógeno o agua oxigenada	H_2O_2	Líquido.	Se utiliza como desinfectante y blanqueante.
Amoniaco	NH_3	Gas.	Es un gas de olor característico. Forma parte de muchos productos de limpieza. También se utiliza para fabricar abonos.
Óxidos no metálicos			
Dióxido de carbono	CO_2	Gas.	Es un gas que se produce en la respiración y en las combustiones. Es contaminante, pero no tóxico. Responsable del efecto invernadero.
Monóxido de carbono	CO	Gas.	Es tóxico: puede provocar la muerte por asfixia. Se produce en las combustiones cuando hay poco oxígeno.
Dióxido de azufre	SO_2	Gas.	Se producen en la combustión de compuestos de azufre (como algunos derivados del petróleo). Son contaminantes y responsables de la lluvia ácida.
Trióxido de azufre	SO_3	Gas.	
Dióxido de nitrógeno	NO_2	Gas.	Es venenoso. Se produce en la combustión de compuestos de nitrógeno (como algunos derivados del petróleo). Es contaminante.
Óxidos metálicos			
Óxido de hierro(II)	FeO	Sólido.	Se producen cuando se oxida el metal hierro. Forman la herrumbre.
Óxido de hierro(III)	Fe_2O_3	Sólido.	

DOCUMENTO DE TRABAJO 2 (continuación)

Nombre	Fórmula	Estado físico a temperatura ambiente	Características
Ácidos (sustancias con sabor ácido y generalmente corrosivas)			
Ácido clorhídrico	$HC\ell$	Gas.	Lo segregamos en el estómago para hacer la digestión. Disoluciones diluidas de este ácido se venden como agua fuerte, un producto para limpiar metales.
Ácido nítrico	HNO_3	Líquido.	Se utiliza para fabricar abonos, explosivos, etc.
Ácido sulfúrico	H_2SO_4	Líquido denso.	Es el compuesto que más se produce en todo el mundo. Se utiliza en la industria para fabricar muchos productos.
Bases (neutralizan la acción de los ácidos formando sales)			
Hidróxido de sodio	$NaOH$	Sólido.	Sólidos conocidos también como sosa ($NaOH$) y potasa (KOH). Forman parte de muchos productos de limpieza, como la lejía.
Hidróxido de potasio	KOH	Sólido.	
Hidróxido de aluminio	$Al(OH)_3$	Sólido.	Se utilizan para fabricar antiácidos, sustancias que se toman cuando se sufre ardor de estómago.
Hidróxido de magnesio	$Mg(OH)_2$		
Sales			
Cloruro de sodio (sal común)	$NaC\ell$	Sólido.	Es el compuesto conocido como sal común. Es el condimento más empleado al cocinar.
Cloruro de calcio	$CaC\ell_2$	Sólido.	Absorbe la humedad. Se utiliza como desecante en embalajes.
Carbonato de calcio	$CaCO_3$	Sólido.	Es el compuesto que forma el mármol. Es insoluble en agua, pero lo atacan los ácidos.
Hidrogenocarbonato de sodio	$NaHCO_3$	Sólido.	Se utiliza para combatir el ardor de estómago. Se emplea como levadura química. Se conoce también como bicarbonato de sodio.
Sulfato de cobre(II)	$CuSO_4$	Sólido.	Se usa como producto fitosanitario, es decir, para elaborar sustancias que protegen los cultivos. Se rocían las vides con una disolución de sulfato de cobre (sulfatar) para protegerlas del mildiu, un hongo que las ataca.
Nitrato de potasio	KNO_3	Sólido.	Se emplea como abono.
Nitrato de amonio	NH_4NO_3	Sólido.	Se utiliza fundamentalmente como abono, aunque también se emplea para fabricar explosivos.
Sulfato de magnesio	$MgSO_4$	Sólido.	Sustancia conocida desde la Antigüedad como sales de Epsom. Además de su uso como sales de baño, tienen otras aplicaciones médicas y en jardinería.
Sulfato de calcio	$CaSO_4$	Sólido.	Es la sustancia que se conoce comúnmente como yeso. Tiene muchas aplicaciones como material de construcción.
Hipoclorito de sodio	$NaC\ell O$	Líquido ($T > 18$ °C). Sólido ($T < 18$ °C).	Disuelto en agua forma la lejía.

5.2. Compuestos orgánicos comunes

Los compuestos orgánicos están formados, fundamentalmente, por carbono e hidrógeno, aunque pueden tener algún átomo de oxígeno, de nitrógeno y, en menor proporción, de fósforo y azufre. Se llama **química orgánica** a la parte de la química que estudia los compuestos orgánicos. En las tablas siguientes se muestran algunos de los más representativos.

Observa que hay compuestos orgánicos formados por moléculas pequeñas y otros por moléculas muy grandes; a estas se las llama macromoléculas, y entre ellas están las **proteínas**, las **grasas**, los **ácidos nucleicos** y los **polímeros sintéticos**.

Las propiedades de los compuestos orgánicos dependen de un pequeño grupo de átomos en su molécula que se denomina **grupo funcional**. Moléculas con el mismo grupo funcional tienen propiedades parecidas aunque su tamaño sea diferente. Al contrario, moléculas de tamaño parecido presentan propiedades muy distintas si tienen grupos funcionales diferentes.

Además de las sustancias que forman parte de los seres vivos, hay muchos compuestos orgánicos que se obtienen en el laboratorio de forma artificial; se llaman **compuestos sintéticos**. Entre los compuestos orgánicos de síntesis hay muchos medicamentos y nuevos materiales, como los plásticos.

Documento de trabajo 3

Nombre	Fórmula	Características
		Combustibles domésticos
Metano	CH_4	Forma parte del gas natural.
Propano	C_3H_8	A la presión atmosférica son gases, pero se comercializan en bombonas a presión elevada donde se encuentran en estado líquido.
Butano	C_4H_{10}	
		Sustancias de uso común
Octano (isooctano)	C_8H_{18}	Es el componente fundamental de la gasolina. El número de octanos de la gasolina indica su proporción en isooctano.
Alcohol etílico	C_2H_6O	Es el alcohol que contienen las bebidas (cerveza, vino, licores, etc.). Se utiliza como desinfectante.
Ácido acético	$C_2H_4O_2$	Es el ácido presente en el vinagre.
Acetona	C_3H_6O	Es un disolvente. A temperatura ambiente es un líquido, pero se evapora con facilidad.
Mentol	$C_{10}H_{20}O$	Sustancia aromática presente en algunas plantas. Se evapora con facilidad absorbiendo calor; por eso es muy olorosa y da sensación de frescor.
Vitamina C (ácido ascórbico)	$C_6H_8O_6$	Sustancia presente en muchas frutas. Es soluble en agua.
Ácido acetilsalicílico	$C_9H_8O_4$	Sustancia que se utiliza en fármacos como la aspirina, que tiene efectos analgésico (contra el dolor), antitérmico (contra la fiebre) y antiinflamatorio. No se disuelve en agua. A veces se presenta con otras sustancias que facilitan su solubilidad, como la aspirina efervescente.
Glicerina	$C_3H_8O_3$	Alcohol que forma parte de las grasas. Se utiliza para preparar productos de farmacia y perfumería.

Documento de trabajo 3 (continuación)

Nombre	Fórmula	Características
Glúcidos o hidratos de carbono		
Glucosa	$C_6H_{12}O_6$	Es un azúcar simple. La mayoría de los hidratos de carbono que consumimos (en los azúcares, pan, pasta, etc.) se transforman en glucosa en nuestro organismo.
Fructosa	$C_6H_{12}O_6$	Es un azúcar simple que se encuentra en las frutas y en la miel. Su poder edulcorante es mayor que el de la glucosa.
Sacarosa	$C_{12}H_{22}O_{11}$	Es el azúcar común. Resulta de la unión de una molécula de glucosa y otra de fructosa.
Celulosa/Almidón	$(C_6H_{10}O_6)_n$	Son moléculas muy grandes formadas por la unión de muchas moléculas de glucosa. Son muy parecidas; se diferencian en cómo se orientan algunos átomos en el espacio. Esta pequeña diferencia es responsable de que las personas podamos digerir el almidón, pero no la celulosa.
Lípidos		
Ácido oleico	$C_{18}H_{34}O_2$	Está presente en el aceite de oliva.
Colesterol	$C_{27}H_{46}O$	Se encuentra en algunos tejidos y en la sangre. Cuando su concentración en sangre es elevada, puede provocar problemas cardiovasculares.
Proteínas		
Albúmina	Muy compleja	Es una proteína formada por una única cadena muy larga que se enrolla sobre sí misma. Es la principal proteína de la sangre. En el huevo y en la leche también hay moléculas de albúmina que se diferencian poco de la proteína humana.
Queratina	Muy compleja	Se encuentra en pelo, plumas, uñas y pezuñas, a las que da dureza y resistencia. Forma cadenas muy largas de aminoácidos enrolladas en fibras. En cada pelo hay muchas fibras de queratina.
Ácidos nucleicos		
ADN (ácido desoxirribonucleico)	Muy compleja	Contiene el código genético que guía la formación de proteínas de un organismo. Su molécula está formada por dos cadenas enrolladas en forma de hélice.
ARN (ácido ribonucleico)	Muy compleja	Su molécula es parecida a la del ADN, aunque está formada por una sola cadena. Interviene en la formación de proteínas.
Polímeros sintéticos (plásticos)		
Polietileno	$(CH_2)_n$	Son moléculas muy largas que resultan de la unión de muchas moléculas muy pequeñas. Son plásticos que se utilizan para fabricar bolsas, material de embalaje, etc.
Poliestireno	$(C_8H_8)_n$	

SABER MÁS

Rosalind E. Franklin

Rosalind E. Franklin (1920-1958) fue la primera persona en reconocer una forma de hélice en la molécula de ADN. Colaboraba con M. Wilkins (1916-2004). El trabajo de Franklin llegó hasta J. Watson (n. 1928) y F. Crick (1916-2004), que determinaron la estructura de doble hélice de la molécula de ADN. Wilkins, Watson y Crick recibieron el Premio Nobel de Fisiología y Medicina en 1962. Franklin ya había muerto de cáncer. Su «olvido» en la concesión del Premio Nobel ha sido una de las mayores injusticias de la historia de estos galardones.

ACTIVIDADES FINALES

REPASA LO ESENCIAL

11 La tabla siguiente muestra cuándo se descubrieron los distintos elementos químicos.

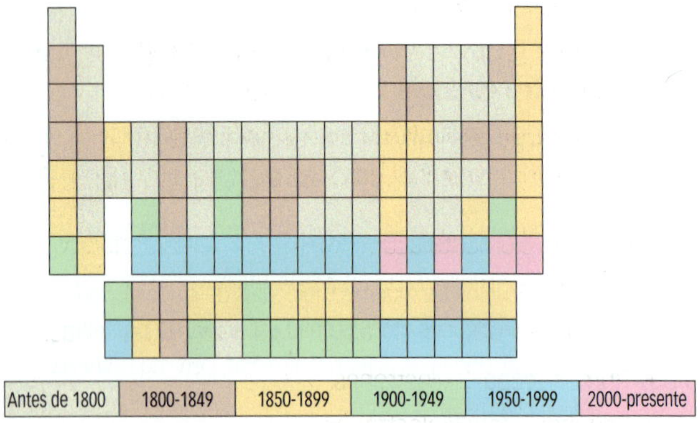

a) Cuenta cuántos elementos se descubrieron en cada uno de los periodos señalados.

b) Indica en qué siglo se descubrió el mayor número de los elementos químicos conocidos.

c) Da alguna razón que explique por qué actualmente se descubren muy pocos elementos químicos.

12 Los científicos ordenaron los elementos químicos según su masa atómica y encontraron alguna relación en sus propiedades.

a) Doběreiner identificó varias tríadas, una de las cuales está formada por los elementos litio, potasio y sodio. Localiza en el sistema periódico sus masas atómicas y comprueba que la masa de uno de ellos coincide con la media aritmética de la masa del conjunto. ¿De qué elemento se trata?

b) Mendeleiev ordenó los elementos según su masa y colocó en la misma columna aquellos que tenían propiedades similares. Consideró más importante las propiedades de los elementos; por eso situó el teluro antes que el yodo, ya que las propiedades de este último se parecían más a las del bromo y el cloro que al azufre y al selenio. Repasa el sistema periódico y localiza otras dos parejas de elementos cuya posición no siga el orden de las masas.

13 Completa en tu cuaderno con las palabras que faltan.

a) El sistema periódico se estableció en el primer tercio del siglo ________. En él los elementos químicos se ordenan en orden creciente de ________.

b) El sistema periódico tiene ________ filas, que se llaman ________. Tiene, además, ________ columnas, que se llaman ________.

c) Todos los elementos que están en el mismo ________ tienen el mismo número de electrones en ________.

d) Todos los elementos que están en el mismo ________ tienen ________ capas.

14 Completa en tu cuaderno los rótulos que identifican la información que muestra el sistema periódico de cada elemento:

15 En la tabla siguiente se representan los grupos significativos del sistema periódico. Completa las casillas en tu cuaderno indicando para cada grupo:

a) El número de electrones que tienen en su capa de valencia.

b) La carga de sus iones cuando adquieren configuración de gas noble.

Grupo	1	2	13	14	15	16	17	18
Electrones en capa de valencia								
Carga								

16 Dibuja en tu cuaderno una tabla representando el sistema periódico y marca con un color diferente:

a) Los metales.

b) Los no metales.

c) Los gases nobles.

17 Relaciona en tu cuaderno las frases siguientes con los términos que aparecen a continuación.

Átomos aislados | Moléculas | Cristales

a) Estas sustancias están formadas solo por no metales.

b) Solo se presentan así los gases nobles.

c) Son estructuras formadas por un número de átomos reducido.

d) Son estructuras formadas por un gran número de átomos.

e) Aparecen siempre en estado sólido.

f) Aparecen siempre en estado gas.

g) Dependiendo de la sustancia, pueden aparecer en estado sólido, líquido o gas.

h) Las sustancias olorosas son de este tipo.

i) El Na_2S es un ejemplo de este tipo de sustancias.

j) El CO_2 es un ejemplo de este tipo de sustancias.

PRACTICA

El sistema periódico de los elementos

18 Consulta el sistema periódico y completa en tu cuaderno las columnas de la tabla siguiente.

Elemento	Símbolo	Z	Grupo	Periodo
Litio				
Sodio				
Potasio				
Rubidio				

- ¿Qué tienen en común todos estos elementos?

19 Consulta el sistema periódico y completa en tu cuaderno las columnas de la tabla siguiente.

Elemento	Símbolo	Z	Grupo	Periodo
Flúor				
Cloro				
Bromo				
Yodo				

- ¿Qué tienen en común todos estos elementos?

20 Consulta el sistema periódico y completa en tu cuaderno las columnas de la tabla siguiente.

Elemento	Símbolo	Z	N.º de capas	Electrones en la última capa
Azufre				
Cesio				
Calcio				
Estaño				

21 Teniendo en cuenta la información del sistema periódico, completa esta tabla en tu cuaderno hasta indicar la carga que llegan a tener los átomos cuando alcanzan la configuración de gas noble.

Elemento	Símbolo	Z	Electrones en la última capa	Carga del ion
Fósforo				
Oxígeno				
Bario				
Cloro				
Aluminio				

22 Explica por qué los átomos de hidrógeno pueden adquirir carga 1+ y 1−.

23 Copia en tu cuaderno y relaciona mediante flechas las tres columnas.

a) Metal	☐ No forma iones	• Cloro
b) No metal	☐ Forma cationes	• Helio
c) Metal	☐ Forma cationes	• Litio
d) Gas noble	☐ Forma aniones	• Magnesio

1. EJEMPLO RESUELTO

Escribe la ordenación de electrones por capas en el azufre. Indica:

a) En qué grupo y en qué periodo del sistema periódico está colocado.

b) Qué carga adquiere cuando alcanza la configuración de gas noble.

Localiza el elemento azufre (S) en el sistema periódico e identifica su número atómico $Z = 16$.

Coloca los electrones en las capas siguiendo las reglas:

- Primera capa: 2 electrones.
- Segunda capa: 8 electrones.
- Tercera capa: 6 electrones.

a) El azufre tiene electrones en 3 capas → está en el **periodo 3**.

Tiene 6 electrones en la última capa → está en el **grupo 16**.

b) Debe ganar 2 electrones para completar la tercera capa y tener la configuración de gas noble → → adquiere **carga 2⁻**.

24 Escribe la distribución de electrones en los átomos de flúor y sodio. Teniendo en cuenta el resultado indica:

a) En qué grupo y en qué periodo del sistema periódico están colocados.

b) Qué carga adquieren cuando alcanzan la configuración de gas noble.

c) Qué gas noble tiene una estructura parecida.

Los elementos más comunes

25 Escribe el nombre de los cuatro elementos químicos más abundantes en el universo, en la corteza terrestre y en los seres vivos. Representa su abundancia en un diagrama de barras. ¿Qué medio dirías que es más variado desde el punto de vista de los elementos químicos presentes en él?

26 Clasifica en tu cuaderno los siguientes elementos químicos como bioelementos primarios, secundarios u oligoelementos:

a) Hierro.	e) Flúor.	i) Magnesio.
b) Carbono.	f) Oxígeno.	j) Potasio.
c) Cobre.	g) Cinc.	k) Yodo.
d) Hidrógeno.	h) Calcio.	l) Fósforo.

2. EJEMPLO RESUELTO

En 100 mL de una leche de vaca hay 120 mg de calcio. Busca en las tablas de esta unidad la CDR de calcio y calcula la cantidad de leche que debes tomar al día para obtenerla. ¿Es necesario que bebas esa cantidad de leche para tomar el calcio necesario?

La CDR del Ca es 800 mg:

$$800 \text{ mg de Ca} \cdot \frac{100 \text{ mL de leche}}{120 \text{ mg de Ca}} = \mathbf{667\ mL\ de\ leche}$$

Habitualmente **no** es necesario beber toda esa cantidad de leche, pues tomamos otros alimentos que también aportan calcio, como queso, yogur, pan, etc.

27 A las personas que se encuentran en un estado de debilidad importante se les recomienda un aporte de magnesio. Las nueces son un alimento adecuado, pues 100 g de nueces aportan 130 mg de magnesio. Consulta en las tablas de esta unidad la CDR de magnesio y calcula la cantidad de nueces que hay que tomar cada día para tener ese aporte de magnesio.

Repasa el documento de trabajo 1 y responde

28 Las personas que tienen la tensión alta deben suprimir el sodio. ¿Qué alimentos deben reducir de su dieta?

29 Las personas que tienen anemia, con frecuencia, tienen déficit de algunos elementos químicos. ¿Cuáles son? ¿En qué alimentos se encuentran?

30 ¿Qué elementos químicos forman parte de los huesos? ¿Qué alimentos tenemos que tomar para que se formen de manera adecuada?

31 Cuando nos faltan algunos elementos químicos sufrimos calambres. ¿Qué elementos son? ¿En qué alimentos se encuentran?

32 ¿Qué elemento químico favorece la cicatrización de las heridas? ¿En qué alimentos se encuentra?

33 ¿En qué funciones vitales interviene el hierro? ¿Qué trastornos provoca su falta? ¿Qué alimentos podemos consumir para conseguir el hierro que necesitamos?

34 El bocio es una enfermedad propia de algunas zonas de interior. ¿A qué se debe? ¿Cómo se puede corregir?

35 Elige uno de los elementos que aparecen en el documento de trabajo 1. Busca información para ampliar lo que se muestra en el documento y elabora un informe.

Cómo se presentan los elementos: átomos, moléculas y cristales

36 Razona si son ciertas o no las siguientes frases.

a) Todos los elementos químicos pueden formar moléculas.

b) Algunos elementos químicos se presentan en la naturaleza en forma de átomos aislados.

c) Nunca podremos saber el número de átomos que forman un cristal.

3. EJEMPLO RESUELTO

Las siguientes sustancias, ¿están formadas por átomos aislados, moléculas o cristales?

a) O_2 **c) C (diamante)** **e) Aℓ**

b) Na_2S **d) Ar**

a) O_2. Sustancia formada por un no metal. Sus átomos deben compartir electrones para alcanzar la configuración de gas noble. Forman **moléculas**.

b) Na_2S. El Na es un metal que alcanza la configuración de gas noble perdiendo electrones y convirtiéndose en catión. El S es un no metal, que puede alcanzar la configuración de gas noble ganando electrones y formando aniones. La sustancia es un **cristal iónico**.

c) C (diamante). Es un **cristal covalente**. Los átomos del cristal están unidos por enlace covalente.

d) Ar. Es un gas noble. **Sus átomos están aislados**.

e) Aℓ. Es un metal. Sus átomos pierden electrones que forman una nube en la que están los cationes que forman el **cristal metálico**.

37 Indica en tu cuaderno si las sustancias simples que forman estos elementos se presentan como átomos, moléculas o cristales.

a) Helio. c) Cloro. e) Magnesio.

b) Plomo. d) Fósforo. f) Xenón.

38 ¿Verdadero o falso? Contesta en tu cuaderno.

a) La fórmula del cloruro de calcio es $CaCl_2$; por tanto, está formado por moléculas.

b) El hierro es un metal; su punto de fusión es muy alto.

c) El diamante está formado solo por átomos de carbono: tendrá propiedades parecidas a las de los gases nobles.

d) El nitrógeno forma moléculas y es un gas a temperatura ambiente.

Los compuestos químicos más comunes

Repasa el documento de trabajo 2 y responde

39 ¿Qué sustancias se utilizan para fabricar productos de limpieza? Escribe su fórmula, su nombre e indica de qué tipo son.

40 ¿Qué sustancias se utilizan para fabricar abonos? Escribe su fórmula, su nombre e indica de qué tipo son.

41 Para absorber la humedad de los armarios se utilizan unas bolas que contienen una sustancia. ¿De qué sustancia se trata? Escribe su fórmula, su nombre e indica de qué tipo es.

42 ¿Cómo se llama el ácido que tenemos en el estómago? Escribe su fórmula y su nombre.

43 ¿Qué sustancias podemos utilizar para combatir la acidez de estómago? Escribe su fórmula, su nombre e indica de qué tipo son.

44 Los derivados del petróleo pueden contener compuestos con nitrógeno o azufre que, cuando se queman, producen gases contaminantes. Escribe su fórmula y su nombre.

45 Cuando quemamos madera o cualquier otro combustible orgánico se produce un gas.

a) ¿Cuál es su nombre y su fórmula?

b) ¿Qué ocurre si el aire no tiene suficiente oxígeno?

46 ¿Qué ocurre cuando se oxida una llave de hierro?

47 Elige una de las sustancias que aparecen en el documento de trabajo 2. Busca información que te permita ampliar lo que se muestra en el documento y elabora un informe a partir de ella sobre la sustancia elegida.

Repasa el documento de trabajo 3 y responde

48 ¿Qué elementos químicos están presentes en todas las sustancias orgánicas?

49 Se conocen como hidrocarburos las sustancias que solo tienen C e H. Escribe la fórmula y el nombre de algunos de ellos y di para qué se utilizan.

50 Los glúcidos o azúcares también se denominan hidratos de carbono. ¿Qué elementos químicos los forman? ¿En qué proporción se encuentran el C, el H y el O en estos compuestos?

51 Observa las sustancias orgánicas e indica, de forma razonada, cuáles resultan de la unión de otras moléculas más pequeñas.

AMPLÍA

52 En 100 g de espinacas hay 4 mg de hierro, pero el organismo solo absorbe un 10 % del mismo. En los adultos, las necesidades diarias de hierro para realizar las funciones vitales se estiman en 14 mg. ¿Qué cantidad diaria de espinacas debería consumir un adulto para tener todo el hierro que necesita si este es el único alimento que le aporta hierro?

53 Comenta si son verdaderas o falsas estas frases.

a) La fórmula de los compuestos iónicos indica el número real de átomos en la molécula.

b) Las sustancias simples formadas por átomos aislados o por cristales se representan solo por el símbolo de su elemento.

54 El óxido de hierro es una sustancia formada por hierro y oxígeno. Completa la tabla en tu cuaderno.

	Óxido de hierro	Hierro	Oxígeno
Fórmula			
Sustancia simple/compuesto			
Estado físico a temperatura ambiente			
Átomos/moléculas/ cristales			

55 Utiliza el documento de trabajo 2 para estudiar las combinaciones del O con otros elementos químicos. Completa la tabla en tu cuaderno.

	Combinación del O con…	Metal/ no metal	A temperatura ambiente, el compuesto está en estado
CO_2			
FeO			
NO_2			
SO_3			

Completa en tu cuaderno la frase: Cuando el oxígeno se combina con átomos de un no metal forma sustancias ________ que se encuentran en estado ________ a temperatura ambiente. Si el O se combina con átomos de un metal, forma ________, que se encuentran en estado ________ a temperatura ambiente.

APLICA UNA TÉCNICA. Analizar un espectro

En 1842 el científico Auguste Comte afirmó que «jamás conoceremos la composición química de las estrellas». Según él, nunca podríamos saber qué elementos y compuestos químicos las forman.

Sin embargo, pocos años más tarde, en 1859, los estudios de Gustav R. Kirchhoff sobre los **espectros** permitieron identificar la «firma» de diversas sustancias en la luz procedente del Sol, primero, y de otras estrellas, galaxias o planetas, después.

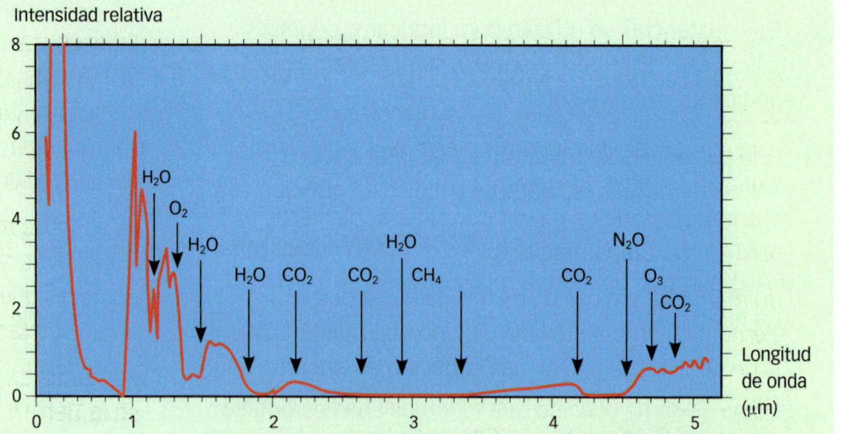

En un espectro se representa la cantidad de luz recibida en función de una propiedad de la luz llamada longitud de onda. La luz azul, por ejemplo, tiene longitud de onda diferente a la luz roja. Y las microondas tienen diferente longitud de onda que la luz ultravioleta.

La ilustración muestra los datos obtenidos por la sonda Mars Express sobre la atmósfera terrestre. En la curva aparecen las «huellas» de sustancias que señalan la presencia de vida en la Tierra. Así, midiendo la longitud de onda en la que hay picos y valles podemos identificar algunos compuestos a partir de la luz recibida de otras estrellas.

56 Contesta.

a) ¿Qué sustancias simples ha identificado la sonda Mars Express en la atmósfera terrestre?

b) ¿Ha identificado algún compuesto químico?

c) ¿Cuáles de estos compuestos te parecen, *a priori*, indicadores de que existe vida en la Tierra?

57 Cada sustancia química absorbe luz de ciertas longitudes de onda únicamente, y no absorbe luz del resto de longitudes de onda. ¿Cómo se sabe entonces que un «valle» en el espectro obtenido de la atmósfera terrestre corresponde al ozono, O_3? Copia las respuestas correctas en tu cuaderno.

a) Midiendo en el laboratorio qué longitud de onda tiene la luz que absorbe una muestra de aire.

b) Haciendo pasar la luz solar por dos prismas de manera sucesiva.

c) Midiendo en el laboratorio qué longitud de onda tiene la luz que absorbe una muestra de ozono.

d) Comprobando cuál es la intensidad de la luz que nos llega de un arcoíris.

58 ¿Podemos conocer cuál es la composición química de otros planetas? ¿Qué problemas se pueden plantear a la hora de analizar el espectro obtenido de estrellas y planetas lejanos?

59 La siguiente imagen muestra el espectro de las atmósferas de la Tierra, Venus y Marte.

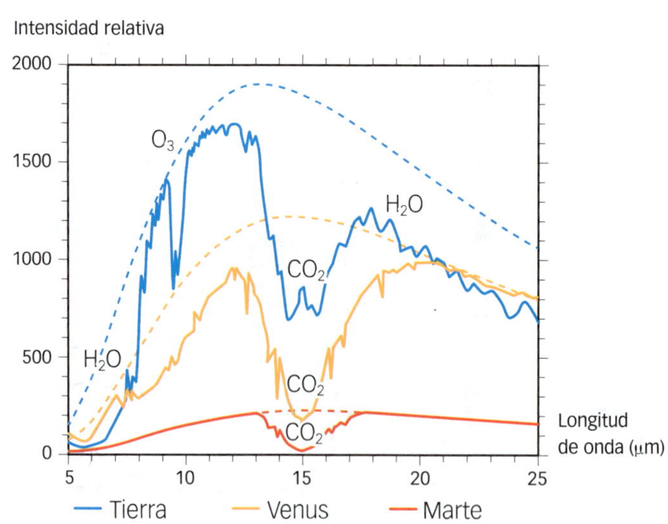

a) ¿En qué se parecen los espectros de los tres planetas?

b) ¿Qué sustancias existen en los tres planetas?

c) ¿En qué se diferencian los espectros? ¿Cómo se justifica esta diferencia?

d) ¿Hay agua en los tres planetas?

e) ¿De qué manera influye una mayor o menor cantidad de dióxido de carbono en la forma de la curva?

FORMAS DE PENSAR. Análisis científico ¿Crees que se descubrirá algún exoplaneta con vida?

Una de las metas definidas por el NAI (Instituto de Astrobiología de la NASA) es la determinación de marcadores biológicos (biomarcadores) para identificar vida en otros planetas o en las llamadas *Early Earths* (Tierras jóvenes) que corresponden a planetas similares a la Tierra pero en sus etapas iniciales.

Un marcador biológico se considera cualquier elemento, compuesto o fenómeno que pueda indicar la presencia de vida. El más conocido es el agua. Para buscar biomarcadores en exoplanetas ubicados a grandes distancias de la Tierra se utiliza espectroscopía [la ciencia que estudia los espectros]. Con ella se pueden identificar varios elementos y compuestos químicos.

En exoplanetas tipo Tierra se pueden encontrar [sustancias] como O_2 y O_3, la primera producida en nuestro planeta por la fotosíntesis de las plantas y la segunda generada por reacciones químicas a partir del O_2.

También se pueden encontrar compuestos como el óxido nitroso (N_2O), producido en la Tierra por bacterias que desnitrifican el suelo, y el metano (CH_4), producido también por bacterias [...].

Por tanto, un biomarcador se define estudiando en la Tierra los compuestos y elementos que beneficien la generación de vida, como también aquellos que son producidos por los organismos vivos.

Fabiola Muriel Salinas Díaz,
La quiralidad como un biomarcador.

60 COMPRENSIÓN LECTORA. ¿Cuál es la idea principal del texto?

61 EXPRESIÓN ESCRITA. Escribe con tus propias palabras qué es un biomarcador y pon algunos ejemplos.

62 El exoplaneta Gliese 581c es un candidato a albergar vida ubicado a 20,5 años luz de la Tierra. Observa:

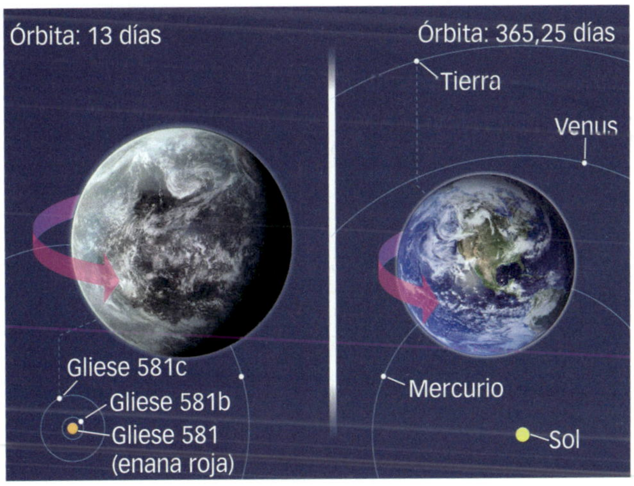

a) ¿Qué planeta es mayor, la Tierra o Gliese 581c?

b) ¿Cuál de los dos se encuentra más cerca de su estrella?

c) ¿Será la temperatura necesariamente más elevada en Gliese 581c que en la Tierra? ¿Por qué?

d) ¿Por qué se dice que Gliese 581c está en la zona habitable?

63 Señala en tu cuaderno cómo podríamos llegar a obtener espectros de las atmósferas de los exoplanetas con la precisión suficiente como para identificar signos de vida.

a) Observando siempre desde el hemisferio sur.

b) Construyendo telescopios más grandes.

c) Lanzando al espacio telescopios para eliminar el efecto perturbador de la atmósfera.

d) Observando con detalle en el laboratorio las reacciones químicas con ozono.

64 La ilustración muestra cómo se distribuyen algunas de las estrellas alrededor del Sol. Las estrellas más luminosas son las azules, y las menos luminosas, las rojas.

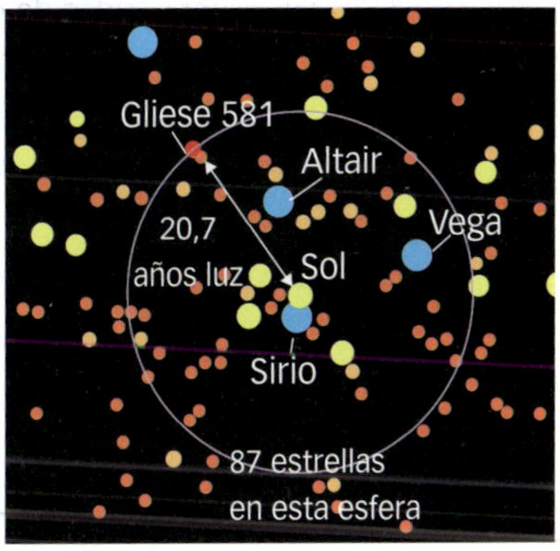

a) ¿Hay más estrellas muy luminosas o poco luminosas?

b) En estrellas más luminosas que nuestro Sol, ¿dónde deberíamos buscar para encontrar planetas en la zona habitable? ¿Y en estrellas menos luminosas?

65 TOMA LA INICIATIVA. ¿Crees que identificaremos algún día signos de vida en un exoplaneta? ¿Cómo?

LA FÓRMULA DE UN COMPUESTO: EL AGUA

La fórmula de un compuesto indica qué elementos lo forman y en qué proporción se combinan sus átomos.

El agua es una sustancia molecular cuya fórmula es **H_2O**. En esta experiencia descompondrás el agua en hidrógeno y oxígeno y comprobarás que se combinan 2 átomos de H con 1 átomo de O.

> **PRESTA ATENCIÓN**
>
> Ten mucho cuidado al manejar aparatos eléctricos.
>
> Si te cae líquido por fuera del voltámetro, sécalo antes de conectar la corriente.

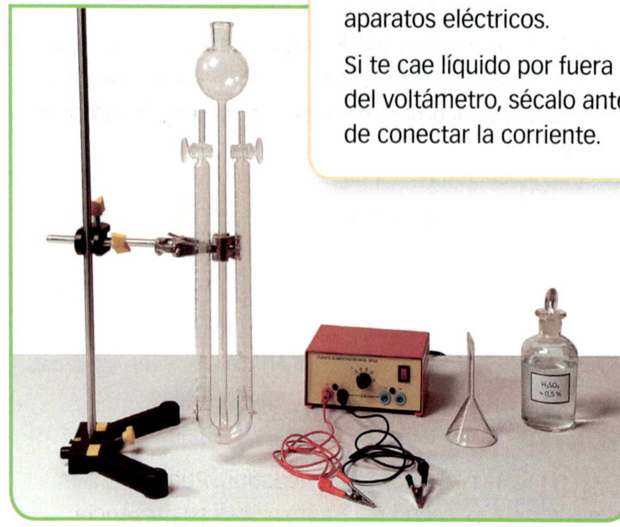

MATERIAL

- Voltámetro de Hoffman.
- Fuente de alimentación de corriente continua.
- Cables de conexión.
- Disolución de ácido sulfúrico diluida (0,5 %).
- Embudo de vidrio pequeño.
- Palillo de madera (largo).
- Mechero.

PROCEDIMIENTO

1. Comprueba que las llaves de las dos buretas invertidas del voltámetro están abiertas.
2. Con la ayuda del embudo vierte la disolución de ácido sulfúrico por el brazo intermedio del voltámetro. Vigila que se llenan completamente las dos buretas sin derramar en exceso.

3. Deja de echar cuando veas que sale alguna gota por su extremo superior.

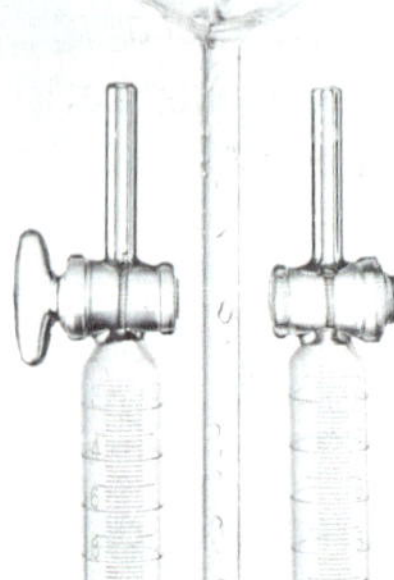

4. En ese momento cierra las llaves de las buretas y comprueba que el líquido alcanza el mismo nivel en los tres brazos del voltámetro.
5. Conecta los electrodos del voltámetro a la fuente de corriente. Haz que el voltaje de salida sea de unos 5 V. Enchufa la fuente a la red y enciende el interruptor. Al cabo de poco tiempo verás que aparece un burbujeo que asciende desde los electrodos de las buretas.

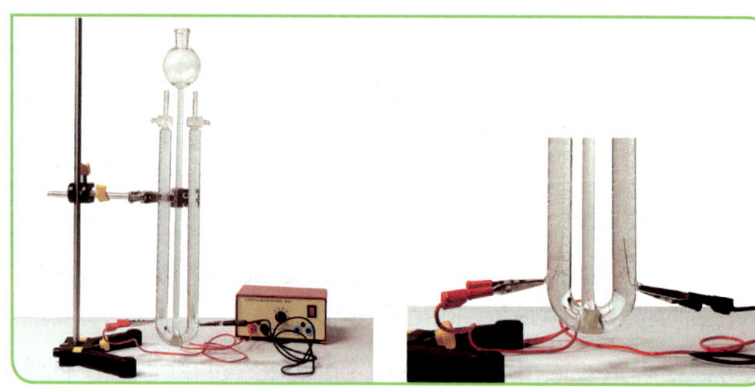

6. Deja que transcurra la reacción hasta que el nivel del líquido haya bajado unos 15 mL en el tubo en el que el descenso es mayor. En ese momento desconecta el interruptor de la fuente de corriente para detener la reacción.

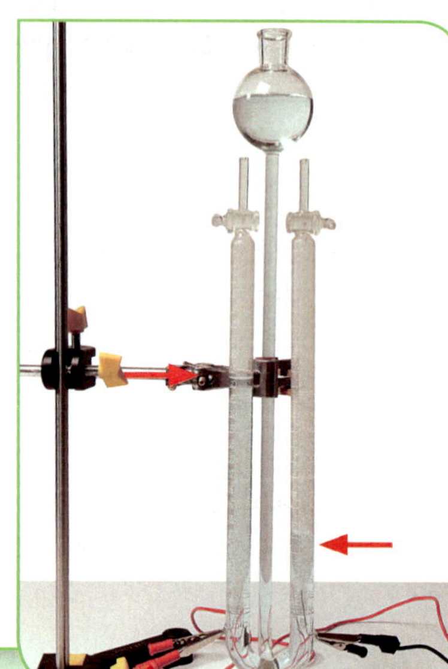

OBSERVACIONES QUE DEBES REALIZAR

Anota el nivel que alcanza el líquido en cada una de las buretas y, si es posible, localiza cuál de ellas está conectada al polo positivo de la fuente y cuál al negativo. Observa qué le ocurre al nivel del líquido en el tubo central del voltámetro.

Bureta	Electrodo conectado al polo	Nivel del líquido
Izquierda		
Derecha		

Comprobar la presencia de oxígeno

El gas oxígeno mantiene la combustión. Puedes aprovechar este hecho para comprobar su presencia.

1. Enciende el palillo de madera con el mechero. Procura que la madera arda sin formar una gran llama.
2. Acércalo a la salida de la bureta donde creas que se ha formado el oxígeno y abre la llave. Verás que la llama se aviva.

PRESTA ATENCIÓN

Ten mucho cuidado al manejar la llama.

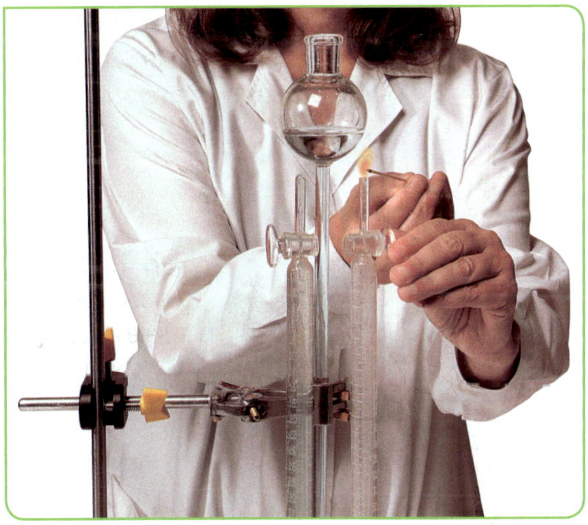

Comprobar la presencia de hidrógeno

El gas hidrógeno reacciona con el oxígeno del aire y forma agua. Para que se produzca la reacción es necesaria una chispa o una pequeña llama. Aprovecha este hecho para comprobar su presencia.

1. Acerca el mechero a la salida de la bureta donde creas que se ha formado el hidrógeno.
2. Al tiempo que abres la llave, enciende el mechero. Oirás una pequeña explosión que indica que el hidrógeno ha reaccionado con el oxígeno del aire.

ACTIVIDADES

66 ¿Por qué baja el nivel del líquido en las buretas laterales?

67 ¿Qué hay encima del líquido en cada una de las buretas?

68 ¿Por qué el espacio que queda en una de las buretas es el doble que el que queda en la otra?

69 Teniendo en cuenta que en esta experiencia se ha logrado la descomposición del agua en hidrógeno y oxígeno, ¿qué puedes decir sobre la fórmula de su molécula?

70 Identifica la bureta en que se ha formado el hidrógeno y la bureta en que se ha formado el oxígeno.

5 La reacción química

SABER

- Las reacciones químicas.
- La ecuación química.
- Cálculos en las reacciones químicas.
- La química y el medio ambiente.
- Los medicamentos y las drogas.
- La química y el progreso.

SABER HACER

- Escribir ecuaciones químicas.
- Calcular la cantidad de sustancia que interviene en una reacción química.

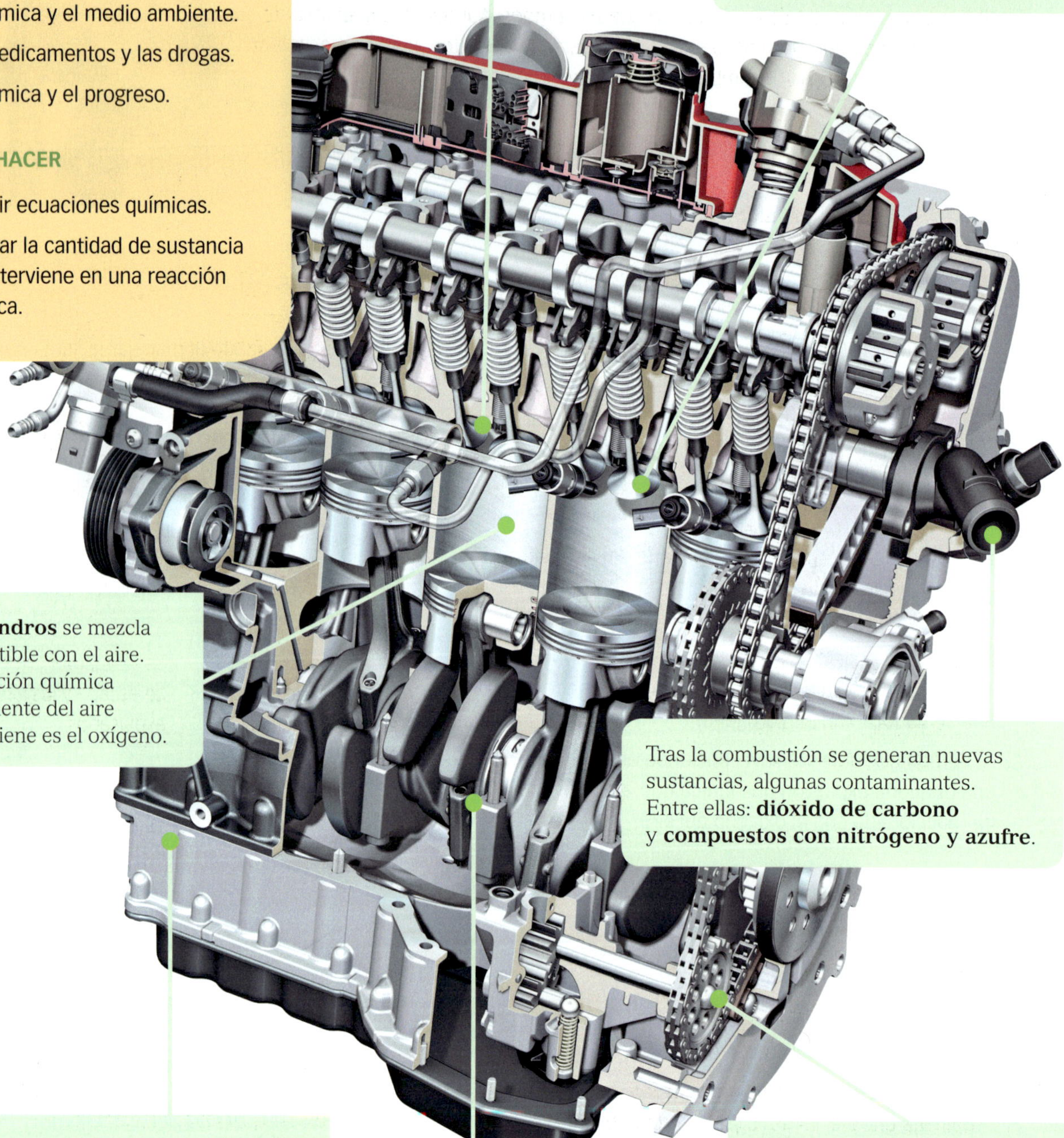

Las **válvulas** se abren y cierran de manera coordinada para dejar pasar el combustible y para expulsar los gases tras la combustión.

En los motores de gasolina una chispa producida por la **bujía** inicia la combustión de la mezcla. Para quemar el gasóleo no hace falta que salte ninguna chispa. Por eso no tienen bujías.

En los **cilindros** se mezcla el combustible con el aire. En la reacción química el componente del aire que interviene es el oxígeno.

Tras la combustión se generan nuevas sustancias, algunas contaminantes. Entre ellas: **dióxido de carbono** y **compuestos con nitrógeno y azufre**.

Los motores modernos son más **eficientes y respetuosos con el medio ambiente**: consumen menos combustible y emiten menos dióxido de carbono a la atmósfera.

La subida y bajada de los pistones mueve las **bielas** unidas al **cigüeñal**.

Un sistema de **cadenas**, **correas** y **engranajes** transmite el movimiento desde el cigüeñal hasta las ruedas.

NOS HACEMOS PREGUNTAS. ¿Cómo funciona el motor de explosión?

La gasolina y el gasóleo son los combustibles más empleados en coches, motos, autobuses… En los motores de explosión se queman estos combustibles y se obtiene energía mecánica.

La clave de este proceso es una reacción química: la **combustión**, que utiliza la energía química almacenada en el combustible. En efecto, cuando la gasolina o el gasóleo se queman en el motor, la energía del combustible puede aprovecharse para mover el vehículo.

EL MOTOR DE CUATRO TIEMPOS

El motor de un coche es un motor de cuatro tiempos. Aunque el procedimiento varía de un motor diésel a uno de gasolina, las fases que permiten generar movimiento a partir de la energía del combustible son parecidas.

1 Admisión · **2 Compresión** · **3 Explosión** · **4 Escape**

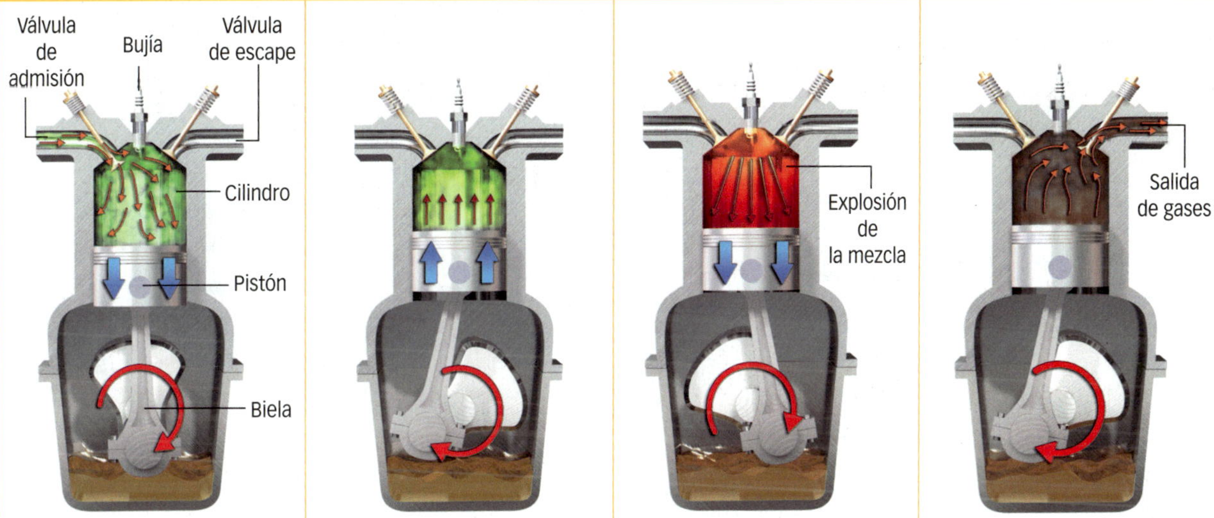

1 Admisión	2 Compresión	3 Explosión	4 Escape
La mezcla gasolina-aire entra por la válvula de admisión, que se abre mientras el pistón baja.	El pistón sube y comprime la mezcla.	Salta la chispa en la bujía y la mezcla explota. Los gases producidos lanzan el émbolo hacia abajo, transmitiendo el movimiento a la biela.	Se abre la válvula de escape y los gases son expulsados.

? INTERPRETA LA IMAGEN

- ¿En qué lugar del motor se produce la reacción química entre el oxígeno y el combustible?
- ¿De dónde se toma el oxígeno necesario para la combustión? ¿Cómo se expulsan los gases generados durante la combustión?

CLAVES PARA EMPEZAR

- ¿Qué diferencia hay entre un cambio físico y un cambio químico? Pon ejemplos.
- Opina. ¿Cómo puede fomentarse, a tu juicio, el uso de motores más eficientes y menos contaminantes en los automóviles?

REPASA FÍSICA Y QUÍMICA

Cambios físicos y químicos

Un **cambio físico** es una transformación en la que no varía la naturaleza de la materia. Antes y después del cambio la materia se representa por la misma fórmula química. Ejemplos de cambios físicos son los cambios de estado y la mezcla y separación de sustancias.

Un **cambio químico** es una transformación en la que varía la naturaleza de la materia. Antes del cambio, la materia se representa por una fórmula química, y después, por otra fórmula diferente. Ejemplos de cambio químico son las combustiones, las electrolisis, etc.

Ejemplos de cambios físicos	Ejemplos de cambios químicos
En el agua...	
¿Qué le pasa al hielo al cabo de un tiempo? 	Observa que aparecen burbujas en torno a los electrodos. ¿Qué le ocurre al agua? 
En el alcohol....	
¿Qué le ocurre al alcohol cuando hierve? ¿Podríamos recuperar el alcohol si recogemos y enfriamos el gas que se desprende? 	¿Qué le ocurre al alcohol cuando arde? ¿Podríamos recuperar el alcohol si recogemos y enfriamos el gas que se desprende? 
En el hierro y el azufre...	
¿Qué ocurre cuando acercamos el imán a la mezcla de azufre y hierro? 	 Al calentar la mezcla de azufre y hierro sobre la llama, se produce un sólido negro, que no es atraído por el imán. ¿Qué ha ocurrido? 

ACTIVIDADES

1 Indica en tu cuaderno cuáles de estos procesos son cambios físicos y cuáles son cambios químicos:

a) Disolver azúcar en agua.
b) Comer un pastel.
c) Hervir alcohol.
d) Quemar alcohol.
e) Mezclar alcohol con agua.
f) Mezclar agua y aceite.
g) Encender una bombilla.
h) Explotar fuegos artificiales.
i) Freír un filete.
j) Congelar un filete.

2 Idea una prueba que te permita saber con certeza si cada uno de los cambios del ejercicio anterior es un cambio físico o un cambio químico.

1 Las reacciones químicas

Un cambio químico se denomina **reacción química**.

Con frecuencia cuando se produce una reacción química tiene lugar un cambio notorio que indica que algo nuevo se está formando. En estos ejemplos la reacción viene acompañada de:

Un gran desprendimiento de luz

Cuando hacer arder una cinta de magnesio (Mg) , reacciona con el oxígeno (O_2) del aire y se transforma en una sustancia pulverulenta que es óxido de magnesio, MgO. En esta reacción se desprende una gran cantidad de luz.

Desprendimiento de calor

Sobre un vaso con una disolución de hidróxido de sodio, NaOH, vierte el contenido de otro vaso con una disolución de ácido clorhídrico, HCl. Coloca un termómetro en el vaso de NaOH y verás que aumenta la temperatura.

Formación de gases

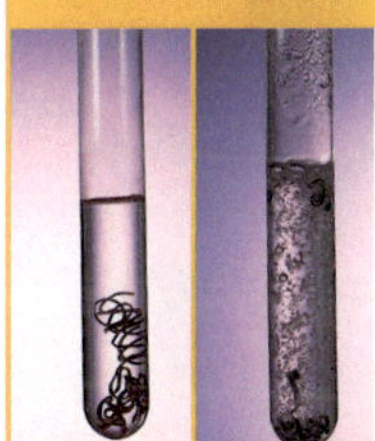

Cuando añades un ácido fuerte a algunos metales, se descomponen y se libera gas hidrógeno (H_2).

Formación de un humo coloreado

Acerca un vaso con una disolución acuosa concentrada de amoniaco, NH_3, a otro vaso con una disolución concentrada de ácido clorhídrico, HCl. Verás que en el aire aparece un humo blanco: es el cloruro de amonio que se forma.

Formación de un sólido

A una disolución transparente de nitrato de plomo(II), $Pb(NO_3)_2$, añade otra disolución transparente de yoduro de potasio, KI. Verás que se forma un sólido amarillo que, al cabo de un tiempo, se deposita en el fondo; es yoduro de plomo(II), PbI_2.

Disolución de un sólido

El mármol es carbonato de calcio, $CaCO_3$. Si viertes un ácido sobre mármol, verás que se forma un burbujeo y, con el tiempo, desaparece. En esta reacción el sólido se ha disuelto (desaparece) y se desprende un gas, el dióxido de carbono, CO_2.

SABER HACER

Realizar experiencias caseras

A. Pon un poco de bicarbonato de sodio en un plato y añade un buen chorro de vinagre. Verás que se desprende una gran cantidad de gas que forma espuma; es dióxido de carbono que se forma al reaccionar el bicarbonato con un ácido (vinagre).

El bicarbonato forma parte de muchos productos que se toman para combatir el ardor de estómago. También en la levadura química.

B. Pon cáscara de huevo machacada en un plato y añade un chorro de vinagre. Verás que se forma una gran cantidad de espuma y la cáscara va desapareciendo. La cáscara del huevo tiene carbonato de calcio (como el mármol) que, en contacto con un ácido (el vinagre), se disuelve desprendiendo dióxido de carbono.

¿Te imaginas lo que puede suceder si sumerges un huevo en vinagre? Haz la prueba y al cabo de unos días tendrás el huevo sin cáscara.

1.1. Teoría de las reacciones químicas

Cuando se produce una reacción química unas sustancias se transforman en otras diferentes. Las sustancias que reaccionan se llaman **reactivos**, y las que se obtienen, **productos**.

Pero ¿cómo se producen las reacciones químicas?

Aunque las reacciones se pueden producir con cualquier tipo de sustancias, explicaremos lo que sucede a las sustancias moleculares; en los cristales ocurrirá algo similar. Observa el gráfico que representa la reacción entre los gases cloro e hidrógeno para formar el cloruro de hidrógeno:

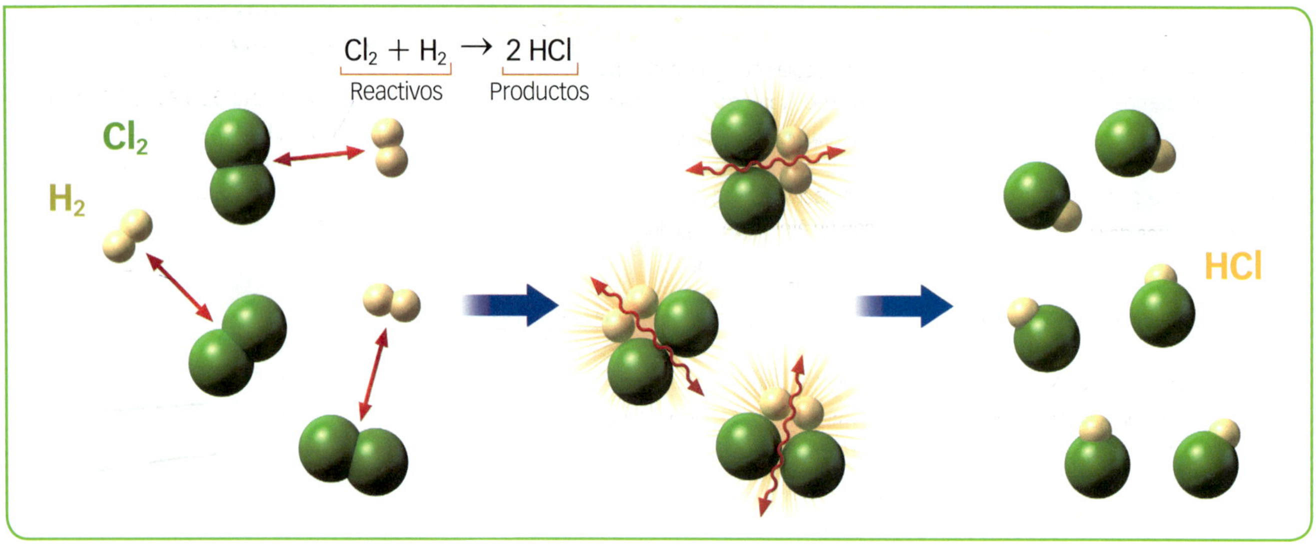

Reacción de formación del ácido clorhídrico. Para que se forme la molécula de H–Cl previamente deben romperse las moléculas Cl–Cl y H–H. Eso solo se consigue si las moléculas Cl_2 y H_2 colisionan con la energía y orientación adecuadas para que el choque sea eficaz.

En una reacción química se destruyen las moléculas de los reactivos, pero no sus átomos, que se reagrupan para formar moléculas nuevas. Para que esto suceda las moléculas tienen que chocar previamente.

Según la **teoría de las colisiones**, las reacciones químicas se producen cuando las moléculas de los reactivos chocan entre sí y se rompen. Los átomos que se han liberado se reorganizan, formando las nuevas moléculas.

Pero no todos los choques rompen las moléculas; solo cuando las moléculas poseen una **orientación adecuada** y una **velocidad suficiente** el choque es eficaz y se podrán romper las moléculas de los reactivos para formar los productos.

La velocidad de las partículas es un factor muy importante para determinar si una reacción se produce o no. Cuando la velocidad es grande, también lo es la energía cinética; por tanto, los choques entre ellas son más eficaces.

Podemos aumentar la velocidad de una reacción:

- Elevando la temperatura. A una temperatura más elevada, las partículas se mueven con mayor velocidad.
- Aumentando el grado de división de la materia. Los reactivos sólidos reaccionan con mayor rapidez cuanto menor sea el tamaño de la partícula, porque así aumenta la superficie de contacto. De forma similar, un sólido reaccionará más rápido si está en disolución, pues de ese modo las partículas que lo forman ya están separadas.

SABER MÁS

La velocidad de reacción y la presión

En un gas la velocidad de reacción será mayor cuanto mayor sea la presión, ya que las partículas estarán más próximas unas de otras y se producirán más choques entre ellas.

1.2. Lo que cambia y lo que se conserva en una reacción

En una reacción química se mantienen los átomos de los distintos elementos, pero se organizan de distinta manera.

Observa la reacción entre el gas hidrógeno y el gas oxígeno para formar agua. La fórmula del agua determina que, para que esta reacción sea posible, se deben combinar dos moléculas de hidrógeno con una molécula de oxígeno y formarán dos moléculas de agua:

$$2\ H_2\ (g) + O_2\ (g) \rightarrow 2\ H_2O\ (l)$$

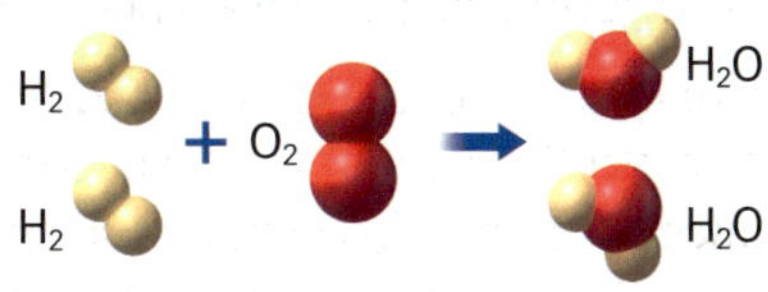

Reactivos: $2\ H_2\ (g) + O_2\ (g)$	Productos: $2\ H_2O\ (l)$
2 moléculas de hidrógeno, cada una con dos átomos. En total, 4 átomos de H.	2 moléculas de agua, cada una con dos átomos de hidrógeno. En total, 4 átomos de H.
1 molécula de oxígeno, con dos átomos. En total, 2 átomos de O.	2 moléculas de agua, cada una con un átomo de oxígeno. En total, 2 átomos de O.
En total, 3 moléculas (2 de H_2 + 1 de O_2).	En total, 2 moléculas (2 moléculas de H_2O).
La masa en los reactivos es: La masa de 4 átomos de H y la masa de 2 átomos de O.	La masa en los productos es: La masa de 4 átomos de H y la masa de 2 átomos de O.

En una reacción química	
Se conserva...	**Cambia...**
• Los átomos que intervienen. • La masa.	• La fórmula química de las sustancias. • En muchos casos, el número de moléculas.

Ley de conservación de la masa o ley de Lavoisier

En 1772 el químico francés Antoine-Laurent Lavoisier, tras muchas experiencias, estableció la **ley de la conservación de la masa**.

En una reacción química la materia no se crea ni se destruye, solo se transforma. En consecuencia, la masa permanece constante. La masa total de los reactivos es igual a la masa total de los productos.

SABER MÁS

Antoine-Laurent Lavoisier (1743-1794)

La gran contribución de Lavoisier a la química fue la sistematización del método experimental y el uso de la balanza en todas las determinaciones.

Es conocida su frase: «Nada se crea, nada se destruye, todo se transforma».

Murió guillotinado a los 51 años, durante la Revolución francesa.

RECUERDA

En las reacciones químicas se indica el estado físico de cada sustancia con abreviaturas:

- **(*s*)**: estado sólido.
- **(*l*)**: estado líquido.
- **(*g*)**: estado gas.
- **(*aq*)**: disolución acuosa.

ACTIVIDADES

3 Introducimos en un recipiente las cantidades de gas hidrógeno y de gas oxígeno adecuadas para obtener 5 moléculas de agua oxigenada (H_2O_2).

a) Escribe la fórmula de los reactivos y los productos.

b) ¿Cuántas moléculas de gas hidrógeno y cuántas de gas oxígeno se han introducido en el recipiente?

c) Cuenta el número de átomos de cada elemento químico en los reactivos y en los productos.

d) Calcula la masa de los reactivos y la de los productos de esta reacción (en unidades atómicas).

e) Indica qué se conserva y qué cambia en este proceso.

2 La ecuación química

Una **ecuación química** es la representación simbólica de una reacción química.

Observa en el esquema siguiente la ecuación de la reacción entre el metal aluminio y el ácido clorhídrico:

A la izquierda de la ecuación se escribe la fórmula de las sustancias que reaccionan, los **reactivos**.

Entre los reactivos y los productos se escribe una flecha, que se lee «**para dar**».

A la derecha, la fórmula de las sustancias que se forman, los **productos**.

$$2\,Al\,(s) + 6\,HCl\,(aq) \rightarrow 2\,AlCl_3\,(aq) + 3\,H_2\,(g)$$

Coeficientes estequiométricos

A la derecha de cada fórmula se puede indicar el estado. (*s*) sólido, (*l*) líquido, (*g*) gas; (*aq*) en disolución acuosa.

A la izquierda de cada fórmula se escribe su **coeficiente estequiométrico**, que es un número que indica la proporción en moléculas, o átomos, en la que interviene esa sustancia en la reacción; si es 1, no se escribe.

La ecuación del esquema se lee:

«2 átomos de aluminio sólido reaccionan con 6 moléculas de ácido clorhídrico en disolución acuosa para dar 2 equivalentes a molécula de cloruro de aluminio en disolución y 3 moléculas de gas hidrógeno».

Para conocer la proporción en gramos en que se combinan reactivos y productos hemos de calcular la masa molar de cada sustancia y multiplicarla por su coeficiente estequiométrico en esta reacción. Compruébalo en el siguiente ejemplo.

- Masa molar del Al = 27 g.
- Masa molar del HCl = 1 + 35,5 = 36,5 g.
- Masa molar del $AlCl_3$ = 27 + 35,5 · 3 = 133,5 g.
- Masa molar del H_2 = 1 · 2 = 2 g.

PRESTA ATENCIÓN

Masa molecular es la masa de una molécula. Se obtiene sumando la masa (en u) de todos los átomos que la forman. Cuando esa suma se expresa en gramos, se denomina **masa molar**.

	Reactivos				Productos		
	2 Al (*s*)	+	6 HCl (*aq*)	→	2 $AlCl_3$ (*aq*)	+	3 H_2 (*g*)
Se lee...	2 átomos de aluminio	reaccionan con	6 moléculas de ácido clorhídrico	para dar	2 equivalentes a molécula de cloruro de aluminio	y	3 moléculas de hidrógeno
Y también...	2 · 27 = 54 g de aluminio	reaccionan con	6 · 36,5 = 219 g de ácido clorhídrico	para dar	2 · 133,5 = 267 g de cloruro de aluminio	y	3 · 2 = 6 g de hidrógeno
Masa	54 g + 219 g = **273 g**				267 g + 6 g = **273 g**		

Observa que se cumple la ley de la conservación de la masa, ya que la masa de todos los productos que se obtienen coincide con la totalidad de la masa de los reactivos.

2.1. El ajuste de las ecuaciones químicas

En una reacción química, para cada elemento debe haber el mismo número de átomos en los reactivos que en los productos. Así, hay que ajustar o equilibrar las ecuaciones químicas colocando **coeficientes estequiométricos** que indiquen la proporción en que interviene cada sustancia.

1. EJEMPLO RESUELTO

Ajusta la ecuación química de la reacción del ácido clorhídrico sobre el aluminio en la que se obtiene cloruro de aluminio y gas hidrógeno.

Pasos que debes seguir...	Ejemplo...
1. Escribe las fórmulas de los reactivos y de los productos y colócalas según la norma: Reactivos → Productos.	$HCl + Al \rightarrow AlCl_3 + H_2$
2. Observa el primer elemento y cuenta los átomos del mismo que hay en los reactivos. Luego cuenta los átomos de este elemento que hay en los productos. Si no coinciden, debes ajustarlo.	Hay 1 átomo de H en los reactivos (HCl) y 2 átomos de H en los productos (H_2). Para que haya 2 átomos de H en los reactivos debes poner un 2 delante del HCl: $2\ HCl + Al \rightarrow AlCl_3 + H_2$
3. Repite el proceso con el segundo elemento. Es posible que al ajustar este elemento debas reajustar el anterior. Elige coeficientes que permitan que el ajuste del segundo elemento mantenga ajustado el primero.	Ahora hay 2 átomos de Cl en los reactivos (2 HCl) y 3 átomos de Cl en los productos ($AlCl_3$). Si solo prestas atención al Cl, el ajuste: $3\ HCl + Al \rightarrow AlCl_3 + H_2$ desequilibraría el balance del H. Para que queden ajustados ambos elementos debes utilizar los coeficientes: $6\ HCl + Al \rightarrow 2\ AlCl_3 + 3\ H_2$
4. De forma similar se ajusta el Al.	Pon 2 Al para que coincida con el coeficiente del 2 $AlCl_3$ en los productos: $6\ HCl + 2\ Al \rightarrow 2\ AlCl_3 + 3\ H_2$
5. Comprueba que con estos coeficientes todos los elementos están ajustados. **Lectura de la reacción ajustada**: «6 moléculas de ácido clorhídrico reaccionan con 2 átomos de aluminio para dar 2 equivalentes a molécula de cloruro de aluminio y 3 moléculas de hidrógeno».	

	Reactivos				Productos		
	$6\ HCl$	+	$2\ Al$	→	$2\ AlCl_3$	+	$3\ H_2$
H	6						$3 \cdot 2 = 6$
Cl	6				$2 \cdot 3 = 6$		
Al			2		2		

ACTIVIDADES

4 Ajusta las siguientes ecuaciones químicas y luego escríbelas mediante una frase que indique la proporción en átomos o moléculas en que se combinan los reactivos y se obtienen los productos. Ejemplo: «______ moléculas de ______ reaccionan con ______ átomos de ______ para dar ______ equivalentes a moléculas de ______ y ______ moléculas de______».

a) $Cu + O_2 \rightarrow CuO$
b) $HCl \rightarrow H_2 + Cl_2$
c) $Zn + HCl \rightarrow H_2 + ZnCl_2$
d) $SO_2 + O_2 \rightarrow SO_3$
e) $NaNO_3 + CaCl_2 \rightarrow Ca(NO_3)_2 + NaCl$
f) $Mg(OH)_2 + HNO_3 \rightarrow Mg(NO_3)_2 + H_2O$

5 Ajusta las ecuaciones y dibuja en tu cuaderno un esquema de las fórmulas que intervienen en las siguientes reacciones, representando con un color diferente los átomos de cada elemento.

a) $Cu + O_2 \rightarrow CuO$
b) $H_2 + Br_2 \rightarrow HBr$
c) $NH_3 \rightarrow H_2 + N_2$
d) $CH_4 + O_2 \rightarrow CO_2 + H_2O$

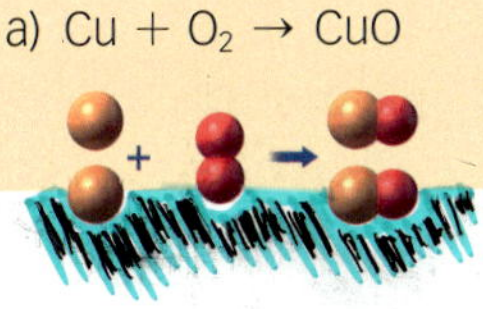

3 Cálculos en las reacciones químicas

La ecuación química ajustada de una reacción nos indica en qué proporción intervienen las distintas sustancias que participan en ella. Estas proporciones nos permitirán resolver todos los problemas relacionados con las cantidades de reactivos y productos que intervienen en la reacción química.

Llamamos **cálculos estequiométricos** al conjunto de operaciones que permiten calcular qué cantidades de cada sustancia intervienen en una reacción química.

3.1. Cálculos estequiométricos en masa

2. EJEMPLO RESUELTO

El magnesio es un metal que reacciona con el oxígeno para formar óxido de magnesio. Disponemos de 8 g de magnesio. Calcula:

a) ¿Cuántos gramos de oxígeno hacen falta para reaccionar con todo el magnesio?

b) ¿Cuántos gramos de óxido de magnesio se obtendrán?

1. En primer lugar debes escribir la ecuación química de la reacción y ajustarla.

$$2\ Mg + O_2 \rightarrow 2\ MgO$$

La estequiometría indica que 2 átomos de magnesio reaccionan con 1 molécula de oxígeno para dar 2 equivalentes a molécula de óxido de magnesio.

2. Calcula la masa molar de cada sustancia para conocer la proporción en que se combinan en gramos. Lee en el sistema periódico la masa molar (*M*) de los elementos:

- Magnesio: $M(Mg) = 24{,}3$ g.
- Oxígeno: $M(O) = 16$ g.

Masa molar: $M(O_2) = 16 \cdot 2 = 32$ g/mol.

Masa molar: $M(MgO) = 24{,}3 + 16 = 40{,}3$ g/mol.

2 Mg	+	O_2	→	2 MgO
$2 \cdot 24{,}3 = 48{,}6$ g		32 g		$2 \cdot 40{,}3 = 80{,}6$ g

48,6 g de magnesio reaccionan con 32 g de O_2 para dar 80,6 g de óxido de MgO.

3. Teniendo en cuenta estas proporciones, podemos calcular la masa de cualquier sustancia que reaccione o se obtenga con los 8 g de magnesio.

a) El factor de conversión que relaciona la masa de oxígeno y la de magnesio es:

48,6 g de magnesio ↔ 32 g de oxígeno

$$8 \text{ g de Mg} \cdot \frac{32 \text{ g de } O_2}{48{,}6 \text{ g de Mg}} = \mathbf{5{,}3\ g\ de\ O_2}$$

b) El factor de conversión que relaciona la masa de óxido de magnesio y la de magnesio es:

48,6 g de magnesio ↔ 80,6 g de óxido de magnesio

$$8 \text{ g de Mg} \cdot \frac{80{,}6 \text{ g de MgO}}{48{,}6 \text{ g de Mg}} = \mathbf{13{,}3\ g\ de\ MgO}$$

Observa que se cumple la ley de la conservación de la materia: la masa de los productos coincide con la masa de los reactivos.

Reactivos				Productos
2 Mg	+	O_2	→	2 MgO
8 g		5,3 g		13,3 g

PRESTA ATENCIÓN

Para realizar cálculos estequiométricos:

1. Escribe la ecuación química de la reacción y ajústala.
2. Calcula la masa molar de cada sustancia.
3. Teniendo en cuenta los coeficientes estequiométricos, calcula la proporción en que se combina cada una de las sustancias.
4. Para cada cálculo, construye un factor de conversión que relacione la masa de la sustancia conocida que se combina con la masa de la sustancia que buscas.

3.2. Cálculos estequiométricos entre gases. Relación en volumen

Avogadro estudió el comportamiento de los gases en las reacciones químicas y dedujo que, cuando en una reacción química intervienen varios gases que se encuentran en las mismas condiciones de presión y temperatura, la proporción en la que se combinan sus moléculas es la misma que la proporción en volumen.

El volumen que ocupa un gas depende de las condiciones en que se encuentra, no de su fórmula. Se puede comprobar que:

La masa molar de cualquier gas a 1 atm de presión y una temperatura de 0 °C ocupa 22,4 L. Se llama **volumen molar** al volumen que ocupa la masa molar de gas en estas condiciones:

$$V_{molar} = 22{,}414 \text{ L}$$

SABER MÁS

Condiciones estándar

Según la IUPAC un gas se encuentra en **condiciones estándar** cuando está a una temperatura de 0 °C y a una presión de 10^5 Pa. Como 1 atm = $1{,}01325 \cdot 10^5$ Pa, el volumen molar de un gas en condiciones estándar es 22,711 L, un poco distinto del volumen molar a 0 °C y 1 atm.

3. EJEMPLO RESUELTO

En la reacción de formación de agua, calcula el volumen de H_2, medido a 2 atm y 50 °C, que reacciona con 5 L de O_2, también a 2 atm y 50 °C.

Escribe la ecuación química ajustada. Debajo de cada sustancia escribe los datos que se conocen.

$2\,H_2$	+	O_2	→	$2\,H_2O$
2 atm, 50 °C, ¿*V*?		2 atm, 50 °C, 5 L		

Todos los gases de la reacción están en las mismas condiciones de presión y temperatura. Por tanto, la proporción en moléculas es la misma que la proporción en volumen:

$$5 \text{ L de } O_2 \cdot \frac{2 \text{ moléculas de } H_2}{1 \text{ molécula de } O_2} = 5 \text{ L de } O_2 \cdot \frac{2 \text{ L de } H_2}{1 \text{ L de } O_2} = \mathbf{10 \text{ L de } H_2}$$

PRESTA ATENCIÓN

- Condiciones normales: 0 °C, 1 atm = $1{,}01325 \cdot 10^5$ Pa.
- Condiciones estándar: 0 °C, 10^5 Pa.

ACTIVIDADES

6 Durante la fabricación del ácido sulfúrico, el dióxido de azufre (SO_2) se hace reaccionar con oxígeno (O_2) para obtener trióxido de azufre (SO_3), también gas.

a) Escribe y ajusta la reacción que tiene lugar.

b) ¿Cuántos gramos de oxígeno hacen falta para reaccionar con 16 g de SO_2?

c) ¿Cuántos gramos de SO_3 se obtendrán en ese caso?

7 El gas amoniaco (NH_3) se descompone dando gas hidrógeno (H_2) y gas nitrógeno (N_2):

a) Escribe y ajusta la reacción.

b) Calcula cuántos gramos de amoniaco se deben descomponer para obtener 7 g de nitrógeno.

c) Calcula la masa de hidrógeno que se obtendrá en ese caso.

8 Durante la fabricación del ácido sulfúrico el gas dióxido de azufre (SO_2) se hace reaccionar con oxígeno (O_2) para obtener trióxido de azufre (SO_3), también gas.

a) Escribe y ajusta la reacción que tiene lugar.

b) ¿Qué volumen de SO_2 y de O_2 hace falta para obtener 20 L de SO_3, si todos los gases se encuentran en las mismas condiciones de presión y temperatura?

9 El gas amoniaco (NH_3) se descompone dando gas hidrógeno (H_2) y gas nitrógeno (N_2):

a) Escribe y ajusta la reacción.

b) En un recipiente se introducen 34 g de amoniaco a 0 °C y 1 atm. ¿Qué volumen de N_2 y H_2 se obtendrá en esas mismas condiciones?

4 La química y el medio ambiente

Formación de **lluvia ácida**.

El medio ambiente está formado por todos los seres vivos y los objetos que los rodean, junto con el aire y el agua en los que se desarrollan. A veces se producen cambios en el medio ambiente que provocan un aumento o disminución de la presencia de algunas sustancias, con consecuencias importantes para los seres vivos que se encuentran en él.

En ocasiones los cambios medioambientales se deben a actividades humanas, como incendios, industrias, explotaciones agropecuarias o utilización de vehículos; y otras, a actividades naturales, como volcanes, tormentas u otros fenómenos meteorológicos. La mayoría de las veces la química puede analizar los cambios para tratar de determinar su causa y, si es posible, corregirla para que se recupere el equilibrio.

Para velar por la calidad del medio ambiente los organismos internacionales han establecido la cantidad máxima de las sustancias contaminantes que puede haber en el aire, el agua o el suelo.

5.1. La lluvia ácida

La lluvia proviene de la condensación del agua que hay en la atmósfera a consecuencia de un descenso de la temperatura. En su estado natural el agua es una sustancia neutra. Por tanto, la lluvia debería ser neutra.

Pero cuando se produce una combustión, se vierten a la atmósfera grandes cantidades de gases, como CO_2 (dióxido de carbono), NO (óxido de nitrógeno) y SO_2 (dióxido de azufre).

En las zonas altas de la atmósfera los óxidos de nitrógeno y de azufre se combinan con más oxígeno, transformándose en compuestos que, si se mezclan con agua, se convierten en HNO_3 (ácido nítrico), H_2SO_4 (ácido sulfúrico) y H_2CO_3 (ácido carbónico).

Cuando la atmósfera tiene gran cantidad de óxidos de carbono, nitrógeno y azufre, y llueve, la lluvia que cae es ácida y causa graves daños a la vegetación, llegando a destruir bosques enteros.

La **lluvia ácida** provoca graves **daños**, como la destrucción de la vegetación, la corrosión de la piedra y los metales, etc.

ACTIVIDADES

10 Las centrales térmicas, donde se produce electricidad quemando combustibles, provocan lluvia ácida. Pero en ocasiones la lluvia ácida aparece en lugares donde no existe ninguna industria que realice combustiones. Se considera que la lluvia ácida que destruye los bosques de la península escandinava procede de Gran Bretaña. Consulta algún mapa de Europa y explica por qué puede suceder esto.

11 Algunos volcanes tienen erupciones periódicas en las que expulsan diversos materiales. Se ha encontrado lluvia ácida en un radio de entre 10 y 30 kilómetros alrededor de algunos volcanes de Centroamérica. Razona qué tipo de sustancias han debido emitir los volcanes.

4.2. El efecto invernadero

A la Tierra llega la radiación del Sol, que le aporta luz y calor. Como resultado, la superficie de la Tierra tiene una temperatura media de 15 °C, muy superior a los −18 °C que tendría si no existiese efecto invernadero.

Cuando la atmósfera tiene una gran cantidad de CO_2, aumenta la radiación que refleja hacia la Tierra, provocando un **incremento del efecto invernadero**, que hace que aumente la temperatura de su superficie. El aumento de la temperatura de la Tierra puede provocar graves daños, como el deshielo de los casquetes polares y el aumento del nivel de las aguas en la Antártida y Groenlandia.

Los seres vivos producen CO_2 cuando respiran. Este gas es utilizado por las plantas durante la fotosíntesis; pero si se produce una gran cantidad de CO_2, las plantas no son capaces de absorberlo y se acumula en la atmósfera. Las actividades que provocan un gran aumento del CO_2 en la atmósfera son los incendios y la quema de combustibles fósiles, como la que se produce en automóviles, calefacciones o fábricas. Para controlar este aumento muchos países firmaron en 1997 el **Protocolo de Kioto**, por el cual se comprometen a controlar sus emisiones de gases contaminantes.

SABER MÁS

Gases de efecto invernadero

Además del CO_2, son gases de efecto invernadero el vapor de agua (H_2O), el metano (CH_4) y los óxidos de nitrógeno.

De todos ellos, la concentración de CO_2 es la que más aumenta como resultado de la acción humana.

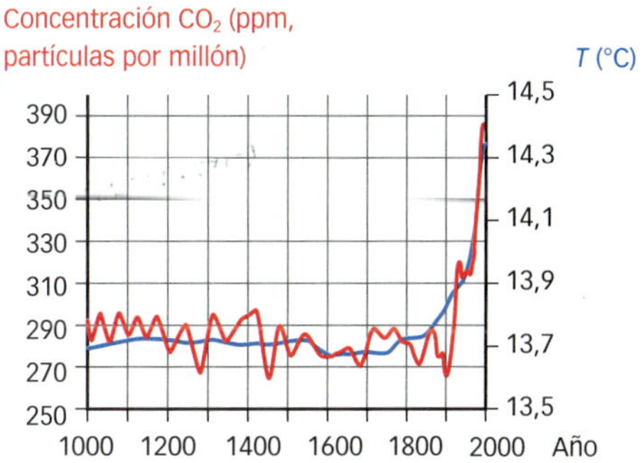

Relación entre el **aumento del CO_2 en la atmósfera** y el de la temperatura en la superficie terrestre.

Se espera que en 2025 quede completamente sumergida la ciudad de Kivalina, en Alaska (EE UU), como consecuencia del deshielo provocado por el **calentamiento global**.

ACTIVIDADES

12 Los invernaderos permiten obtener productos de primavera y verano en pleno invierno. Explica su funcionamiento tomando como ejemplo el efecto invernadero de la atmósfera terrestre.

13 Analiza en tu cuaderno cuáles de las siguientes acciones contribuyen al efecto invernadero y cuáles son debidas a las actividades humanas.

Acción	¿Incrementa el efecto invernadero?	¿Actividad humana?
Incendio provocado		
Erupción volcánica		
Respiración		
Calefacción		
Uso de vehículos		
Tala de árboles		

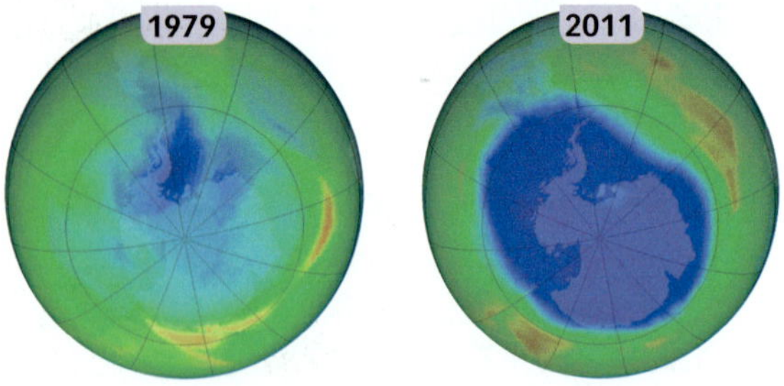

Crecimiento de la región afectada por el agujero de la **capa de ozono**.

CO, HC, NO_2 → **Catalizador** → N_2, H_2O, CO_2

Gases nocivos — Gases menos contaminantes

Los **catalizadores** de los coches hacen que los óxidos de nitrógeno se descompongan en nitrógeno y otros gases que, al salir a la atmósfera ya no contaminan.

En las industrias en las que se queman combustibles y se liberan dióxido de azufre y dióxido de carbono se instalan **filtros** en la salida de gases que hacen que estos se transformen en sustancias no volátiles, como sulfatos o carbonatos, que ya no pueden llegar a la atmósfera y contaminar.

4.3. La destrucción de la capa de ozono

El planeta Tierra está rodeado por una zona de gases que llamamos **atmósfera**. Entre los 15 y 40 km de altura sobre la superficie de la Tierra se extiende una capa denominada **estratosfera** que contiene **ozono**, un gas cuya molécula está formada por tres átomos de oxígeno (O_3). El ozono tiene la propiedad de absorber la parte de la radiación solar ultravioleta que es dañina para los seres vivos.

A partir de 1980 los investigadores comenzaron a darse cuenta de que había disminuido el espesor de la capa de ozono sobre la Antártida; es lo que se conoce como el **agujero de la capa de ozono**. Este hecho se relacionó con la emisión a la atmósfera de ciertos gases, como los CFC (clorofluorocarbonos), gases que forman parte de muchos espráis, y sistemas de refrigeración como los que hay en los frigoríficos, que no se descomponen hasta que llegan a la estratosfera, y destruyen el ozono.

Existen acuerdos internacionales que prohíben la utilización de los CFC, ya que si sigue disminuyendo el espesor de la capa de ozono aumentarán las radiaciones ultravioletas nocivas que llegan a la Tierra, lo que puede facilitar la aparición de cáncer de piel y otros problemas en las personas y los demás seres vivos. Pero los CFC son muy estables en la atmósfera, por lo que su efecto no desaparece de inmediato, aunque dejen de emitirse.

Afortunadamente, en los últimos años se han obtenido imágenes que indican que la capa de ozono se está recuperando, y, de seguir así, se espera que el problema esté resuelto en 2060.

4.4. Contaminación y purificación del aire

El aire es una mezcla de gases formada por nitrógeno (78 %), oxígeno (21 %) y una pequeña cantidad (1 %) de otros gases, como dióxido de carbono, vapor de agua, argón, helio, etc.

Algunas actividades provocan un cambio en la composición del aire; en ocasiones son debidas a la evolución de la propia naturaleza, como las emisiones volcánicas, pero otras lo son por las actividades humanas. Así, las combustiones que se producen en los vehículos de motor (coches, aviones, barcos, etc.), en las calefacciones o en muchas industrias hacen que lleguen a la atmósfera gases que provocan efectos no deseados, como la lluvia ácida, el efecto invernadero o la disminución de la capa de ozono.

Para evitarlo se instalan filtros que capturan estos gases y los hacen reaccionar con otras sustancias, con lo que se evita que lleguen a la atmósfera.

ACTIVIDADES

14 **Indica cuáles de las siguientes actividades provocan contaminación del aire:**

a) El vapor de la olla a presión.
b) Encender una cocina de butano.
c) Encender una cocina eléctrica.
d) Fumar un cigarrillo.
e) Utilizar un desodorante de espráis.
f) Pasar la aspiradora.

15 **Con frecuencia se dice que es mucho menos contaminante utilizar el transporte público que el coche particular. Explica por qué puede ser.**

4.5. Contaminación y purificación del agua

El agua interviene en muchas actividades humanas, agrícolas e industriales, cada una de las cuales hace que le lleguen sustancias que pueden cambiar sus propiedades de manera importante. Piensa, sin ir más lejos, en el agua que sale por los desagües de una cocina o un baño.

En ocasiones el agua arrastra componentes sólidos; esto sucede en las explotaciones mineras o en la limpieza de granjas. A veces se le añaden sustancias que se disuelven y cambian su acidez, como los detergentes, o bien otras sustancias que cambian su capacidad para mantener la vida, como insecticidas, abonos, aceites u otros productos industriales. Por último, también se vierten aguas a altas temperaturas (aguas de refrigeración) que hacen que disminuya la cantidad de oxígeno disuelto.

Para evitar los problemas de todos estos vertidos, las aguas que resultan de estos usos no se vierten directamente a los ríos, lagos o al mar, sino que se someten a un proceso de depuración y potabilización que depende de la contaminación que arrastren.

Algunos de los tratamientos de depuración del agua son:

1. Se deposita el agua en balsas para que su temperatura se iguale a la del ambiente.
2. En las balsas o depósitos, los sólidos se van al fondo, y los aceites, a la superficie. Así se puede separar el agua de otras sustancias.
3. Se añaden al agua sustancias que corrijan su acidez o capturen sustancias disueltas. Los floculantes hacen que las sustancias disueltas se conviertan en sólidos que acaban en el fondo de la balsa.
4. Si se desea utilizar el agua para el consumo humano, hay que someterla a un proceso final de **potabilización**, que consiste en eliminar cualquier microorganismo que contenga; para ello se suele añadir una cierta cantidad de cloro.

La **contaminación del agua** tiene consecuencias negativas para muchos seres vivos.

VOCABULARIO

Flóculo: grumo que aparece cuando se agrupan pequeñas particulas presentes en una dispersión.

Microorganismo o microbio: ser vivo visible únicamente al microscopio. Por ejemplo, las bacterias.

Potabilizar: hacer que el agua sea apta para el consumo.

SABER HACER

Depurar agua

1. Coge agua de una charca y ponla en un vaso.
2. Hazla pasar por un colador de malla y recógela en otro vaso.
3. Añade al agua filtrada un poco de sulfato de aluminio (unos 10 mL de disolución al 5 %) y remueve para que se mezcle bien. Verás que aparecen unos flóculos que se van hacia el fondo.
4. Pasa el agua por un filtro de arena. ¿Qué aspecto tiene el agua obtenida?

INTERPRETA LA IMAGEN

- El agua que acabas de obtener, ¿es agua depurada o potabilizada?
- ¿Podrías beber el agua así obtenida? ¿Por qué?

PRESTA ATENCIÓN

Puedes improvisar un filtro de arena con un vaso de yogur vacío. Haz agujeros en su parte inferior y coloca arena en su interior.

PRESTA ATENCIÓN

La industria farmacéutica produce más de 100 000 medicamentos para curar y prevenir enfermedades, desde un catarro a un cáncer.

5 Los medicamentos y las drogas

5.1. Los medicamentos

Los **medicamentos** son sustancias que se administran a las personas o a otros seres vivos para prevenir, aliviar o curar enfermedades.

Ginseng. Se emplea como remedio natural de algunas dolencias.

Además de su efecto principal, la mayoría de los medicamentos tienen **efectos secundarios**, es decir, una acción distinta, la mayoría de las veces no deseada, que se manifiestan en todos o algunos enfermos.

Los medicamentos más frecuentes son:

- **Antibióticos** (penicilina, amoxicilina, etc.). Actúan contra las bacterias.
- **Analgésicos y antipiréticos** (aspirina, paracetamol, ibuprofeno, etc.). Se utilizan para combatir el dolor y reducir la fiebre, respectivamente. La mayoría de estos fármacos tienen ambas acciones.
- **Antiinflamatorios.** Combaten la inflamación de cualquier tejido u órgano. La mayoría de los analgésicos son también antiinflamatorios, aunque en determinados casos se emplean los corticoides.
- **Desinfectantes** (tintura de yodo, alcohol, agua oxigenada, etc.). Destruyen los microorganismos que pueden penetrar a través de la piel.
- **Vacunas.** Previenen las enfermedades, haciendo que desarrollemos defensas contra los agentes que las provocan.

Algunos medicamentos se obtienen directamente de la naturaleza (animales, plantas o minerales), pero la mayoría se sintetizan en el laboratorio, bien produciendo pequeñas modificaciones en sustancias que se extraen de la naturaleza, bien obteniéndolos de forma completamente nueva.

En su origen natural la sustancia que tiene el efecto de medicamento suele estar mezclada con otras. Si al enfermo se le administra la mezcla, difícilmente sabremos la cantidad exacta de medicamento que toma, ya que depende del momento del desarrollo de la planta o del animal, o del lugar del que se extrae (raíz, hojas, corteza, etc.). Para poder conocer con seguridad la dosis de medicamento que se administra al paciente la sustancia activa se suele separar utilizando distintos métodos de laboratorio.

Algunos medicamentos sofisticados se fabrican mediante ingeniería genética, lo que permite obtener **fármacos adaptados a cada paciente concreto**. Así, se obtienen vacunas o tratamientos anticancerígenos personalizados.

Producto naturista contra la gripe. Es una mezcla de extractos de plantas, por lo que no conocemos la cantidad de las sustancias activas.

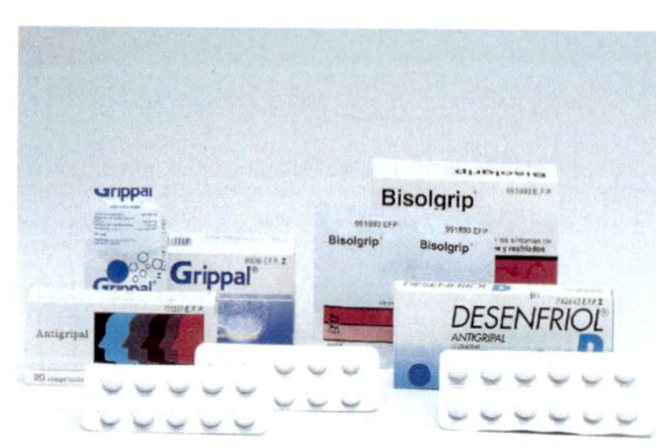

Un **medicamento** convencional muestra la cantidad exacta de las sustancias activas que ingerimos en cada dosis.

Documento de trabajo 1

Aspirina: desde el árbol al comprimido

Uno de los medicamentos más populares es la **aspirina**, una sustancia que se emplea como analgésico, antiinflamatorio y antipirético. Esta sustancia, cuyo nombre químico es ácido acetilsalicílico, fue sintetizada por primera vez en 1853, pero no se comercializó hasta el año 1899.

Ya en la antigüedad Hipócrates y otros padres de la medicina utilizaban infusiones de la corteza del sauce blanco para rebajar la fiebre de los enfermos. En 1827, analizando esa infusión, se encontró la salicilina, una sustancia que se transformaba fácilmente en ácido salicílico, el compuesto capaz de bajar la fiebre. Pero cuando los enfermos tomaban ácido salicílico, sufrían ardores y hasta hemorragias estomacales, por lo que se preparó un derivado que no tuviese estos efectos y que resultó ser la aspirina.

Actualmente se utilizan preparados farmacéuticos con ácido salicílico para tratar enfermedades de la piel: acné, psoriasis, callosidades o verrugas.

Con todo, la aspirina tiene algunos efectos secundarios que hace que no sea adecuada para personas con problemas de coagulación o úlceras gástricas. Desde 1893 se utiliza un analgésico alternativo, el **paracetamol**, con propiedades analgésicas y antipiréticas, aunque no antiinflamatorias. No produce los trastornos gástricos de la aspirina pero, tomado en dosis altas, provoca alteraciones en el hígado.

A partir de la segunda mitad del siglo xx se han sintetizado fármacos alternativos, como el **ibuprofeno**, que es analgésico, antipirético y antiinflamatorio. Su fórmula no se parece a la de la aspirina ni a la del paracetamol, y carece de la mayor parte de sus efectos secundarios.

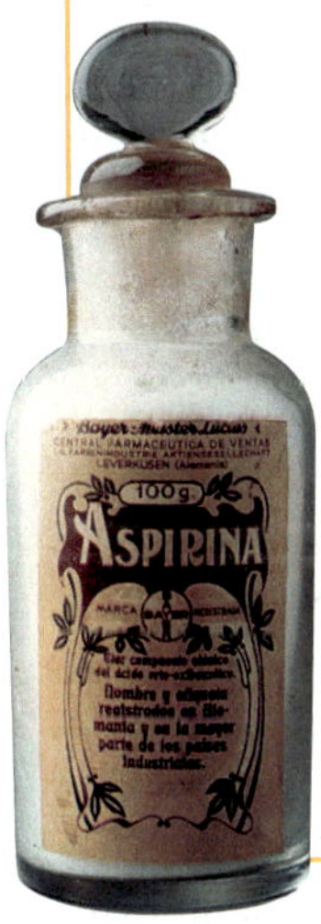

Inicialmente la aspirina se comercializaba en forma de polvo blanco.

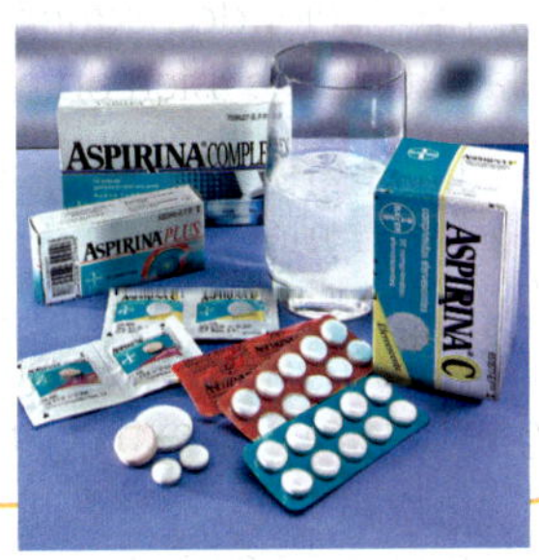

En la actualidad la aspirina se comercializa en comprimidos.

Hipócrates (460 a.C.-370 a.C.) utilizaba infusiones de la corteza del sauce blanco para bajar la fiebre.

PRESTA ATENCIÓN

La aspirina puede ir acompañada de otras sustancias que reducen sus efectos secundarios, como en la aspirina efervescente o la masticable.

ACTIVIDADES

16 Repasa el documento y contesta.

a) ¿Qué planta utilizaba Hipócrates para bajar la fiebre de los enfermos? ¿Cómo la utilizaba?

b) ¿Podía asegurar Hipócrates cuánto medicamento administraba a sus pacientes? ¿Por qué?

c) ¿Cuántos años pasaron desde que Hipócrates utilizó su medicamento para bajar la fiebre hasta que se conoció la sustancia que tenía esa acción?

d) ¿Qué efectos secundarios provocaba el ácido salicílico?

e) ¿Qué derivado del ácido salicílico utilizamos para bajar la fiebre? Escribe su nombre científico y su nombre comercial.

f) ¿Qué otros efectos farmacológicos tiene la sustancia nombrada en el apartado anterior?

g) ¿Qué efectos clínicos tiene el paracetamol? ¿Cuáles son sus efectos secundarios?

h) ¿Qué otra sustancia se ha empezado a utilizar como alternativa a la aspirina y el paracetamol? ¿Es natural o sintética?

5.2. Las drogas

COMPROMETIDOS

- El consumo de tabaco y el alcohol altera el sistema nervioso central y crea dependencia.
- De acuerdo con la definición de la OMS, estas sustancias también son drogas y su utilización debe vigilarse seriamente.

Según la OMS (Organización Mundial de la Salud), **droga** es toda sustancia que, introducida en el organismo por cualquier procedimiento, altera de algún modo el sistema nervioso central y crea dependencia psicológica, física o ambas.

El consumo continuado de las drogas produce el deterioro progresivo del organismo, que puede terminar en la muerte.

El efecto de una droga depende de la cantidad consumida y de la duración del consumo. Algunas sustancias calificadas como droga se emplean como fármacos para tratar determinadas dolencias; en estos casos su utilización requiere un control médico estricto de la dosis y el tiempo del tratamiento.

Según su efecto sobre el organismo, las drogas se pueden clasificar en depresores, narcóticos, estimulantes y alucinógenos.

Tipo de droga	Acción	Efectos	Ejemplos
Depresores	Actúan como potentes sedantes del sistema nervioso central.	Reducen la ansiedad. Provocan fallos en la motricidad.	• Alcohol. • Barbitúricos. • Tranquilizantes.
Opiáceos y narcóticos	Calmantes del dolor. A veces producen somnolencia; otras veces, euforia.	Producen una dependencia muy difícil de superar.	• Opio. • Morfina. • Heroína.
Estimulantes	Estimulan el sistema nervioso provocando una sensación de euforia.	Como el organismo no percibe el cansancio, actúa en un sobreesfuerzo que puede provocar ataques cardiacos. Las personas necesitan consumir cantidades cada vez mayores para que surtan el mismo efecto. Predisponen a brotes psicóticos.	• Cocaína. • Anfetaminas. • Drogas de diseño, como el éxtasis.
Alucinógenos	Producen alucinaciones; las personas perciben objetos y situaciones que no existen.	Su uso continuado desencadena depresiones, alteraciones de la personalidad y enfermedades mentales.	• LSD. • Mescalina. • Marihuana. • Hachís.

6 La química y el progreso

La química ha facilitado el desarrollo social. Gracias a sus conocimientos, ha mejorado la salud de las personas y los animales, disponemos de más y mejores alimentos y se han obtenido materiales muy avanzados que permiten fabricar dispositivos con las más diversas utilidades.

6.1. La química y la agricultura

La química ha permitido acceder a numerosas sustancias que mejoran la agricultura: fertilizantes, pesticidas o herbicidas.

Los **fertilizantes** aportan al terreno los nutrientes necesarios para el desarrollo de las plantas. Muchos contienen N, P y K; también pueden contener Ca, S, Mg, Fe y Cu.

Los **pesticidas** o **plaguicidas** se emplean para repeler o evitar las plagas de insectos, microbios y otros seres que impiden el normal desarrollo de las plantas.

Los **herbicidas** matan las malas hierbas que crecen con los cultivos.

6.2. La química y la alimentación

La industria química alimentaria se ocupa de la conservación y manipulación de los alimentos envasados y frescos. Los procedimientos de esterilización, envasado al vacío o refrigerado nos permiten disponer de alimentos en buen estado de consumo durante más tiempo.

También se han encontrado sustancias que, añadidas a los alimentos, favorecen su conservación y mejoran su aspecto y propiedades. Cada una tiene un código que permite identificarlos en el etiquetado.

	Conservantes	Antioxidantes	Colorantes	Acidulantes
Sirven para...	Impedir el crecimiento de microorganismos.	Evitar la oxidación.	Mejorar el aspecto.	Aumentar la acidez e intensificar el sabor.
Ejemplos	• E-249: nitrito de potasio. • E-200: ácido sórbico.	• E-330: ácido cítrico. • E-300: ácido ascórbico.	• E-127: eritrosina. • E: 172: óxido de hierro.	• E-260: ácido acético. • E-338: ácido fosfórico.

6.3. La química y los nuevos materiales

La química nos ha facilitado materiales cuyas propiedades nos permiten disponer de objetos que antes eran impensables.

- **Los plásticos** son polímeros, es decir, moléculas muy grandes que se obtienen por la unión de muchas moléculas pequeñas. Los polímeros pueden formar fibras artificiales, como el nailon o el poliéster; se pueden moldear por efecto del calor, como el poliestireno o la baquelita, o dar lugar a materiales muy resistentes, como el kevlar.
- **Los cristales líquidos** son materiales que en estado líquido tienen una estructura interna perfectamente ordenada, como si fuesen cristales. Cambian de color al variar la temperatura o con una pequeña alteración de voltaje, por lo que se emplean para fabricar pantallas.
- **Los superconductores** son materiales que permiten el paso de la corriente eléctrica con una resistencia casi nula. Hasta ahora solo tenían esta propiedad algunos metales, como el mercurio a temperaturas muy bajas (−268 °C), lo que hacía difícil su utilización; pero se investiga para obtener superconductores a temperatura ambiente.

ACTIVIDADES

17 Busca información que te permita identificar cuáles de las siguientes son fibras naturales y cuáles se obtienen artificialmente gracias a la química.

a) Algodón.
b) Nailon.
c) Cáñamo.
d) Seda.
e) Poliéster.
f) Rayón.

18 En el supermercado se venden muchos productos. Observa la siguiente lista y busca información que te permita señalar cuáles de ellos se podrían adquirir en un mercado del siglo XV y cuáles solo se pueden comprar en un supermercado actual.

a) Leche pasteurizada.
b) Queso.
c) Café soluble.
d) Sal.
e) Bacalao salado.
f) Jamón de york.

ACTIVIDADES FINALES

REPASA LO ESENCIAL

19 Contesta en tu cuaderno. Según la teoría de las colisiones, para que se produzca una reacción:

a) Solo es preciso que choquen entre sí las moléculas de los reactivos.

b) Es suficiente con que las moléculas de los reactivos choquen con la orientación adecuada.

c) Deben romperse los enlaces que unen a los átomos en los reactivos y formarse nuevos enlaces.

d) Las moléculas de los reactivos deben estar a temperatura elevada.

20 En toda reacción química siempre se mantiene constante:

a) El número de moléculas. c) La masa.

b) El número de átomos. d) El volumen.

21 Escribe la ecuación correspondiente a la reacción: dos moléculas de agua líquida se descomponen para dar dos moléculas de gas hidrógeno y una molécula de gas oxígeno.
Luego completa la tabla en tu cuaderno.

	Reactivo	Producto	Fórmula	Coeficiente estequiométrico	Estado físico
Hidrógeno		✓	H_2	2	gas
Oxígeno		✓	O_2	1	gas
Agua	✓		H_2O	2	líquido

22 Copia en tu cuaderno el cuadro siguiente y complétalo. A partir de él escribe la ecuación química de la reacción, ajústala y exprésala mediante una frase.

Fórmula	Reactivo	Producto	Nombre	Coeficiente estequiométrico	Estado físico
	✓		Metano	1	Gas
H_2O		✓	Agua	2	líquido
CO_2		✓	dióxido de carbono	1	gas
O_2	✓		Oxígeno	2	gas

23 Completa la tabla en tu cuaderno para la siguiente ecuación química ajustada:

$$2\ H_2\ (g) + O_2\ (g) \rightarrow 2\ H_2O\ (g)$$

Masas atómicas: H = 1 u; O = 16 u.

		Hidrógeno	Oxígeno	Agua
1	Moléculas	2	0	2
2	Átomos de O	6	3	1
3	Átomos de H	4	0	1
4	Masa (g)			

24 El monóxido de carbono (CO) reacciona con el oxígeno para dar dióxido de carbono (CO_2). La ecuación química ajustada es:

$$2\ CO\ (g) + O_2\ (g) \rightarrow 2\ CO_2\ (g)$$

Razona cuál o cuáles de las siguientes afirmaciones es cierta:

a) Si reaccionan 2 moléculas de CO, se obtienen 2 moléculas de CO_2.

b) Siempre que reaccionan 2 g de CO se obtienen 2 g de CO_2.

25 Identifica las sustancias que faltan en las frases siguientes y relaciona luego en tu cuaderno cada una con el fenómeno al que se alude más abajo:

a) Cuando se acumula ________ en la atmósfera, la radiación que refleja la tierra vuelve de nuevo a su superficie.

b) Cuando se acumula ________ en la atmósfera, disminuye el componente que filtra la radiación solar ultravioleta.

c) Cuando se acumulan ________________ en la atmósfera, el agua de lluvia puede ser ácida.

- Lluvia ácida.
- Incremento del efecto invernadero.
- Destrucción de la capa de ozono.

26 El esquema siguiente recoge los flujos de radiación del efecto invernadero.

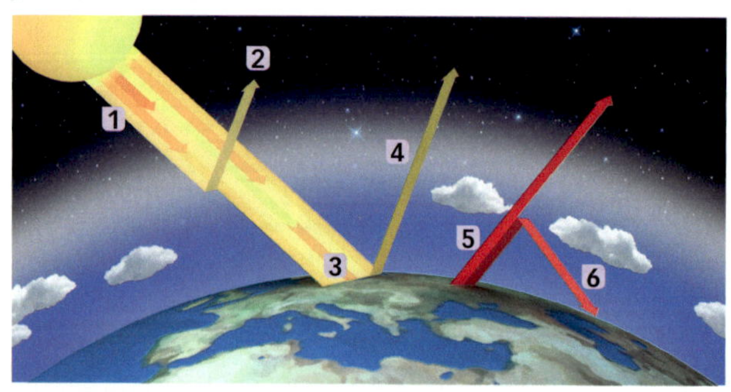

a) Indica en tu cuaderno a qué corresponde:
- Las radiaciones marcadas como 1, 3 y 6.
- Las radiaciones marcadas como 2, 4 y 5.

b) ¿Cuáles de estas radiaciones existen en el efecto invernadero natural?

c) ¿Cuáles de estas radiaciones provocan un incremento del efecto invernadero?

27 ¿Todos los medicamentos son sintéticos? Razona la respuesta.

28 Señala tres aspectos que indiquen la relación entre la química y la industria alimentaria.

PRACTICA

Las reacciones químicas

29 Indica en tu cuaderno detalles de las fotografías que te permitan justificar que se está produciendo una reacción química:

A 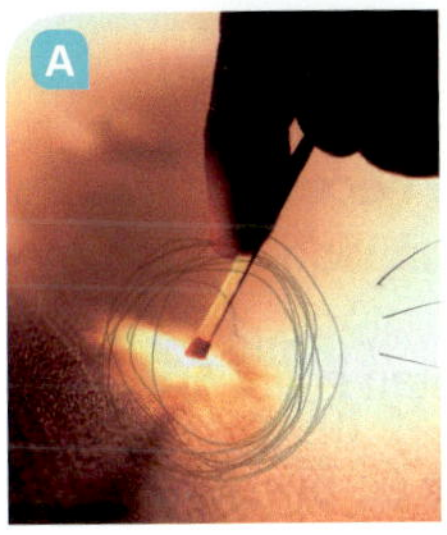

B 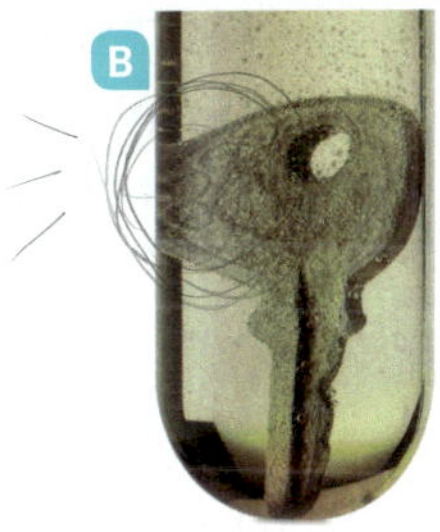

30 Si medimos la masa de un trozo de cinta de magnesio y después la hacemos arder, midiendo también la masa del óxido de magnesio obtenido, observamos que no son iguales. ¿Por qué? ¿No se cumple la ley de conservación de la materia? Pista: analiza la reacción teniendo en cuenta todas las sustancias que intervienen.

La ecuación química

31 Completa en tu cuaderno la tabla de esta reacción. Luego exprésala mediante una frase:

$3\ HCl\ (aq) + Al(OH)_3\ (aq) \rightarrow AlCl_3\ (aq) + 3\ H_2O\ (l)$

Fórmula	Reactivo	Producto	Nombre	Coeficiente estequiométrico
HCl				
$Al(OH)_3$				
$AlCl_3$				
H_2O				

32 Con los datos del cuadro siguiente escribe en tu cuaderno la ecuación química de la reacción y exprésala mediante una frase.

Fórmula	Reactivo	Producto	Nombre	Coeficiente estequiométrico
C_3H_8	✓		Propano	1
		✓	Agua	4
		✓	Monóxido de carbono	3
O_2	✓			5

33 Ajusta las siguientes ecuaciones químicas y luego escríbelas mediante una frase:

a) $HI \rightarrow H_2 + I_2$

b) $NO + O_2 \rightarrow NO_2$

c) $H_2SO_4 + NaOH \rightarrow Na_2SO_4 + H_2O$

d) $NO_2 + H_2O \rightarrow HNO_3 + NO$

Cálculos en las reacciones químicas

4. EJEMPLO RESUELTO

El aluminio reacciona con el oxígeno del aire formando óxido de aluminio (Al_2O_3).

a) Escribe y ajusta la reacción.

b) Calcula la cantidad de oxígeno que reaccionará con 50 g de aluminio.

c) ¿Qué cantidad de óxido de aluminio se obtendrá en el apartado anterior?

a) Escribe la ecuación de la reacción.

$$Al + O_2 \rightarrow Al_2O_3$$

Haz balance de los átomos de cada elemento en los reactivos y en los productos:

- Al: hay 1 átomo en los reactivos y 2 en los productos. Debes poner 2 como coeficiente del Al en los reactivos.
- O: hay 1 molécula de O_2 en los reactivos y 3 átomos de O en los productos. Debes poner 3 como coeficiente del O_2 en los reactivos y 2 como coeficiente del Al_2O_3 en los productos.
- Esto hace que en los productos haya 4 átomos de Al, por lo que el coeficiente del Al en los reactivos debe ser 4, y no 2:

$$\mathbf{4\ Al + 3\ O_2 \rightarrow 2\ Al_2O_3}$$

b) y c) Calcula la masa molar de cada sustancia para conocer la proporción en gramos. Busca los datos de las masas atómicas en la tabla periódica:

- $M(Al) = 27{,}0$ g.
- $M(O_2) = 16 \cdot 2 = 32$ g.
- $M(Al_2O_3) = 27 \cdot 2 + 16 \cdot 3 = 102$ g.

4 Al	+	$3\ O_2$	→	$2\ Al_2O_3$
4 átomos		3 moléculas		2 equivalentes a molécula
$4 \cdot 27 = 108$ g		$3 \cdot 32 = 96$ g		$2 \cdot 102 = 204$ g
50 g		?		?

Obtén el factor de conversión que relaciona la masa de aluminio con la masa de oxígeno:

$$108\ \text{g de Al} \leftrightarrow 96\ \text{g de } O_2$$

$$50\ \cancel{\text{g de Al}} \cdot \frac{96\ \text{g de } O_2}{108\ \cancel{\text{g de Al}}} = \mathbf{44{,}4\ g\ de\ O_2}$$

Obtén el factor de conversión que relaciona la masa de aluminio con la de óxido de aluminio:

$$108\ \text{g de Al} \leftrightarrow 204\ \text{g de } Al_2O_3$$

$$50\ \cancel{\text{g de Al}} \cdot \frac{204\ \text{g de } Al_2O_3}{108\ \cancel{\text{g de Al}}} = \mathbf{94{,}4\ g\ de\ Al_2O_3}$$

34 El carbón se quema con oxígeno produciendo dióxido de carbono mediante una reacción que podemos expresar así:

$$C\ (s) + O_2\ (g) \rightarrow CO_2\ (g)$$

a) ¿Qué masa (g) de oxígeno hará falta para quemar 6 kg de carbón?

b) ¿Qué masa de dióxido de carbono se obtendrá en ese caso?

35 Uno de los combustibles más utilizados es el gas propano, de fórmula C_3H_8. Se quema cuando reacciona con el oxígeno del aire (O_2) dando dióxido de carbono y agua.

a) Escribe y ajusta la reacción.

b) ¿Qué cantidad de sustancia en gramos de gas propano se habrá quemado si se obtienen 2 kg de dióxido de carbono?

c) ¿Qué masa de oxígeno en gramos habrá que utilizar para obtener 2 kg de dióxido de carbono?

36 El ácido clorhídrico (HCl) se obtiene haciendo reaccionar el ácido sulfúrico (H_2SO_4) con el cloruro de sodio (NaCl), por medio de la reacción (sin ajustar):

$$NaCl + H_2SO_4 \rightarrow Na_2SO_4 + HCl$$

a) Ajusta la reacción y exprésala con una frase.

b) ¿Cuántos gramos de cloruro de sodio hacen falta para obtener 1 kg de ácido clorhídrico?

c) ¿Cuántos gramos de ácido sulfúrico reaccionarán en ese caso?

37 Cuando se echa agua a la cal viva, CaO, se forma cal apagada, $Ca(OH)_2$.

a) Escribe la ecuación química ajustada de la reacción y exprésala con una frase.

b) Calcula la masa de cal apagada que se formará si tenemos 10 kg de cal viva.

c) Calcula la cantidad de agua que necesitamos para apagar la cal viva que tenemos.

38 El hierro es un metal que reacciona con el ácido clorhídrico (HCl) para formar tricloruro de hierro ($FeCl_3$) y gas hidrógeno.

a) Escribe y ajusta la reacción.

b) ¿Cuántos gramos de tricloruro de hierro se formarán si tenemos un trozo de hierro de 15 g?

c) ¿Cuántos gramos de gas hidrógeno se desprenden en esa reacción?

5. EJEMPLO RESUELTO

Cuando el monóxido de carbono, CO, reacciona con oxígeno en exceso, se transforma en dióxido de carbono, CO_2. En una bombona de 12 L tenemos monóxido de carbono a 0 °C y 1 atmósfera de presión. Calcula:

a) El volumen de gas oxígeno, medido a 0 °C y 1 atm de presión, que se necesita para reaccionar con todo el monóxido de carbono.

b) La masa de dióxido de carbono que se obtendrá suponiendo que se mide en las mismas condiciones de presión y temperatura que los anteriores.

En primer lugar debes escribir la ecuación química ajustada. Luego escribe la información disponible debajo de cada sustancia:

2 CO (*g*)	+	O_2 (*g*)	→	2 CO_2 (*g*)
12 L 0 °C, 1 atm		0 °C, 1 atm		0 °C, 1 atm

a) Como todos los gases están en las mismas condiciones de presión y temperatura, la proporción en que se combinan en volumen es la misma que la proporción en moléculas.

Relaciona el volumen de CO con el de las otras dos sustancias teniendo en cuenta los coeficientes estequiométricos de cada una:

$$12 \text{ L de CO} \cdot \frac{1 \text{ molécula de } O_2}{2 \text{ moléculas de CO}} =$$

$$= 12 \cancel{\text{L de CO}} \cdot \frac{1 \text{ L de } O_2}{2 \cancel{\text{L de CO}}} = \mathbf{6\ L\ de\ O_2}$$

b) El coeficiente estequiométrico del CO_2 es el mismo que el del CO. Por tanto, el volumen de CO_2 que se va a obtener es el mismo que el de CO, 12 L, ya que ambos están en las mismas condiciones de presión y temperatura.

A 0 °C y 1 atm de presión la masa molar de cualquier gas ocupa 22,4 L.

$$M(CO_2) = 12 + 2 \cdot 16 = 44 \text{ g}$$

$$12 \cancel{\text{L de } CO_2} \cdot \frac{44 \text{ g de } CO_2}{22{,}4 \cancel{\text{L de } CO_2}} = \mathbf{23{,}6\ g\ de\ CO_2}$$

39 El monóxido de carbono, CO, reacciona con oxígeno para formar dióxido de carbono, CO_2. Si se hacen reaccionar 84 g de CO, ¿cuántos litros de dióxido se obtendrán, medidos a 0 °C y 1 atm de presión?

La química y el medioambiente

40 El gráfico siguiente muestra el porcentaje de participación estimado de diferentes compuestos en la destrucción de la capa de ozono. Clave:

- CFC: clorofluorocarbono.
- CCl_4: tetracloruro de carbono.
- CH_3CCl_3: tricloruro de etilo.

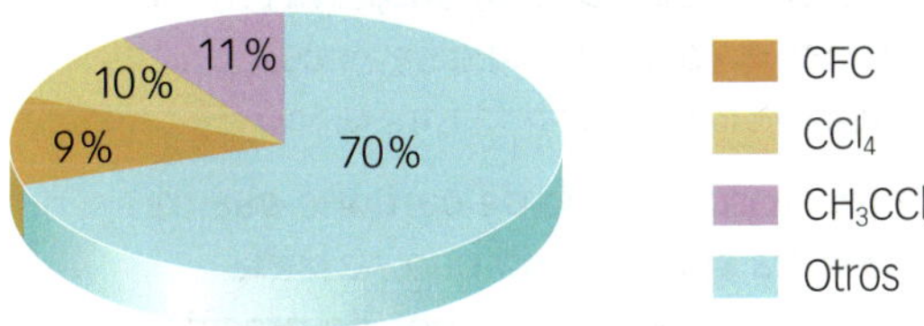

a) ¿Cuál es la sustancia que más contribuye a la destrucción de la capa de ozono?

b) Investiga: ¿para qué se utiliza esta sustancia?

c) ¿Qué medidas se pueden tomar para reducir la presencia de esta sustancia en la atmósfera?

41 El gráfico siguiente muestra las variaciones que ha experimentado la concentración del CO_2 en la atmósfera próxima al volcán Mauna Loa.

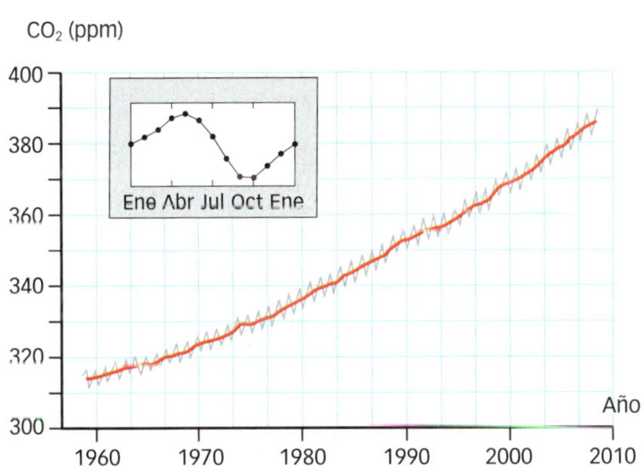

Razona cuál de las siguientes afirmaciones es cierta.

a) En 1960 casi no existía CO_2 en la atmósfera.

b) El CO_2 aumenta en primavera y disminuye en verano.

c) El aumento del CO_2 en la atmósfera ha sido mayor en la década de 2000 a 2010 que de 1960 a 1970.

42 Indica las diferencias entre fertilizantes, plaguicidas y herbicidas.

43 Busca información sobre los plásticos conductores de la electricidad y los biodegradables. Señala dos utilidades específicas de cada uno de ellos.

44 Busca información y di cuándo se descubrió el kevlar.

a) ¿Cuál es su principal ventaja frente a otros materiales?

b) Señala dos aplicaciones del kevlar.

45 Analiza con el resto de la clase los daños medioambientales que pueden provocar en tu ciudad las siguientes actividades:

a) El transporte.
b) Las calefacciones.
c) Las industrias.
d) Las aguas residuales.

Señala tres acciones que puedes llevar a cabo directamente para reducir los daños medioambientales de las actividades antes señaladas.

Los medicamentos y las drogas

46 Repasa la información del texto e indica para qué se pueden utilizar los siguientes fármacos:

a) Aspirina.
b) Yodo.
c) Penicilina.
d) Alcohol etílico.
e) Cortisona.
f) Mercromina.

47 Señala qué efectos produce en un organismo humano.

a) Un antiácido.
b) Un antibiótico.
c) Un antiséptico.

AMPLÍA

48 En un recipiente tenemos las moléculas de hidrógeno y oxígeno que se indican.

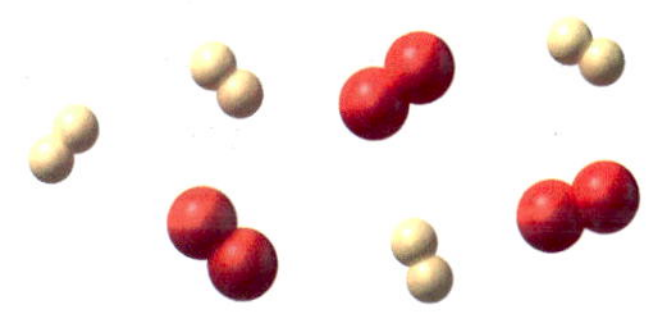

a) Razona y determina cuál es la máxima cantidad de agua que se puede obtener.

b) Repite el ejercicio suponiendo que lo que se obtiene es agua oxigenada (H_2O_2).

49 El gas hidrógeno reacciona con el gas oxígeno para dar agua. En un recipiente se introducen 10 g de gas hidrógeno y 10 g de gas oxígeno. Determina:

a) La máxima cantidad de agua que se puede obtener.

b) ¿Cuál es el reactivo sobrante? ¿En qué cantidad?

c) ¿Qué cantidad del reactivo que está escaso tendríamos que añadir para que no sobrase nada del otro reactivo?

d) ¿Qué cantidad de agua se habría formado en el caso de que las cantidades de hidrógeno y oxígeno fuesen las que obtuviste en el apartado c)?

50 Cuando se queman combustibles que tienen algún compuesto de azufre se produce dióxido de azufre (SO_2), un gas irritante que puede provocar lluvia ácida. En el análisis del aire de una ciudad se ha encontrado una concentración de SO_2 de 14 mg/m^3.

¿Qué cantidad de SO_2 habrá en 1 L de aire?

APLICA UNA TÉCNICA. Estudiar una reacción química

El **ozono** es una sustancia formada únicamente con átomos de oxígeno. En cada molécula de ozono hay tres átomos de oxígeno. En la atmósfera el ozono sirve como filtro frente a las radiaciones ultravioletas procedentes del Sol. Sin ozono esas radiaciones dañarían a los seres vivos y causarían muchas enfermedades en las personas.

Hacia 1980 se comprobó que el espesor de la capa de ozono que hay en la atmósfera se estaba reduciendo. Se comprobó que el ozono estaba disminuyendo como consecuencia de una reacción química provocada por compuestos llamados **clorofluorocarbonos (CFC)**, presentes, por ejemplo, en espráis y aparatos de aire acondicionado. También destruyen el ozono los halones, sustancias empleadas hasta hace unos años en extintores de incendios.

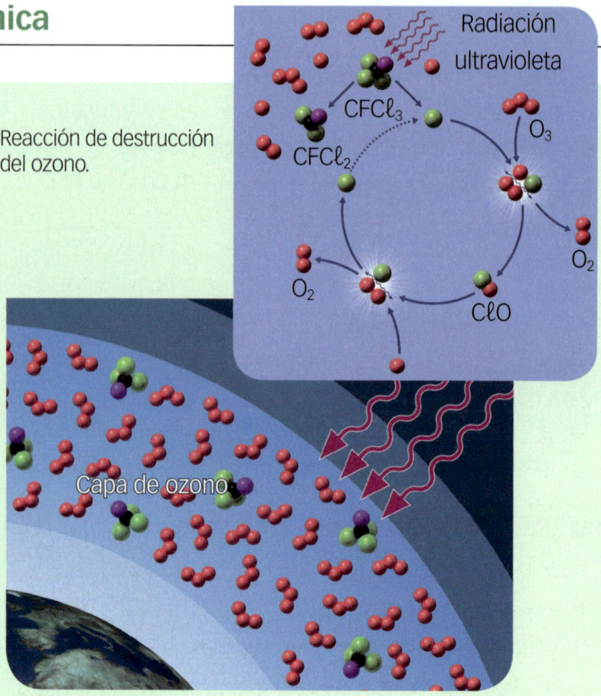

Reacción de destrucción del ozono.

51 Observa las ilustraciones de arriba y contesta.

a) ¿Cuántos átomos de cloro son necesarios para destruir una molécula de ozono?

b) ¿De dónde salen estos átomos de cloro? ¿Están presentes de manera natural en la atmósfera?

c) ¿Qué sustancias nuevas se forman al final de la reacción química?

d) ¿Son contaminantes estas sustancias?

52 Observa cómo actúa el ozono frente a las diversas radiaciones ultravioletas que llegan procedentes del Sol.

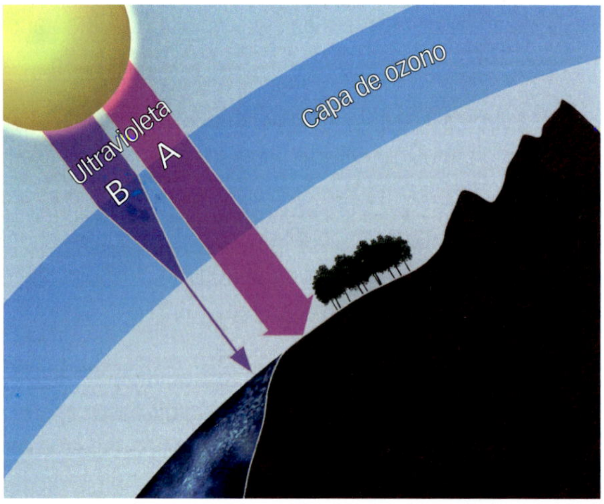

a) ¿Protege el ozono de toda la radiación ultravioleta que llega?

b) INTERPRETA LA IMAGEN. Explica el gráfico con palabras.

c) ¿Cómo afecta entonces la eliminación de ozono a la vida en la Tierra?

53 Escribe la reacción global que tiene lugar como resumen de todo el proceso descrito en la ilustración.

a) ¿Cuáles son los reactivos?

b) ¿Cuáles son los productos?

54 ¿Por qué podemos afirmar que una sola molécula de CFC puede destruir muchas moléculas de ozono?

55 ¿Cuál es el peligro de este hecho para la integridad de la capa de ozono? ¿Se destruye el cloro contaminante una vez destruida la molécula de ozono?

56 En la imagen se muestran con tonos azules las regiones donde el espesor de la capa de ozono es menor. ¿Qué soluciones se te ocurren para evitar la destrucción de la capa de ozono?

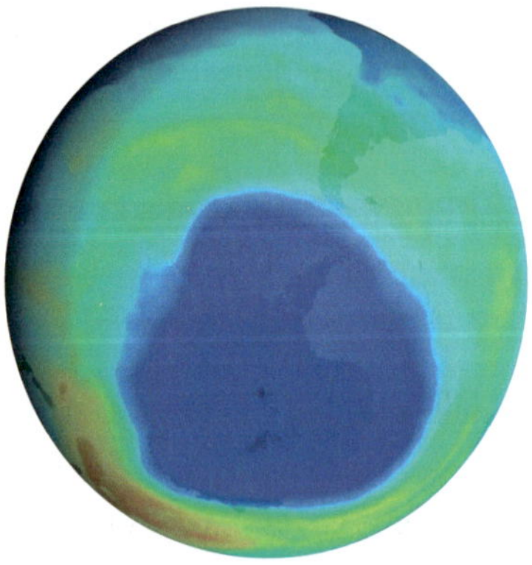

UN CASO PRÁCTICO. ¿Cómo combatir la destrucción de la capa de ozono?

La Agencia Estatal de Meteorología (AEMET) ha confirmado la detención de la tendencia negativa en la destrucción de la capa de ozono, aunque su recuperación hasta los niveles anteriores a 1980, cuando se alertó del problema, no se producirá hasta el 2050, o el 2075 en el caso de la región antártica.

Así lo explica AEMET en un comunicado con ocasión del Día Internacional para la preservación de la capa de ozono [...]. Este día conmemora la firma en 1987 del Protocolo de Montreal con el objetivo de eliminar las sustancias destructoras de ozono, principalmente los clorofluorocarbonos (CFC) y halones, así como el de incluir nuevos compuestos causantes de esa destrucción.

Los datos de estos últimos años reflejan, según la AEMET, que el Protocolo está funcionando, ya que ha conseguido detener la tendencia negativa observada durante los años 80 y 90 y mantener estable durante estos últimos años tanto la extensión del agujero (reducción del grosor de la capa) de ozono como sus niveles.

En cuanto al agujero de ozono del año 2009 alcanzó su máxima extensión el 17 de septiembre, con una superficie de 24,1 millones de kilómetros cuadrados (algo menor que la extensión de América del Norte). [...]

En 2009 el agujero de ozono disminuyó 3 millones de kilómetros cuadrados con respecto a 2008. En conjunto, el año 2009 se caracterizó por un inicio prematuro en la destrucción de la capa de ozono, a mediados de agosto, una extensión máxima similar a la de los últimos años y una recuperación en los niveles de ozono algo más rápida con respecto al año anterior. [...]

En cuanto al agujero de ozono de este año [2010] aunque es prematuro dar una previsión de su evolución, parecen existir indicios que apuntan a un agujero de ozono relativamente más pequeño para este año. [...]

20 minutos, 15/09/2010.

57 COMPRENSIÓN LECTORA. ¿Cuál es la idea principal del texto?

58 El siguiente gráfico muestra el consumo mundial de algunas sustancias destructoras del ozono atmosférico.

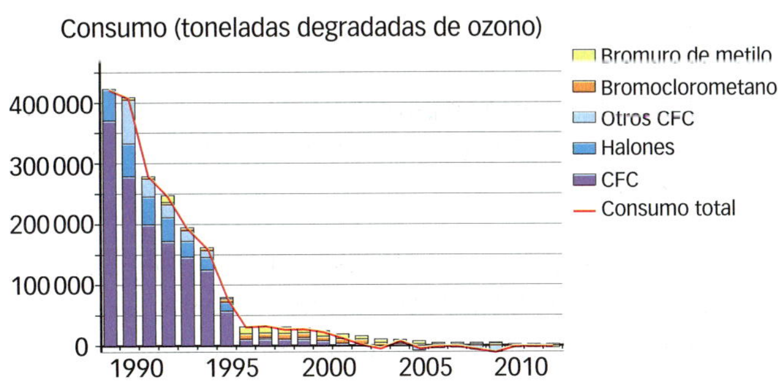

a) ¿Qué tendencia se observa?

b) Explica las unidades empleadas en el eje vertical. ¿A qué hacen referencia?

c) ¿Te parece que la química ha ayudado a proteger el medio ambiente? Explica tu respuesta.

d) Aunque la utilización de agentes destructores del ozono se ha reducido, la capa de ozono tardará tiempo en recuperarse. Explica esto teniendo en cuenta la reacción química que destruye el ozono estudiada en la página anterior.

59 Sabemos que la cantidad de ozono presente en la atmósfera sufre una variación estacional.

a) Explica qué quiere decir esto.

b) ¿Si medimos el espesor de la capa de ozono en marzo y vemos que es mayor que en octubre del año anterior, podemos afirmar que la capa de ozono se está recuperando?

c) Entonces, ¿qué gráfica mostrará mejor cómo varía el espesor de la capa de ozono a lo largo de una década?

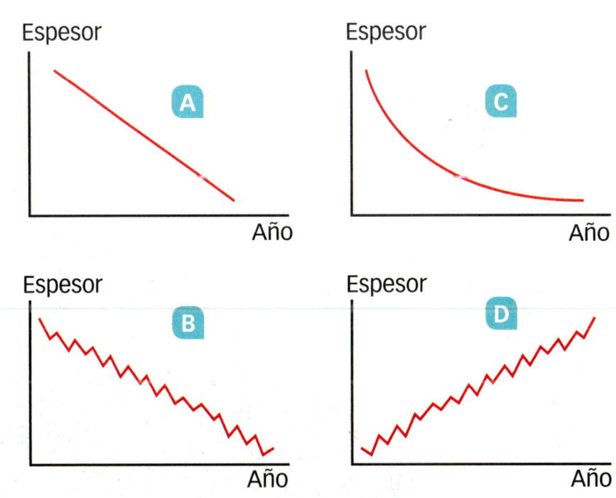

60 TOMA LA INICIATIVA. ¿Cómo conseguiremos atajar el problema de la destrucción de la capa de ozono?

DOS REACCIONES QUÍMICAS VISIBLES

En una reacción química las sustancias se transforman en otras sustancias diferentes. Aunque no siempre es posible, a veces podemos percibir esta transformación, como sucede en los dos ejemplos siguientes.

A. OXIDACIÓN DEL MAGNESIO

MATERIAL

- Vidrio de reloj.
- Cinta de magnesio.
- Pinzas.
- Mechero.
- Balanza (opcional).
- Gafas (recomendado).

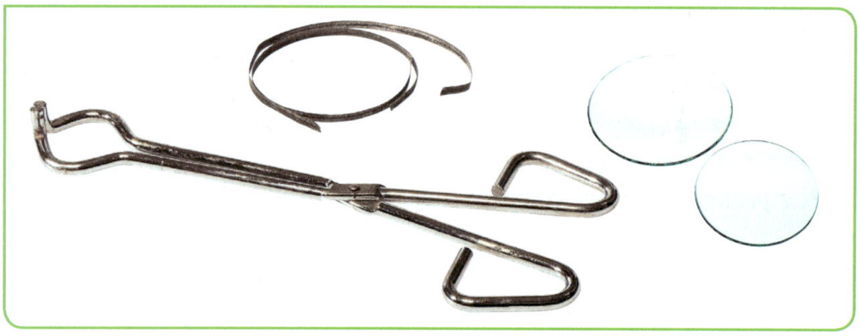

PROCEDIMIENTO

1. Corta un trozo de cinta de magnesio (entre 15 y 20 cm).
2. Sujeta la cinta con las pinzas de madera y sostenla sobre el vidrio de reloj.
3. Acerca el mechero encendido al extremo libre de la cinta y espera a que empiece a arder.
4. Mantén la cinta todo el tiempo sobre el vidrio de reloj, de forma que si cae algo, sea sobre él.
5. Espera a que arda la mayor parte de la cinta. Entonces abre la pinza, deja que caiga sobre el vidrio de reloj el trozo que tenía sujeto y espera a que se extinga la llama.

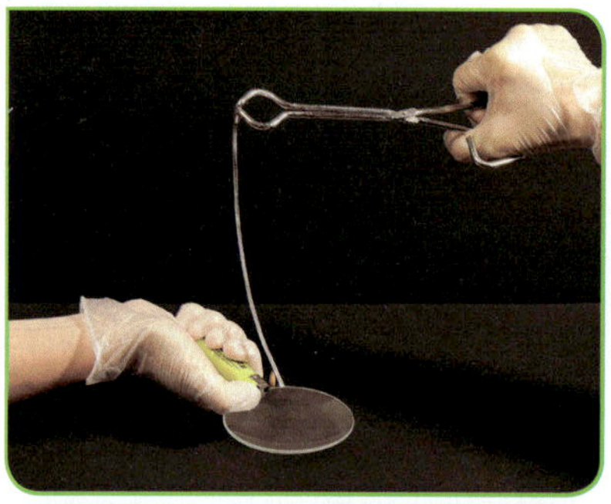

PRESTA ATENCIÓN

Ten mucho cuidado y no mires fijamente al magnesio ardiendo: su luz brillante podría deslumbrarte.

ACTIVIDADES

61 Observa el aspecto y color de la cinta de magnesio inicial.

62 Observa el aspecto y color de la sustancia que queda en el vidrio de reloj después de la combustión. ¿Podrías manejarlo con la pinza, como se hacía con el magnesio cogido de la cinta?

63 Interpreta la experiencia.

a) En esta experiencia hay signos claros de que se ha producido una reacción química. Indica alguno de ellos.

b) Escribe la ecuación química ajustada del proceso.

c) Razona si la masa del producto obtenido es o no mayor que la masa de la sustancia que ha reaccionado.

B. REACCIÓN ENTRE EL CLORURO DE HIDRÓGENO Y EL AMONIACO

MATERIAL

- Tubo de vidrio abierto por los dos lados.
- 2 tapones de goma que ajusten en los extremos.
- 2 soportes con pinzas.
- 2 trozos de algodón.
- 2 pipetas Pasteur.
- HCl: disolución acuosa comercial concentrada.
- NH_3: disolución acuosa comercial concentrada.

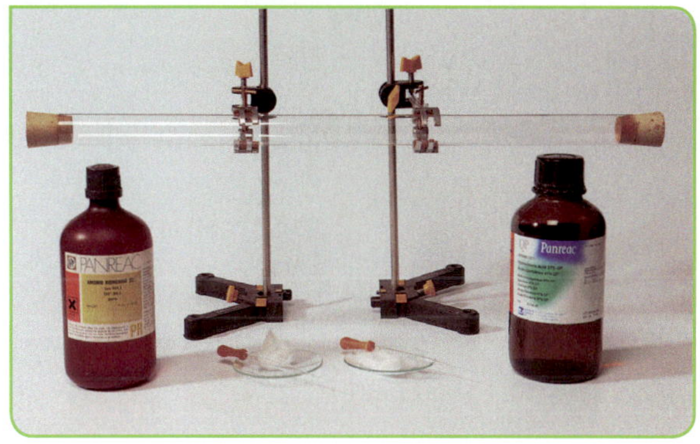

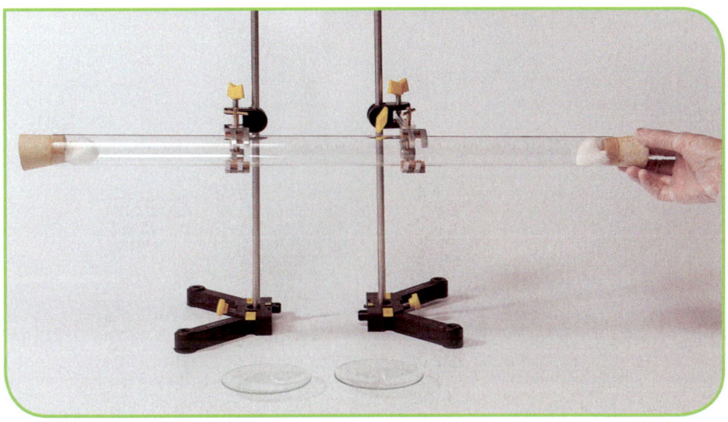

PROCEDIMIENTO

1. Haz que el tubo de vidrio esté completamente limpio y colócalo en posición horizontal, sujeto por las pinzas de los dos soportes.
2. Pon un trozo de algodón cerca de cada extremo.
3. Con una pipeta Pasteur, pon 2 o 3 mL de NH_3 comercial sobre el algodón de un extremo y cierra ese extremo con el tapón de goma.
4. Con otra pipeta Pasteur, pon 2 o 3 mL de HCl comercial sobre el algodón del otro extremo y ciérralo con el tapón de goma.
5. Observa la nube blanca que se va formando en el interior del tubo.

PRESTA ATENCIÓN

El HCl comercial y el NH_3 comercial desprenden vapores muy corrosivos. Procura que las botellas estén abiertas el menor tiempo posible. Trabaja en un lugar ventilado; a ser posible, en una vitrina de gases.

ACTIVIDADES

64 Comprueba el olor que se desprende al abrir la botella de HCl comercial y de NH_3 comercial.

65 Observa si se percibe algún humo cuando se abre la botella de NH_3 o la botella de HCl, por separado.

66 Observa el aspecto y color del humo que se forma dentro del tubo. ¿Dónde se forma? ¿Se acaba depositando algún sólido? ¿De qué color?

67 Interpreta la experiencia.

a) En esta experiencia hay signos claros de que se ha producido una reacción química. Indica alguno de ellos.

b) Escribe la ecuación química ajustada del proceso.

c) Explica en qué estado físico se encuentran las sustancias que reaccionan y en qué estado físico está lo que se obtiene.

6 Las fuerzas y las máquinas

SABER

- ¿Qué es una fuerza?
- Las fuerzas y las deformaciones.
- Acción de varias fuerzas.
- Algunas fuerzas y su efecto.
- Las fuerzas y las máquinas.

SABER HACER

- Identificar fuerzas en situaciones cotidianas.
- Experimentar con las fuerzas midiendo su valor.
- Calibrar un resorte.

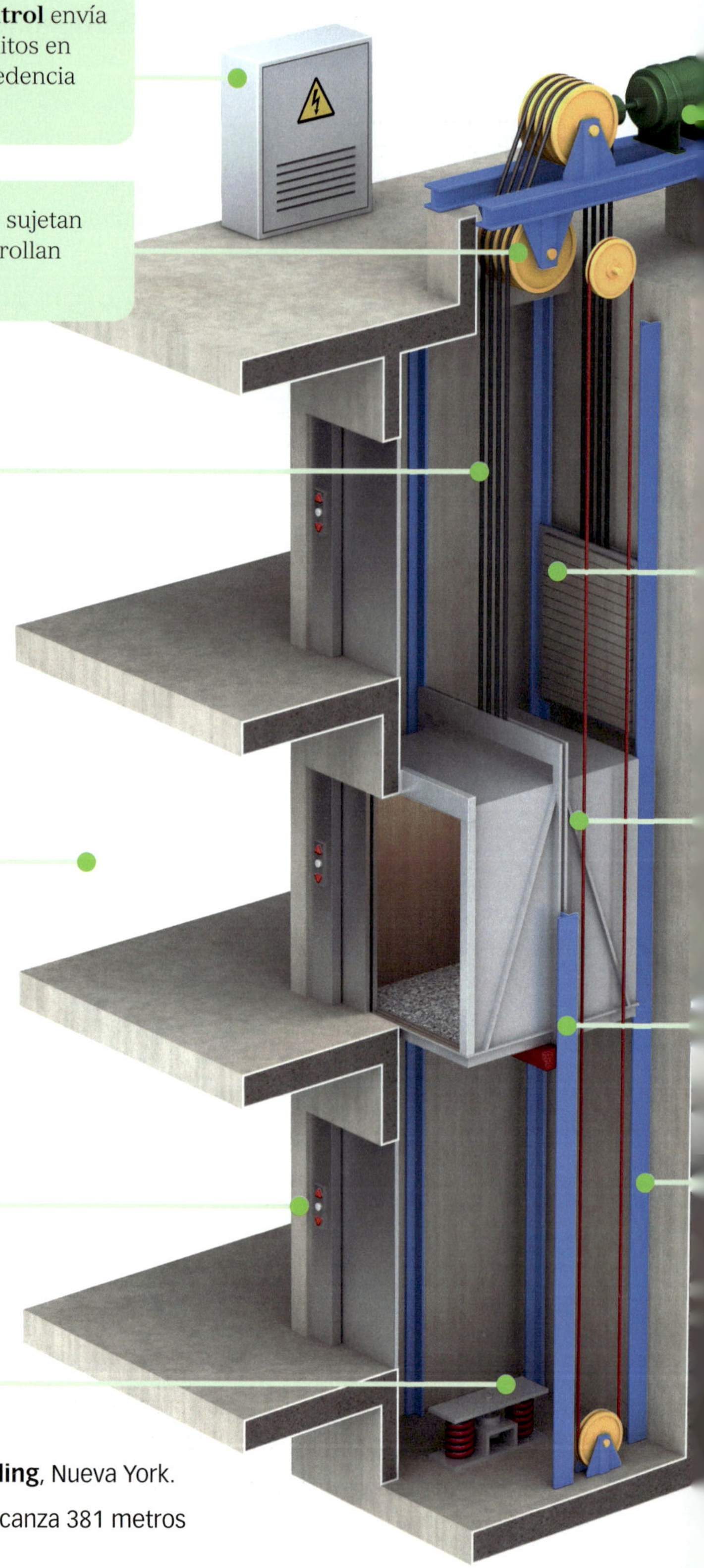

Empire State Building, Nueva York.

Tiene 102 pisos y alcanza 381 metros de altura (azotea).

NOS HACEMOS PREGUNTAS. ¿Cómo funciona un ascensor?

En 1857 Elisha Grave Otis instaló en Nueva York el primer ascensor «moderno» y seguro para los pasajeros, impulsado por vapor. Hoy en día la mayoría son electromecánicos o hidráulicos. En este tipo de ascensores un motor y una bomba impulsan aceite por un circuito, de manera que un pistón eleva la cabina durante el ascenso. Para el descenso se deja caer la cabina con reguladores de velocidad.

Antes de la instalación de ascensores los edificios no tenían más de cinco o seis plantas, pues subir tantas escaleras asustaba a los posibles inquilinos. Pero la llegada de los ascensores impulsó la construcción de rascacielos.

Un **motor** impulsa los mecanismos que suben y bajan la cabina.

Un **contrapeso** facilita el ascenso de la cabina.

La **cabina** se desplaza de un piso a otro por un hueco vertical.

Unos raíles sirven como **guías** para el desplazamiento vertical de la cabina.

Guías para el ascenso y descenso del **contrapeso**.

LA SEGURIDAD DE LOS ASCENSORES

Aunque hoy día mucha gente sigue teniendo miedo a los ascensores, ya son máquinas muy seguras con múltiples sistemas de seguridad.

Un sistema controla que la **velocidad** no aumente demasiado.

Un sistema autónomo proporciona **energía** en caso de falta de suministro.

Las **puertas** del ascensor en cada planta solamente se abren cuando el ascensor está detenido en dicha planta.

El **pesacargas** impide el funcionamiento si el peso es superior al máximo admitido.

? INTERPRETA LA IMAGEN

- ¿Cómo se transmite la fuerza desde el motor hasta la cabina de pasajeros del ascensor?
- ¿Cuál es la función del contrapeso?

CLAVES PARA EMPEZAR

- ¿Qué máquinas sencillas conoces que nos ahorran esfuerzo físico?
- ¿Todas las máquinas disponen de elementos móviles? Pon algunos ejemplos para apoyar tu respuesta.

REPASA FÍSICA Y QUÍMICA

Los efectos de las fuerzas

Observa el efecto que produce cada una de estas fuerzas.

Efecto estático		Efecto dinámico		
Estirar la cuerda del arco.	Moldear la plastilina.	Poner en movimiento un coche parado.	Frenar un coche en movimiento.	Cambiar el movimiento de la bola.

Misma fuerza, distinto efecto

Ejerciendo la misma fuerza sobre el mismo objeto colocado sobre una mesa podemos conseguir distintos efectos:

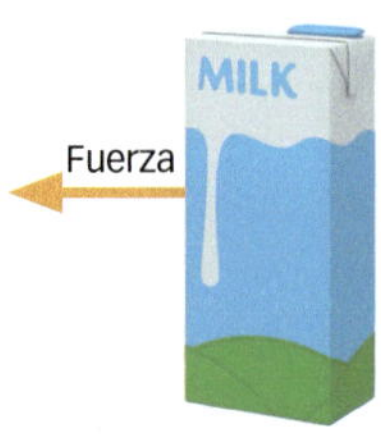

Si la fuerza es horizontal, arrastra el cartón.

Si la fuerza es vertical y hacia abajo, empuja el cartón contra la mesa.

Solo puede levantar el cartón si la fuerza es vertical y hacia arriba.

¿Dónde está el agente que ejerce la fuerza?

¿Dónde está el cuerpo que ejerce la fuerza en estas imágenes?

La pelota cae si se suelta.

La pelota que sube, luego baja.

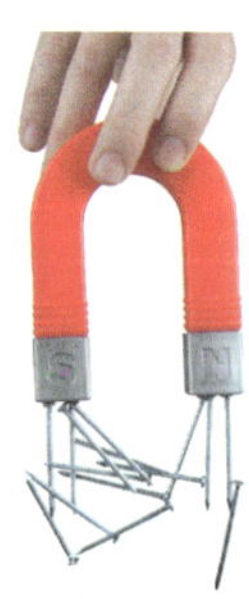

Los clavos se mueven hacia el imán.

ACTIVIDADES

1 Observa las ilustraciones de esta página y busca:

a) Ejemplos de fuerzas que realicen efectos similares a los que se indican en la parte superior.

b) Ejemplos de una misma fuerza que realiza distintos efectos según el modo en que se aplique.

c) ¿Dónde está el agente que hace que la pelota suba o baje o se muevan los clavos hacia el imán?

1 ¿Qué es una fuerza?

Una **fuerza** es cualquier acción que, al aplicarla sobre un cuerpo, puede lograr dos tipos de efectos:

- Estático: deforma el cuerpo.
- Dinámico: cambia su estado de reposo o movimiento. Es decir, lo acelera, lo frena o lo cambia de dirección.

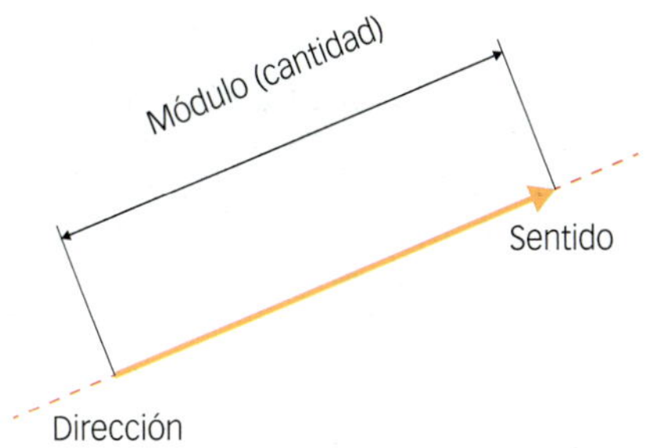

La fuerza es una **magnitud vectorial** en la que hay que especificar:

- **Módulo**: intensidad, valor de la fuerza, cantidad de newton.
- **Dirección**: línea de actuación.
- **Sentido**: punta de flecha.

La unidad de fuerza en el Sistema Internacional es el **newton (N)**. 1 N es igual al peso de un cuerpo de 102 g. Un cuerpo de 1 kg de masa pesa 9,8 N.

El efecto de una fuerza no solo depende de su valor, sino también de la dirección y el sentido en que actúa. Se dice que **la fuerza es una magnitud vectorial** y se representa mediante un **vector**. Las fuerzas pueden ser:

- **Fuerzas de contacto:** el objeto que ejerce la fuerza toca al objeto sobre el que actúa. Ejemplo: fuerzas que tiran, empujan o deforman.
- **Fuerzas a distancia:** el objeto que realiza la fuerza no toca al objeto sobre el que actúa. Ejemplo: la fuerza peso, que hace que una bola caiga.

1. EJEMPLO RESUELTO

Dibuja el vector que representa cada una de las fuerzas de las ilustraciones.

La mano ejerce una fuerza que tira de la cuerda del tirachinas.

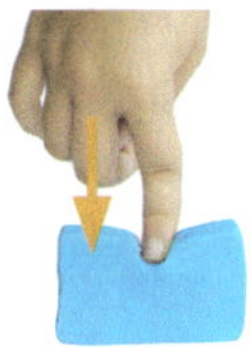
El dedo ejerce una fuerza que deforma la plastilina.

Esta persona ejerce una fuerza de empuje que pone el carro en movimiento.

Los frenos ejercen una fuerza que hace que el coche pare.

La raqueta ejerce una fuerza que impulsa la bola hacia la red.

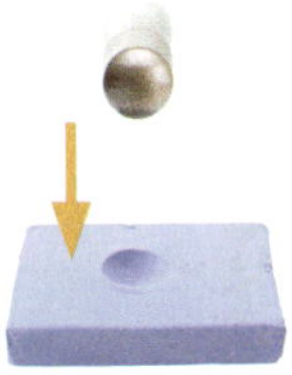
La fuerza peso hace que al soltar la bola, esta caiga al suelo.

La fuerza peso hace que la pelota se detenga a cierta altura y luego caiga.

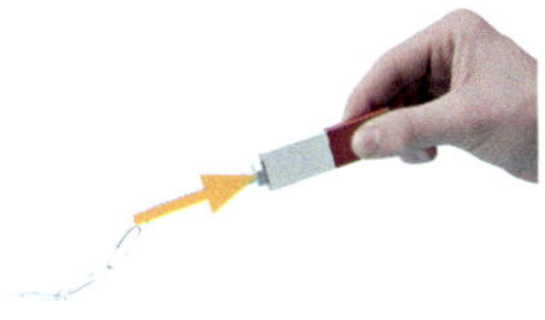
El imán ejerce una fuerza de atracción sobre los clips y el tornillo.

ACTIVIDADES

2 Dibuja en tu cuaderno la fuerza que realiza cada acción y razona si su efecto es estático o dinámico:

a) Sujeta una lámpara al techo.
b) Lanza un penalti.
c) Para un balón.
d) Arruga un papel.
e) Comprime un muelle.
f) Mastica un bocadillo.

1.1. Cómo medir fuerzas: el dinamómetro

El **dinamómetro** es un aparato que se utiliza para medir fuerzas.

Tiene un resorte (muelle) calibrado en su interior, de manera que al ejercer una fuerza, el indicador de su extremo marca el valor de la fuerza.

- **Rango** del dinamómetro: es el intervalo comprendido entre el valor mínimo y el máximo de fuerza que puede medir.
- **Precisión** del dinamómetro: es la menor cantidad de variación de fuerza que puede medir. Coincide con la diferencia entre dos marcas de medida.

Existen dinamómetros de distinto rango y precisión para medir fuerzas de diferente valor. Hay que utilizar el dinamómetro adecuado al valor de la fuerza pues, de lo contrario, el muelle se puede deformar de forma permanente y el dinamómetro se estropea.

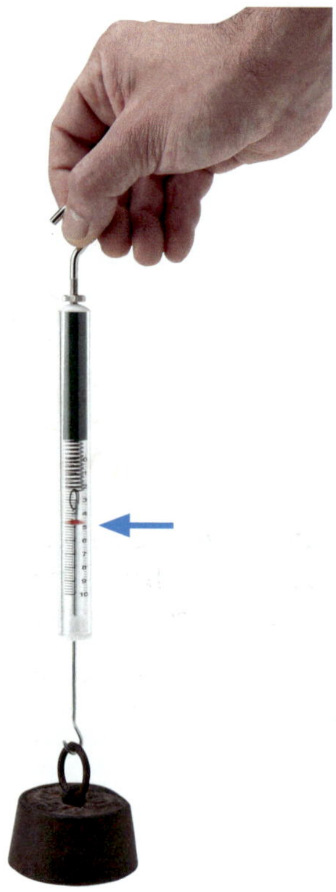

Medida con un **dinamómetro**:

- Rango: entre 1 y 10 N.
- Precisión: 0,2 N.
- Medida: 4,8 N.

A

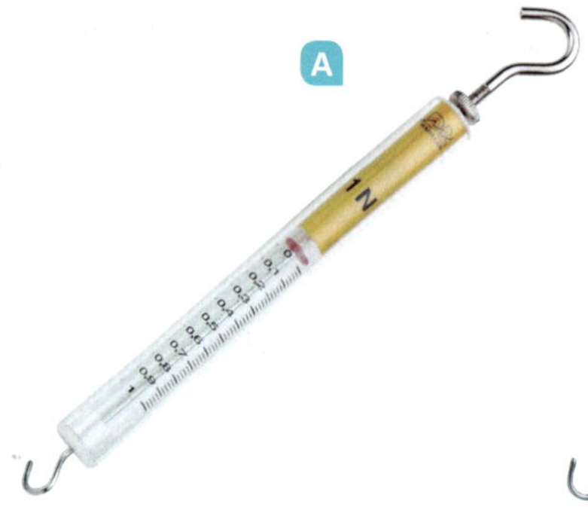

B

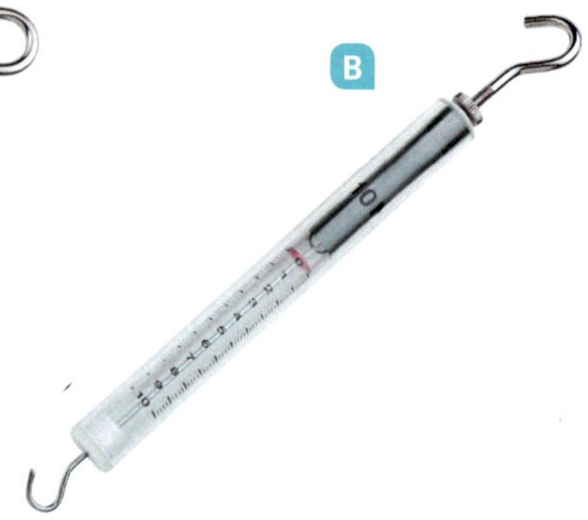

Existen muchas **balanzas**, ya sean industriales, de cocina o de laboratorio, que son dinamómetros. Un muelle en su interior se deforma (estira o encoge) proporcionalmente a la masa del cuerpo que se cuelga o se coloca sobre él. Observa distintos tipos de balanzas.

A

B

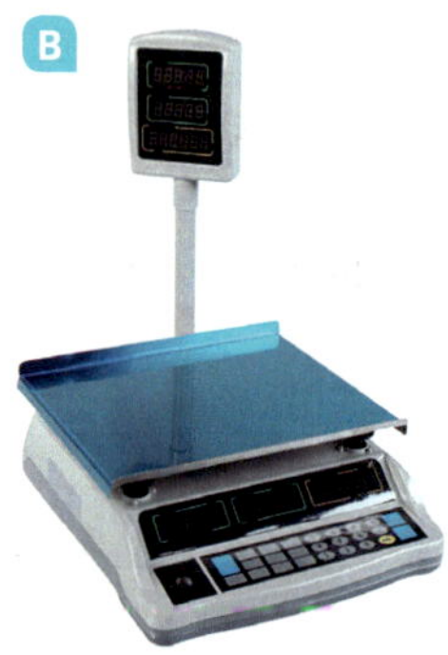

C

D

ACTIVIDADES

3 Completa la tabla en tu cuaderno indicando el rango y la precisión de cada dinamómetro de la figura de arriba.

	Dinamómetro A	Dinamómetro B
Rango		
Precisión		

4 De los dinamómetros que se muestran en la imagen, de arriba, elige el más adecuado para medir las siguientes fuerzas.

a) 1,48 N
b) 6,5 N
c) 2,8 N
d) 0,52 N

Dibuja en tu cuaderno la marca en la posición que tendrá en cada caso.

2 Las fuerzas y las deformaciones

Observa los efectos que causan las fuerzas en algunos objetos:

? INTERPRETA LA IMAGEN

- ¿Puedes deformar una moneda con tus manos?
- ¿Y aplicando una fuerza mayor?

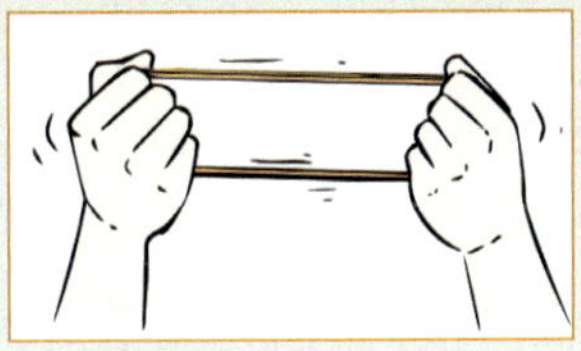

- ¿Puedes estirar una goma con tus manos? ¿Qué ocurre si dejas de estirar?
- ¿Qué puede suceder si aplicas una fuerza mayor?

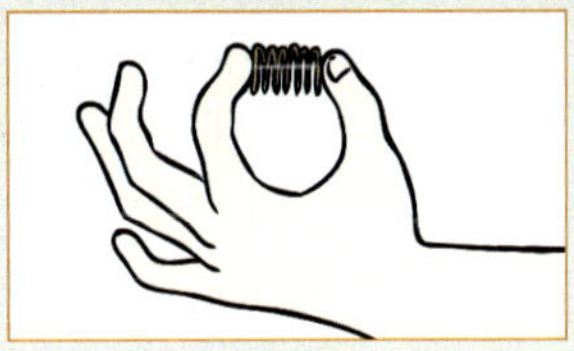

- ¿Puedes comprimir un muelle con tus manos? ¿Qué ocurre si dejas de comprimir?
- ¿Qué puede ocurrir si aplicas una fuerza mayor?

- ¿Puedes dar forma al barro o la plastilina con tus manos?
- ¿Qué le ocurre cuando dejas de moldearlo?

Las fuerzas pueden deformar los cuerpos. Dependiendo de su comportamiento, los cuerpos pueden clasificarse en:

- **Rígidos:** no se deforman por acción de una fuerza, como la moneda
- **Elásticos:** se deforman por acción de una fuerza, pero recuperan su forma original cuando desaparece la fuerza, como la goma o el muelle.
- **Plásticos:** se deforman por acción de una fuerza y no recuperan su forma original cuando desaparece la fuerza, sino que quedan deformados permanentemente, como el barro.

El que un cuerpo sea rígido, elástico o plástico depende de la materia de la que esté hecho y también de la fuerza que se le aplique.

- Si aplicamos una fuerza muy grande a un cuerpo elástico, puede que no consiga recuperar su forma original al desaparecer la fuerza. Se dice que el cuerpo ha superado el **límite de elasticidad** y que la deformación es permanente.
- Si aplicamos una fuerza muy grande a un cuerpo rígido, puede que se rompa. Se dice que el cuerpo ha superado el **límite de rotura**.

SABER MÁS

Elasticidad: es una propiedad de la materia que permite que los cuerpos deformados por una fuerza recuperen su forma original cuando cesa la fuerza. Ejemplo: una goma elástica.

Plasticidad: es una propiedad de la materia que hace que los cuerpos que son deformados por una fuerza mantengan la nueva forma cuando cesa la fuerza. Ejemplo: la plastilina.

ACTIVIDADES

5 Clasifica los siguientes cuerpos como elásticos, rígidos o plásticos, para una fuerza que puedas hacer con tus manos.

a) Plastilina.
b) Ladrillo.
c) Llave de acero.
d) Jersey de lana.
e) Taco de madera.
f) Taco de arcilla.
g) Lámina de plástico.
h) Vela de parafina.
i) Cable.

2.1. Ley de Hooke

Un muelle es un cuerpo elástico que se alarga al tirar de él con una fuerza. Cuanto mayor sea la fuerza, mayor será el estiramiento.

SABER HACER

Deducir la relación entre la fuerza y el estiramiento en un muelle

Observa cómo se alarga un muelle al aplicar fuerzas de diferente valor.

1

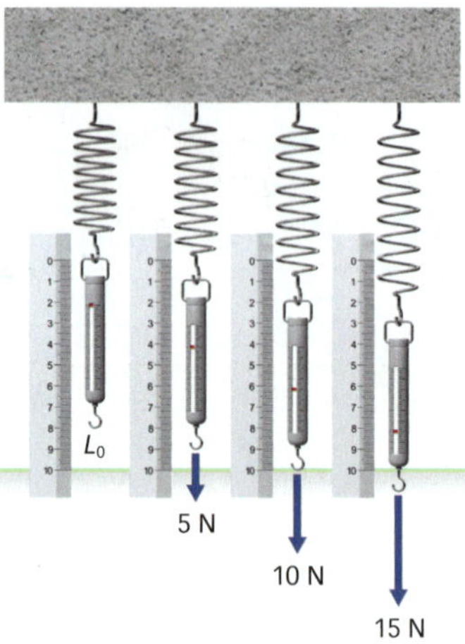

2

F (N)	ΔL (cm)
0	0
5	1
10	2
15	3

3

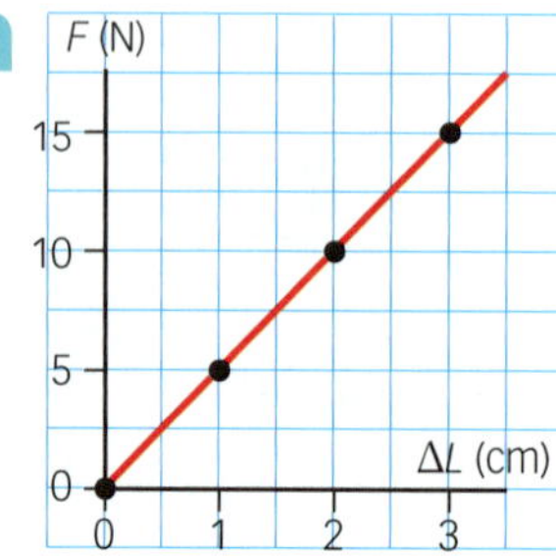

? INTERPRETA LA IMAGEN

- ¿Cómo varía el estiramiento del muelle al aumentar la fuerza aplicada?
- ¿Qué significa que la línea pasa por el punto (0, 0)?

Ley de Hooke. Al aplicar una fuerza a un muelle, se le produce una deformación que es directamente proporcional al valor de la fuerza:

$$F = k \cdot \Delta L$$

k es la constante de elasticidad. En el Sistema Internacional k se mide en N/m y representa la fuerza, en newton, que hay que aplicar al resorte para que se estire 1 m. Su valor es una característica del muelle.

2. EJEMPLO RESUELTO

Un muelle, cuya longitud es 25 cm, se estira hasta 28 cm cuando tiramos de él con una fuerza de 2,4 N. Calcula:

a) Su constante de elasticidad.

b) La longitud del muelle si tiramos de él con una fuerza de 4 N.

a) Calcula lo que se ha estirado el muelle:

$$\Delta L = L - L_{\text{inicial}} = 28 \text{ cm} - 25 \text{ cm} = 3 \text{ cm}$$

Utiliza la ley de Hooke para calcular la constante k:

$$F = k \cdot \Delta L \rightarrow k = \frac{F}{\Delta L} = \frac{2{,}4 \text{ N}}{0{,}03 \text{ m}} = \mathbf{80\ \frac{N}{m}}$$

b) La constante de elasticidad es una característica del muelle. Calcula lo que se ha estirado ahora el muelle:

$$F = k \cdot \Delta L \rightarrow \Delta L = \frac{F}{k} = \frac{4 \text{ N}}{80 \frac{\text{N}}{\text{m}}} = 0{,}05 \text{ m} = 5 \text{ cm}$$

La longitud del muelle ahora es:

$$L = L_{\text{inicial}} + \Delta L = 25 \text{ cm} + 5 \text{ cm} = \mathbf{30\ cm}$$

ACTIVIDADES

6 Un muelle de 25 cm de longitud tiene una constante de elasticidad de 150 N/m. Calcula con qué fuerza hay que tirar de él para que mida 28 cm.

7 Completa en tu cuaderno esta frase con el resultado del ejemplo resuelto y de la actividad anterior.

«Cuando mayor sea la constante de elasticidad de un muelle, ___________ es la fuerza que tenemos que aplicarle para que se estire una determinada longitud».

3 Acción de varias fuerzas

A menudo actúan varias fuerzas simultáneamente sobre un cuerpo. Observa las dos cuerdas que tiran de la barca con fuerzas de 5 N y 8 N.

¿Qué le ocurre a la barca en cada caso? ¿Se moverá siempre la barca en la misma dirección? ¿Por qué?

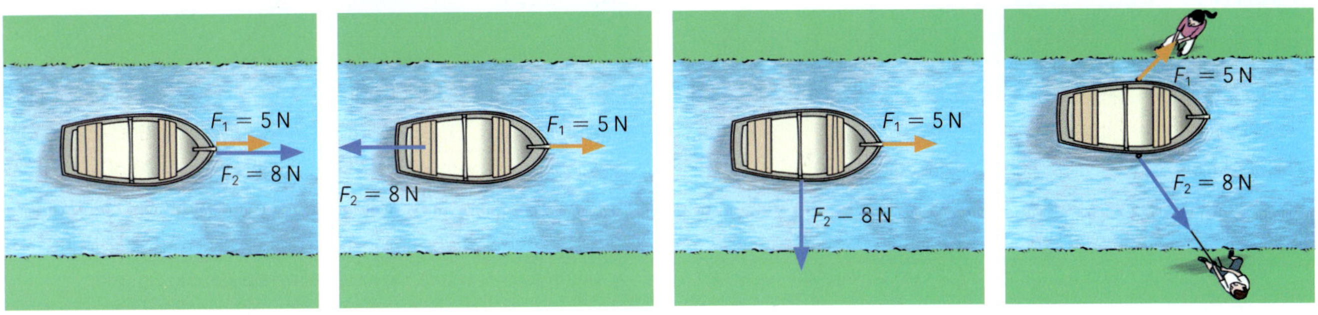

Se llama **fuerza resultante** (R) de otras varias a la fuerza que ejerce el mismo efecto que el conjunto de todas ellas.

g = gravedad

$\vec{P} = m \cdot g$

Para obtener la fuerza resultante hay que sumar las fuerzas, teniendo en cuenta que son magnitudes vectoriales. Es decir, que además de su valor o intensidad, hay que tener en cuenta su dirección y sentido.

Fuerzas concurrentes son aquellas cuyas direcciones coinciden en algún punto. Para sumar fuerzas concurrentes las trasladamos al punto en que coinciden sus direcciones.

3.1. Suma de fuerzas concurrentes con la misma dirección

Fuerzas con la misma dirección y sentido

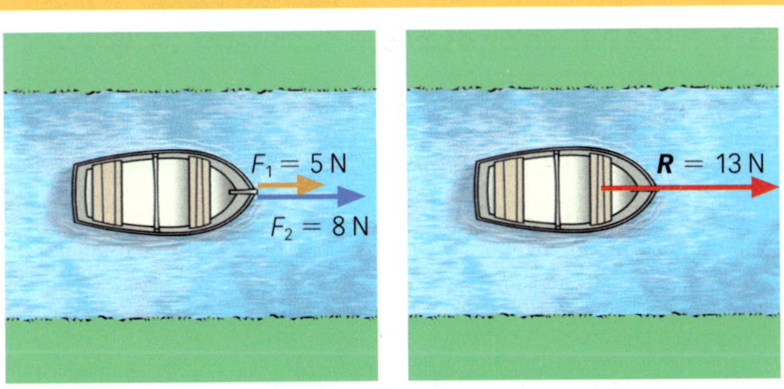

$F_1 = 5$ N

$F_2 = 8$ N

$\boldsymbol{R} = 13$ N

$R = 5\text{ N} + 8\text{ N} = 13\text{ N}$

Resultante:

- Misma dirección y sentido que las fuerzas que actúan sobre la barca.
- Módulo: la suma de los módulos.

Fuerzas con la misma dirección y sentidos opuestos

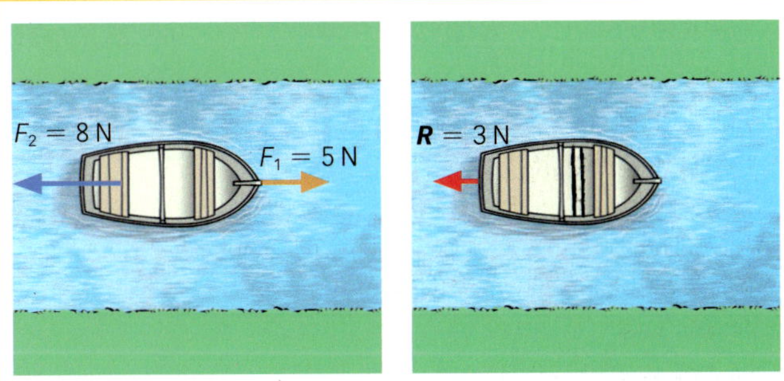

$F_2 = 8$ N $F_1 = 5$ N

$\boldsymbol{R} = 3$ N

$R = 8\text{ N} - 5\text{ N} = 3\text{ N}$

Resultante:

- Misma dirección que las fuerzas que actúan sobre la barca.
- Sentido: el de la fuerza mayor.
- Módulo: la diferencia entre los módulos.

3.2. Suma de fuerzas concurrentes con distinta dirección

Fuerzas con direcciones perpendiculares

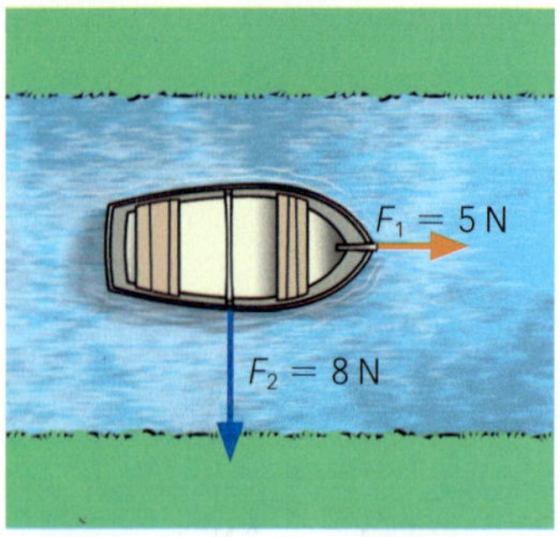

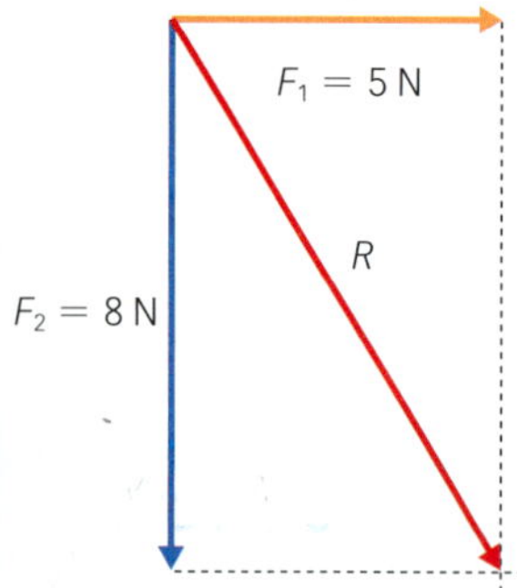

Resultante:

1. Se dibujan las dos fuerzas con el origen coincidente.
2. Se trazan paralelas a las fuerzas que completen el rectángulo.
3. La resultante (R) es la diagonal con origen en el punto común y extremo en el vértice opuesto. Se calcula su valor con el teorema de Pitágoras:

$$R = \sqrt{F_1^2 + F_2^2}$$

Fuerzas con cualquier otra dirección

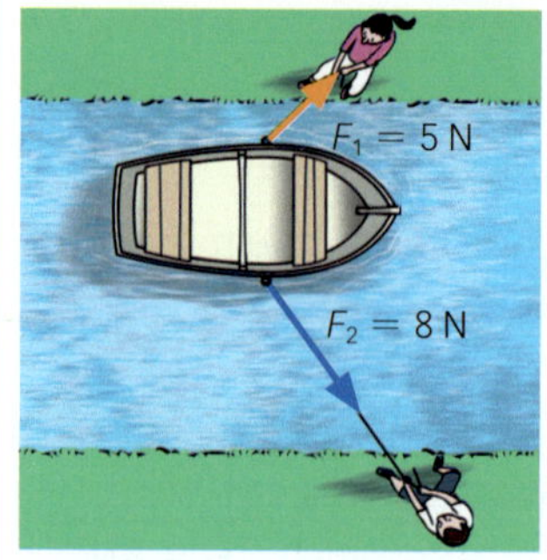

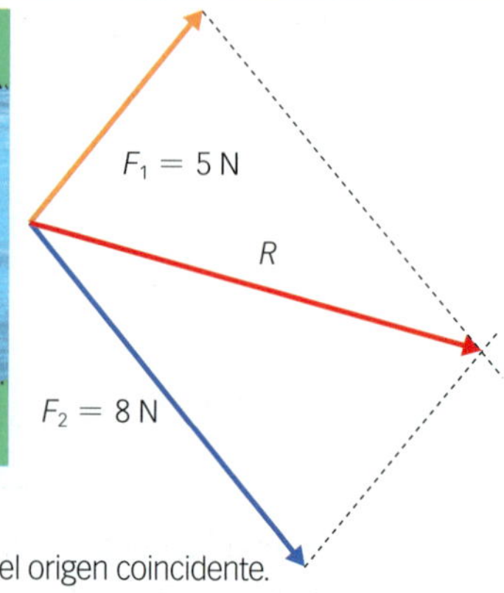

Resultante:

1. Se dibujan las dos fuerzas con el origen coincidente.
2. Se trazan paralelas a las fuerzas que completen el paralelogramo.
3. La resultante (R) es la diagonal con origen en el punto común y extremo en el vértice opuesto del paralelogramo. Su valor no es fácil de calcular, pues aquí no podemos aplicar el teorema de Pitágoras.

3. EJEMPLO RESUELTO

Queremos atravesar un río con una barca. El motor de la barca ejerce una fuerza de 12 N y la corriente del río ejerce una fuerza de 5 N. Si colocamos la barca perpendicular al río, encuentra:

a) La fuerza total que actúa sobre la barca.

b) Cómo debes colocar la barca para que atraviese el río recorriendo la menor distancia posible.

a) Dibuja la fuerza de la corriente y la del motor. La resultante que actúa sobre la barca es la diagonal del rectángulo cuyo valor calculas por el teorema de Pitágoras.

La dirección de la resultante indica que la barca no atraviesa el río perpendicularmente.

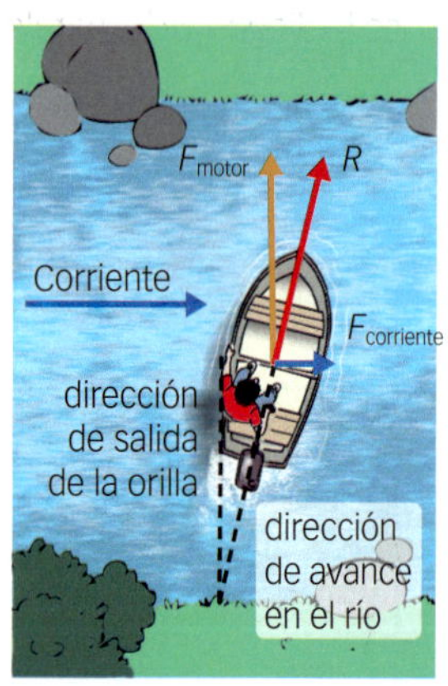

$$R = \sqrt{F_1^2 + F_2^2} = \sqrt{(12\text{ N})^2 + (5\text{ N})^2} =$$
$$= \sqrt{144\text{ N}^2 + 25\text{ N}^2} = \sqrt{169\text{ N}^2} = \mathbf{13\ N}$$

b) Para que la barca atraviese el río recorriendo la menor distancia, la fuerza resultante del motor y la corriente debe ser perpendicular al río.

El motor debe ejercer una fuerza **algo desviada hacia atrás**.

Se obtiene la resultante de manera gráfica, ya que las fuerzas no son perpendiculares.

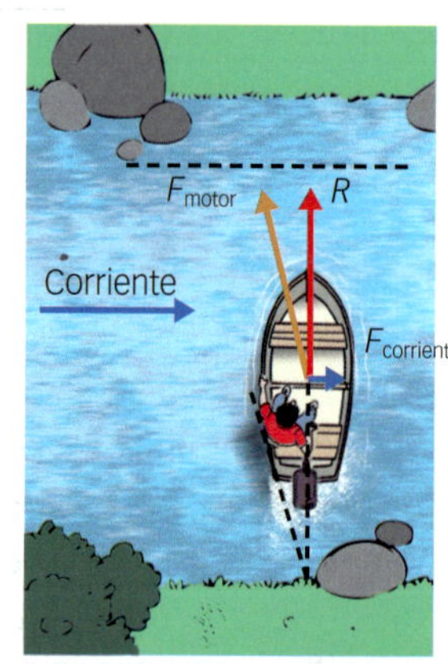

ACTIVIDADES

8 Dibuja la fuerza resultante en tu cuaderno y calcula su valor en cada caso.

a)

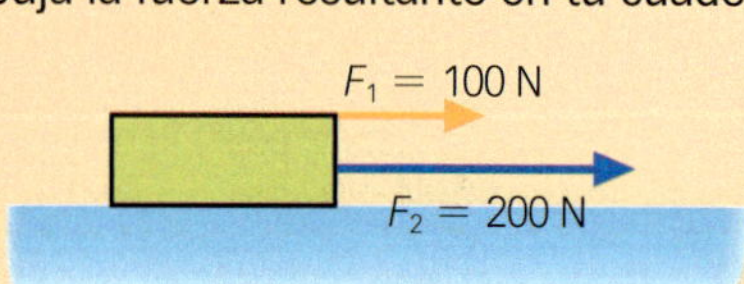

b)

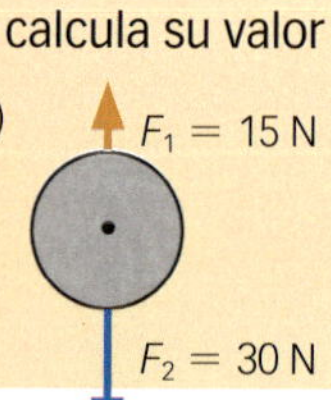

c)

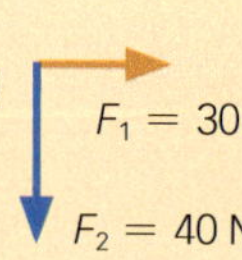

3.3. Cuerpos en equilibrio

Un cuerpo sometido a la acción de varias fuerzas concurrentes está en **equilibrio** si la suma de todas las fuerzas es cero.

SABER HACER

Deducir la fuerza F_3 que debe actuar sobre un cuerpo con F_1 y F_2 para que esté en equilibrio

A

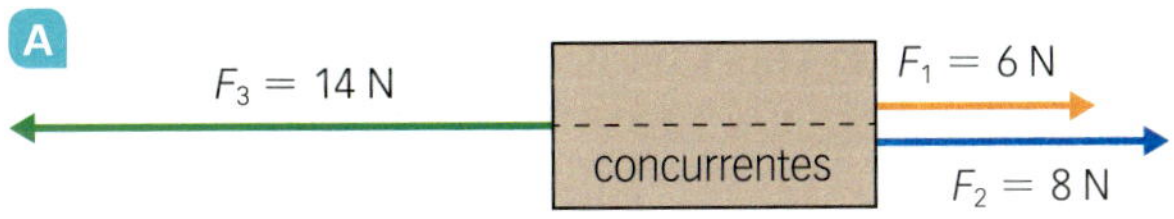

$F_1 + F_2$ es una fuerza de 14 N, horizontal y de sentido hacia la derecha. Es igual y de sentido contrario a F_3. Así:

$$F_1 + F_2 + F_3 = 0$$

B

$F_1 + F_2$ es una fuerza de 2 N, horizontal y de sentido hacia la izquierda. Es igual y de sentido contrario a F_3.

$$F_1 + F_2 + F_3 = 0$$

C

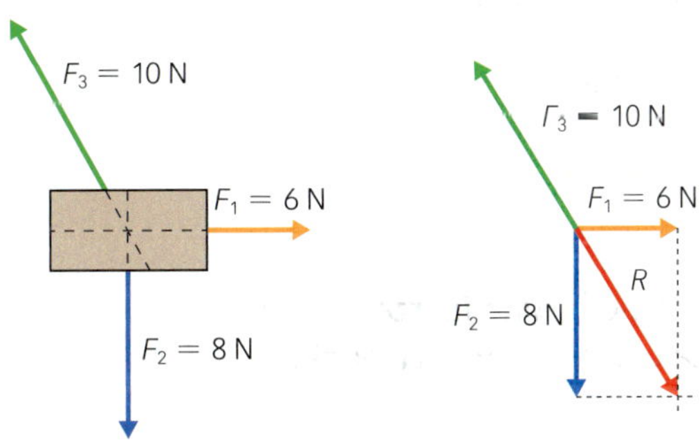

F_1 y F_2 son fuerzas concurrentes perpendiculares.

$$R = \sqrt{F_1^2 + F_2^2} = \sqrt{(6\ \text{N})^2 + (8\ \text{N})^2} = \sqrt{100\ \text{N}^2} = \mathbf{10\ N}$$

F_3 es una fuerza igual y de sentido contrario R.

$$F_1 + F_2 + F_3 = 0$$

D

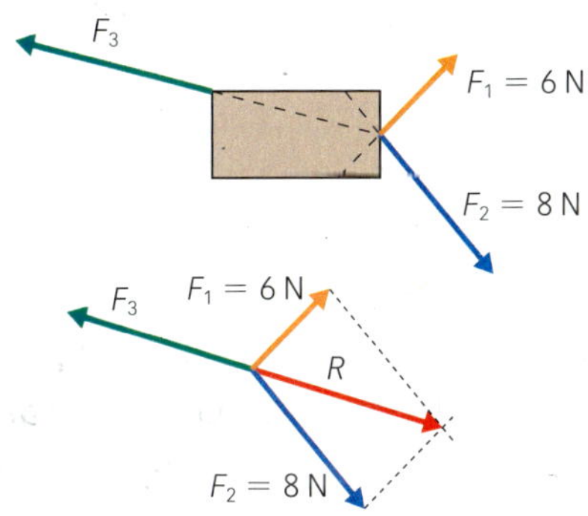

F_1 y F_2 son fuerzas concurrentes. Su resultante es la diagonal del paralelogramo que se muestra.

F_3 es una fuerza igual y de sentido contrario R.

$$F_1 + F_2 + F_3 = 0$$

4. EJEMPLO RESUELTO

Tiramos de una anilla con dos fuerzas perpendiculares de 12 N y 9 N. Encuentra el valor, la dirección y el sentido de la fuerza adicional que debes aplicar para que la anilla permanezca en equilibrio.

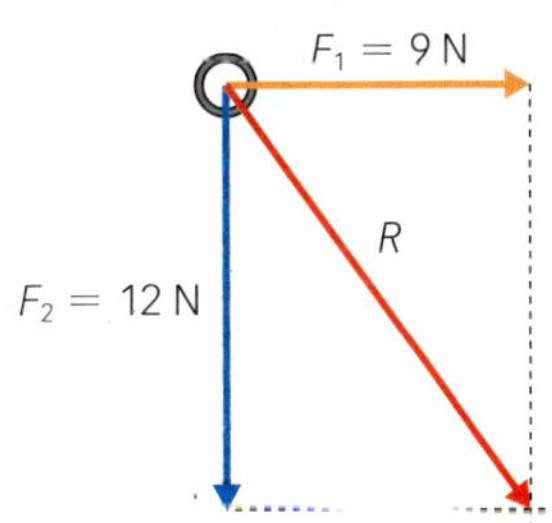

1. Dibuja las fuerzas que actúan sobre la anilla. Obtén el valor de la resultante, R.

   $$R = \sqrt{12^2 + 9^2} = \mathbf{15\ N}$$

2. Para que la anilla esté en equilibrio, hay que aplicar sobre ella **una fuerza igual y de sentido contrario a** R = 15 N.

ACTIVIDADES

9 Dibuja en tu cuaderno y calcula el valor de la fuerza que hay que aplicar para que estos cuerpos estén en equilibrio.

a)

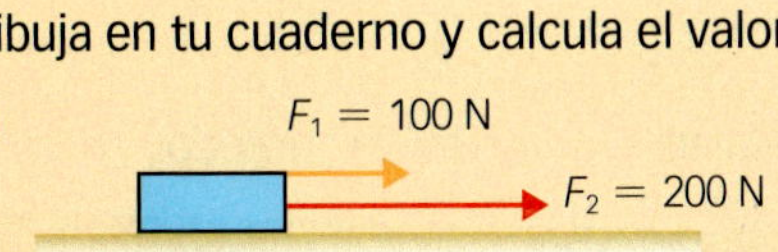

b)

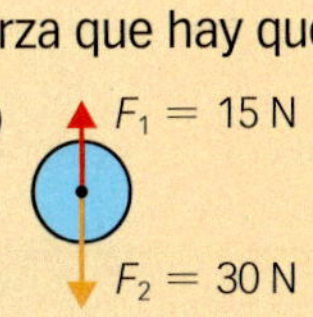

c)

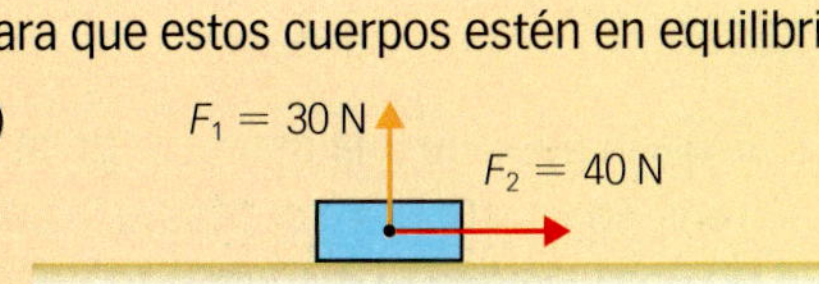

PRESTA ATENCIÓN

Peso y masa no es lo mismo

En el lenguaje normal utilizamos peso y masa indistintamente, pero son dos magnitudes diferentes.

- La **masa** es la cantidad de materia de un cuerpo. Es una característica del cuerpo y es la misma cualquiera que sea el lugar donde se encuentre.
- El **peso** es la fuerza con que lo atrae otro cuerpo.

El peso de las patatas de la imagen en la Tierra no es el mismo que en la Luna. En la Tierra pesan 29,4 N, mientras que en la Luna pesan menos, unos 4,8 N.

Sin embargo, su masa es siempre de 3 kg.

4 Algunas fuerzas y su efecto

Algunas de las fuerzas que se manifiestan a nuestro alrededor tienen efectos que podemos apreciar.

4.1. Fuerza peso

Llamamos **peso** a la fuerza con que la Tierra atrae a los cuerpos.

Es la fuerza responsable de que los cuerpos que se dejan libres acaben cayendo, y también es la responsable de que la Luna y los satélites artificiales orbiten alrededor de la Tierra. Explicaremos esto en otra unidad.

Para calcular el peso de un cuerpo que está cerca de la superficie de la Tierra, multiplicamos su masa, en kg, por 9,8. Como resultado, obtendremos el peso en newton (N).

La dirección de la fuerza peso siempre es **vertical**, y su sentido, **hacia abajo**. Aunque el cuerpo se apoye en una superficie inclinada.

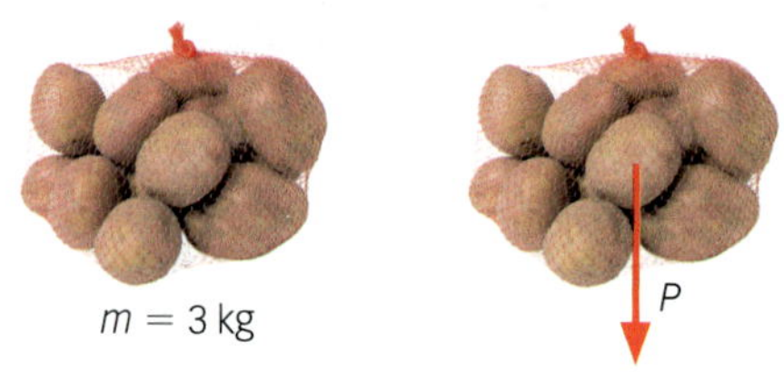

$$P = 3\ \cancel{\text{kg}} \cdot 9{,}8\,\frac{\text{N}}{\cancel{\text{kg}}} = 29{,}4\ \text{N}$$

SABER MÁS

¿Por qué pesan menos los objetos cuando están sumergidos en agua?

Si has intentado levantar a un amigo o amiga dentro de una piscina, habrás comprobado que te cuesta menos esfuerzo. Decimos que «pesa menos». ¿Por qué ocurre esto?

En realidad, ¿crees que el peso de tu amigo/a disminuye en el agua? Como sabes, para calcular el peso (en newton) hay que multiplicar la masa (en kilogramos) por 9,8. Y la masa no varía al meternos en el agua. Entonces, ¿por qué parece que pesa menos? Pues porque en los cuerpos introducidos en el agua existe otra fuerza, que llamamos **empuje**, que empuja el cuerpo hacia arriba. De esta manera la fuerza resultante, el peso «aparente» en el agua, es menor, porque el empuje tiene sentido opuesto al peso.

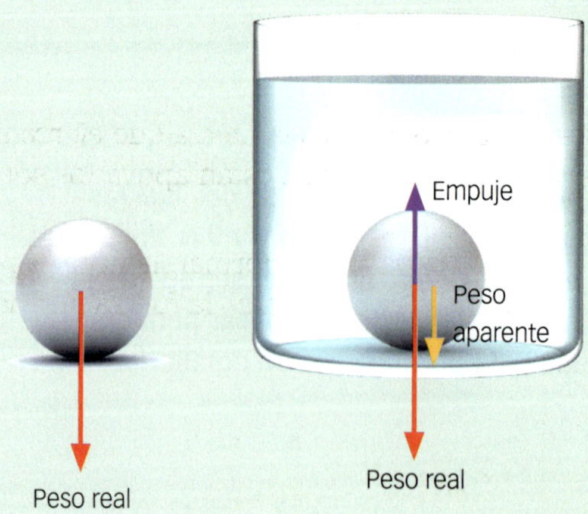

ACTIVIDADES

10 Calcula el peso de una pesa que tiene el siguiente letrero: 50 kg. ¿Cambia el peso si la pesa se traslada a la Luna? Explica tu respuesta.

11 El peso calculado en la actividad anterior, ¿es el real o el aparente? ¿Cuál será el peso aparente de la pesa en el agua si el empuje que sufre es de 6 N?

4.2. Fuerza tensión

La **tensión** es la fuerza soportada por un cable o una cuerda cuando un cuerpo cuelga o tira del cable o la cuerda.

Cuando la fuerza que tira o el peso del cuerpo que cuelga son mayores que la tensión que pueden soportar, el cable o la cuerda se rompen.

En la lámpara de la imagen, que permanece en equilibrio, el peso es igual a la tensión de la cuerda. Si colgamos un peso excesivo de la lámpara, puede ocurrir que el peso sea mayor que la tensión que puede soportar el cable, y este se romperá.

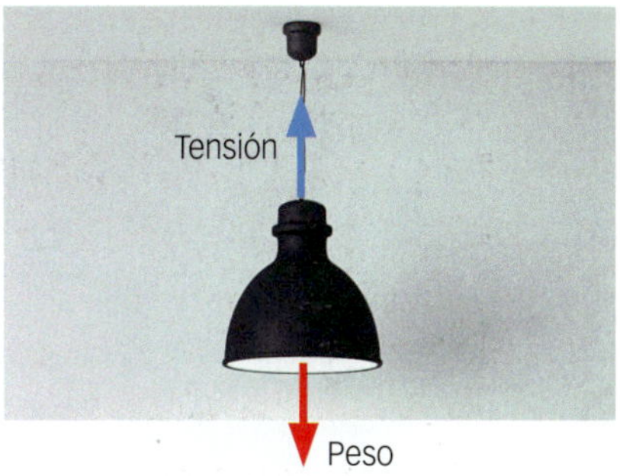

La tensión está dirigida hacia arriba.

? INTERPRETA LA IMAGEN

¿Cuánto mide la fuerza de tensión en cada caso?

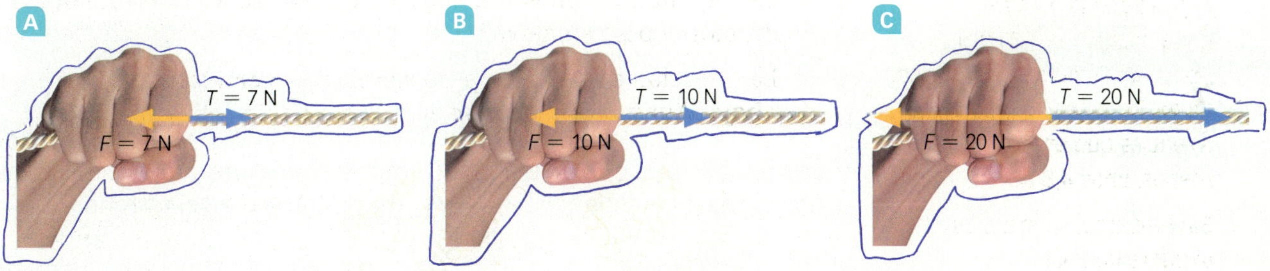

La tensión de la cuerda es una fuerza igual y de sentido contrario a la fuerza que tira de ella. Cuando la fuerza es mayor que la tensión que puede soportar, la cuerda se rompe.

4.3. Fuerza normal

La fuerza **normal** es la fuerza que ejerce una superficie sobre los cuerpos que están apoyados sobre ella.

La dirección de la fuerza normal siempre es perpendicular a la superficie. Si la superficie es horizontal, la fuerza normal está dirigida hacia arriba.

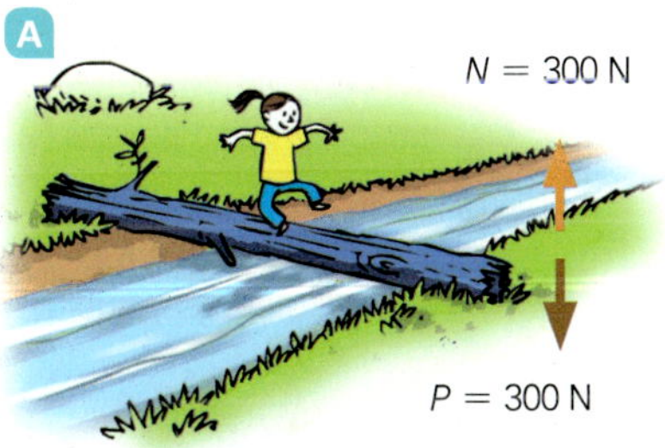

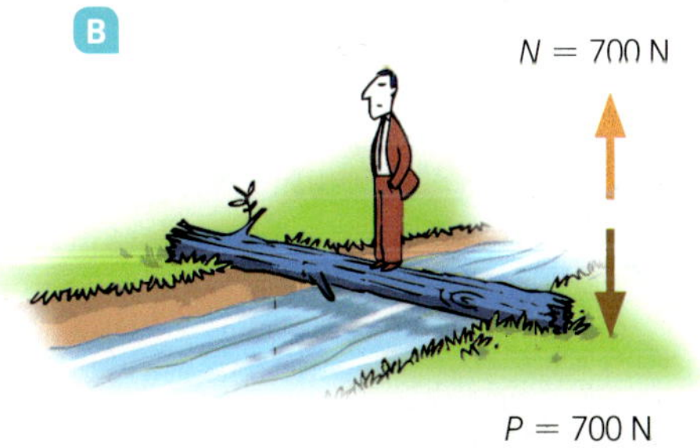

En las imágenes, como el tronco está en posición horizontal, la fuerza normal es igual y de sentido contrario al peso del cuerpo. Si el peso es muy grande, el tronco no es capaz de soportarlo y se rompe (C).

4.4. Fuerza de rozamiento

¿Sobre qué superficie se camina más fácil?

La fuerza de rozamiento siempre tiene **sentido opuesto al movimiento**.

Cuando están en contacto dos superficies y una trata de moverse sobre la otra, aparecen fuerzas de rozamiento.

> La **fuerza de rozamiento** es una fuerza que se opone al movimiento. Aparece siempre que un cuerpo se mueve sobre el suelo, en el aire, en el agua…

Su valor depende de las superficies que estén en contacto, y es mayor cuanto mayor es la rugosidad entre ellas.

Es difícil caminar sobre el hielo (A) porque la falta de rozamiento nos hace resbalar y nos podemos caer. También lo es caminar sobre la arena (C) porque hay mucho rozamiento. Caminar sobre una superficie (B) dura nos permite caminar sin resbalar y sin hundirnos en el terreno.

Si un cuerpo cae, la fuerza de rozamiento está dirigida hacia arriba.

Si el cuerpo asciende, la fuerza de rozamiento está dirigida hacia abajo.

Si el cuerpo se mueve hacia la derecha, la fuerza de rozamiento está dirigida hacia la izquierda.

Si el cuerpo se mueve hacia la izquierda, la fuerza de rozamiento está dirigida hacia la derecha.

ACTIVIDADES

12 Un cable puede soportar una tensión de 50 N y queremos colgar de él bolas que pesan 20 N. Determina la tensión del cable cuando colgamos de él:

a) Una bola.

b) Dos bolas.

c) Tres bolas.

Elabora en tu cuaderno un esquema de cada situación.

13 Un coche se mueve bajo la acción de una fuerza neta de 2000 N, aunque su motor ejerce una fuerza de 2800 N. ¿A qué se debe esta diferencia? ¿Qué otras fuerzas actúan en la dirección del movimiento?

14 Sobre una mesa horizontal se coloca un cuerpo cuyo peso es 30 N y se ejerce sobre él una fuerza de 10 N (b y c). Determina en cada caso el valor de la fuerza normal.

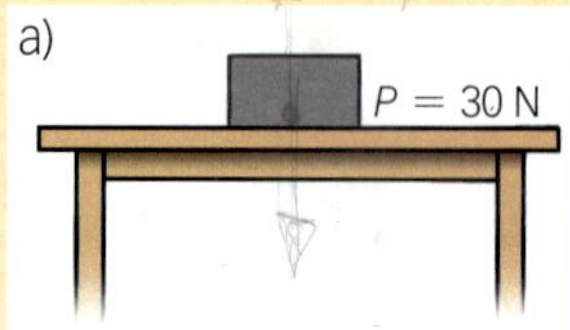

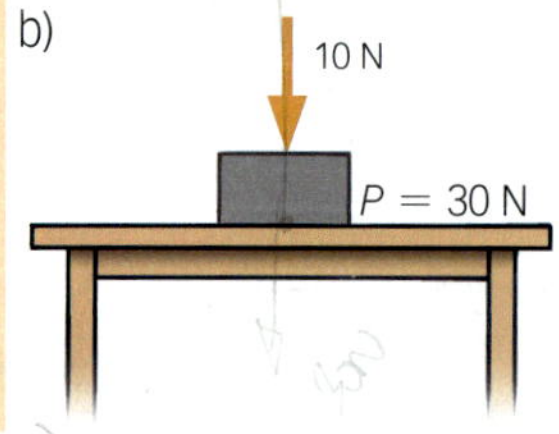

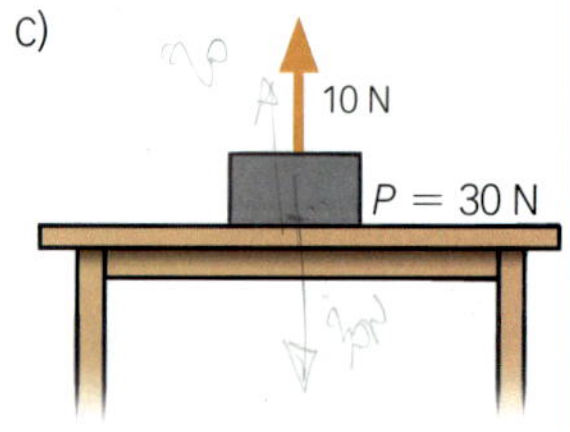

5 Las fuerzas y las máquinas

Las **máquinas** son dispositivos que nos permiten ahorrar tiempo y esfuerzo al realizar distintas actividades.

Existen diferentes tipos de máquinas. Aquí analizaremos máquinas que modifican las fuerzas aplicadas o el movimiento que provocan.

5.1. Máquinas que modifican fuerzas

La rueda

Cuando el bloque está en contacto directo con el suelo, el rozamiento es grande y se necesita empujar con una fuerza grande para moverlo.

Las **ruedas** reducen el contacto con el suelo. Por eso la fuerza de rozamiento es mucho menor y disminuye la fuerza necesaria para mover el objeto.

La polea

Una **polea** es una rueda que gira en torno a un eje.

Para levantar el cuerpo de 100 N hay que aplicar una fuerza de 100 N. **Sin polea** hay que tirar hacia arriba.

Por el borde de la rueda (la garganta de la polea) pasa una cuerda o cadena. En un extremo está el objeto que queremos subir, y desde el otro extremo se tira.

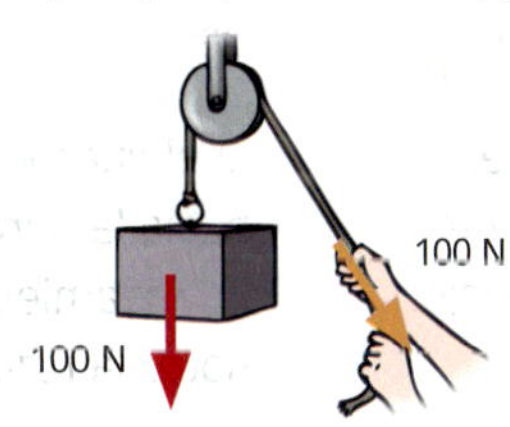

Con una **polea** hay que tirar hacia abajo, un esfuerzo más fácil, pues nos ayudamos de nuestro peso.

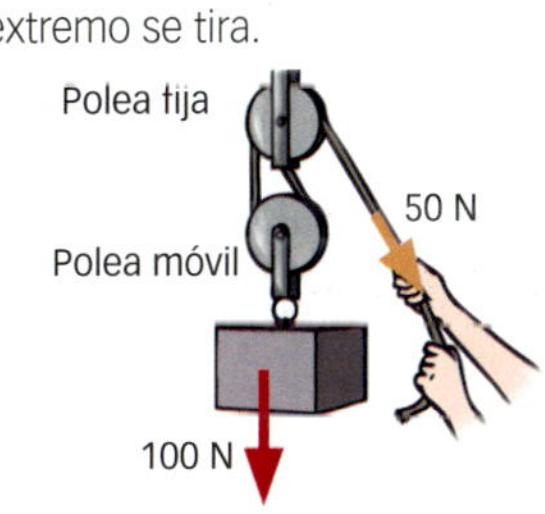

La polea fija cambia el sentido en que se aplica la fuerza, pero no su valor. Si se une una **polea móvil** a una polea fija, se reduce la fuerza que hay que aplicar.

El plano inclinado

La fuerza que hay que aplicar para subir un cuerpo hasta una determinada altura es menor si utilizamos un plano inclinado o rampa.

La fuerza será menor cuanto menos inclinada (y más larga) sea la rampa. A cambio, la distancia recorrida es mayor cuanto menos inclinada sea la rampa.

La palanca

Una **palanca** es una máquina cuya finalidad es transformar una fuerza en otra de distinto valor.

En todas las palancas hay:

- Un punto de apoyo, llamado **fulcro**.
- La fuerza que queremos vencer, denominada **resistencia**, *R*.
- La fuerza que aplicamos, llamada **potencia**, *P*.
- El **brazo** de cada fuerza es la distancia desde el punto en que se aplica esa fuerza al fulcro.

Palanca de primer grado: el fulcro está entre la potencia y la resistencia

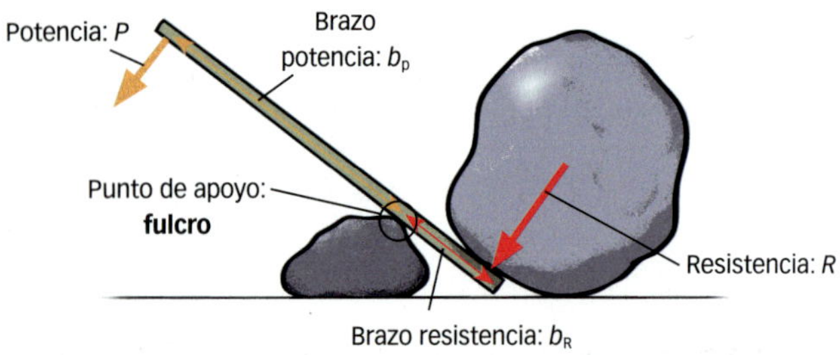

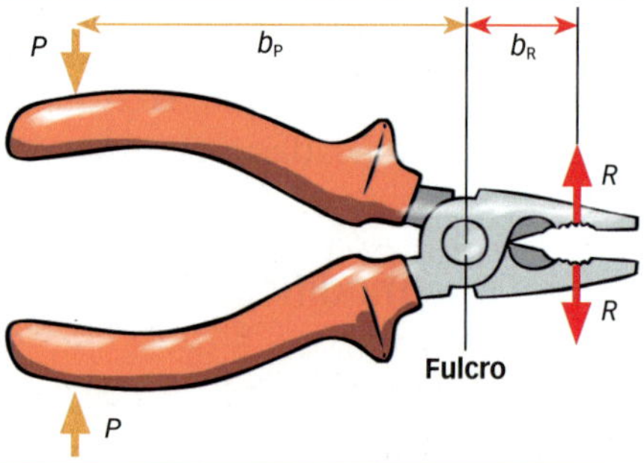

Palanca de segundo grado: la resistencia está entre la potencia y el fulcro

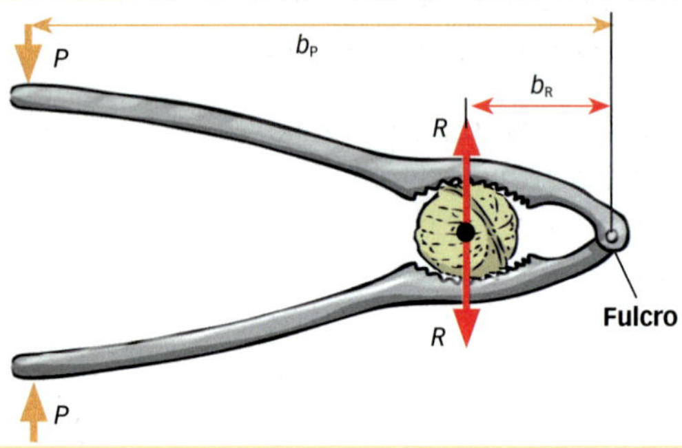

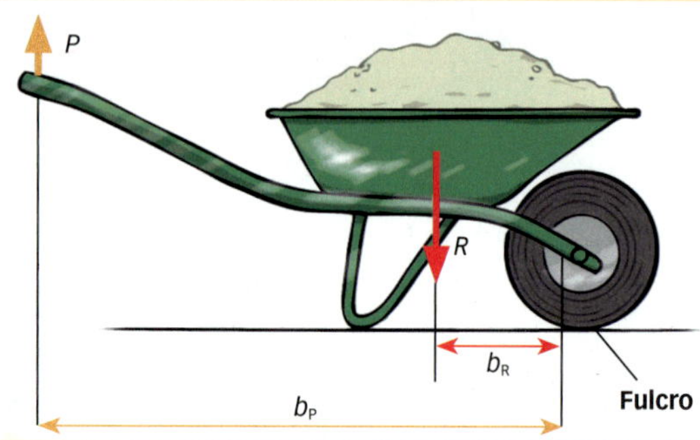

Palanca de tercer grado: la potencia está entre el fulcro y la resistencia.

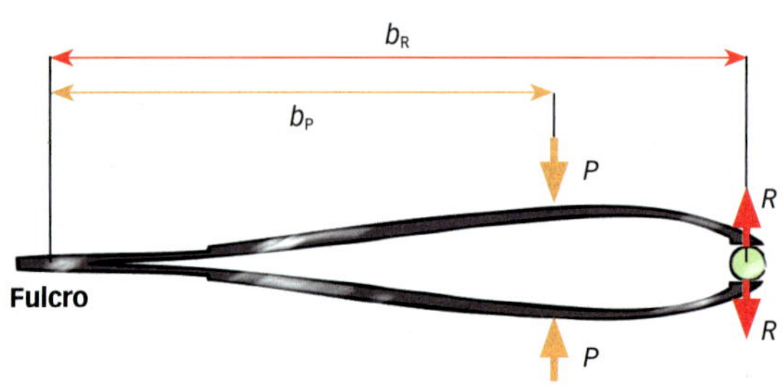

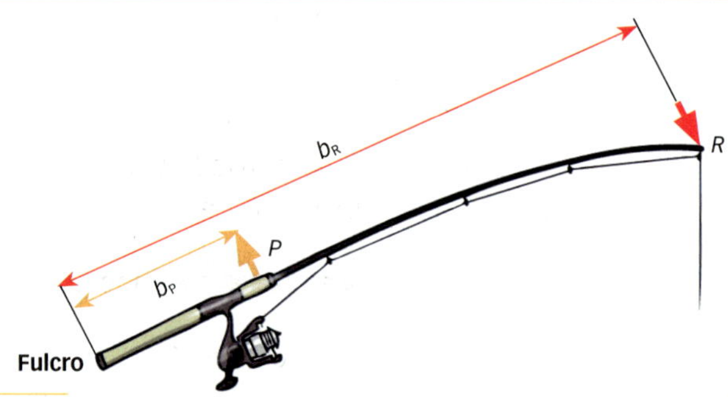

En todas las palancas se cumple la **ley de la palanca**.

Potencia · Brazo potencia = Resistencia · Brazo resistencia

Consecuencia: cuanto mayor es el brazo, menor es la fuerza y al revés.

- En las palancas de primer y segundo grado la potencia es menor que la resistencia.
- En la palanca de tercer grado sucede al revés, la potencia es mayor que la resistencia.

ACTIVIDADES

15 Se utiliza una barra de 3 m para levantar un peso de 1000 N. Se coloca el fulcro a 50 cm del peso y el extremo de la barra justo debajo del cuerpo.

a) ¿De qué tipo es la palanca?

b) Calcula la fuerza que debemos realizar en el otro extremo de la barra.

16 Se utiliza una carretilla para llevar un saco de patatas de 500 N. El centro de la carretilla está a 40 cm de la rueda y entre la rueda y el mango hay 1 m.

a) ¿De qué tipo es la palanca?

b) ¿Qué fuerza tendremos que hacer para levantar la carretilla y mover el saco?

REPASA LO ESENCIAL

17 Razona cuál o cuáles de las siguientes afirmaciones referidas a las fuerzas son incorrectas.

a) Una fuerza puede romper un cuerpo.

b) Una fuerza puede hacer que un cuerpo se mueva siempre igual.

c) Una fuerza puede hacer que un cuerpo se deforme.

d) Una fuerza puede hacer que un cuerpo cambie el modo en que se mueve.

e) Su unidad en el Sistema Internacional es el newton.

18 Las fuerzas son magnitudes vectoriales. Teniendo esto en cuenta, indica en qué se parecen y en qué se diferencian estas fuerzas.

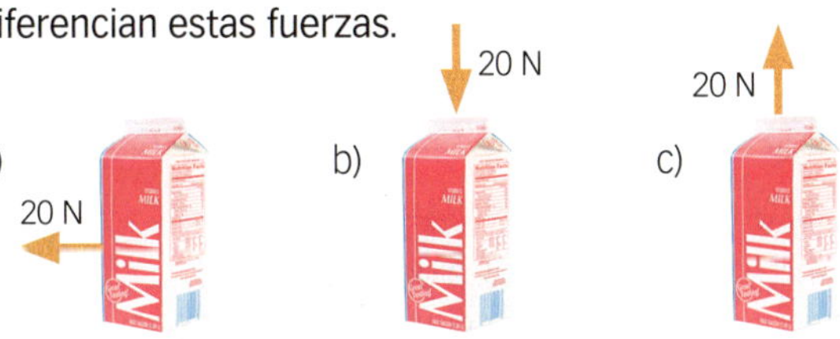

19 Teniendo en cuenta la fuerza que se representa en la imagen, dibuja en tu cuaderno las fuerzas siguientes y explica el efecto que puede provocar sobre la caja.

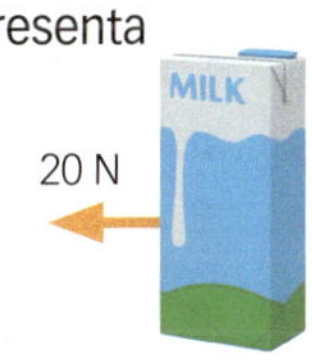

a) Una fuerza cuyo módulo sea el doble y tenga la misma dirección y sentido que la fuerza señalada en el esquema.

b) Una fuerza que tenga el mismo módulo y la misma dirección, pero con sentido contrario.

c) Una fuerza cuyo módulo sea la mitad, su dirección perpendicular a la inicial, y sentido, hacia arriba.

20 Explica para qué sirve un dinamómetro y cómo funciona.

21 Una fuerza puede deformar un cuerpo. Copia en tu cuaderno y relaciona el tipo de cuerpo con el modo en que se comporta cuando se le aplica esa fuerza:

a) Plástico	☐ No se deforma por acción de la fuerza.
b) Elástico	☐ La fuerza lo deforma, pero recupera su forma inicial cuando deja de aplicarse.
c) Rígido	☐ La fuerza deforma el cuerpo y no recupera su forma inicial cuando deja de aplicarse.

22 Teniendo en cuenta lo que representan estos símbolos, completa la fórmula de la ley de Hooke y enúnciala.

- k, constante de elasticidad.
- F, fuerza.
- ΔL, estiramiento.

23 Dibuja en tu cuaderno el módulo, dirección y sentido de la fuerza resultante de una fuerza F_1 de 12 N y otra fuerza F_2 de 5 N que se aplican a un cuerpo del modo siguiente.

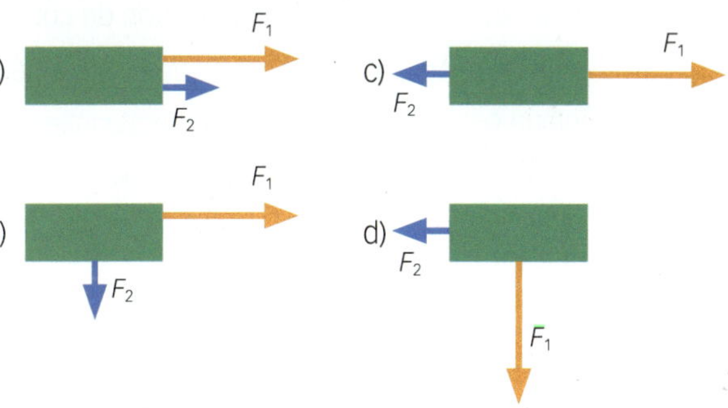

24 Calcula la fuerza (módulo, dirección y sentido) que tienes que aplicar al cuerpo en cada una de las situaciones que se representan en el ejercicio anterior para que esté en equilibrio.

25 Asocia en tu cuaderno cada una de estas situaciones con la fuerza apropiada y dibuja esa fuerza en tu cuaderno.

a)

c)

b)

d)

☐ Rozamiento ☐ Tensión ☐ Normal ☐ Peso

26 Indica el nombre de cada una de estas máquinas en tu cuaderno y explica por qué facilitan la aplicación de las fuerzas.

a)

c)

b)

d)

PRACTICA

¿Qué es una fuerza?

27 Explica el efecto que provocan estas fuerzas y razona si es un efecto estático o dinámico. ¿Son de contacto?

a) Rompe un papel.
b) Frena un coche.
c) Orienta una brújula.
d) Devuelve una pelota.
e) Aprieta una esponja.
f) Esculpe una estatua.

Las fuerzas y las deformaciones

5. EJEMPLO RESUELTO

Se cuelgan distintas masas de un muelle y se mide la longitud del muelle. Observa la tabla.

m (g)	0	100	200	300	500
L (cm)	30	33	36	39	45

$$P(\text{N}) = m(\text{kg}) \cdot 9{,}8$$

a) Completa una tabla que relacione el estiramiento del muelle con la fuerza aplicada.

b) Representa *F* frente a Δ*L* y utiliza la gráfica para determinar la masa de un cuerpo si al colgarlo hace que el muelle mida 35 cm.

c) Utiliza la gráfica para determinar cuánto medirá el muelle si se le cuelga un objeto de 650 g.

a) Completa la tabla calculando el peso y el estiramiento del muelle en cada caso. Observa que la longitud del muelle cuando no se ha colgado nada (L_0) es 30 cm:

	m (kg)	*L* (cm)	*P* (N) : *m* (kg) · 9,8	Δ*L* (cm) : ($L - L_0$)
A	0	30	0	0
B	0,1	33	0,1 · 9,8 = 0,98	33 − 30 = 3
C	0,2	36	0,2 · 9,8 = 1,96	36 − 30 = 6
C	0,3	39	0,3 · 9,8 = 2,94	39 − 30 = 9
D	0,5	45	0,5 · 9,8 = 4,90	45 − 30 = 15

b)

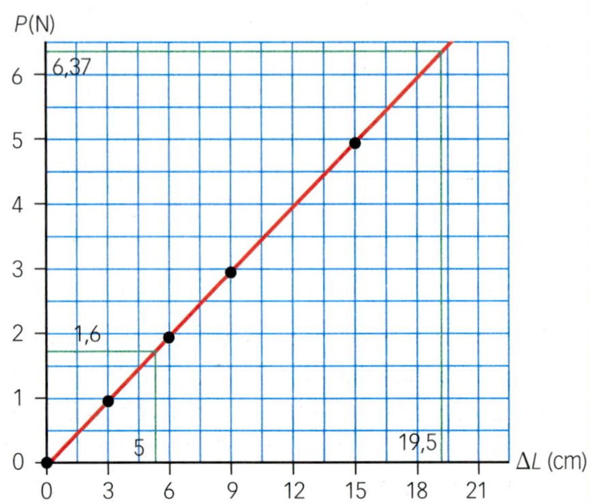

Cuando el muelle mide 35 cm, se ha estirado 5 cm. Sube desde el valor 5 cm de estiramiento y comprueba que le corresponde una fuerza de 1,6 N.

$$1{,}6\ \text{N} = m \cdot 9{,}8\ \text{N/kg} \rightarrow$$

$$\rightarrow m = \frac{1{,}6\ \text{N}}{9{,}8\ \text{N/kg}} = 0{,}163\ \text{kg} = \mathbf{163\ g}$$

c) Calcula el peso de 650 g:

$$P = 0{,}650\ \text{kg} \cdot 9{,}8\ \text{N/kg} = 6{,}37\ \text{N}$$

Lee el valor del estiramiento correspondiente a este peso. Resulta ser 19,5 cm.

El muelle medirá:

$$L = L_0 + \Delta L = 30\ \text{cm} + 19{,}5\ \text{cm} = \mathbf{49{,}5\ cm}$$

28 A un muelle de 20 cm de longitud se le aplica una fuerza de 5 N y se estira hasta 24 cm. Calcula.

a) La deformación del muelle.
b) La constante elástica del muelle.
c) El alargamiento que le producirá una fuerza de 8 N.

29 A un muelle de 25 cm de longitud se le aplican distintas fuerzas y se mide su longitud en cada caso.

F (N)	0	5	10	20	30
L (cm)	25	27	29	33	37

a) Construye una tabla que represente *F* frente a Δ*L*.
b) Representa gráficamente los datos de la tabla.
c) Determina gráficamente el estiramiento que le producirá una fuerza de 17,5 N.
d) Determina gráficamente la fuerza que hace que el muelle mida 35 cm.

Acción de varias fuerzas

30 Sobre un cuerpo actúa una fuerza de 15 N dirigida hacia la derecha. Calcula y dibuja la fuerza horizontal que debemos aplicarle para que:

a) Se mueva hacia la derecha bajo una fuerza de 7 N.
b) Se mueva hacia la izquierda bajo una fuerza de 7 N.

31 La lámpara del dibujo pesa 40 N. Colgaba del techo mediante una cadena pero, por motivos estéticos, se ha sujetado a la pared mediante una cadena lateral que ejerce una fuerza de 30 N.

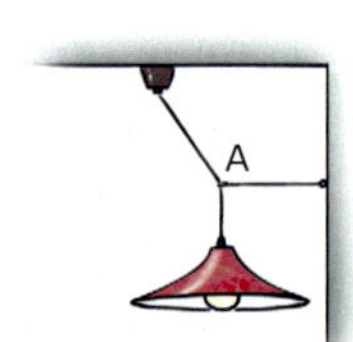

a) Dibuja las fuerzas que actúan sobre el punto A donde se unen las cadenas.
b) Calcula el valor de la fuerza que ejerce la cadena que une la lámpara al techo.

Algunas fuerzas y su efecto

32 Caminar sobre el hielo es difícil. Para facilitarlo, en las botas se colocan accesorios similares a los de la imagen.

Analiza las fuerzas que intervienen cuando caminamos y explica cómo actúan estos accesorios.

33 Los coches antiguos necesitan pasar una inspección anual en la que, entre otras cosas, se revisa el dibujo de las ruedas. Un coche que tenga las ruedas como muestra la imagen debería cambiarlas. Explica qué problemas se pueden presentar con unas ruedas como estas.

34 Para acceder a una nave industrial hay que pasar por un puente horizontal de madera cuya plataforma puede ejercer una fuerza normal de 200 000 N. Un camión que pesa 100 000 N accede a la nave a buscar una carga de 50 000 N. Vuelve por segunda vez a la nave llevando una carga de 150 000 N.

Dibuja en tu cuaderno y calcula la fuerza normal que ejerce la plataforma de madera cada vez que el camión pasa sobre ella. ¿Tiene algún problema el camión en estos viajes? Completa la tabla en tu cuaderno.

Fuerza normal	Valor
a) 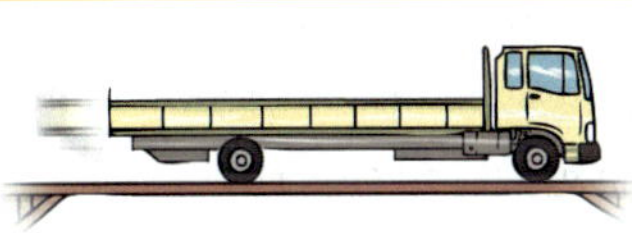	
b) 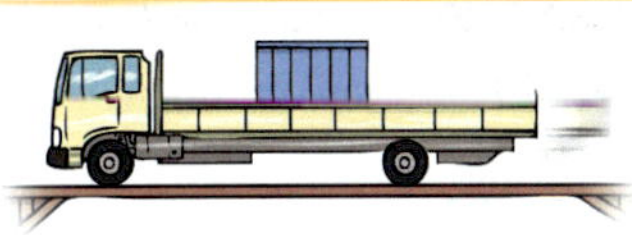	
c) 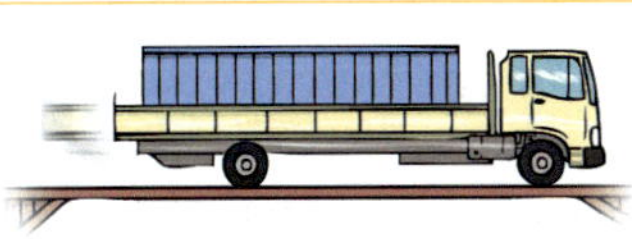	

Las fuerzas y las máquinas

35 Explica qué tipo de palanca son unas tijeras. Dibújalas en tu cuaderno y localiza en ellas dónde está el fulcro, dónde se ejerce la resistencia y dónde la potencia. Marca el brazo de cada una de estas fuerzas.

36 La barra de un columpio tiene una longitud de tres metros y el eje está en su punto medio. Luis pesa 40 kg ($\approx$400 N) y se coloca en un extremo. ¿Dónde se debe colocar María para levantarlo? María pesa 50 kg ($\approx$500 N).

AMPLÍA

6. EJEMPLO RESUELTO

Se aplican fuerzas sobre un muelle y se mide su longitud. Se obtienen estos resultados:

F (N)	0	100	200	300	400	500	600
L (cm)	40	44	49	52	55	62	67

a) Representa gráficamente *F* frente ΔL.

b) Determina el límite de elasticidad del muelle. ¿Qué significa este límite?

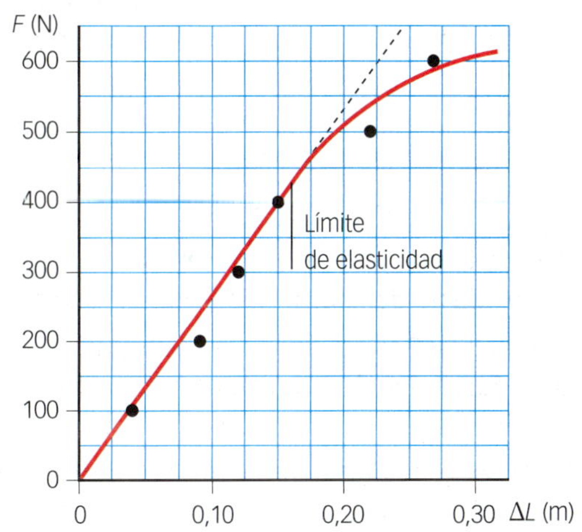

El límite de elasticidad está en 400 N. Con fuerzas mayores, el muelle no recupera su forma cuando cesa la fuerza.

37 Queremos construir un dinamómetro con el muelle cuya gráfica se analiza en el ejercicio resuelto anterior. ¿Qué rango de fuerzas se podrá medir con él?

38 Cuando ejercemos una fuerza de 10 N sobre un muelle de longitud desconocida observamos que mide 30 cm, y al ejercer una fuerza de 20 N, se alarga hasta 35 cm.

a) ¿Cuál es la constante elástica del muelle?

b) ¿Cuál será su longitud sin estirar?

39 Sobre un cuerpo actúan las fuerzas F_1 de 12 N (hacia abajo), F_2 de 5 N (hacia la izquierda) y una fuerza F_3 de 14 N (hacia la derecha). Dibuja en tu cuaderno la fuerza resultante que actúa y calcula su valor.

40 Observa el esquema de esta unidad de las palancas de primer, segundo y tercer género. Explica por qué en las palancas de tercer género la fuerza potencia es mayor que la resistencia, al contrario de lo que sucede en los otros dos.

APLICA UNA TÉCNICA. Interpretar esquemas representando la fuerza de rozamiento

La fuerza de rozamiento está presente siempre que un objeto se mueve sobre el suelo, en el aire o en el agua.

Por ejemplo, cuando un vehículo se desplaza en un sentido, la fuerza de rozamiento se opone al movimiento y está dirigida en la misma dirección, pero en el sentido opuesto.

Para que el vehículo se mueva con una velocidad constante el motor debe ejercer una fuerza igual a la fuerza de rozamiento.

La fuerza de rozamiento no es constante, sino que aumenta con la velocidad. Por esto el motor debe ejercer una fuerza mayor para moverse a 120 km/h que para desplazarse a 60 km/h.

Ten en cuenta que, cuanto más intensa es la fuerza, más larga se representa la flecha que la identifica.

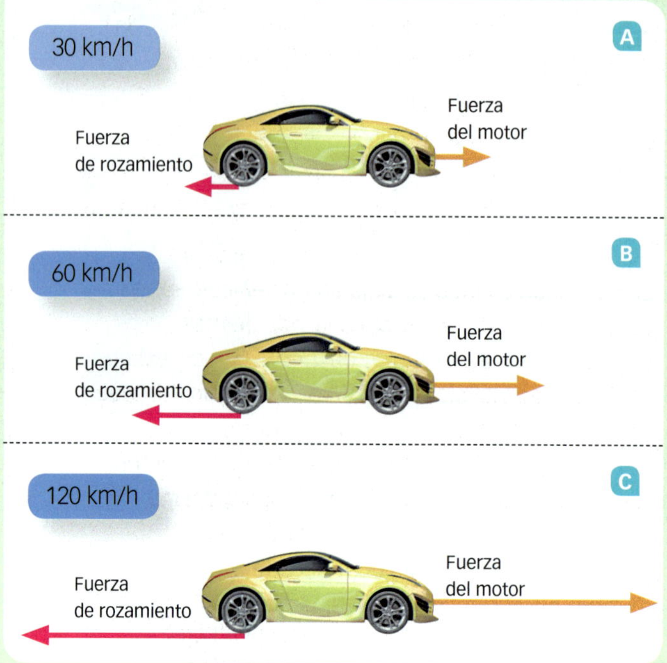

41 Contesta.

a) ¿Cómo cambia la velocidad en el esquema?

b) ¿Hacia dónde se mueve el vehículo en cada caso?

c) ¿Hacia dónde está dirigida la fuerza de rozamiento en cada caso?

d) ¿Cómo se modifica la fuerza que debe ejercer el motor a medida que cambia la velocidad del vehículo?

42 Toma una regla y mide las flechas de cada esquema para responder.

a) Cuando la velocidad se duplica, ¿se duplica también el valor de la fuerza de rozamiento?

b) Si el vehículo acelera, ¿la fuerza motora será mayor o menor que la fuerza de rozamiento? ¿Y si el vehículo frena?

c) ¿Hacia dónde estará dirigida la fuerza neta ejercida sobre el vehículo cuando este acelera? ¿Y cuando frena?

43 Cuando la carga del vehículo aumenta, también aumenta la fuerza de rozamiento con el suelo. Teniendo esto en cuenta representa en tu cuaderno un esquema de un vehículo que se mueve a 60 km/h y cuyo peso es mayor que el vehículo de los esquemas de arriba.

a) ¿Cómo se modifica la longitud de la flecha que representa la fuerza de rozamiento?

b) ¿Y la flecha que representa la fuerza que ejerce el motor?

44 Representa en tu cuaderno esquemas similares a estos si el vehículo se mueve hacia la izquierda. ¿Hacia dónde estará dirigida entonces la fuerza de rozamiento?

45 Observa las gráficas y decide cuál corresponde a la variación de la intensidad de la fuerza de rozamiento en función de la velocidad del vehículo.

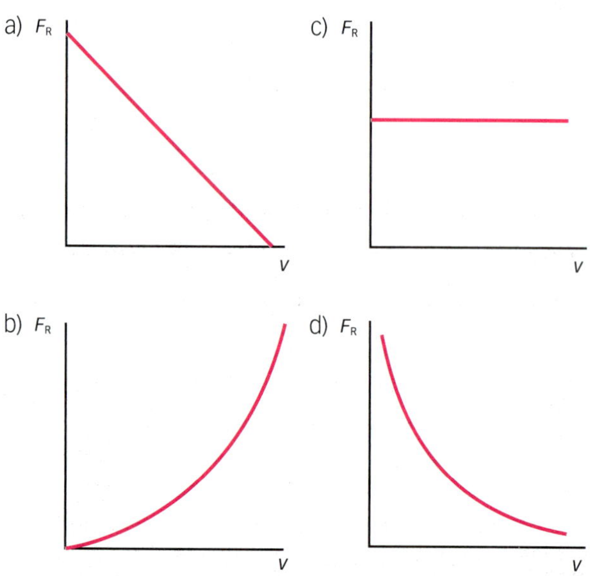

FORMAS DE PENSAR. Análisis ético. **Fomentar el uso del cinturón de seguridad**

Tráfico intensifica la vigilancia del uso del cinturón de seguridad y de los sistemas de retención infantil

«Usa el cinturón de seguridad. No puedes vivir sin él», es el eslogan utilizado para recordar lo imprescindible que es su uso y la obligatoriedad de todos los ocupantes de llevarlo en cualquier desplazamiento.

Algo tan sencillo como abrocharse el cinturón de seguridad cuando se viaja en un vehículo salvaría cada año en la Unión Europea la vida de más de 7000 personas, según se desprende de un estudio de Seguridad Vial elaborado por la Comisión Europea y en el que se estipula que no usar el cinturón de seguridad es la segunda causa de muerte entre los fallecidos de accidente de tráfico, solamente superada por el exceso de velocidad.

¿Por qué tengo que usarlo?

Desde su invención, el cinturón de seguridad continúa siendo el dispositivo individual de seguridad más efectivo en los vehículos. [...]

Además de ser el mayor salvavidas en las carreteras hay otros argumentos que justifican ampliamente su uso:

- Reduce a la mitad el riesgo de muerte.
- Complementa la eficacia del *airbag*, ya que este dispositivo por sí solo no es eficaz.
- Protege de salir despedido del habitáculo, así como de impactar contra el parabrisas. En un impacto frontal, la probabilidad de que un ocupante de los asientos de atrás golpee mortalmente a otro pasajero de los asientos de delante puede ser de hasta ocho veces mayor.
- Reduce hasta cinco veces la posibilidad de resultar herido grave o muerto en accidente en casco urbano si se lleva puesto.
- Reduce hasta un 50 % determinadas lesiones tanto del conductor como del pasajero en caso de accidente.

Y... porque no llevarlo supone una infracción grave que tiene aparejada una sanción económica de 200 euros y la retirada de tres puntos del permiso de conducir.

Fuente: Ministerio del Interior, marzo de 2013.

46 COMPRENSIÓN LECTORA. Elabora un resumen del texto en unas cuantas líneas.

47 EXPRESIÓN ESCRITA. Define con tus propias palabras qué es un eslogan. Inventa un eslogan dirigido a una campaña con el objetivo de incentivar el uso del cinturón de seguridad en autobuses.

48 Muchos autobuses antiguos circulan sin cinturón de seguridad para los pasajeros.

a) ¿Te parece una buena idea que sigan circulando?

b) ¿Qué medidas se te ocurren para reducir los riesgos en estos casos?

49 Elabora una encuesta entre familiares y amigos sobre el uso del cinturón de seguridad.

a) ¿Lo usan siempre?

b) Los conductores encuestados, ¿utilizan sistemas de sujeción adecuados para los niños?

c) ¿Utilizan pinzas o algún otro sistema que limita la eficiencia del cinturón?

50 ¿Por qué crees que algunas personas siguen sin usar el cinturón de seguridad en autobuses o cuando circulan por vías urbanas?

51 TOMA LA INICIATIVA. Ahora elabora una lista con las medidas que tú y las autoridades competentes deberíais llevar a cabo para impulsar el uso del cinturón de seguridad en todo tipo de vehículos. Emplea tu lista en una presentación multimedia cuyo objetivo sea fomentar el uso adecuado del cinturón de seguridad.

INVESTIGA

TRABAJO COOPERATIVO

CALIBRAR UN RESORTE (MUELLE)

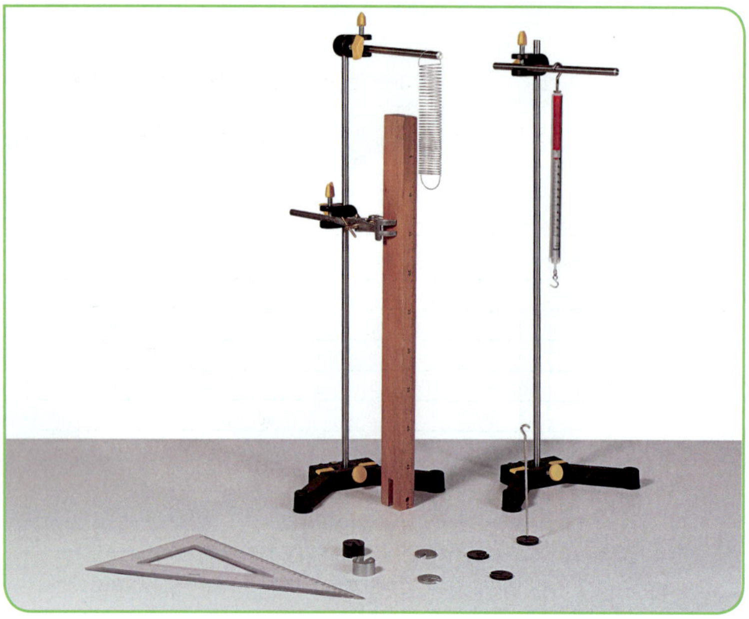

Todos los instrumentos de medida deben calibrarse. Es decir, hay que fijar en una escala los valores mínimo, máximo, y las divisiones entre ellos. En esta experiencia aprenderás a calibrar un resorte.

MATERIAL

- Soporte.
- Muelle.
- Portapesas.
- Regla.
- Masas calibradas.
- Dinamómetro.

PROCEDIMIENTO

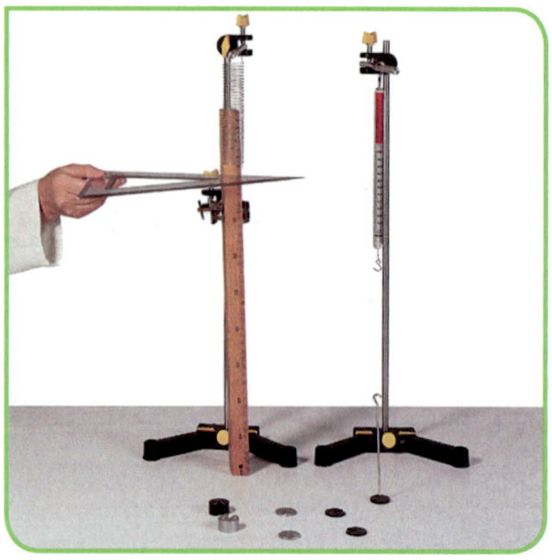

1. Mide la longitud del muelle cuando no tiene ninguna masa colgada.

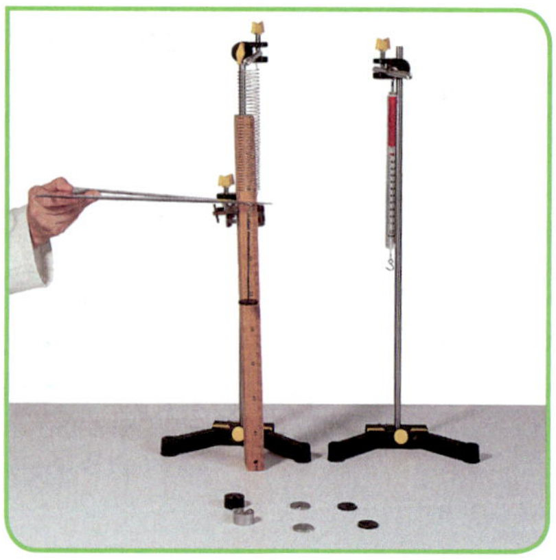

2. Cuelga del muelle el portapesas con la pesa de 50 g y mide la longitud del muelle. Ponlo en el dinamómetro y mide la fuerza.

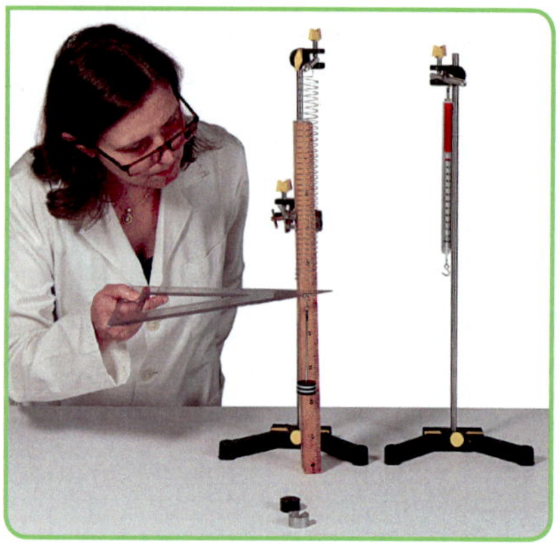

3. Cambia la masa del portapesas. Cuélgalo del muelle y mide su longitud. Cuélgalo del dinamómetro y mide la fuerza.

Repite el procedimiento con varias masas y completa la tabla:

m (g)	0	10	20	30	40	50	60	70	80	90
F (N)										
L_{muelle} (cm)										
$\Delta L = L - L_0$ (cm)										

ACTIVIDADES

52 ¿Qué representa el valor de L en la primera medida?

53 ¿Qué le ocurre al muelle a medida que aumenta la masa que se cuelga de él?

Obtención de la constante de elasticidad del muelle

1. Elabora una tabla con los datos que vas a representar. Te presentamos un ejemplo. Tú usa los datos que has obtenido.

F (N)	0	0,1	0,2	0,3	0,39	0,49	0,59	0,69	0,79	0,88
L_{muelle} (cm)	9	12,2	15,2	18,2	20,2	23,0	27,2	30,2	33,2	36,4

2. Dibuja los dos ejes.

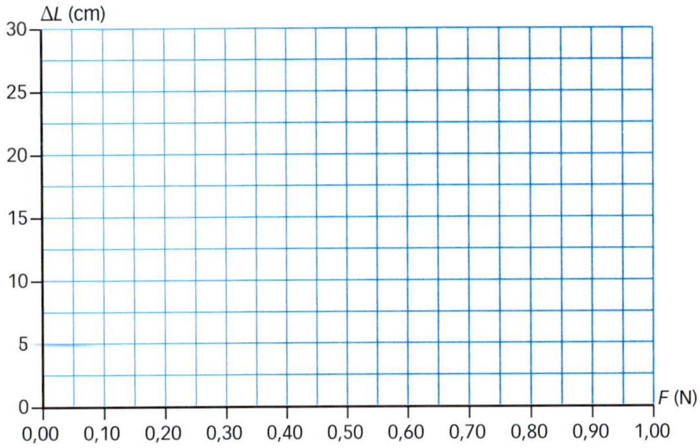

Pon en cada eje el rótulo que indica la magnitud, y su unidad, entre paréntesis.

Marca la escala en cada eje. Ten en cuenta los valores que se van a representar.

3. Representa cada pareja de puntos.

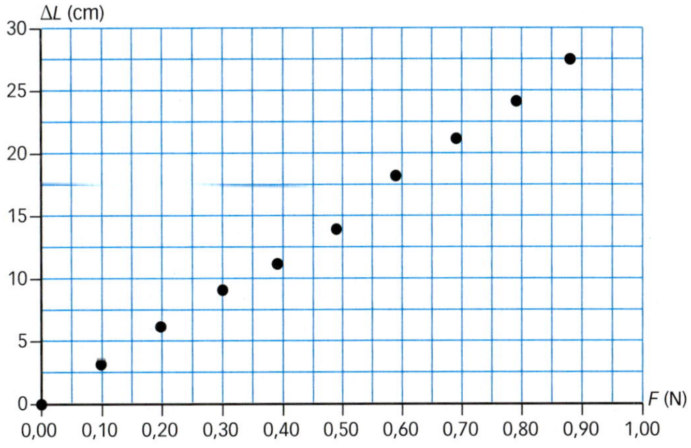

Sé cuidadoso para ubicar los puntos de la manera más precisa posible.

4. Traza la recta que mejor ajusta con los puntos.

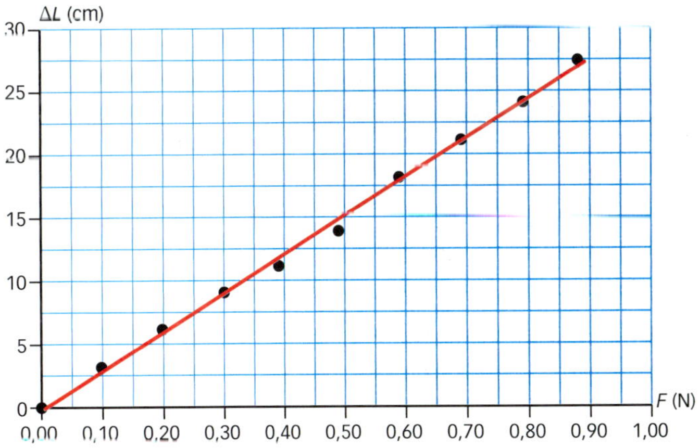

Pon la regla sobre los puntos. Dale la inclinación que mejor coincida con la mayoría.

5. Elige dos puntos de la recta y lee su valor de *F* y Δ*L*.

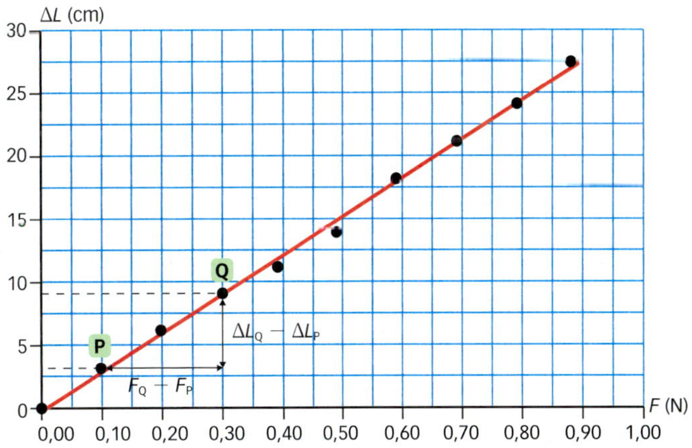

Calcula la constante de elasticidad *k*.

$$k = \frac{F_Q - F_P}{\Delta L_Q - \Delta L_P}$$

ACTIVIDADES

54 ¿Pasa la línea de ajuste por el punto (0, 0)? ¿Qué significa?

55 ¿Cuánto pesaría un cuerpo si al colgarlo del muelle su longitud es de 15 cm?

56 Si hicieses la experiencia con otro muelle cualquiera, ¿obtendrías el mismo valor de *k*? ¿Por qué?

57 Razona si el muelle del ejemplo puede ser adecuado para medir fuerzas mayores de 10 N.

7 El movimiento

SABER

- El movimiento.
- La velocidad.
- Movimiento rectilíneo y uniforme (MRU).
- La aceleración.
- El movimiento circular uniforme (MCU).
- Las fuerzas y el movimiento.

SABER HACER

- Identificar movimientos a nuestro alrededor.
- Utilizar animaciones para estudiar movimientos.

El **receptor** dispone de una red de sensores que reciben impulsos procedentes del mando. Así interpreta la velocidad o la posición del mando.

Un **generador de gráficos** muestra en la pantalla del televisor las imágenes de cada juego.

En el interior del mando existe un circuito llamado **acelerómetro** capaz de determinar en qué dirección y con qué velocidad se mueve el mando.

Gracias al acelerómetro el sistema detecta la **velocidad** a la que movemos el mando. Así diferencia un golpeo intenso de uno débil; por ejemplo, en un partido de tenis.

Otros **sensores internos** determinan la orientación vertical del mando para conocer si está inclinado hacia delante, hacia detrás, a la derecha o a la izquierda.

NOS HACEMOS PREGUNTAS. ¿Cómo funcionan los sensores de movimiento?

La ciencia y la tecnología también están al servicio del ocio. Al hablar de videoconsolas domésticas podemos referirnos a un antes y un después de la aparición de mandos de juego dotados con **sensores de movimiento**.

¿Te has preguntado alguna vez cómo responde un juego cuando «golpeas» con el mando de la videoconsola una pelota de tenis o cuando lanzas una bola para derribar bolos?

El **movimiento del mando** se transmite de manera continua al receptor.

INTERPRETA LA IMAGEN

- ¿Qué tipo de movimientos se detectan en la videoconsola de la imagen?
- ¿Cuál es la función del acelerómetro?

CLAVES PARA EMPEZAR

- ¿Qué quiere decir que un objeto se mueve con velocidad constante?
- ¿Cuál es la diferencia entre velocidad y aceleración?

El juego se carga en la **memoria** de la videoconsola.

El mando envía señales en forma de **ondas de radio** al receptor.

Los juegos de **deportes** son mucho más realistas y manejables usando mandos con sensor de movimiento que los mandos con botones.

REPASA FÍSICA Y QUÍMICA

¿Se mueve o no se mueve?

El autobús que **antes** estaba **frente al árbol**, **ahora** está **frente al semáforo**. Se ha movido.

Un cuerpo se mueve cuando cambia de posición.

La persona de camiseta morada, ¿diría que la persona de camiseta blanca se ha movido en este tiempo? Desde su punto de vista, ha permanecido sentada a su lado, por tanto, no se ha movido.

La persona que está en la acera tiene varias referencias para determinar el movimiento: el árbol, el semáforo, los edificios, etc. La persona de la camiseta morada tiene como referencia los asientos del autobús.

El movimiento depende del sistema de referencia elegido.

La **trayectoria** es la línea que describe el cuerpo que se mueve. Su forma depende del sistema de referencia elegido para observar el movimiento.

? INTERPRETA LA IMAGEN

La trayectoria es relativa

La trayectoria que sigue la pelota lanzada dentro del autobús es única. Sin embargo, la persona que va en el asiento la ve distinta de la persona que está en la acera.

Para la persona situada en el asiento la trayectoria es una recta.

Para la persona en la acera la trayectoria es una curva con forma de parábola.

ACTIVIDADES

1. Elige un sistema de referencia que le permita decidir a la persona de camiseta morada si la persona de camiseta blanca se mueve o no.
2. Describe una situación en la que la persona de camiseta blanca se mueva para la persona de camiseta morada y no se mueva para la que está en la acera.

1 El movimiento

Decimos que un cuerpo **se mueve** cuando cambia de posición al pasar el tiempo. Al cuerpo que se mueve se le llama móvil.

Para afirmar que ha habido movimiento necesitamos **detectar la posición** y **medir el tiempo**.

Para detectar la posición se utiliza un sistema de referencia, que consideramos fijo. Podemos utilizar distintos sistemas de referencia, de tal forma que puede existir movimiento para uno y no para otros.

Por tanto, decimos que **el movimiento es relativo**, ya que depende del **sistema de referencia** tomado.

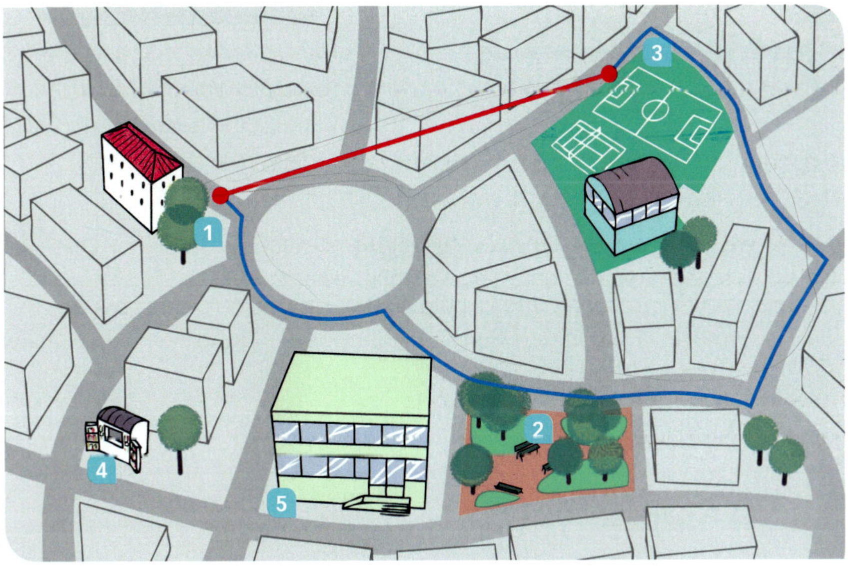

1. Casa. 2. Parque. 3. Polideportivo. 4. Kiosco. 5. Instituto.

Se pueden recorrer distancias diferentes para desplazarnos desde una misma posición inicial a una misma posición final.

- **Posición:** es el lugar que ocupa el móvil en un instante.
- **Trayectoria:** es la línea que describe el móvil en su movimiento (línea azul).
- **Espacio recorrido:** es la distancia que recorre el móvil a lo largo de la trayectoria.
- **Desplazamiento:** es la distancia más corta entre la posición inicial y la posición final (en rojo en la imagen de arriba).

En general, el espacio recorrido no coincide con el desplazamiento. Solo coinciden si la trayectoria es una línea recta y el móvil avanza siempre en el mismo sentido.

Si el móvil realiza un recorrido saliendo de una posición y volviendo a la misma, el desplazamiento es nulo aunque no lo sea el camino recorrido.

PRESTA ATENCIÓN

Llamamos sistema de referencia a un objeto o unos ejes con respecto a los cuales determinamos la posición o la velocidad de un objeto.

ACTIVIDADES

Utiliza el plano que aparece en esta página.

3 Dibuja en tu cuaderno:

a) Una trayectoria que te lleve de tu casa al instituto pasando por el kiosco.

b) Una trayectoria que te lleve de tu casa al instituto pasando por el parque.

c) La trayectoria que te lleva de tu casa al instituto por el camino más corto.

4 Compara el desplazamiento y el espacio recorrido en los casos anteriores.

5 Encuentra dos posiciones en el plano para las que el espacio recorrido coincida con el desplazamiento.

6 Imagina que vas de casa al instituto, luego al parque, después al polideportivo y, desde allí, de nuevo a casa. Dibuja la trayectoria y el desplazamiento en cada tramo. ¿El espacio recorrido en total coincide con el desplazamiento total?

2 La velocidad

Cuando un cuerpo se mueve lo puede hacer rápido o despacio. La magnitud que mide esta característica se llama velocidad.

La **velocidad (v)** mide la rapidez con que se desplaza un móvil. Para calcular la velocidad media en un recorrido se divide el espacio que recorre el móvil entre el tiempo que tarda en hacerlo.

La velocidad es una magnitud derivada. Su unidad en el Sistema Internacional (SI) es el **metro por segundo (m/s)**.

El caracol de jardín se desplaza 14 mm/s.

El velero avanza a 5 nudos.

- 1 nudo = milla náutica por hora.
- 1 milla náutica = 1852 m.

El coche va a 90 km/h.

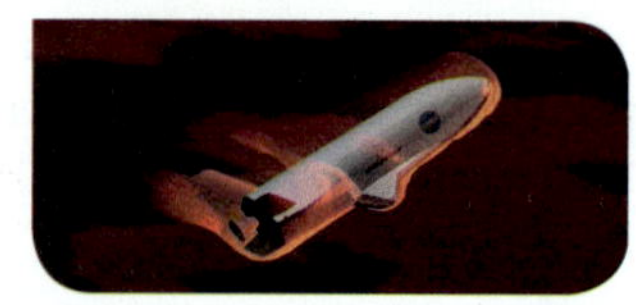

El avión Boeing X-37 puede alcanzar la velocidad de 25 mach.

- 1 mach = 340 m/s (velocidad del sonido en el aire).

PRESTA ATENCIÓN

Según el móvil que consideremos, la velocidad se puede medir en unas unidades o en otras. A veces, la unidad de velocidad tiene un nombre, como el **mach** o la **milla náutica**.

RECUERDA

Símbolos de unidades:

- km → kilómetro
- m → metro
- s → segundo
- h → hora

Equivalencia entre distintas unidades:

- 1 km = 1000 m
- 1 m = 1000 mm
- 1 h = 60 min = 3600 s

2.1. Cambio de unidad de velocidad

¿Es más rápido un coche que circula a 90 km/h que otro que va a 50 m/s? Para comparar la velocidad de distintos móviles debemos expresarlas en las mismas unidades.

Para convertir una unidad en otra se utilizan **factores de conversión**.

1. EJEMPLO RESUELTO

Expresa estas velocidades en unidades del Sistema Internacional.

a) 14 mm/s. **b) 5 nudos.**

En cada caso debes construir el factor de conversión que permita expresar la velocidad en m/s. Busca más arriba la información precisa.

a) $14\,\frac{\cancel{mm}}{s}\cdot\frac{1\,m}{10^3\,\cancel{mm}} = \mathbf{0{,}014}\,\frac{\mathbf{m}}{\mathbf{s}}$

b) $5\text{ nudos} = 5\,\frac{\cancel{\text{millas náuticas}}}{\cancel{h}}\cdot\frac{1852\,m}{\cancel{\text{milla náutica}}}\cdot\frac{1\,\cancel{h}}{3600\,s} = \mathbf{2{,}6}\,\frac{\mathbf{m}}{\mathbf{s}}$

ACTIVIDADES

7 Ordena estos vehículos según su velocidad.

a) 34 km/h b) 20 hm/min c) 300 dm/s

8 Expresa la velocidad máxima del Boeing X-37, 25 mach, en km/h y en m/s.

2.2. Velocidad media e instantánea

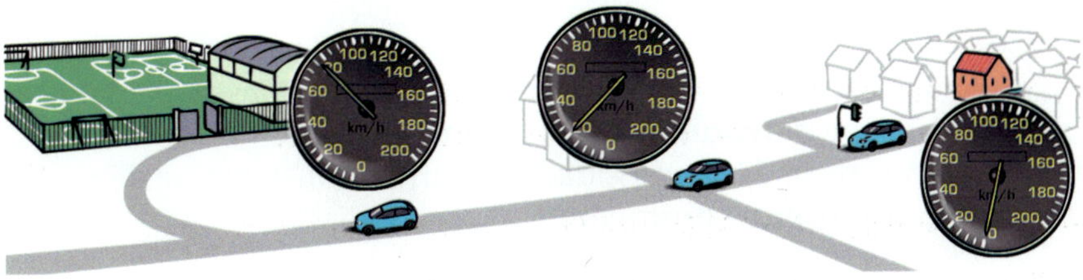

? INTERPRETA LA IMAGEN

Entre la casa y el polideportivo hay 2520 m y hemos tardado 3 minutos y medio en llegar.

- ¿Cuál ha sido la velocidad media?
- ¿Hemos llevado esa velocidad en todo el recorrido?

Velocidad instantánea es la que lleva el móvil en un momento concreto.

La leemos en el velocímetro de un coche, por ejemplo. En general, cambia de un momento a otro, según dónde nos encontremos.

Velocidad media en un recorrido es el cociente entre el espacio recorrido y el tiempo que empleamos en hacerlo.

En general, la velocidad media no coincide con la instantánea. Cuando un móvil se mueve con velocidad constante, su velocidad media sí es la misma que la velocidad en cualquier instante.

2.3. La dirección y el sentido de la velocidad

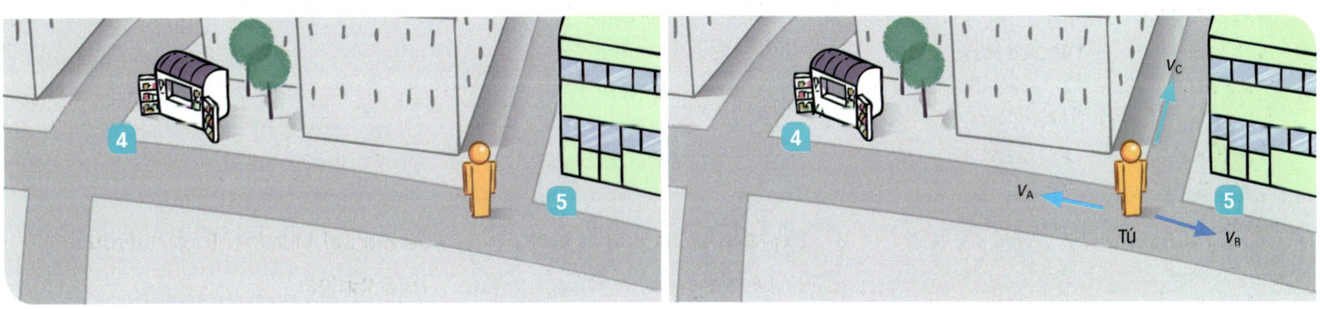

Imagina que te encuentras en la calle en la posición que se señala con una figura en el mapa y que caminas a una velocidad de 5 m/s. ¿Llegarás al instituto (posición 5) antes de 30 segundos? Lo harás si te mueves como indica la flecha v_B, pero no si lo haces como indican las flechas v_A o v_C.

Para conocer la velocidad de un móvil, además de la cantidad, tenemos que indicar la dirección y el sentido. Las flechas v_A y v_B indican la misma dirección, pero sus sentidos son opuestos.

Se dice que la **velocidad** es una **magnitud vectorial**. Para conocer la velocidad de un móvil hay que indicar:

- **El módulo.** Es su valor o cantidad. Por ejemplo, 5 m/s.
- **La dirección.** Es la del camino por el que se desplaza. Por ejemplo, norte-sur.
- **El sentido.** Viene indicado por el destino del movimiento. Por ejemplo, sentido norte.

ACTIVIDADES

9 Algunas calles tienen un solo carril de circulación para los coches. ¿Es correcto decir que son de dirección prohibida?

10 Un avión va de tu ciudad a Londres. Dibuja la dirección y el sentido del vector velocidad. Si el piloto vuela en la misma dirección, pero en sentido opuesto, ¿dónde aterrizarías si la velocidad tiene el mismo valor y vuela el mismo tiempo?

3 Movimiento rectilíneo y uniforme (MRU)

PRESTA ATENCIÓN

MRU

- Trayectoria: línea recta.
- Velocidad: constante.

Un móvil tiene **movimiento rectilíneo** cuando su trayectoria es una línea recta. Si su velocidad permanece constante, se dice que el movimiento es **uniforme**.

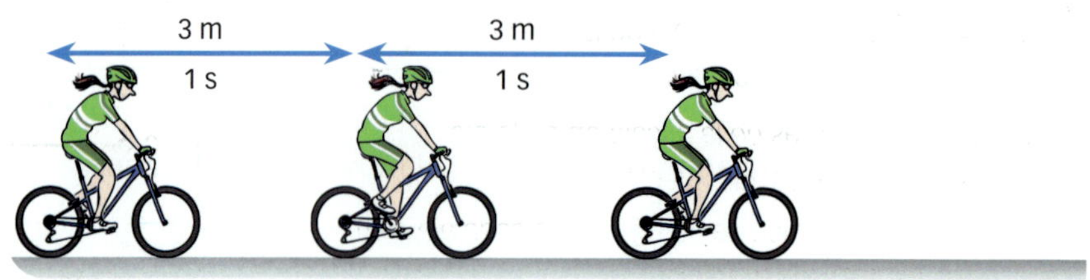

La bicicleta corre en línea recta y avanza 3 m cada segundo. Tiene un movimiento rectilíneo y uniforme.

3.1. La posición y la velocidad frente al tiempo en el MRU

Para estudiar un movimiento debemos utilizar un cronómetro y anotar la posición del móvil en distintos instantes.

Caso A

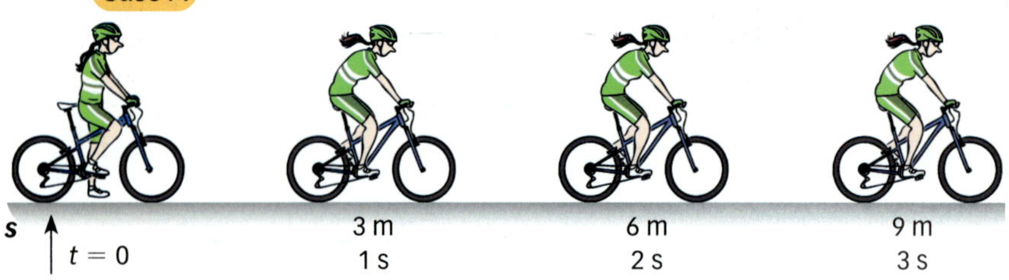

Si ponemos el cronómetro en funcionamiento cuando inicia la marcha, estará a 3 m al cabo del primer segundo, a 6 m, en el siguiente y a 9 m de la salida en el tercer segundo.

Caso B

Si ponemos el cronómetro en marcha cuando está 1 m delante de la salida, se encontrará a 4 m de la salida al cabo del primer segundo, a 7 m en el siguiente y a 10 m de la salida en el tercer segundo.

3.2. Representación de la posición frente al tiempo en MRU

Caso A — MRU con posición inicial 0

Empezamos a estudiar el movimiento cuando el móvil pasa por el origen.

Tiempo (s)	Posición (m)
0	0
1	3
2	6
3	9

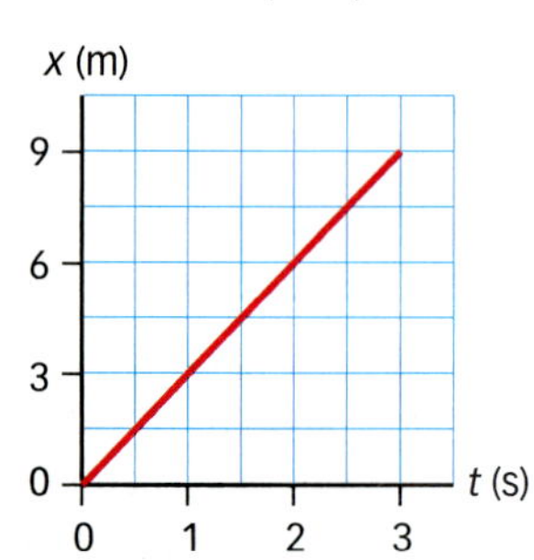

Caso B — MRU con posición inicial distinta de 0

Empezamos a estudiar el movimiento cuando el móvil está a cierta distancia del origen; es su posición inicial, x_0.

Tiempo (s)	Posición (m)
0	1
1	4
2	7
3	10

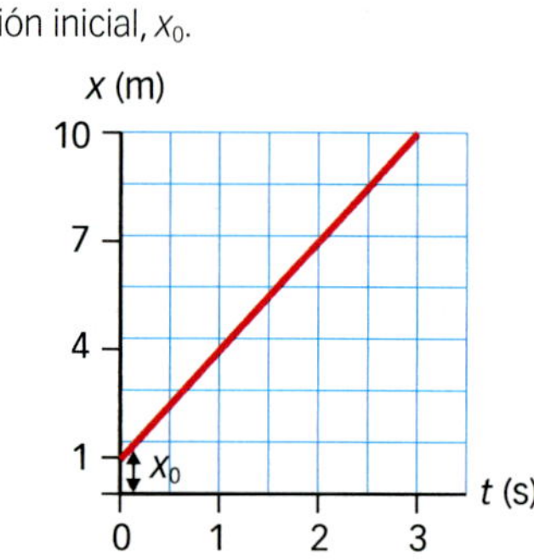

SABER HACER

Elaborar una gráfica

1. Dibuja un eje horizontal para representar los datos del tiempo y un eje vertical para los datos de la posición. Observa los datos. En este caso todos son positivos, por eso se dibujan los ejes a partir del punto 0, 0.
2. Pon en cada eje el símbolo de la magnitud y, entre paréntesis, su unidad.
3. Dibuja las marcas de la escala en cada eje. Ten en cuenta los valores máximos.

   La escala tiene que ser la misma en cada eje, pero la escala de un eje puede ser distinta a la del otro.

t (s)	x (m)
0	0
5	50
15	150
25	250

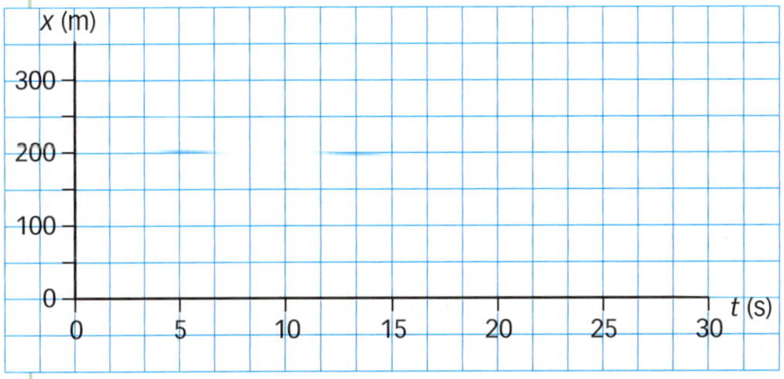

4. Representa con un punto cada fila de la tabla.

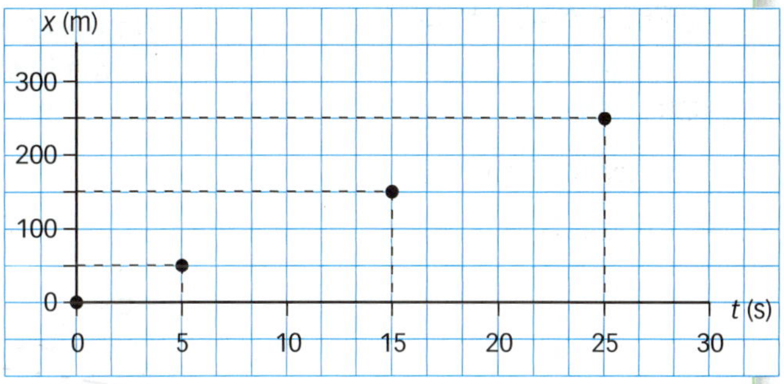

5. Une todos los puntos mediante una línea.

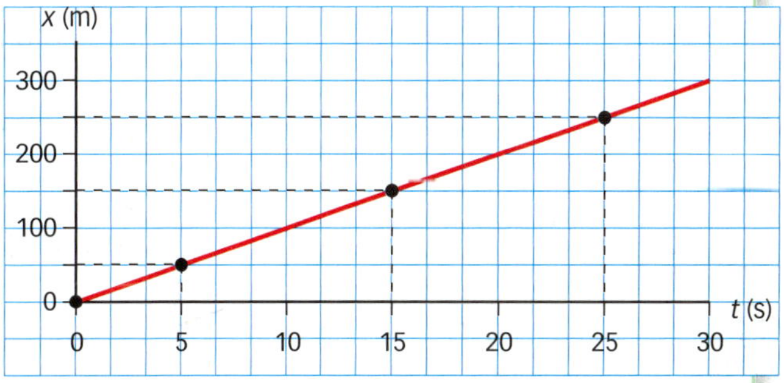

2. EJEMPLO RESUELTO

Imagina que el ciclista se mueve desde un punto que está a 10 m de la salida y avanza hacia ella 5 m cada segundo.

a) Haz una tabla con su posición en los tres primeros segundos.

b) Representa gráficamente la posición frente al tiempo.

Tiempo (s)	Posición (m)
0	10
1	5
2	0
3	5

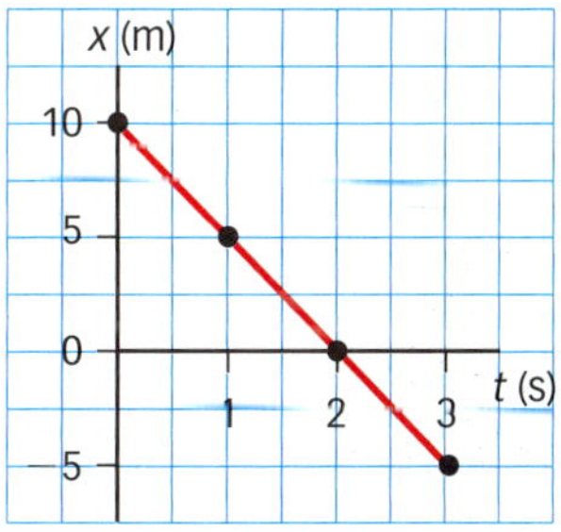

Teniendo en cuenta su velocidad, a los dos segundos está en el punto de la salida ($x = 0$) y en el tercer segundo habrá rebasado esta posición hacia la izquierda; decimos que está en la posición −5 m.

ACTIVIDADES

11 Completa en tu cuaderno la tabla posición-tiempo de un ciclista que avanza desde la salida a una velocidad de 5 m/s.

Luego elabora una gráfica correspondiente a su movimiento.

12 Elabora la tabla posición-tiempo y la gráfica de un ciclista que se mueve como en el ejemplo resuelto 2 avanzando 2 m cada segundo. ¿Cuánto tardará en llegar a la salida? ¿En qué posición estará un segundo después de llegar a la salida?

SABER HACER

Calcular la velocidad de un movimiento a partir de la gráfica

1. Localiza dos puntos en los que sea fácil leer el valor de la posición y el tiempo (A y B).
2. Anota los valores de la posición y el tiempo en los puntos A y B.
3. Calcula la velocidad para el desplazamiento A → B:

$$v = \frac{\text{espacio recorrido}}{\text{tiempo empleado}}$$

Movimiento 1

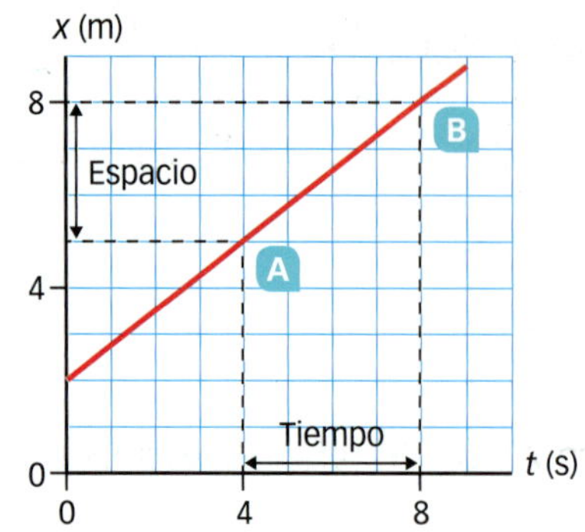

Punto	Posición (m)	Tiempo (s)
A	5	4
B	8	8

$$v = \frac{8\text{ m} - 5\text{ m}}{8\text{ s} - 4\text{ s}} = \frac{3\text{ m}}{4\text{ s}} = 0{,}75\ \frac{\text{m}}{\text{s}}$$

Movimiento 2

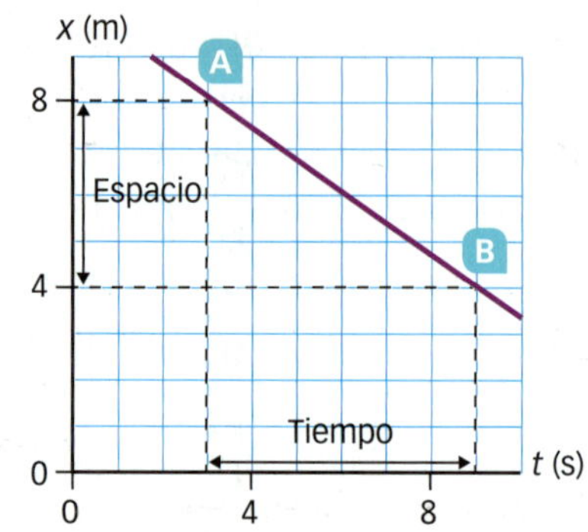

Punto	Posición (m)	Tiempo (s)
A	8	3
B	4	9

$$v = \frac{4\text{ m} - 8\text{ m}}{9\text{ s} - 3\text{ s}} = \frac{-4\text{ m}}{6\text{ s}} = -0{,}67\ \frac{\text{m}}{\text{s}}$$

RECUERDA

$$v = \frac{\text{espacio recorrido}}{\text{tiempo empleado}}$$

Posiciones que ocupa el móvil sobre la trayectoria en estos instantes:

Movimiento 1

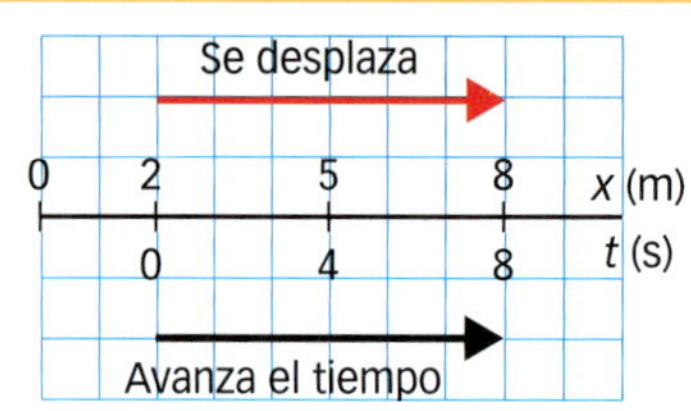

Velocidad positiva. El móvil se aleja del origen.

Movimiento 2

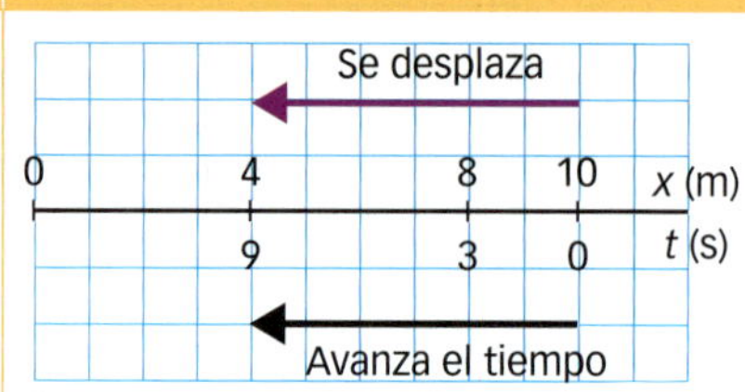

Velocidad negativa. El móvil avanza hacia el origen.

3.3. Representación de la velocidad frente al tiempo en un MRU

En el MRU la velocidad permanece constante. La representación gráfica de la velocidad frente al tiempo es una línea recta paralela al eje en que se representa el tiempo.

Movimiento 1

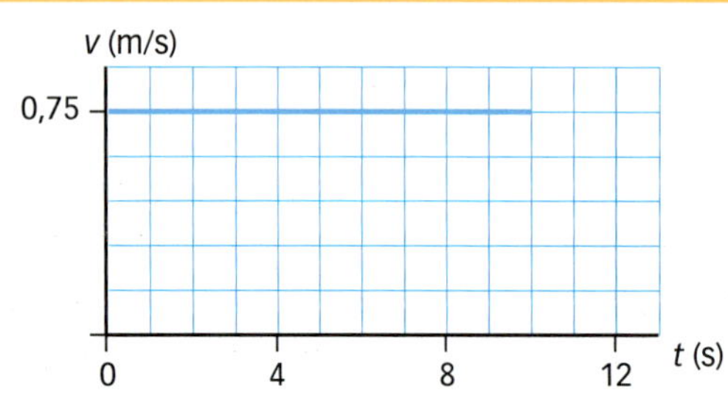

Velocidad positiva: el móvil se aleja del origen.

Movimiento 2

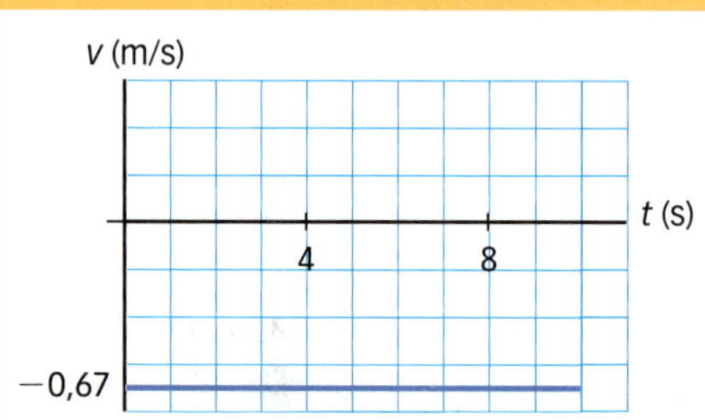

Velocidad negativa: el móvil avanza hacia el origen.

3. EJEMPLO RESUELTO

Juan ha salido de su casa hacia una tienda y, cuando está a 50 m de casa, recibe un aviso de su padre para que le traiga un paquete de dicha tienda.

Comienza a andar a un ritmo de 2 m/s.

Cuando lleva 30 s, se da cuenta de que falta mucho y apura el paso hasta 4 m/s, con lo que llega a la tienda tras otros 20 s más.

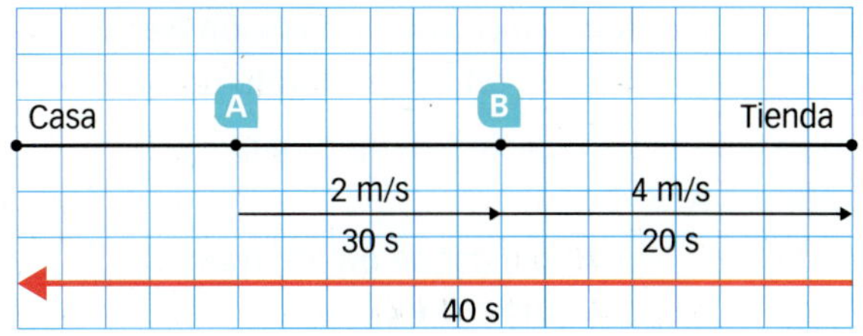

Tarda 15 segundos en recoger el paquete y luego invierte 40 segundos en volver a casa y dar el paquete a su padre:

a) Observa el gráfico y completa la tabla con la posición de Juan en los instantes que se indican.

b) Haz las gráficas posición-tiempo y velocidad-tiempo para el recorrido de Juan.

- La distancia entre A y B es 60 m. Durante 30 s avanza a 2 m/s.
- La distancia entre B y la tienda es 80 m. Durante 20 s avanza a 4 m/s.
- Toma la casa como posición 0. Pon el cronómetro en marcha cuando comienzas a estudiar el movimiento, punto A.

a) La tabla completa queda como se muestra a la derecha.

Tiempo (s)	Punto	Posición (m)
0	A	50
30	B	110 (50 + 60)
50 (30 + 20)	Tienda	190 (110 + 80)
65 (50 + 15)	Tienda	190
105 (65 + 40)	Casa	0

b)

Gráfica posición-tiempo

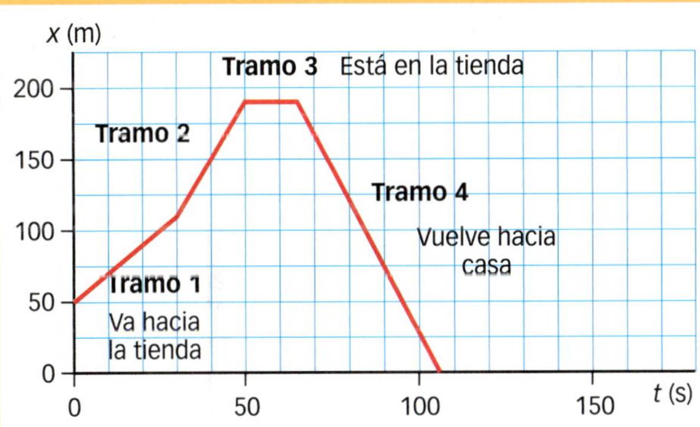

Cuanto más inclinada es la línea, mayor es la velocidad.
Cuando el móvil está parado, la gráfica es una línea horizontal.

Gráfica velocidad-tiempo

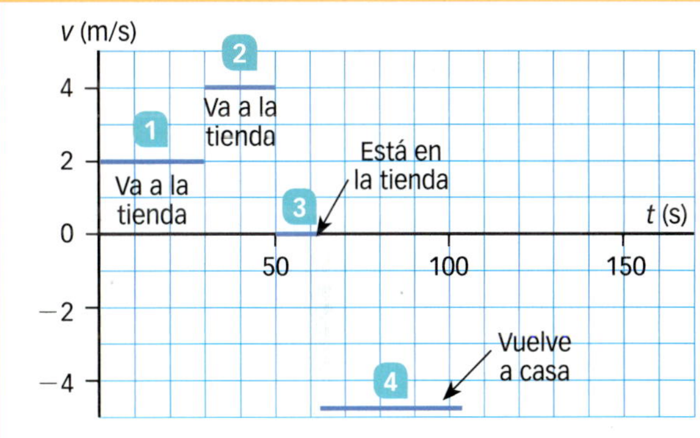

Cuando el móvil está parado, su velocidad es cero.
Cuando avanza hacia el origen (vuelve), la velocidad es negativa.

ACTIVIDADES

13 Un tren sale de la estación X a las nueve en punto y diez minutos después llega a la estación Y, que está a 2 km de X. Allí hace una parada de 2 minutos y sale hasta la estación Z, que está a 1,6 km de distancia. Llega a la estación Z a las nueve y veinte.

a) Representa gráficamente la posición del tren frente al tiempo. Interprétala.

b) Representa gráficamente la velocidad del tren frente al tiempo. Interprétala. ¿Es una velocidad positiva o negativa?

4. EJEMPLO RESUELTO

La gráfica de la derecha muestra la posición frente al tiempo de un coche en un determinado recorrido.

a) Completa la tabla posición-tiempo para los puntos A, B, C, D, E.

b) Calcula la velocidad del coche en los tramos A → B, B → C, C → D y D → E.

c) Dibuja la gráfica velocidad-tiempo.

d) Calcula la velocidad media en el camino de vuelta.

e) Escribe un texto que interprete este problema. En él deben aparecer, como mínimo, las palabras: *oficina*, *polideportivo*, *partido*, *casa*, en el orden que te parezca adecuado.

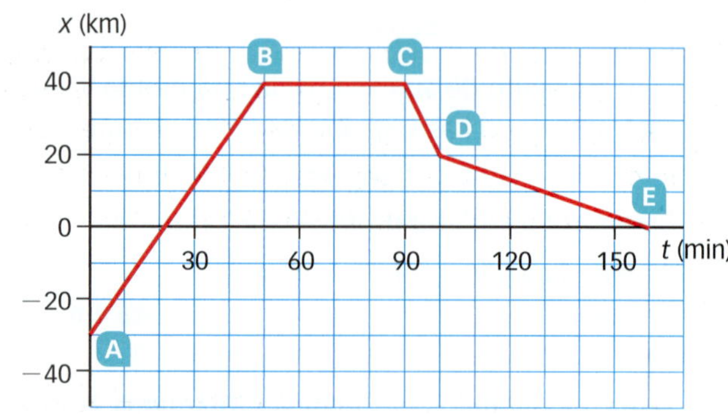

a) Completa la tabla leyendo los valores en la gráfica.

Punto	Tiempo (min)	Posición (km)
A	0	−30
B	50	40
C	90	40
D	100	20
E	160	0

b) En cada tramo calcula la velocidad dividiendo el espacio recorrido entre el tiempo que tarda en recorrerlo.

Tramo	Espacio recorrido (km)	Tiempo (min)	Velocidad (km/min)
A → B	40 − (−30) = 70	50	$\frac{70}{50} = 1{,}4$
B → C	40 − 40 = 0	40	$\frac{0}{40} = 0$
C → D	20 − 40 = −20	10	$\frac{-20}{10} = -2$
D → E	0 − 20 = −20	60	$\frac{-20}{60} = -0{,}3$

c)

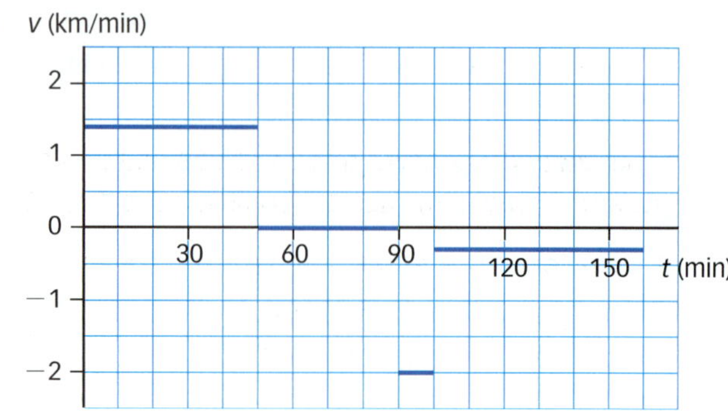

d) Queda:

$$v_{\text{media}} = \frac{\text{espacio recorrido}}{\text{tiempo invertido}}$$

En el trampo C → E.

$$v_{\text{media}} = \frac{\text{posición (E)} - \text{posición (C)}}{\text{tiempo (E)} - \text{tiempo (C)}} = \frac{0\ \text{km} - 40\ \text{km}}{160\ \text{min} - 90\ \text{min}} = \mathbf{-0{,}6\ \frac{km}{min}}$$

e) Ejemplo: «La madre de Ana trabaja en una **oficina** a 30 km de su **casa**. Ana juega un **partido** en un **polideportivo** que está a 40 km de casa, en sentido opuesto a la oficina. Al salir del trabajo, su madre va en coche al polideportivo, y espera 40 min a que el partido acabe. De vuelta a casa, los primeros 20 km eran por autopista, pero los otros 20 no, y tenía que circular más despacio».

ACTIVIDADES

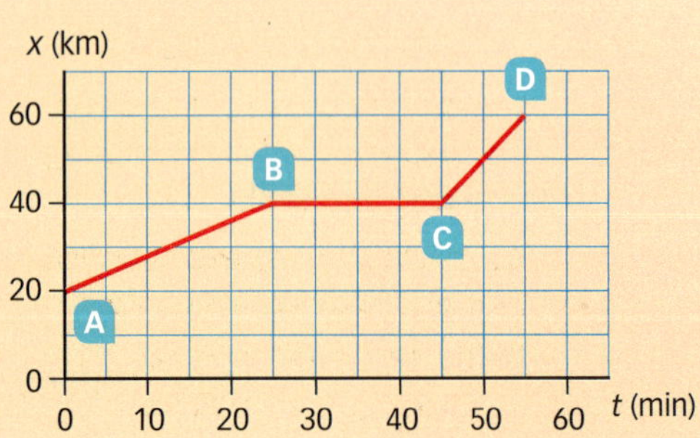

14 El gráfico muestra la posición de una moto frente al tiempo en un determinado recorrido señalado por A, B, C y D.

a) Completa la tabla posición-tiempo para los puntos A, B, C y D.

b) Calcula la velocidad de la moto en los tramos A → B, B → C y C → D. Elabora en tu cuaderno la gráfica velocidad-tiempo del movimiento.

c) Calcula la velocidad media de la moto.

d) Escribe un texto que interprete el problema.

3.5. Ejemplos de movimiento rectilíneo uniforme (MRU)

La mayor parte de los movimientos que observamos no son rectilíneos ni el móvil lleva siempre la misma velocidad. Sin embargo, algunos movimientos se pueden considerar MRU, como la propagación de la luz en el vacío o en el aire, la propagación del sonido en el aire o en otro medio, el avance de una nave espacial o un avión durante una parte de su recorrido.

Propagación de la luz

En el espacio exterior (en el vacío) o en el aire, la luz se propaga en línea recta a 300 000 km/s.

5. EJEMPLO RESUELTO

El Sol dista de la Tierra unos 150 000 000 de kilómetros. ¿Cuánto tarda la luz del Sol en llegar a la Tierra?

Usa la velocidad de la luz como factor de conversión:

$$150\,000\,000\ \text{km} \cdot \frac{1\ \text{s}}{300\,000\ \text{km}} = 500\ \text{s} \cdot \frac{1\ \text{min}}{60\ \text{s}} = \mathbf{8{,}3\ min}$$

6. EJEMPLO RESUELTO

Próxima Centauro es la estrella más cercana al Sol, a 41,3 billones de kilómetros. ¿Cuánto tardará la luz del Sol en llegar allí?

Haz el cálculo utilizando la velocidad de la luz como factor de conversión:

$$41{,}3 \cdot 10^{12}\ \text{km} \cdot \frac{1\ \text{s}}{300\,000\ \text{km}} = 1{,}4 \cdot 10^{8}\ \text{s}$$

$$1{,}4 \cdot 10^{8}\ \text{s} \cdot \frac{1\ \text{h}}{3600\ \text{s}} \cdot \frac{1\ \text{día}}{24\ \text{h}} \cdot \frac{1\ \text{año}}{365\ \text{días}} = \mathbf{4{,}4\ años}$$

Propagación del sonido

En el aire, el sonido se propaga a 340 m/s (a 20 °C).

Cuando un sonido choca contra una pared, rebota y vuelve hacia atrás. Se produce un «eco» cuando oímos el resultado de que ese sonido choque contra una pared y vuelva hasta nosotros. Para que se aprecie el eco, el sonido inicial y el reflejado deben llegar separados con más de 0,1 s.

7. EJEMPLO RESUELTO

¿A qué distancia de una pared debemos estar, como mínimo, para que se aprecie el eco de nuestra voz?

Haz el cálculo utilizando la velocidad del sonido como factor de conversión:

$$0{,}1\ \text{s} \cdot \frac{340\ \text{m}}{1\ \text{s}} = 34\ \text{m}$$

En el camino de ida y vuelta, el sonido debe recorrer 34 m. Por tanto, la pared debe estar, como mínimo, **a 17 m** de distancia.

La luz se propaga en línea recta.

PRESTA ATENCIÓN

Las estrellas están tan alejadas unas de otras que la luz que sale de una estrella tarda años en llegar a otra. Las distancias astronómicas se miden en años luz.

ACTIVIDADES

15. Calcula la distancia equivalente a 1 año luz en km y en m.
    1 año luz es la distancia que recorre la luz en un año.

16. En el año 2018 está previsto el lanzamiento de la nave espacial Solar Probe Plus, que podrá alcanzar la velocidad de 72 000 km/h. Suponiendo que se moviese a esta velocidad en todo el recorrido, ¿cuánto tardaría en llegar al Sol? Dato: la distancia de la Tierra al Sol es 150 000 000 km.

17. La velocidad de crucero de un avión comercial es de unos 900 km/h. ¿Cuánto tiempo tardará en dar la vuelta a la Tierra, por encima del ecuador, un avión que vuele a esta velocidad? Dato: el radio de la Tierra en el ecuador es 6378 km.

4 La aceleración

> **PRESTA ATENCIÓN**
>
> MRUA
> - Trayectoria: línea recta.
> - Aceleración: constante.
> - Velocidad: aumenta o disminuye uniformemente.

Cuando se pone en marcha un coche que estaba parado, se dice que acelera, y si se hace parar un coche que estaba en marcha, se dice que frena. También acelera un coche que circulaba a una velocidad (por ejemplo, 40 km/h) y luego va a otra mayor (por ejemplo, 60 km/h). Y frena un coche que iba a una velocidad (por ejemplo, 70 km/h) y luego va a otra menor (por ejemplo, 50 km/h).

La **aceleración (*a*)** mide cuánto varía la velocidad de un móvil por unidad de tiempo. Es positiva si aumenta la velocidad, o negativa si disminuye.

$$\textbf{Aceleración} = \frac{\textbf{Variación de velocidad}}{\textbf{Tiempo transcurrido}}$$

> **PRESTA ATENCIÓN**
>
> En general, la aceleración de un móvil cambia de un instante a otro. Pero en este curso solo estudiamos movimientos rectilíneos con aceleración constante o **MRU** y movimientos rectilíneos uniformemente acelerados o **MRUA**.

La aceleración es una magnitud derivada. Su unidad en el SI es el **metro por segundo al cuadrado (m/s^2)**. Un móvil cuya aceleración es 5 m/s^2 aumenta su velocidad 5 m/s en cada segundo. Un móvil cuya aceleración es -2 m/s^2 disminuye su velocidad 2 m/s en cada segundo.

Supongamos un coche que pasa de tener una velocidad de 10 m/s a 30 m/s en 4 segundos. En este caso:

$$a = \frac{v_{\text{final}} - v_{\text{inicial}}}{\text{tiempo transcurrido}} = \frac{30\,\frac{\text{m}}{\text{s}} - 10\,\frac{\text{m}}{\text{s}}}{4\text{ s}} = \frac{20\,\frac{\text{m}}{\text{s}}}{4\text{ s}} = 5\,\frac{\frac{\text{m}}{\text{s}}}{\text{s}} = 5\,\frac{\text{m}}{\text{s}^2}$$

4.1. Representación gráfica de la velocidad frente al tiempo en un MRUA

MRUA con aceleración positiva

Para un coche que arranca con aceleración de 10 m/s^2.

Tiempo (s)	Velocidad (m/s)
0	0
1	10
2	20
3	30

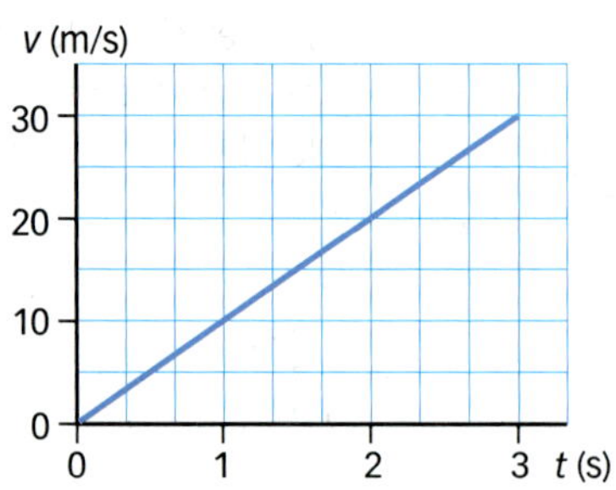

MRUA con aceleración negativa

Para un coche que va a 30 m/s y frena a -5 m/s^2.

Tiempo (s)	Velocidad (m/s)
0	30
1	25
2	20
3	15

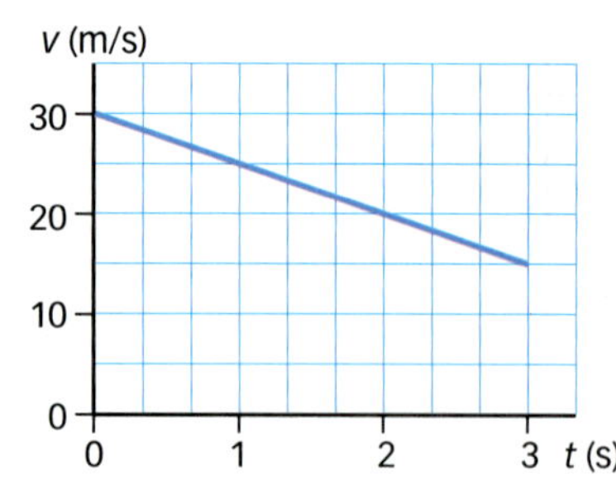

ACTIVIDADES

18 Un coche arranca y, durante los cinco primeros segundos, acelera a 4 m/s^2. Los siguientes 20 s mantiene constante su velocidad y luego frena, durante tres segundos, con $a = -5$ m/s^2.

a) ¿Cuál es la velocidad inicial del coche?

b) Haz la representación gráfica de su velocidad frente al tiempo.

c) ¿Llega a pararse?

SABER HACER

Calcular la aceleración a partir de una gráfica velocidad-tiempo

Observa la gráfica, que muestra cómo evoluciona la velocidad de un móvil con el tiempo.

A partir de la gráfica es sencillo deducir la aceleración del móvil en cada tramo representado.

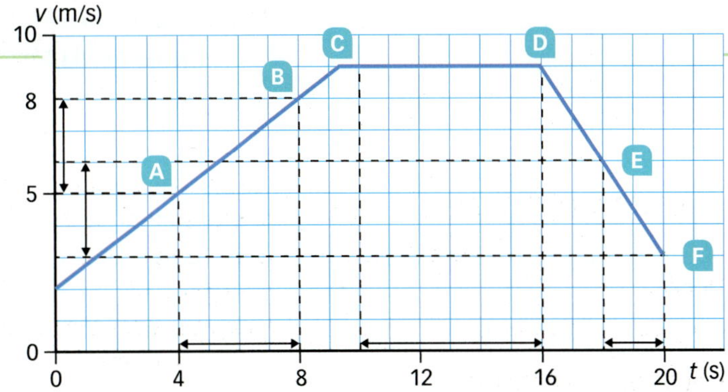

	Primer tramo: A-B	Segundo tramo: C-D	Tercer tramo: E-F
1. En cada tramo localiza dos puntos en los que sea fácil leer el valor de la velocidad y el tiempo.	Punto A: velocidad 5 m/s, tiempo 4 s; Punto B: velocidad 8 m/s, tiempo 8 s	Punto C: velocidad 9 m/s, tiempo 10 s; Punto D: velocidad 9 m/s, tiempo 16 s	Punto E: velocidad 6 m/s, tiempo 18 s; Punto F: velocidad 3 m/s, tiempo 20 s
2. Calcula la aceleración.	$a = \frac{v_B - v_A}{t_B - t_A} = \frac{8-5}{8-4} = \frac{3\text{ m/s}}{4\text{ s}} = 0{,}75\ \frac{\text{m}}{\text{s}^2}$	$a = \frac{v_D - v_C}{t_D - t_C} = \frac{9-9}{16-10} = 0$	$a = \frac{v_F - v_E}{t_F - t_E} = \frac{3-6}{20-18} = \frac{-3\text{ m/s}}{2\text{ s}} = -1{,}5\ \frac{\text{m}}{\text{s}^2}$
3. Conclusión.	Aceleración positiva. La velocidad aumenta con el tiempo.	No hay aceleración. Velocidad constante: MRU.	Aceleración negativa. La velocidad disminuye con el tiempo.

Primer tramo:

Punto	Velocidad (m/s)	Tiempo (s)
A	5	4
B	8	8

Segundo tramo:

Punto	Velocidad (m/s)	Tiempo (s)
C	9	10
D	9	16

Tercer tramo:

Punto	Velocidad (m/s)	Tiempo (s)
E	6	18
F	3	20

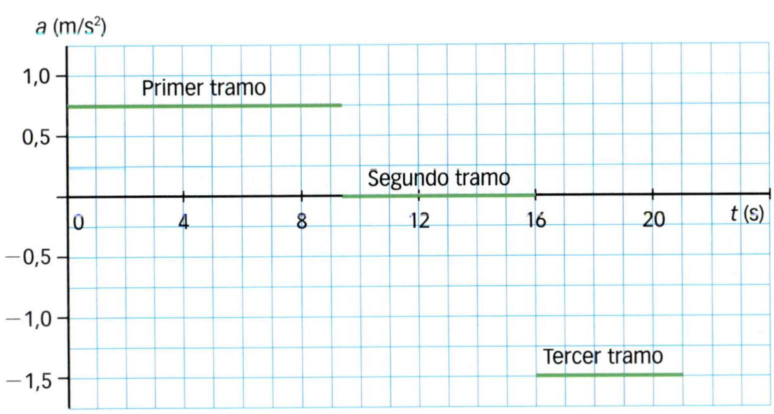

4.2. Representación gráfica de la aceleración frente al tiempo en un MRUA

En el MRUA la aceleración es constante. La representación gráfica de la aceleración frente al tiempo es una línea paralela al eje en que se representa el tiempo.

ACTIVIDADES

19 En el gráfico se muestra la velocidad de un coche frente al tiempo.

a) Calcula la aceleración en cada tramo.

b) Representa la aceleración frente al tiempo.

c) Escribe un texto que represente este movimiento.

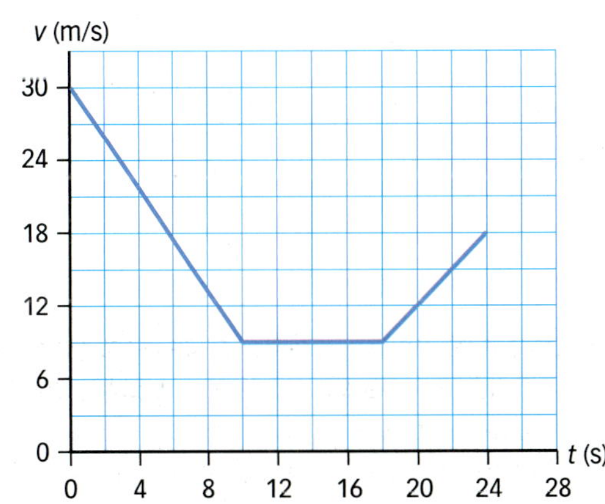

4.4. Representación gráfica de la posición frente al tiempo en el MRUA

El gráfico siguiente compara las posiciones que ocupa un móvil A que se mueve con MRU con $v = 5$ m/s y las posiciones que ocupa otro móvil B que arranca con una aceleración de 2 m/s² y tiene un MRUA.

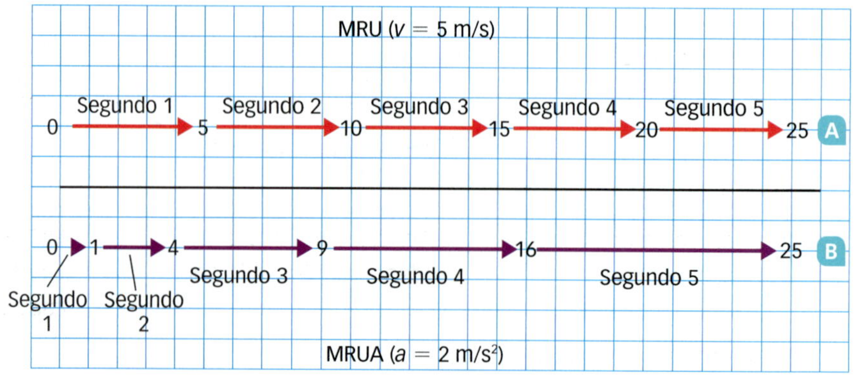

? INTERPRETA LA IMAGEN

- Observa el espacio que avanza en cada segundo el móvil A con MRU. ¿Es siempre el mismo? ¿Por qué?
- Observa el espacio que avanza en cada segundo el móvil B con MRUA. ¿Es siempre el mismo? ¿Por qué? ¿Ocurriría lo mismo si la aceleración fuese de frenada?

En el MRU el móvil A avanza el mismo espacio en cada segundo.

En el MRUA el móvil B avanza un espacio mayor en el segundo segundo que en el primero, mayor en el tercer segundo que en el segundo, y así sucesivamente. La razón es que la velocidad va aumentando a medida que pasa el tiempo.

Si la aceleración fuese de frenada, la velocidad iría disminuyendo y el espacio que recorrería en el primer segundo sería mayor que en el segundo, y en el segundo, mayor que en el tercero.

B — Móvil que arranca con MRUA con $a = 2$ m/s²

Tiempo (s)	Posición (m)
0	0
1	1
2	4
3	9
4	16
5	25

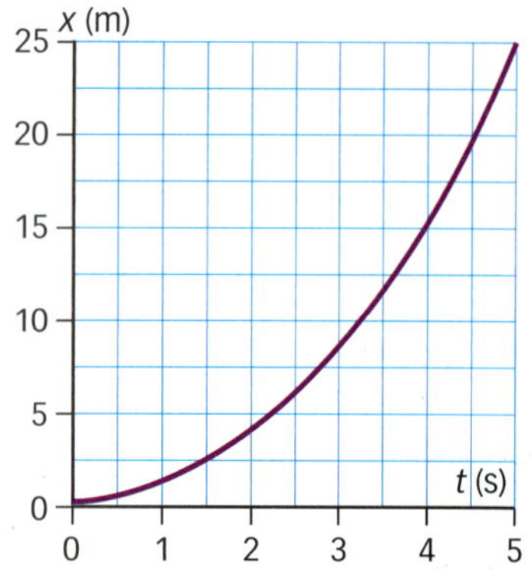

C — Móvil que se desplaza a una velocidad de 10 m/s y frena con MRUA con $a = -2$ m/s²

Tiempo (s)	Posición (m)
0	0
1	9
2	16
3	21
4	24
5	25

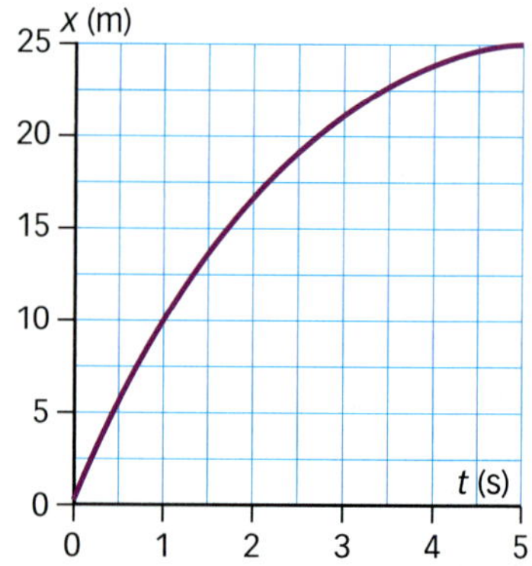

ACTIVIDADES

20 Observa arriba la tabla posición-tiempo del móvil B que arranca con MRUA con $a = 2$ m/s² y calcula su velocidad media en:

a) El primer segundo.

b) Los tres primeros segundos.

c) Los cinco primeros segundos.

21 Teniendo en cuenta la tabla posición-tiempo del móvil C que se desplaza a una velocidad de 10 m/s y frena con MRUA con $a = -2$ m/s², calcula su velocidad media en:

a) El primer segundo.

b) Los tres primeros segundos.

c) Los cinco primeros segundos.

5 El movimiento circular uniforme (MCU)

Observa los siguientes movimientos:

La aguja horaria da una vuelta completa cada 12 horas.

El minutero: 1 vuelta/hora.

El segundero: 1 vuelta/minuto.

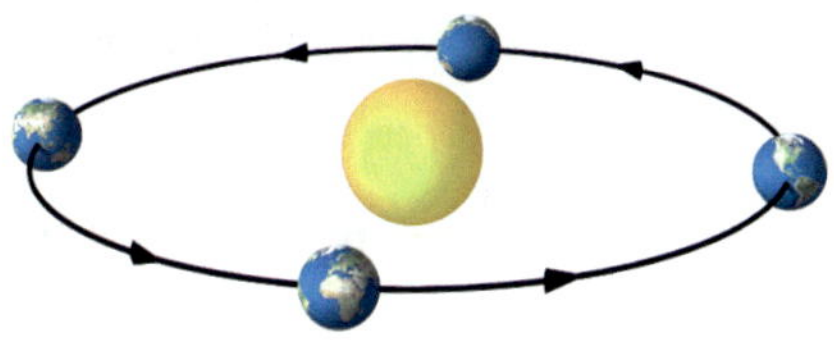

La Tierra da una vuelta alrededor del Sol cada año.

La Tierra da una vuelta alrededor de sí misma cada día.

El tambor de una lavadora da 1200 vueltas cada minuto.

Decimos que todos estos cuerpos tienen (aproximadamente) un movimiento circular uniforme.

Movimiento circular uniforme es el que tiene un cuerpo que describe una trayectoria circular con el valor de la velocidad constante.

El movimiento circular uniforme se repite cada cierto tiempo, por eso se llama movimiento periódico.

Se llama **periodo** (*t*) al tiempo que tarda el movimiento en repetirse, es decir, en completar una vuelta.

Se llama **frecuencia** (*f*) al número de veces que se repite en una unidad de tiempo. Cuanto mayor es el periodo, menor es la frecuencia, y viceversa.

Podemos medir la velocidad del movimiento circular indicando el espacio que recorre en la unidad de tiempo o el número de vueltas que da en una unidad de tiempo. En muchas ocasiones es más adecuado hacerlo de esta última forma.

Imagina tres personas que se encuentran en las posiciones A, B y C. Cada día, la Tierra da una vuelta completa alrededor de su eje. Un observador que estuviese en el espacio exterior y que viese a las personas en A, B y C, las volvería a ver en la misma posición justo un día después, pero cada una habría recorrido un espacio diferente.

PRESTA ATENCIÓN

MCU

- Trayectoria: circunferencia.
- Velocidad: constante en módulo, dirección variable.

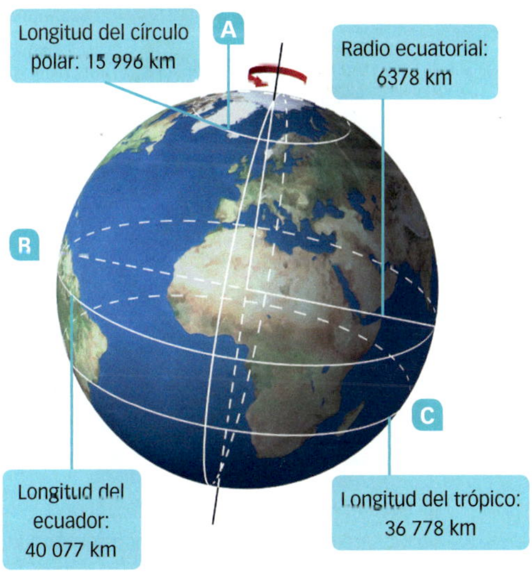

ACTIVIDADES

22 Ordena las agujas del reloj, horario, minutero y segundero.

a) Según su periodo. b) Según su frecuencia.

23 Calcula la velocidad de giro de una persona que está sobre el círculo polar, otra que está sobre el ecuador y otra que está sobre el trópico. Exprésala en vueltas por hora y en km/h.

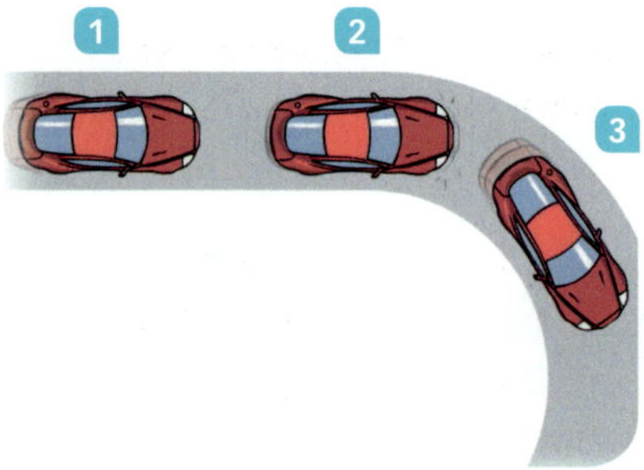

Las fuerzas cambian el estado de movimiento de los cuerpos.

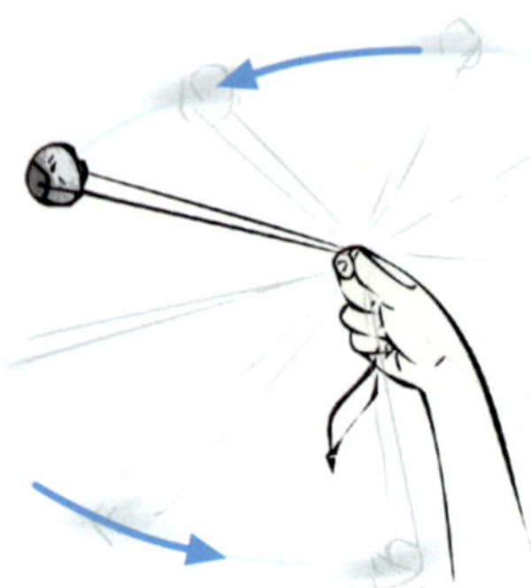

La mano ejerce una fuerza que hace que cambie la dirección del movimiento y la piedra gira. ¿Qué ocurre si la mano suelta la cuerda? ¿Cómo se movería la piedra?

6 Las fuerzas y el movimiento

Para que se ponga en movimiento un cuerpo que está parado debe actuar una fuerza. Esta hace que el cuerpo, que inicialmente tenía una velocidad cero, tenga una velocidad mayor, es decir, que acelere (1).

Para detener un cuerpo que está en movimiento también debe actuar una fuerza. A veces, la fuerza de frenada es la fuerza de rozamiento (2).

Para cambiar la dirección de movimiento de un cuerpo también debe actuar una fuerza (3). Unas veces, la fuerza solo cambia la dirección del movimiento (como en el MCU), pero otras cambia también el valor de la velocidad.

Las **fuerzas** cambian el estado de movimiento de un cuerpo.

¿Qué ocurre si no actúa ninguna fuerza neta sobre un cuerpo? Entonces, su movimiento no cambia. Esto es, si estaba parado, seguirá parado, y si se estaba moviendo, seguirá moviéndose con la misma velocidad y en la misma dirección y sentido, es decir, con MRU. En resumen:

Un cuerpo tiene un…	Cuando sobre él…
MRU	No actúa ninguna fuerza neta.
MRUA	Actúa una fuerza que hace que aumente o disminuya el valor de su velocidad de manera uniforme.
MCU	Actúa una fuerza que solo cambia la dirección del movimiento, pero no altera el valor de su velocidad.

6.1. Máquinas que modifican movimientos

Algunas máquinas incluyen elementos que amplían o reducen un movimiento. Estos elementos se denominan, en general, **engranajes**.

La rueda de mayor diámetro gira a menor velocidad (da menos vueltas por minuto) que la de menor diámetro. El engranaje es más fácil si los bordes exteriores de las ruedas y el interior de la correa son dentados. Entonces, la correa se denomina **cadena**.

Si las ruedas son dentadas, pueden encajar sus dientes para que transmitan el movimiento directamente. Las ruedas que están en contacto giran en sentido contrario.

Si las ruedas tienen distinto tamaño, la más grande gira a menor velocidad que la pequeña.

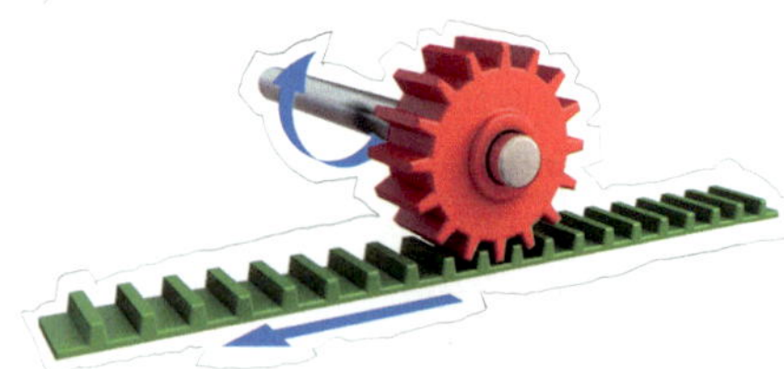

El mecanismo **piñón-cremallera** permite transformar un movimiento circular en un movimiento rectilíneo.

ACTIVIDADES

24 Di en qué sentido gira cada rueda y cuál lo hace más rápido.

a)

b)

ACTIVIDADES FINALES

REPASA LO ESENCIAL

25 Resuelve el crucigrama.

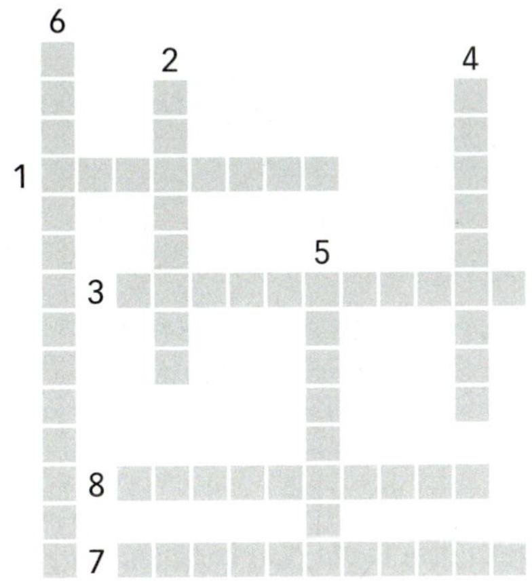

1. Lugar que ocupa un móvil en un instante.
2. Movimiento cuya velocidad es constante.
3. Línea que describe el móvil en su movimiento.
4. Espacio recorrido por unidad de tiempo.
5. Movimiento cuya trayectoria es una circunferencia.
6. Aumento de la velocidad por unidad de tiempo.
7. Movimiento cuya trayectoria es una línea recta.

26 Razona si las siguientes afirmaciones son ciertas o no. El espacio recorrido:

a) Nunca coincide con el desplazamiento.
b) Siempre es mayor o igual que el desplazamiento.
c) Siempre es menor que el desplazamiento.
d) Nunca puede ser cero.

27 ¿Qué gráficas representan el movimiento de un móvil que se desplaza con velocidad constante alejándose del origen?

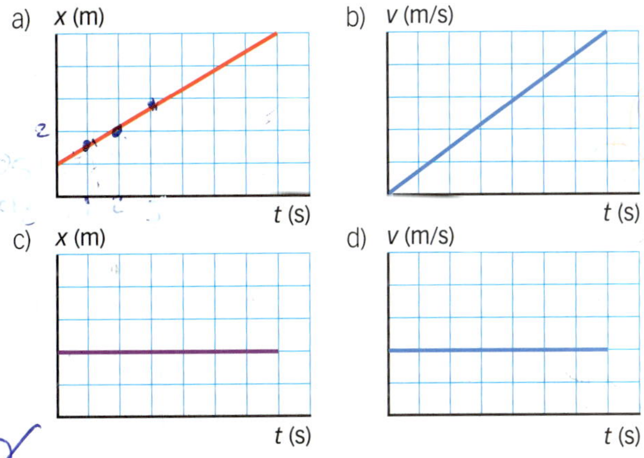

28 La velocidad del sonido en el aire es 340 m/s. Exprésalo en km/h.

29 En general, el límite de velocidad en las autopistas es 120 km/h. Exprésalo en m/s.

30 Un ciclista se mueve durante 10 segundos a 5 m/s y durante 90 segundos a 9 m/s. Su velocidad media es:

a) 8,6 m/s b) 7 m/s c) 9 m/s

31 Un ciclista se mueve durante 10 segundos a 9 m/s y durante 90 segundos a 5 m/s. Su velocidad media es:

a) 8,2 m/s b) 7 m/s c) 5,4 m/s

32 Un ciclista se mueve durante 50 segundos a 5 m/s y durante 50 segundos a 9 m/s. Su velocidad media es:

a) 8,6 m/s b) 7 m/s c) 6,2 m/s

33 Calcula la velocidad media del coche cuyo movimiento representa esta gráfica.

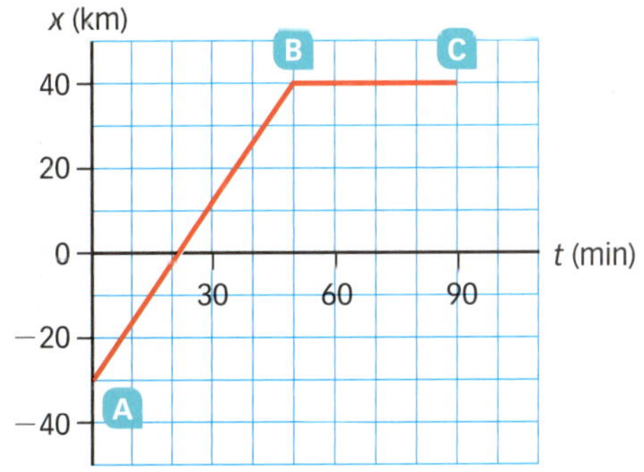

34 Si un coche se mueve con una aceleración de 5 m/s², podemos asegurar que:

a) Su velocidad nunca puede ser menor que 5 m/s.
b) Avanza 5 m en cada segundo.
c) Si su velocidad es 5 m/s en un instante, 1 s después es 10 m/s.

35 Observa el gráfico y redacta un texto que sea coherente con el movimiento que representa.

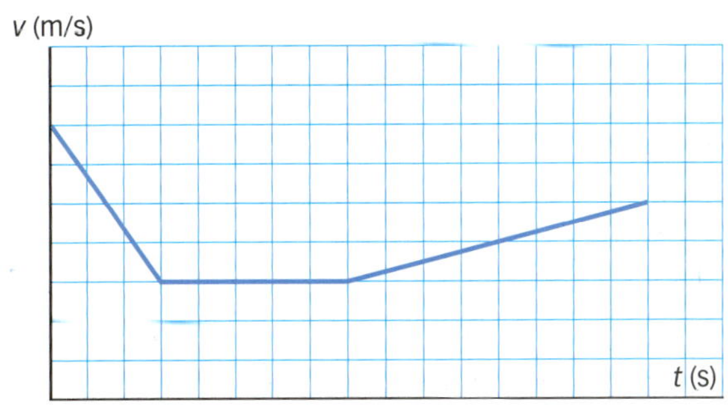

36 Enlaza en tu cuaderno cada movimiento con el tipo correspondiente.

a) Una noria.
b) El arranque de una moto.
c) La propagación de la luz en el vacío.
d) La frenada de un coche ante un semáforo en rojo.

☐ MRU
☐ MRUA
☐ MCU

PRACTICA

¿Se mueve o no se mueve?

37 En un momento dado, la nadadora de una prueba de natación de 100 m espalda está debajo de la cuerda de salida falsa. Indica.

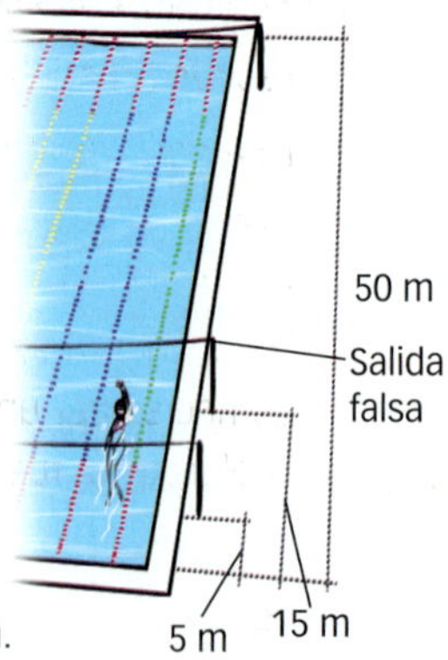

a) El camino recorrido si acaba de salir.

b) El camino recorrido si ya ha tocado el final de la piscina.

c) El desplazamiento de la nadadora en los casos a) y b). ¿Coincide en algún caso con el camino recorrido?

La velocidad

38 Ordena de mayor a menor las siguientes velocidades.

a) El águila real vuela 10 km en 2 min.

b) A velocidad de crucero, un avión recorre 0,75 km en 3 s.

c) Una pelota de tenis alcanza 35 m en medio segundo.

39 En las Olimpiadas de 2012 obtuvieron medalla de oro en atletismo las atletas que consiguieron estas marcas. Completa la tabla en tu cuaderno.

Prueba	Tiempo	v_{media} (m/s)	v_{media} (km/h)
100 m	10,75 s		
400 m	49,55 s		
1500 m	4 min 10,23 s		
10 000 m	30 min 20,75 s		

a) ¿Hay alguna relación entre la velocidad media y la longitud de la prueba? ¿A qué crees que se debe?

b) ¿La atleta corre toda la prueba a la misma velocidad?

Movimiento rectilíneo y uniforme (MRU)

40 Dos ciclistas salen a la vez y recorren una pista rectilínea. El ciclista A avanza 5 m cada 2 segundos, y el ciclista B avanza 3 m cada segundo.

a) Completa la tabla en tu cuaderno.

t (s)	0	5	10	15	20
Posición A (m)					
Posición B (m)					

b) En un solo dibujo, haz la gráfica posición-tiempo para cada ciclista y razona cuál va a mayor velocidad.

c) Calcula la velocidad media de cada ciclista.

8. EJEMPLO RESUELTO

El gráfico muestra el movimiento de un móvil.

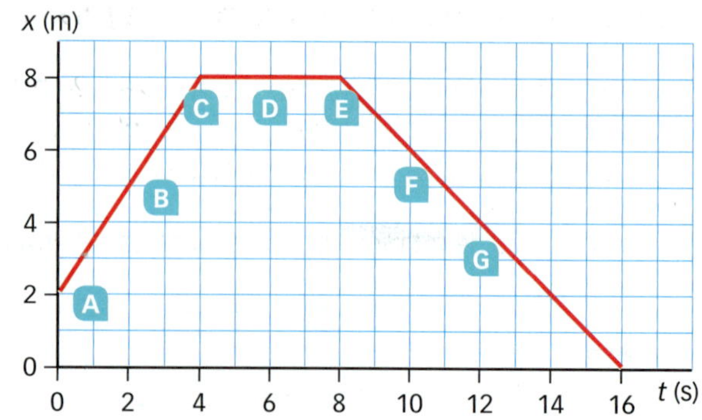

a) Completa una tabla con la posición en los instantes señalados en el gráfico.

b) Calcula la velocidad media en los intervalos:

I. 0 s → 4 s II. 4 s → 8 s III. 8 s → 12 s

c) Invente un texto sobre este movimiento.

a) Lee los valores en la gráfica y completa una tabla:

t (s)	0	2	4	6	8	10	12
x (m)	2	5	8	8	8	6	4

b) $v_{media} = \dfrac{\text{espacio recorrido}}{\text{tiempo invertido}}$

- 0 s → 4 s: $v_{media} = \dfrac{8\text{ m} - 2\text{ m}}{4\text{ s} - 0\text{ s}} = \mathbf{1{,}5\ m/s}$
- 4 s → 8 s: $v_{media} = \dfrac{8\text{ m} - 8\text{ m}}{8\text{ s} - 4\text{ s}} = \mathbf{0\ m/s}$
- 8 s → 12 s: $v_{media} = \dfrac{4\text{ m} - 8\text{ m}}{12\text{ s} - 8\text{ s}} = \mathbf{-1\ m/s}$

c) Ejemplo: «Me encuentro a 2 m de mi casa y voy a comprar el pan. En 4 s llego a la panadería, que está a 8 m de mi casa. Tardo 4 s en comprar el pan y lo llevo a casa, donde llego 8 s después».

41 Observa la siguiente gráfica.

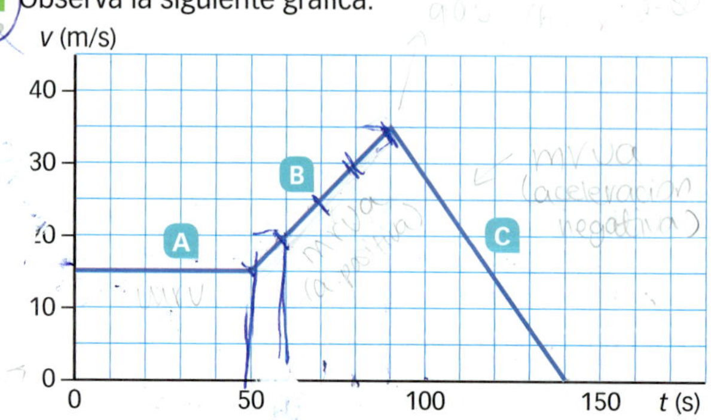

a) ¿Qué tipo de movimiento lleva el móvil en cada tramo?

b) Calcula la velocidad media en cada tramo.

La aceleración

42 Una moto que está parada arranca con una aceleración de 3 m/s². Completa en tu cuaderno una tabla que muestre su velocidad en los 10 primeros segundos.

43 La conductora de un coche que se desplaza a 20 m/s ve un semáforo en rojo y debe frenar completamente en los próximos 5 s. ¿Cuál debe ser su aceleración?

44 El movimiento de un móvil se representa por el gráfico.

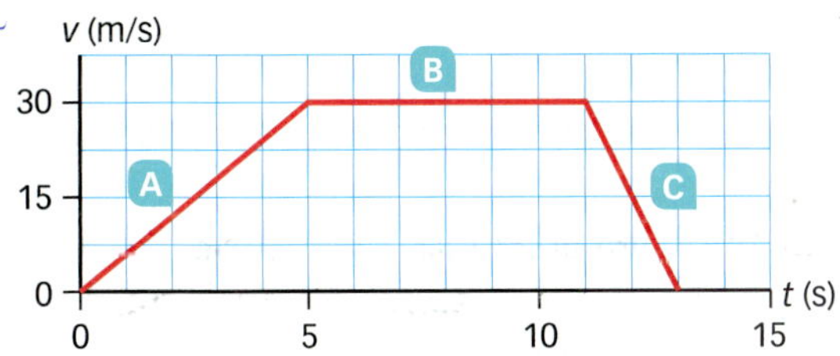

a) Explica qué movimiento lleva en cada tramo.

b) Calcula la aceleración que lleva en cada tramo.

45 Razona cuál de estos enunciados puede describir el movimiento de la actividad anterior.

a) Un coche arranca y, cuando alcanza la velocidad de 30 m/s, se mueve con esa velocidad durante 6 s, pero ve un semáforo en rojo y para en 2 s.

b) Un ciclista sube una cuesta durante 5 s. Luego descansa y finalmente baja la cuesta hasta el punto de salida.

c) Un coche va a 30 m/s y se para en un semáforo. Luego da la vuelta y vuelve hasta el punto de partida.

El movimiento circular uniforme

46 Observa el tiovivo y razona en tu cuaderno si estas afirmaciones son ciertas.

a) Las sillas voladoras se mueven a más velocidad que los caballitos.

b) Si una silla da cinco vueltas cada minuto, el caballito da cuatro vueltas en un minuto.

c) Las sillas voladoras tardan el mismo tiempo que los caballitos en dar una vuelta.

Las fuerzas y el movimiento

47 El rozamiento frena los cuerpos. Imagina que actúa el rozamiento sobre un cuerpo en movimiento. Razona en tu cuaderno qué afirmación es cierta.

a) El cuerpo no se mueve, sino que se para.

b) El cuerpo se mueve con aceleración negativa.

c) El cuerpo se mueve con MRU.

d) El cuerpo se mueve con MCU.

48 Observa la imagen y razona en tu cuaderno qué afirmaciones son ciertas.

a) Las ruedas A y B se mueven con la misma velocidad.

b) La rueda A da más vueltas por minuto que la rueda B.

c) La rueda A tarda más tiempo en dar una vuelta que la rueda B.

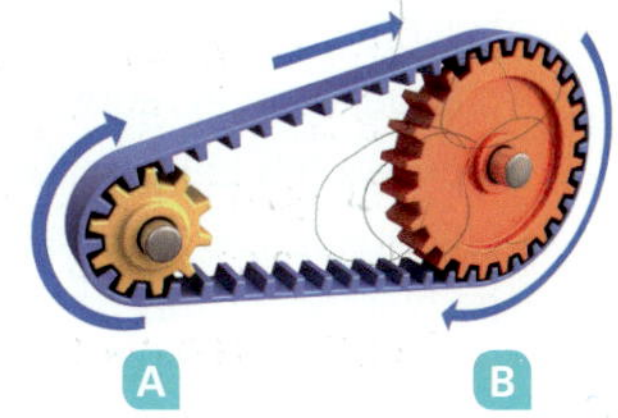

AMPLÍA

49 Un explorador sale de un punto de la Tierra y recorre 10 km hacia el sur, luego 10 km hacia el este y después 10 km hacia el norte. Finalmente, descubre que está en el mismo punto que al principio.

a) Dibuja su trayectoria.

b) ¿Qué distancia recorre?

c) ¿Cuál es su desplazamiento?

d) ¿De qué punto del planeta sale el explorador?

50 El gráfico siguiente representa un movimiento imposible. Explica por qué.

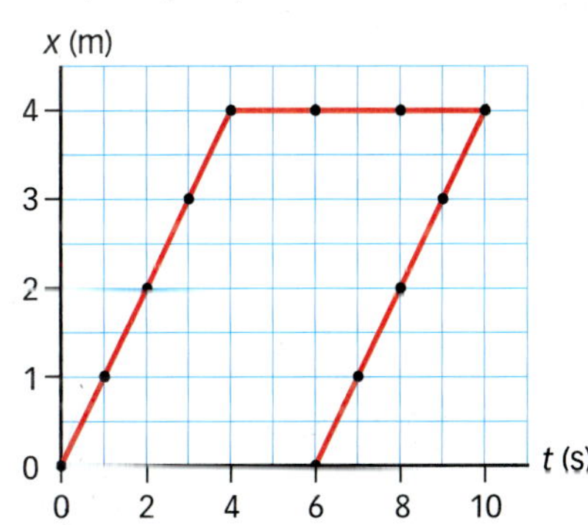

9. EJEMPLO RESUELTO

Un tiovivo de 3 m de diámetro gira a 5 vueltas por minuto. Calcula la velocidad de un caballito apoyado en el borde exterior.

Calcula la longitud de la circunferencia:

$$L = 2 \cdot \pi \cdot r = 2 \cdot \pi \cdot 1{,}5 \text{ m} = 9{,}43 \text{ m}$$

Por tanto:

$$v = \frac{\text{espacio}}{\text{tiempo}} = \frac{5 \cdot 9{,}43 \text{ m}}{60 \text{ s}} = \mathbf{0{,}8\ m/s}$$

51 Un tiovivo de 3 m de diámetro gira a 5 vueltas/min. Calcula la velocidad de un cochecito sobre la plataforma, a 1 m del eje central del tiovivo.

APLICA UNA TÉCNICA. Analizar las rutas ofrecidas por un navegador GPS

Los navegadores GPS autónomos o aquellos integrados en teléfonos móviles son máquinas asombrosas. En unos pocos segundos son capaces de planificar rutas para llegar a un destino desde la ubicación actual del aparato, obtenida gracias a una red de satélites que circunda la Tierra.

A menudo el usuario puede elegir entre varias rutas. Por ejemplo, una ruta incluirá peajes, otra será la más corta, mientras que puede ocurrir que otra ruta diferente sea la más rápida. Los navegadores con conexión a Internet son capaces incluso de recalcular el tiempo necesario para completar la ruta en función de las condiciones del tráfico en tiempo real o la presencia de obras en la calzada.

Observa a la derecha dos rutas propuestas por un navegador para un mismo viaje

52 Contesta.

a) ¿Cuál de las dos rutas es más corta?

b) ¿Cuál es la más rápida?

c) ¿Qué parte comparten ambas rutas? ¿En qué difieren?

53 Calcula la velocidad media en km/h y en m/s.

a) En la ruta más corta.

b) En la ruta más rápida.

c) Explica la diferencia obtenida en ambos casos.

d) ¿Por qué la ruta más corta no es también la ruta más rápida?

54 Señala las diferencias entre ambas rutas, si las hay, en relación con:

a) La posición inicial del vehículo.

b) La posición final del vehículo.

c) La velocidad media del vehículo.

d) La cantidad de combustible consumido.

e) El tipo de carretera por el que circula el vehículo.

55 De entre los siguientes valores, elige cuál crees que es la distancia que recorrería un helicóptero que viajase en línea recta entre Ciudad Real y Sevilla.

a) 325 km
b) 50 km
c) 423 km
d) 261 km

56 Observa la escala del dibujo y calcula la distancia en línea recta entre Córdoba y Sevilla.

57 USA LAS TIC. Utiliza alguna página web que permita calcular rutas entre dos puntos de España y calcula dos rutas diferentes desde tu lugar de residencia hasta un destino de otra Comunidad Autónoma que te apetecería visitar.

Puedes usar las siguientes páginas web:

- http://www.viamichelin.es/web/Itinerarios
- http://maps.google.es
- http://www.guiarepsol.com (Mapas y rutas)

a) ¿Qué alternativas se proponen?

b) Relaciona dichas alternativas con los diferentes tipos de carreteras por los que se circula en cada ruta.

FORMAS DE PENSAR. ANÁLISIS ÉTICO. ¿Pondrías más radares en las carreteras?

El nuevo Reglamento General de Circulación [...] prohibirá el uso de detectores de radar, una infracción grave que acarreará una multa de 200 € y la retirada de tres puntos del carné de conducir. [...] De esta forma, el uso de detectores de radar –permitido actualmente– será considerado una infracción grave. [...]

Actualmente, los únicos dispositivos prohibidos son los inhibidores de radar, equipos que, además de detectar las señales de los radares, interfieren en su funcionamiento (dan una lectura errónea). Tanto los detectores de radar como los avisadores de radar (dispositivos que incluyen una base de datos con la ubicación de los radares fijos y la posible situación de los móviles) están permitidos.

En relación a los detectores de radar, CEA [Comisariado Europeo del Automóvil] considera «incongruente que se prohíba y sancione el uso de detectores de radares, puesto que en la propia página de la DGT [Dirección General de Tráfico] aparece su ubicación y existe también una aplicación oficial de la DGT que se puede descargar para el mismo fin».

Asimismo, el Comisariado Europeo del Automóvil considera que es positivo y preventivo que el conductor conozca la ubicación real de los radares, puesto que su objetivo es que los conductores reduzcan la velocidad en los puntos peligrosos.

Juan Cruz Ranz, http://www.autobild.es. 10/07/2013

CUADRO DE SANCIONES Y PUNTOS POR EXCESO DE VELOCIDAD

	LÍMITE	30	40	50	60	70	80	90	100	110	120	MULTA	PUNTOS
EXCESO VELOCIDAD	GRAVE	21 50	41 60	51 60	61 90	71 100	81 110	91 120	101 130	111 140	121 150	100 €	–
EXCESO VELOCIDAD	GRAVE	51 60	61 70	71 80	91 110	101 120	111 130	121 140	131 150	141 160	151 170	300 €	2
EXCESO VELOCIDAD	GRAVE	61 70	71 80	81 90	111 120	121 130	131 140	141 150	151 160	161 170	171 180	400 €	4
EXCESO VELOCIDAD	GRAVE	71 80	81 90	91 100	121 130	131 140	141 150	151 160	161 170	171 180	181 190	500 €	6
EXCESO VELOCIDAD	MUY GRAVE	81	91	101	131	141	151	161	171	181	191	600 €	6

58 COMPRENSIÓN LECTORA. Explica la diferencia entre inhibidor de radar, detector de radar y avisador de radar.

59 COMPRENSIÓN LECTORA. Explica con tus propias palabras el significado de la última frase del texto.

60 Muchas asociaciones se quejan de que existen puntos negros de nuestras carreteras en los que no hay radares.

a) Explica qué es un punto negro.

b) ¿Por qué defienden estas asociaciones la ubicación de radares en puntos negros?

61 La mayor parte de los radares miden la velocidad de los vehículos en un instante. Pero los radares de tramo miden la velocidad a lo largo de un túnel gracias a detectores situados a la entrada y a la salida del túnel. Explica cómo funcionan empleando el concepto de velocidad media.

62 Observa la tabla e indica la sanción en cada caso.

a) Un motocicleta que circula a 75 km/h en una zona donde el límite es 50 km/h.

b) Un automóvil que circula a 110 km/h si el límite es 100 km/h.

c) Un camión que circula a 85 km/h en una carretera cuyo límite de velocidad es 80 km/h.

d) Un automóvil que circula a 185 km/h en una zona donde el límite legal es de 120 km/h.

¿Cuando la velocidad es mayor es también mayor la sanción?

63 TOMA LA INICIATIVA. ¿Te parece adecuado aumentar el número de radares para reducir el de accidentes? ¿En qué puntos de las carreteras instalarías tú los radares? ¿Por qué?

INVESTIGA | TRABAJO COOPERATIVO

A. MEDIR LA VELOCIDAD MEDIA

MATERIAL

- Regla.
- Bolas de distintos tamaños.
- Perfil de aluminio.
- Barreras fotoeléctricas.
- Tarjeta de cartón.
- Soporte.
- Contador de tiempo.

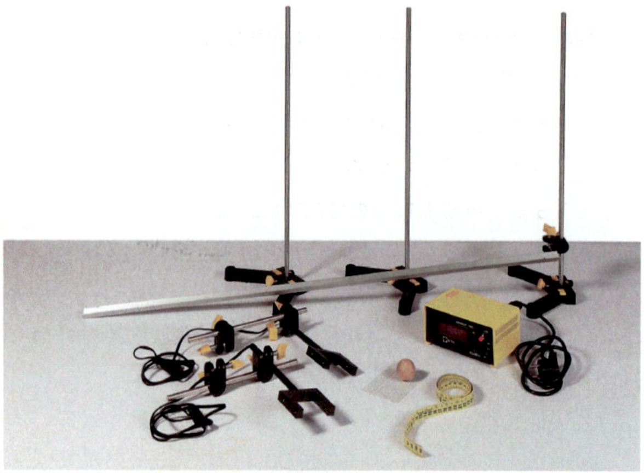

PROCEDIMIENTO

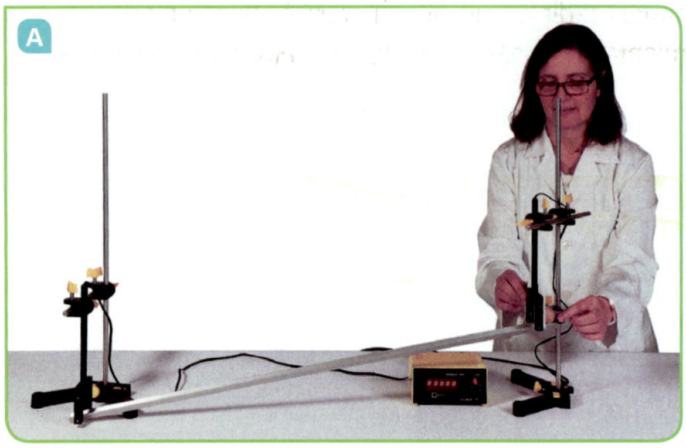

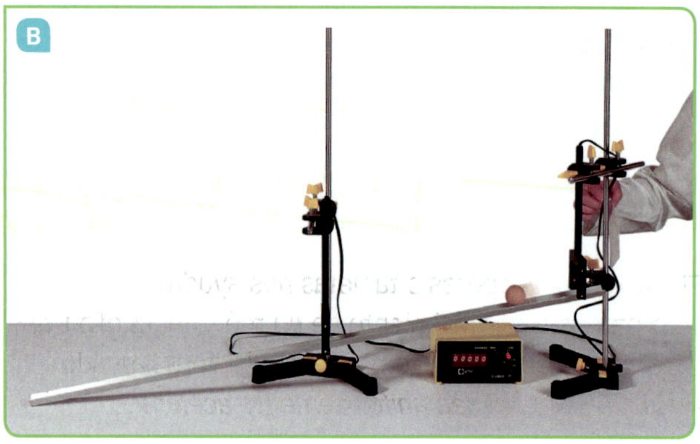

1. Coloca el perfil de aluminio un poco inclinado.
2. Haz que cada barrera fotoeléctrica esté próxima a un extremo del perfil. Conéctalas al contador de tiempo.

   Ajusta las barreras fotoeléctricas para que el contador de tiempo funcione adecuadamente.
3. Pon la barrera de cartón delante de la primera barrera y la bola de madera detrás de ella.
4. Levanta la barrera.
5. Anota el tiempo que marca el contador.
6. Mide la distancia entre las dos barreras fotoeléctricas.

¿Cómo se calcula?

$$v_{media} = \frac{\text{espacio recorrido}}{\text{tiempo empleado}}$$

Repite el procedimiento con bolas de otro tamaño.

	Espacio	Tiempo	v_{media}
Bola 1			
Bola 2			
Bola 3			

Velocidad media en diferentes partes del recorrido

1. Sin cambiar el primer soporte, acerca la segunda barrera fotoeléctrica hacia la mitad del perfil de aluminio (B).
2. Deja que la bola baje.
3. Mide la distancia entre las barreras fotoeléctricas y el tiempo que ha tardado la bola en recorrerla.
4. Calcula la velocidad del primer tramo.
5. Coloca la primera barrera fotoeléctrica sobre un tercer soporte y sitúala hacia la mitad del perfil de aluminio.

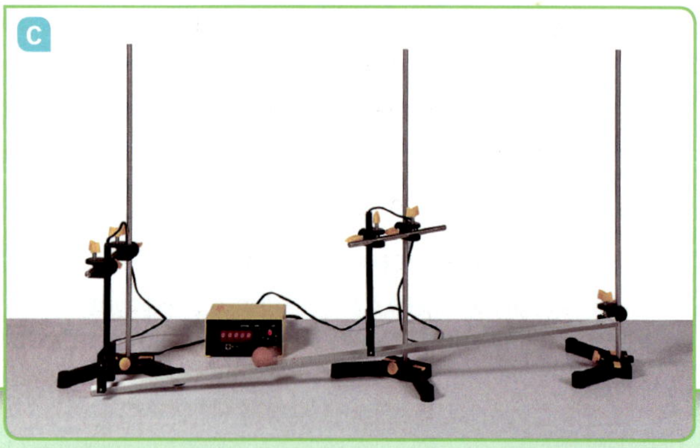

6. Lleva la segunda barrera al extremo inferior del perfil de aluminio.
7. Coloca la bola delante de la primera barrera y deja que baje.
8. Mide la distancia entre las barreras fotoeléctricas y el tiempo que ha tardado en recorrerla.
9. Calcula la velocidad del segundo tramo.
10. Completa la tabla.

	Espacio	Tiempo	v_{media}
Primer tramo			
Segundo tramo			

ACTIVIDADES

64 Para un mismo movimiento y un mismo recorrido, ¿influye la masa o el tamaño de la bola en la velocidad media?

65 Considera las tres velocidades medias que has medido:

- Recorrido completo.
- Primer tramo.
- Segundo tramo.

a) ¿Cuál es mayor? b) ¿Cuál es menor?

66 Teniendo en cuenta los valores de la velocidad media que has obtenido, razona si este movimiento es un MRU o un MRUA.

67 Teniendo en cuenta esta experiencia, idea un método que te permita medir la velocidad instantánea en un punto del movimiento (o lo más parecido a la velocidad instantánea).

B. USAR ANIMACIONES VIRTUALES PARA ESTUDIAR EL MOVIMIENTO

El uso de ordenadores o tabletas nos ayuda a comprender el movimiento de un móvil. Para ello usa el recurso digital que acompaña a este libro llamado *Movimiento rectilíneo uniformemente acelerado*.

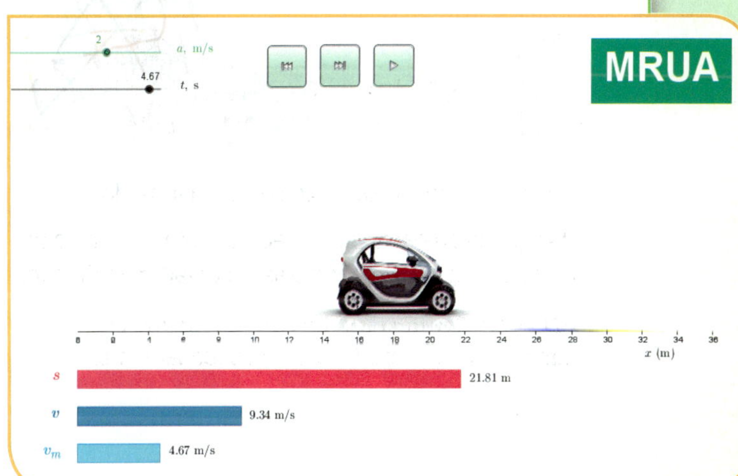

¿Cómo se hace?

1. Utiliza el cursor que marca el tiempo transcurrido para comprobar la posición del móvil en los instantes $t = 0$ s, $t = 1$ s… Ten en cuenta que en $t = 0$ el móvil está quieto en la posición $x = 0$.
2. Anota la posición del móvil en cada instante de tiempo.
3. Determina su velocidad en cada instante.

$$v_1 = \frac{x_1}{t_1}; \quad v_2 = \frac{x_2}{t_2}$$

4. Calcula la aceleración del móvil.

$$a = \frac{v_{\text{final}} - v_{\text{incial}}}{\text{tiempo transcurrido}}$$

5. Varía el valor de la aceleración del móvil con el cursor correspondiente. ¿Cómo cambia el desarrollo de la animación al transcurrir el tiempo?

ACTIVIDADES

68 ¿Qué indica la barra azul oscuro que aparece cuando se mueve el móvil de la animación? Elige la respuesta correcta y escríbela en tu cuaderno.

a) El espacio recorrido por cada móvil.

b) La velocidad de cada móvil en cada instante.

c) La aceleración de cada móvil en cada instante.

d) El tiempo que falta hasta detenerse.

69 ¿Qué tipo de movimiento lleva el móvil de la simulación?

70 Elige un valor de la aceleración y completa una tabla en tu cuaderno con las posiciones del móvil en cada instante.

Utiliza estos datos y elabora gráficas en tu cuaderno:

a) Una gráfica posición-tiempo.

b) Una gráfica velocidad-tiempo.

8 Fuerzas y movimientos en el universo

SABER

- El universo que observamos.
- Las leyes del movimiento de los astros.
- La fuerza que mueve los astros.
- El universo actual.
- El sistema solar.

SABER HACER

- Observar el cielo nocturno.
- Relacionar la masa y el peso de los cuerpos.

Un pequeño telescopio **buscador** con pocos aumentos se sitúa sobre el tubo principal para localizar planetas, estrellas o galaxias con más facilidad.

El **ocular** es una lente que determina el aumento obtenido. A través de ella observamos. Al cambiar el ocular se obtienen distintos aumentos con un mismo telescopio. Cuanto mayor sea el diámetro del objetivo, mayor será el número de aumentos que podemos lograr.

El **objetivo** es un espejo o una lente que capta la luz y la concentra para que podamos ver detalles. Cuanto mayor es el objetivo, mayor será la calidad del instrumento.

Una **rueda de enfoque** permite obtener imágenes nítidas.

La **montura** permite apuntar el telescopio en una dirección u otra. Las monturas modernas tienen GPS incorporado: así resulta más fácil localizar planetas, estrellas o galaxias.

Los **contrapesos** permiten nivelar el telescopio aunque este apunte cerca del horizonte o del cénit.

El **trípode** robusto soporta el peso del telescopio.

NOS HACEMOS PREGUNTAS. ¿Cómo nos ayudan los telescopios a observar el cielo?

Hasta el siglo XVI lo único que los astrónomos podían averiguar sobre el universo era la posición de los planetas y otros astros en el cielo.

Pero la invención del **telescopio** en el siglo XVII permitió a los astrónomos observar detalles en la Luna, manchas en el Sol o descubrir satélites girando alrededor de Júpiter. Ahora los telescopios modernos, incluso los de aficionado, permiten observar galaxias situadas a millones de años luz de distancia.

TIPOS DE TELESCOPIOS

Básicamente hay dos tipos de telescopios: reflectores y refractores.

Los **reflectores** tienen un gran espejo que capta la luz. Algunos incorporan más de un espejo para lograr más aumentos con un tamaño compacto.

Los telescopios profesionales son reflectores.

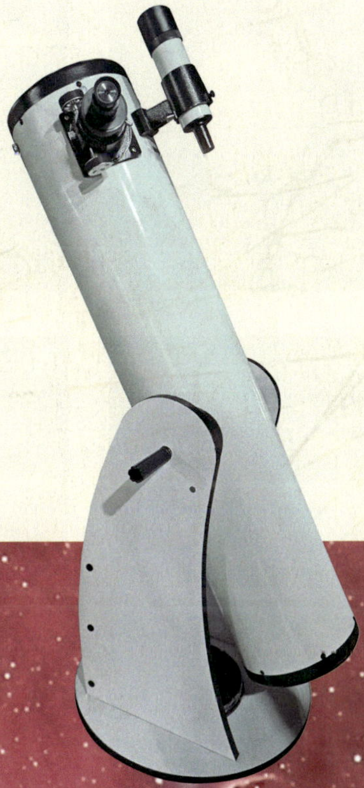

Los **refractores** están formados por lentes. Muchos telescopios de aficionado son refractores.

? INTERPRETA LA IMAGEN

- ¿Qué elementos forman un telescopio? ¿Por qué parte del telescopio se mira?
- ¿Qué importancia tiene el tamaño del objetivo, si cambiando el ocular podemos conseguir muchos aumentos?

CLAVES PARA EMPEZAR

- ¿Qué tipos de astros has observado en el cielo? ¿Has mirado el cielo alguna vez usando unos prismáticos o un telescopio? ¿Qué viste?
- ¿Se encuentran la Luna, los planetas y las estrellas siempre en la misma posición en el cielo o se mueven? ¿Por qué?

REPASA FÍSICA Y QUÍMICA

Al observar el cielo sin nubes podemos apreciar:

De día

- El Sol (A).
- La Luna (B). Se ve por la mañana cuando está en fase menguante y por la tarde cuando está en creciente.
- Planetas (C). Venus es un punto brillante que se ve al amanecer (el lucero del alba).
- La estela de los aviones que vuelan alto (D).

De noche

- La Luna (A).
- Planetas (B). Se pueden ver cinco planetas a simple vista: Mercurio, Venus, Marte, Júpiter y Saturno.
- Estrellas (C). Algunas forman grupos denominados **constelaciones**.
- Estrellas fugaces (D). No son estrellas. En realidad son meteoritos que se queman al entrar en la atmósfera a gran velocidad.
- Cometas (E). Son astros brillantes con una estela luminosa.
- Galaxias (F). La Vía Láctea es una galaxia espiral con una banda blanquecina de estrellas.
- Nebulosas (G). La nebulosa de Orión es una mancha blanquecina en la constelación de Orión.
- Aviones (H). Son luces parpadeantes que se desplazan en cualquier dirección.
- Satélites artificiales (I). Son luces de brillo constante que se desplazan en trayectorias determinadas.

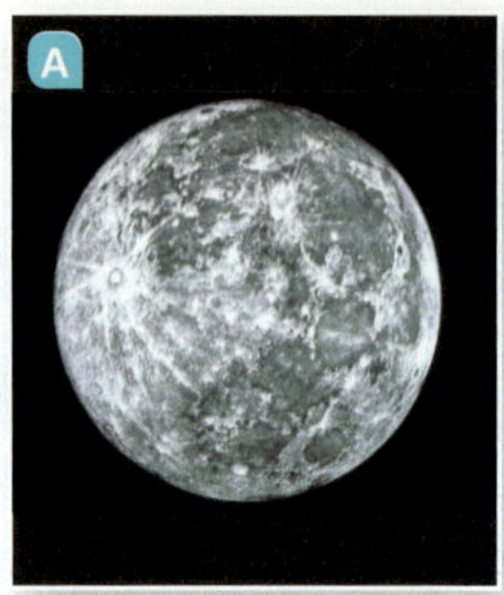

ACTIVIDADES

1 La observación del cielo es una actividad que ya realizaban los antiguos. Repasa las distintas señales que puedes observar en un día o una noche clara y distingue cuáles de ellas podrían ver los astrónomos de la antigua Grecia y cuáles no.

1 El universo que observamos

Desde la Antigüedad, las personas observamos el movimiento de los astros. Actualmente disponemos de medios avanzados que mejoran las posibilidades de observación y, con ello, nuestro conocimiento del universo.

1.1. El movimiento de los objetos celestes

Algunos de los puntos luminosos que observamos en el cielo parecen estar inmóviles, pero la mayoría se mueven.

En un mismo día, la posición de un astro cambia a medida que pasa el tiempo.

- Cada amanecer, el Sol sale por el este y avanza hasta ponerse cada atardecer por el oeste.
- La Luna sale por el este, cada atardecer, y se pone por el oeste, al amanecer.

Si hiciésemos fotografías del cielo en distintos momentos de la noche, veríamos un movimiento similar en los diversos astros del firmamento. Observa lo que se puede apreciar en la primera noche de primavera en el hemisferio norte. La línea azul marca la trayectoria que ha seguido la constelación Osa Menor.

? INTERPRETA LA IMAGEN

- ¿Se mueven todos los astros que aparecen en las imágenes?
- ¿Alguno permanece fijo? ¿Cuál?
- ¿A qué se debe este movimiento aparente de las estrellas?

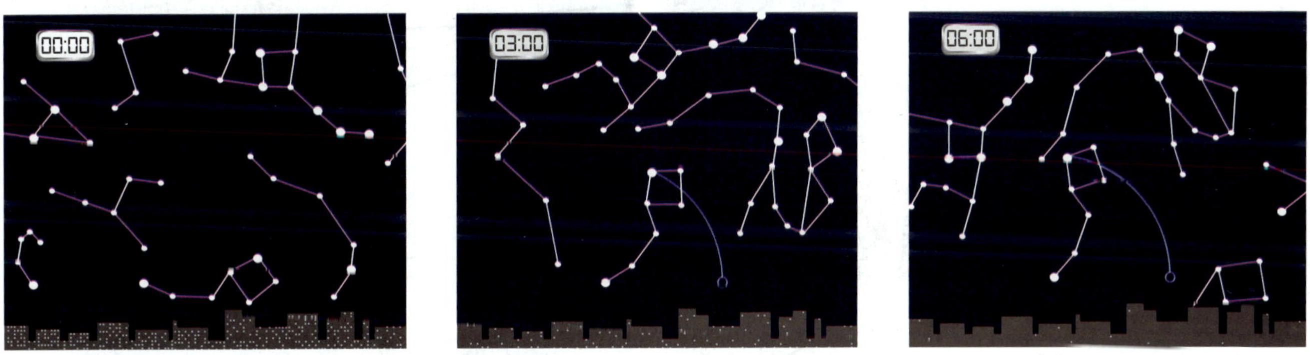

Además, los astros que vemos en el cielo varían de una época del año a otra. Algunos solo se ven en verano; otros, en invierno, y hay algunos que se ven durante todo el año.

1.2. Astronomía y astrología

La astronomía es la ciencia que estudia los astros. Trata de estudiar su posición en el firmamento para conocer su movimiento. Gracias a ella es posible saber qué astros se pueden observar en el cielo cada día y cada noche en cualquier lugar del mundo.

Los astrología es una actividad que trata de relacionar la posición de los astros con hechos que van a ocurrir en el futuro. Analizando los mapas celestes en un momento determinado, por ejemplo, en el instante del nacimiento de una persona, se predice su futuro por medio del horóscopo y las cartas astrales. El resultado, evidentemente, no se corresponde con la realidad. La astrología es falsa ciencia.

ACTIVIDADES

2 La astronomía nos indica qué estrellas podremos ver en el cielo de nuestra ciudad en una fecha determinada. La astrología, por medio del horóscopo, nos dice si nos van a salir bien o mal los exámenes o si nos va a tocar la lotería. Razona si las dos predicciones son igual de fiables.

2 Las leyes del movimiento de los astros

Tras observar las posiciones de los astros en el firmamento, los astrónomos llegaron a describir su movimiento. Y se preguntaban cuáles eran las leyes que regían el movimiento de los astros.

A comienzos del siglo XVII, el astrónomo y matemático alemán Johannes Kepler (1571-1630) dedujo las tres leyes, **llamadas leyes de Kepler**, que rigen el movimiento de los astros. Estas leyes establecen relaciones matemáticas entre las características de las órbitas de cada astro y su velocidad, y permiten predecir su posición en cualquier instante.

1.ª ley de Kepler

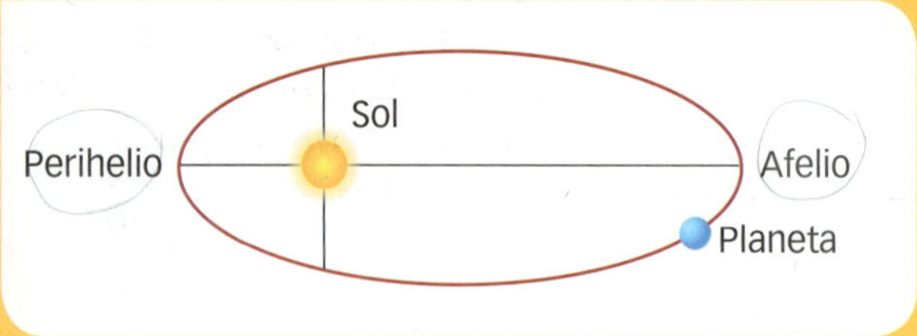

Los planetas giran alrededor del Sol describiendo **órbitas elípticas**. El Sol está en uno de los focos de la elipse.

La parte de la órbita más próxima al Sol se llama **perihelio**, y la más alejada, **afelio**.

2.ª ley de Kepler

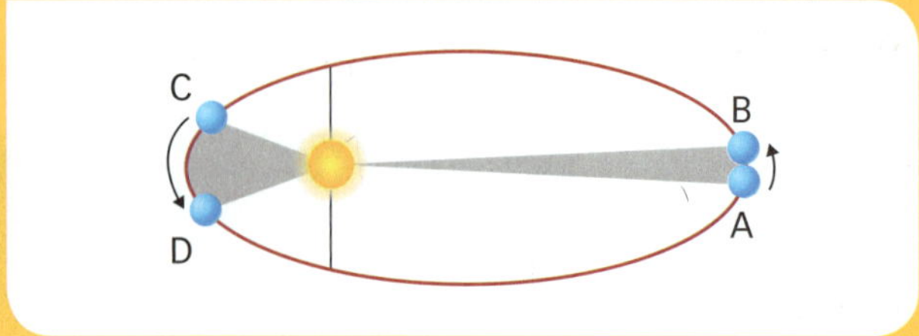

Los planetas se mueven con **velocidad areolar constante**.

Esto significa que la línea que une en cada momento el Sol con la posición del planeta barre áreas iguales en tiempos iguales. En el gráfico, el planeta tarda el mismo tiempo en pasar de A a B que en pasar de C a D.

En consecuencia, los planetas se mueven más rápido en la zona del perihelio que en la del afelio.

3.ª ley de Kepler

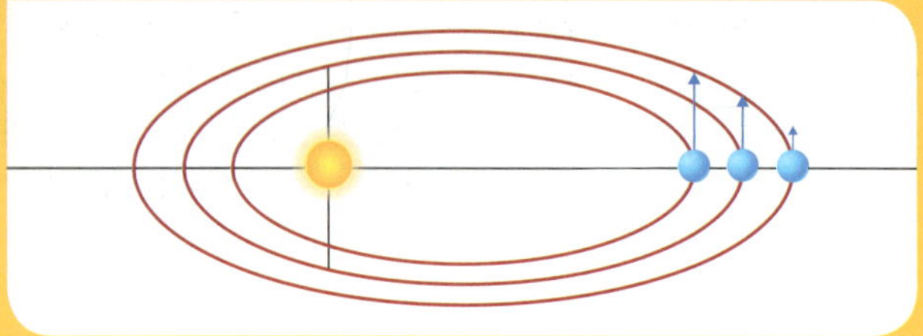

Cuanto mayor sea el tamaño de la órbita, más tiempo tarda el planeta en recorrerla.

$$\frac{T^2}{d^3} = \text{constante}$$

- T es el periodo, el tiempo que tarda el planeta en dar una vuelta alrededor del Sol.
- d es la distancia media del planeta al Sol.

ACTIVIDADES

3 Puedes dibujar una elipse con un lápiz y una cuerda, como se indica en el dibujo. Los puntos A y B son los focos y están a la misma distancia de O.

Dibuja la trayectoria que sigue la Tierra alrededor del Sol. Sitúa el afelio y el perihelio.

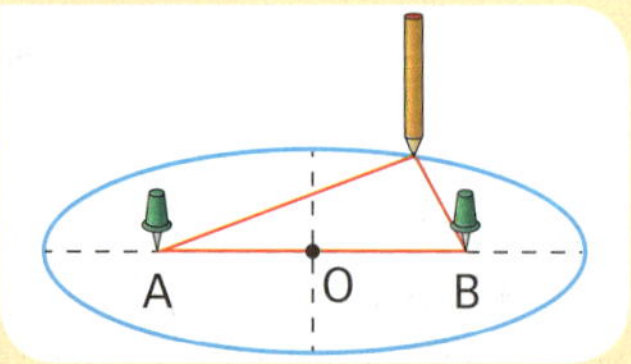

4 En el hemisferio norte, el invierno se produce cuando la Tierra se encuentra en el perihelio. Explica por qué en España el invierno dura seis días menos que el verano.

5 Revisa lo que ya sabes sobre el movimiento y la velocidad y recapacita sobre la tercera ley de Kepler. ¿De qué factores depende el tiempo que tarda un planeta en completar una órbita alrededor del Sol?

3 La fuerza que mueve los astros

¿Por qué se mueven así los astros? Isaac Newton (1642-1727), el genial científico británico, dedujo que el movimiento de los astros es consecuencia de la atracción que el Sol ejerce sobre ellos.

A

La manzana cae del árbol porque la Tierra la atrae.

B

Si lanzamos la manzana con cierta velocidad horizontal, la atracción terrestre hace que caiga, pero a cierta distancia.

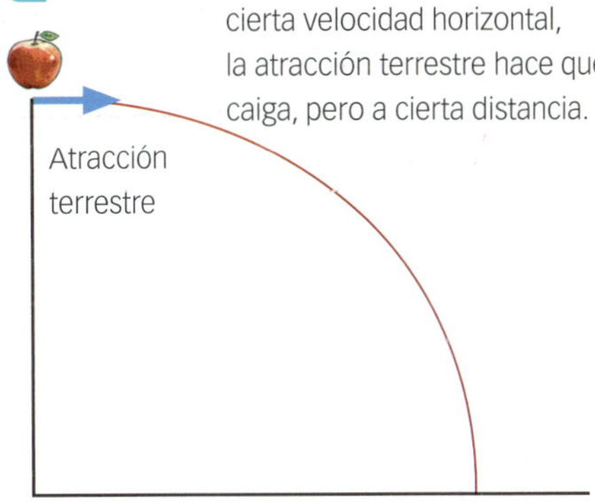

C

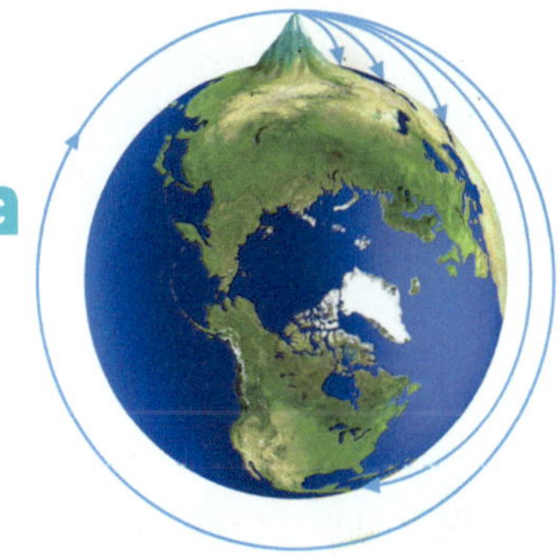

Si la velocidad horizontal inicial de la manzana fuese mayor, esta podría llegar al punto de partida antes de caer a Tierra. La atracción terrestre es la causa de su movimiento alrededor de la Tierra.

Newton concluyó que el Sol ejerce una fuerza de atracción gravitatoria sobre los planetas que les hace girar a su alrededor. De forma similar, los satélites giran alrededor de sus planetas, como hace la Luna en su movimiento alrededor de la Tierra.

Partiendo de las leyes de Kepler, Newton estableció la **ley de la gravitación universal**:

> Todos los cuerpos del universo se atraen con una fuerza que es directamente proporcional a sus masas e inversamente proporcional al cuadrado de la distancia que los separa. La dirección de esta fuerza es la línea que une el centro de los cuerpos.

La ley de la gravitación es universal, pues se cumple tanto en la Tierra como en el cielo. Se dice que rompió la barrera cielo-Tierra.

La fuerza de atracción gravitatoria es mutua, aunque siempre es el cuerpo de menor masa el que se mueve hacia el más masivo (cae o gira alrededor).

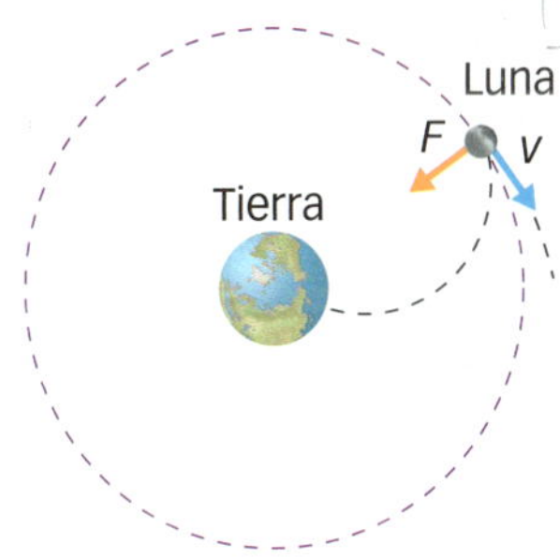

La Tierra ejerce una fuerza de **atracción gravitatoria** sobre la Luna. La velocidad de giro de la Luna hace que orbite a la Tierra. A menor velocidad, la Luna caería, y a mayor velocidad escaparía.

Dependencia de la masa

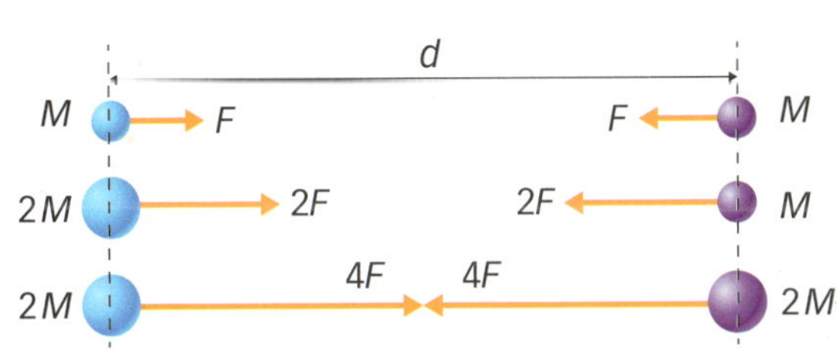

Para cuerpos que están a la misma distancia, cuanto mayor es la masa, mayor es la fuerza de atracción gravitatoria.

La distancia se mide desde el centro de un cuerpo al centro del otro cuerpo.

Dependencia de la distancia

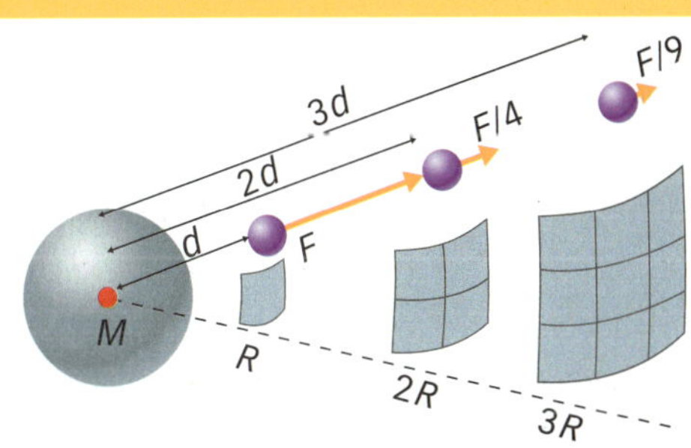

Para cuerpos que tienen la misma masa, la fuerza de atracción gravitatoria es menor cuanto mayor es la distancia que los separa.

La fuerza disminuye con el cuadrado de la distancia. Si la distancia se duplica, la fuerza se reduce a la cuarta parte.

3.1. La fuerza gravitatoria y el peso

En otra unidad definimos el peso como la fuerza con que la Tierra atrae a los cuerpos. Pero un cuerpo puede estar en otro lugar, como la Luna, y entonces su peso es la fuerza con que lo atrae la Luna.

El peso de un cuerpo es la atracción gravitatoria que se ejerce sobre él. Depende de su masa y del lugar donde se encuentre.

SABER HACER

Calcular cuánto pesa un cuerpo cuya masa es 2 kg en...

A

La **Tierra**:

$P_{Tierra} = m \cdot 9,8$ N/kg

$P_{Tierra} = 2$ kg $\cdot$ 9,8 N/kg = = **19,6 N**

B

En la **estación espacial** (a 400 km de la superficie de la Tierra):

$P_{Est.} = m \cdot 8,7$ N/kg

$P_{Est.} = 2$ kg $\cdot$ 8,7 N/kg = **17,4 N**

C

La **Luna**:

$P_{Luna} = m \cdot 1,6$ N/kg

$P_{Luna} = 2$ kg $\cdot$ 1,6 N/kg = = **3,2 N**

D

Marte:

$P_{Marte} = m \cdot 3,8$ N/kg

$P_{Marte} = 2$ kg $\cdot$ 3,8 N/kg = = **7,6 N**

Conclusión: para calcular el peso en N en un lugar, multiplicamos la masa en kg por un factor que depende del lugar.

1. EJEMPLO RESUELTO

¿Cuánto pesará en la Tierra un cuerpo que en la Luna pesa 10 N?

Calcula la masa del cuerpo, que es la misma dondequiera que esté:

$$m = \frac{P_{Luna}}{1,6 \text{ N/kg}} = \frac{10 \text{ N}}{1,6 \text{ N/kg}} = 6,25 \text{ kg}$$

Por tanto:

$$P_{Tierra} = m \cdot 9,8 \text{ N/kg} = 6,25 \text{ kg} \cdot 9,8 \text{ N/kg} = \mathbf{61,25 \text{ N}}$$

ACTIVIDADES

6 Dos cuerpos de la misma masa m están separados una distancia d. ¿Cómo variará la fuerza de atracción gravitatoria entre ambos si la masa de ambos cuerpos se reduce a la mitad?

7 Abraracúrcix, el jefe de la tribu de Asterix, temía que el cielo le cayese en la cabeza. Utiliza la ley de la gravitación universal para explicar a Abraracúrcix:

a) Por qué no le va a caer el Sol en la cabeza.

b) Por qué no le va a caer la Luna en la cabeza.

c) Por qué si le cae algún proyectil en la cabeza, debe pensar que los romanos están atacando la tribu.

8 Si el vaso con agua que estaba en la posición 1 se lleva a la posición 2, ¿qué ocurriría con el líquido? Pista: imagina que una persona que estaba de pie en 1 se lleva a 2, ¿cómo estará en ella?

9 ¿Cuánto pesa en Marte un cuerpo que en la Tierra pesa 20 N?

4 El universo actual

Los primeros astrónomos solo conocían el universo que podían ver con sus propios ojos. En el siglo XVI Galileo utilizó el telescopio para mejorar las observaciones. Hoy disponemos de grandes telescopios que permiten conocer lo que sucede en lugares muy alejados, e incluso lo que ocurrió hace mucho tiempo.

INSTRUMENTOS PARA OBSERVAR EL UNIVERSO			
Prismáticos y telescopios	Telescopios gigantes	Radiotelescopios	Telescopios espaciales

Los pueden utilizar las personas aficionadas a la astronomía para observar el cielo con más detalle.	Captan la luz emitida por objetos poco luminosos o muy lejanos. Están en lugares especiales donde la observación es mejor, como en Canarias o en Hawai (EE. UU.).	Captan las ondas de radio que emiten algunos astros. Estas se reciben mediante antenas y complementan los estudios de los telescopios.	Son telescopios gigantes que observan desde el espacio, como el Hubble. Permiten fotografiar galaxias muy lejanas con gran detalle.

4.1. Nacimiento del universo

Gracias a todo este conocimiento se han elaborado teorías sobre cómo se formó el universo.

Analizando la luz que llega de las estrellas, los astrónomos descubrieron que **las galaxias se están alejando unas de otras**.

Esto llevó a pensar que el universo se originó a partir de una gran explosión (teoría del ***big bang***) que se produjo hace unos 13 800 millones de años. Desde entonces el universo ha ido creciendo de tamaño y enfriándose.

Las primeras galaxias se formaron hace unos 13 000 millones de años. Nuestro sistema solar se formó mucho después que las primeras galaxias, hace unos 4500 millones de años.

En 1929 el astrónomo estadounidense Edwin Hubble descubrió galaxias más allá de la Vía Láctea que se alejaban de nosotros. **El universo se expande** como un globo que se hincha.

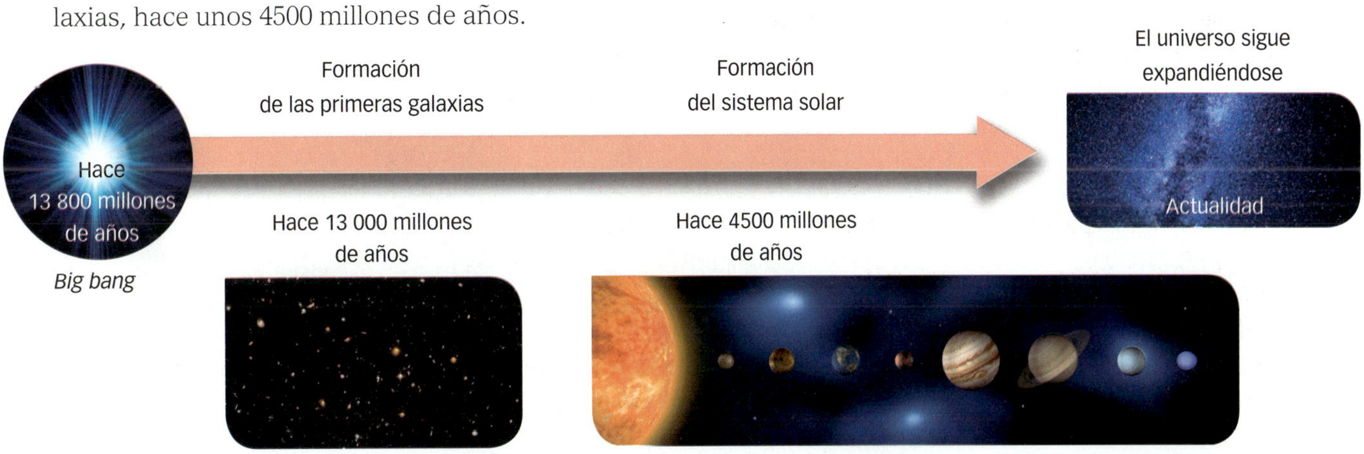

4.2. Los cuerpos celestes en el universo

Los cuerpos celestes se encuentran en el universo separados por grandes distancias; entre ellos hay espacio vacío. Pueden formar distintas agrupaciones.

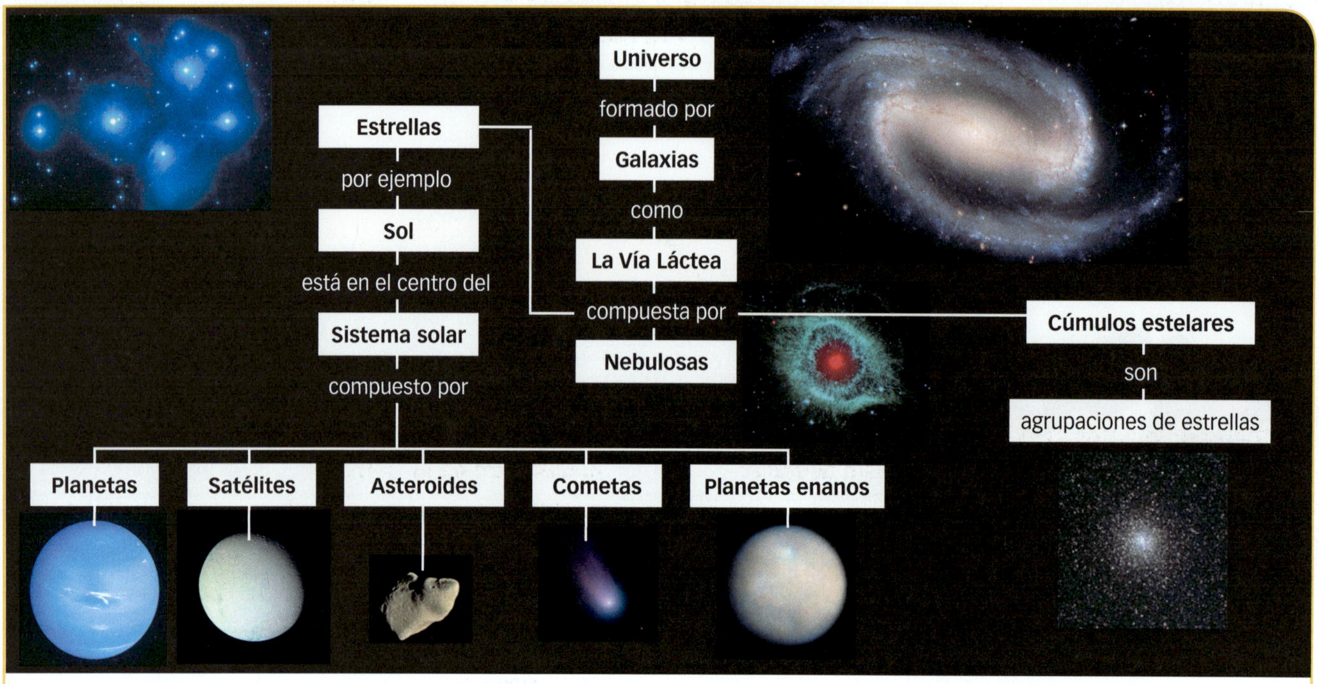

- **Cúmulos de galaxias.** Son grupos de galaxias repartidos por el espacio. Nuestra galaxia, la Vía Láctea, forma parte del cúmulo de Virgo.
- **Galaxias.** Son grupos de miles o millones de estrellas, entre las cuales hay nubes de polvo y gas, denominadas **nebulosas**. En el universo hay más de 100 000 millones de galaxias.

  Hay varios tipos de galaxias: espirales, elípticas o irregulares. La Vía Láctea es una galaxia espiral.
- **Estrellas.** Son bolas de gas incandescente que emiten luz propia debido a su elevadísima temperatura interior. Algunas tienen planetas girando a su alrededor. Un ejemplo es el **Sol**, que se encuentra en uno de los brazos espirales de la Vía Láctea.

  Los antiguos trataban de relacionar las formas de algunos grupos de estrellas en el cielo con formas de animales o seres mitológicos. Estos grupos se llaman **constelaciones**, como las constelaciones de la Osa Mayor o la Osa Menor.

  Las estrellas de una galaxia que nacieron juntas forman un **cúmulo**.
- **Planetas.** Son astros que giran alrededor de una estrella. Desde hace más de una década se han descubierto planetas que giran alrededor de estrellas diferentes del Sol: son los **planetas extrasolares** o **exoplanetas**.
- **Satélites.** Son cuerpos que giran alrededor de los planetas. Un planeta puede tener varios satélites o ninguno.
- **Asteroides.** Son cuerpos pequeños que giran alrededor del Sol.
- **Cometas.** Son astros helados que giran alrededor del Sol con órbitas elípticas muy alargadas. Al acercarse al Sol muestran una cola brillante.

PRESTA ATENCIÓN

Los planetas, satélites, asteroides y cometas no tienen luz propia, aunque pueden reflejar la luz de la estrella.

ACTIVIDADES

10. ¿Qué quiere decir que el universo está en expansión? ¿Significa que nuestra galaxia es el centro del universo?
11. ¿Qué son los exoplanetas? ¿Qué relación hay entre la existencia de exoplanetas y la posibilidad de vida más allá del sistema solar?

4.3. Distancias y tamaños en el universo

En comparación con el mundo que observamos, el tamaño de los cuerpos celestes y las distancias que los separan son enormes. Para medirlos utilizamos las siguientes unidades:

- **Unidad astronómica (ua o bien UA).** Equivale a la distancia de la Tierra al Sol: 150 millones de kilómetros. Se utiliza para medir distancias en el sistema solar.
- **Año luz.** Es la distancia que recorre la luz en un año. Se utiliza para medir distancias relativas a estrellas o galaxias.

$$1 \text{ año luz} = 300\,000 \frac{\text{km}}{\cancel{\text{s}}} \cdot \frac{3600 \cancel{\text{s}}}{1 \cancel{\text{h}}} \cdot \frac{24 \cancel{\text{h}}}{1 \cancel{\text{día}}} \cdot \frac{365 \cancel{\text{días}}}{1 \cancel{\text{año}}} \cdot 1 \cancel{\text{año}}$$

$$1 \text{ año luz} = 9{,}5 \cdot 10^{12} \text{ km} = 9{,}5 \text{ billones de kilómetros}$$

RECUERDA

En el vacío, la luz recorre 300 000 km cada segundo.

2. EJEMPLO RESUELTO

Utiliza como datos los kilómetros que separan cada planeta del Sol y su diámetro (sin destacar en la tabla de abajo).

a) Calcula la distancia media de cada planeta al Sol en unidades astronómicas, ua.

b) Indica el diámetro de cada planeta con relación al diámetro de la Tierra.

c) Señala el tiempo que tarda la luz en llegar desde el Sol a cada planeta.

a) Utiliza el factor de conversión entre km y ua:

$$57{,}9 \cdot 10^6 \cancel{\text{km}} \cdot \frac{1 \text{ ua}}{150 \cdot 10^6 \cancel{\text{km}}} = \mathbf{0{,}39 \text{ ua}}$$

b) Divide el diámetro de cada planeta entre el de la Tierra:

$$\frac{4800 \cancel{\text{km}}}{12\,756 \cancel{\text{km}}} = \mathbf{0{,}38}$$

c) Utiliza la velocidad de la luz como factor de conversión:

$$57{,}9 \cdot 10^6 \cancel{\text{km}} \cdot \frac{1 \text{ s}}{300\,000 \cancel{\text{km}}} = 193 \cancel{\text{s}} \cdot \frac{1 \text{ min}}{60 \cancel{\text{s}}} = \mathbf{3{,}22 \text{ min}}$$

Prosigue con los demás planetas hasta completar la tabla.

Planeta	Mercurio	Venus	Tierra	Marte	Júpiter	Saturno	Urano	Neptuno
Distancia al Sol (km)	$57{,}9 \cdot 10^6$	$108 \cdot 10^6$	$150 \cdot 10^6$	$227 \cdot 10^6$	$778 \cdot 10^6$	$1430 \cdot 10^6$	$2870 \cdot 10^6$	$4500 \cdot 10^6$
Distancia al Sol (ua)	**0,39**	**0,72**	**1**	**1,51**	**5,19**	**9,53**	**19,13**	**30,0**
Diámetro (km)	4800	12 104	12 756	6787	143 800	120 660	51 120	49 560
Diámetro/D_{Tierra}	**0,38**	**0,95**	**1**	**0,53**	**11,27**	**9,46**	**4,01**	**3,89**
Tiempo de luz	**3,22 min**	**6 min**	**8,33 min**	**12,61 min**	**43,22 min**	**1,32 h**	**2,66 h**	**4,17 h**

La luz que sale del Sol tarda 8,33 min en llegar a la Tierra y más de 4 h en llegar a Neptuno, el planeta más alejado del Sol.

ACTIVIDADES

12 ¿A cuántas unidades astronómicas equivale un año luz?

13 Representa gráficamente la posición de los planetas con respecto al Sol. Utiliza las distancias en ua.

14 Andrómeda es una galaxia «cercana» a nuestra Vía Láctea. Se encuentra a $1{,}9 \cdot 10^{19}$ km. Calcula esta distancia en ua y en años luz.

15 ¿Por qué podemos decir que observar galaxias muy lejanas equivale a mirar al pasado?

5 El sistema solar

Sistema solar.

El Sol está situado en el centro del sistema solar. A su alrededor giran los planetas describiendo órbitas elípticas, casi circulares.

Todas las órbitas se encuentran aproximadamente en el mismo plano.

> Al plano que define la órbita de la Tierra alrededor del Sol se le llama **plano de la eclíptica**.

Solo hay un planeta en cada órbita.

Podemos clasificar los planetas del sistema solar en dos grandes grupos: planetas interiores y planetas exteriores.

5.1. Planetas interiores

Son los más próximos al Sol. Su superficie es rocosa. Poseen una corteza formada por rocas y un núcleo metálico.

Mercurio	Venus
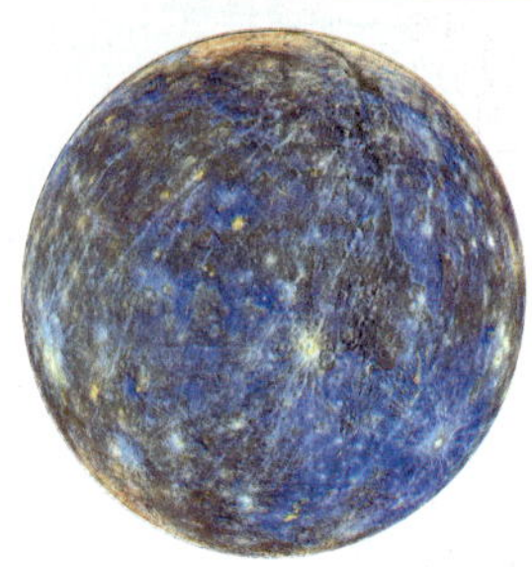	
No tiene satélites ni atmósfera. Sus temperaturas superficiales son muy extremas: entre 425 °C y −170 °C.	No tiene satélites. Su atmósfera está compuesta por dióxido de carbono, y su temperatura superficial es alta: 480 °C.
Tierra	**Marte**

Tiene un satélite, la Luna. Su atmósfera está compuesta por nitrógeno y oxígeno. La temperatura superficial es más suave, entre −50 °C y 50 °C. Es el único planeta solar habitado.	Tiene dos satélites: Deimos y Fobos. Su atmósfera es muy escasa, compuesta por dióxido de carbono. La temperatura superficial es de −50 °C.

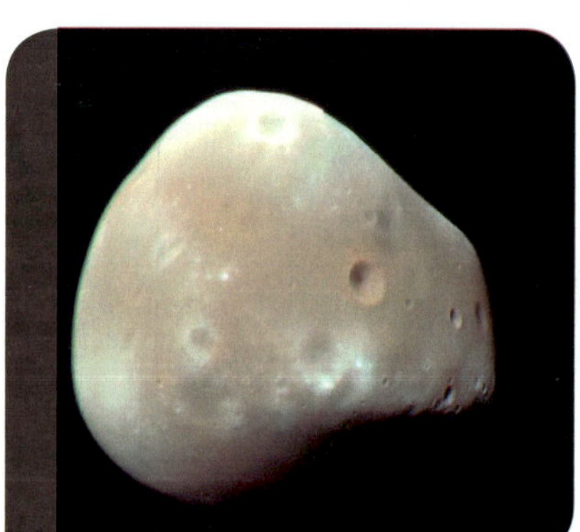

Deimos, un satélite de Marte.

5.2. Planetas exteriores

Son los más alejados del Sol. Se encuentran más allá del cinturón de asteroides. Son todos ellos mayores que los planetas interiores, y están formados por gases.

Júpiter

Tiene más de 60 satélites. Galileo descubrió en 1610 los cuatro más grandes: Ío, Calixto, Ganimedes y Europa.

Saturno

Está rodeado de un sistema de anillos formados por hielo, polvo y rocas. Tiene más de 60 satélites. El mayor es Titán.

Urano

Tiene 27 satélites conocidos, y también posee anillos. Su eje de rotación está casi en el mismo plano que su órbita. Es decir, es como si orbitara tumbado alrededor del Sol.

Neptuno

Tiene 14 satélites conocidos y un sistema muy tenue de anillos. Es el planeta más alejado del sol. Su «año» dura 165 años terrestres.

Titán, el mayor satélite de Saturno.

A los planetas exteriores también se les conoce con el nombre de **gigantes gaseosos**, debido a su gran tamaño y a que están formados por gas. Cuando observamos su imagen obtenida por un telescopio o una sonda espacial no vemos su superficie, sino las capas exteriores gaseosas del planeta.

ACTIVIDADES

16 Elabora una tabla en tu cuaderno con características comunes y diferencias entre los planetas interiores y los planetas exteriores.

Características comunes	Diferencias

17 Neptuno se descubrió porque la órbita de Urano parecía estar perturbada por otro astro. Explica este hecho.

5.3. Planetas enanos

Son astros más pequeños que los planetas que orbitan alrededor del Sol y tienen forma más o menos esférica. Además, en la vecindad de su órbita existen otros astros moviéndose. Algunos planetas enanos:

Ceres	Plutón	Eris
	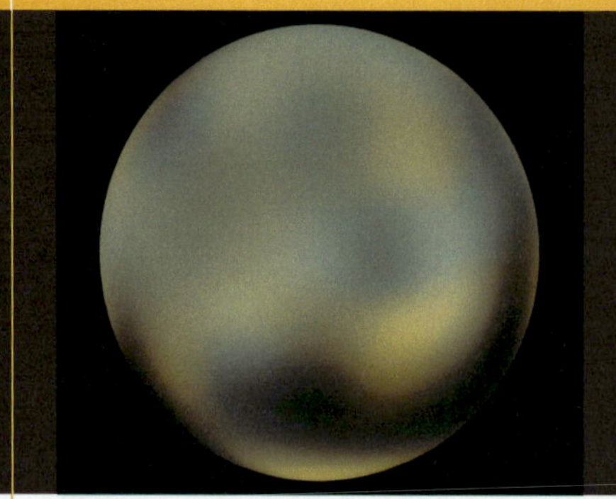	
Ceres, el planeta enano más cercano al Sol. Su órbita está entre Marte y Júpiter.	**Plutón**, que se consideró un planeta hasta 2006. El plano de su órbita está bastante inclinado respecto a las órbitas de los planetas del sistema solar. Tiene tres satélites.	**Eris**, cuya órbita está más alejada del Sol que la de Plutón. Tiene un satélite y fue descubierto en 2005.

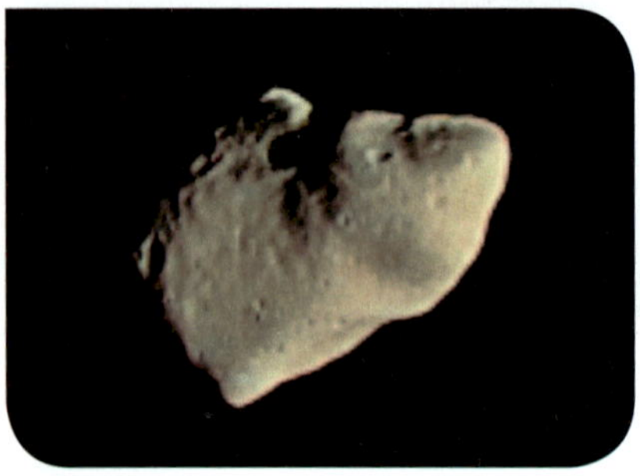

El asteroide **Gaspra** se encuentra en el cinturón de asteroides. Tarda 1,76 años en completar una órbita alrededor del Sol.

5.4. Asteroides

Los asteroides son cuerpos rocosos de diverso tamaño, pero más pequeños que los planetas, que se agrupan fundamentalmente en dos regiones:

- **Cinturón de asteroides:** entre la órbita de Marte y la de Júpiter.
- **Cinturón de Kuiper:** más allá de la órbita de Neptuno. Aquí se sitúan los asteroides más grandes.

SABER MÁS

Estrellas fugaces

Algunos pequeños asteroides y restos de cometas pueden entrar en la atmósfera terrestre. Entonces se vuelven incandescentes y dejan un rastro de luz en el cielo nocturno: son las **estrellas fugaces**.

Los fragmentos de mayor tamaño pueden llegar a la Tierra sin quemarse del todo. Se llaman **meteoritos**.

5.5. Cometas

Los cometas son cuerpos de tamaño similar a los asteroides formados por hielo y rocas. Forman un tercer cinturón, la **Nube de Oort**, que se sitúa más allá de la órbita de Plutón. El cometa Halley es el más famoso: vuelve a la Tierra cada 76 años. Otros cometas tienen periodos más cortos.

A veces, un cometa es expulsado desde la nube de Oort hacia el interior del sistema solar. Estos cometas se pueden observar cuando pasan cerca de la órbita de Marte. El Sol los calienta y entonces se forma una cola brillante que permite distinguirlos.

El cometa **67P/Churiumov-Guerasimenko** completa una órbita cada 6,6 años.

5.6. Los movimientos de traslación y rotación

Los astros poseen dos tipos de movimientos:

- **Traslación:** es el giro de un astro alrededor de otro siguiendo una órbita. La órbita de la Tierra alrededor del Sol define un plano imaginario llamado **eclíptica**.

El **periodo de traslación** es el tiempo que tarda un astro en completar una órbita. En la Tierra el periodo de traslación es de 365 días aproximadamente: un año.

- **Rotación:** es el giro del astro sobre sí mismo. Gira siempre en el mismo sentido alrededor de un eje de rotación imaginario. El eje puede ser perpendicular al plano de la órbita o tener una cierta inclinación.

El **periodo de rotación** es el tiempo que tarda un astro en completar una vuelta alrededor de sí mismo. En la Tierra el periodo de rotación es un día.

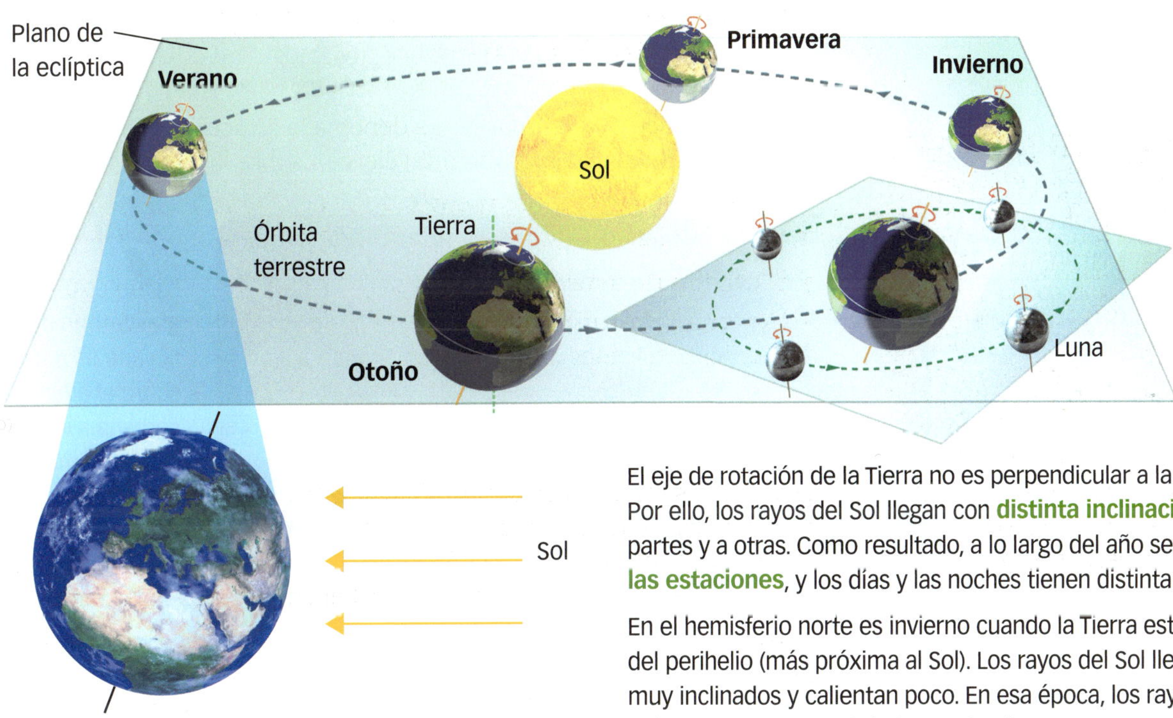

El eje de rotación de la Tierra no es perpendicular a la eclíptica. Por ello, los rayos del Sol llegan con **distinta inclinación** a unas partes y a otras. Como resultado, a lo largo del año se suceden **las estaciones**, y los días y las noches tienen distinta duración.

En el hemisferio norte es invierno cuando la Tierra está cerca del perihelio (más próxima al Sol). Los rayos del Sol llegan muy inclinados y calientan poco. En esa época, los rayos llegan más verticales al hemisferio sur, donde es verano.

ACTIVIDADES

18 ¿Qué diferencias existen entre los asteroides y los planetas enanos?

19 ¿Por qué la cola de los cometas se observa únicamente cuando el cometa se va acercando al Sol en su órbita?

20 En los planetas exteriores se observan, incluso con telescopios de aficionado, distintas bandas. ¿Qué relación crees que existe entre la orientación de estas bandas y el eje en el que gira el planeta?

21 Explica de una manera sencilla por qué se suceden distintas estaciones en la Tierra. ¿Habrá estaciones en todos los planetas del sistema solar?

Luna creciente

Luna menguante

La Luna es una «mentirosa». Cuando tiene forma de D, está en fase **creciente**, y si tiene forma de C, está en fase **menguante** (decreciente).

5.7. Las fases de la Luna

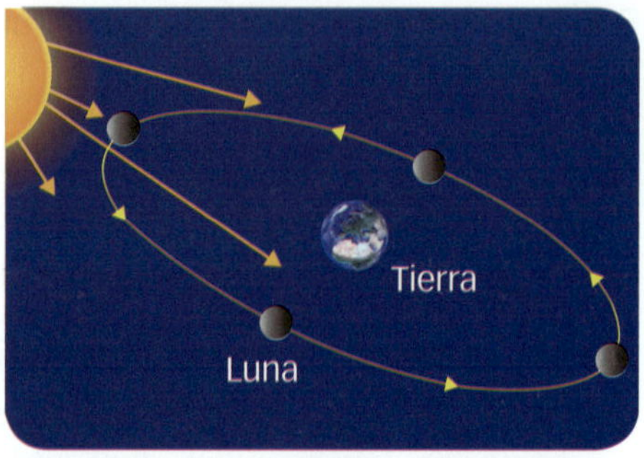

La Luna, el satélite de la Tierra, tiene un movimiento de rotación alrededor de su eje y otro de traslación alrededor de la Tierra que da lugar a las fases de la Luna. El plano de la órbita de la Luna forma un ángulo con el plano de la órbita de la Tierra.

La Luna tarda el mismo tiempo en completar una rotación (un día lunar) que una traslación (un año lunar). Por ello, la Luna siempre nos muestra la misma cara. Desde la Tierra no vemos la otra cara, la cara oculta de la Luna, que únicamente pudo ser observada tras la llegada de las primeras misiones espaciales a nuestro satélite, en la década de 1960.

5.8. Las mareas

Las **mareas** son el movimiento de subida y bajada del nivel del agua en el mar que se produce dos veces cada día.

Newton explicó que las mareas se deben a la atracción gravitatoria que la Luna y el Sol (en menor medida) ejercen sobre la Tierra.

Las fuerzas de marea elevan el nivel del agua en las dos posiciones alineadas con la Luna. Son las zonas de **marea alta**.

La deformación de la capa de agua hace que su nivel baje en las posiciones perpendiculares. Son las zonas de **marea baja**.

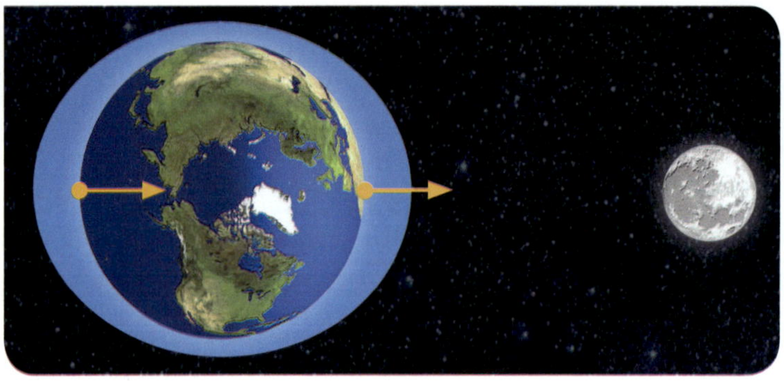

La atracción gravitatoria de la Luna es mayor sobre el agua más cercana a nuestro satélite y menor sobre la más alejada.

La Tierra da una vuelta a su alrededor cada día. Por ello, cada punto de la Tierra que tenga costa pasa por dos mareas altas y dos mareas bajas cada 24 horas aproximadamente.

- Cuando la Luna está alineada con el Sol y la Tierra, la atracción gravitatoria del Sol se suma a la de la Luna y las mareas son más pronunciadas: **mareas vivas** (A).
- Si el Sol está perpendicular a la Luna, sus atracciones se contrarrestan y las mareas son menos pronunciadas: **mareas muertas** (B).

? INTERPRETA LA IMAGEN

- ¿En qué fase está la Luna cuando se producen mareas vivas?
- ¿Y cuando se producen mareas muertas?

REPASA LO ESENCIAL

22 Las frases siguientes se refieren al universo que observamos. Analiza cada una de ellas y razona si es completamente cierta, completamente falsa o si lo es parcialmente.

1. Todos los puntos luminosos que observamos en el cielo son estrellas.
2. Cada estrella está siempre en la misma posición en el firmamento.
3. Las diferencias que observamos en el cielo se deben a la presencia de nubes.
4. En el cielo existen más cuerpos de los que vemos.
5. Observando el cielo vemos que la Luna sale cada día por el este y se pone por el oeste.
6. El Sol se mueve cada día de este a oeste.
7. La astronomía permite predecir dónde se va a encontrar un cuerpo celeste un día determinado.

23 Kepler encontró las leyes que rigen el movimiento de los astros. Asocia en tu cuaderno cada dibujo con una ley y su consecuencia.

A
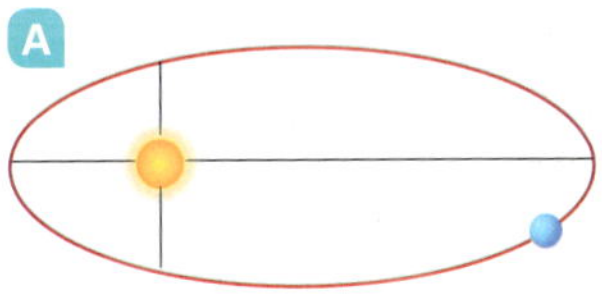

☐ Los planetas se mueven más rápido en la zona del afelio que en la del perihelio.

B
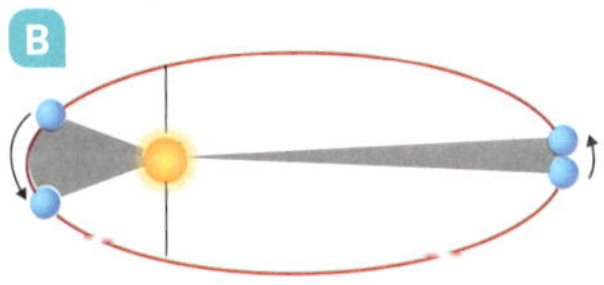

☐ Cuanto mayor sea el tamaño de la órbita, más tiempo tarda el planeta en recorrerla.

C
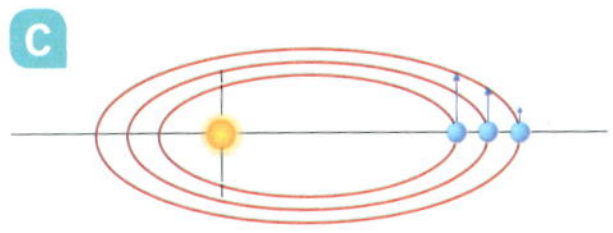

☐ Los planetas giran alrededor del Sol describiendo órbitas elípticas.

24 Copia en tu cuaderno y completa el texto siguiente poniendo las palabras que faltan en los huecos.

a) El famoso científico ________ descubrió la ley de la ________ universal.

b) Según ella, todos los ________ del universo se ________ con una fuerza que es directamente proporcional a su ________ e ________ proporcional al cuadrado de la ________ que los separa.

c) La Luna gira alrededor de la Tierra porque esta la ________.

d) La Luna no cae sobre la Tierra aunque esta la atrae porque la Luna ________ alrededor de la Tierra.

25 Define con tus propias palabras algunos de los astros que existen en el universo.

a) Galaxia.
b) Estrella.
c) Constelación.
d) Planeta.
e) Planeta enano.
f) Satélite.
g) Asteroide.
h) Cometa.

26 De los tipos de astros que se citan en la actividad anterior, nombra los que se pueden encontrar en el sistema solar.

27 Contesta.

a) ¿Qué es mayor, una unidad astronómica o un año luz?
b) ¿Cuántas veces es mayor una que la otra?

28 Relaciona en tu cuaderno las siguientes características con el tipo de movimiento al que corresponden.

☐ Rotación
☐ Traslación

a) Giro de un astro alrededor de otro astro.
b) Giro de un astro alrededor de sí mismo.
c) Su duración representa un día.
d) Su duración representa un año.

29 Razona en tu cuaderno cuál o cuáles de estas frases son correctas.

a) Las fases de la Luna son las caras que nos muestra la Luna en su rotación.
b) Las mareas se deben a la atracción que ejerce la Luna sobre el agua del mar.
c) Se producen mareas vivas cuando la Luna está en fase creciente.
d) Se producen mareas muertas cuando la Luna está en menguante.

30 Completa el dibujo en tu cuaderno poniendo el nombre adecuado junto a cada número.

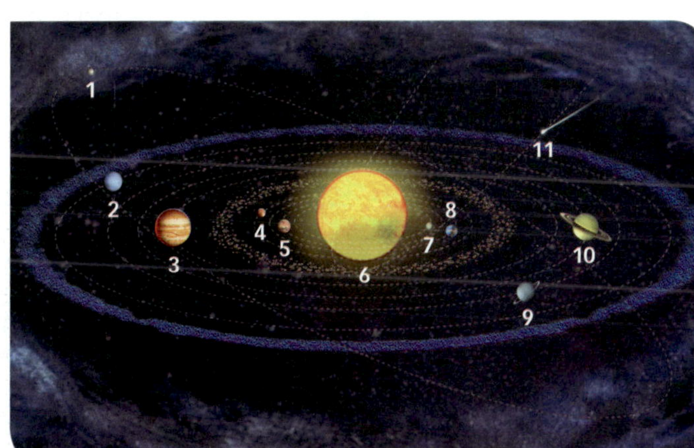

PRACTICA

El universo que observamos

31 En un cielo sin nubes podemos observar diversos astros. Si seguimos alguno de ellos, comprobamos que unos días brillan mucho más que otros. ¿A qué crees que se debe este fenómeno?

Las leyes del movimiento de los astros

32 La segunda ley de Kepler nos permite explicar por qué en España los inviernos duran seis días menos que el verano. Señala cuál sería esta diferencia si la Tierra girase alrededor del Sol con una órbita circular.

33 En la tabla siguiente se muestra el tiempo que tardan cuatro satélites de Júpiter en completar una vuelta a su alrededor. Representa el planeta con sus satélites y explica el orden en que los colocas.

Satélite	Ío	Europa	Ganimedes	Calixto
Periodo (días)	1,77	3,55	7,15	16,69

3. EJEMPLO RESUELTO

La tabla muestra el radio de la órbita que describen los satélites Ío y Europa y el tiempo que tardan en dar una vuelta completa (*T*). Demuestra que giran alrededor del mismo planeta.

Satélite	Radio de la órbita (km)	Periodo (días)
Ío	421 600	1,77
Europa	670 900	3,55

La tercera ley de Kepler dice que todos los cuerpos que giran alrededor del mismo centro (como los planetas que giran alrededor del Sol) cumplen que:

$$\frac{T^2}{d^3} = \text{cte.}$$

Haz los cálculos y expresa los resultados en una tabla:

Satélite	d^3 (km^3)	T^2 (días^2)	$\frac{T^2}{d^3}$
Ío	$7{,}46 \cdot 10^{16}$	3,133	$4{,}20 \cdot 10^{-17}$
Europa	$3{,}02 \cdot 10^{17}$	12,60	$4{,}17 \cdot 10^{-17}$

El resultado de la última columna demuestra que **Ío y Europa giran alrededor del mismo planeta**.

34 Ganimedes es un satélite que describe una órbita de 1 070 000 km de radio y tarda 7,15 días en completarla. Demuestra que gira alrededor del mismo planeta que Ío y Europa.

La fuerza que mueve los astros

4. EJEMPLO RESUELTO

Entre dos cuerpos de masa *M*, separados una distancia *d*, existe una fuerza de atracción gravitatoria *F*. Calcula el valor de la fuerza si uno de los cuerpos tiene una masa el triple de grande y la distancia de separación es el doble.

Haz un esquema del problema y resuélvelo paso a paso:

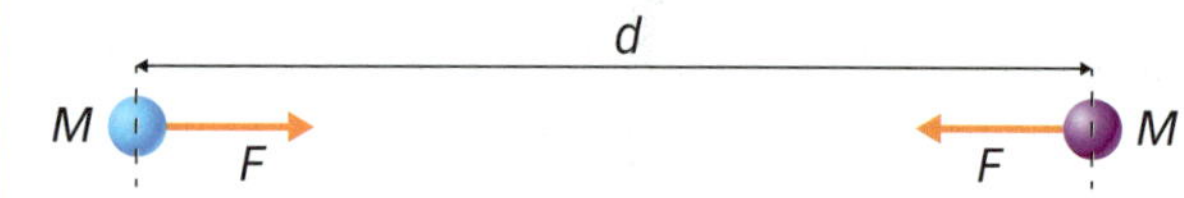

Si la masa de uno de los cuerpos se triplica, y se mantiene la distancia, la fuerza se multiplica por tres.

La fuerza es directamente proporcional a la masa:

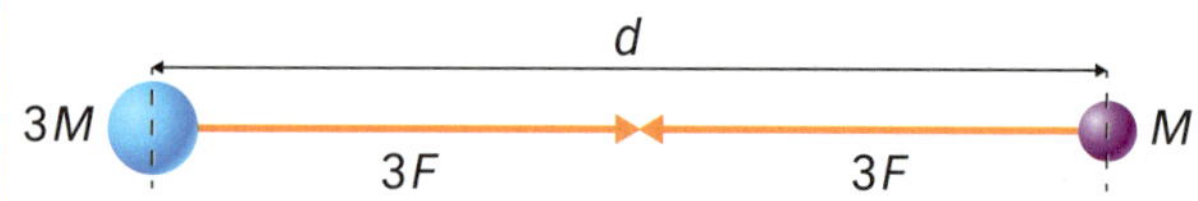

Las masas son las mismas que antes, pero la distancia es el doble. La fuerza debe ser la cuarta parte.

$$3 \cdot F/4 = 0{,}75\,F$$

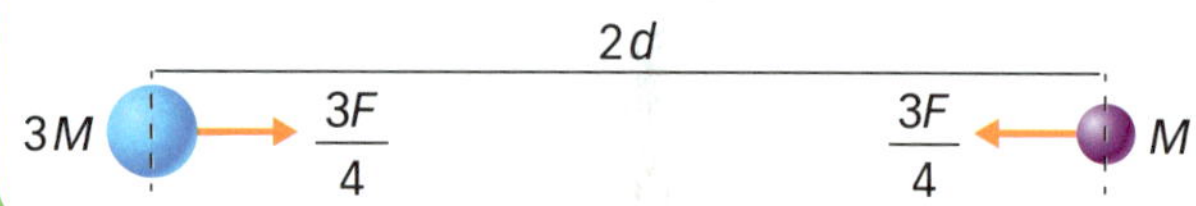

35 Dos cuerpos, A y B, tienen la misma masa *M* y están separados una distancia *d*. Entre ambos existe una fuerza de atracción gravitatoria de valor *F*. Razona cuál será el valor de la fuerza en los casos siguientes.

a) Si la masa de A se duplica y la de B permanece igual. La distancia entre ambos es *d*.

b) Si la masa de A se duplica y la de B se reduce a la mitad. La distancia entre ambos es *d*.

c) Si la masa de A se duplica y la de B permanece igual. La distancia entre ambos se duplica.

d) Si la masa de A se duplica y la de B permanece igual. La distancia entre ambos se reduce a la mitad.

El universo actual

36 Históricamente se utilizaron dos modelos para explicar el universo conocido.

- Modelo geocéntrico: la Tierra es el centro del universo.
- Modelo heliocéntrico: el Sol es el centro del universo.

a) ¿Cuál de estos modelos explica el universo que conocemos actualmente? Razónalo.

b) ¿Por qué crees que tardó tanto en aceptarse el modelo que ahora consideramos correcto?

37 En la primera mitad del siglo XX se estableció la idea del universo en expansión, según la cual las galaxias se están alejando continuamente unas de otras.

a) ¿Cómo puede ser que todas se alejen de todas?

b) Explícalo sirviéndote de una teoría.

5. EJEMPLO RESUELTO

Unas galaxias observadas con un telescopio están a una distancia de unos $1{,}9 \cdot 10^{22}$ km.

a) Calcula esta distancia en unidades astronómicas.

b) Si en un momento se apagase la luz de una de estas galaxias, ¿durante cuánto tiempo la podríamos seguir observando desde la Tierra?

Datos: 1 ua = $150 \cdot 10^6$ km; 1 año luz = $9{,}5 \cdot 10^{12}$ km.

a) Utiliza el factor de conversión adecuado:

$$1{,}9 \cdot 10^{22}\ \cancel{\text{km}} \cdot \frac{1\ \text{ua}}{150 \cdot 10^6\ \cancel{\text{km}}} = \mathbf{1{,}27 \cdot 10^{14}\ ua}$$

b) Expresa la distancia a estas galaxias en años luz y di cuántos años tarda la luz en recorrerla:

$$1{,}9 \cdot 10^{22}\ \cancel{\text{km}} \cdot \frac{1\ \text{año luz}}{9{,}5 \cdot 10^{12}\ \cancel{\text{km}}} = \mathbf{2 \cdot 10^9\ años\ luz}$$

Observaríamos su luz durante **$2 \cdot 10^9$ años** (2000 millones de años), que es el tiempo que tarda la luz en recorrer esa distancia.

38 La nebulosa del Cangrejo es una nube de gas que se extiende a lo largo de 25 000 billones de km. La Vía Láctea tiene una longitud de 100 000 años luz. Indica cuál de las dos formaciones es mayor y cuántas veces es mayor que la otra.

El sistema solar

39 ¿Qué planetas del sistema solar tienen satélites?

40 Repasa la información acerca de los planetas y justifica por qué crees que la Tierra es el único habitado.

41 Busca información sobre los distintos astros del sistema solar y elabora una presentación multimedia. Completa una diapositiva con la información general y otra para cada tipo de astro.

AMPLÍA

42 En el cielo podemos ver la Luna y el Sol como dos discos luminosos que tienen casi el mismo tamaño. ¿Cómo puede ser esto si el diámetro del Sol es unas 400 veces el diámetro de la Luna?

43 Cada mañana vemos que el Sol sale por el este y se pone por el oeste, como si girase alrededor de la Tierra. ¿Qué estaría ocurriendo si dejásemos de ver este movimiento del Sol? ¿Y qué ocurriría si lo viésemos moverse más deprisa?

44 Desde una altura de 20 m lanzamos una manzana en la Tierra con una velocidad horizontal de 5 m/s y sigue la trayectoria marcada en azul. Señala en tu cuaderno qué trayectoria seguiría si la lanzásemos en la Luna, desde la misma altura y con la misma velocidad horizontal, la A o la B.

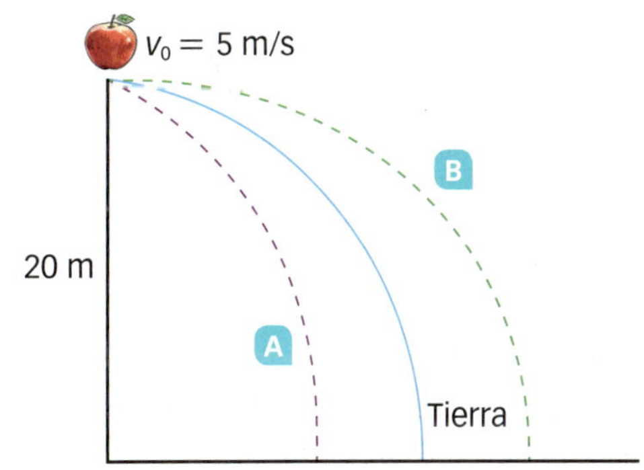

6. EJEMPLO RESUELTO

La distancia media de la Tierra al Sol es 150 millones de km, mientras que la de Marte al Sol es 227 millones de km. ¿Cuántos años terrestres durará un año marciano?

Un año es la distancia que un planeta tarda en completar una vuelta alrededor del Sol; es decir, su periodo. De acuerdo con la tercera ley de Kepler, todos los planetas que giran alrededor del Sol cumplen que:

$$\frac{T^2}{d^3} = \text{constante} \rightarrow \frac{T^2_{\text{Tierra}}}{d^3_{\text{Tierra}}} = \frac{T^2_{\text{Marte}}}{d^3_{\text{Marte}}}$$

Medimos la distancia en millones de km, y el tiempo, en años terrestres:

$$\frac{1^2}{150^3} = \frac{T^2_{\text{Marte}}}{227^3} \rightarrow T^2_{\text{Marte}} = \frac{1{,}1697 \cdot 10^7}{3{,}3750 \cdot 10^6} = 3{,}4658 \rightarrow$$

$$\rightarrow T_{\text{Marte}} = \sqrt{3{,}4658} = \mathbf{1{,}86\ años}$$

45 España está más cerca del Sol en invierno que en verano. Entonces, ¿por qué las temperaturas son más altas en verano que en invierno?

APLICA UNA TÉCNICA. Desarrollar un trabajo de investigación bibliográfica

Internet y las TIC ofrecen la posibilidad de localizar información relevante sobre casi cualquier tema. Pero es conveniente que organices tu método de trabajo.

1. Decide el tema que desarrollarás

Algunas sugerencias para esta unidad:

- Las leyes de Kepler.
- La exploración de Marte.

2. Elabora un borrador de índice

Echa un vistazo a algunas fuentes de información (libros, Internet) y elabora un índice organizando los contenidos.

3. Repartid las tareas

Si trabajas en un grupo, debéis repartir tareas para localizar información más completa sobre cada apartado.

4. Busca información detallada en diversas fuentes

- Enciclopedias, libros de texto y libros de divulgación con contenidos bien organizados.
- Internet es una fuente tremendamente versátil:
  - Busca en alguna **enciclopedia *online*** datos útiles, tablas o definiciones. Los diccionarios *online*, como el de la RAE, te ayudarán.
  - Usa **opciones avanzadas de búsqueda** para localizar la información. Evita usar términos demasiado generales, como *universo*. Para localizar información de un científico o una película escribe el nombre entre comillas. Por ejemplo, si buscas *Kepler* localizarás información sobre el astrónomo, pero también sobre un telescopio espacial que lleva su nombre. Es mejor buscar «*Johannes Kepler*».
  - Elige **fuentes de información reconocidas**. Por ejemplo, para temas de astronomía son muy adecuadas las páginas de la NASA o la ESA.
  - Los buscadores de **imágenes**, como Bing Imágenes o Google Imágenes, permiten localizar esquemas, dibujos y fotografías.
  - Los **portales de vídeo**, como YouTube o Vimeo, alojan miles de vídeos interesantes relacionados con la divulgación de la ciencia.
  - Para comprender mejor el movimiento de los planetas busca **animaciones** o ***applets***. Incluye estos términos en tus búsquedas.

5. Usa las TIC para elaborar tu trabajo

- Usa procesadores de textos o aplicaciones para crear presentaciones.
- No copies la información. Comprende lo que escribes y emplea tus propias palabras.
- Resume y esquematiza. Las imágenes se recuerdan mejor que las largas definiciones.

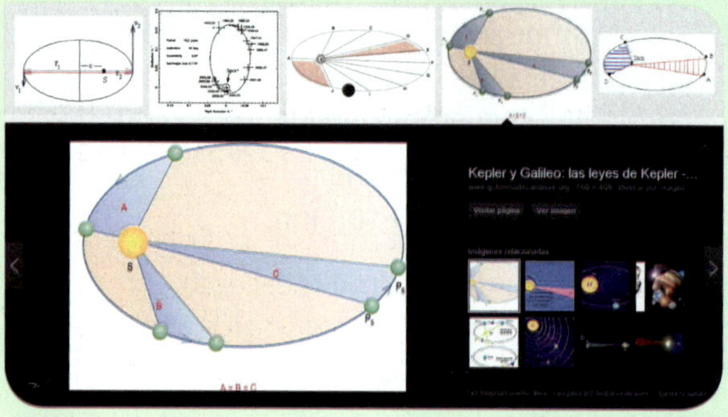

- Si utilizas imágenes, vídeos o animaciones, cita la fuente o el autor.

6. Incluye una bibliografía

Debes agregar un listado con los libros consultados y los enlaces a las páginas web que has visitado.

7. Repasa el contenido

En tu trabajo debe aparecer:

1. Título.
2. Autor o autores.
3. Índice con números de página.
4. Contenido (el índice desarrollado).
5. Bibliografía.

46 Forma un grupo con algunos compañeros de clase y elige un tema relacionado con esta unidad.

a) ¿Cómo titularéis el trabajo?

b) ¿Cómo repartiréis las tareas?

c) ¿Dónde localizaréis la información?

d) ¿Qué elementos multimedia incluiréis en el trabajo?

47 Elabora un trabajo incluyendo texto, tablas e imágenes en un documento de texto.

48 Resume toda la información encontrada en una presentación multimedia.

- Si puedes, incluye enlaces a vídeos cortos y animaciones para ilustrar tu exposición.
- Y presta atención a las imágenes incluidas: deben ser claras y adaptadas al nivel de conocimientos de tu audiencia.

49 Busca alguna noticia reciente relacionada con los contenidos incluidos en tu trabajo y coméntala.

FORMAS DE PENSAR. Análisis científico. ¿Cuál debe ser el peso de una mochila escolar?

UNO DE CADA TRES NIÑOS SUPERA EL PESO MÁXIMO RECOMENDADO EN LA MOCHILA ESCOLAR

Más de un tercio de los escolares supera el peso máximo recomendado en la mochila que, según los expertos, no puede exceder del 10 % del peso corporal.

Los riesgos de llevar más peso del debido se traducen en dolores de espalda. Así, según el doctor Francisco Kovacs, presidente de la Fundación Kovacs, «cerca del **51 % de los chicos y del 6 % de las chicas ya ha padecido dolor de espalda antes de los 15 años**».

Para minimizar los riesgos, la Fundación Kovacs y la Organización Médica Colegial (OMC) han puesto en marcha una **Campaña de Prevención del Dolor de Espalda en los Escolares.** [...]

En la presentación de la campaña, el doctor Kovacs ha insistido en la importancia de agilizar el peso que tienen que transportar los escolares, ya sea mediante el uso de taquillas, utilizando libros por trimestres [...], o adoptando las nuevas tecnologías en el aula. Además, **es fundamental que el mobiliario escolar sea el adecuado** «para que las sillas y los pupitres tengan una altura regulable que permita a los niños sentarse lo más atrás posible en la silla con la espalda recta y los codos apoyados», ha recalcado el experto.

Como alternativa a las mochilas tradicionales, el doctor Kovacs propone la **mochila con ruedas para que no sea la espalda la que soporte el peso**.

En todo caso, si la mochila se lleva a la espalda, su recomendación es «situarla relativamente baja, en la zona lumbar, tan cerca del cuerpo como sea posible, y sujeta con un cinturón, de manera que no se mueva».

Prevenir los dolores de espalda

Como medida preventiva para evitar los dolores de espalda, la recomendación principal es que los niños practiquen ejercicio físico de forma habitual.

«**Cuanto más desarrollada esté la musculatura, menos probable es que aparezca el dolor de espalda** y, de hacerlo, este sería más leve», ha indicado el doctor Kovacs. [...]

Fuente: http://www.onmeda.es, 4 de septiembre de 2013.

50 COMPRENSIÓN LECTORA. Elabora un resumen del texto en unas cuantas líneas.

51 EXPRESIÓN ESCRITA. Inventa un eslogan para promover «mochilas ligeras».

52 Explica la siguiente frase ayudándote de un esquema.
«... situarla relativamente baja, en la zona lumbar, tan cerca del cuerpo como sea posible, y sujeta con un cinturón, de manera que no se mueva».

53 ¿Qué alternativas se mencionan en el texto para aligerar las mochilas de los escolares? ¿Cuáles te parecen más adecuadas a ti?

54 Pesa tu mochila antes de salir de casa cada día durante una semana.

a) Anota los datos en una tabla. ¿Qué marca tu báscula, masa o peso?

b) Utiliza una hoja de cálculo para elaborar una gráfica con los datos obtenidos. Imprime la gráfica y compárala con la de tus compañeros. ¿A qué se deben las diferencias entre las gráficas, si las hay?

55 Elabora una presentación multimedia con el objetivo de aligerar el peso que los escolares deben llevar a sus espaldas. Diseña además un mural con el mismo motivo. ¿A qué ámbitos dirigirías dicha campaña?

56 TOMA LA INICIATIVA. Contesta: ¿crees que el peso de las mochilas de los escolares españoles es excesivo? ¿Qué edades crees que se ven más afectadas?

INVESTIGA | TRABAJO COOPERATIVO

FUERZAS Y PESO

A. RELACIÓN ENTRE LA MASA Y EL PESO DE UN CUERPO

MATERIAL

- Dinamómetro.
- Portapesas.
- Pesas.
- Balanza.
- Soporte con barra.

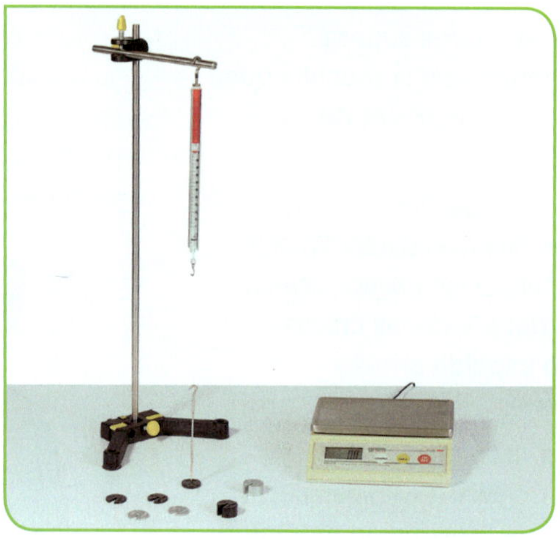

PROCEDIMIENTO

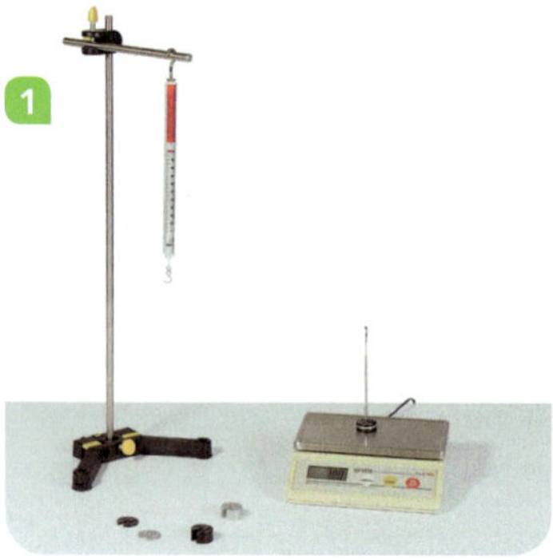

1. Enciende la balanza y espera a que marque cero. Coloca sobre ella el portapesas con una pesa. Anota el resultado. Por ejemplo, ________ g.

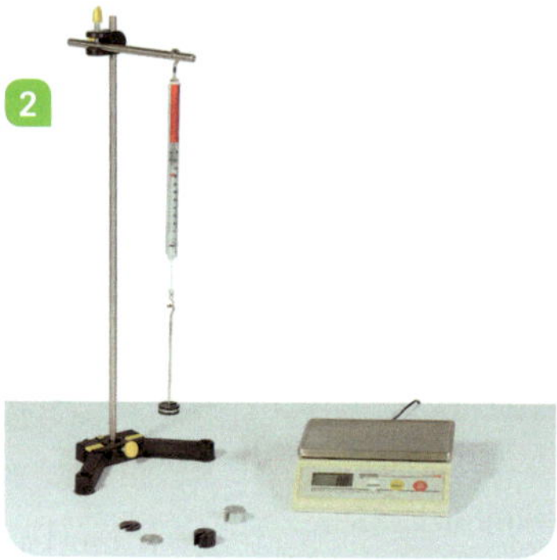

2. Coloca el dinamómetro sobre la barra del soporte. Cuelga el portapesas con la pesa y anota el peso que indica el dinamómetro.

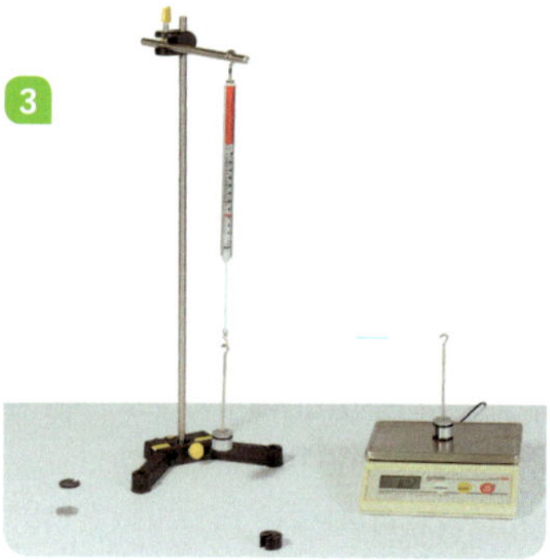

3. Repite los pasos 1 y 2 con otras masas hasta tener al menos 4 o 5 parejas de datos. Escribe los resultados en una tabla.

	Experiencia 1	Experiencia 2	Experiencia 3	Experiencia 4
Peso (N)				
Masa (kg)				
$\frac{\text{Peso (N)}}{\text{Masa (kg)}}$				

¿Cómo se calcula?

Peso (N) = Masa (kg) · g

¿Cuánto vale g?

ACTIVIDADES

57 ¿Has usado un solo dinamómetro para todas las pesadas? ¿Por qué?

58 Al colocar un objeto en un dinamómetro marca 2,45 N. ¿Cuál será su masa, en gramos?

59 ¿Qué marcaría el dinamómetro si colgamos de él un objeto de 750 g?

B. EL PESO DEPENDE DEL MEDIO; LA MASA ES CONSTANTE

MATERIAL

- Dinamómetro.
- Portapesas.
- Pesas.
- Balanza.
- Soporte con barra.
- Probeta con agua.

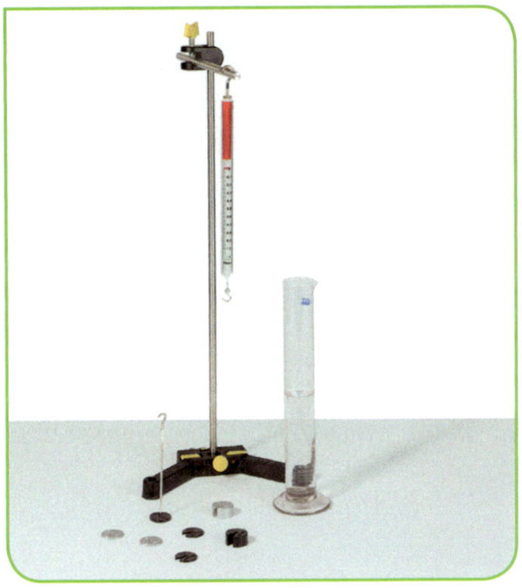

PROCEDIMIENTO

1

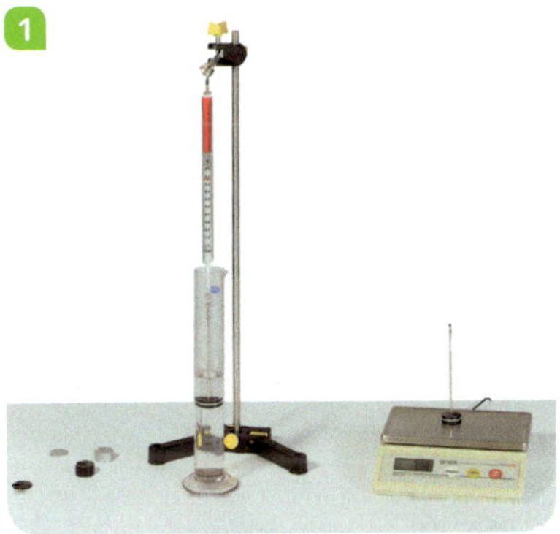

Coloca un conjunto de pesas en el portapesas y mide su masa con la balanza. Luego cuélgalo del dinamómetro, introdúcelo por completo en agua y mide su peso.

2

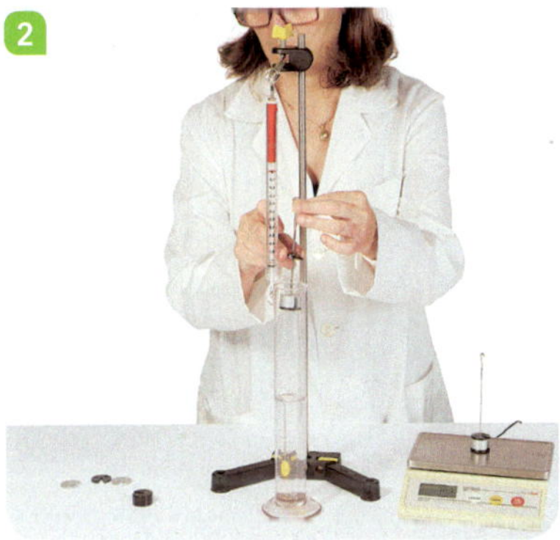

Hazlo ahora con otro conjunto de pesas. Cuida que al colgarlo del dinamómetro e introducirlo en agua no toque las paredes de la probeta.

3

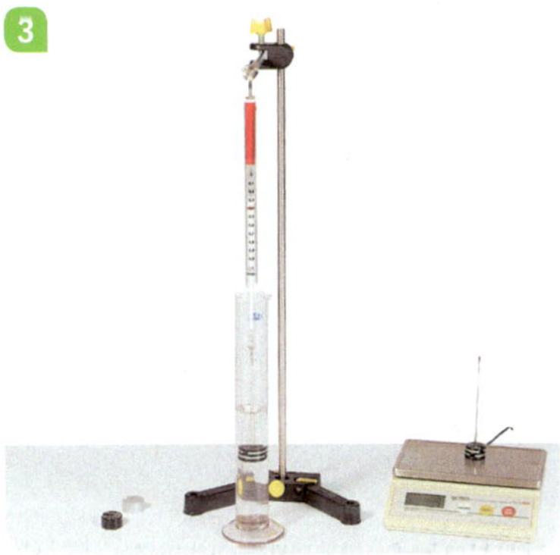

Repite el proceso hasta que tengas el peso en el agua de cada conjunto de pesas para el que has medido la masa en la práctica anterior. Anota los resultados en una tabla.

	Experiencia 1	Experiencia 2	Experiencia 3	Experiencia 4
Peso (N)				
Masa (kg)				
$\frac{\text{Peso (N)}}{\text{Masa (kg)}}$				

ACTIVIDADES

60 ¿Puedes obtener la fórmula para calcular el peso de estos objetos en agua?

61 ¿Por qué es diferente el peso dentro del agua que fuera del agua?

9 Fuerzas eléctricas y magnéticas

SABER

- La electricidad.
- Fuerzas entre cargas eléctricas.
- El magnetismo.
- El electromagnetismo.

SABER HACER

- Realizar experiencias con cuerpos electrizados.
- Comprobar qué fuerzas aparecen al acercar dos imanes.
- Usar la brújula.

NOS HACEMOS PREGUNTAS. ¿Cómo se almacena la información en un disco duro?

Hace 25 años un ordenador personal almacenaba unos pocos megabytes. Esa era la capacidad de los discos duros. Hoy día es posible comprar un disco duro de varios terabytes (1 TB = 1 000 000 MB) por unas decenas de euros.

En los discos duros más comunes en ordenadores el método empleado para grabar, leer y borrar la información se basa en el magnetismo.

¿CÓMO SE ALMACENA LA INFORMACIÓN?

La cabeza lectora/grabadora actúa como un electroimán. La señal eléctrica que le llega se transforma en una señal magnética que «magnetiza» las distintas celdillas del plato del disco duro, de forma análoga a como un imán magnetiza un clip metálico. La información se registra de manera permanente, incluso aunque el equipo se apague y se corte el suministro de corriente eléctrica.

Para leer la información la cabeza lectora pasa sobre la información almacenada y se produce el efecto inverso: la corriente generada es un reflejo de la información almacenada en las celdillas «magnetizadas».

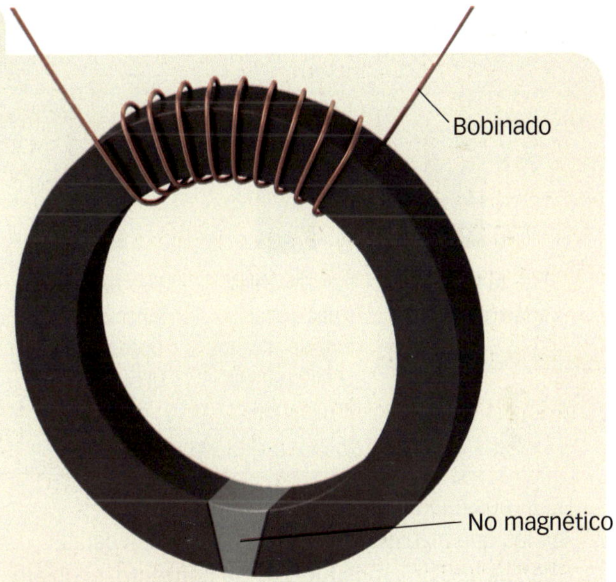

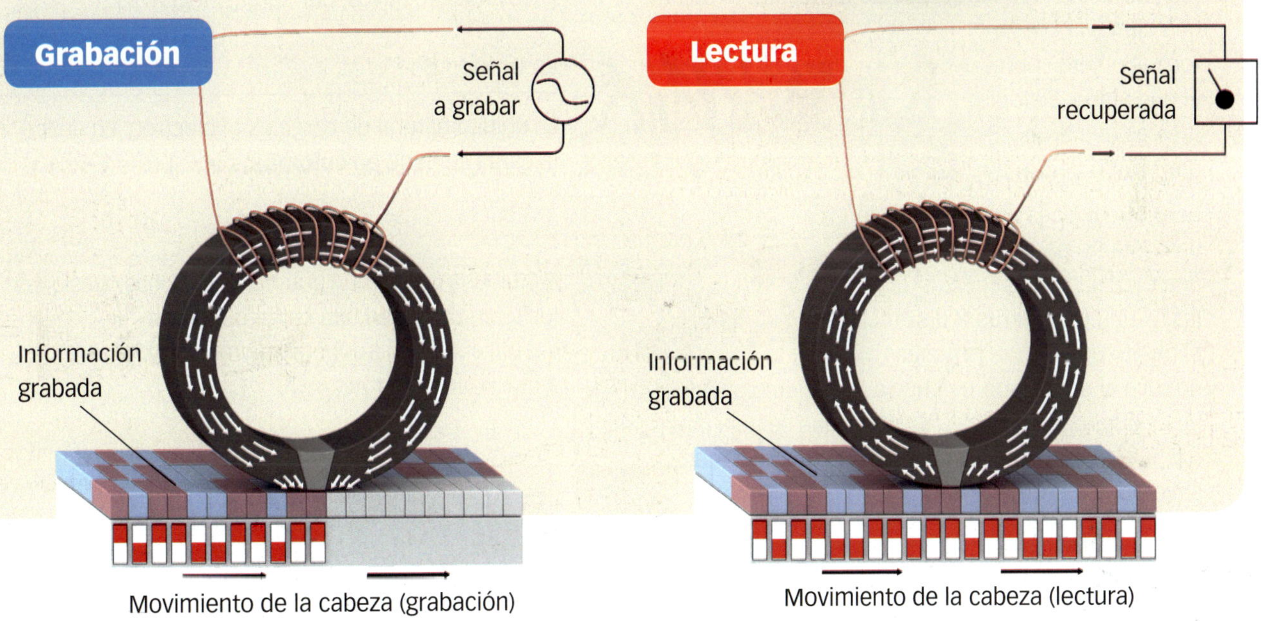

? INTERPRETA LA IMAGEN

- ¿Qué métodos se te ocurren para ampliar la capacidad de un disco duro sin aumentar su tamaño?
- ¿Por qué se dice que la cabeza lectora actúa como un electroimán?

CLAVES PARA EMPEZAR

- ¿Qué fuerza aparece al acercar dos imanes?
- ¿Qué quiere decir que un material es magnético? ¿Todos los materiales metálicos son magnéticos? Justifica tu respuesta con algunos ejemplos.

Las fuerzas

Una **fuerza** es cualquier acción que, al actuar sobre un cuerpo, hace variar su movimiento o le provoca una deformación.

La unidad de la fuerza en el Sistema Internacional es el **newton (N)**.

Es una magnitud vectorial. Es decir, el efecto de una fuerza depende de su intensidad, pero también de la dirección y el sentido en que actúa.

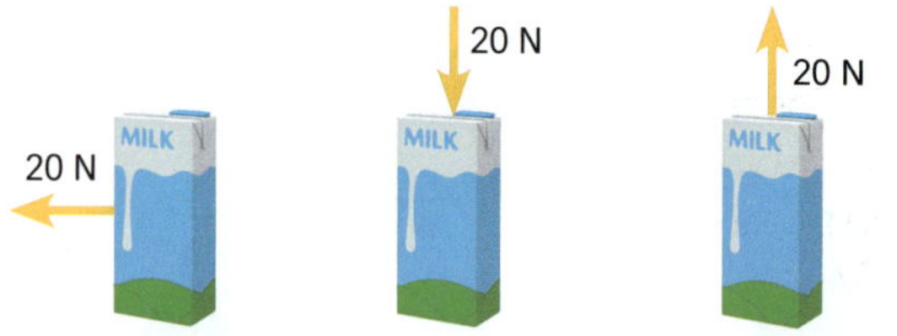

Fuerza horizontal: arrastra el cartón.

Fuerza vertical y hacia abajo: empuja el cartón contra la mesa.

Fuerza vertical y hacia arriba: puede levantar el cartón.

Fuerzas con contacto y a distancia

Estamos habituados a observar fuerzas en las que alguien empuja o tira de algo. A estas fuerzas las llamamos **fuerzas de contacto**: el objeto que ejerce la fuerza toca al objeto sobre el que actúa. Ejemplo: fuerzas que tiran, empujan o deforman.

Pero otras veces no es necesario un contacto para ejercer una fuerza. A estas fuerzas las llamamos **fuerzas a distancia**: el objeto que realiza la fuerza no toca al objeto sobre el que actúa. Ejemplo: la fuerza peso, que hace que caiga una bola que se deja libre, o la fuerza magnética, que hace que un imán mueva alfileres.

El origen de las cargas eléctricas

Los átomos están formados por un núcleo, con **protones** y **neutrones**, y una corteza con **electrones**:

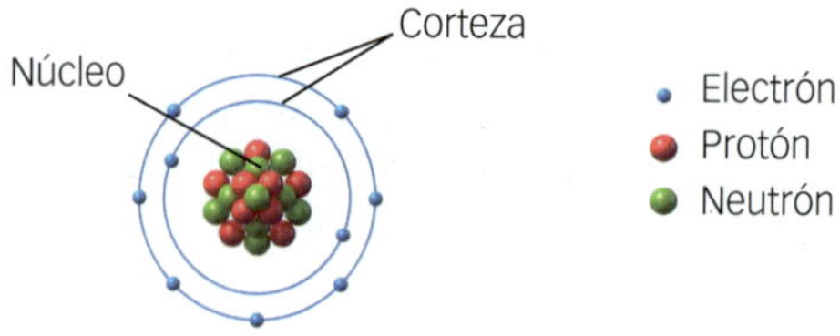

En su estado natural los átomos son neutros; por ello:

n.º de protones = n.º de electrones

En determinadas condiciones un átomo puede ganar o perder electrones.

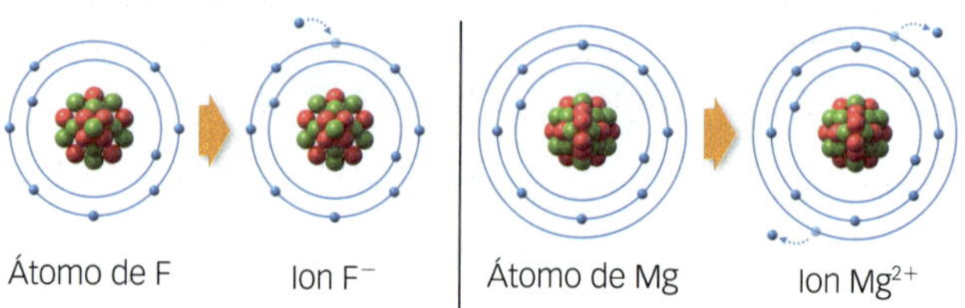

Si el átomo **gana electrones**, se convierte en un ion con **carga negativa**.

Si el átomo **pierde electrones**, se convierte en un ion con **carga positiva**.

Los iones negativos son atraídos por cargas positivas, y los iones positivos, por cargas negativas.

La unidad de carga

La unidad natural de carga es el electrón. En el SI la carga se mide en **culombios (C)**: $1\ e = 1{,}6 \cdot 10^{-19}$ C.

$$1\ C = \frac{1\ e}{1{,}6 \cdot 10^{-19}} = 6{,}25 \cdot 10^{18}\ e$$

1 C es una carga muy grande. En muchas ocasiones los cuerpos tienen una carga del orden del miliculombio (mC) o el microculombio (μC).
$1\ mC = 10^{-3}$ C; $1\ \mu C = 10^{-6}$ C.

	Protón	Electrón	Neutrón
Carga	+1 e	−1 e	0

ACTIVIDADES

1 ¿Qué quiere decir que la fuerza es una magnitud vectorial?

2 Analiza si cada una de las fuerzas siguientes es de contacto o a distancia:

a) Responsable del movimiento de la Luna alrededor de la Tierra.

b) Responsable de que una lámpara cuelgue del techo.

3 Indica en tu cuaderno qué afirmación es cierta.

a) 1 culombio equivale a 6,25 millones de electrones.

b) 1 culombio equivale a 6,25 billones de electrones.

c) 1 culombio equivale a 6,25 trillones de electrones.

4 Expresa en culombios las siguientes cantidades:

a) 2,5 μC b) 0,25 mC c) $3{,}25 \cdot 10^{18}$ e

1 La electricidad

Probablemente, lo primero que haces cuando te levantas y lo último que haces antes de dormirte es pulsar el interruptor de luz. Entre ambos momentos realizas múltiples actividades que requieren el uso de la electricidad. Pero ¿ha sido siempre así?

1.1. Historia de la electricidad

La electricidad «entró» en las casas en los últimos años del siglo XIX y los primeros del XX. Aunque se conocían desde muchos siglos antes, los fenómenos eléctricos eran una curiosidad que en muchos casos se utilizaba para divertir, como los espectáculos de magia. Con el tiempo se fueron acumulando conocimientos científicos que permitieron llegar al desarrollo tecnológico que hoy disfrutamos.

Repasemos los momentos más importantes de la historia de la electricidad.

Año	Observación	Conclusión
600 a.C.	El filósofo griego **Tales de Mileto** relata que cuando se frota un trozo de resina de ámbar con piel de gato o similar, el ámbar es capaz de atraer pequeños trozos de pluma, hojas secas y otros objetos poco pesados. 	El ámbar se electriza por frotamiento.
1600	**William Gilbert** (1544-1603), un médico de la reina Isabel I de Inglaterra, descubrió que había otros cuerpos, como el vidrio, que adquirían la misma propiedad cuando se frotaban. Gilbert llamó a este fenómeno **electricidad**, palabra derivada de *elektron*, que significa ámbar en griego.	Además del ámbar, otros objetos se electrizan por frotamiento.
1733	**Charles du Fay** (1698-1739), un botánico francés, frotó distintos objetos con diferentes tejidos y encontró que se podían electrizar de dos formas. Unos objetos se comportaban como el vidrio cuando se frotaba con seda, y otros, como el ámbar cuando se frotaba con piel o lana. • Cuando se acercaban cuerpos con electricidad del mismo tipo, se repelían. • Cuando se acercaban cuerpos con electricidad de distinto tipo, se atraían. 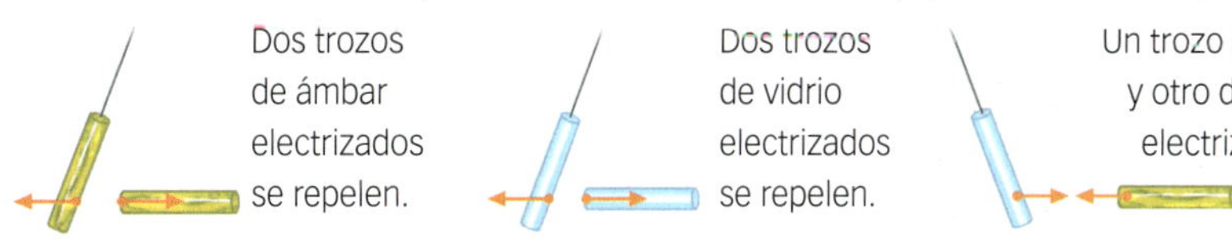	Existen dos tipos de electricidad: vítrea y resinosa.
1747	**Benjamin Franklin** (1706-1790), un político y científico norteamericano, estableció una nueva teoría: la electricidad es un fluido que pasa de unos cuerpos a otros cuando se frotan. Los objetos que ganan fluido tienen electricidad positiva, y los que lo pierden, negativa. Explicaba así que los cuerpos con electricidad de distinto tipo se atraen porque el fluido trata de volver al lugar del que salió. Los cuerpos con electricidad del mismo tipo se repelen porque a los dos les sobra o les falta fluido eléctrico.	Existen dos tipos de electricidad: positiva y negativa.
1897-1918	Se descubrió que los átomos tienen electrones (1897, **J. J. Thomson**) y protones (1918, **E. Rutherford**). Los electrones tienen carga eléctrica negativa; y los protones, carga eléctrica positiva. Al frotar un material, este puede ganar o perder electrones y adquiere así carga negativa o positiva. 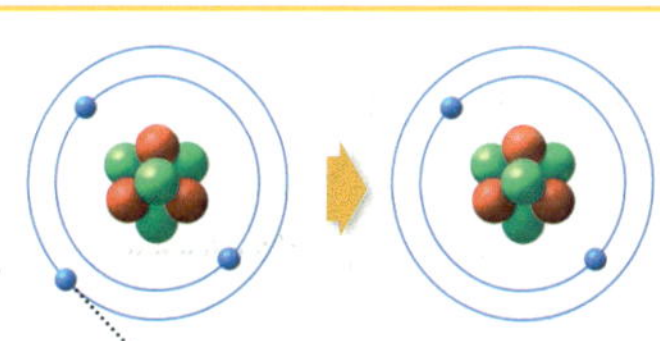	Los cuerpos se electrizan cuando pasan electrones de unos átomos a otros.

(Sí)

1.2. Cómo se electrizan los cuerpos

Podemos lograr que un cuerpo adquiera una carga eléctrica neta de tres formas diferentes: por frotamiento, por contacto o por inducción.

> **PRESTA ATENCIÓN**
>
> ¿Qué quiere decir **conectar a tierra**?
>
> Significa que usamos un material conductor para poner en contacto un objeto capaz de cargarse eléctricamente con el suelo, la pared o el techo de un edificio.
>
> Así, las cargas eléctricas pueden fluir entre el objeto cargado y el suelo con facilidad.

Electrización por frotamiento

Con un paño de lana o seda frotamos un objeto de vidrio o de plástico.

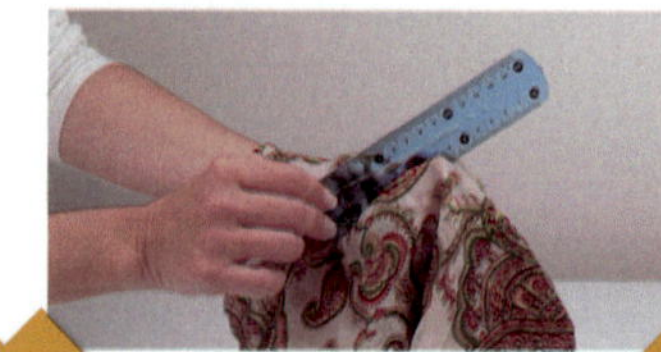

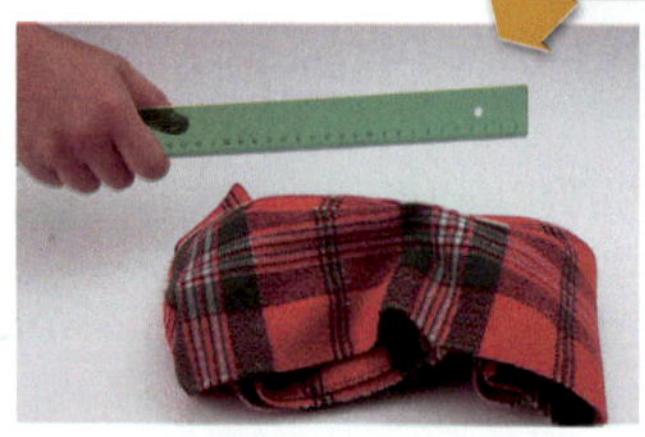

- Regla: cargada negativamente.
- Paño: cargado positivamente.

Si la varilla es de **plástico**, recibe electrones del paño.

- Varilla: cargada positivamente.
- Paño: cargado negativamente.

Si la varilla es de **vidrio**, cede electrones al paño.

Electrización por contacto

1. Si una esfera metálica neutra…

2. … se toca con una varilla cargada **negativamente**, pasan electrones de la varilla a la esfera.

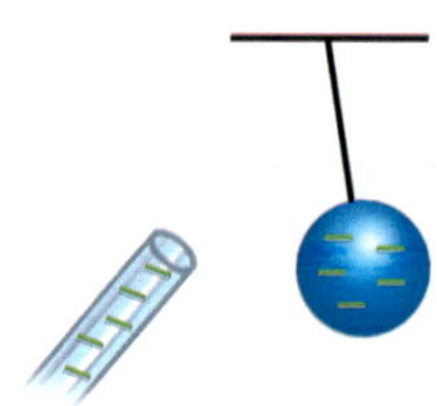

3. La esfera y la varilla quedan cargadas **negativamente**.

Electrización por inducción

1. Si a una esfera metálica neutra…

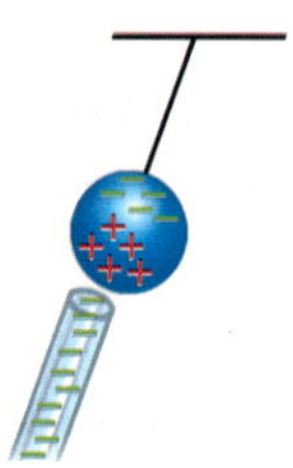

2. … le acercamos (sin tocar) una varilla cargada **negativamente**, las cargas de la esfera se ordenan. Sus cargas positivas se colocan próximas a la varilla, y las negativas, alejadas.
Si separamos la varilla, la esfera vuelve a ser neutra.

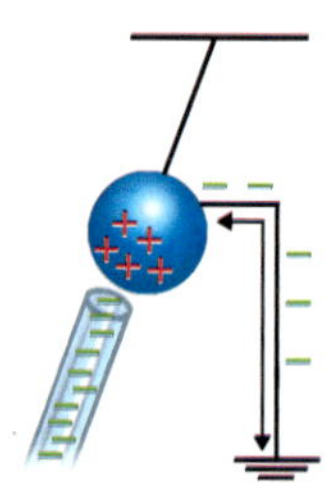

3. Pero si conectamos la esfera a tierra, sus electrones pasan al suelo.

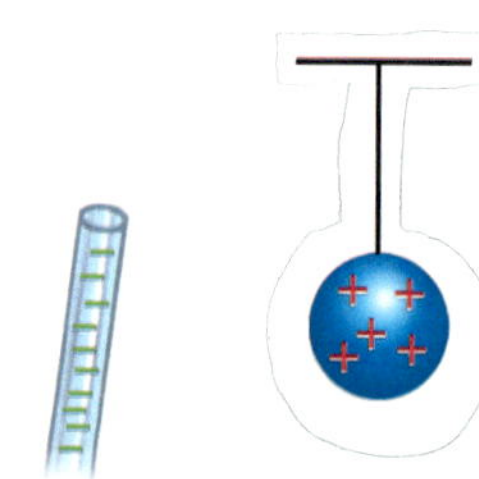

4. Al separarlas, la varilla mantendrá su carga negativa y la bola estará cargada **positivamente**.

ACTIVIDADES

5 Dibuja en tu cuaderno las cargas de la bola en cada viñeta:

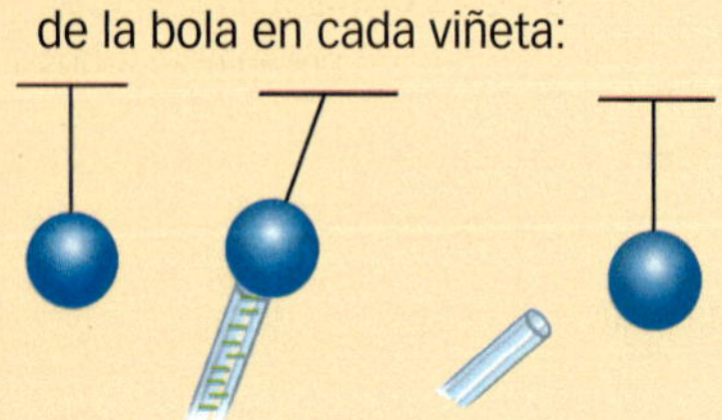

1. Por **frotamiento**: un cuerpo adquiere **carga positiva** o **carga negativa** dependiendo de que sea más fácil que pierda electrones que otro cuerpo con el que se frota.
2. Por **contacto**: los dos cuerpos tendrán carga del mismo signo. La carga inicial se reparte entre los dos cuerpos.
3. Por **inducción**: el cuerpo adquiere una carga de signo contrario a la que tenía el cuerpo inductor (cargado inicialmente).

por proximidad

1.3. Cómo se detecta la carga eléctrica

Para detectar la presencia de carga eléctrica se utiliza un **electroscopio** o un **versorio**.

En ambos casos la detección se puede realizar por contacto o por inducción.

El funcionamiento es muy sencillo.

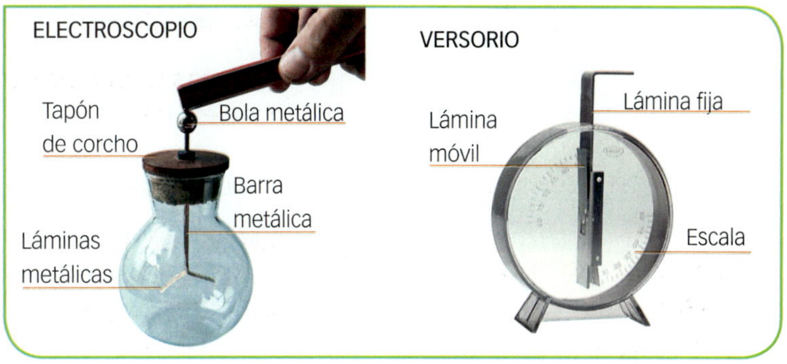

Si una barra cargada toca la bola del electroscopio o la lámina del versorio, su carga llega hasta las láminas, que adquieren carga del mismo signo que la barra y se repelen.

Si la barra cargada se acerca (sin tocar) a la bola del electroscopio o la lámina del versorio, sus cargas se ordenan por inducción. Las dos láminas de la parte inferior tendrán carga del mismo signo y se repelen.

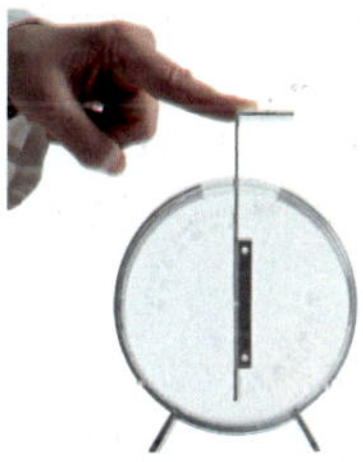

Al tocar la bola del electroscopio o la lámina del versorio cuando están cargados, nuestros dedos harán de conexión a tierra y neutralizarán la carga de las placas, que se vuelven a unir.

El péndulo eléctrico

Es una bola aislada de material muy ligero que se pueda cargar. Podemos elaborar un péndulo eléctrico colgando de un hilo de algodón una bolita ligera, por ejemplo, de porexpán, pintada de aluminio.

SABER HACER

Cargar un péndulo eléctrico

1. Frota una barra de plástico con un paño para cargarla.

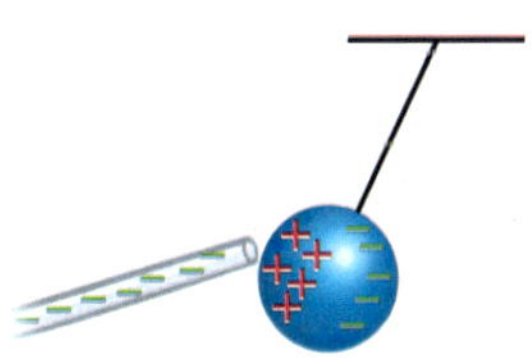

2. Acércala a la bola del péndulo. Inicialmente, la bola es atraída por la barra hasta que la toca.

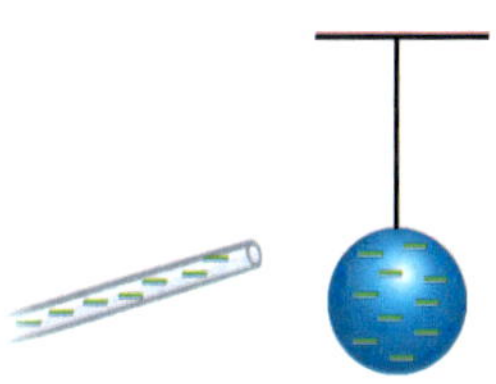

3. Luego la bola se separa: es repelida.

? INTERPRETA LA IMAGEN

- Si la barra se carga negativamente, ¿cómo se mueven los electrones?
- ¿Qué le ocurre a las cargas del péndulo cuando se le acerca la barra cargada?
- ¿Por qué la bola se mueve hacia la barra hasta tocarla?
- ¿Por qué se separa la bola después de tocar la barra?
- ¿Qué carga tienen ahora la barra y la bola?

ACTIVIDADES

6 Si frotas una barra de vidrio con un paño de seda, adquiere carga positiva. Elabora en tu cuaderno dibujos similares a los del apartado *Saber hacer* utilizando la barra de vidrio. Responde las mismas preguntas sobre la interpretación de las imágenes para este caso.

1.4. Fenómenos cotidianos debidos a la electricidad estática

Cuando un material adquiere carga eléctrica y la mantiene se dice que tiene electricidad estática. Para ello, el material tiene que ser aislante (por ejemplo, plástico o vidrio) o estar aislado (por ejemplo, una esfera metálica aislada).

Podemos observar muchos fenómenos de electricidad estática cuando frotamos un objeto como un globo, un peine o una prenda elaborada con fibras sintéticas.

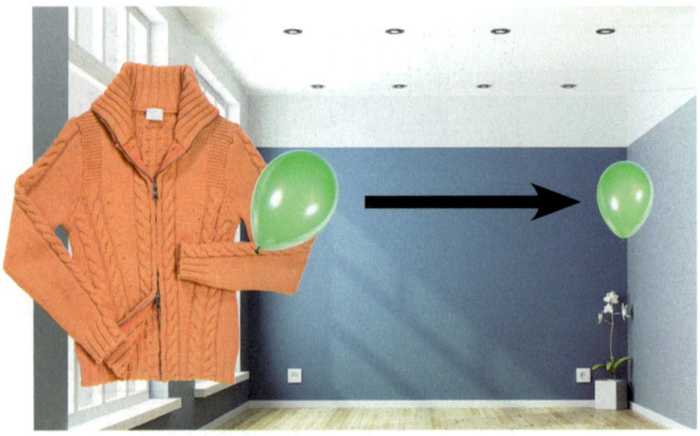

Al frotar el globo contra el jersey, el globo adquiere carga eléctrica. El globo cargado se pega a las superficies por inducción.

El globo electrizado puede repeler una lata de aluminio.

El boli puede desviar un chorro fino de agua.

Dos globos frotados contra el jersey se repelen. Tienen carga eléctrica del mismo signo.

Cuando caminamos con varias prendas de fibra, el roce entre ellas hace que acumulen electricidad estática y se peguen. Y la electricidad estática acumulada en las prendas puede producir chasquidos o pequeños destellos cuando nos las quitamos.

La electricidad estática acumulada en un objeto se puede descargar si lo conectamos a un elemento conductor, como un objeto metálico.

Nuestro cuerpo también es conductor de la electricidad. Por eso podemos sentir pequeñas descargas eléctricas, denominadas **calambres**, cuando tocamos un objeto que ha acumulado electricidad estática.

Al cerrar la puerta del coche que ha estado en movimiento, podemos notar un pequeño calambre. Es la descarga de la electricidad estática que se acumuló al rozar con el aire.

Los aparatos eléctricos y electrónicos pueden acumular electricidad estática cuando funcionan. Al tocar la carcasa metálica, podemos notar la descarga.

Tormentas y pararrayos

Las tormentas son un fenómeno meteorológico caracterizado por la aparición de rayos luminosos que van de una nube a otra o de una nube a un árbol, un edificio o al suelo, seguidos de estruendos sonoros.

Benjamin Franklin tuvo la idea de que los rayos eran descargas eléctricas. Para comprobarlo, durante una tormenta hizo volar una cometa de la que colgó una llave de hierro unida por un hilo de seda. Al tocar la llave, notó la descarga eléctrica en su mano.

Rayo.

Experiencia de Franklin.

Formación de un rayo.

Los fenómenos de electrización por frotamiento e inducción nos permiten explicar cómo se producen los rayos.

Durante las tormentas se originan corrientes de aire en el interior de las nubes. El rozamiento entre sus partículas de agua y hielo hace que se carguen, de forma que las cargas negativas se acumulan en la parte inferior de la nube, y las cargas positivas, en la parte superior de la nube. Si se acumula mucha carga, se puede producir una descarga dentro de una nube o entre una nube y otra. Esa descarga es lo que denominamos **relámpago**.

Si las nubes están bajas, la descarga puede llegar a la superficie de la tierra, que ha adquirido carga positiva por inducción. Entonces se origina un **rayo**. Las cargas se acumulan en las puntas; por eso el rayo se descarga al tocar el extremo superior de los árboles o edificios. Esto justifica por qué resulta peligroso situarse en puntos altos durante las tormentas.

En las grandes tormentas los rayos transportan una gran cantidad de carga eléctrica que puede provocar graves daños, como incendios o incluso la muerte de animales o personas. Esto se evita logrando que el rayo se descargue, de manera controlada, mediante un **pararrayos**.

Franklin inventó el pararrayos en 1752. Consistía en una barra de hierro colocada en el punto más alto de un edificio. A esta barra se conectaba un alambre que se llevaba hasta el suelo.

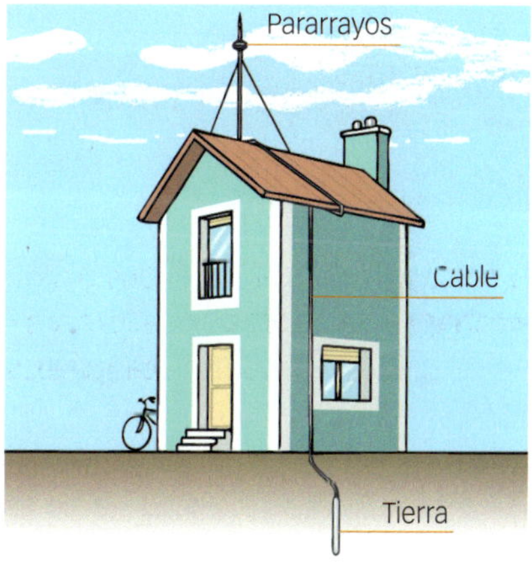

Esquema de un **pararrayos**. El extremo del pararrayos atrae el rayo, cuyas cargas son conducidas hasta que llegan bajo el suelo, a tierra; así se descarga sin producir daño.

ACTIVIDADES

7. Explica cómo es posible que un globo con carga eléctrica pueda atraer papelitos que no tienen carga eléctrica neta.

8. Explica con pocas palabras cómo se produce un rayo.

9. ¿Por qué se sitúan los pararrayos en las zonas altas de los edificios?

2 Fuerzas entre cargas eléctricas

> **RECUERDA**
>
> **El culombio**
>
> La unidad natural de carga es el electrón, pero es muy pequeña.
>
> En el SI se utiliza como unidad de carga el **culombio** (C).
>
> $1\ C = 6{,}24 \cdot 10^{18}$ electrones
>
> Es frecuente utilizar submúltiplos de esta unidad:
>
> - Miliculombio → $1\ mC = 10^{-3}\ C$.
> - Microculombio → $1\ \mu C = 10^{-6}\ C$.
> - Nanoculombio → $1\ nC = 10^{-9}\ C$.

Los cuerpos cargados se atraen o se repelen dependiendo de que sus cargas sean de distinto tipo o del mismo tipo.

El físico francés Charles-Augustin de Coulomb (1736-1806) estudió el valor de esta fuerza, llamada fuerza electrostática, y vio que era mayor cuanto mayor fuese la carga de los cuerpos y menor fuese la distancia entre ellos.

> **Ley de Coulomb.** La intensidad de la fuerza con que se atraen o se repelen dos cuerpos cargados eléctricamente es directamente proporcional al producto de sus cargas e inversamente proporcional al cuadrado de la distancia que los separa:
>
> $$F = K \cdot \frac{Q_1 \cdot Q_2}{d^2}$$

- *F* es la fuerza, expresada en newton, N.
- *K* es la constante de Coulomb. En el aire vale: $9 \cdot 10^9 \ \frac{N \cdot m^2}{C^2}$.
- Q_1 y Q_2 son las cargas de los cuerpos, medidas en culombios, C.
- *d* es la distancia que los separa, medida en metros, m.

Existe cierta similitud entre la fuerza gravitatoria y la electrostática:

Fuerza gravitatoria

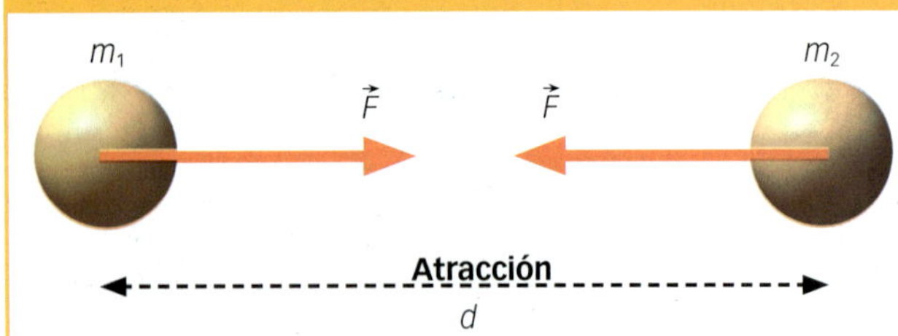

Fuerza de atracción entre cuerpos debido a su masa.

- Se da en todos los cuerpos (todos tienen masa).
- Siempre es de atracción.
- Los cuerpos están a distancia (no en contacto).

Ley de la gravitación universal (propuesta por Newton):

$$F = G \cdot \frac{M_1 \cdot M_2}{d^2}$$

La fuerza es directamente proporcional a la masa de los cuerpos e inversamente proporcional al cuadrado de la distancia que los separa.

G es la constante de gravitación universal (siempre el mismo valor).

$$G = 6{,}67 \cdot 10^{-11} \ \frac{N \cdot m^2}{kg^2}$$

Como el valor de *G* es muy pequeño, para que la fuerza gravitatoria sea importante, al menos uno de los dos cuerpos debe tener una masa muy grande (Luna, Tierra, Sol, etc.).

Fuerza electrostática

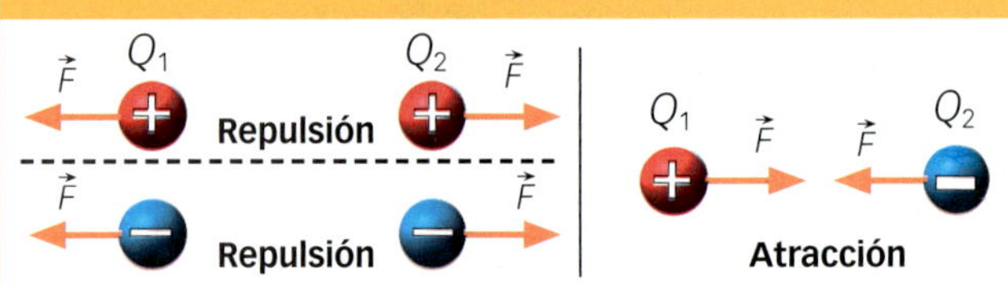

Fuerza entre cuerpos debido a su carga.

- Solo se da en algunos cuerpos (los que tienen carga).
- Puede ser de atracción (cuerpos con carga de tipo contrario) o de repulsión (cuerpos con carga del mismo tipo).
- Los cuerpos están a distancia.

Ley de Coulomb:

$$F = K \cdot \frac{Q_1 \cdot Q_2}{d^2}$$

La fuerza es directamente proporcional a la carga de los cuerpos e inversamente proporcional al cuadrado de la distancia que los separa.

K es la constante de Coulomb, que depende del medio. Para el aire:

$$K = 9 \cdot 10^9 \ \frac{N \cdot m^2}{C^2}$$

Como el valor de *K* es muy grande, la fuerza entre cargas es importante aunque los cuerpos tengan una carga pequeña.

Conclusión final: entre dos cuerpos cargados, la mayoría de las veces solo consideraremos la fuerza electrostática entre sus cargas, porque será mucho más intensa que la fuerza gravitatoria existente entre sus masas.

1. EJEMPLO RESUELTO

Dos cargas eléctricas se repelen con una fuerza de 8 N. Piensa y responde:

a) ¿De qué tipo son las cargas?

b) ¿Cómo sería la fuerza si una carga se reduce a la mitad?

c) ¿Cómo sería la fuerza si la carga de los dos se reduce a la mitad?

d) ¿Cómo sería la fuerza si la distancia entre las cargas fuese la mitad?

e) ¿Cómo sería la fuerza si la distancia entre las cargas se duplica?

a) Si se repelen, las dos cargas deben ser del mismo tipo: las dos serán positivas, o las dos, negativas.

b) La fuerza de 8 N corresponde a este caso:

$$8\text{ N} = F_1 = K \cdot \frac{Q_1 \cdot Q_2}{d^2}$$

Si una carga se reduce a la mitad, la fuerza es la mitad.

$$F_2 = K \cdot \frac{Q_1 \cdot \frac{Q_2}{2}}{d^2} = \frac{1}{2} \cdot \underbrace{K \cdot \frac{Q_1 \cdot Q_2}{d^2}}_{F_1} = \frac{1}{2} \cdot F_1 = \frac{1}{2} \cdot 8\text{ N} = \mathbf{4\text{ N}}$$

c) Si las dos cargas se reducen a la mitad, la fuerza es la cuarta parte.

$$F_3 = K \cdot \frac{\frac{Q_1}{2} \cdot \frac{Q_2}{2}}{d^2} = \frac{1}{4} \cdot \underbrace{K \cdot \frac{Q_1 \cdot Q_2}{d^2}}_{F_1} = \frac{1}{4} \cdot F_1 = \frac{1}{4} \cdot 8\text{ N} = \mathbf{2\text{ N}}$$

d) Si la distancia se reduce a la mitad, la fuerza se cuadriplica:

$$F_4 = K \cdot \frac{Q_1 \cdot Q_2}{\left(\frac{d}{2}\right)^2} = \frac{\overbrace{K \cdot \frac{Q_1 \cdot Q_2}{d^2}}^{F_1}}{\frac{1}{4}} = 4 \cdot F_1 = 4 \cdot 8\text{ N} = \mathbf{32\text{ N}}$$

e) Si la distancia se duplica, la fuerza es la cuarta parte:

$$F_5 = K \cdot \frac{Q_1 \cdot Q_2}{(2 \cdot d)^2} = \underbrace{K \cdot \frac{Q_1 \cdot Q_2}{4 \cdot d^2}}_{F_1} = \frac{1}{4} \cdot F_1 = \frac{1}{4} \cdot 8\text{ N} = \mathbf{2\text{ N}}$$

2.1. Aplicaciones basadas en cargas eléctricas

Existen aplicaciones tecnológicas basadas en las fuerzas entre cargas. Una de ellas es el pintado de objetos metálicos con espray electrostático. Se usa, por ejemplo, para pintar partes metálicas de un coche.

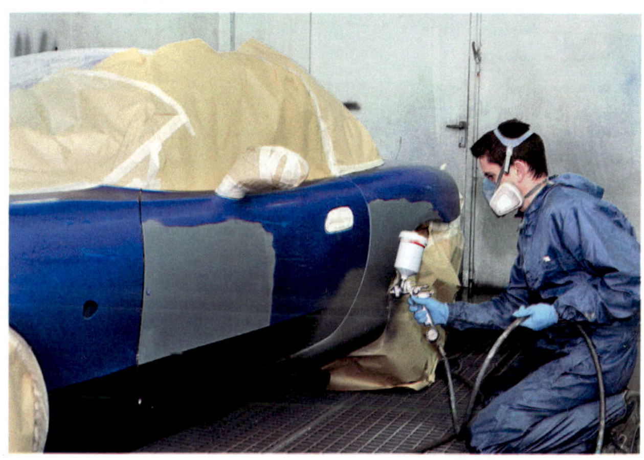

1. Las partes metálicas del coche conducen la electricidad. Al conectarlas a tierra, quedan cargadas positivamente.
2. En el depósito de pintura se coloca el polvo de color. Se mezcla con aire comprimido para que la pintura salga en forma de espray. En la salida se cargan las partículas de pintura con carga negativa.
3. Todas las partículas de pintura tienen carga negativa. Al repelerse, tratarán de separarse lo más posible, por eso no forman grumos. La carrocería (con carga positiva) atrae a las partículas de pintura, que se depositarán sobre ella formando una capa uniforme.
4. Por último, la pieza pintada se introduce en un horno en el que la pintura se fija y se adhiere definitivamente al metal.

ACTIVIDADES

10 Dos cargas se atraen con una fuerza de 12 N:

a) ¿De qué tipo son las cargas?

b) ¿Cómo sería la fuerza si una carga se reduce a la mitad?

c) ¿Cómo sería la fuerza si la carga de uno se reduce a la mitad y la del otro se duplica?

d) ¿Cómo sería la fuerza si cambia el signo de una de las cargas?

Las primeras referencias escritas sobre el magnetismo describen el efecto de la roca llamada **magnetita** sobre objetos de hierro.

3 El magnetismo

El escritor romano Plinio el Viejo (79 a.C.-23 a.C.) describió en sus escritos la historia de un pastor griego, llamado Magnes, quien observó, al pisar unas rocas negras, que los clavos de sus sandalias y la punta metálica de su cayado se quedaban pegados. La roca se llamó **magnetita**, un mineral de óxido de hierro.

Los chinos conocían este hecho desde mucho antes. Hacia el año 2500 a.C. un emperador chino utilizó una roca magnética para guiar a sus tropas a través de la niebla. Se cree que también descubrieron la brújula, una aguja magnética que siempre apunta hacia el norte, aunque no fue hasta 1269 cuando el francés Peter Peregrinus la describió por primera vez en sus escritos.

VOCABULARIO

Ferromagnético: material que siente la atracción de un imán.

3.1. Los imanes

Un **imán** es un objeto capaz de atraer a ciertos objetos metálicos, como aquellos elaborados de hierro.

La mayor parte de los imanes que utilizamos están elaborados con hierro o materiales ferromagnéticos, como cobalto, níquel o aleaciones de ellos. Tienen forma de barra o de herradura.

Podemos ver las zonas de atracción del imán utilizando limaduras de hierro.

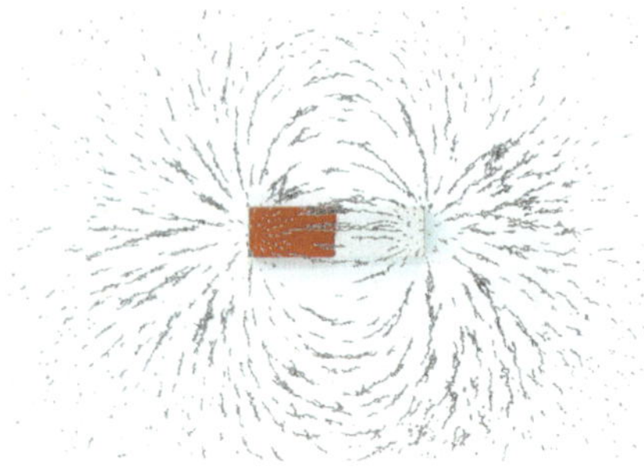

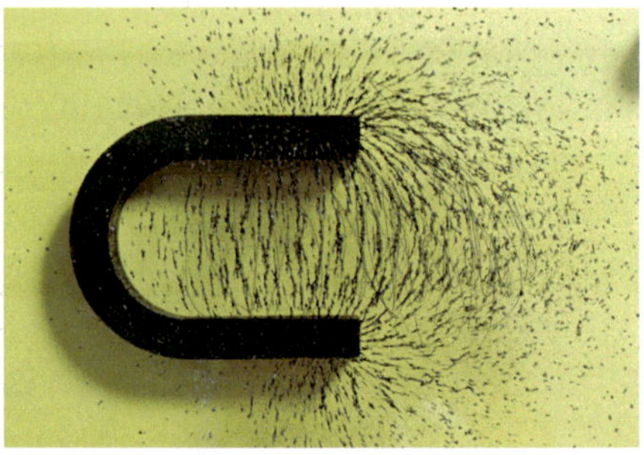

La mayor parte de las limaduras se acumulan en sus extremos. Otras forman líneas cerradas que salen de un extremo y van al otro.

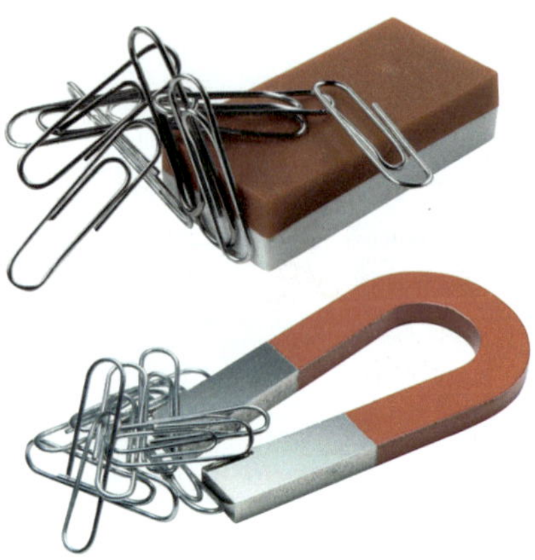

La fuerza ejercida por un imán es más intensa en los polos.

Los extremos del imán se llaman **polos**. Los llamamos polo norte y polo sur.

Pero si rompemos un imán, cada trozo es un imán completo, con un polo norte y un polo sur; se forman dos imanes. Esto se debe al modo en que se organizan internamente sus partículas. Los átomos forman pequeñas regiones llamadas **dominios**, cada una de las cuales es como un imán en miniatura. Cuando todos los dominios de un metal están ordenados con la misma orientación, tenemos un imán; si están desordenados, el objeto resultante no es un imán.

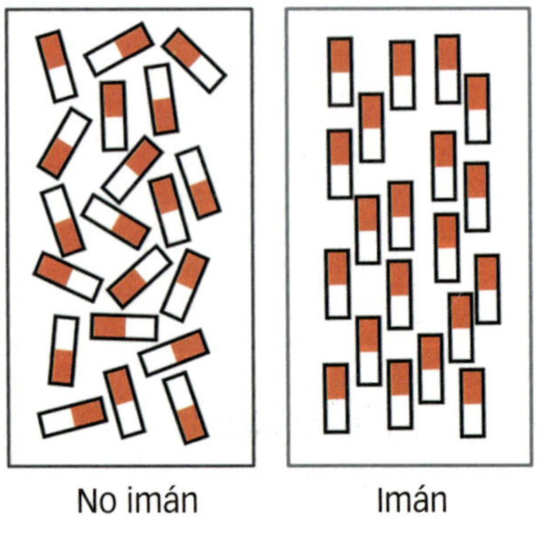

Un imán siempre tiene dos polos: un polo norte y un polo sur. Es imposible aislar uno de los polos del imán.

3.2. Atracciones y repulsiones entre imanes

Un imán atrae a otro imán si aproximamos el polo norte de uno al polo sur de otro. Si tratamos de acercar polos del mismo tipo, veremos que se repelen. Podemos comprobarlo utilizando limaduras de hierro. Se acumulan en las zonas donde la atracción magnética es máxima y desaparecen en la zona de máxima repulsión.

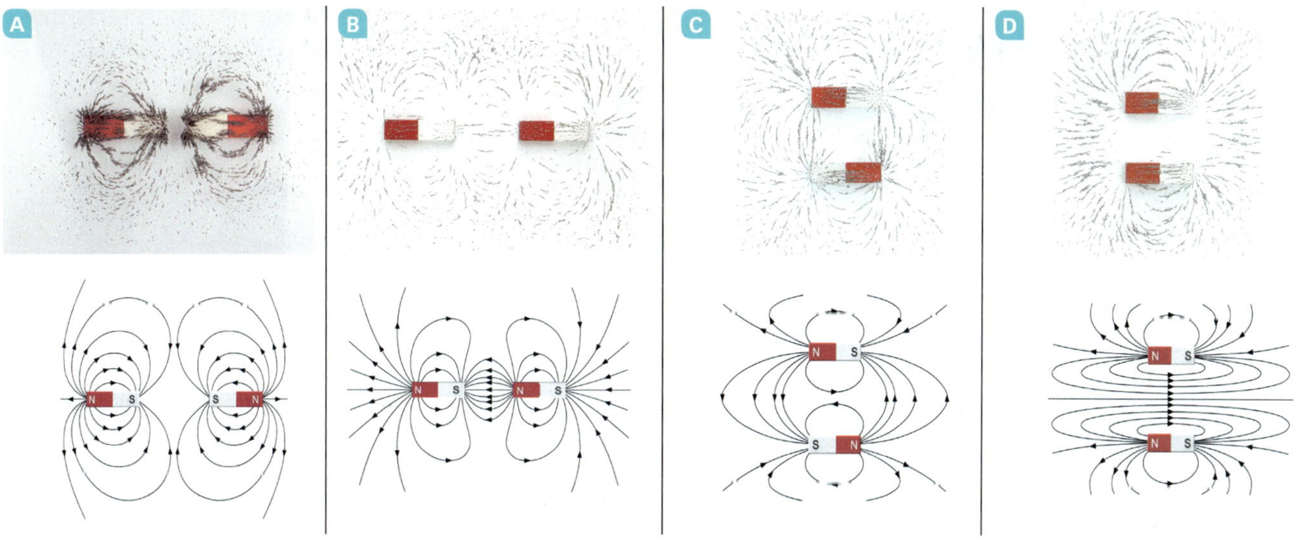

Las fuerzas magnéticas son fuerzas a distancia. Los polos opuestos se atraen, y los polos idénticos se repelen.

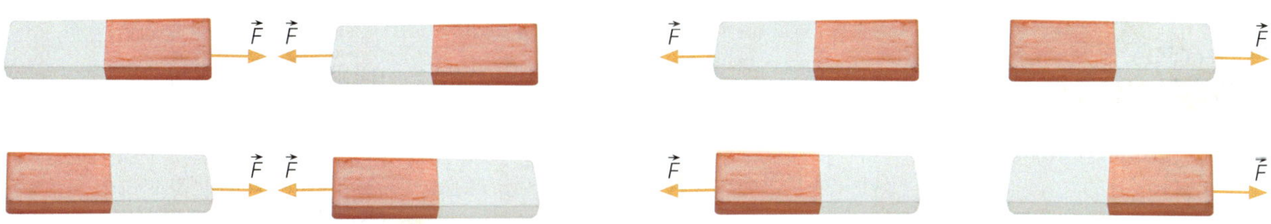

Polos opuestos se atraen

Polos idénticos se repelen

ACTIVIDADES

11 Explica cuál es la ubicación de los polos de los imanes en el juguete de la imagen de la derecha.

12 Dibuja en tu cuaderno dos imanes con los imanes internos de sus dominios y colorea de rojo el polo norte de cada dominio.

Dibuja a continuación en tu cuaderno el imán que resultaría de unir los dos imanes como se indica en las imágenes de abajo. ¿Puede hacerse en ambos casos? Donde sea posible la unión, explica dónde tiene el polo norte y el polo sur el imán resultante.

3.3. La brújula y el magnetismo terrestre

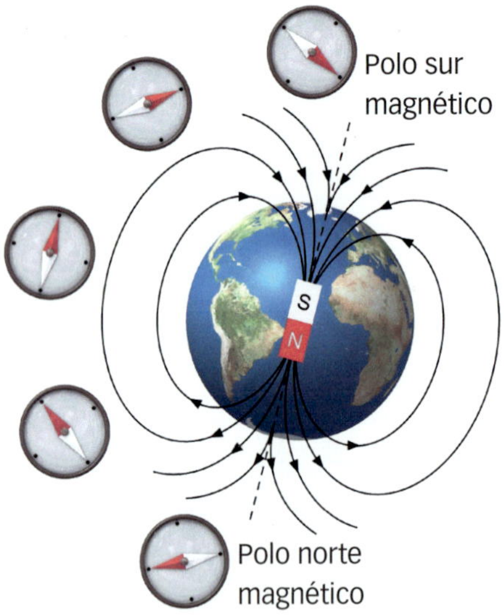

Una **brújula** es una aguja imantada que gira libremente.

El polo norte de la brújula es el extremo que apunta al polo norte geográfico. Esto se debe a que la Tierra se comporta como un gran imán. Cerca del polo norte geográfico está el polo sur del imán terrestre y cerca del polo sur geográfico está el polo norte del imán.

La brújula se utiliza para orientarse. Se cree que fue inventada en China, donde la empleaban para orientar a los navegantes en mar abierto. Era una aguja imantada que flotaba en una vasija de agua.

SABER HACER

Construir un imán

Algunas barras de material ferromagnético (como el hierro o el acero) se pueden convertir en un imán si logramos ordenar sus dominios.

Para ello podemos frotarlos con un imán, siempre en el mismo sentido (lee *Construir una brújula*), o enrollarlos con un cable y hacer pasar por ellos una corriente (lee el apartado sobre el electroimán).

SABER HACER

Construir una brújula

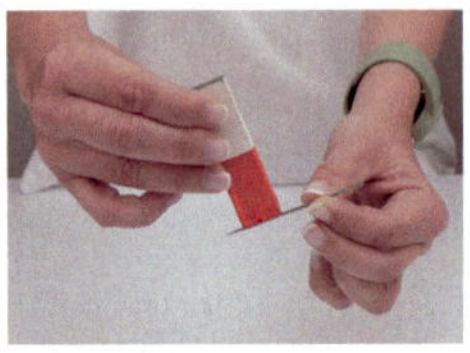

1. Coge una aguja de coser y frótala con un imán, siempre en el mismo sentido.

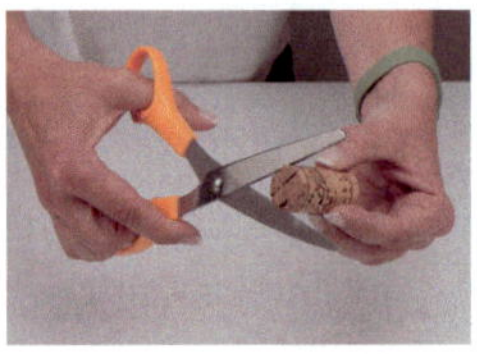

2. Corta un trozo de corcho y pega la aguja en él.

3. Deja que el corcho con la aguja flote en un recipiente con agua. Apuntará al norte.

Las auroras polares

En los días fríos del invierno en regiones más cercanas al polo norte o al polo sur se pueden apreciar luces de colores en el cielo en forma de arcos, espirales o cortinas. Antiguas leyendas de los inuit, habitantes de la región ártica de Groenlandia, decían que estas luces eran puentes de fuego construidos por los dioses. Hoy sabemos que se producen cuando llegan a la atmósfera terrestre partículas con carga eléctrica procedentes del Sol.

- Las auroras polares observadas cerca del polo norte se llaman **auroras boreales**.
- Las auroras polares observadas cerca del polo sur se llaman **auroras australes**.

Las partículas cargadas son atraídas por el imán terrestre y se acumulan cerca de los polos geográficos porque ahí están los polos magnéticos del imán terrestre. Por eso las auroras aparecen cerca de los polos, aunque de forma excepcional se pueden ver en otras latitudes.

ACTIVIDADES

13 Utiliza un mapa y copia un esquema en tu cuaderno mostrando la orientación de una brújula en los siguientes países: Chile, Australia, España, Japón, Suecia, Etiopía, Honduras y Pakistán.

14 Reflexiona acerca del fenómeno de las auroras polares y explica por qué no se observan auroras polares en el cielo sobre el ecuador.

4 El electromagnetismo

En el siglo XIX se descubrió que la electricidad y el magnetismo estaban relacionados. Ya has estudiado que las cargas eléctricas sienten la influencia de los imanes y producen así las auroras polares.

Otra consecuencia de esta relación fue el descubrimiento del generador de corriente alterna o el motor eléctrico, que han provocado cambios sociales muy importantes.

Se denomina **electromagnetismo** a la parte de la física que estudia la relación entre los fenómenos eléctricos y magnéticos.

4.1. Una corriente eléctrica se comporta como un imán

En 1819 el físico danés Hans Christian Oersted (1777-1851) descubrió que una corriente eléctrica se comporta como un imán.

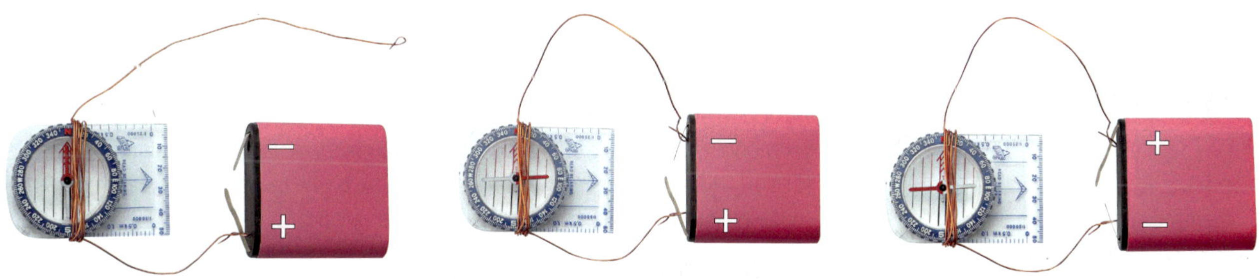

1. Construyó un circuito eléctrico y colocó una brújula orientada en línea con el cable.
2. Al cerrar el interruptor, la aguja de la brújula se ponía perpendicular al cable.
3. Si la corriente iba en sentido contrario, la brújula se orientaba en sentido contrario.

Interpretación: la corriente eléctrica orienta la aguja de la brújula. Por tanto, el hilo conductor de la corriente se comporta como un imán. Al cambiar el sentido de la corriente, cambia el sentido de su comportamiento magnético, es decir, se intercambian los polos magnéticos.

El electroimán

Un **electroimán** es un imán que funciona por acción de la corriente eléctrica.

Si la corriente eléctrica cesa, los efectos magnéticos desaparecen.

? INTERPRETA LA IMAGEN

Cuando pasa corriente por el cable, el clavo se comporta como un imán. Es un electroimán.

- ¿Qué ocurre si separas el cable de uno de los bornes de la pila?

ACTIVIDADES

15 ¿Por qué decimos que un hilo conductor por el que circula la corriente eléctrica se comporta como un imán?

16 En la industria se utilizan electroimanes para mover grandes cantidades de metal. Explica cómo funciona la grúa de la imagen que coge objetos de acero en un sitio y los transporta a otro lado, donde los suelta.

RECUERDA

Amperímetro: aparato que detecta el paso de una corriente eléctrica.

4.2. Un imán puede generar una corriente eléctrica

Si una corriente eléctrica se puede comportar como un imán, ¿podrá un imán generar una corriente eléctrica?

Con esta idea, el físico británico Michael Faraday (1791-1867) llevó a cabo una serie de experiencias que le permitieron, en 1831, producir una corriente eléctrica por medio de imanes.

SABER HACER

Producir una corriente eléctrica por medios magnéticos

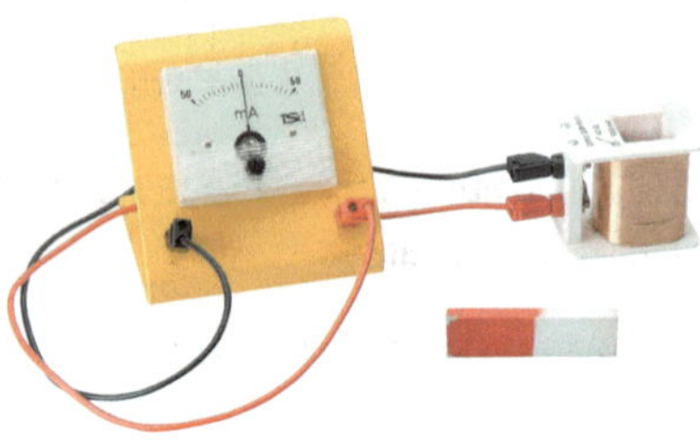

1. Construye una bobina enrollando hilo de cobre alrededor de un tubo de plástico hueco. Conecta los dos extremos a un amperímetro. La aguja está en medio, lo que indica que no hay paso de corriente.

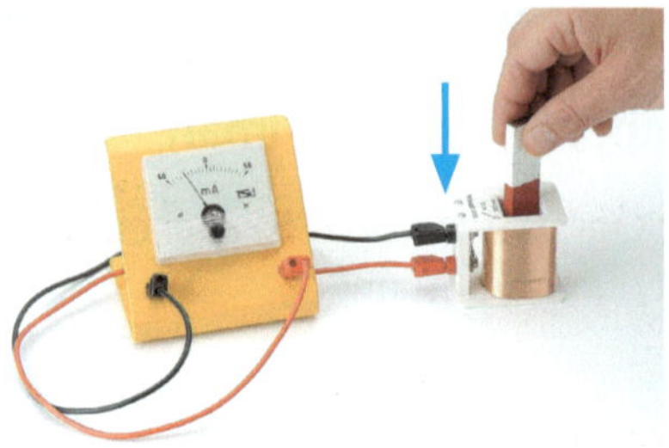

2. Introduce el imán en el hueco de la bobina. Mientras mueves el imán, la aguja del amperímetro se desplaza hacia un lado indicando que hay paso de corriente.

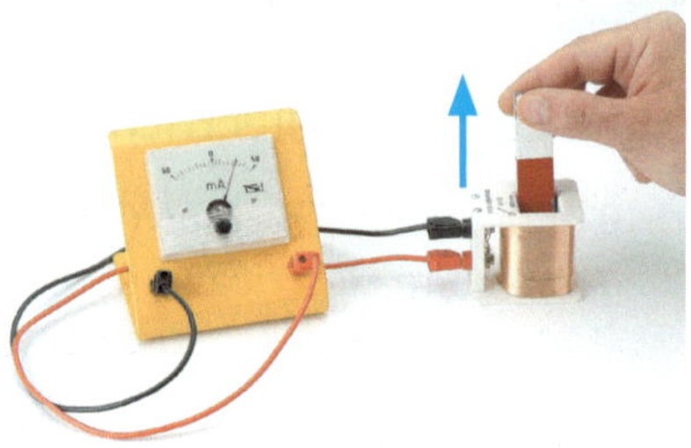

3. Saca el imán de la bobina. Mientras lo mueves, la aguja del amperímetro indica que hay paso de corriente en sentido opuesto.

Interpretación: cuando se mueve un imán dentro de una bobina de hilo de cobre, se produce una corriente eléctrica. La corriente circula en un sentido cuando el imán entra, y en el sentido contrario cuando el imán sale. Si no hay imán o el imán no se mueve, aunque esté dentro de la bobina, no se produce corriente.

Moviendo un imán dentro de una bobina conectada a un circuito se produce una corriente eléctrica. Cuanto más rápido se mueve el imán, mayor es la intensidad de la corriente.

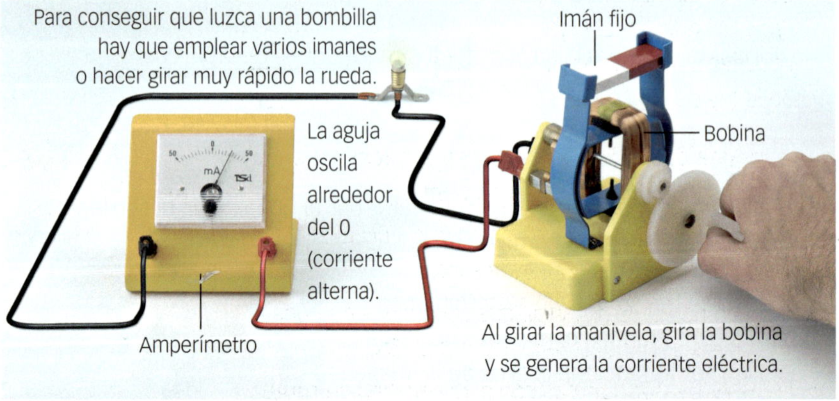

También podemos producir una corriente eléctrica haciendo girar la bobina y manteniendo fijo el imán.

ACTIVIDADES

17. Elabora un esquema que refleje el sentido de la corriente en función de la orientación de los polos del imán en la experiencia recogida en el apartado *Saber hacer* de esta página.

18. Explica por qué se produce corriente eléctrica al girar la manivela en la imagen de la derecha.

REPASA LO ESENCIAL

19 Identifica en tu cuaderno cada dibujo con el método por el que se carga un cuerpo:

a) b) c)

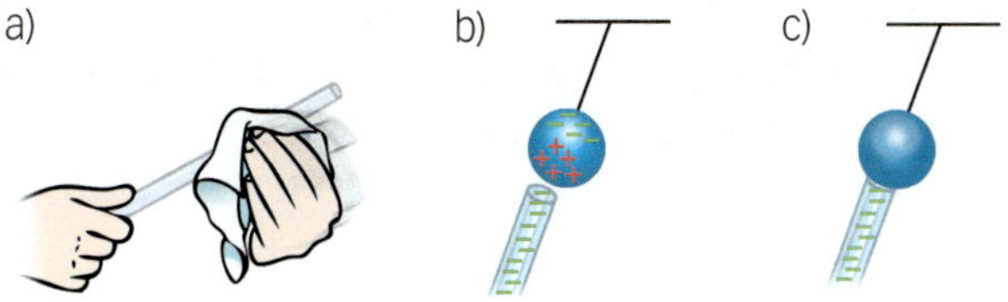

20 Copia en tu cuaderno y rellena los huecos colocando en cada uno la palabra *positiva* o *negativa* de forma que lo que indiquen las frases sea cierto:

a) Cuando se carga un cuerpo, adquiere carga ________ o ________.

b) Dos cuerpos que tienen carga ________ se repelen.

c) Cuando se aproxima un cuerpo con carga ________ a otro con carga ________, se atraen.

21 ¿Para qué se utiliza un electroscopio? Completa en tu cuaderno las cargas que deben aparecer en cada caso en cada parte del electroscopio:

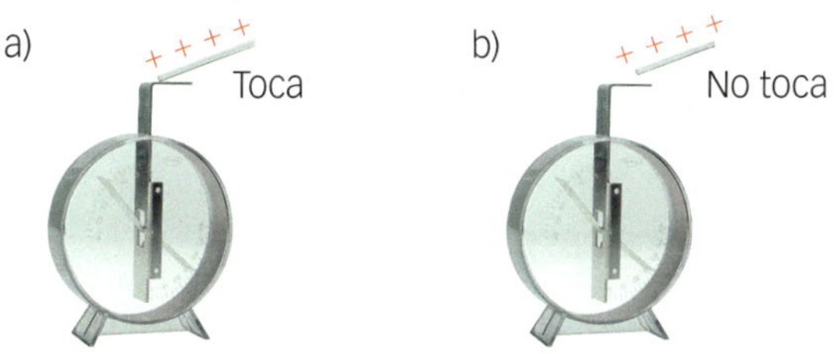

22 Razona en tu cuaderno qué frase referida a la electricidad estática es cierta:

a) Es la electricidad que tienen los cuerpos cuando no se mueven.

b) Es la electricidad que adquiere el peine cuando lo usamos y que nos levanta el pelo.

c) Está causada por cargas eléctricas que pasan por un hilo de cobre.

23 Copia en tu cuaderno y pon cada término en el lugar adecuado de la fórmula de la ley de Coulomb.

d^2 Q_1 F K Q_2

$$\square = \square \cdot \frac{\square \cdot \square}{\square}$$

24 Cada una de las frases siguientes contiene un error. Corrígelo y explícalo razonadamente:

a) Al aumentar la carga de los cuerpos, disminuye la fuerza de atracción entre ellos.

b) Al aumentar la distancia que separa dos cuerpos cargados, aumenta la fuerza entre ellos.

c) Tenemos dos cuerpos con el mismo tipo de carga eléctrica. Si cambia el signo de la carga de ambos, los cuerpos se atraen.

25 Teniendo en cuenta cómo son las fuerzas entre los imanes, indica cuál es el polo norte y cuál es el polo sur de cada uno de ellos:

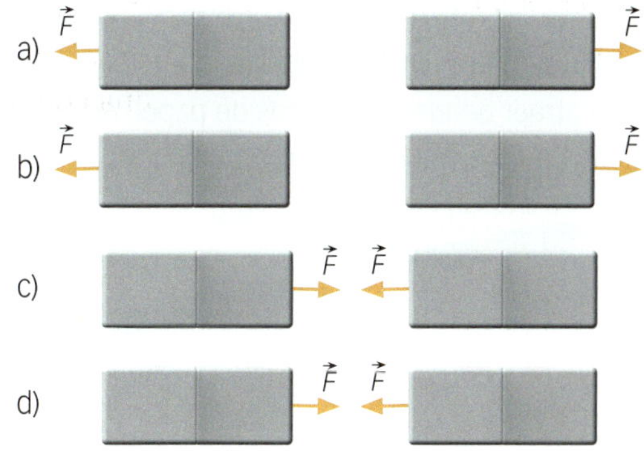

26 Cada una de las frases siguientes contiene un error. Corrígelo y explícalo razonadamente.

a) Las brújulas se orientan según la posición de las estrellas.

b) Una brújula es un imán. Su polo norte se orienta hacia el polo sur de la Tierra.

c) Dos brújulas siempre se repelen.

27 Explica qué le ocurre a la aguja de la brújula al cerrar el interruptor que cierra el circuito de la figura:

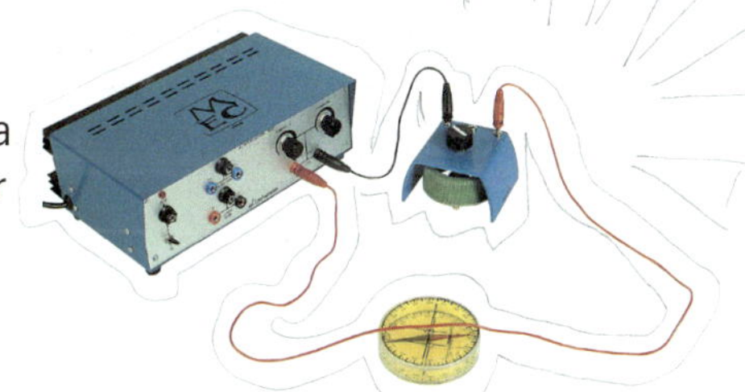

28 Utilizando un imán, Faraday logró obtener una corriente eléctrica. Explica en cuál de las situaciones siguientes obtenemos una corriente eléctrica:

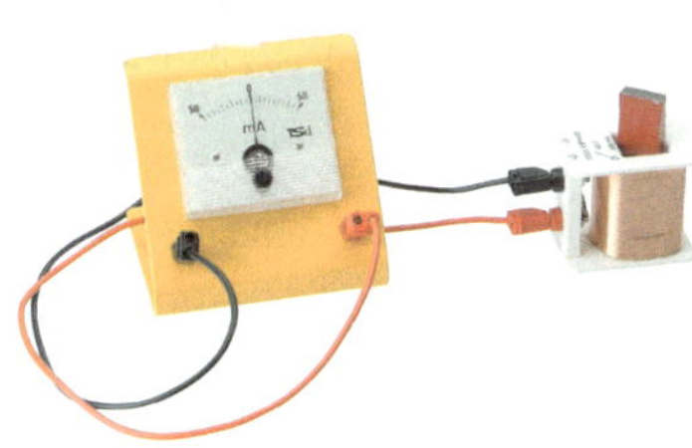

a) Bobina, amperímetro e imán.

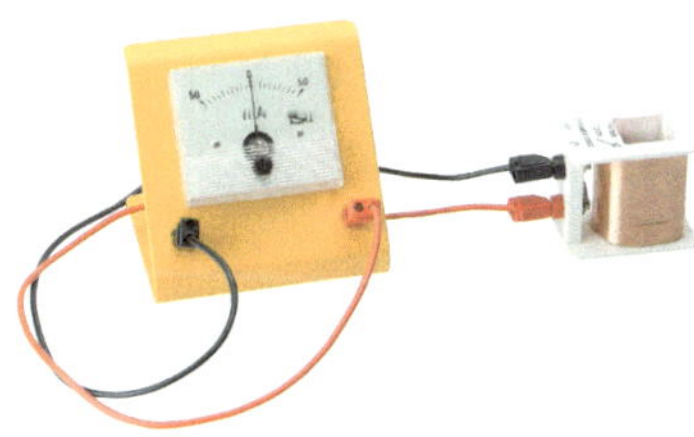

b) Bobina y amperímetro.

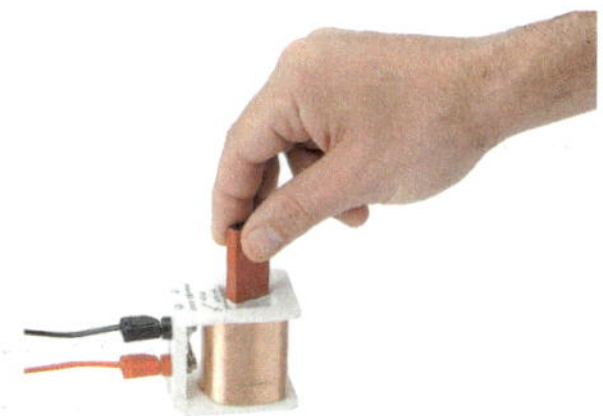

c) Bobina e imán.

ACTIVIDADES FINALES

PRACTICA

La electricidad

29 Cuando frotamos un bolígrafo de plástico contra un jersey de lana, suele adquirir carga eléctrica y puede atraer pequeños trocitos de papel. Analiza las siguientes frases, elige la correcta y explica por qué:

a) Todos los papelillos tienen carga eléctrica neta, opuesta a la carga eléctrica del bolígrafo.

b) Los papelillos se pegan al bolígrafo porque tienen un tamaño muy pequeño.

c) Los papelillos no tienen carga eléctrica neta. Pero al acercarles el bolígrafo cargado, las cargas de los papelillos se redistribuyen y se produce una atracción entre cargas de distinto signo.

d) Cuando el bolígrafo se acerca a los papelillos, sus cargas saltan hasta ellos y eso hace que los papelillos se sientan atraídos por el bolígrafo.

30 Imagina que la bolita de un péndulo está cargada positivamente y le acercamos una varilla con carga negativa. ¿Qué ocurre? Escribe la respuesta en tu cuaderno

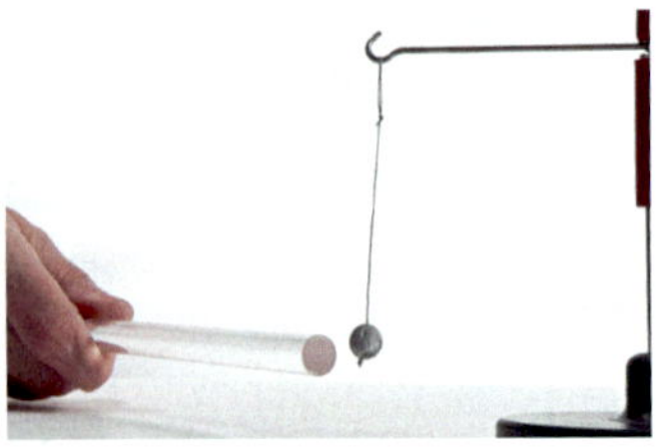

a) Como la varilla está cargada, no pasa nada. La bolita del péndulo se queda quieta.

b) Como la varilla no llega a tocar la bolita del péndulo, esta permanece en reposo.

c) Las cargas eléctricas de la varilla atraen a la bolita del péndulo, que se acerca a ella hasta que la toca.

d) La varilla, al ser metálica, dispone de cargas eléctricas que se pueden mover. Las cargas positivas se sitúan cerca de la bolita del péndulo y lo repelen.

31 Un manual de primeros auxilios nos da consejos para comportarnos si nos alcanza una tormenta eléctrica en el campo. Léelo y responde:

«Si notamos cosquilleo en el cuerpo, se nos eriza el cabello o vemos brillar y echar chispas un objeto de metal, la descarga del rayo es inminente.

Si vamos en grupo es aconsejable dispersarse unos metros. Si un rayo afecta a una persona, las demás que están en contacto se pueden ver afectadas por la descarga. Por eso es aconsejable alejarse de rebaños y grupos de mamíferos.

Hay que retirarse de los lugares altos, como cimas o lomas, y de terrenos encharcados. No colocarse debajo de árboles ni en edificios aislados.

Apagar los aparatos de comunicación y radios.

Alejarse de objetos metálicos, como vallas, las vías del tren, líneas eléctricas o telefónicas, bicicletas, etc.

El mejor sitio para refugiarse es dentro de un vehículo cerrado. Hay que apagar el motor, desconectar la antena y cerrar las ventanillas y entradas de aire».

a) ¿A qué se debe el cosquilleo que se puede notar inmediatamente antes del rayo?

b) ¿Por qué hay que escapar de los sitios altos y no resguardarse bajo un árbol cuando hay tormenta?

c) ¿Por qué no se puede ir en bici y se recomienda meterse en un vehículo cerrado?

d) ¿Qué precaución debemos tomar al salir del vehículo después de la tormenta?

Fuerzas entre cargas

32 Calcula cuántos electrones son:

a) 0,75 C b) 5 μC c) 3 nC

Dato: $1\ e = 1{,}6 \cdot 10^{-19}$ C

2. EJEMPLO RESUELTO

Dos cuerpos con una carga *Q* positiva están situados a ambos lados de un cuerpo de carga *q*, negativa, y a la misma distancia *d*. ¿Cuál es la fuerza total que actúa sobre el cuerpo de carga *q*?

Cada cuerpo de carga *Q* ejerce una fuerza de atracción sobre el cuerpo de carga *q*, ya que ambas cargas tienen signo contrario. Según la ley de Coulomb:

$$F = K \cdot \frac{Q \cdot q}{d^2}$$

El valor de la fuerza que ejerce cada carga *Q* sobre *q* es el mismo, solo cambia el sentido:

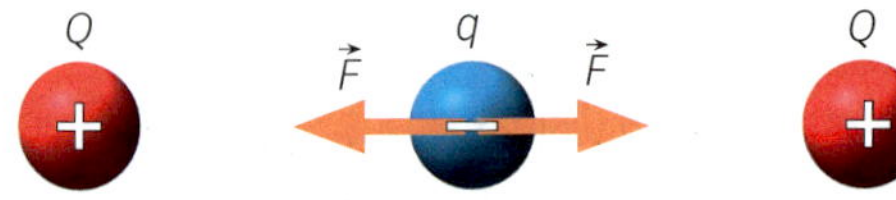

Sobre el cuerpo de carga *q* actúan dos fuerzas iguales y opuestas. En consecuencia, **la fuerza total es nula**.

33 Dos cuerpos con una carga *Q* positiva están situados a ambos lados de un cuerpo de carga *q*, positiva, y a la misma distancia *d*. ¿Cuál es la fuerza total que actúa sobre el cuerpo de carga *q*?

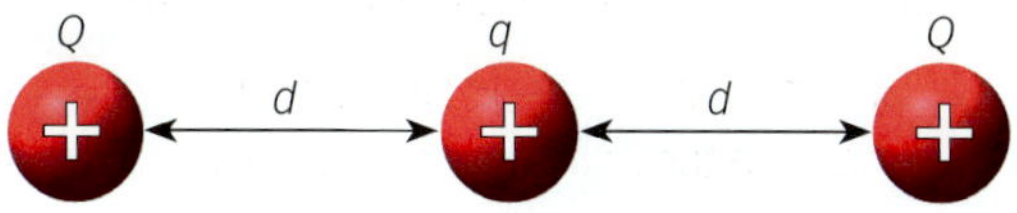

3. EJEMPLO RESUELTO

Calcula la fuerza entre un cuerpo que tiene una carga de +2 μC y otro de −30 nC que están en el aire, separados una distancia de 3 cm.

Dato: $K = 9 \cdot 10^9 \dfrac{\text{N} \cdot \text{m}^2}{\text{C}^2}$.

Como los cuerpos tienen cargas de distinto tipo, la fuerza entre ellos será de atracción.

Según la ley de Coulomb:

$$F = K \cdot \frac{Q \cdot q}{d^2} \rightarrow$$

$$\rightarrow F = 9 \cdot 10^9 \frac{\text{N} \cdot \cancel{\text{m}^2}}{\cancel{\text{C}^2}} \cdot \frac{2 \cdot 10^{-6}\,\cancel{\text{C}} \cdot 30 \cdot 10^{-9}\,\cancel{\text{C}}}{0{,}03^2\,\cancel{\text{m}^2}}$$

$$\mathbf{F = 0{,}6\ N}$$

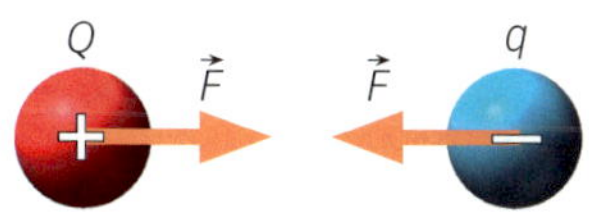

Ten en cuenta que la ley de Coulomb permite calcular el valor de la fuerza; por eso las cargas se escriben sin el signo.

En la fórmula de Coulomb todas las magnitudes deben expresarse en unidades del Sistema Internacional.

En este caso, las cargas se atraen con una fuerza de 0,6 N, porque las cargas tienen signos contrarios.

34 Calcula la fuerza entre un cuerpo que tiene una carga de −2 μC y otro de −5 mC que están en el aire, separados una distancia de 3 cm.

Dato: $K = 9 \cdot 10^9 \dfrac{\text{N} \cdot \text{m}^2}{\text{C}^2}$.

35 Calcula la fuerza entre un cuerpo que tiene una carga de −2 μC y otro de −5 mC que están en el aire, separados una distancia de 6 cm.

Dato: $K = 9 \cdot 10^9 \dfrac{\text{N} \cdot \text{m}^2}{\text{C}^2}$.

36 Calcula la fuerza entre un cuerpo que tiene una carga de −4 μC y otro de −5 mC que están en el aire, separados una distancia de 3 cm.

Dato: $K = 9 \cdot 10^9 \dfrac{\text{N} \cdot \text{m}^2}{\text{C}^2}$.

Magnetismo

37 Explica por qué un cuerpo puede tener carga positiva o carga negativa, pero un imán no puede tener solo polo norte o solo polo sur.

38 Coloca estos imanes de manera que estén los tres unidos. Lo puedes hacer de varias formas.

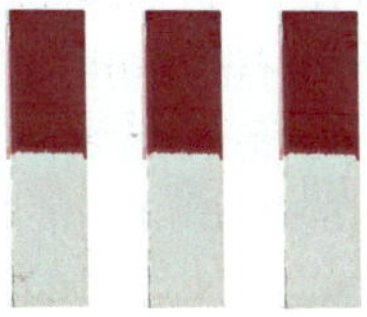

39 Explica por qué siempre que se rompe un imán en dos partes se obtienen dos imanes completos.

Electromagnetismo

40 Explica por qué este dispositivo no atrae objetos de hierro. ¿Qué habría que hacer para que los atrajese?

41 En su experiencia original, Faraday conectó una bobina A a una pila eléctrica P. Conectó otra bobina B a un galvanómetro G, aparato que detecta el paso de corriente. Al acercar o alejar la bobina A a la B, el galvanómetro detectaba paso de corriente.

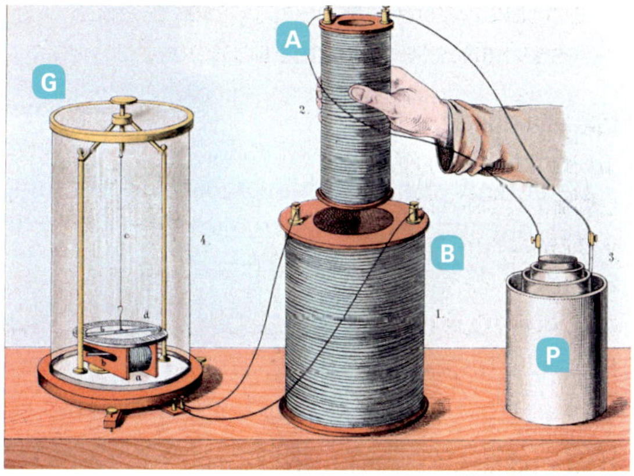

Razona por qué esta experiencia refleja el mismo fenómeno que el descrito al hablar de que un imán puede generar una corriente eléctrica. ¿Qué sustituye al imán?

AMPLÍA

42 ¿Te parece una buena idea usar un paraguas con punta metálica durante una tormenta? ¿Por qué?

43 Los imanes pueden dejar de serlo cuando se calientan. La temperatura a la cual sucede este fenómeno depende del material. Así, para el hierro es 770 °C, y para el níquel, 360 °C. Repasa los esquemas de los dominios y da una explicación de por qué sucede esto.

UN CASO PRÁCTICO. Determinar la edad de las rocas a partir del magnetismo terrestre

Como ya sabes, la Tierra se comporta como un imán gigantesco con dos polos magnéticos. El polo norte magnético está situado cerca del polo sur geográfico, mientras que el polo sur magnético se encuentra cerca del polo norte geográfico. Pero esto no ha sido siempre así.

A lo largo de la historia de la Tierra ha habido periodos en los cuales el campo magnético se ha invertido; es decir, se han intercambiado los polos magnéticos norte y sur. Podemos conocer estas inversiones gracias a las rocas. En efecto, en ciertas rocas en proceso de formación, antes de solidificarse, algunos minerales ferromagnéticos se orientan siguiendo el magnetismo terrestre. Es decir, se comportan como pequeños imanes.

Y cuando la roca se solidifica esta orientación de los minerales se mantiene aunque el magnetismo terrestre se altere o incluso se invierta.

De esta manera, estudiando la orientación de estos minerales ferromagnéticos en las rocas podemos:

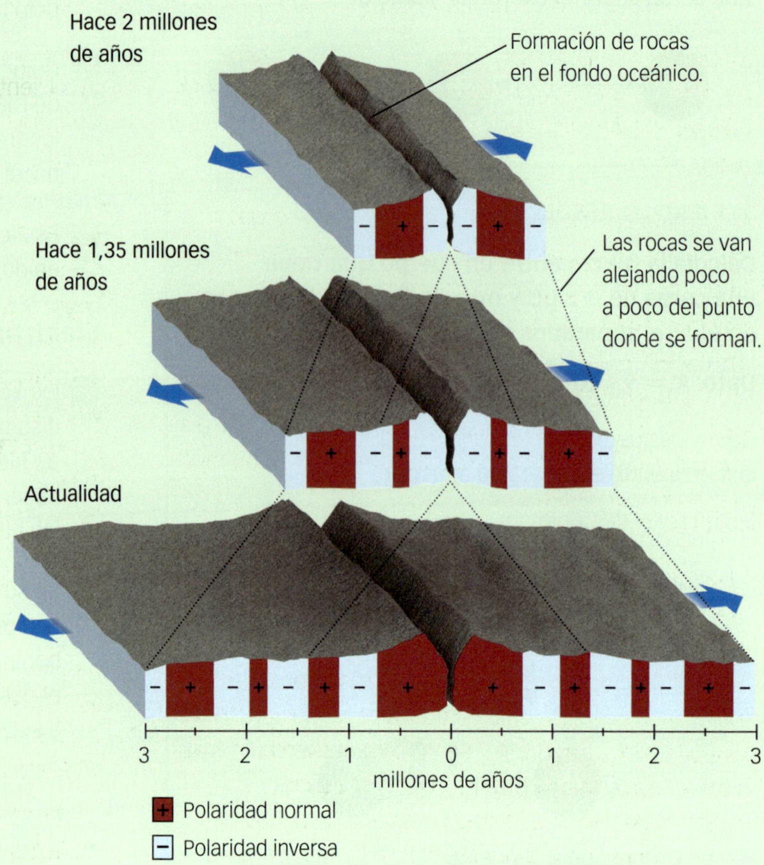

- Determinar cuándo se han producido **inversiones del magnetismo terrestre**, si es que conocemos la edad de la roca por otro procedimiento.
- Determinar la **edad de la roca** conociendo los periodos en que se han producido inversiones del magnetismo terrestre.

44 Contesta.

a) ¿Qué quiere decir que el magnetismo terrestre se invierte?

b) ¿Cómo habría que usar una brújula en un periodo de historia de la Tierra en el que el magnetismo está invertido respecto al actual?

c) ¿A qué llamamos en el esquema polaridad normal?

d) ¿Y polaridad inversa?

45 ¿Crees que este efecto podrá observarse en todas las rocas antiguas? Explica tu respuesta.

46 En los últimos 3,6 millones de años el magnetismo terrestre se ha invertido nueve veces.

a) Completa el esquema superior en tu cuaderno hasta representar todas estas inversiones.

b) Señala en tu esquema dónde se encuentran las rocas más antiguas y dónde están las rocas de menor edad.

c) ¿Por qué el esquema representado en esta página es simétrico?

47 Si en un periodo determinado de la historia de nuestro planeta la intensidad del magnetismo terrestre se intensifica, ¿podrán observarse sus efectos en las rocas? Ilustra tu respuesta con esquemas.

48 Elabora un esquema en tu cuaderno representando cómo se orientarán los minerales magnéticos de una roca creada hace 10 años y otra creada hace 1,5 millones de años. ¿Tienen la misma orientación? ¿Por qué?

FORMAS DE PENSAR. Análisis científico ¿Te parecen eficientes las llamadas pulseras magnéticas?

LAS PULSERAS DE COBRE Y LAS PULSERAS MAGNÉTICAS ESTUDIADAS PARA LA ARTRITIS REUMATOIDE

De acuerdo con un estudio, el uso de un brazalete de cobre o una correa de muñeca magnética no tiene efectos significativos en los síntomas de la artritis reumatoide.

El término artritis significa inflamación o hinchazón de las articulaciones. [...] Las formas más comunes de la artritis incluyen la artritis reumatoide, la osteoartritis, y la periartritis. La artritis reumatoide es una enfermedad autoinmune que se produce cuando el sistema inmunológico del cuerpo, que normalmente lucha contra la enfermedad y la infección, se ataca a sí mismo. A diferencia de la osteoartritis, que solo afecta a los huesos y el cartílago, la artritis reumatoide también puede causar inflamación en otras áreas del cuerpo.

Históricamente, se ha descrito el uso de imanes para tratar la enfermedad en muchas civilizaciones. Hay muchos tipos, tamaños e intensidades de los imanes. La terapia magnética puede ser administrada por un profesional de la salud o utilizada por las personas por su propia cuenta. [...] Se venden comercialmente para el autotratamiento tiras autoadhesivas magnéticas, láminas, cintas y pulseras. Además hay joyería magnética, como aretes y collares, plantillas, almohadillas de colchón, y agua «acondicionada» por imanes.

En el estudio actual, los investigadores estudiaron el uso de muñequeras o pulseras magnéticas y de cobre para aliviar el dolor y la inflamación en pacientes con artritis reumatoide.

El equipo reclutó a 70 personas entre las edades de 33 y 79 años que tenían artritis reumatoide dolorosa. Los sujetos fueron asignados al azar para portar cuatro pulseras en un orden diferente. Estas incluyeron una correa magnética estándar, una correa desmagnetizada, una correa con una fuerza magnética menor, y un brazalete de cobre. Cada pulsera fue usada durante cinco semanas, con cada una de las fases de tratamiento separadas por un periodo de «lavado» (sin pulsera) de una semana. Los investigadores buscaron cambios en varios síntomas: el dolor, la sensibilidad articular y la inflamación, así como en la función física.

Los resultados sugirieron que no había diferencias significativas entre las diferentes pulseras en términos de sus efectos sobre el dolor, la inflamación y la función física.

Los autores concluyeron que el uso de una muñequera o pulsera magnética o de cobre puede carecer de beneficio en las personas que tienen artritis reumatoide. Se necesita más investigación para confirmar estos hallazgos.

Fuente: http://www.vidaysalud.com, 2013.

49 COMPRENSIÓN LECTORA. Elabora un resumen del texto en unas cuantas líneas.

50 EXPRESIÓN ESCRITA. Define con tus propias palabras qué es la artritis.

51 ¿Qué importancia tiene sobre la credibilidad del estudio, a tu juicio, el número de pacientes evaluados?

52 Contesta.

a) ¿Por qué se utilizaron pulseras de diferente tipo?

b) ¿Para qué se usaron en un mismo paciente diferentes pulseras en periodos de tiempo consecutivos?

53 ¿Qué opinas de la última afirmación del artículo: «Se necesita más investigación para confirmar estos hallazgos»?

54 ¿Qué opinión te merecen iniciativas similares a estas empleadas para mejorar el vigor, la «energía», etc., de una persona?

a) ¿Te parece que pueden ser dañinas en algún caso para las personas? Explica tu respuesta.

b) ¿Usarías tú pulseras magnéticas o elementos similares para tratar una dolencia? ¿Por qué?

c) ¿Cómo habría que actuar para eliminar creencias sin base científica en pacientes que usan «remedios» de este tipo?

55 ¿Se deduce del estudio que las pulseras magnéticas no resultan beneficiosas para tratar ninguna enfermedad?

56 TOMA LA INICIATIVA. ¿Te parece una buena idea usar estas pulseras para remediar enfermedades?

INVESTIGA **TRABAJO COOPERATIVO**

ELECTRICIDAD, BRÚJULAS E IMANES

A. EL COMPORTAMIENTO MAGNÉTICO DE LA CORRIENTE ELÉCTRICA

La corriente eléctrica tiene un comportamiento magnético que hace que sea capaz de desviar la aguja de una brújula. En esta experiencia comparamos su comportamiento con el de un imán convencional.

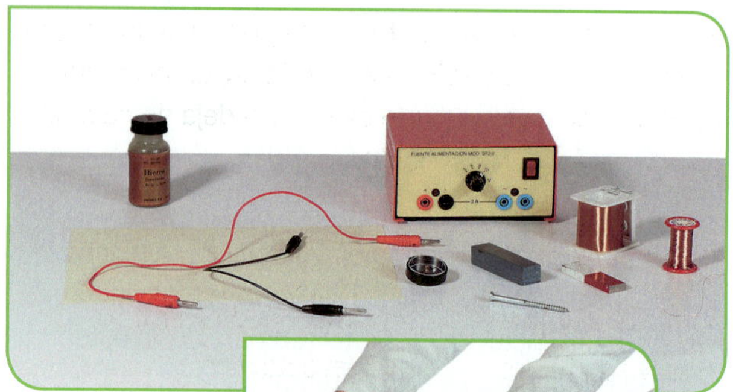

MATERIAL

- Imán de barra.
- Brújula.
- Limaduras de hierro.
- Hilo de cobre (a ser posible, con extremos de distinto color).
- Pila o fuente de corriente continua.
- Barra de hierro dulce
- Bobina.

PROCEDIMIENTO

1. Comprueba el comportamiento del imán.
   Muévelo alrededor de una brújula y observa el movimiento de la aguja. Acerca un polo del imán y luego el otro.
2. Espolvorea en un folio o un cristal pequeñas limaduras y colócalo encima del imán. Dale unos golpecitos para que se orienten las limaduras. Mueve el folio o el cristal sobre el imán y observa el desplazamiento de las limaduras.
3. Comprueba el comportamiento magnético de una bobina con corriente.
   Conecta los extremos de la bobina a la pila o los bornes de la fuente de corriente continua. Espolvorea limaduras de hierro en un folio o cristal y colócalo encima de la bobina. Dale unos golpecitos para que se orienten las limaduras de hierro. Observa el desplazamiento de las limaduras cuando mueves el cristal sobre la bobina.
   Coloca la brújula cerca de los extremos de la bobina. Observa su aguja cuando está cerca de un extremo y cuando está cerca del otro.
   Observa el comportamiento de la brújula cuando enciendes y apagas la fuente o conectas y desconectas la pila.
4. Comprueba el comportamiento de la bobina con una barra de hierro dulce en su interior.
   Introduce la barra de hierro dentro del núcleo de la bobina y repite el paso anterior.

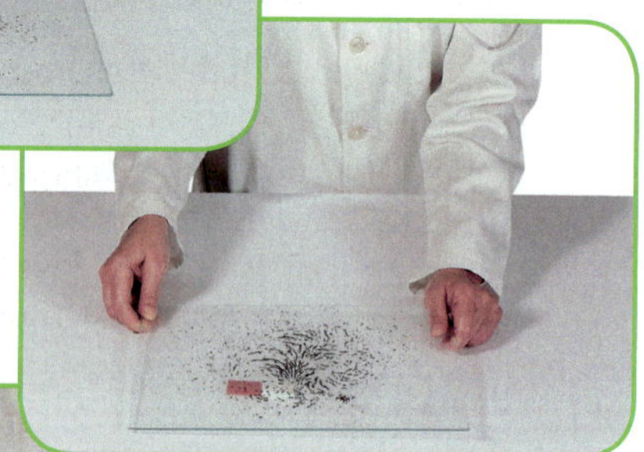

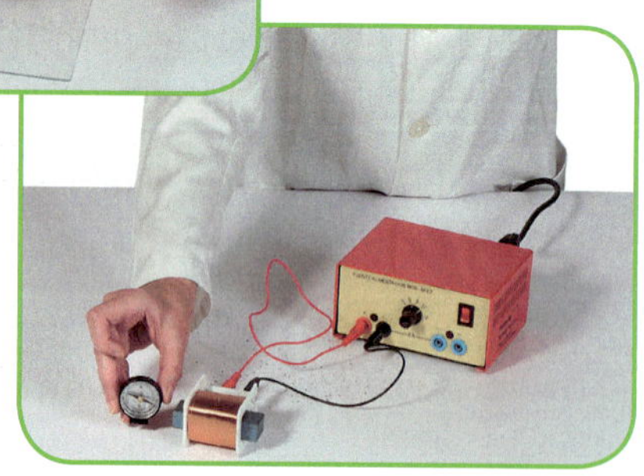

ACTIVIDADES

57 ¿En qué parte del imán o la bobina se acumulan las limaduras de hierro?

58 ¿Por qué se mueven las limaduras cuando se mueven el imán o la bobina?

59 ¿Cómo explicas que se desplace la aguja de la brújula cuando pasa corriente por el hilo?

60 ¿Cómo es el comportamiento magnético de la bobina cuando tiene una barra de hierro?

B. CONSTRUIR UN ELECTROIMÁN

Se puede aprovechar el efecto magnético de la corriente eléctrica para construir un electroimán, un imán que actúa cuando pasa una corriente eléctrica y deja de hacerlo cuando se corta la corriente.

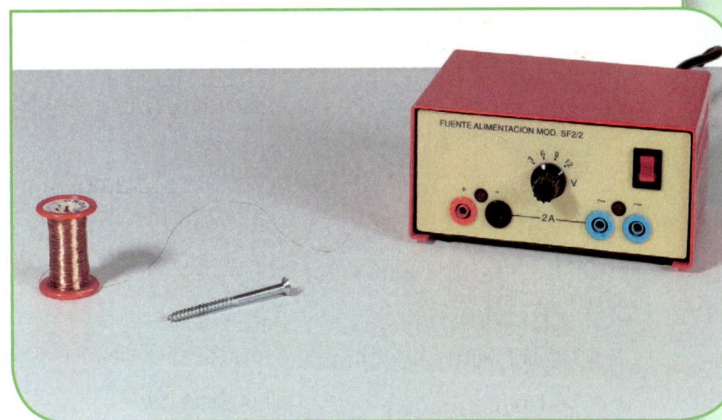

MATERIAL

- Hilo de cobre.
- Clavo de hierro.
- Brújula.
- Limadura de hierro.
- Clavo de hierro.
- Pila o fuente de corriente continua.

PROCEDIMIENTO

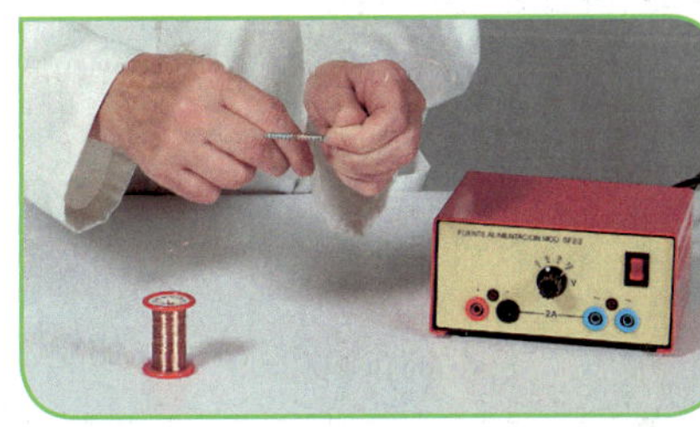

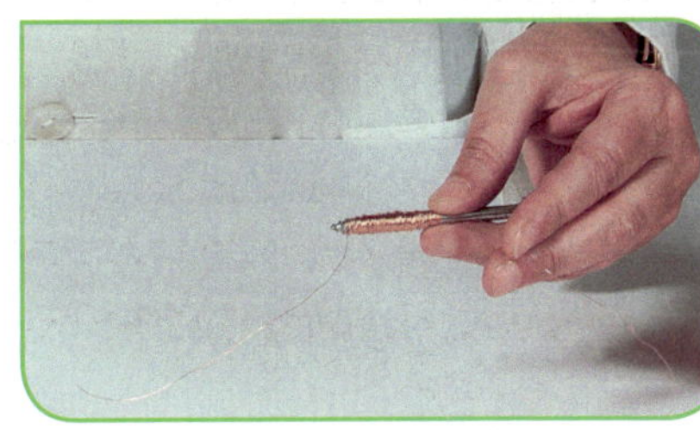

1. Enrolla hilo de cobre alrededor de un clavo de hierro (entre 100 y 200 vueltas). Conecta los dos extremos del hilo a los bornes de la fuente de tensión. Si utilizas una pila, conecta solo uno de los extremos del hilo de cobre a uno de los bornes de la pila.
2. Acércalo a un grupo de limaduras de hierro y observa lo que sucede.
3. Enciende la fuente o conecta el otro extremo del hilo de cobre al otro borne de la pila. Acerca el clavo con el cable enrollado a las limaduras de hierro. ¿Qué sucede ahora?
4. Apaga la fuente o desconecta un extremo del hilo de cobre de la pila. ¿Qué sucede con las limaduras de hierro?

5. Mueve el extremo del clavo conectado a la corriente cerca de la brújula y observa qué sucede.

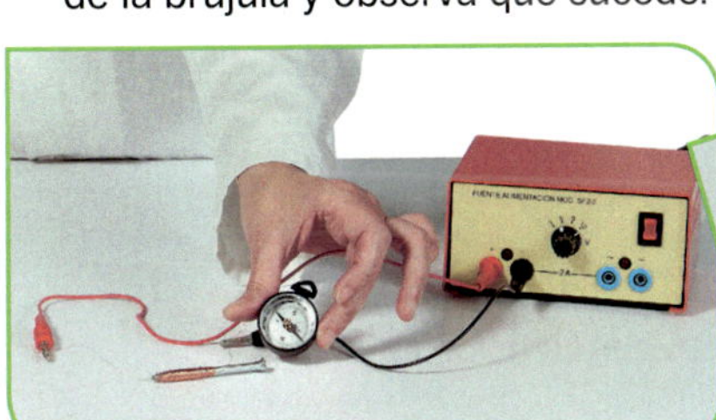

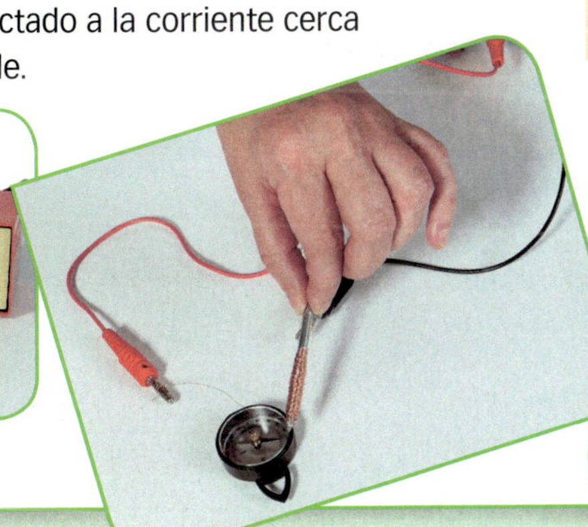

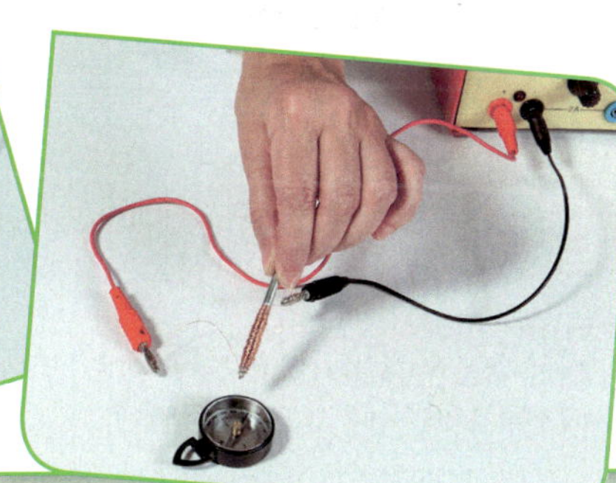

ACTIVIDADES

61 ¿Qué hace falta para que un clavo de hierro se comporte como un imán?

62 Los electroimanes se utilizan en la industria para mover piezas metálicas. Razona qué ventajas puede tener un imán frente a un electroimán. ¿Se te ocurre alguna desventaja?

10 Electricidad y electrónica

SABER

- La corriente eléctrica.
- Magnitudes eléctricas.
- Cálculos en circuitos eléctricos.
- El aprovechamiento de la corriente eléctrica.
- Aplicaciones de la corriente eléctrica.
- Electrónica.

SABER HACER

- Resolver problemas sobre circuitos eléctricos.
- Realizar experiencias con circuitos eléctricos.

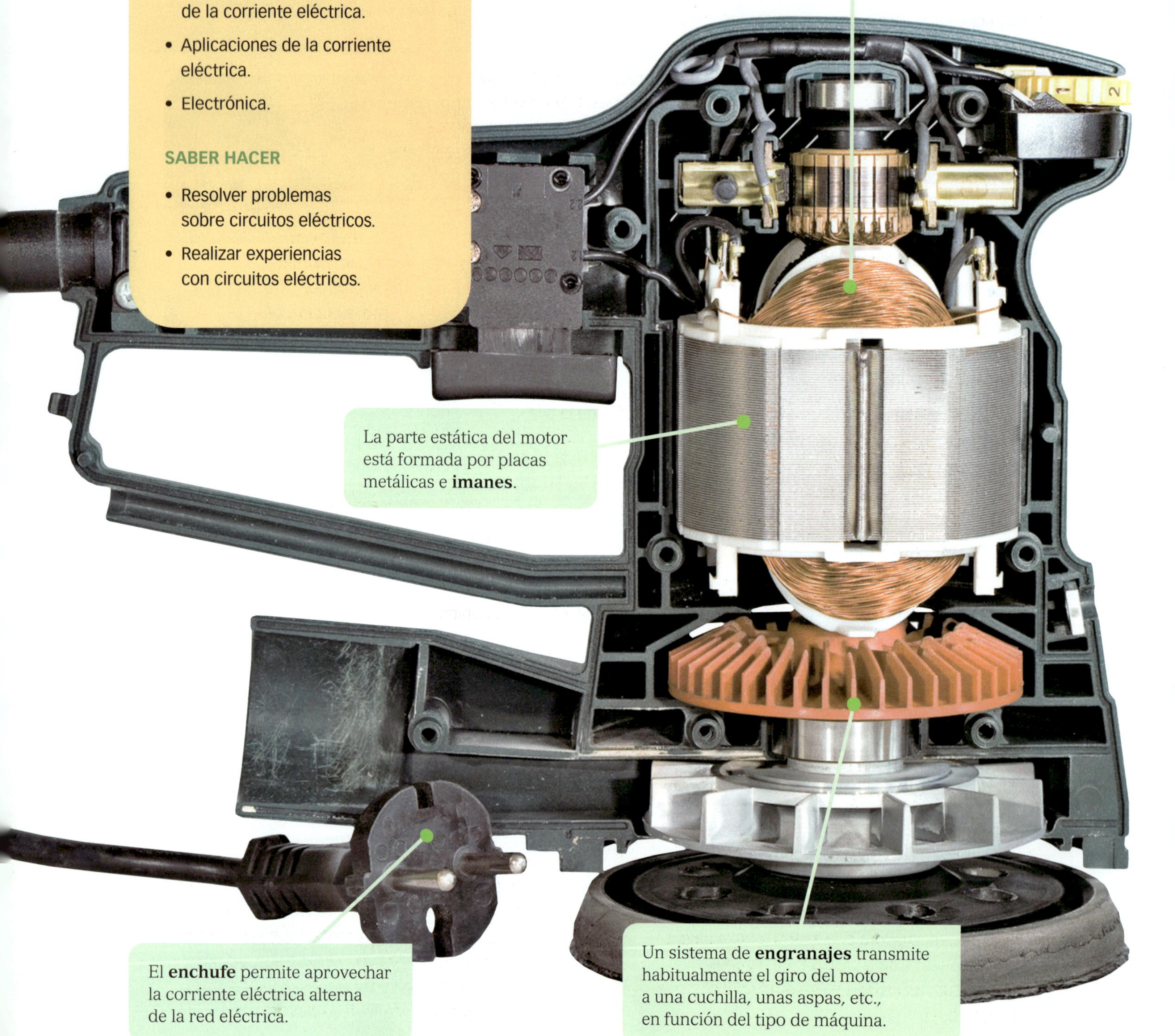

NOS HACEMOS PREGUNTAS. ¿Cómo funciona un motor eléctrico?

Un **motor eléctrico** es una máquina capaz de producir movimiento a partir de una corriente eléctrica. Cualquier aparato eléctrico con piezas móviles, como un ventilador o una batidora, tiene un motor eléctrico en su interior.

Los motores eléctricos son más eficientes que los motores de combustión, y no contaminan durante su funcionamiento, aunque sí se produce contaminación durante la fase de generación de la energía eléctrica en centrales.

¿POR QUÉ GIRA EL MOTOR?

Cuando circula la corriente por las bobinas, estas se comportan como un **imán** con dos polos: norte y sur.

Como las bobinas están situadas entre imanes, sus polos se sienten atraídos y repelidos por los polos de los imanes. Por eso las **bobinas giran** cuando circula la corriente. Gracias a unas escobillas se consigue cambiar continuamente la polaridad de la bobina en cada giro, y así el giro de las bobinas se mantiene sin parar mientras circula la corriente eléctrica por ellas.

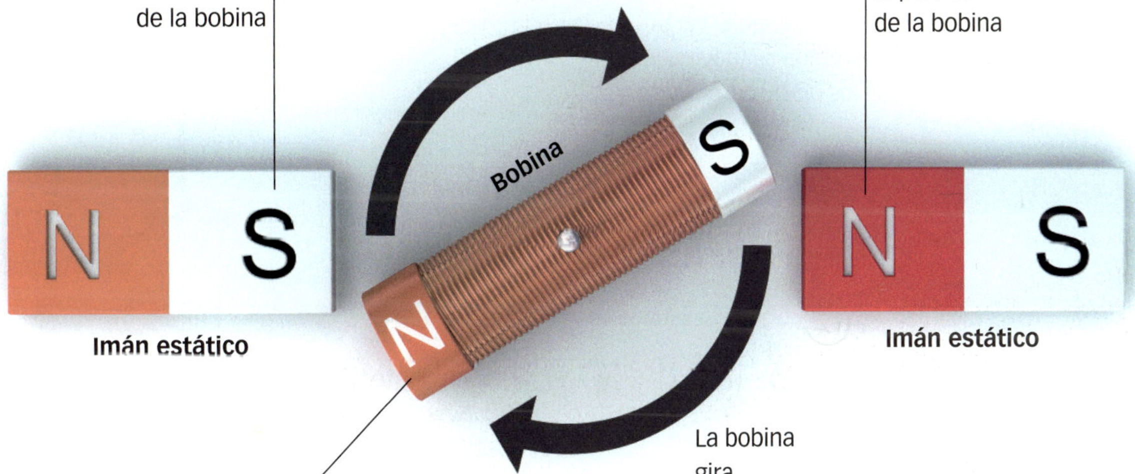

INTERPRETA LA IMAGEN

- Explica cómo se consigue el giro en un motor eléctrico.
- ¿Cómo se consigue el movimiento en la máquina pulidora que aparece en la página de la izquierda? Cita el nombre de algunos aparatos que necesitan un motor eléctrico para funcionar.

CLAVES PARA EMPEZAR

- ¿En qué consiste la corriente eléctrica?
- Opina. Ya existen en el mercado coches con motor eléctrico, que contaminan mucho menos que los vehículos de gasolina o gasóleo. ¿Crees que merece la pena invertir en estos vehículos, aunque sean más caros y tengan menos autonomía que los vehículos con motor de explosión?

Cuerpos conductores y aislantes

Desde el punto de vista de su comportamiento con las cargas eléctricas, los materiales pueden ser conductores, aislantes o semiconductores:

- **Conductores:** son los que permiten el movimiento de cargas eléctricas. Los conductores típicos son los metales.

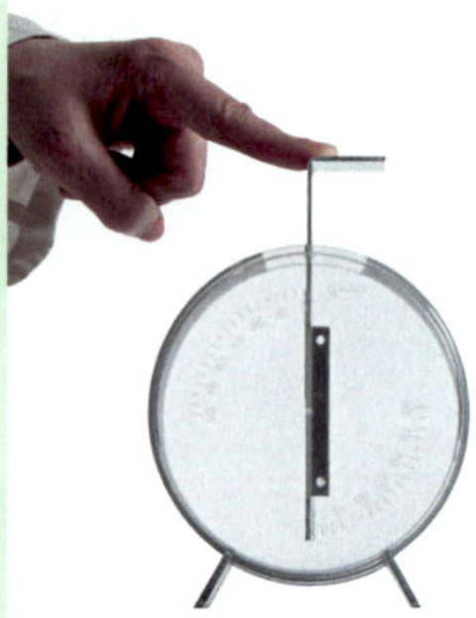

Si tocamos con el dedo la placa metálica de un versorio o la bola cargada de un electroscopio, las placas metálicas separadas se juntan, lo que indica que la carga del versorio o el electroscopio ha pasado a nuestros dedos.

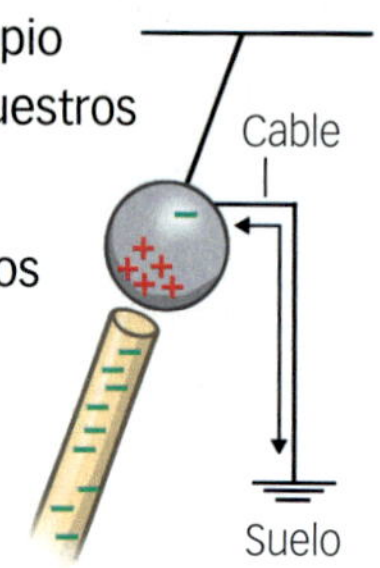

En la conexión a tierra descargamos la carga acumulada en un cuerpo mediante un cable metálico que conectamos al suelo, a la pared o al techo de un edificio.

- **Aislantes:** son materiales que retienen la carga que se les comunica y no permiten su movimiento. Un ejemplo de aislante son los plásticos, el vidrio o la madera.

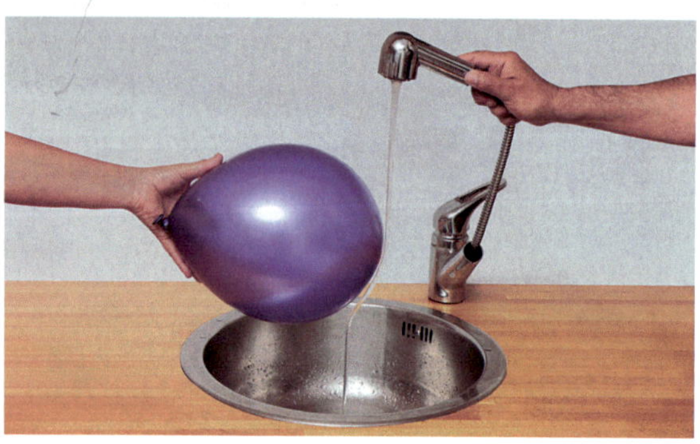

El globo cargado retiene su carga aunque lo toquemos con las manos.

- **Semiconductores:** son materiales no conductores que se convierten en conductores en determinadas circunstancias. Se usan en dispositivos electrónicos. Uno de los semiconductores más comunes es el silicio.

Cuerpos que conducen y cuerpos que no conducen electricidad

Los **metales** son sustancias formadas por átomos con pocos electrones en su capa más externa. Los átomos pierden estos electrones, que forman una especie de mar en el que se estabilizan los iones positivos.

Estos electrones tienen cierta libertad de movimiento; por eso los metales conducen la corriente eléctrica.

Si conectamos un trozo de metal a los extremos de una pila, los electrones se desplazan hacia el polo positivo. Se produce una corriente de electrones que va desde el polo negativo de la pila al positivo.

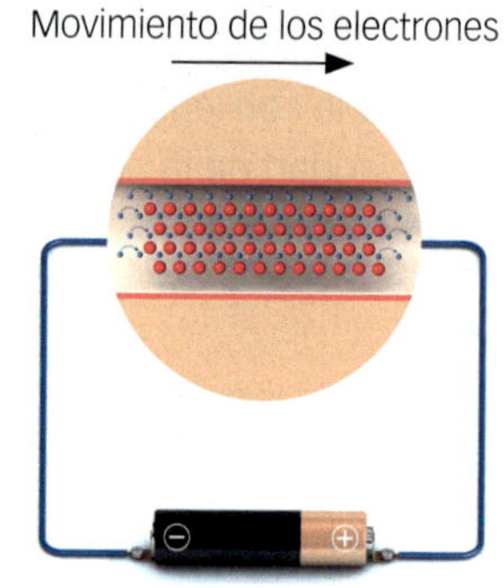

Los **compuestos iónicos** están formados por iones positivos y negativos. En estado sólido los iones ocupan posiciones fijas en una red cristalina, pero en estado fundido o en disolución los iones se pueden mover.

El carbón o los plásticos son sustancias covalentes que no tienen electrones ni iones que se puedan desplazar. Son sustancias aislantes.

ACTIVIDADES

1 Indica en tu cuaderno cuáles de las siguientes sustancias conducirán la electricidad cuando se conecten a los extremos de una pila.

a) Cobre.
b) Cloruro de sodio sólido.
c) Plata.
d) Hierro.
e) Carbón.
f) Cloro.
g) Sodio.
h) Amoniaco.
i) Cloruro de potasio disuelto en agua.

2 Explica por qué los cables eléctricos que utilizamos están formados por hilos metálicos recubiertos de plástico y los destornilladores tienen una parte metálica y otra de madera o plástico.

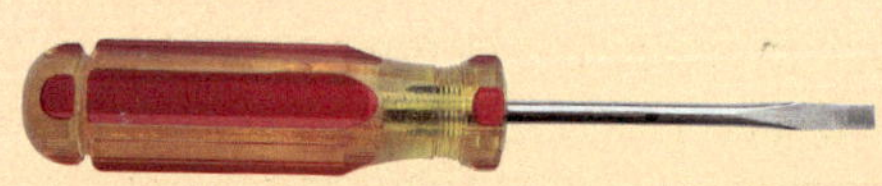

1 La corriente eléctrica

Una **corriente eléctrica** consiste en un conjunto de cargas eléctricas que se mueven de forma ordenada. La mayoría de las veces serán electrones que se mueven por un hilo metálico.

Para que las cargas eléctricas se muevan de forma ordenada es necesario que algo las impulse, es decir, que les dé energía y les marque el sentido del movimiento. Este dispositivo es un **generador** de corriente, que puede ser una pila o una toma de corriente de la instalación eléctrica.

- Las pilas son generadores de **corriente continua**. Es decir, corriente donde las cargas se mueven siempre en el mismo sentido. La energía procede de una reacción química que se produce en su interior. La pila se agota cuando se agotan los reactivos y finaliza la reacción.
- En nuestra casa y en la mayoría de las instalaciones eléctricas se utiliza **corriente alterna**: una corriente cuyo sentido cambia varias veces por segundo (en nuestras casas, 50 veces por segundo). Esta electricidad se está produciendo en las centrales eléctricas y se transmite a la instalación. Se obtiene como resultado del movimiento de imanes y bobinas eléctricas en una turbina.

1.1. Circuito eléctrico

Un **circuito eléctrico** es el camino cerrado que recorren las cargas eléctricas y que les permite volver al punto de partida.

Para que pueda funcionar el circuito debe tener un generador que aporte energía a las cargas que llegan al final del recorrido con el fin de que lo vuelvan a iniciar. En esta unidad trabajaremos con circuitos de corriente continua. El generador eléctrico tiene un papel similar a las bombas en los circuitos hidráulicos.

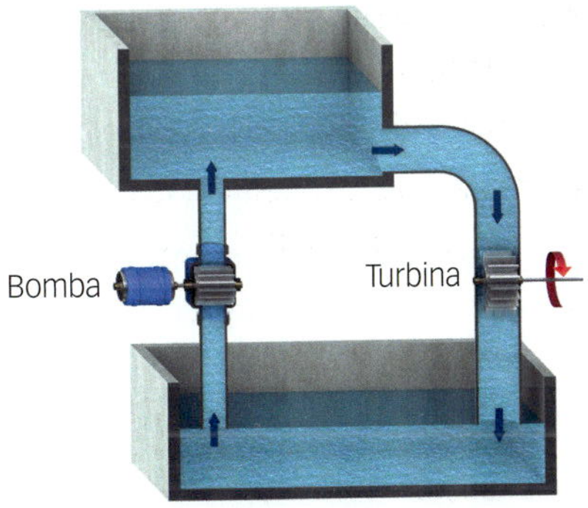

El agua pasa del depósito superior al inferior, y en el proceso realiza un trabajo, como mover una turbina. Para que el agua realice este recorrido de forma continua es necesario que una bomba la impulse de nuevo al depósito superior.

Las cargas eléctricas recorren el circuito y en el proceso realizan un trabajo, como encender una bombilla. Para que las cargas realicen este recorrido de forma continua es necesario que la pila proporcione energía que les permita reiniciar el circuito.

PRESTA ATENCIÓN

El sentido de la corriente eléctrica

El **sentido real** de la corriente es del polo negativo al positivo. Las cargas eléctricas son electrones. En un circuito los electrones salen del polo negativo y se mueven hacia el polo positivo.

Tradicionalmente, el **sentido convencional** de la corriente es del polo positivo al negativo. La razón es que se estableció este sentido antes de conocer la existencia de los electrones, cuando se pensaba que las cargas eléctricas que se mueven por el circuito eran positivas.

Elemento	Símbolo
Conductor	
Pila	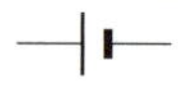
Resistencia	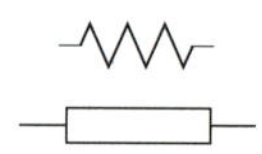
Interruptor abierto	
Interruptor cerrado	
Motor	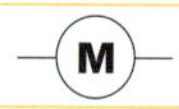
Generador	
Amperímetro (aparato para medir la intensidad de corriente)	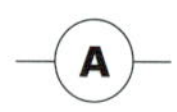
Voltímetro (aparato para medir la diferencia de potencial)	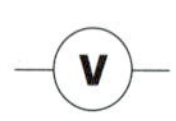
Lámpara	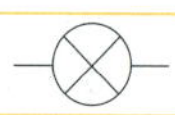

Símbolos usados para representar los elementos de un circuito eléctrico.

1.2. Elementos de un circuito eléctrico

Un circuito eléctrico puede incluir distintos elementos, como resistencias, motores o bombillas. Además, debe tener una batería o un generador eléctrico y cables que permitan la conexión de todos ellos. También es adecuado un interruptor que permita abrir o cerrar el circuito.

Los elementos del circuito se representan habitualmente con símbolos. Las bombillas o cualquier otro elemento que funcione (estufa, plancha…) se representan como resistencias.

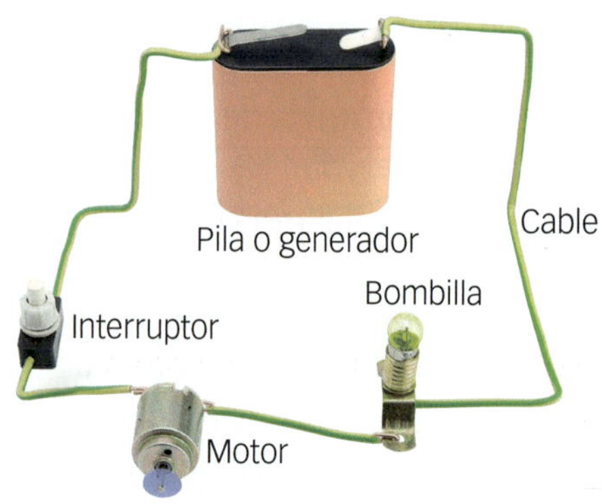

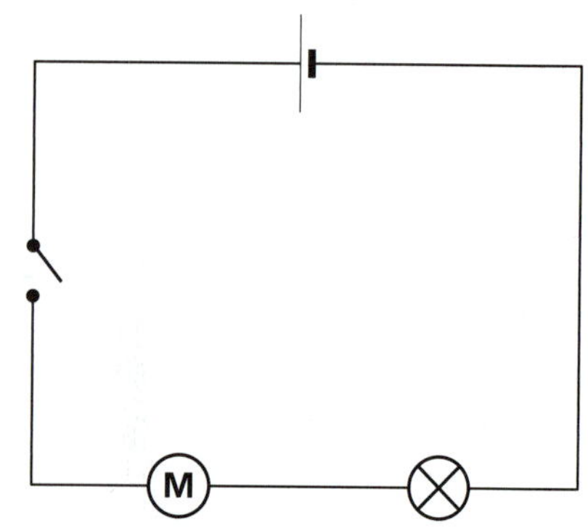

1.3. Conexión de elementos en serie y en paralelo

Observa los elementos que componen este circuito y su representación:

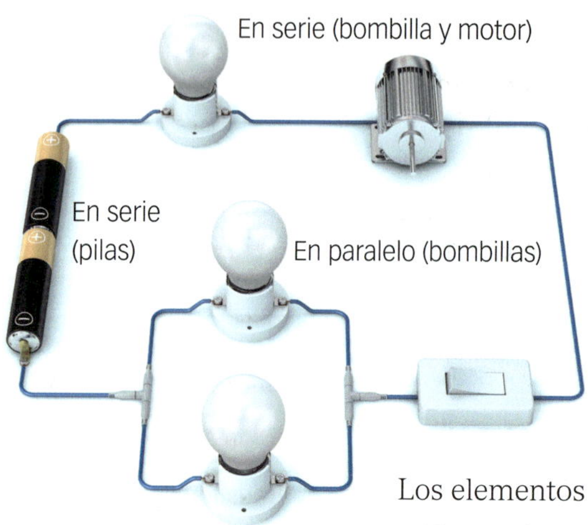

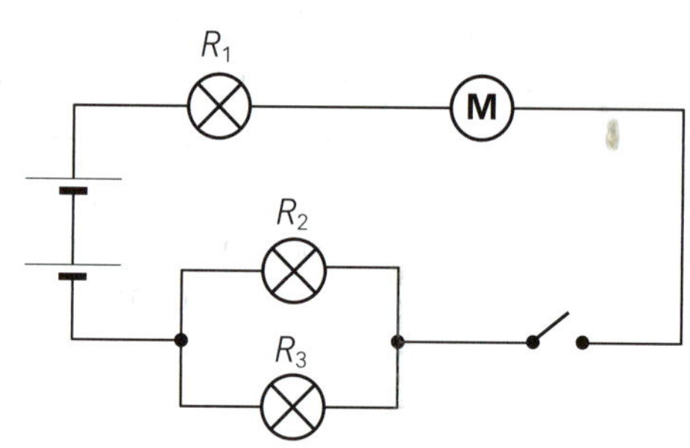

Los elementos de un circuito pueden conectarse:

- **En serie:** los elementos se colocan uno tras otro, como las pilas, la resistencia R_1 y el motor M.
- **En paralelo:** los elementos se colocan en ramas que parten de un punto del circuito y se unen en otro punto del mismo. Están en paralelo las resistencias R_2 y R_3.

Es frecuente que en un circuito haya elementos en serie conectados con un conjunto de elementos en paralelo (circuito mixto).

ACTIVIDADES

3 Elabora el esquema de un circuito que tenga una batería, una bombilla y una resistencia en serie. Coloca un interruptor que te permita abrirlo o cerrarlo.

4 Dibuja el esquema de un circuito que tenga una bombilla y una resistencia en paralelo. El circuito debe incluir también una batería y un interruptor.

2 Magnitudes eléctricas

De cualquier elemento que esté en funcionamiento en un circuito eléctrico nos interesa conocer algunas magnitudes: la intensidad de corriente que pasa por él y la diferencia de potencial o caída de tensión que se produce en él. Estas magnitudes están relacionadas con la resistencia del elemento al paso de la corriente. Veremos lo que representa cada una de estas, cómo se calculan y cómo se miden.

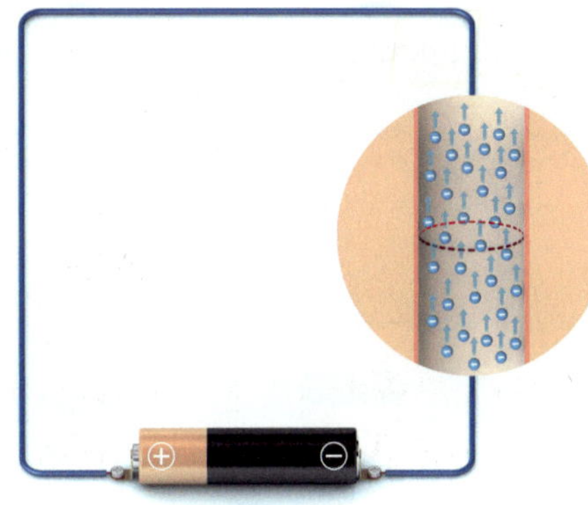

La **intensidad** de la corriente representa el número de cargas que pasan por una sección del conductor en la unidad de tiempo.

2.1. Intensidad de corriente

Imagina que puedes realizar un corte en un conductor y contar las cargas que pasan por allí en cada segundo.

Se llama **intensidad de corriente eléctrica (*I*)** a la carga eléctrica que atraviesa una sección del conductor en la unidad de tiempo.

$$I = \frac{Q}{t}$$

En el SI se mide en **amperios (A)**. Por un conductor circula una intensidad de 1 A cuando lo atraviesa una carga de 1 C en cada segundo.

$$1\ \text{A} = \frac{1\ \text{C}}{1\ \text{s}}$$

Para corrientes de intensidad muy baja se utiliza el miliamperio (mA); y si es muy alta, el kiloamperio (kA). $1\ \text{mA} = 10^{-3}\ \text{A}$; $1\ \text{kA} = 10^{3}\ \text{A}$.

La intensidad de corriente se mide con un aparato llamado **amperímetro**. Para medir la intensidad que pasa por un elemento del circuito, por ejemplo, una bombilla, el amperímetro se debe colocar **en serie** con ese elemento para que por ambos pase la misma corriente.

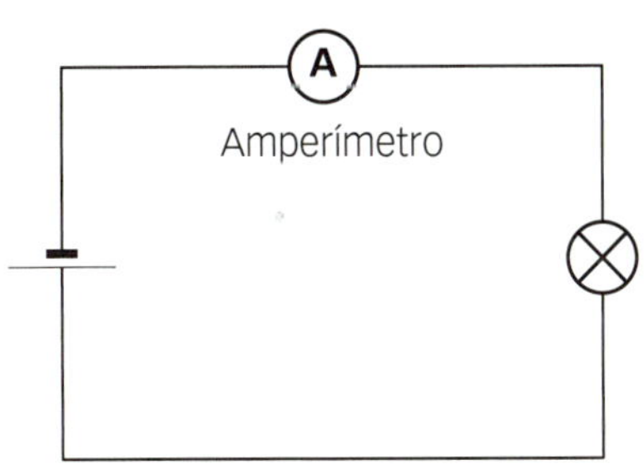

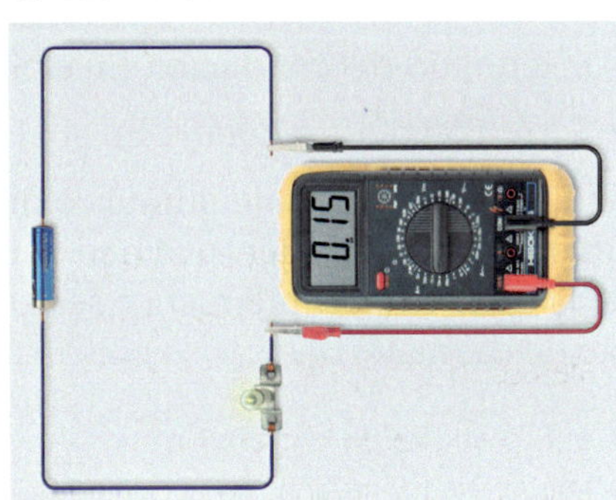

? INTERPRETA LA IMAGEN

- ¿Qué sentido se ha usado en el esquema para representar la corriente eléctrica, el real o el convencional?

A Mide voltaje. B Mide intensidad.

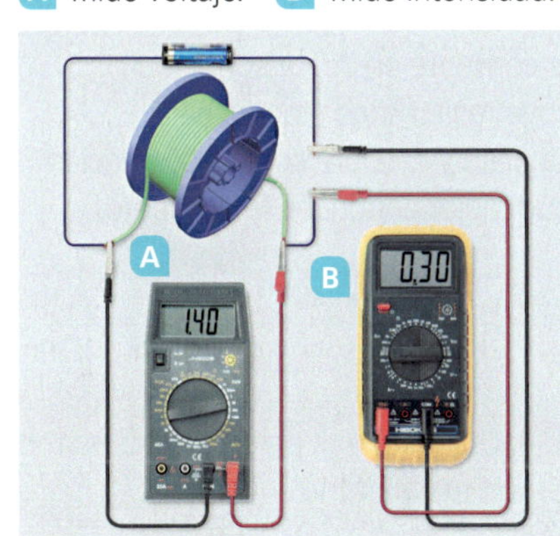

Un **polímetro** es un aparato utilizado para medir intensidades, voltajes y resistencias. Tiene un mando selector y distintas escalas. Las dos clavijas se colocarán en una entrada u otra dependiendo de la medida que se va a realizar.

ACTIVIDADES

5 ¿Cuál es la intensidad de la corriente que pasa por un dispositivo si lo atraviesan 1000 C en 25 s?

6 Calcula la carga que pasa por un conductor si está circulando una corriente de 8 mA durante 2 min.

7 ¿Cuánto tiempo tiene que circular una corriente de 3 A por un conductor para que hayan pasado 12 mC?

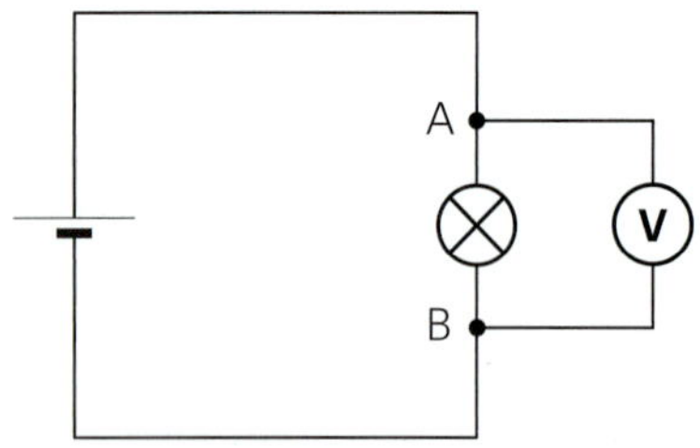

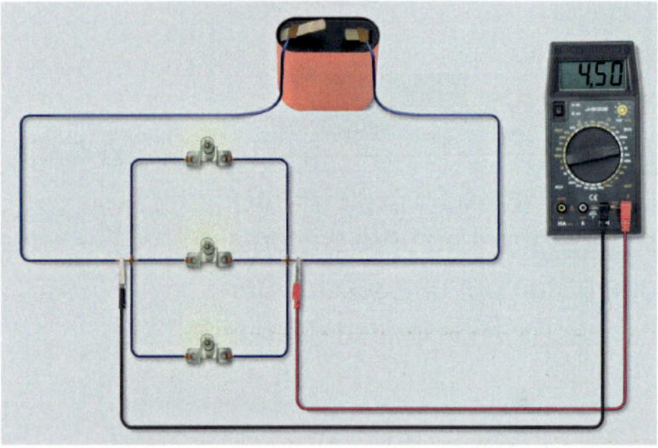

Material	Resistividad (Ω · m)
Plata	$1{,}5 \cdot 10^{-8}$
Cobre	$1{,}7 \cdot 10^{-8}$
Aluminio	$2{,}8 \cdot 10^{-8}$
Níquel	$7{,}2 \cdot 10^{-8}$
Hierro	$1{,}1 \cdot 10^{-7}$
Plomo	$2{,}2 \cdot 10^{-6}$
Nicrom	$1{,}0 \cdot 10^{-6}$
Carbono	$6{,}3 \cdot 10^{-5}$
Germanio	0,45
Silicio	640

Tabla de **resistividades**.
Las sustancias que conducen mejor la corriente eléctrica son aquellas cuya resistividad es más baja.
La plata y el cobre son las sustancias que mejor conducen la corriente.

2.2. Diferencia de potencial

Se llama **diferencia de potencial**, **caída de tensión** o **voltaje (ΔV)** entre dos puntos A y B de un circuito a la energía que gana o pierde la unidad de carga cuando pasa de un punto al otro (de A a B).

En el SI la diferencia de potencial se mide en **voltios (V)**. Para cantidades muy bajas o muy altas se emplean el milivoltio (mV) o el kilovoltio (kV).

- 1 mV = 10^{-3} V.
- 1 kV = 10^{3} V.

El voltaje se mide con un aparato llamado **voltímetro**. Para medir la diferencia de potencial en un elemento de un circuito, por ejemplo, una bombilla, el voltímetro se debe colocar **en paralelo** con ese elemento.

2.3. Resistencia

Cuando una determinada intensidad de corriente atraviesa un elemento de un circuito, las cargas perderán más o menos energía dependiendo de la resistencia que ese elemento ofrezca al paso de la corriente.

La **resistencia (*R*)** de un elemento es la oposición que ofrece al paso de la corriente.

Para un conductor la resistencia depende de su longitud, de su grosor y del material del que esté hecho (cobre, plata, etc.). Y la resistencia es mayor cuanto más largo y estrecho sea el conductor.

$$R = \rho \cdot \frac{L}{S}$$

- *R*: resistencia del conductor. En el SI se mide en **ohmios (Ω)**.
- ρ: resistividad. Es una característica del material de que está hecho el conductor. En el SI se mide en (Ω · m).
- *L*: longitud del conductor. En el SI se mide en m.
- *S*: sección del conductor. En el SI se mide en m^2.

Siguiendo con el símil hidráulico diremos que las cañerías ofrecen una resistencia al paso del agua que es mayor cuanto mayor sea la longitud de la cañería y cuanto menor sea su grosor; la resistencia también depende del material (rugoso o liso) que forme la cañería.

ACTIVIDADES

8 ¿Qué está mal en este esquema? Corrígelo en tu cuaderno.

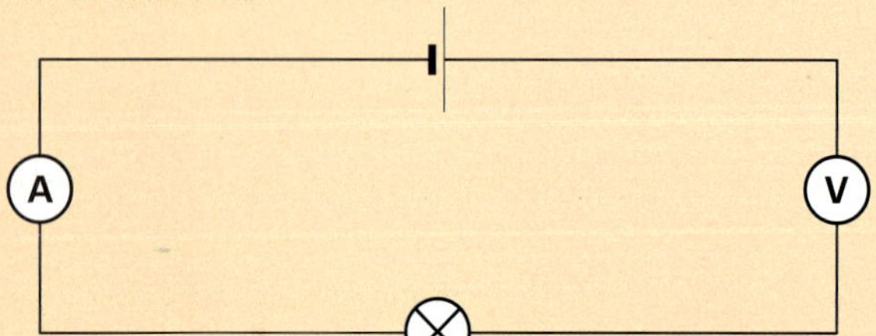

9 Calcula la resistencia de:

a) Un hilo de cobre de 2 m de largo y 2 mm de diámetro.
b) Un hilo de cobre de 20 m de largo y 2 mm de diámetro.
c) Un hilo de cobre de 2 m de largo y 20 mm de diámetro.
d) Un hilo de hierro de 20 m de largo y 20 mm de diámetro.

10 ¿Por qué se emplea cobre y no plomo, por ejemplo, en los cables de corriente?

2.4. Ley de Ohm

SABER HACER

Montar un circuito eléctrico

Monta un circuito como el de la figura. Debes utilizar un generador que te permita aplicar distintos voltajes al circuito.

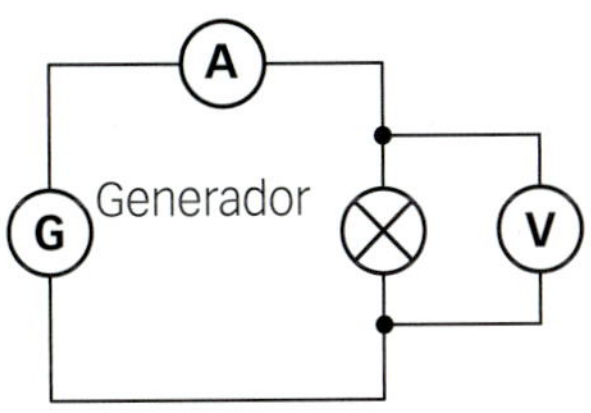

Coloca el amperímetro de forma que puedas medir la corriente que pasa por la bombilla, y el voltímetro para que puedas medir la diferencia de potencial en la bombilla.

Selecciona distintos voltajes en el generador y anota los valores que lees en el amperímetro y el voltímetro en cada caso.

En una experiencia hemos obtenido los valores de esta tabla.

Voltaje (V)	Intensidad (A)
0,8	0,10
1,2	0,15
1,6	0,20

1. Representa gráficamente ΔV frente a I. ¿Cuál es la relación entre las variables?

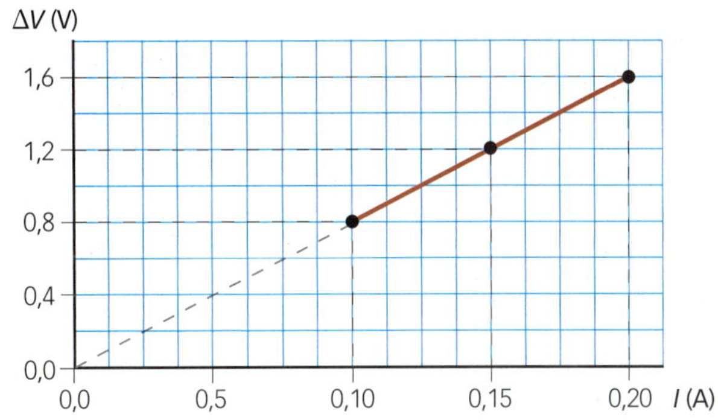

Interpretación: Las magnitudes son directamente proporcionales.

2. Completa la siguiente tabla en tu cuaderno.

Voltaje (V)	Intensidad (A)	$\frac{\Delta V}{I}$
0,8	0,10	$\frac{0{,}8}{0{,}10} = 8$
1,2	0,15	
1,6	0,20	

De la experiencia se deduce que para un elemento de un circuito (en este caso, la bombilla) la relación entre la diferencia de potencial y la intensidad de la corriente que la atraviesa es constante. El valor de ese cociente es la resistencia del elemento.

Esta relación fue establecida por el físico alemán George Simon Ohm (1789-1854) y, en su honor, se conoce como **ley de Ohm**.

Ley de Ohm. La diferencia de potencial entre los extremos de un elemento que está en un circuito es igual a la intensidad que lo atraviesa multiplicada por su resistencia:

$$\Delta V = I \cdot R$$

- ΔV se mide en voltios (V) en el SI.
- I se mide en amperios (A) en el SI.
- R se mide en ohmios (Ω) en el SI.

La ley de Ohm es una ley experimental. Aunque existen algunos materiales que no la cumplen, resulta muy útil para el estudio de circuitos.

Esta ley nos permite dar una nueva definición de estas unidades:

Un **voltio** es la diferencia de potencial existente entre los extremos de un elemento que tiene una resistencia de 1 Ω cuando lo atraviesa una corriente de 1 A.

ACTIVIDADES

11 Apoyándote en la definición de voltio que se deduce de la ley de Ohm, escribe una definición similar para el amperio y el ohmio.

12 ¿Cuál es la diferencia de potencial en una resistencia de 2,2 kΩ si la atraviesa una corriente de 0,15 A?

13 ¿Cuál es la intensidad de corriente que pasa por un dispositivo que tiene una resistencia de 2,2 kΩ si se produce una caída de tensión de 110 V?

PRESTA ATENCIÓN

Los cálculos en los circuitos eléctricos nos permiten conocer la diferencia de potencial, la intensidad y la resistencia de cada uno de los elementos del mismo. Para estos cálculos utilizaremos la **ley de Ohm**.

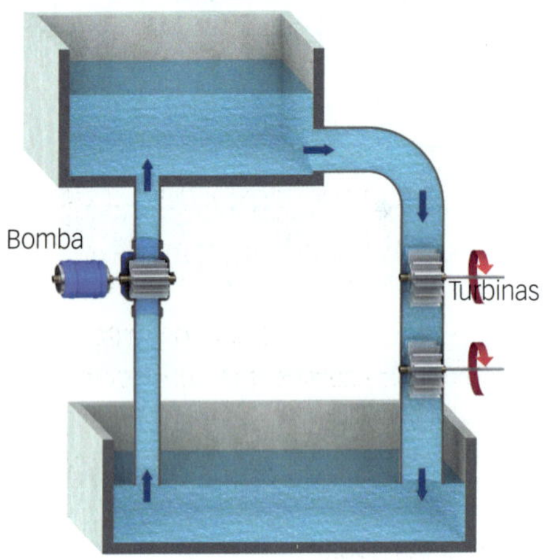

Símil hidráulico. En el circuito del agua colocamos dos turbinas en el tubo de bajada, una tras la otra. Por ambas pasa la misma corriente de agua y su energía se invierte, parte en mover la primera turbina y parte en mover la segunda.

RECUERDA

Los cables de conexión se representan por líneas continuas para indicar que no ofrecen resistencia al paso de la corriente y no producen caída de tensión.

3 Cálculos en circuitos eléctricos

3.1. Circuitos con varias resistencias

Supongamos un circuito con varios elementos, cada uno con cierta resistencia. Los elementos pueden ser una bombilla, una plancha, una estufa, etc. Para que circule la corriente necesitamos un generador que aporte energía a las cargas. En el estudio del circuito es útil calcular la resistencia equivalente a otras.

Una **resistencia equivalente** a otras es la que desempeña el mismo papel que el conjunto de las otras. Si $R_{eq.}$ es la resistencia equivalente a R_1 y R_2, en el circuito podremos sustituir R_1 y R_2 por una resistencia igual a $R_{eq.}$.

Resistencias conectadas en serie

Supongamos un circuito como el de la figura en el que las dos resistencias, R_1 y R_2, están en serie. Por ambas pasa la misma intensidad de corriente, I, y la energía que da el generador a la unidad de carga (ΔV_T) se transforma, una parte en la primera resistencia (ΔV_1) y otra en la segunda (ΔV_2).

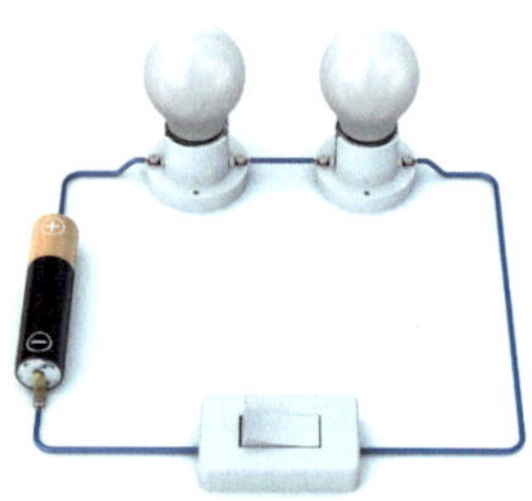

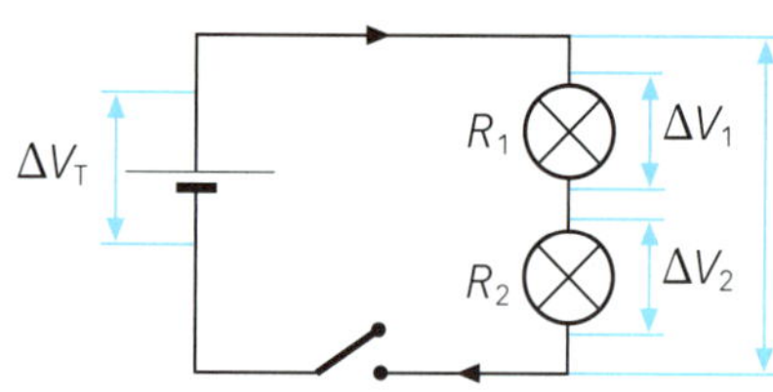

$$\Delta V_T = \Delta V_1 + \Delta V_2$$

Dividiendo ambos miembros por la intensidad I: $\dfrac{\Delta V_T}{I} = \dfrac{\Delta V_1}{I} + \dfrac{\Delta V_2}{I}$

Y teniendo en cuenta la ley de Ohm: $R_{eq.} = R_1 + R_2$

En resumen, para un circuito con varios elementos en serie:

- **Intensidad:** es la misma para todos los elementos que están en serie.
- **Diferencia de potencial:** la energía total se va transformando en cada uno de los elementos: $\Delta V_T = \Delta V_1 + \Delta V_2$.
- **Resistencia equivalente:** la resistencia total o equivalente es la suma de las resistencias en serie: $R_{eq.} = R_1 + R_2$.

ACTIVIDADES

14 En este circuito, $R_1 = 6\ \Omega$ y $R_2 = 3\ \Omega$.

a) ¿Cuál es la resistencia equivalente del circuito?

b) Si por la resistencia de 6 Ω pasa una corriente de 2 A, ¿cuál es la caída de tensión en ella?

c) ¿Cuál es la intensidad que pasa por R_2? ¿Cuál es la caída de tensión en ella?

d) ¿Cuál es el voltaje que proporciona el generador?

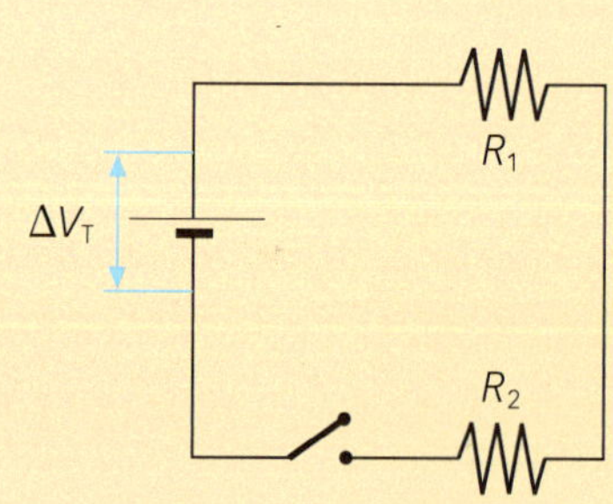

Resistencias conectadas en paralelo

Supongamos que tenemos un circuito como el de la figura en el que las dos resistencias, R_1 y R_2, están conectadas en paralelo. Al llegar al punto en que el circuito se divide, las cargas pueden circular por cada una de las ramas, es decir, la intensidad de corriente, I, que llega a la derivación se divide entre las dos ramas (I_1 e I_2). Las cargas deben «gastar» la misma energía cuando van por una rama que cuando van por la otra, ya que vuelven a coincidir en un mismo punto del circuito después de la derivación.

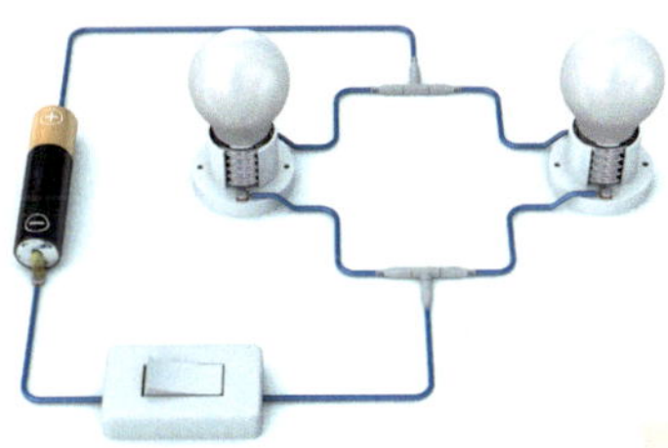

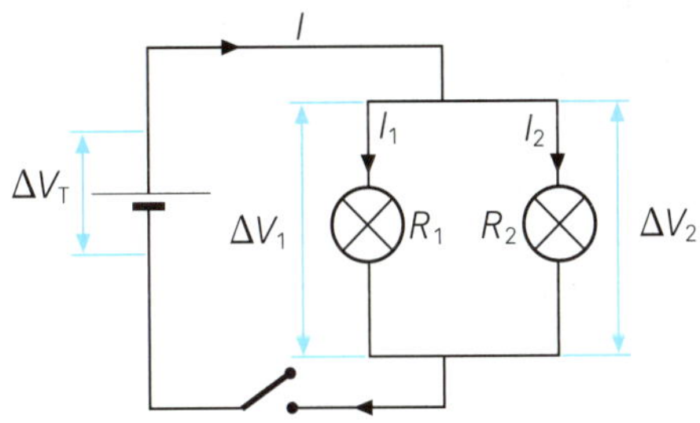

$$I = I_1 + I_2$$

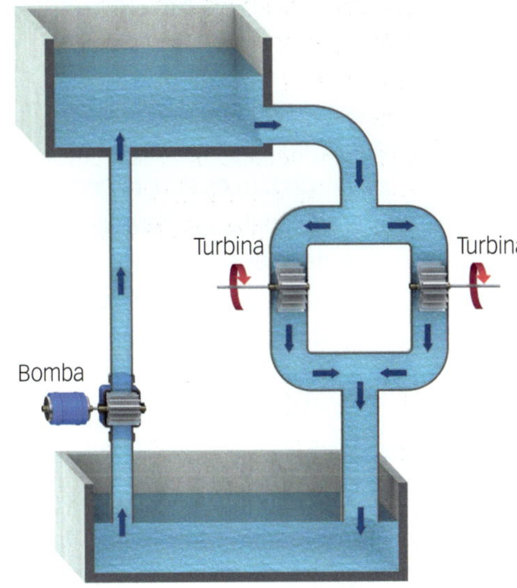

Símil hidráulico. Si en un punto del tubo hacemos una derivación, el agua circulará o por una rama o por la otra. El agua de ambas ramas vuelve a unirse después de la derivación.

La caída de tensión en las dos resistencias en paralelo es la misma. En este esquema coincide con la energía que da el generador. $\Delta V_T = \Delta V_1 = \Delta V_2$.

Dividiendo ambos miembros por el voltaje ΔV: $$\frac{I}{\Delta V} = \frac{I_1}{\Delta V} + \frac{I_2}{\Delta V}$$

Y teniendo en cuenta la ley de Ohm: $$\frac{1}{R_{eq.}} = \frac{1}{R_1} + \frac{1}{R_2}$$

En resumen, para un circuito con varios elementos en paralelo:

- **Intensidad:** la intensidad total que llega a la derivación se divide en las distintas ramas: $I = I_1 + I_2$.
- **Diferencia de potencial:** es la misma en cada rama: $\Delta V_1 = \Delta V_2$.
- **Resistencia:** la inversa de la resistencia equivalente a las resistencias que están en paralelo es igual a la suma de las inversas de cada una de ellas:

$$\frac{1}{R_{eq.}} = \frac{1}{R_1} + \frac{1}{R_2}$$

REPASA MATEMÁTICAS

Recuerda cómo sumar fracciones:

$$\frac{1}{5} + \frac{2}{3} = \frac{3 \cdot 1}{5 \cdot 3} + \frac{5 \cdot 2}{5 \cdot 3} = $$
$$= \frac{3}{15} + \frac{10}{15} = \frac{3+10}{15} = \frac{13}{15}$$

ACTIVIDADES

15 En este circuito $R_1 = 6\ \Omega$ y $R_2 = 3\ \Omega$.

a) ¿Cuál es la resistencia equivalente del circuito?

b) Si el generador proporciona un voltaje de 18 V, ¿cuál es la caída de tensión en cada resistencia?

c) ¿Cuál es la intensidad que pasa por cada resistencia?

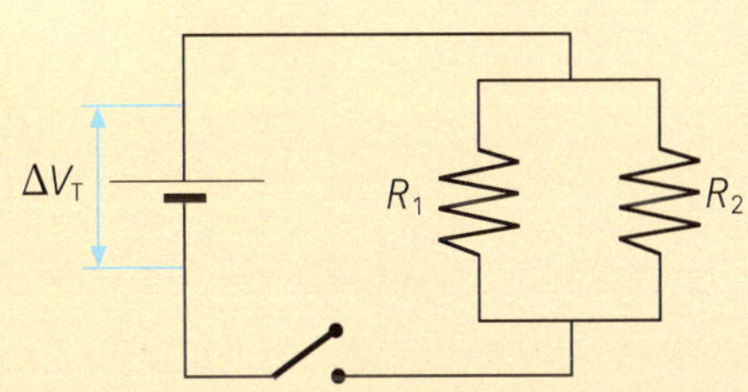

16 La luz emitida por una bombilla depende de la intensidad que pase por ella; mayor intensidad supone mayor iluminación. Si tenemos tres bombillas iguales, de la misma resistencia, ¿alumbrarán más si las conectamos en serie o en paralelo?

PRESTA ATENCIÓN

Otros enunciados de la ley de Ohm:

- La intensidad de corriente que circula por un elemento de un circuito es directamente proporcional a la diferencia de potencial entre sus extremos e inversamente proporcional a su resistencia:

$$I = \frac{\Delta V}{R}$$

- Para un elemento en un circuito el cociente entre la diferencia de potencial entre sus extremos y la corriente que pasa por él es igual a su resistencia:

$$\frac{\Delta V}{I} = R$$

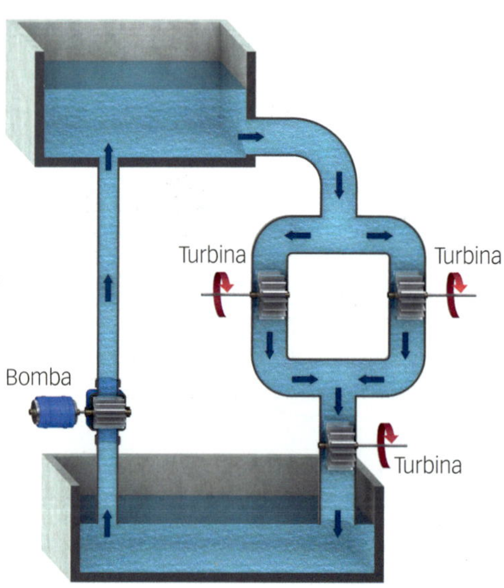

Símil hidráulico. Para un circuito con resistencias agrupadas de forma mixta.

Resistencias agrupadas de forma mixta

Lo más habitual es que en un circuito real tengamos varias resistencias agrupadas de forma mixta, es decir, unas en serie y otras en paralelo. En cada caso deberemos ir simplificando el circuito poco a poco.

1. EJEMPLO RESUELTO

En el circuito de la figura $R_1 = 2\ \Omega$, $R_2 = 4\ \Omega$ y $R_3 = 3\ \Omega$.

a) Calcula la resistencia equivalente del circuito.

b) Si el generador proporciona un voltaje de 6,5 V al circuito, ¿cuál es la intensidad en cada resistencia?

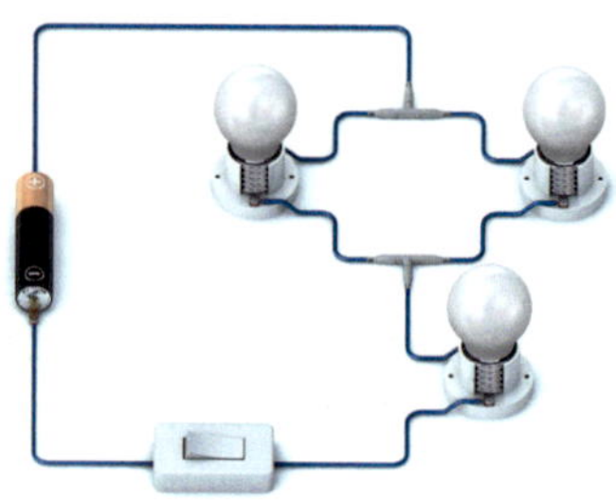

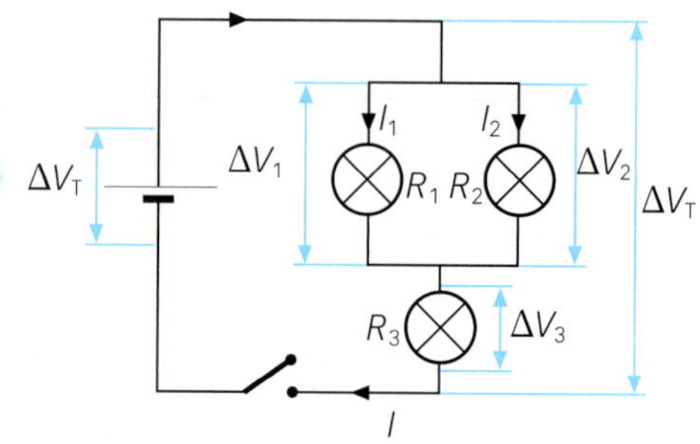

a) Las resistencias R_1 y R_2 están en paralelo, y el conjunto de ambas está en serie con la resistencia R_3. Calcula la resistencia equivalente a R_1 y R_2:

$$\frac{1}{R_{eq.1+2}} = \frac{1}{R_1} + \frac{1}{R_2} = \frac{1}{2} + \frac{1}{4} = \frac{2}{4} + \frac{1}{4} = \frac{3}{4\ \Omega} \rightarrow R_{eq.\ 1+2} = \frac{4}{3}\ \Omega$$

Calcula la resistencia equivalente de este conjunto con R_3, que está en serie con ella:

$$R_T = R_{eq.\ 1+2} + R_3 = \frac{4}{3}\ \Omega + 3\ \Omega = \frac{4}{3}\Omega + \frac{9}{3}\Omega = \mathbf{\frac{13}{3}\ \Omega}$$

b) Aplica la ley de Ohm al circuito completo para calcular la intensidad que sale del generador:

$$\Delta V_T = I \cdot R_{eq.} \rightarrow I = \frac{\Delta V_T}{R_{eq.}} = \frac{6{,}5\ \text{V}}{\frac{13}{3}\ \Omega} = 1{,}5\ \text{A}$$

La intensidad I que sale del generador pasa por R_3. Aplicando la ley de Ohm a esta resistencia, puedes calcular la diferencia de potencial en ella:

$$\Delta V_3 = I \cdot R_3 = 1{,}5\ \text{A} \cdot 3\ \Omega = 4{,}5\ \text{V}$$

La energía que proporciona el generador a las cargas se transforma en R_3 y en el conjunto de R_1 y R_2:

$$\Delta V_T = \Delta V_{eq.\ 1+2} + \Delta V_3 \rightarrow$$
$$\rightarrow \Delta V_{eq.\ 1+2} = \Delta V_T - \Delta V_3 = 6{,}5\ \text{V} - 4{,}5\ \text{V} = 2\ \text{V}$$

Aplica la ley de Ohm a R_1 y R_2:

- $I_1 = \frac{\Delta V_{eq.\ 1+2}}{R_1} = \frac{2\ \text{V}}{2\ \Omega} = \mathbf{1\ A}$
- $I_2 = \frac{\Delta V_{eq.\ 1+2}}{R_2} = \frac{2\ \text{V}}{4\ \Omega} = \mathbf{0{,}5\ A}$

2. EJEMPLO RESUELTO

Calcula la resistencia equivalente del circuito de la figura. Datos: $R_1 = 2\ \Omega$, $R_2 = 4\ \Omega$ y $R_3 = 3\ \Omega$.

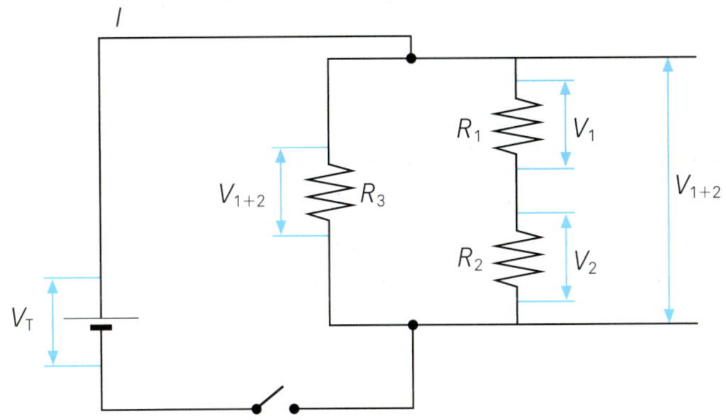

Observa que ahora las resistencias R_1 y R_2 están en serie y R_3 está en paralelo con el conjunto de las dos anteriores.

Calcula la resistencia equivalente a R_1 y R_2:

$$R_{eq.\,1+2} = R_1 + R_2 = 2\ \Omega + 4\ \Omega = 6\ \Omega$$

Calcula la resistencia equivalente de este conjunto con R_3, que está en paralelo con él:

$$\frac{1}{R_T} = \frac{1}{R_{eq.\,1+2}} + \frac{1}{R_3} = \frac{1}{6} + \frac{1}{3} = \frac{1}{6} + \frac{2}{6} = \frac{3}{6\ \Omega} \rightarrow$$

$$\rightarrow R_T = \frac{6\ \Omega}{3} = \mathbf{2\ \Omega}$$

3.2. Circuitos con varias pilas

En una calculadora o una linterna es frecuente que utilicemos varias pilas como generadores, conectadas en serie o en paralelo.

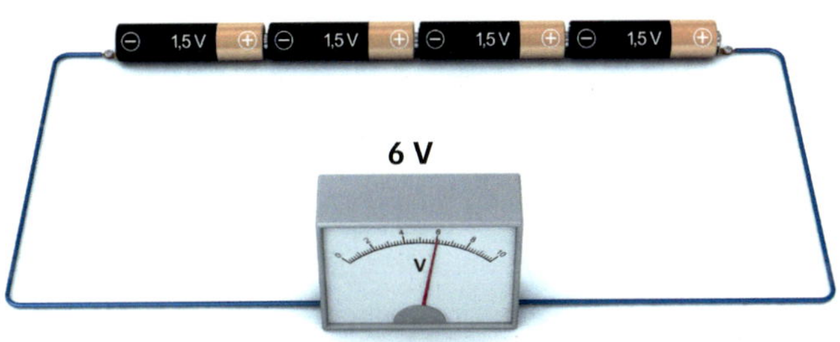

Las pilas se agrupan **en serie** cuando el polo positivo de una pila está unido al negativo de la siguiente. El voltaje total del conjunto es la suma de los voltajes de todas las pilas.

Las pilas se agrupan **en paralelo** cuando se unen los polos positivos de todas las pilas entre sí y los polos negativos entre sí. El voltaje total del conjunto es igual al voltaje de una de las pilas. La ventaja de colocarlas en paralelo es que el aparato puede funcionar más tiempo sin que las pilas se agoten.

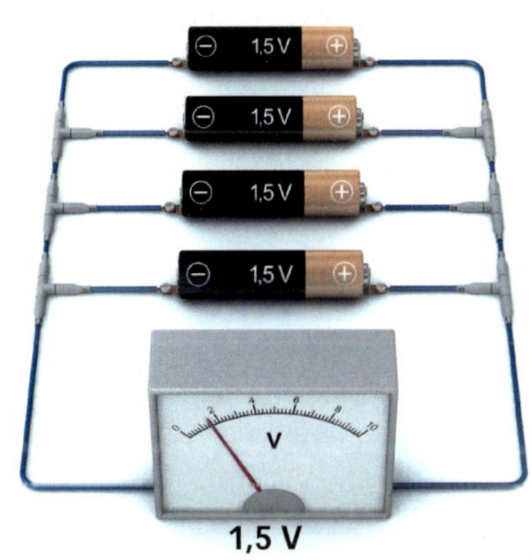

ACTIVIDADES

17 Calcula la resistencia equivalente a este circuito si $R_1 = 5\ \Omega$, $R_2 = 4\ \Omega$, $R_3 = 12\ \Omega$ y $R_4 = 10\ \Omega$.

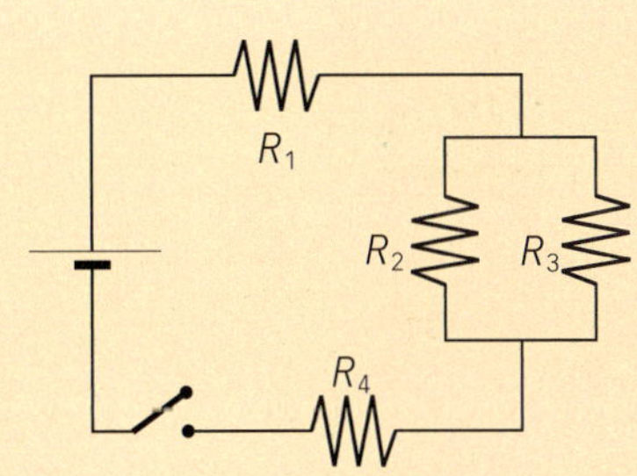

18 Cuando se cierra el interruptor del circuito de la figura se observa que por la resistencia $R_3 = 12\ \Omega$ pasa una corriente de 0,75 A. Calcula:

a) La intensidad que circula por cada resistencia.

b) La caída de potencial en cada resistencia.

c) La diferencia de potencial que proporciona el generador.

19 Calcula la resistencia equivalente al circuito de la derecha (abajo) si:

- $R_1 = 6\ \Omega$
- $R_2 = 9\ \Omega$
- $R_3 = 25\ \Omega$
- $R_4 = 5\ \Omega$
- $R_5 = 7\ \Omega$

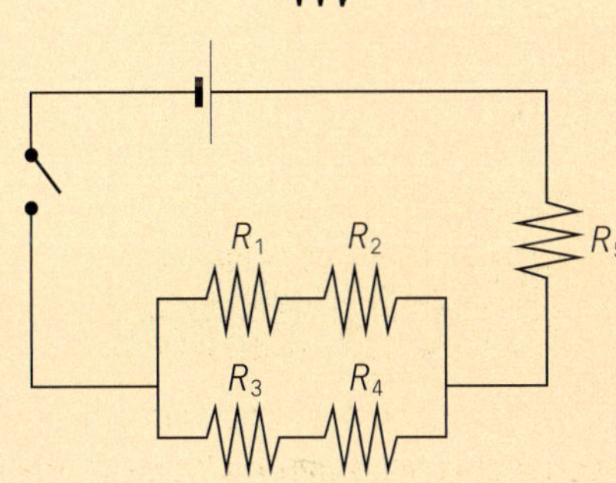

20 Calcula la intensidad que circula por una bombilla de 10 Ω en un circuito con tres pilas de 1,5 V conectadas en serie.

4 El aprovechamiento de la corriente eléctrica

La mayoría de los aparatos eléctricos utilizan la energía de las cargas eléctricas para realizar un trabajo: calentar, alumbrar, aspirar, etc.

4.1. Energía de la corriente eléctrica

La energía de la corriente eléctrica (E) es la que tienen las cargas que circulan por el circuito. Se relaciona con:

- La **diferencia de potencial**, que es la energía de la unidad de carga.
- La **intensidad de la corriente**, que es la carga que atraviesa una sección del conductor por unidad de tiempo.
- El **tiempo** que está funcionando.

$$E = q \cdot \Delta V = I \cdot t \cdot \Delta V$$

La ley de Ohm relaciona la diferencia de potencial en un dispositivo (ΔV) con la intensidad de la corriente que circula por él (I) y su resistencia (R). Esto nos permite expresar la energía de este modo:

$$E = I \cdot t \cdot \Delta V = I \cdot t \cdot I \cdot R = I^2 \cdot R \cdot t$$

La **energía** de la corriente eléctrica en un aparato depende de su resistencia, de la intensidad que circula y del tiempo que funciona.

$$\boldsymbol{E = I^2 \cdot R \cdot t}$$

En el SI la energía se mide en **julios (J)**.

4.2. Potencia eléctrica

Cuando adquirimos una estufa, valoramos la cantidad de calor que nos puede suministrar y el tiempo que tarda en hacerlo. Decimos que la estufa es potente si proporciona bastante calor en poco tiempo.

Se denomina **potencia eléctrica (*P*)** de un aparato a la relación que hay entre la energía que puede suministrar y el tiempo que tarda en hacerlo.

$$\boldsymbol{P = \frac{E}{t} = \Delta V \cdot I = I^2 \cdot R}$$

En el SI la potencia se mide en **vatios (W)**. Un aparato tiene la potencia de 1 vatio cuando utiliza una energía de 1 julio cada segundo.

$$1 \text{ vatio} = \frac{1 \text{ julio}}{1 \text{ segundo}}; \quad 1 \text{ W} = \frac{1 \text{ J}}{1 \text{ s}}$$

Si multiplicamos la potencia de un aparato por el tiempo que está funcionando, obtenemos la energía.

$$\boldsymbol{E = P \cdot t}$$

Por eso el W · s es una unidad de energía: 1 J = 1 W · 1 s.

RECUERDA

Una unidad de energía muy empleada es el **kilovatio hora, kWh**. Equivale a la energía consumida por un aparato eléctrico de 1 kW de potencia que está funcionando durante una hora.

Su equivalencia con el julio es:

$$1 \text{ kWh} = 3{,}6 \cdot 10^6 \text{ J}$$

ACTIVIDADES

21. ¿Qué energía consume en dos horas una estufa de 35 Ω si por ella pasa una corriente de 6 A?
22. Para preparar una comida necesitamos una energía de $3 \cdot 10^6$ J. ¿Cuánto tiempo debe estar encendida una cocina eléctrica si está conectada a 230 V y su resistencia es 44 Ω?
23. ¿Qué intensidad de corriente pasa por una estufa de 1500 W si está conectada a 230 V?
24. ¿Cuántos euros nos cuesta elaborar un pastel si necesitamos encender un horno de 1800 W durante 45 minutos? Precio del kWh = 0,18 €.

5 Aplicaciones de la corriente eléctrica

¿Te imaginas tu casa sin corriente eléctrica? No habría bombillas, ni nevera, ni televisor… Probablemente tendríamos que inventar una nueva vida, pues muchas de las actividades que realizamos necesitan aparatos que aprovechan la energía de la corriente eléctrica para obtener otro tipo de energía o realizar un trabajo.

CORRIENTE ELÉCTRICA

Efectos

Térmico	Luminoso	Magnético	Mecánico	Químico
Efecto Joule	Lámparas y diodos	Electromagnetismo	Motor	Electroquímica

5.1. Efecto térmico de la corriente

Cuando circula corriente eléctrica por un hilo conductor, este se calienta. Esto se debe a los continuos choques producidos entre los electrones en movimiento y las partículas que forman el hilo.

> Se llama **efecto Joule** a la transformación de la energía eléctrica en energía térmica, que se transmite en forma de calor.

Muchos aparatos se basan en este efecto, como las estufas, el tostador o la plancha. Pero es un efecto indeseado en otros dispositivos, como el microprocesador de un ordenador, que se calienta cuando funciona y necesita ventilación constante para no estropearse.

El efecto Joule negativo es un efecto indeseado que, además de provocar que se estropeen los dispositivos, reduce el aprovechamiento de la energía eléctrica. La energía que se transforma en calor en un microprocesador es una energía que se pierde; además hay que gastar energía para que funcione el ventilador que necesita.

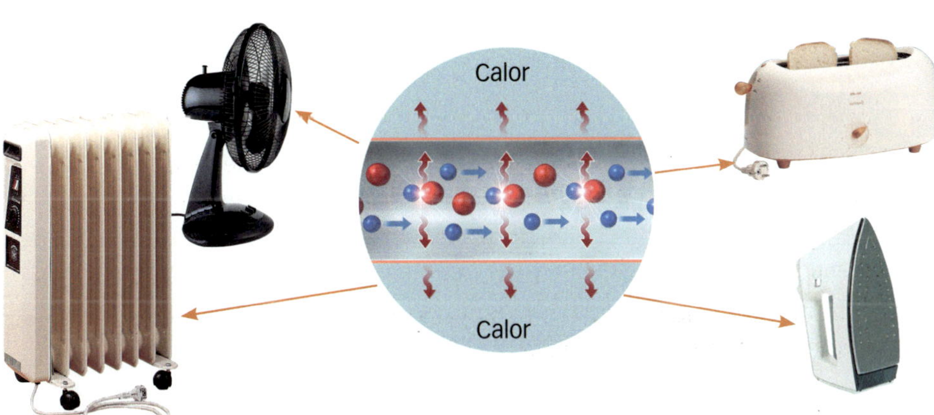

Al pasar la corriente eléctrica por un conductor, los choques entre las partículas de este producen calor.

SABER MÁS

James Prescott Joule (1818-1889)

Fue un físico británico conocido por sus investigaciones en el campo de la electricidad, el magnetismo y la termodinámica. En su honor la unidad de energía se denomina julio.

ACTIVIDADES

25 El ventilador se utiliza para refrescar. Sin embargo, su motor se calienta cuando funciona. Explica esta aparente contradicción.

26 ¿Podemos asegurar que un ventilador calienta el aire de la habitación en la que se encuentra?

5.2. Efecto luminoso de la corriente

Hasta hace un siglo, las personas usaban luz natural o la producida al quemar un combustible (aceite, gas…). Ahora, la electricidad nos permite utilizar luz artificial. Disponemos de distintos tipos de lámparas:

Lámpara de incandescencia

Patentada por Thomas Alva Edison en 1879, mantiene a día de hoy un diseño similar.

Se hace circular una corriente por un fino y largo filamento metálico de wolframio (tungsteno), encerrado en un bulbo de cristal relleno de un gas inerte (argón o kriptón). El metal llega a alcanzar una temperatura de 2200 °C y emite luz.

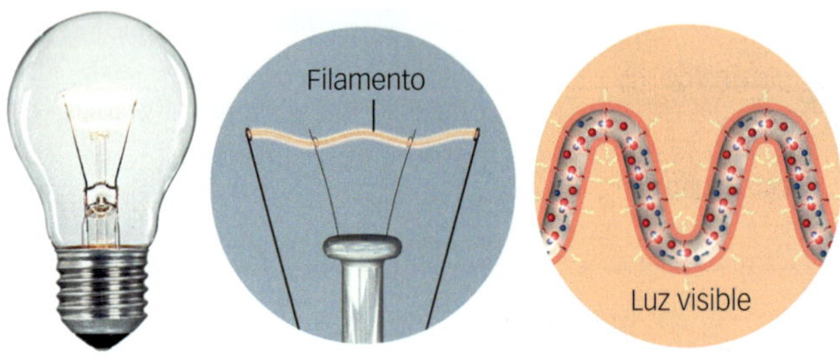

Estas lámparas son muy poco eficientes; solo aprovechan el 10 % de la energía para producir luz, el resto se pierde en forma de calor.

Aunque son muy baratas, duran unas 1000 horas encendidas y luego se funden. Su encendido es casi instantáneo y su iluminación se mantiene uniforme aunque se produzcan pequeños cambios en el voltaje. Actualmente están en desuso, pues en la Unión Europea está prohibida su comercialización.

Lámpara halógena

Salieron al mercado hacia 1950. Su funcionamiento es similar al de las bombillas tradicionales pero, en lugar de un gas inerte, en su interior tienen un gas halógeno, lo que permite que se alcancen temperaturas mucho más altas y, en consecuencia, que produzcan más luz. Para soportar esas temperaturas su bulbo es de cuarzo, lo que las encarece.

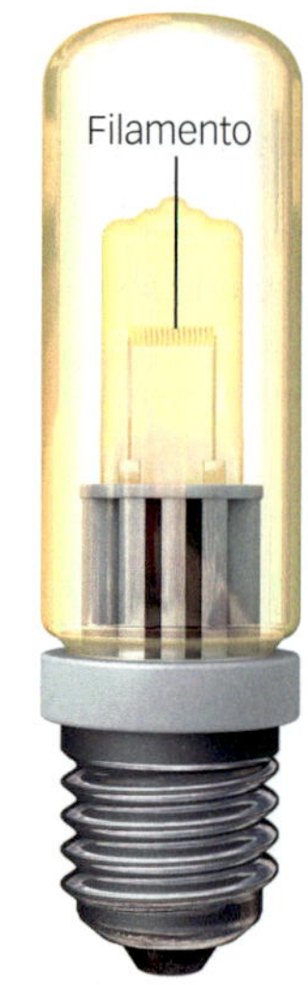

Son un 15 % más eficaces que las lámparas de incandescencia.

Duran entre 2000 y 3000 horas.

Algunas pueden funcionar a un voltaje muy bajo, unos 12 V, con lo que su consumo es inferior.

Lámpara fluorescente

Un gas se ioniza y libera electrones, los cuales emiten luz ultravioleta. Esta luz choca con las paredes de la lámpara, que están recubiertas de una sustancia fluorescente, y emite luz visible.

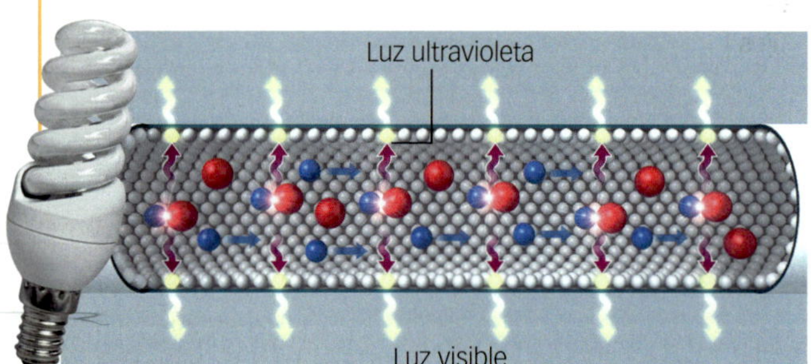

Las lámparas fluorescentes son más eficientes que las de incandescencia, ya que transforman más energía eléctrica en luz. Aunque la lámpara es más cara, consume de cuatro a seis veces menos que las bombillas incandescentes y su duración es de unas 8000 horas.

Las primeras lámparas fluorescentes eran de tubo, pero en la década de 1980 aparecieron lámparas compactas, en las que el tubo fluorescente se enrolla y así la bombilla tiene un tamaño comparable a las bombillas convencionales.

Diodo LED (*Light Emitting Diodo*)

La luz que emite un LED se debe a la energía que desprende el electrón de un semiconductor cuando cae de un nivel energético a otro.

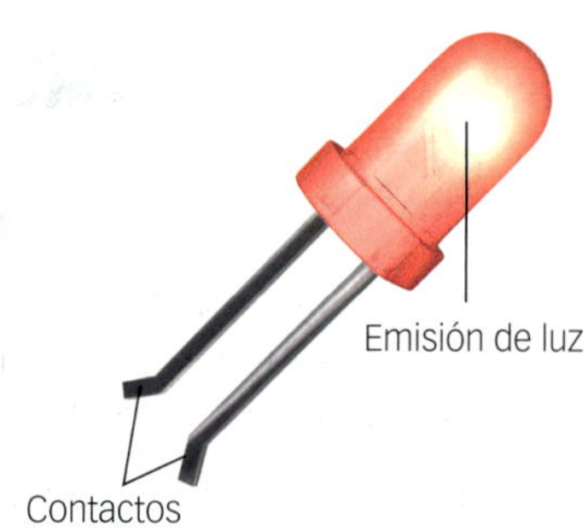

Las lámparas de LED son las más eficientes de todas: consumen un 90 % menos que las lámparas de incandescencia y un 30 % menos que las fluorescentes. Su duración puede llegar hasta veinte años.

Aunque su precio es elevado, sus ventajas hacen que se vayan imponiendo en alumbrados públicos, semáforos o linternas. También se utilizan en elementos decorativos, por la posibilidad de obtener fácilmente luz de diferentes colores.

5.3. Efecto magnético de la corriente

Como vimos en la unidad anterior, en 1820 Hans Christian Oersted (1777-1851) observó que una corriente eléctrica desplazaba la aguja de una brújula cercana.

Más tarde, hacia 1831, Michael Faraday (1791-1867) comprobó que cuando se movía un imán dentro de una bobina, se producía una corriente eléctrica.

El descubrimiento de Faraday es la base del **generador de corriente alterna** o alternador.

> Un **alternador** es una máquina en la que se hace girar una bobina conductora dentro de un sistema de imanes; como resultado se genera una corriente alterna.

La bobina gira gracias a una turbina impulsada por vapor de agua, en una central térmica, o el agua que cae, en una central hidroeléctrica.

En las centrales eléctricas se obtiene corriente mediante un alternador.

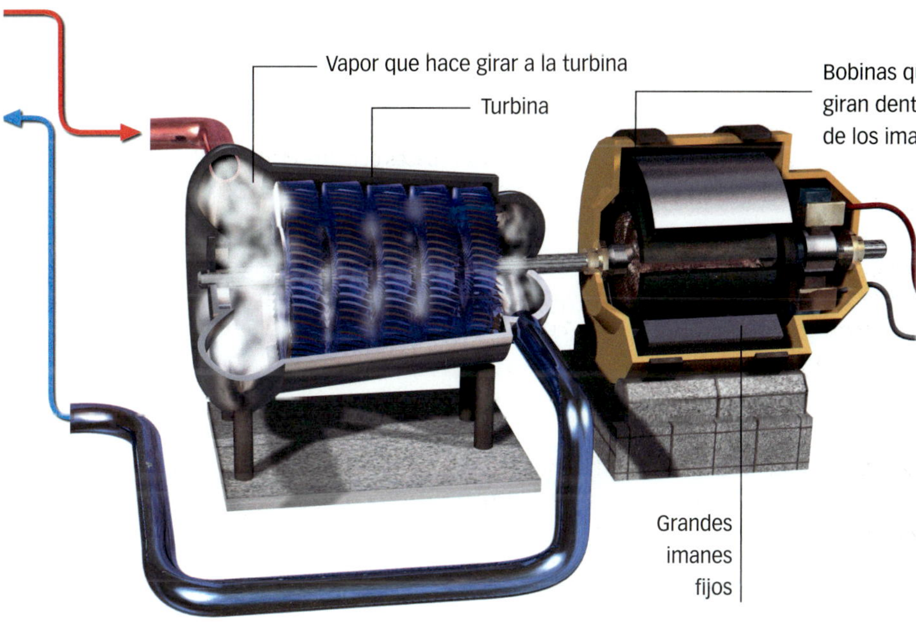

5.4. Efecto mecánico de la corriente

Una corriente eléctrica puede provocar movimiento. Esto es lo que sucede en un motor eléctrico, cuyo funcionamiento es inverso al del alternador.

Se hace pasar una corriente por una bobina, lo que hace que esta se comporte como un imán. En torno a la bobina se colocan imanes cuyas atracciones la hacen girar y provocar así un giro en el eje del motor. El movimiento se puede transmitir mediante engranajes y otros mecanismos, según cuál sea el aparato que tenga el motor. Recuerda las páginas iniciales.

Los **motores eléctricos** tienen muchas aplicaciones en electrodomésticos, herramientas y, en general, siempre que un aparato eléctrico tenga partes móviles que no se desplacen manualmente.

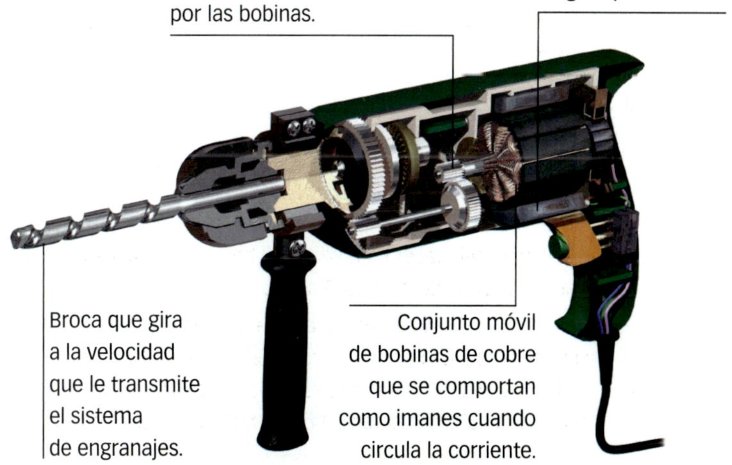

El **galvanizado** se aplica a numerosos objetos: cubiertos, planchas empleadas en la construcción o en la industria automovilística, hilos conductores u objetos de joyería y decoración.

5.5. Efecto químico de la corriente

La corriente eléctrica puede provocar reacciones químicas, como la descomposición del agua por electrolisis. En la industria se utiliza la corriente eléctrica para obtener metales, como el aluminio, para purificar metales o para recubrir un metal barato con otro más caro o más resistente a la corrosión. El niquelado (recubrimiento de níquel) o el cromado (recubrimiento de cobre) se realizaban ya en el primer cuarto del siglo XX.

Se llama **galvanoplastia** la técnica que permite recubrir objetos metálicos o cerámicos de una fina capa de otro metal.

Para ello se utiliza una corriente eléctrica continua y una disolución de un compuesto del metal que se va a usar para recubrir.

Las funciones del galvanizado son varias:

- **Proteger** una superficie metálica de la corrosión. Por ejemplo, depositando una capa de cinc sobre objetos de hierro.
- **Adornar** una pieza metálica con un recubrimiento más valioso. Se utilizan el cobre, el oro o la plata.
- **Mejorar** las propiedades eléctricas u ópticas. Como unos metales son mejores conductores que otros, podemos recubrir una pieza elaborada con un metal resistente con otro metal que sea mejor conductor.

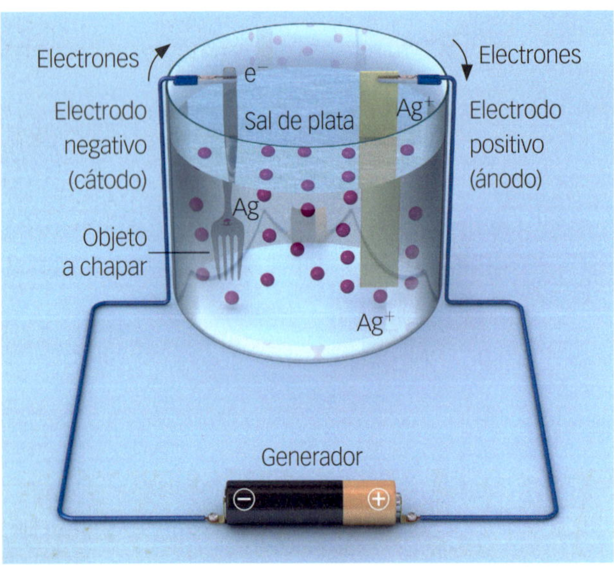

La galvanoplastia permite recubrir de plata un objeto metálico de inferior calidad.

1. Preparamos una disolución con una sal de plata, para que tenga iones Ag^+.
2. Introducimos en ella un electrodo conectado al polo positivo (ánodo) de un generador de corriente continua.
3. Conectamos el objeto a recubrir al electrodo negativo (cátodo) del generador y lo introducimos en la disolución.
4. Cuando se conecta el generador, los iones de plata van al electrodo negativo, captan un electrón y se depositan sobre el objeto como metal plata.

$$Ag^+ + 1\,e^- \rightarrow Ag$$

Cuanto más tiempo dure el proceso, más gruesa es la capa de plata depositada.

ACTIVIDADES

27 Pon un ejemplo de una aplicación que aproveche el efecto Joule en positivo. A continuación explica el efecto Joule negativo que se da en las lámparas de incandescencia.

28 Explica en unas pocas líneas las diferencias entre una bombilla incandescente y un tubo fluorescente. ¿Puedes razonar por qué es más duradero el fluorescente?

29 Ahora se sustituyen las lámparas de muchos semáforos por LED. Explica por qué se hace si las lámparas de LED son más caras que las convencionales.

30 Elabora una lista con aparatos que usas y que disponen de un motor eléctrico.

31 ¿Es siempre ventajoso recubrir un metal con otro metal? Explícalo con ejemplos.

6 Electrónica

Todas las aplicaciones eléctricas que acabamos de estudiar necesitan una corriente de electrones que circula a través de un material conductor, generalmente, un metal. Pero, en las condiciones adecuadas, los electrones también se pueden mover de un lugar a otro a través del vacío o de un gas, o por medio de materiales semiconductores, como el silicio. Los aparatos que contienen partes en las que los electrones se mueven de esta forma se dice que son aparatos electrónicos.

La **electrónica** es la parte de la física que estudia el funcionamiento de dispositivos en los que una corriente de electrones se propaga en el vacío, a través de gases o de semiconductores. Los circuitos electrónicos se utilizan, sobre todo, para controlar aparatos y para procesar información.

Vamos a estudiar algunos componentes de un circuito electrónico.

Lámpara de vacío, o diodo. Cuando se aplica un voltaje adecuado entre las placas, los electrones saltan de una placa a la otra a través del vacío. Este fue uno de los primeros dispositivos electrónicos que permitió el desarrollo de aparatos como el televisor o el ordenador.

6.1. Resistencias

Una **resistencia** regula la cantidad de corriente que circula por una parte de un circuito electrónico.

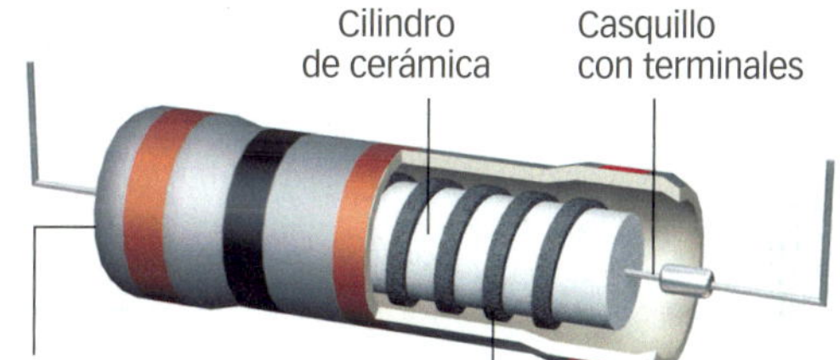

Las resistencias son **fijas** o **variables**. En estas últimas, su valor puede variar:

- Al mover un mando (**potenciómetro**).
- Con la intensidad de la luz (**LDR**).
- Con la temperatura (**NTC** o **PTC**).

Resistencia fija o resistor

Están hechas de un material cerámico recubierto de aislante. Llevan impresas cuatro bandas de colores con las que se puede leer el valor de la resistencia en ohmios mediante un código de colores. Para leer el valor de la resistencia se coloca esta de manera que la banda de tolerancia (plata, oro o rojo) esté a la derecha.

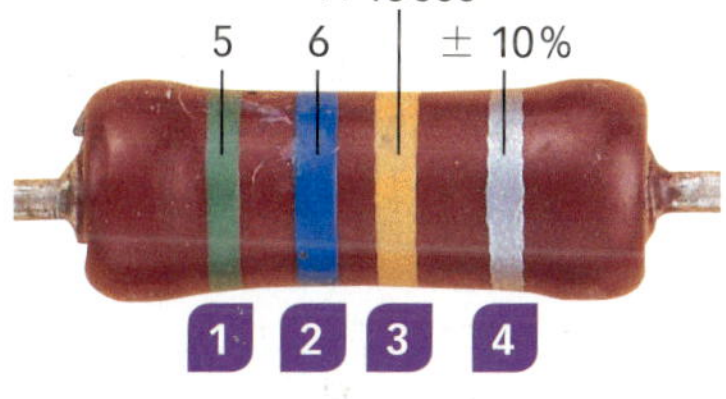

$56 \cdot 10^4\ \Omega \pm 10\% = 560 \pm 56\ k\Omega$

Símbolo de la resistencia fija en un circuito.

Código de colores	1.er color: 1.ª cifra	2.º color: 2.ª cifra	3.er color: factor multiplicador	4.º color: tolerancia
Negro	0	0	× 1	
Marrón	1	1	× 10	± 1%
Rojo	2	2	× 100	± 2%
Naranja	3	3	× 1000	
Amarillo	4	4	× 10000	
Verde	5	5	× 100000	
Azul	6	6	× 1000000	
Violeta	7	7	× 10000000	
Gris	8	8	× 100000000	
Blanco	9	9		
Rojo				± 2%
Oro				± 5%
Plata				± 10%

Símbolo del **potenciómetro**.

Potenciómetro **deslizante**.

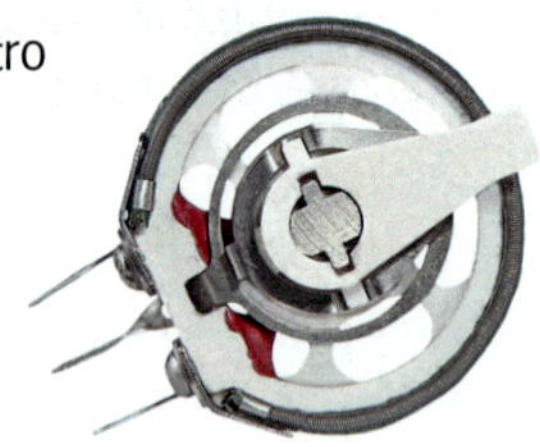

Potenciómetro **rotatorio**.

Resistencia variable o potenciómetro

Su valor se puede graduar entre 0 y un valor máximo, que varía con el potenciómetro.

Según su funcionamiento, los potenciómetros pueden ser rotatorios o deslizantes. En cualquier caso, la patilla central puede estar junto a un extremo (resistencia 0) o desplazarse hasta el otro (resistencia máxima).

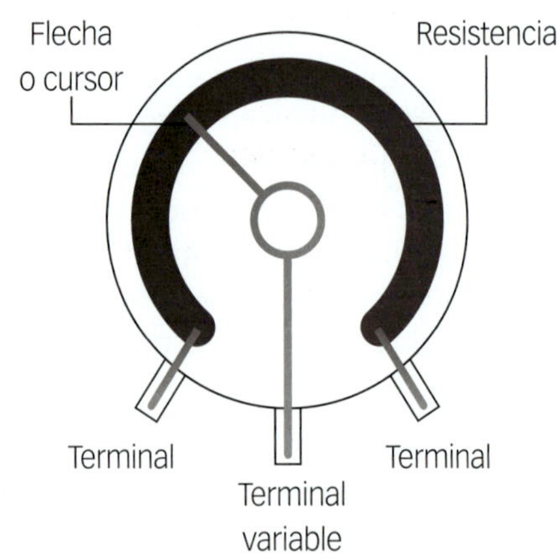

Hay potenciómetros en los mandos de volumen, en lámparas de intensidad de iluminación variable o en el control de velocidad de un coche teledirigido.

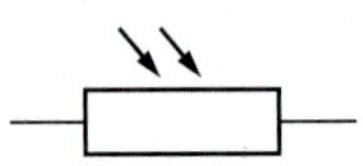

Símbolo de una resistencia **LDR**.

Resistencias que varían con la luz (LDR, *light dependent resistor*)

Se utilizan como sensores de luz. Por ejemplo, permiten encender automáticamente una farola cuando oscurece.

Al aumentar la cantidad de luz que reciben disminuyen su resistencia, que pasa de millones de ohmios a menos de cien.

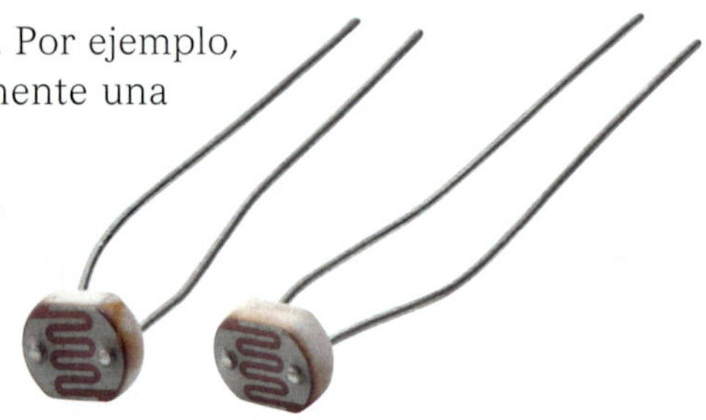

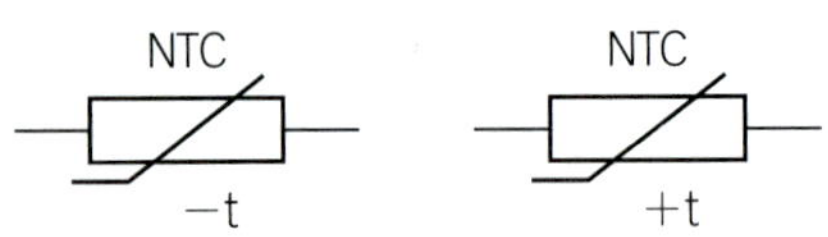

Símbolos de **termistores**.

Resistencias que varían con la temperatura o termistores

Se utilizan como sensores de temperatura en termostatos. Pueden ser de dos tipos:

- **NTC:** disminuyen su resistencia al aumentar la temperatura.
- **PTC:** aumentan su resistencia cuando aumenta la temperatura.

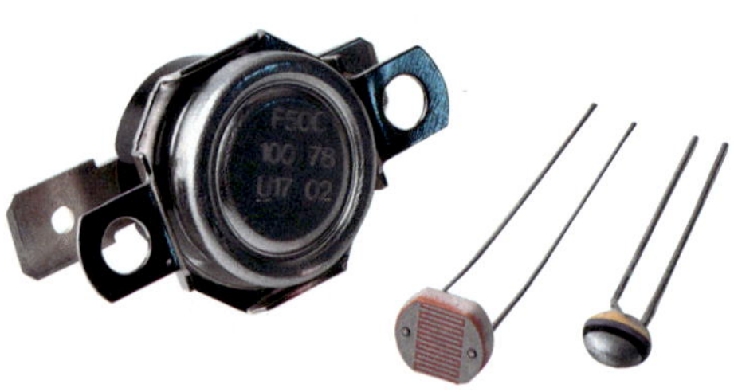

Diferentes tipos de **NTC**.

Los **termostatos** usan termistores.,

ACTIVIDADES

32 Determina el valor en ohmios de las resistencias señaladas:

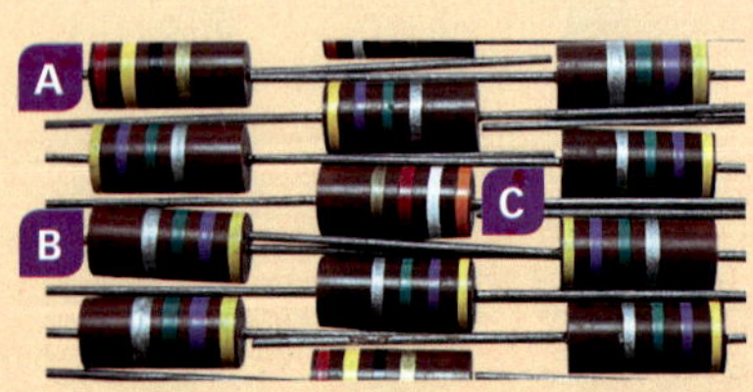

33 Dibuja en tu cuaderno una resistencia con las rayas que indican el valor de su resistencia, que es:

a) 2500 Ω (±5%).　　b) 370 kΩ (±10%).

34 Pon algún ejemplo de una aplicación donde resulte ventajoso emplear una resistencia variable en lugar de una resistencia fija.

6.2. Condensadores

Un **condensador** permite almacenar carga eléctrica y usarla cuando se necesite, generando una corriente eléctrica.

Consta de dos placas metálicas separadas por un material aislante, denominado **dieléctrico**.

Se llama **capacidad** de un condensador a la relación existente entre la carga que puede almacenar y el voltaje al que se somete.

$$C = \frac{q}{V}$$

En el Sistema Internacional la capacidad se expresa en **faradios (F)**.

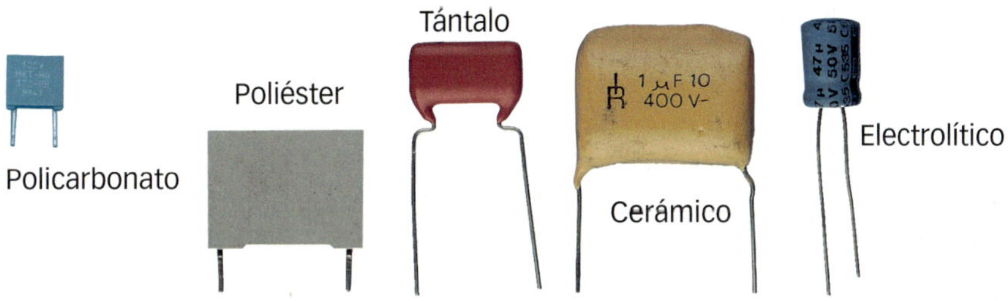

Los condensadores normales tienen una capacidad menor que 1 F:

- 1 mF = 10^{-3} F.
- 1 μF = 10^{-6} F.
- 1 nF = 10^{-9} F.
- 1 pF = 10^{-12} F.

Se utilizan condensadores de distintos tipos, aunque los más comunes son los cerámicos y los electrolíticos. Suelen llevar impresa su capacidad y el voltaje máximo al que se pueden conectar.

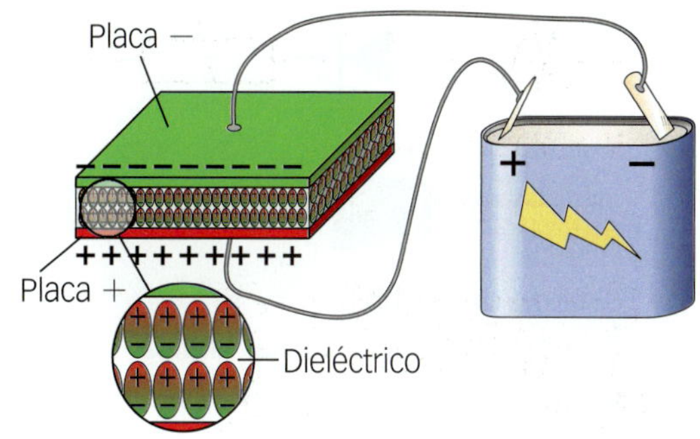

Cuando se cargan las placas, las cargas del dieléctrico se orientan por **inducción**.

Símbolos de condensadores en un circuito. Los condensadores electrolíticos tienen polaridad, es decir, su polo positivo debe unirse al polo positivo de la pila; en caso contrario, se estropean.

SABER HACER

Hacer funcionar un condensador

1. Conecta un condensador a una pila y espera a que se cargue.

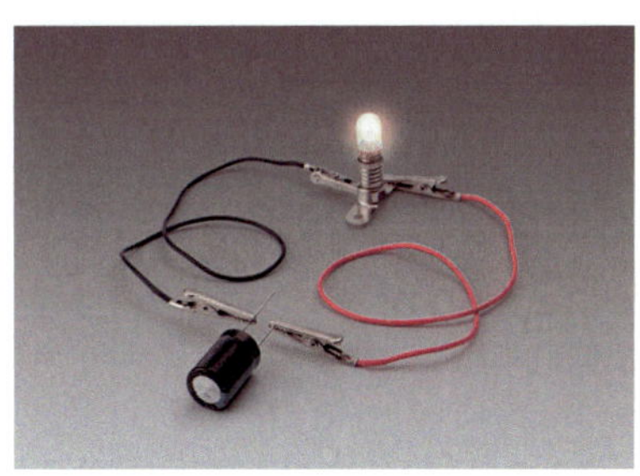

2. Conecta el condensador a una bombilla. La bombilla se ilumina.

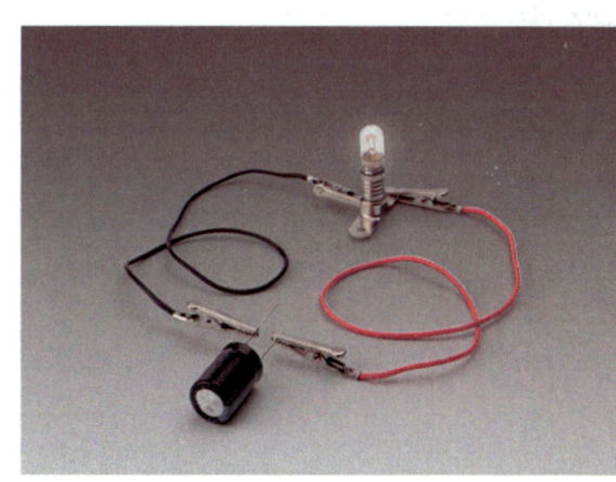

3. La bombilla va alumbrando cada vez menos, hasta que se apaga.

? INTERPRETA LA IMAGEN

- ¿De dónde procede la corriente que hace que la bombilla se ilumine?
- ¿Por qué se va apagando la bombilla al cabo de poco tiempo?
- ¿Qué habría que hacer para que la bombilla se volviese a iluminar?

PRESTA ATENCIÓN

Nunca toques los terminales de un condensador. Si está cargado puedes recibir una fuerte descarga.

6.3. Diodos

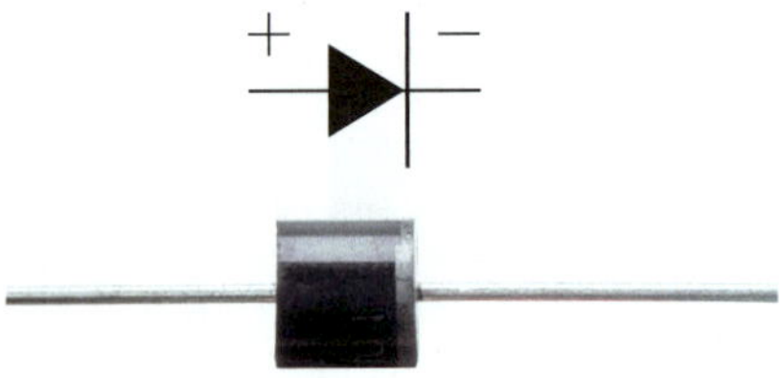

Símbolo del **diodo**.
El componente suele llevar una banda plateada en el extremo que se debe conectar al polo negativo.

> Un **diodo** es un dispositivo que solo deja pasar la corriente eléctrica que circula en un sentido.

Hoy día los diodos están formados por un semiconductor, un material, como el silicio, que solo conduce la corriente en determinadas circunstancias. Si el diodo está orientado en el sentido en que circula la corriente, permite su paso, pero si su orientación es la contraria, impide que circule.

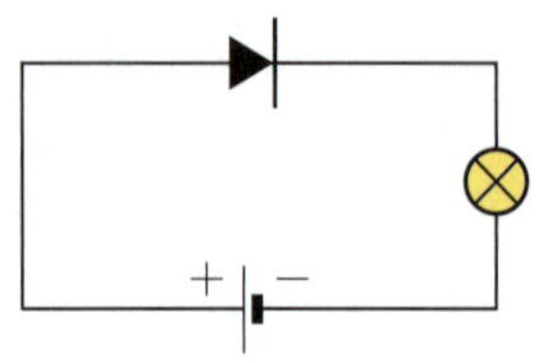

Diodo polarizado directamente.
Permite el paso de la corriente.

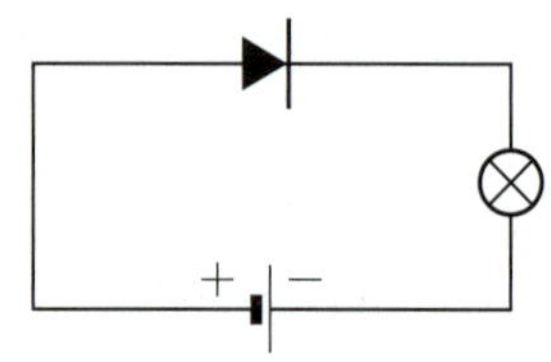

Diodo polarizado inversamente.
No permite el paso de la corriente.

Se puede utilizar un diodo en aparatos que funcionan con batería. Si se coloca la batería en la orientación equivocada, el diodo impedirá que circule la corriente y evitará que se estropee el aparato.

SABER MÁS

Transformadores de corriente

El teléfono móvil o la videoconsola funcionan con corriente continua de 12 V que pueden tomar de una batería. Periódicamente recargamos la batería conectándola a la red, aunque en los enchufes de casa obtenemos corriente alterna de 230 V. ¿Cómo se consigue?

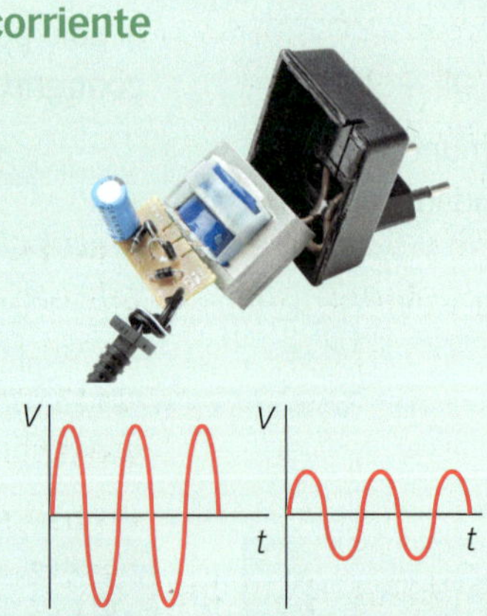

1. Un transformador convierte la corriente alterna de 230 V en corriente alterna de 12 V.

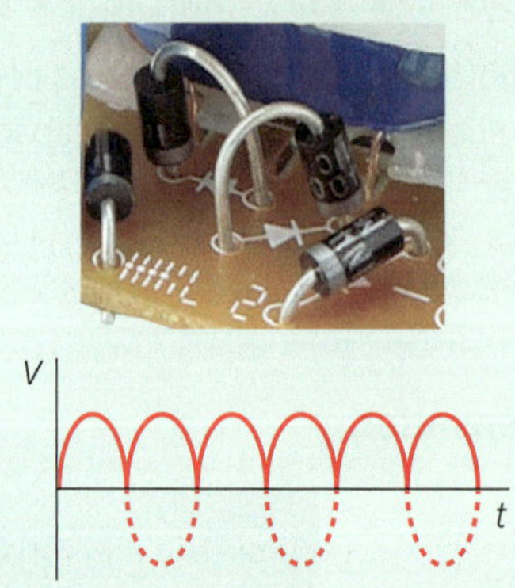

2. Un puente de diodos transforma la corriente alterna en corriente continua pulsante.

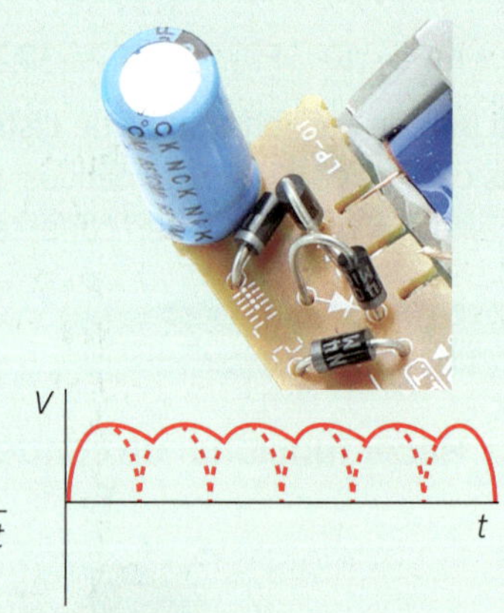

3. Un condensador se carga y se descarga de forma combinada con los diodos para que la corriente obtenida sea más uniforme.

El diodo LED

> Un **LED** (*Light Emitting Diode*) es un diodo que emite luz cuando está polarizado directamente.

Luminoso con **diodos LED**. Los LED pueden emitir luz de distintos colores.

Se utiliza como piloto luminoso en muchos dispositivos para indicar que está funcionando o en condiciones de funcionar (en *standby*). Por ejemplo, en televisores o equipos de vídeo y audio.

Los LED también se usan para fabricar semáforos, señales de tráfico, letreros o adornos luminosos.

6.4. Transistores

Un **transistor** es un componente empleado en circuitos electrónicos para abrir o cerrar el circuito (interruptor), o para amplificar la corriente.

Un transistor está formado por tres capas de semiconductor, cada una con un terminal, que se denominan **emisor**, **base** y **colector**.

Dependiendo de cómo fluya la corriente por los tres terminales, el transistor puede funcionar como interruptor o como amplificador.

Los primeros transistores se usaron en equipos de sonido, como los aparatos de radio o teléfonos, para amplificar la señal sonora.

Actualmente se utilizan los transistores como parte de los circuitos integrados o de los microprocesadores.

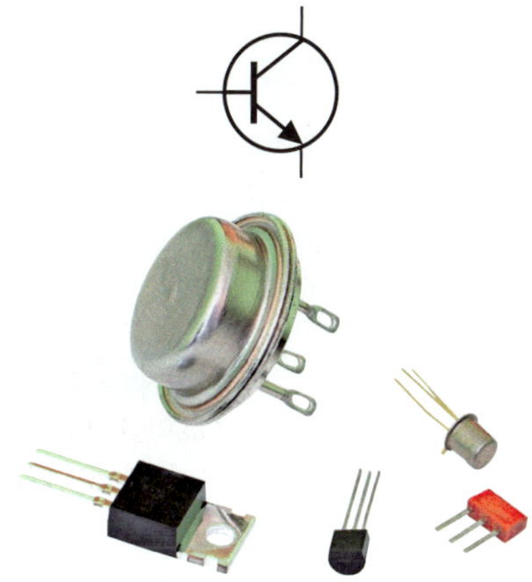

Símbolo del **transistor** y algunos transistores comunes.

6.5. Microprocesadores

Un **microprocesador** es un circuito complejo formado por transistores y otros componentes electrónicos colocados sobre un soporte de silicio.

Los transistores funcionan como interruptores que se pueden programar para procesar instrucciones lógicas. El programa informático es la secuencia de pasos que se traducirán en las órdenes lógicas que va a ejecutar el microprocesador.

Los microprocesadores se encuentran en muchos dispositivos: cámaras fotográficas, teléfonos móviles o coches, aunque los más potentes son los que se incluyen en los ordenadores.

A simple vista se pueden apreciar diferencias notables entre los primeros **microprocesadores** de la década de 1970 y los microprocesadores modernos.

El primer microprocesador comercial fue desarrollado por la empresa Intel en 1971 y contaba con 2300 transistores. Hacia el año 2000, el Intel Pentium II se acercaba a los 30 millones de transistores. A partir de entonces, nuevas tecnologías han permitido disponer de microprocesadores cada vez más pequeños y potentes.

6.6. Circuitos

Un **circuito impreso** es una placa de material semiconductor, como el silicio, en la que se conectan diversos componentes electrónicos: condensadores, transistores, resistencias y microprocesadores.

En un **circuito integrado** o **chip** los transistores, resistencias, etc., van integrados en un encapsulado.

ACTIVIDADES

35 Localiza los siguientes elementos en el circuito impreso de la imagen.

a) Condensador.
b) LED.
c) Resistencia.
d) Chip.
e) Placa.

ACTIVIDADES FINALES

REPASA LO ESENCIAL

36 Representa de forma esquemática el circuito de la figura. Indica en qué sentido circula la corriente en cada elemento. ¿Es el mismo que el sentido en que circulan los electrones?

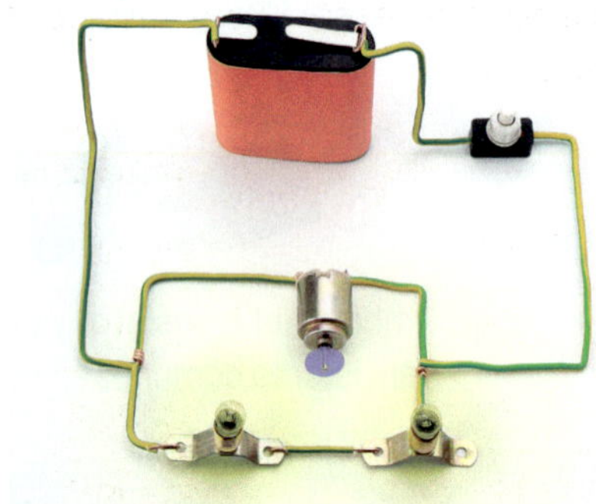

37 Completa las frases en tu cuaderno.

a) La intensidad de corriente es la ________ que atraviesa una sección del conductor en la unidad de ________. En el SI se mide en ________.

b) Se llama ________ a la oposición que ofrece un material al paso de la corriente. En el SI se mide en ________.

c) El producto de la intensidad de corriente que pasa por un dispositivo multiplicado por su resistencia se denomina ________. En el SI se mide en ________.

d) La energía producida o consumida en un dispositivo en la unidad de ________ se denomina ________. En el SI se mide en ________.

38 Queremos medir la diferencia de potencial y la intensidad que circula por la bombilla del siguiente circuito. Indica dónde y cómo colocarías el voltímetro y el amperímetro.

39 La ley de Ohm relaciona la resistencia de un dispositivo al paso de la corriente eléctrica con la intensidad que lo atraviesa y la diferencia de potencial en él. Señala en tu cuaderno cuál de estas expresiones es la correcta.

a) $R = \dfrac{\Delta V}{I}$ b) $I = \Delta V \cdot R$ c) $\Delta V = \dfrac{I}{R}$

40 En un circuito tenemos una resistencia de 4 Ω y otra de 12 Ω conectadas a un generador de 4,8 V. Indica en tu cuaderno qué afirmación es cierta.

a) La resistencia equivalente es de 3 Ω si ambas están en serie.

b) La resistencia equivalente es de 16 Ω si ambas están en paralelo.

c) Si las dos resistencias están en serie, por ambas pasa la misma intensidad de corriente.

d) Si las dos resistencias están en paralelo, pasa más corriente por la de 4 Ω.

e) Cuando las dos resistencias están en serie, la diferencia de potencial en cada una es de 4,8 V.

41 En un circuito tenemos conectadas cuatro resistencias de 5 Ω. Calcula la resistencia equivalente:

a) Si las cuatro están conectadas en serie.

b) Si las cuatro están conectadas en paralelo.

c) Si las cuatro están conectadas como en A.

d) Si las cuatro están conectadas como en B.

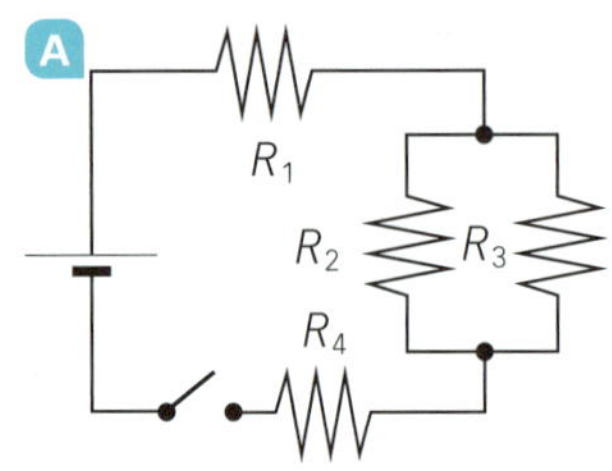

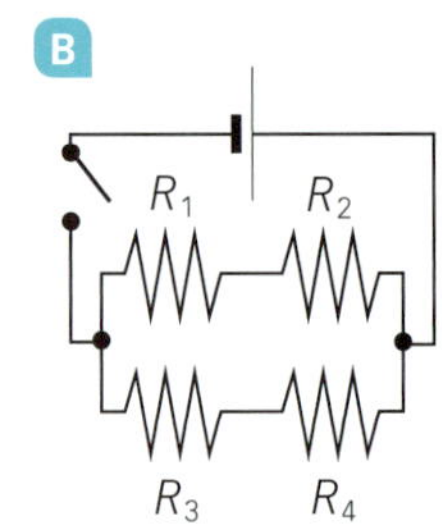

42 Corrige las fórmulas incorrectas:

a) $R = \rho \cdot \dfrac{L}{S^2}$

b) $R = \dfrac{I}{\Delta V}$

c) $P = I^2 \cdot R \cdot t$

d) $E = \dfrac{P}{t}$

e) $E = I^2 \cdot \Delta V \cdot t$

f) $E = I \cdot \Delta V$

43 Localiza los nombres de siete componentes de circuitos electrónicos en la sopa de letras y escríbelos en tu cuaderno.

C	R	V	O	W	H	P	K	M	L	O	O	X	X	A
L	O	N	E	H	D	V	G	T	E	D	W	U	W	I
L	D	P	G	N	D	O	C	N	A	K	R	P	I	Y
P	A	D	O	Y	K	G	T	Q	A	O	O	W	A	K
F	S	K	M	T	X	L	Y	A	D	Y	L	D	I	T
C	E	N	G	G	E	Q	N	A	H	O	O	W	C	V
H	C	Z	R	D	J	N	S	H	Q	D	G	B	N	T
V	O	X	J	H	E	N	C	R	O	F	G	C	E	Q
Y	R	H	X	A	E	G	P	I	N	F	W	T	T	U
N	P	W	L	D	D	Q	D	B	O	G	H	O	S	J
F	O	S	N	E	S	W	K	H	Y	M	N	V	I	U
Q	R	O	M	S	J	P	I	P	R	Q	E	Y	S	E
I	C	K	R	O	T	S	I	S	N	A	R	T	E	Q
I	I	X	G	Q	P	P	F	Y	E	X	P	A	R	U
E	M	E	P	E	C	E	X	V	D	Y	O	C	M	O

44 Para calentar una habitación se usa un calefactor de 2000 W. Si permanece encendido durante 3 horas diarias:

a) ¿Qué cantidad de energía, en kWh, consume al mes?

b) El precio del kWh es de 0,18 €. ¿Cuánto cuesta calentar la habitación cada mes?

45 Relaciona en tu cuaderno los siguientes términos con el efecto correspondiente de la corriente.

a) Semáforo
b) Soldador
c) Molinillo
d) Chapado de oro
e) Electroimán
f) Farolas
g) Taladro
h) Horno

☐ Térmico
☐ Magnético
☐ Mecánico
☐ Luminoso
☐ Químico

PRACTICA

La corriente eléctrica. Magnitudes eléctricas

46 Completa en tu cuaderno la tabla que relaciona la intensidad de corriente que atraviesa un conductor en diferentes tiempos.

Carga (C)	Tiempo (s)	Intensidad (A)
4	1	
4	5	
4		10
	0,5	8

47 Por la sección de un conductor pasan 10 μC en 0,01 s. ¿Cuál es la intensidad de la corriente en ese conductor? ¿Cuántos electrones pasarán en cada segundo? Dato: $1\ C = 6{,}25 \cdot 10^{18}$ e.

48 La resistencia de un hilo de cobre de 10 m de longitud y 10^{-4} m² de sección es de $1{,}72 \cdot 10^{-3}\ \Omega$. Calcula:

a) La resistividad del cobre.

b) La resistencia de un hilo de cobre que tenga:

- El doble de longitud.
- El doble de sección.
- El doble de longitud y el doble de sección.

Completa una tabla como esta en tu cuaderno.

Longitud (m)	Sección (m²)	Resistencia (Ω)
10	10^{-4}	$1{,}72 \cdot 10^{-3}$
20	10^{-4}	
10	$2 \cdot 10^{-4}$	
20	$2 \cdot 10^{-4}$	

49 Calcula la longitud que debe tener un hilo de hierro de 10^{-4} m² de sección para que su resistencia sea de $1{,}72 \cdot 10^{-3}\ \Omega$. Compáralo con la actividad anterior y explica por qué los cables eléctricos son de cobre y no de hierro. Dato: $\rho(\text{Fe}) = 1{,}0 \cdot 10^{-7}\ \Omega \cdot \text{m}$.

50 Observa la tabla de resistividades y responde en tu cuaderno.

Metal	Resistividad (Ω · m)
Hierro	$1{,}0 \cdot 10^{-7}$
Cobre	$1{,}7 \cdot 10^{-8}$
Plata	$1{,}5 \cdot 10^{-8}$
Plomo	$2{,}2 \cdot 10^{-7}$

a) Ordénalos de menor a mayor resistividad.

b) ¿Qué metal conduce mejor la corriente? ¿Por qué?

c) ¿Qué metal ofrece mayor resistencia al paso de la corriente?

d) ¿Por qué no se utilizan hilos de plata en los cables y los circuitos eléctricos?

3. EJEMPLO RESUELTO

Por una bombilla conectada a 230 V pasa una corriente de intensidad 0,1 A. Calcula:
a) La resistencia que tiene la bombilla.
b) La carga que ha circulado por la bombilla en 30 minutos.

a) Calcula la resistencia aplicando la ley de Ohm:

$$\Delta V = I \cdot R \rightarrow R = \frac{\Delta V}{I} = \frac{230\ \text{V}}{0{,}1\ \text{A}} = \mathbf{2300\ \Omega}$$

b) Utilizando el concepto de intensidad de la corriente:

$$I = \frac{Q}{t} \rightarrow Q = I \cdot t = 0{,}1\ \text{A} \cdot 1800\ \text{s} = \mathbf{180\ C}$$

51 Un circuito eléctrico tiene instalada una resistencia variable. Aplica la ley de Ohm y completa la tabla en tu cuaderno.

Intensidad (A)	Diferencia de potencial (V)	Resistencia (Ω)
10	20	
5	20	
	2	1000
50		3000

52 A un conductor se le aplican distintos voltajes que se muestran en la tabla siguiente, junto con la intensidad de corriente que circula en cada caso.

ΔV (V)	1	2	3	5	7
I (A)	0,2	0,4	0,6	1	1,4

a) Representa gráficamente ΔV frente a I.

b) ¿Qué relación hay entre el voltaje y la intensidad?

c) ¿Qué significado físico tiene la pendiente de la recta obtenida? ¿Cuál es su valor?

53 ¿Qué sucedería si un aparato eléctrico que debe funcionar a 230 V lo conectamos a 125 V? ¿Y al revés? Aplícalo a una bombilla cuya resistencia es 900 Ω.

Cálculos en circuitos eléctricos

54 Deduce, en cada caso, si las siguientes bombillas están conectadas en serie o en paralelo.

a) Al desenroscar una bombilla, las otras no lucen.

b) Un amperímetro marca el mismo valor en todos los puntos del circuito.

c) Si se funde una bombilla, el resto sigue funcionando.

55 Observa los siguientes circuitos y responde.

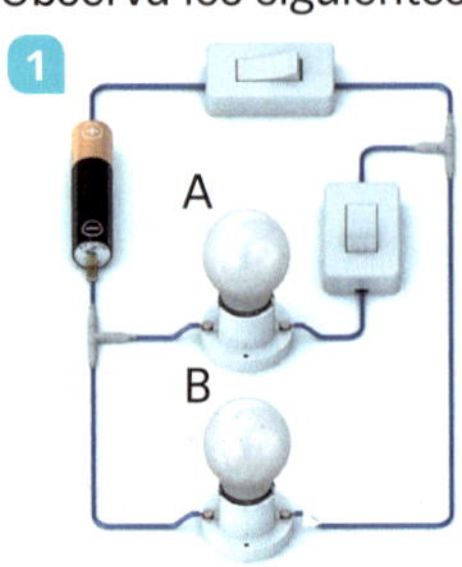

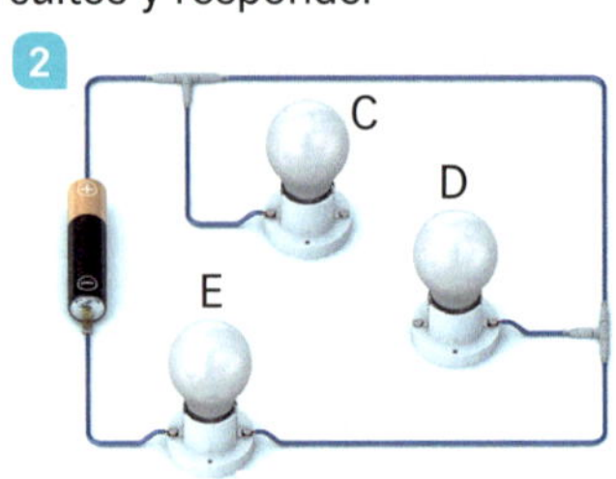

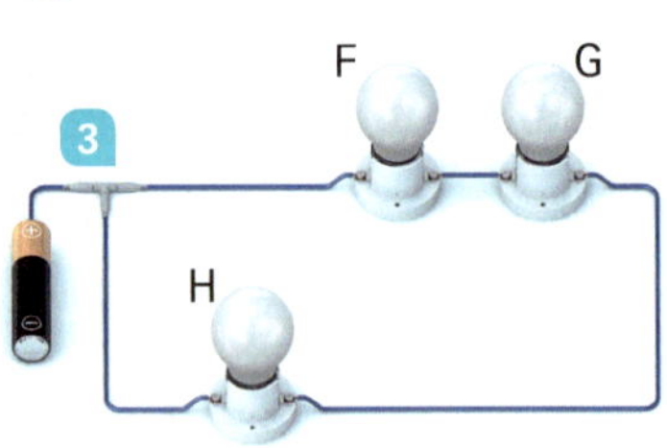

a) ¿Qué bombillas lucirán?

b) ¿Qué conexiones debes incluir en cada circuito para que luzcan todas las bombillas?

c) Cuando lucen todas las bombillas indica, en cada circuito, qué bombillas están conectadas en serie y cuáles están conectadas en paralelo.

56 En este circuito, $R_1 = 2\ \Omega$, $R_2 = 4\ \Omega$ y $R_3 = 12\ \Omega$.

a) ¿Cuál es la resistencia equivalente del circuito?

b) ¿Cuál es la intensidad que pasa por cada resistencia?

c) ¿Cuál es la diferencia de potencial en cada resistencia?

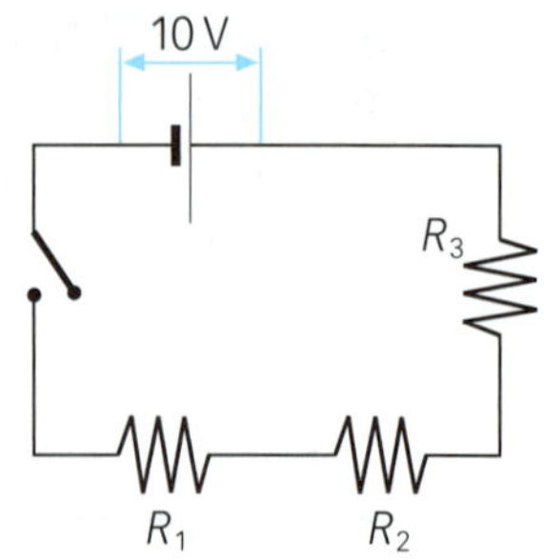

4. EJEMPLO RESUELTO

En el circuito de la figura, $R_1 = 2\ \Omega$, $R_2 = 4\ \Omega$, $R_3 = 3\ \Omega$ y $R_4 = 8\ \Omega$. Calcula la intensidad que pasa por cada resistencia.

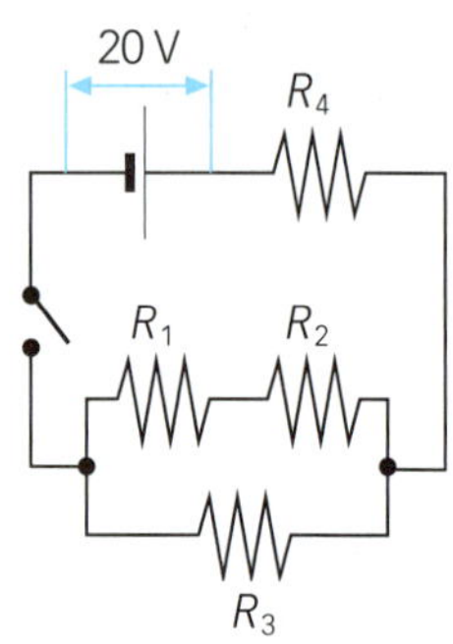

Las resistencias R_1 y R_2 están en serie, y el conjunto, en paralelo con R_3.

$$R_{eq.\,1+2} = R_1 + R_2 = 2\ \Omega + 4\ \Omega = 6\ \Omega$$

$$\frac{1}{R_{eq.\,1+2+3}} = \frac{1}{R_{eq.\,1+2}} + \frac{1}{R_3} = \frac{1}{6} + \frac{1}{3} = \frac{3}{6\ \Omega} \rightarrow$$

$$\rightarrow R_{eq.\,1+2+3} = \frac{6\ \Omega}{3} = 2\ \Omega$$

La resistencia R_4 está en serie con el conjunto anterior.

Calcula la resistencia total del circuito:

$$R_T = R_{eq.\,1+2+3} + R_4 = 2\ \Omega + 8\ \Omega = 10\ \Omega$$

Aplicando la ley de Ohm al circuito calcula la I total:

$$\Delta V_T = I_T \cdot R_T \rightarrow I_T = \frac{\Delta V_T}{R_T} = \frac{20\ \text{V}}{10\ \Omega} = 2\ \text{A}$$

$\boldsymbol{I_T = I_4 = 2}$ **A**. Aplicando la ley de Ohm a R_4 puedes calcular la diferencia de potencial en ella. El resto será la diferencia de potencial en el conjunto en paralelo:

$$\Delta V_4 = I_4 \cdot R_4 = 2\ \text{A} \cdot 8\ \Omega = 16\ \text{V}$$

$$\Delta V_T - \Delta V_4 = 20\ \text{V} - 16\ \text{V} = 4\ \text{V}$$

Esta es la diferencia de potencial en R_3. Aplicando la ley de Ohm a esta resistencia puedes conocer la intensidad que circula por ella:

$$I_3 = \frac{\Delta V_3}{R_3} = \frac{4\ \text{V}}{3\ \Omega} = \mathbf{\frac{4}{3}\ A}$$

La intensidad que pasa por la otra rama de la derivación es la diferencia entre el total y I_3. Como R_1 y R_2 están en serie, pasará la misma intensidad por cada una de ellas:

$$I_1 = I_2 = I_T - I_3 = 2\ \text{A} - \frac{4}{3}\ \text{A} = \mathbf{\frac{2}{3}\ A}$$

57 En este circuito, $R_1 = 2\ \Omega$, $R_2 = 4\ \Omega$ y $R_3 = 12\ \Omega$.

a) ¿Cuál es la resistencia equivalente del circuito?

b) ¿Cuál es la intensidad que pasa por cada resistencia?

c) ¿Cuál es la diferencia de potencial en cada resistencia?

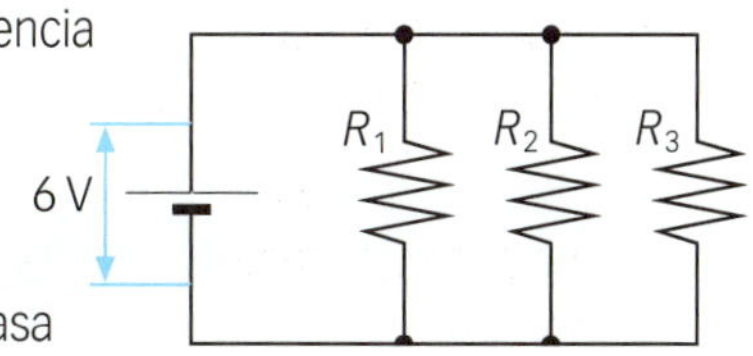

58 En el circuito de la figura $R_1 = 7\ \Omega$, $R_2 = 3\ \Omega$, $R_3 = 9\ \Omega$ y $R_4 = 6\ \Omega$. Calcula la intensidad que pasa por cada resistencia.

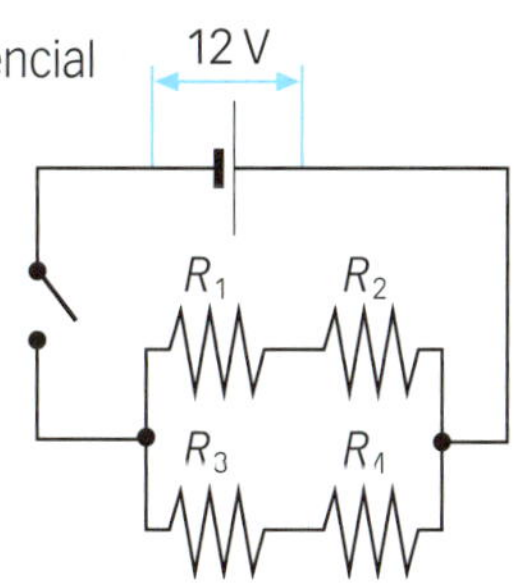

El aprovechamiento de la corriente eléctrica

5. EJEMPLO RESUELTO

Una bombilla de incandescencia de 60 W está conectada a 230 V. Calcula:

a) La intensidad de corriente que pasa por ella.

b) La resistencia de la bombilla.

c) La energía eléctrica consumida en dos horas de funcionamiento (en kWh).

d) La bombilla pierde el 90% de la energía en forma de calor. Calcula (en J) el calor que irradia en cada minuto de funcionamiento.

a) La potencia está relacionada con la intensidad y la diferencia de potencial:

$$P = \Delta V \cdot I \rightarrow I = \frac{\Delta V}{P} = \frac{60\ \text{W}}{230\ \text{V}} = \mathbf{0{,}26\ A}$$

b) Aplica la ley de Ohm a la bombilla:

$$\Delta V = I \cdot R \rightarrow R = \frac{\Delta V}{I} = \frac{230\ \text{V}}{0{,}26\ \text{A}} = \mathbf{885\ \Omega}$$

c) Para que las unidades sean las adecuadas expresa la potencia en kW y el tiempo en h.

$$E = P \cdot t = 0{,}06\ \text{kW} \cdot 2\ \text{h} = \mathbf{0{,}12\ kWh}$$

d) Calcula la energía que consume en cada minuto y luego el 90% de ese valor. Ahora piden el resultado en J, por tanto, utiliza unidades del SI.

$$E = P \cdot t = 60\ \text{W} \cdot 60\ \text{s} = 3600\ \text{J}$$

Calor que irradia:

$$Q = 90\% \cdot E = \frac{90}{100} \cdot 3600\ \text{J} = \mathbf{3240\ J}$$

59 Si dos aparatos eléctricos que tienen diferente potencia funcionan durante el mismo tiempo, ¿cuál transformará mayor cantidad de energía?

60 Un secador tiene una potencia de 1600 W, y se necesitan 10 minutos para secar el pelo.

a) ¿Qué cantidad de energía consume?

b) Si el precio del kWh es 0,18 €, ¿cuánto cuesta?

61 La potencia de una lámpara es 500 W, y su resistencia, 30 Ω, ¿qué intensidad pasa por ella?

62 Por el motor de una lavadora conectada a la red (230 V) circula una intensidad de 3,5 A. Calcula la potencia que desarrolla y la energía que consume en un lavado de una hora.

63 Completa en tu cuaderno el cuadro de consumo y coste para diferentes aparatos eléctricos, teniendo en cuenta que el precio de 1 kWh es 0,18 €.

Aparato	Potencia (W)	Tiempo (h)	Consumo (kWh)	Coste (€)
Reloj eléctrico	4	24		
Bombilla	100	4		
Televisor	300	5		
Plancha	2000	1,5		
Lavadora	3500	1		
Aire acondicionado	3000	4		

Aplicaciones de la electricidad

64 Para los siguientes objetos indica qué efecto de la corriente eléctrica se utiliza o se ha utilizado:

a) 

b) 

c) 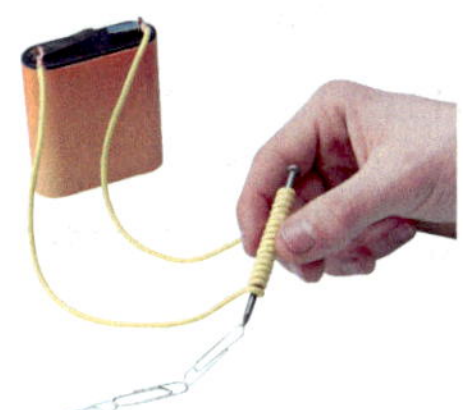

d) 

e) 

f) 

65 Las bombillas de incandescencia transforman la energía eléctrica en energía calorífica y luminosa. Su filamento de wolframio alcanza temperaturas de 2200 °C. (El wolframio es un material de elevada resistencia eléctrica cuyo punto de fusión es 3400 °C). El filamento está encerrado en una cápsula de vidrio de la que se retiró el aire, mediante vacío, y se introdujo un gas inerte.

a) ¿En qué efecto de la electricidad se basa el funcionamiento de una bombilla?

b) ¿Por qué se utiliza el metal wolframio para fabricar los filamentos?

c) ¿Qué ocurriría si utilizásemos otro metal cuyo punto de fusión fuese 2000 °C?

d) ¿Qué ocurre cuando se funde una bombilla?

Electrónica

6. EJEMPLO RESUELTO

¿Cuál de estas resistencias puede valer 400 Ω?

	1.ª raya	2.ª raya	3.ª raya	4.ª raya
a)				
b)				
c)				
d)				

Utiliza el código de colores y calcula el valor de cada resistencia:

	1.ª raya	2.ª raya	3.ª raya	4.ª raya	Valor
a)					
	3	7	$\cdot 10^4$	±5 %	$37 \cdot 10^4 \pm 1{,}85 \cdot 10^4$
b)					
	4	5	· 10	±5 %	450 ± 22,5
c)					
	3	7	· 10	±10 %	370 ± 37
d)					
	6	8	$\cdot 10^2$	±10 %	6800 ± 680

Los valores límite de la resistencia c) son:

370 − 37 y 370 + 37; es decir, 333 Ω y 407 Ω.

La resistencia del enunciado debe ser, por tanto, **la c)**.

66 Calcula los valores máximo y mínimo que puede tener una resistencia cerámica con las siguientes rayas:

1.ª raya	2.ª raya	3.ª raya	4.ª raya

67 Un reóstato es una resistencia variable. Tiene dos terminales fijos y uno móvil que se puede girar o deslizar.

Dibuja la posición en la que deben estar los terminales para que su resistencia sea mínima y en qué posición deben estar para que su resistencia sea máxima.

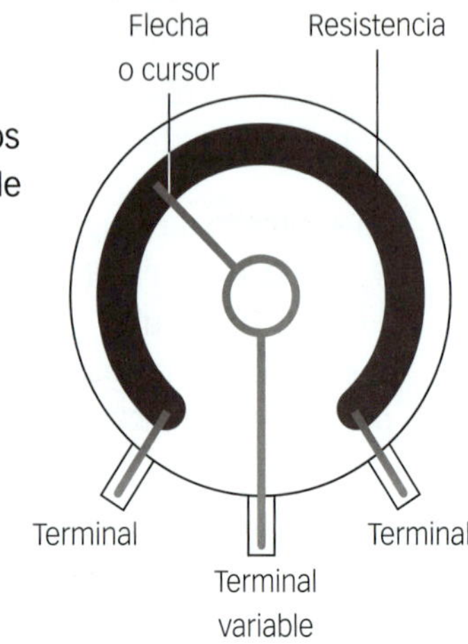

68 Indica cuáles de los siguientes elementos se pueden encontrar en un circuito eléctrico y cuáles en un circuito electrónico. (Algunos elementos podrán estar en cualquiera de ellos).

a) Interruptor.

b) Diodo.

c) Resistencia.

d) Condensador.

e) Hilo de cobre.

f) Generador.

g) Transistor.

h) Reóstato.

69 En las bombillas incandescentes alrededor del 90 % de la electricidad que entra se convierte en calor, y no en luz.

Las investigaciones sobre nuevos sistemas de iluminación que ahorren energía han encontrado una nueva tecnología: los LED, o diodos emisores de luz.

Los LED no tienen filamentos, al igual que los tubos fluorescentes y, por tanto, no se calientan, consumen muy poca energía y tienen larga vida.

Uno de sus inconvenientes es que emiten una luz muy brillante, pero solo en un punto, no en un área amplia, como las lámparas incandescentes o fluorescentes. Esto es un problema para llenar de luz una habitación. Además, su precio es bastante más alto que el de los dispositivos que utilizamos para iluminar el hogar.

a) ¿Cuáles son las ventajas de los LED frente a la bombilla de incandescencia?

b) ¿Qué ventajas tiene el fluorescente frente al LED?

c) Normalmente, las lámparas de LED tienen muchos puntos luminosos, ¿a qué se debe?

70 Relaciona en tu cuaderno las siguientes imágenes con el elemento correspondiente. (Pista: fíjate en las letras y números que lleva grabado cada elemento).

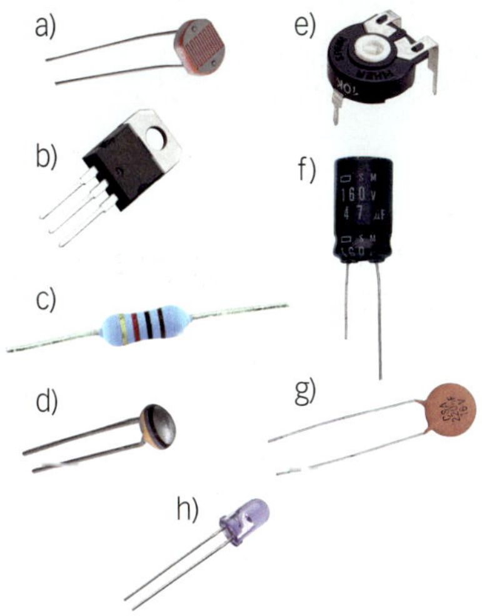

- ☐ Resistencia
- ☐ Reóstato
- ☐ LDR
- ☐ NTC
- ☐ Diodo LED
- ☐ Condensador electrolítico
- ☐ Condensador
- ☐ Transistor

71 Relaciona en tu cuaderno símbolos y elementos:

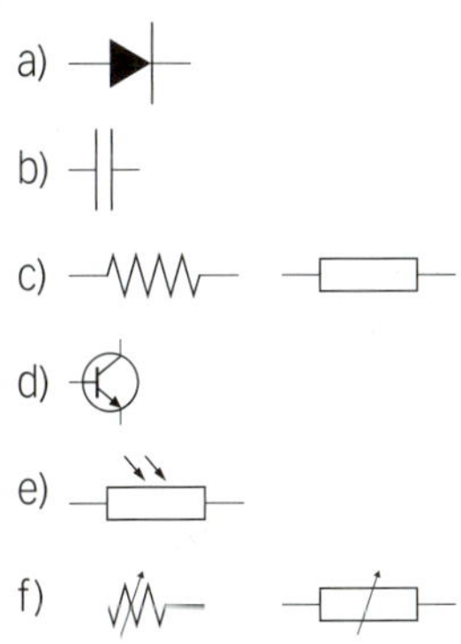

- ☐ Resistencia
- ☐ Reóstato
- ☐ LDR
- ☐ Diodo
- ☐ Condensador
- ☐ Transistor

72 Lee el texto y responde:

«En 1959, el ingeniero estadounidense Jack S. Kilby desarrolló el primer circuito integrado colocando seis transistores sobre una placa de silicio. Fue el comienzo de la microelectrónica, que tuvo, desde entonces, un desarrollo imparable.

Con el tiempo, se fueron incorporando más transistores en una placa cada vez más pequeña. Se lograron circuitos con una gran capacidad de procesamiento, los microprocesadores, que son el corazón de los ordenadores y otros dispositivos electrónicos.

Viendo su evolución, Gordon Moore, cofundador de la empresa Intel, enunció en 1965 la ley de Moore, según la cual, el número de microprocesadores de un circuito integrado se duplica cada dos años.»

a) ¿Crees que la ley de Moore es una ley científica?

b) Los microprocesadores actuales, ¿son mayores que los primeros microprocesadores? ¿Cómo lo sabes?

c) Los ordenadores actuales, ¿tienen mayor o menor capacidad de procesamiento que los antiguos? ¿Cómo lo sabes?

AMPLÍA

7. EJEMPLO RESUELTO

Cada pila de este circuito es de 4,5 V. R_1 es desconocida, $R_2 = 20\ \Omega$ y $R_3 = 30\ \Omega$. Al cerrar el interruptor, pasa por R_1 una corriente de 1 A. Calcula:

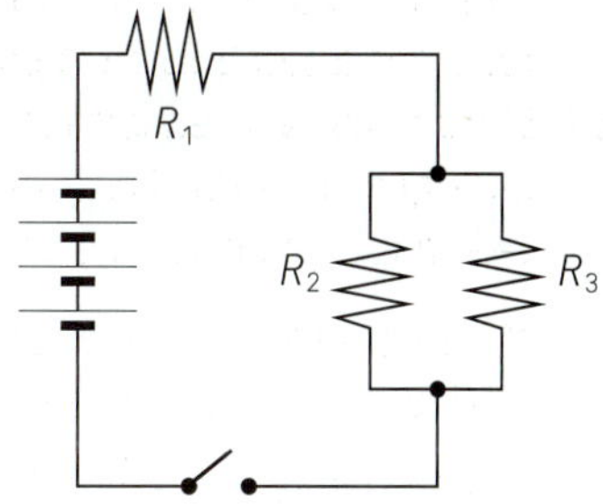

a) El valor de R_1.

b) La intensidad de la corriente en R_2 y R_3.

a) Las cuatro pilas en serie equivalen a un generador de 4,5 V · 4 = 18 V. La intensidad de corriente que pasa por R_1 es la que sale del generador, es decir, $I_T = I_1$. Aplicando la ley de Ohm al circuito completo:

$$\Delta V_T = I_T \cdot R_T \rightarrow R_T = \frac{\Delta V_T}{I_T} = \frac{18\ \text{V}}{1\ \text{A}} = 18\ \Omega$$

R_2 y R_3 están en paralelo:

$$\frac{1}{R_{\text{eq. }2+3}} = \frac{1}{R_2} + \frac{1}{R_3} = \frac{1}{20\ \Omega} + \frac{1}{30\ \Omega} = \frac{5}{60\ \Omega} \rightarrow$$

$$\rightarrow R_{\text{eq. }2+3} = \frac{60\ \Omega}{5} = 12\ \Omega$$

$$R_T = R_1 + R_{\text{eq. }2+3} \rightarrow$$

$$\rightarrow R_1 = R_T - R_{\text{eq. }2+3} = 18\ \Omega - 12\ \Omega = \mathbf{6\ \Omega}$$

b) Aplicando la ley de Ohm a R_1 obtienes ΔV_1. $\Delta V_T - V_1$ es la diferencia de potencial en el conjunto en paralelo:

$$\Delta V_1 = I_1 \cdot R_1 = 1\ \text{A} \cdot 6\ \Omega = 6\ \text{V}$$

$$\Delta V_2 = \Delta V_3 = \Delta V_T - \Delta V_1 = 18\ \text{V} - 6\ \text{V} = 12\ \text{V}$$

Aplicando la ley de Ohm a R_2 y R_3 puedes calcular I_2 e I_3:

$$I_2 = \frac{\Delta V_2}{R_2} = \frac{12\ \text{V}}{20\ \Omega} = \mathbf{0,6\ A}$$

$$I_3 = \frac{\Delta V_3}{R_3} = \frac{12\ \text{V}}{30\ \Omega} = \mathbf{0,4\ A}$$

Se comprueba que $I_T = I_1 = I_2 + I_3$.

73 En este circuito tenemos cuatro pilas de 4,5 V conectadas en paralelo a las resistencias: $R_1 = 6\ \Omega$, $R_2 = 20\ \Omega$ y $R_3 = 30\ \Omega$. Calcula la intensidad que pasa por cada resistencia cuando se cierra el circuito.

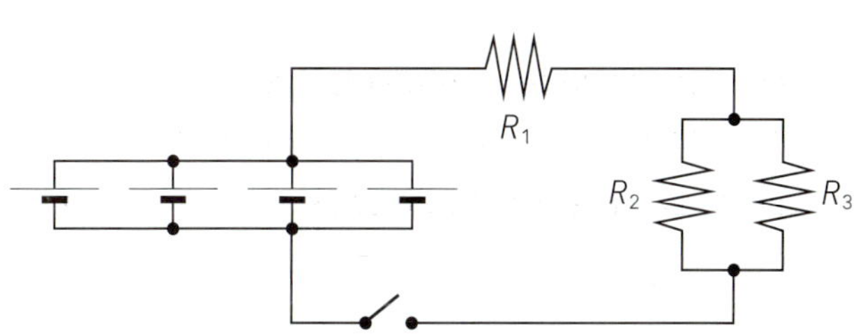

TÉCNICA. Analizar un circuito eléctrico

En el circuito eléctrico de la derecha el voltaje del generador y la resistencia eléctrica de los diversos elementos determinan cuál es la intensidad de corriente que circula por cada rama del circuito. La resistencia de cada lámpara es de 10 Ω y la de cada motor es de 20 Ω.

Es importante saber cuál es la intensidad que atraviesa cada elemento para evitar que este se queme. Por ejemplo, en muchos circuitos hay un fusible que actúa a modo de «vigilante». Cuando la intensidad de corriente supera un determinado umbral, el fusible se funde y el circuito se interrumpe, evitando así que se estropeen los elementos que haya conectados.

Puedes simular el funcionamiento de circuitos usando el software Yenka → Electricidad y magnetismo.

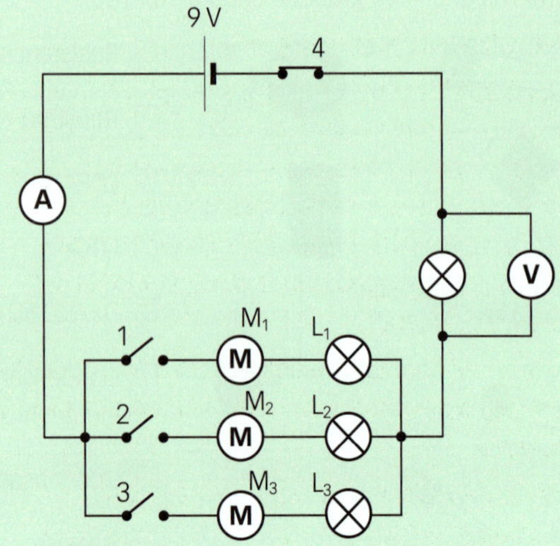

¿Cómo está conectado el amperímetro? ¿Y el voltímetro?

74 ¿Cómo está conectado cada uno de los elementos del circuito? ¿Por qué se ha conectado de esa manera el voltímetro?

75 Utiliza el software Yenka u otro similar para montar un circuito virtual equivalente al de arriba. Si se parte de la situación que recoge la imagen, señala qué ocurrirá al…

a) Cerrar el interruptor 1. ¿Cuál será ahora la resistencia total equivalente del circuito?

b) Cerrar los interruptores 1 y 2. ¿Cuál será ahora la resistencia total equivalente del circuito?

c) Cerrar sucesivamente los interruptores 1, 2 y 3. ¿Cuál será ahora la resistencia total equivalente del circuito?

d) Entonces, ¿siempre que hay varias resistencias conectadas a un circuito la resistencia total equivalente es mayor que cada una de ellas?

76 Señala en tu cuaderno qué indicará el voltímetro si:

a) Se cierra únicamente el interruptor 1.

b) Se cierra únicamente el interruptor 2.

c) Se cierran los interruptores 1 y 2.

d) Se cierran los interruptores 1, 2 y 3.

77 Señala en tu cuaderno qué indicará el amperímetro si:

a) Se cierra únicamente el interruptor 1.

b) Se cierra únicamente el interruptor 2.

c) Se cierran los interruptores 1 y 2.

d) Se cierran los interruptores 1, 2 y 3.

78 Si todos los motores tienen la misma resistencia:

a) ¿Circulará la misma intensidad por todos ellos al cerrar los tres interruptores?

b) ¿Cuál será la caída de potencial en cada uno de ellos?

79 ¿La intensidad que marca el amperímetro es la misma que circula por los motores M_1, M_2 y M_3? Explica tu respuesta.

80 Dibuja un circuito equivalente a este representado por una sola resistencia cuyo valor corresponda al caso en que todos los interruptores están cerrados.

81 Observa ahora este circuito.

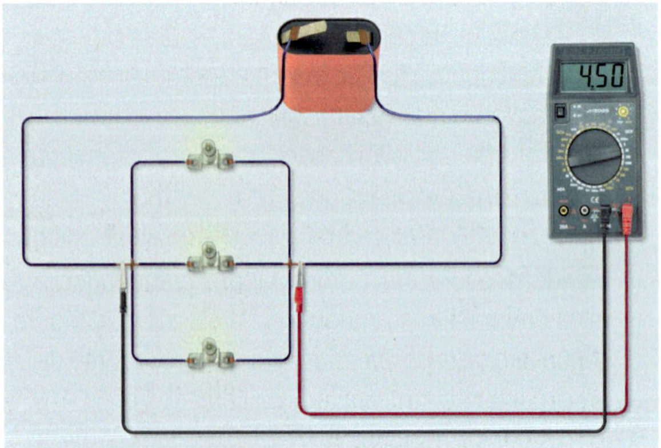

a) ¿Cómo está conectado el polímetro, como amperímetro o como voltímetro? ¿Por qué lo sabes?

b) ¿Cómo se modificaría el valor mostrado en la pantalla si desconectamos una de las lámparas? ¿Mostraría un número mayor o menor? ¿Por qué?

FORMAS DE PENSAR. Análisis científico. ¿Cómo manejar la electricidad de manera segura?

Cómo evitar accidente eléctricos

- Asegúrese [de] que su vivienda tenga la instalación eléctrica en condiciones. Cuando sea preciso cambiar una lámpara, arreglar un tomacorrientes, ficha, etc., corte la electricidad utilizando el interruptor. Al ausentarse de su vivienda por un tiempo prolongado, debe desconectar la luz; así evitará incendios.
- Evite tocar artefactos eléctricos en funcionamiento cuando se encuentra descalzo o con las manos mojadas.
- Revise periódicamente las fichas, cables y tomacorrientes para asegurarse de que estos se encuentran en perfecto estado.
- Evite conectar varios artefactos eléctricos a derivación triple, la sobrecarga en la línea puede provocar cortocircuitos y, por consiguiente, producir un incendio.
- Evite realizar instalaciones eléctricas y reparaciones si no es especialista en el tema. Hacer revisar periódicamente la instalación eléctrica íntegramente por medio de un especialista en el tema.
- Al desenchufar un aparato, evite tirar del cable, tome de la clavija para desconectarlo.
- Cuando en la casa hay niños pequeños, se debe colocar en los tomacorrientes tapitas para evitar que pongan los dedos en los mismos.
- Evite que los niños introduzcan alambres, tijeras, etc., en los enchufes.
- No conecte aparatos que se hayan mojado.
- Si llegara a observar (en el interior o en la calle) algún cable cortado, avise inmediatamente a su empresa proveedora de energía eléctrica, trate de quedarse en el lugar para alertar a los demás. En ningún momento toque el cable.
- Los enchufes y tomacorrientes que presenten picaduras o manchas deben ser reemplazados, ya que un mal contacto del mismo puede ocasionar una chispa y esto desencadenar un incendio.

Qué hacer ante un accidente eléctrico

- En caso de que usted, accidentalmente, sea la descarga a tierra del artefacto eléctrico, debe procurar soltarse y alejarse del mismo.
- Si algún artefacto explota mientras está conectado, interrumpa el suministro de energía y luego desconéctelo.
- Si es otra persona la que está recibiendo la descarga eléctrica, corte el suministro de electricidad, desconecte el artefacto, y si la persona está adherida aún, separe a la víctima con un palo seco. Verifique si respira y si tiene pulso. Practique el auxilio correspondiente y solicite ayuda.

Adaptado de: http://www.bomberosdecasares.com.ar

82 COMPRENSIÓN LECTORA. Elabora un resumen del texto en unas cuantas líneas.

83 COMPRENSIÓN LECTORA. ¿En cuántas partes dividirías el texto? ¿De qué habla cada una?

84 Explica los dibujos del cartel, destinado a prevenir accidentes con la electricidad.

Trabajando en grupo, elaborad un cartel similar con medidas adecuadas para proteger a las personas que utilizan instalación eléctrica:

a) En tu vivienda.

b) En tu centro de enseñanza.

85 Revisa la instalación eléctrica en tu casa o en tu instituto.

a) Elabora una lista con puntos donde aprecies enchufes sobrecargados.

b) Anota en una tabla los desperfectos observados. Indica en ella qué aparato o aparatos sufren esta anomalía.

c) ¿Qué modificaciones deberías tener en cuenta para evitar riesgos en caso de que haya niños pequeños?

86 TRABAJO COOPERATIVO. Ahora elabora una lista con conductas que seguís tú o tu familia a la hora de manejar circuitos eléctricos que sean positivas, y otra lista con conductas que sean contraproducentes.

Compara tus listas con las de tus compañeros de clase y decidid entre varios una campaña, apoyada con una presentación multimedia, con el objetivo de aumentar la seguridad a la hora de manejar la electricidad.

COMPROBACIÓN DE LA LEY DE OHM

La ley de Ohm relaciona la diferencia de potencial en un dispositivo con su resistencia y la intensidad de la corriente que pasa por él. Se puede aplicar a un elemento de un circuito, a varios elementos conectados o a un circuito completo.

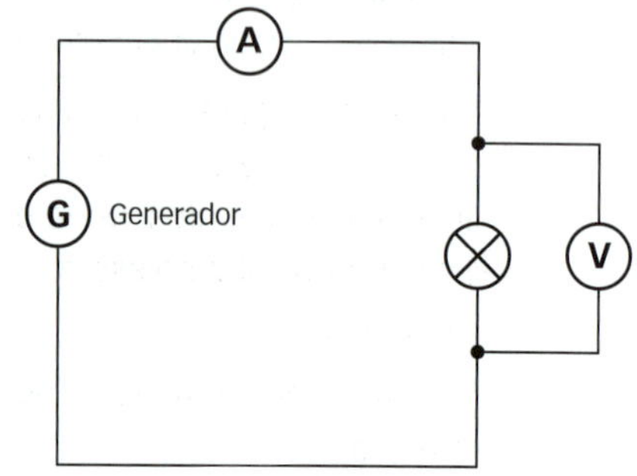

MATERIAL

- Generador variable de corriente continua.
- Resistencia.
- Cables de conexión.
- 2 polímetros.

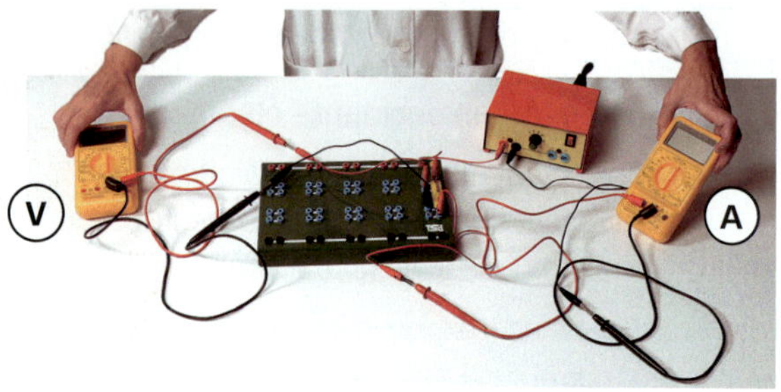

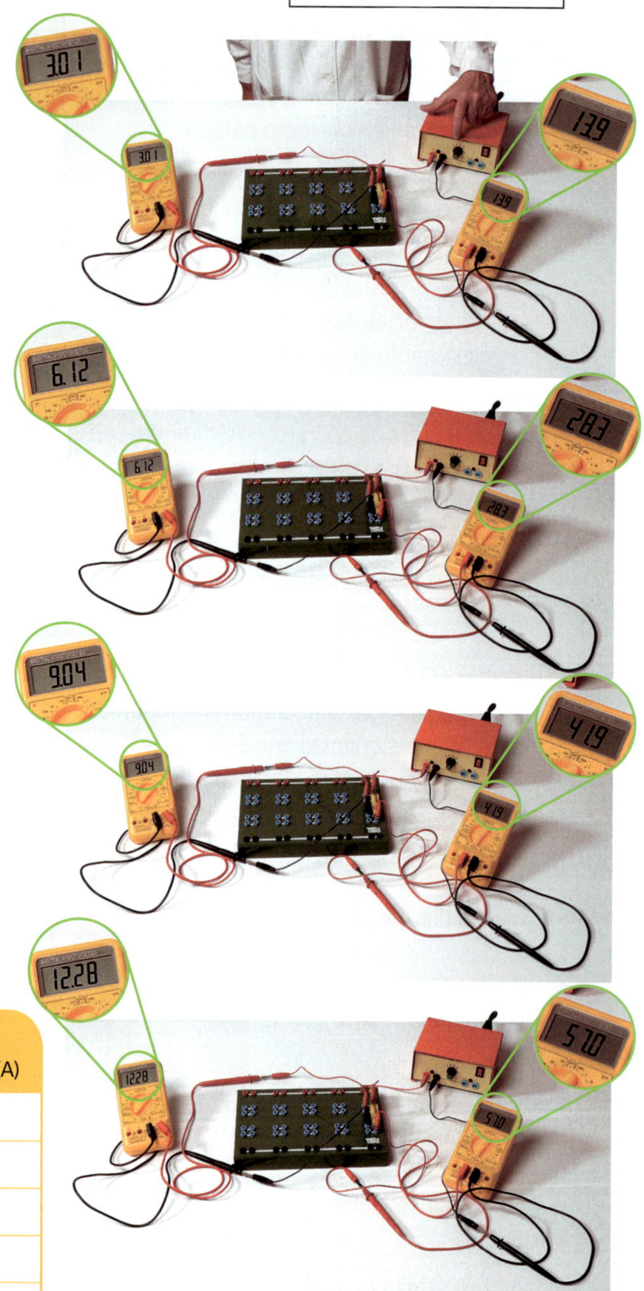

PROCEDIMIENTO

1. Con el interruptor del generador de corriente apagado, haz el montaje del esquema. Ten cuidado de que los polímetros estén dispuestos de manera que uno actúe como amperímetro (A) y el otro como voltímetro (V).
2. Selecciona un voltaje bajo en el generador de tensión. Enciende el interruptor y lee lo que indican el amperímetro y el voltímetro; fíjate en las unidades. Anota el resultado en la tabla. Apaga el interruptor.
3. Selecciona un voltaje mayor en el generador de tensión y repite el paso 2.
4. Repite el paso 3 hasta tener, al menos, cinco parejas de datos: diferencia de potencial, intensidad. Completa una tabla como la siguiente en tu cuaderno.

Experiencia	Voltaje del generador (V)	Lectura del voltímetro (V)	Lectura del amperímetro (A)
1			
2			
3			
4			
5			

REPRESENTACIÓN GRÁFICA DE LOS DATOS

1. En un papel milimetrado, cuadriculado o usando una hoja de cálculo, representa gráficamente los valores de ΔV frente a I.
   Utiliza una escala adecuada a los valores de cada magnitud.
2. Coloca una regla sobre los puntos y dibuja la recta de ajuste, es decir, la recta que mejor ajusta con los puntos. No te preocupes si hay puntos que no están sobre la recta.
3. Calcula la pendiente de la recta (m). Para ello:
   a) Toma dos puntos de la recta de los que puedas leer fácilmente el valor de ΔV y de I:
   - Punto 1 (I_1, ΔV_1).
   - Punto 2 (I_2, ΔV_2).

   b) Haz el cálculo:

$$m = \frac{\Delta V_2 - \Delta V_1}{I_2 - I_1}$$

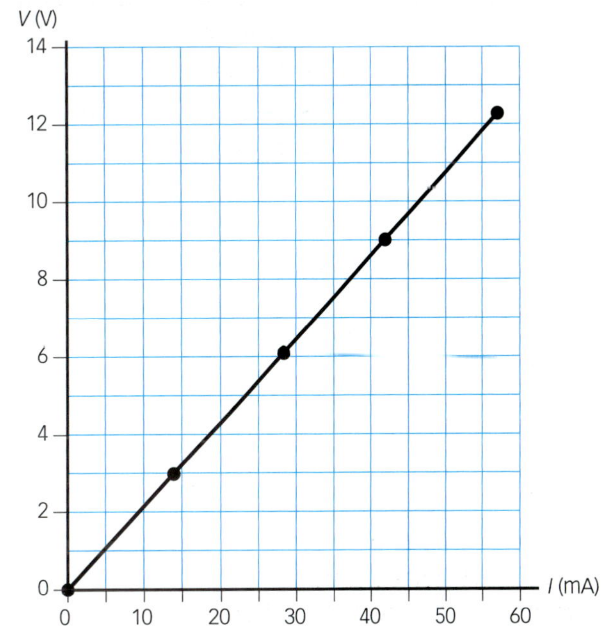

USA LAS TIC

Puedes utilizar una hoja de cálculo para elaborar la gráfica.

Para obtener la recta de ajuste elige entre sus opciones la denominada Agregar línea de tendencia.

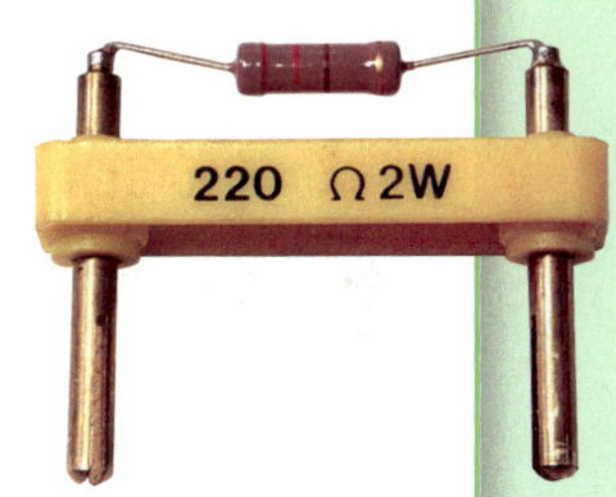

ANÁLISIS DE RESULTADOS

Con los datos que has obtenido, completa una tabla como esta en tu cuaderno.

Experiencia	Lectura del voltímetro (V)	Lectura del amperímetro (A)	$R = \frac{\Delta V}{I}$ (Ω)
1			
2			
3			
4			
5			

PRESTA ATENCIÓN

Utiliza las unidades adecuadas para las magnitudes manejadas.

ACTIVIDADES

87 En cada experiencia compara el valor del voltaje en el generador de tensión con la lectura del voltímetro.

a) ¿Coinciden?

b) ¿A qué crees que es debido?

88 Observa la gráfica y analiza la relación entre las variables. ¿Son directa o inversamente proporcionales?

89 Compara el valor de la pendiente con lo que has calculado en la última columna de la tabla. ¿Qué representa la pendiente de la recta?

11 Las centrales eléctricas

SABER

- Tipos de corriente eléctrica.
- Las fábricas de electricidad.
- Transporte y distribución de electricidad.
- Impacto ambiental de la electricidad.
- La electricidad en casa.
- Producción y consumo de energía eléctrica.

SABER HACER

- Producir energía eléctrica en el laboratorio.

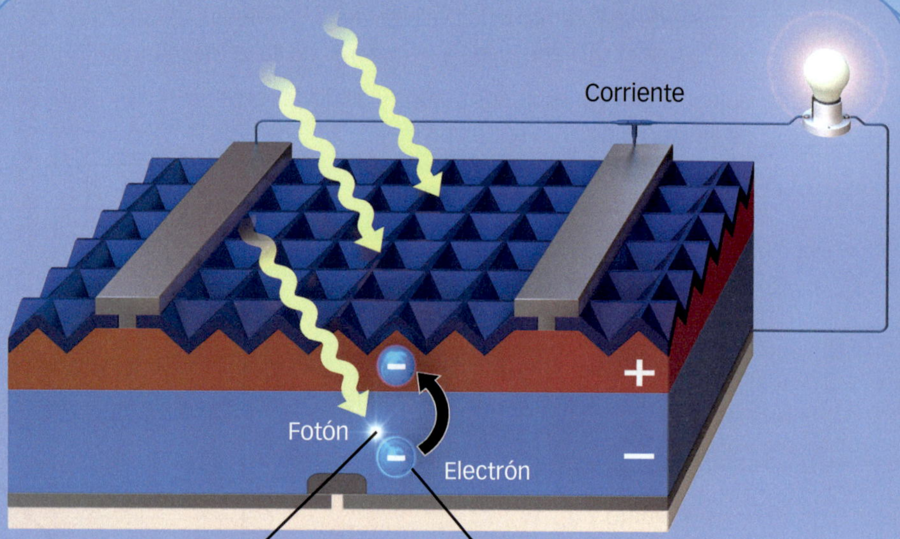

1. Una partícula que forma la luz, llamada **fotón**, incide sobre la célula.
2. Un **electrón** del material absorbe el fotón, se mueve hacia la capa superior de la célula y genera la corriente.

Las células fotovoltaicas **se conectan unas a otras** para sumar los efectos de la electricidad generada por cada una de ellas.

Los paneles solares son **caros**, aunque un aumento en el número de paneles fabricados abarata los costes.

APLICACIONES DE LAS CÉLULAS FOTOVOLTAICAS

Calculadoras

Satélites y naves espaciales

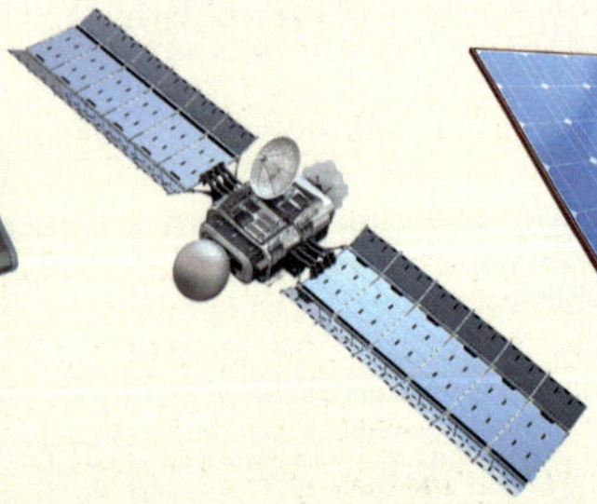

Centrales eléctricas solares

Producción de energía en viviendas y empresas

Farolas y otros elementos de mobiliario urbano

NOS HACEMOS PREGUNTAS. ¿Cómo aprovechan la energía solar los paneles solares?

Necesitamos energía para todo: para desplazarnos, para realizar las tareas domésticas, para usar ordenadores, teléfonos móviles u otros aparatos electrónicos, etc.

El carbón o el petróleo son fuentes que producen energía, aunque contaminan. Pero existen otras fuentes de energía menos contaminantes, como la energía solar que se aprovecha en los paneles solares para producir energía eléctrica.

Cada panel está formado por numerosas **células fotovoltaicas**.

Los paneles están elaborados con **silicio** o **arseniuro de galio**, dos materiales capaces de producir una corriente eléctrica cuando incide la luz sobre ellos.

La investigación se centra en conseguir **paneles más eficientes**: es decir, que generen más energía eléctrica con la misma cantidad de luz. Las células fotovoltaicas más eficientes convierten en energía eléctrica algo más del **40 %** de la energía luminosa que reciben.

La luz incide en las células fotovoltaicas y arranca electrones que forman una **corriente eléctrica continua** de bajo voltaje.

? INTERPRETA LA IMAGEN

- ¿De dónde procede la energía que aprovechan los paneles solares?
- ¿Qué quiere decir que un panel solar es más eficiente que otro?

CLAVES PARA EMPEZAR

- ¿Qué fuentes de energía conoces?
- Opina. ¿Por qué crees que no se usan más los paneles solares a la hora de generar energía, si producen una energía limpia y renovable?

REPASA FÍSICA Y QUÍMICA

¿Qué es la energía?

La energía es una magnitud física que mide la capacidad de un cuerpo o sistema material para producir cambios en él mismo o en otros cuerpos.

En el Sistema Internacional de unidades la energía se mide en **julios (J)**.

1 julio es una cantidad pequeña de energía. En muchas ocasiones la energía se expresa empleando múltiplos, como kJ, MJ o TJ.

Existen otras unidades de energía:

- Caloría (cal): 1 cal = 4,18 J.
- Kilovatio hora (kWh): 10^3 W · 3600 s = $3,6 \cdot 10^6$ J.

1. EJEMPLO RESUELTO

Expresa 850 J en calorías.

Escribe el factor de conversión. Hazlo de manera que desaparezcan los julios al simplificar.

$$850\,\cancel{J} \cdot \frac{1\text{ cal}}{4{,}18\,\cancel{J}} = \mathbf{203\text{ cal}}$$

2. EJEMPLO RESUELTO

La factura de electricidad de una casa indica que se han consumido 62 kWh. Exprésalo en julios.

Escribe el factor de conversión:

$$62\,\cancel{\text{kWh}} \cdot \frac{3{,}6 \cdot 10^6\text{ J}}{1\,\cancel{\text{kWh}}} = \mathbf{2{,}23 \cdot 10^8\text{ J}}$$

Tipos de energía

Energía térmica

Es la energía que tiene un cuerpo en virtud de su temperatura.
Cuando calentamos un cuerpo, aumenta su energía térmica.
Cuando lo enfriamos, disminuye su energía térmica.

Energía cinética

Es la energía que tiene un cuerpo cuando está en movimiento. Depende de su masa y de su velocidad.

Energía potencial

Es la energía que tiene un cuerpo por el hecho de estar en determinada posición. Depende de la masa del cuerpo y de su posición.

Energía eléctrica

Es la energía que tienen las cargas eléctricas en movimiento.

Energía radiante

Es la energía que transportan las ondas electromagnéticas, como la radiación solar, la luz, o las ondas de telecomunicaciones. En general se le llama radiación.

Energía química

Es la energía que poseen las sustancias químicas y que se pone de manifiesto cuando intervienen en una reacción química.

Energía nuclear

Es la energía que se almacena en los núcleos de los átomos y que se libera cuando se rompen (fisión), se unen (fusión) o se desprenden partículas radiactivas.

REPASA FÍSICA Y QUÍMICA

Fuentes de energía

Una fuente de energía es cualquier material o recurso natural que se puede utilizar para obtener energía aprovechable.

Fuentes no renovables de energía	Fuentes renovables de energía
Son aquellas que se encuentran en la naturaleza en cantidad limitada. No es posible reponer los recursos consumidos para obtener energía, por lo que acabarán agotándose. Son fuentes no renovables de energía los combustibles fósiles (**carbón**, **petróleo**, **gas natural**) y los materiales radiactivos (como el **uranio** o el **plutonio**) que son fuentes de energía nuclear. 	Son aquellas cuyos recursos se recuperan después de su utilización, bien porque no se agotan (como el **sol**, el **viento** o el **agua**) o porque se vuelven a obtener en un tiempo corto (como los **biocombustibles**). 

Aprovechamiento de las fuentes de energía

Aprovechamos las fuentes de energía de distintas maneras.

Combustibles

- En cocinas o calefacciones. Por combustión directa.
- En medios de transporte. Por combustión en un motor.
- En fábricas de energía eléctrica.

Materiales radiactivos

- Obtención de energía eléctrica en centrales nucleares.

El sol

- Energía térmica. Aprovechando el calor del sol.
- Energía eléctrica. Transformando su energía radiante en electricidad (paneles fotovoltaicos).

Viento

- Directamente, para mover molinos, barcos…
- En aerogeneradores eléctricos.

Agua

- Directamente, para mover molinos.
- En centrales hidroeléctricas.

ACTIVIDADES

1 Expresa en julios las siguientes cantidades. Emplea los factores de conversión adecuados.

a) 12 kJ
b) 58 MJ
c) 2,7 TJ
d) 0,62 GJ

2 Expresa en julios las siguientes cantidades. Emplea los factores de conversión adecuados.

a) 875 cal
b) 15 kWh
c) 2,5 MWh
d) 0,025 GWh

3 Clasifica estas expresiones en fuente de energía o tipo de energía. Completa la tabla en tu cuaderno.

a) Energía nuclear.
b) Energía cinética.
c) Energía fotovoltaica.
d) Energía eléctrica.
e) Energía química.
f) Energía eólica.

Fuente de energía	Tipo de energía

1 Tipos de corriente eléctrica

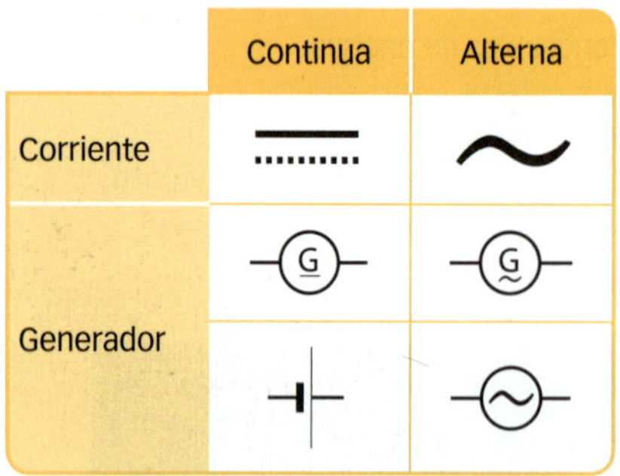

Símbolos empleados para identificar la corriente alterna y la continua.

1.1. Corriente continua y corriente alterna

Una corriente eléctrica es un conjunto de cargas eléctricas en movimiento. Normalmente circulan por un hilo conductor (cable eléctrico) o por los elementos conectados a un circuito eléctrico. Existen dos tipos de corriente eléctrica:

- **Corriente continua:** las cargas circulan siempre en el mismo sentido. El generador de corriente que proporciona energía a las cargas para que hagan su recorrido tiene un polo positivo y un polo negativo que son siempre los mismos. La corriente sale del polo positivo y llega al negativo circulando siempre en el mismo sentido.
- **Corriente alterna:** las cargas circulan unas veces en un sentido y otras en el contrario. El generador de corriente que proporciona energía a las cargas cambia de polaridad varias veces por segundo (en nuestras casas, 50 veces por segundo). La corriente va siempre del polo positivo al negativo; por eso la corriente alterna circula unas veces en un sentido y otras en el contrario.

Corriente continua

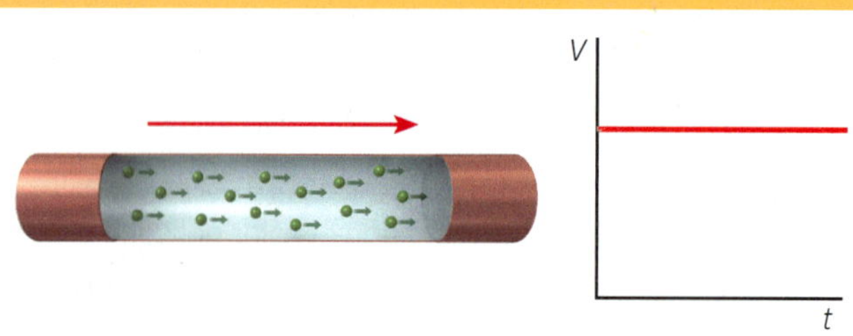

El generador de corriente continua proporciona una energía a cada carga, el voltaje, *V*, que tiene siempre el mismo valor.

Corriente alterna

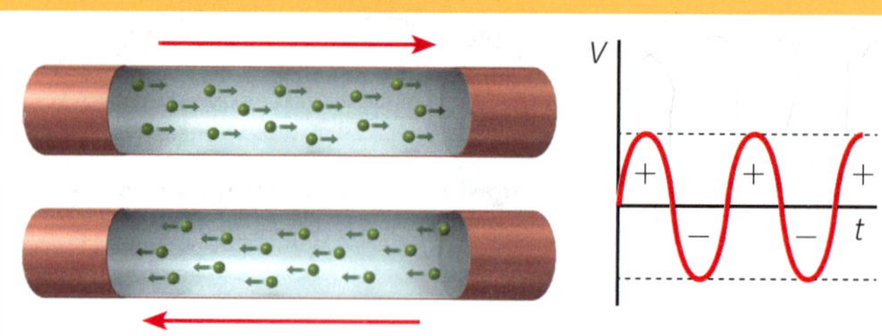

El generador de corriente alterna proporciona una energía a cada carga, el voltaje, que varía entre un valor máximo (*V*) y un valor mínimo (−*V*), pasando por cero.

RECUERDA

Ley de Ohm:

$$V = I \cdot R$$

La ley de Ohm relaciona la intensidad de corriente que pasa por un elemento de un circuito con el voltaje o caída de tensión entre sus extremos y su resistencia.

La ley de Ohm se cumple tanto para la corriente alterna como para la corriente continua. Como en la corriente alterna el voltaje cambia en cada instante, para los cálculos de la ley de Ohm en los circuitos de corriente alterna hay que utilizar el **voltaje eficaz**:

$$V_{\text{eficaz}} = \frac{V_{\text{máximo}}}{\sqrt{2}}$$

Corriente continua

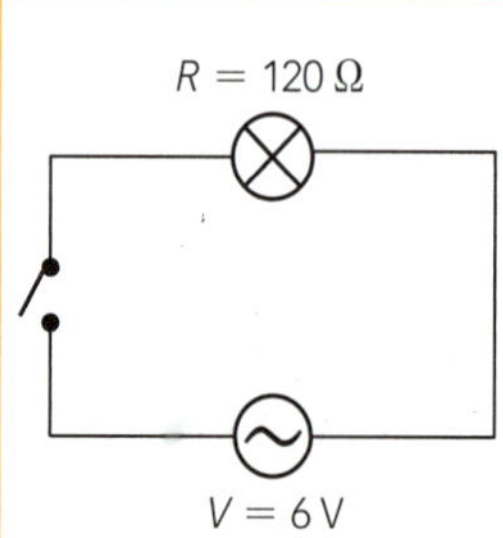

$$I = \frac{V}{R}$$

$$I = \frac{6\ \text{V}}{120\ \Omega} = 0{,}05\ \text{A}$$

Corriente alterna

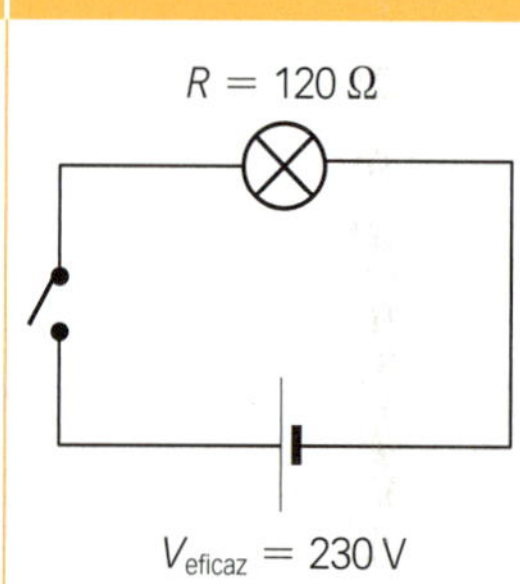

$$I = \frac{V_{\text{eficaz}}}{R}$$

$$I = \frac{230\ \text{V}}{120\ \Omega} = 1{,}92\ \text{A}$$

1.2. Generadores de corriente eléctrica

Los **generadores de corriente continua** más habituales son los siguientes:

Pilas y baterías	Dinamo	Placa fotovoltaica

Las pilas transforman energía química en energía eléctrica. Las pilas se agotan cuando finaliza la reacción química en su interior. Las pilas recargables y las baterías pueden revertir la reacción química para que se vuelva a iniciar. Se pueden recargar un cierto número de veces.	Generan energía eléctrica haciendo girar un dispositivo. Tradicionalmente se utilizaban para obtener luz en los faros de las bicicletas, aunque recientemente se utilizan para obtener luz en linternas o para cargadores manuales de teléfonos móviles.	El silicio es un material semiconductor. Cuando los fotones de la luz del sol inciden en la placa de silicio, comunican energía a sus electrones para que se pongan en movimiento, originando así una corriente continua.

Los **generadores de corriente alterna** se basan en la experiencia de Faraday, que consiste en hacer girar una bobina en presencia de un imán, o en mover un imán cerca de una bobina.

- La corriente continua se utiliza localmente y para hacer funcionar dispositivos concretos, como una linterna, un ordenador, un teléfono móvil o la iluminación de una casa aislada.
- La corriente alterna es mucho más fácil de producir industrialmente en grandes cantidades. También es más fácil de transportar y distribuir.

La corriente continua se puede transformar en alterna y viceversa, mediante inversores o rectificadores. También se puede modificar su voltaje mediante transformadores.

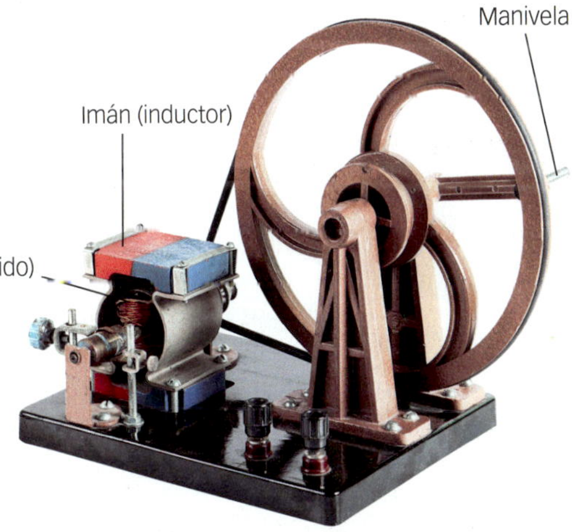

Al girar la manivela, el imán (inductor) hace que aparezca una corriente eléctrica en la bobina (inducido). La corriente que se genera es alterna.

ACTIVIDADES

4 Haz el esquema de un circuito que tenga una pila, una bombilla y una resistencia en serie. Coloca un interruptor que te permita abrirlo o cerrarlo.

5 Haz el esquema de un circuito que tenga una bombilla y una resistencia en paralelo. El circuito tiene también una pila y un interruptor.

2 Las fábricas de electricidad

En las **centrales eléctricas** se genera la electricidad que luego usamos en nuestras casas.

Las **centrales eléctricas** son instalaciones donde se fabrica la electricidad. Es decir, donde se produce energía eléctrica a partir de otras fuentes de energía.

En la mayoría de centrales se genera corriente alterna haciendo girar electroimanes (el **rotor**) dentro de una pieza estática que alberga las bobinas donde se induce la corriente (el **estátor**).

El rotor gira mediante una turbina movida por vapor de agua, agua embalsada que cae o el viento, según el tipo de central eléctrica.

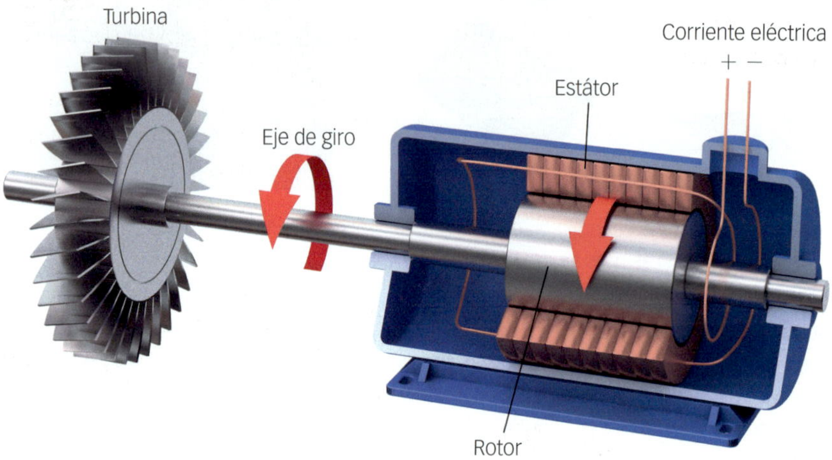

2.1. Central hidroeléctrica

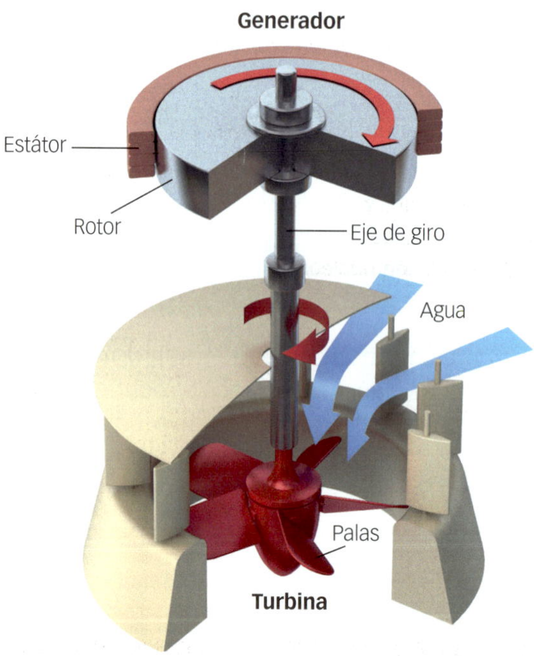

El agua embalsada llega a la turbina a través de un canal y mueve sus palas. El movimiento de la turbina se transmite al rotor, que induce la corriente en el estátor del generador.

2.2. Centrales térmicas

Central térmica de combustión

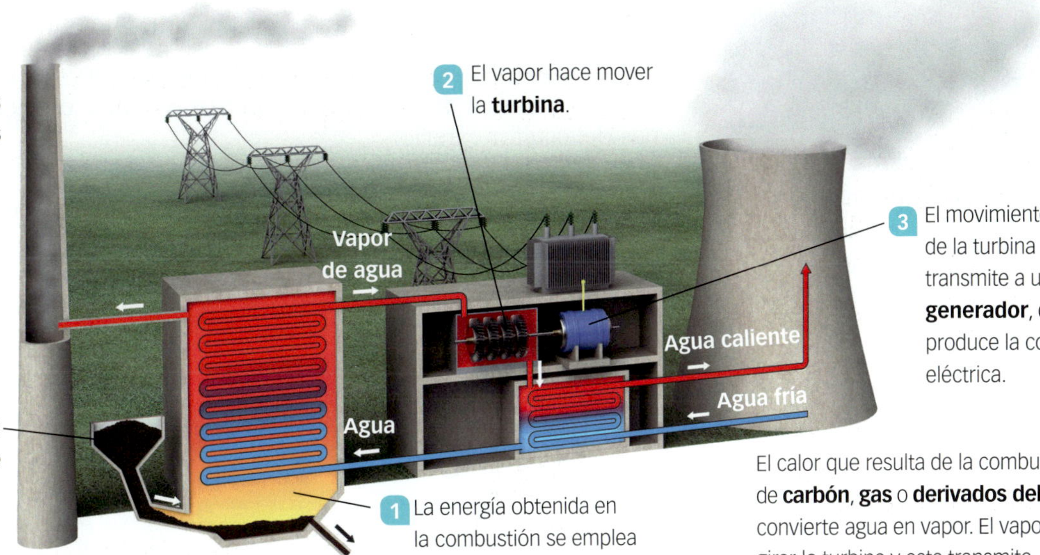

El calor que resulta de la combustión de **carbón**, **gas** o **derivados del petróleo** convierte agua en vapor. El vapor hace girar la turbina y esta transmite su movimiento al rotor, que induce la corriente en el estátor del generador.

Central térmica nuclear

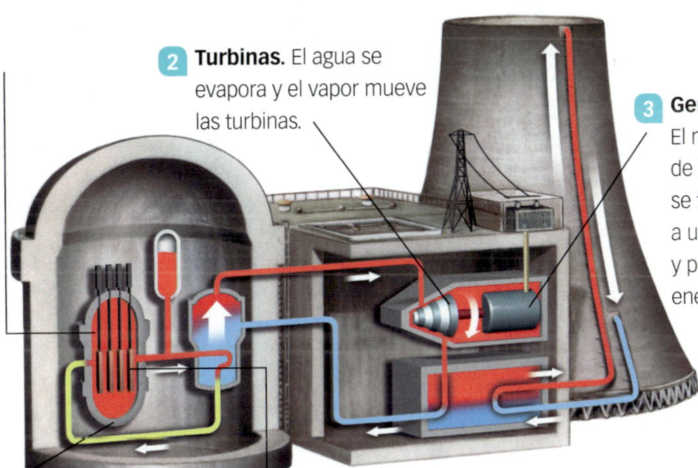

Al producirse la **fisión nuclear**, se libera una gran cantidad de calor que convierte agua en vapor. El vapor hace girar la turbina y esta transmite su movimiento al rotor, que induce la corriente en el estátor del generador.

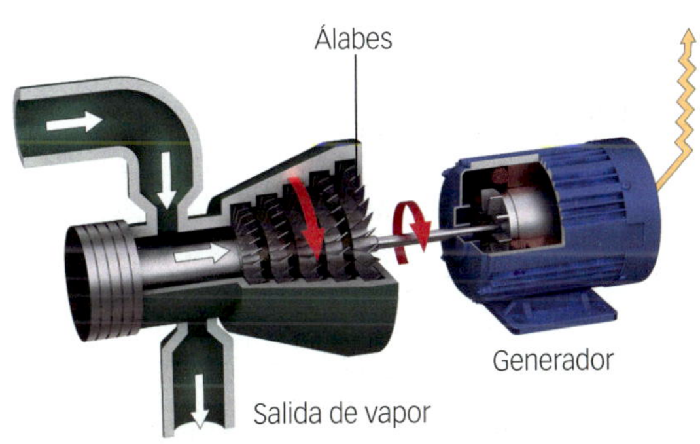

Para aprovechar mejor la energía del vapor, la turbina tiene varios discos de álabes o aspas, de radio cada vez mayor. El giro de la turbina hace girar el rotor, que induce corriente en las bobinas del estátor.

ACTIVIDADES

6 Explica en qué se parecen y en qué se diferencian las turbinas de las centrales hidroeléctricas y las de las centrales térmicas.

7 ¿Qué combustibles se pueden utilizar en las centrales térmicas? ¿Crees que se podría usar madera?

Se puede utilizar un **aerogenerador** para obtener energía para una instalación aislada, o muchos aerogeneradores instalados en un parque eólico para generar gran cantidad de energía.

Para que funcione el aerogenerador la **velocidad del viento** debe ser mayor que 3 m/s y menor que 25 m/s. Es decir, superior a 11 km/h e inferior a 90 km/h. Si la velocidad del viento es mayor, el aerogenerador puede destruirse o estropearse debido a un sobrecalentamiento de sus componentes eléctricos. Por eso los aerogeneradores se detienen cuando el viento es muy intenso.

2.3. Central eólica

Los aerogeneradores aprovechan la energía del viento para generar energía eléctrica. La fuerza del viento mueve las aspas del aerogenerador, que transmite su movimiento al rotor de un generador.

El **generador** transforma el movimiento de giro del multiplicador en electricidad. El rotor gira en su interior e induce corriente en las bobinas del estátor exterior.

3. EJEMPLO RESUELTO

El mapa permite analizar la fuerza del viento en España. Obsérvalo y responde:

a) ¿En qué regiones es más adecuado instalar centrales eólicas?

b) Valora si es adecuado instalar centrales eólicas en: Madrid, Cantabria, Extremadura, Cataluña, Asturias.

a) El mayor número de centrales eólicas en España está en las zonas coloreadas en morado, donde la velocidad del viento es mayor de 8 m/s durante más de 3000 h/año.

b) Para que sea adecuado el viento debe alcanzar una velocidad superior a 7 m/s durante más de 2250 h/año.

- No es adecuado en Madrid, Extremadura y la mayor parte de Cataluña, porque la velocidad del viento es menor de 5 m/s durante menos de 1250 h/año.
- Podría ser adecuado en Cantabria y Asturias, porque la velocidad del viento está entre 6 m/s y 7 m/s más de 1750 h/año.

Distribución de las zonas de viento en España.

2.4. Central solar fotovoltaica

Cuando los fotones de la luz solar inciden sobre un panel de material semiconductor como el silicio, comunican energía a sus electrones y logran que se pongan en movimiento. Se origina así una corriente continua que se puede utilizar para alumbrar una bombilla, una señal de tráfico o un pequeño dispositivo.

Una central fotovoltaica produce energía eléctrica en gran cantidad utilizando muchos paneles orientados adecuadamente.

Algunas farolas o semáforos se iluminan con la energía que les aporta un pequeño **panel solar**.

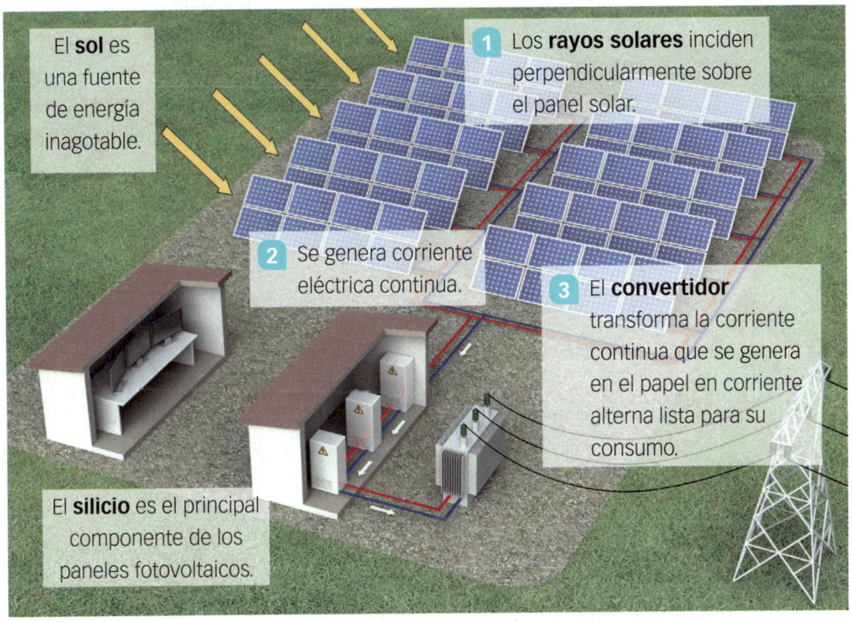

La energía eléctrica se transporta de manera más eficiente en forma de corriente alterna. Por eso se utilizan un **inversor** y un **transformador** para darle el voltaje adecuado para distribuirla por la red eléctrica.

ACTIVIDADES

8 ¿De qué tipo es la corriente eléctrica que se produce en un aerogenerador?

9 Razona si sería posible que toda la energía eléctrica del país se obtuviese de los aerogeneradores. ¿Y de paneles fotovoltaicos?

10 ¿De qué tipo es la corriente eléctrica que se produce en un panel solar?

11 Localiza tu Comunidad Autónoma en los mapas que muestran las zonas de viento (apartado anterior) y de sol (derecha) en España y responde:

a) ¿Es adecuada para instalar parques eólicos? ¿Por qué?

b) ¿Es idónea para instalar energía fotovoltaica? ¿Por qué?

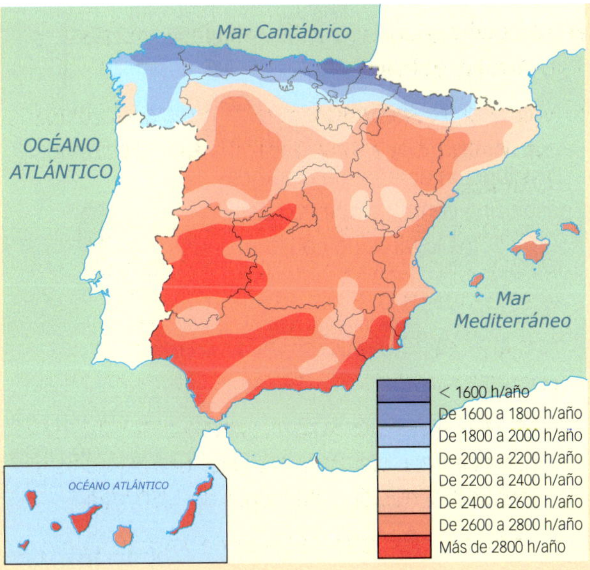

Horas de insolación en España.

3 Transporte y distribución de electricidad

La energía eléctrica que se produce en las centrales debe llegar a las casas, fábricas y demás instalaciones para que se pueda utilizar. Para transportarla se usan cables eléctricos. Existe una red eléctrica nacional a la que llega la energía que se produce en todas las centrales y la distribuye por todo el país.

La energía que se pierde en el transporte es menor cuanto mayor es el voltaje (también llamado tensión eléctrica). Por ello la corriente que se produce en las centrales se transforma en corriente «de **alta tensión**», y así se transmite por las líneas de la red eléctrica que recorren el país. Antes de que entre en las fábricas o en las casas se reduce de nuevo la tensión (el voltaje) para que se pueda utilizar.

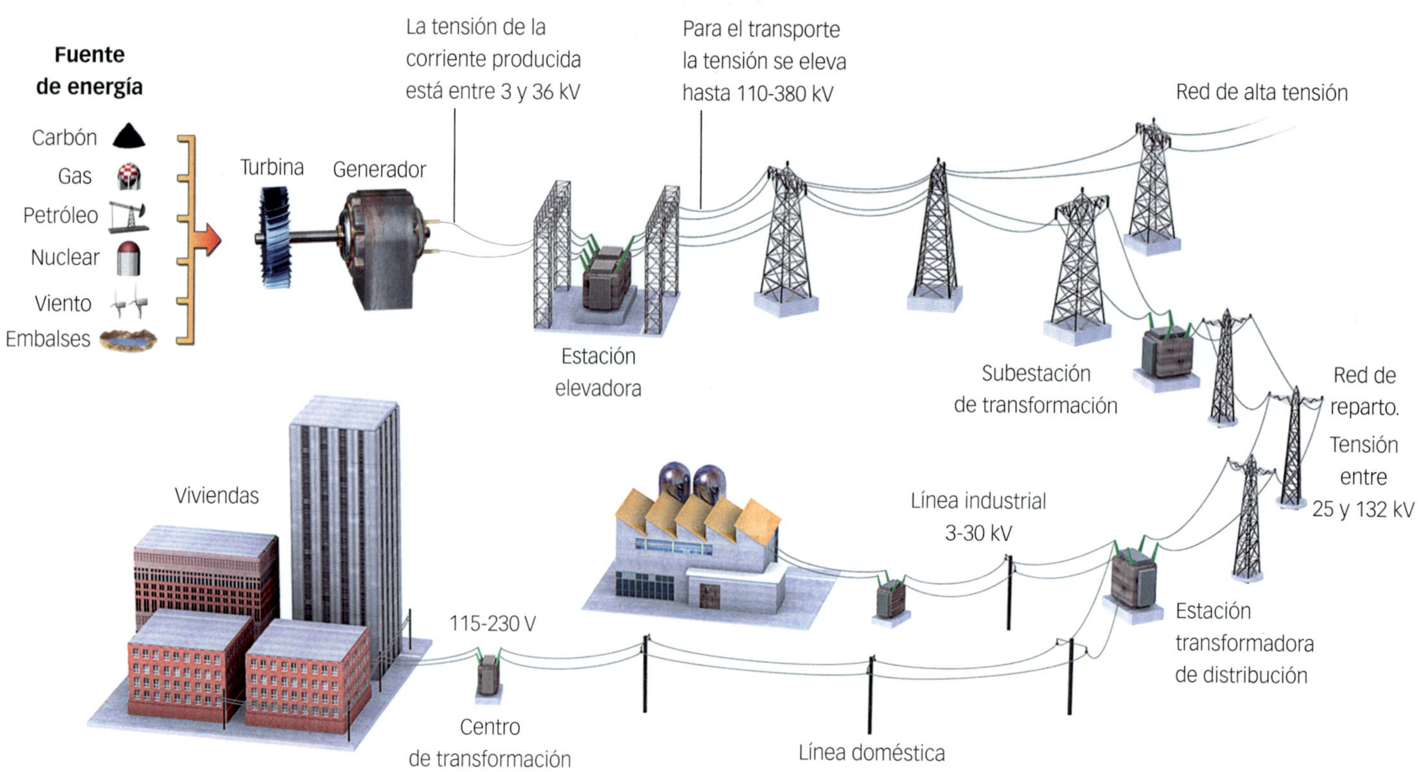

Distribución de energía eléctrica desde una central eléctrica hasta los lugares de consumo.

4 Impacto medioambiental de la electricidad

La energía eléctrica es una energía limpia en el lugar en el que se utiliza, pues no produce ningún tipo de residuos. Pero no sucede lo mismo en el momento de la producción o el transporte.

4.1. Impacto durante la producción

El daño ocasionado al medio ambiente depende del tipo de central eléctrica. Observa la siguiente tabla.

Tipo de central	Impacto atmosférico	Impacto acuático	Impacto terrestre
Central térmica de combustión 	• Emisión de gases (CO_2, SO_2 y óxidos de nitrógeno). • Aumento del efecto invernadero. • Lluvia ácida.	• Aumento de la acidez de ríos y lagos. • Mareas negras por vertidos de combustibles accidentales.	• Agresión por las explotaciones mineras y las extracciones petrolíferas y de gas. • Ocupación del terreno y contaminación visual por las instalaciones. • Deterioro de cultivos y monumentos por la lluvia ácida.
Central térmica nuclear 	• No emite gases.	• Accidentes por emisiones radiactivas que pueden llegar al agua.	• Residuos radiactivos. Deben almacenarse de forma controlada. • Accidentes por emisiones radiactivas que pueden dañar el terreno por muchos años. • Ocupación del terreno y contaminación visual por las instalaciones.
Central hidráulica 	• No emite gases.	• Alteración del paisaje y los ecosistemas. • Aparición de nuevos microclimas y hábitats.	• Campos y pueblos sumergidos.
Central eólica 	• Ruido molesto para los seres vivos. • Muerte de aves que chocan contra las aspas. • Desorientación de aves migratorias.	• En los parques eólicos acuáticos, alteración del paisaje y los ecosistemas de la zona.	• En los parques eólicos terrestres, alteración del paisaje y los ecosistemas de la zona.
Central fotovoltaica 	• No emite gases.	• No emite residuos acuáticos.	• Alteración del paisaje. Las instalaciones ocupan mucho espacio. • Los paneles utilizan materiales contaminantes. Hay que cuidar la fabricación y la eliminación de los paneles que ya no sirven.

4.2. Impacto en el transporte

La energía eléctrica se transporta a través de líneas de alta tensión que ocupan terreno a lo largo de todo el territorio.

El peligro de que se produzcan descargas e incendios obliga a que no se dejen crecer árboles debajo de las líneas, lo que conlleva un impacto medioambiental terrestre. También altera la vida de las aves del lugar.

La corriente que circula por los cables crea efectos magnéticos. En la actualidad existe un debate sobre si estos efectos pueden producir alteraciones en la salud de los seres vivos próximos.

Para evitar incendios se talan muchos árboles situados junto a los tendidos eléctricos.

ACTIVIDADES

12 Analiza el impacto ambiental de los distintos tipos de centrales eléctricas y explica de forma razonada:

a) Qué tipo de central eléctrica es más respetuosa con el medio ambiente.

b) Cuál es menos respetuosa.

PRESTA ATENCIÓN

El transformador

En las tomas de corriente de nuestras casas entra corriente alterna de 230 V. Pero nosotros empleamos muchos aparatos que necesitan corriente continua y un voltaje mucho menor.

Por ello utilizamos **transformadores**.

Un transformador es un aparato que convierte la corriente alterna en continua y reduce el voltaje desde 230 V hasta el valor que necesita el aparato que estamos manejando: una videoconsola, un ordenador portátil, etc.

Estos transformadores suelen estar en el interior de la pieza que usamos como enchufe.

5 La electricidad en casa

La corriente que llega a nuestras casas a través de la red eléctrica es corriente alterna de 230 V. Esto es lo que obtenemos cuando enchufamos cualquier aparato a la red.

No obstante, muchos de los aparatos que utilizamos funcionan con corriente continua, como la calculadora, el teléfono móvil o el ordenador portátil. Para estos utilizamos pilas o baterías, que dan una corriente continua de 6 o 12 V, según el caso. Estos aparatos también pueden funcionar conectados a la red; en este caso, necesitamos un transformador.

5.1. La instalación eléctrica

En las casas existe un cuadro eléctrico con una serie de interruptores de seguridad que permiten controlar la energía eléctrica que circula por ella.

- **Interruptor general automático (IGA):** sirve para cortar la corriente en toda la casa.
- **Interruptor diferencial (ID):** corta el suministro de energía si detecta fugas. Puede saltar cuando se produce una gran tormenta o una avería.
  Lleva un botón para comprobar su funcionamieno. Al pulsarlo se debe cortar la corriente y baja el diferencial. Si no hay otra avería, al subir el diferencial vuelve a circular la corriente.
- **Interruptores parciales (PIA):** permiten desconectar la energía eléctrica en una parte de la casa o en una parte de la instalación. Puede haber uno para la cocina, otro para el baño, la iluminación, etc.
- **Interruptor de control de potencia (ICP):** limita el consumo total máximo de la vivienda. El límite se contrata dependiendo de la potencia de los aparatos que queramos tener funcionando a la vez. Normalmente está fuera de la vivienda, en el cuarto de contadores.

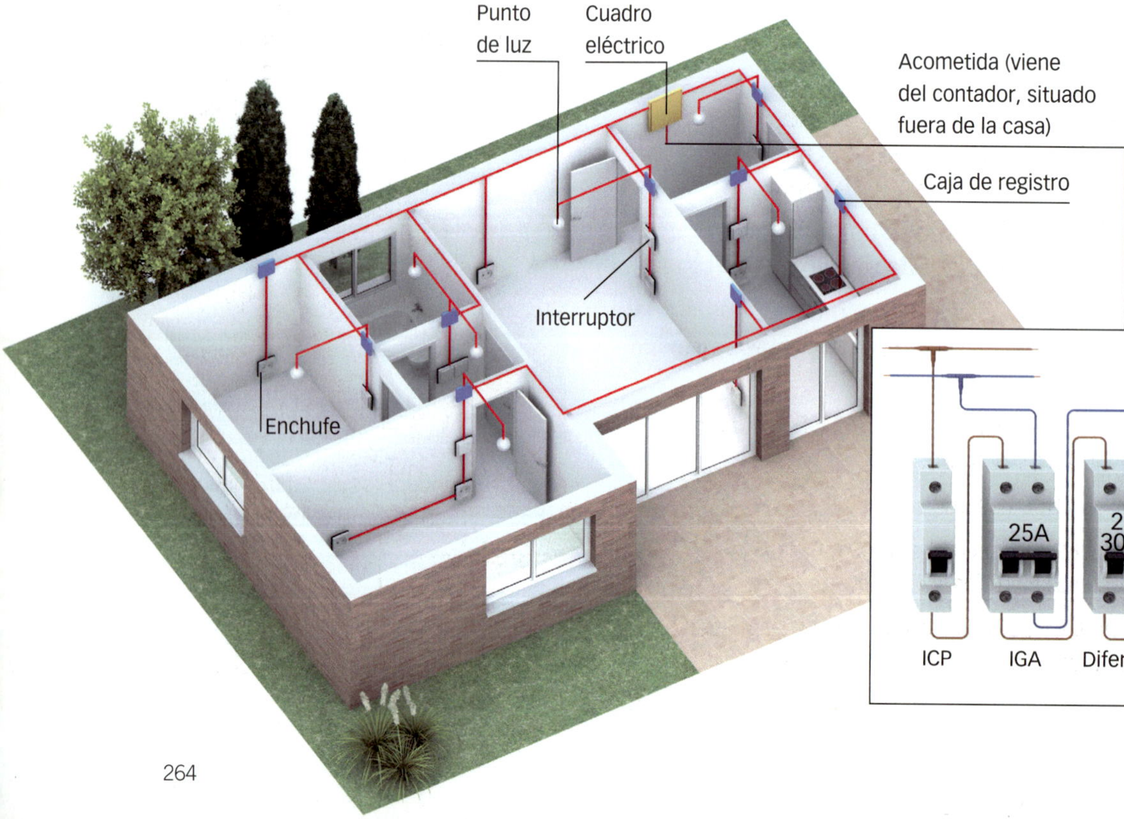

Esquema de la instalación eléctrica de una vivienda.

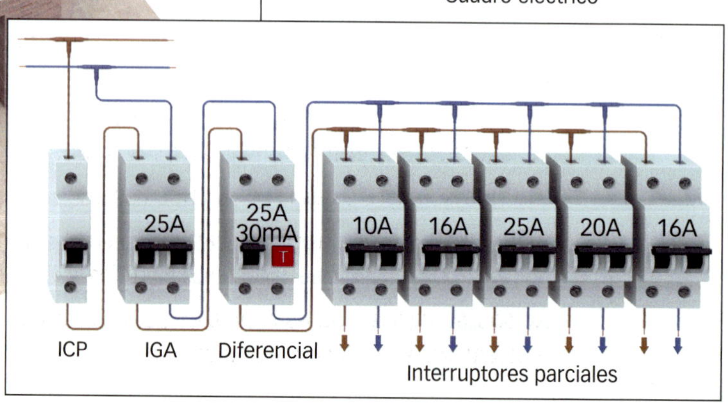

5.2. El recibo de la luz

Las empresas que suministran la energía eléctrica a nuestras casas pasan periódicamente un recibo en el que indican la cantidad de energía consumida (en kWh) y su coste. Observa un ejemplo.

Fecha factura	**N.º Factura**	**Remite**
De 16-04-2015 a 15-05-2015	0000000	Compañía eléctrica

Facturación	**€**
1. Potencia contratada	
5,5 kW × 30 días × 0,011 5187 €/(kW × día)	19,00
2. Energía consumida	
167 kWh × 0,124 107 €/kWh	50,87
3. Impuesto eléctrico	
39,73 € × 4,864 % s × 1,051 13	3,61
4. Alquiler de equipo	0,81
IVA (21 % s/42,57)	15,94
Importe	**51,51 €**

Costes según BOE 01-02-2014: Servicio: 97,434 %, Permanentes: 0,150 %, Diversificación y seguridad de abastecimiento: 2,416 %.

En el recibo de una compañía eléctrica podemos distinguir varias partes:

- **Facturación por potencia.** Se paga una cantidad fija por cada kW de potencia que hayamos contratado.
- **Facturación por consumo.** Es el pago por la energía consumida.
- **Alquiler de equipos de medida.** Es una cantidad fija que se paga por el alquiler del contador que mide el consumo de la energía eléctrica.

COMPROMETIDOS

Manejar la electricidad con seguridad

La electricidad que manejamos en casa tiene un voltaje muy superior al de una pila. Una descarga eléctrica en nuestro cuerpo puede producir graves daños, incluso la muerte. Por eso debes respetar una serie de normas de seguridad en el manejo de la instalación y los aparatos eléctricos:

- Desconectar los aparatos eléctricos antes de manipularlos, si no funcionan correctamente.
- No manejar un aparato eléctrico si está mojado o si nosotros estamos mojados.
- Los cables eléctricos deben estar recubiertos de plástico. Si un cable está dañado, hay que desenchufarlo y repararlo.
- Vigilar que los enchufes estén en buen estado.
- Utilizar enchufes con toma de tierra para conectar los aparatos que consumen mucha energía eléctrica (frigorífico, lavadora, etc.).
- No sobrecargar enchufes ni utilizar grandes alargadores, pues pueden recalentarse y producir algún incendio.

RECUERDA

La potencia de un aparato eléctrico está relacionada con otras magnitudes:

- $P = \Delta V \cdot I$
- $P = \dfrac{E}{t}$

ACTIVIDADES

13 ¿Qué parte del recibo de la luz pagamos si nos ausentamos de casa durante mucho tiempo y desconectamos el interruptor general automático?

14 Señala en tu cuaderno qué acciones de la imagen suponen un manejo inseguro de la electricidad. Indica cómo corregirías cada una de ellas.

6 Producción y consumo de energía eléctrica

En España se produce energía eléctrica que se consume en los hogares y la industria. En los gráficos puedes observar qué fuentes se utilizan para **obtener energía eléctrica** (A) y cómo ha evolucionado la cantidad de energía eléctrica obtenida de cada fuente en los últimos años (B).

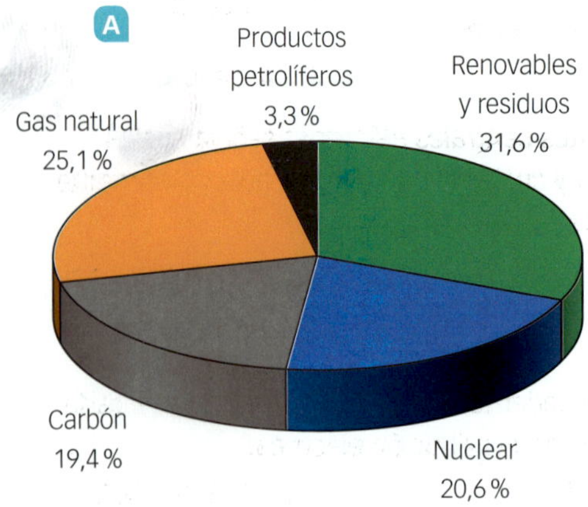

Fuente: Unesa.

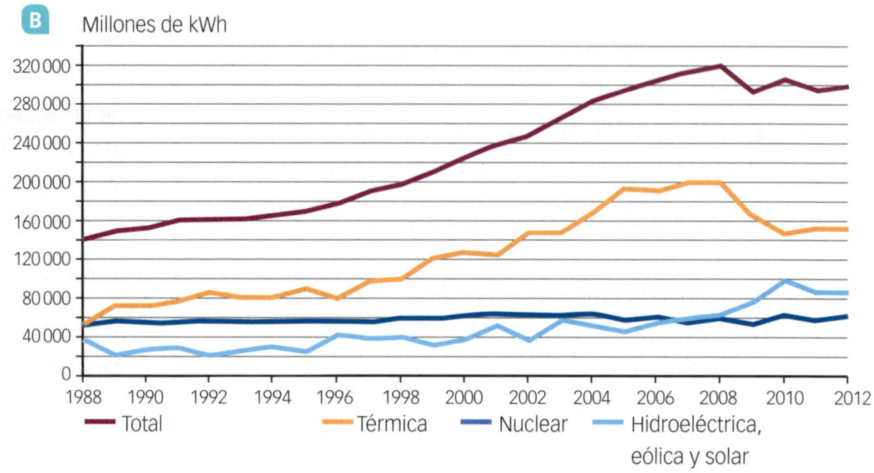

El **consumo de energía eléctrica** se reparte entre los distintos sectores empresariales (C). Dentro del hogar también podemos estimar cómo se distribuye el consumo **de energía** en las distintas actividades (D).

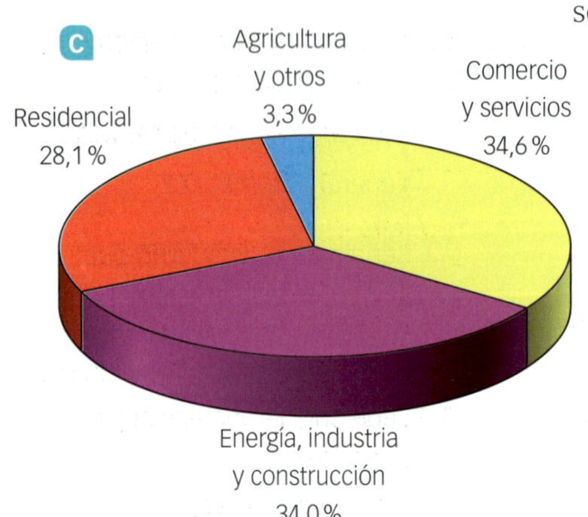

Fuente: Unesa.

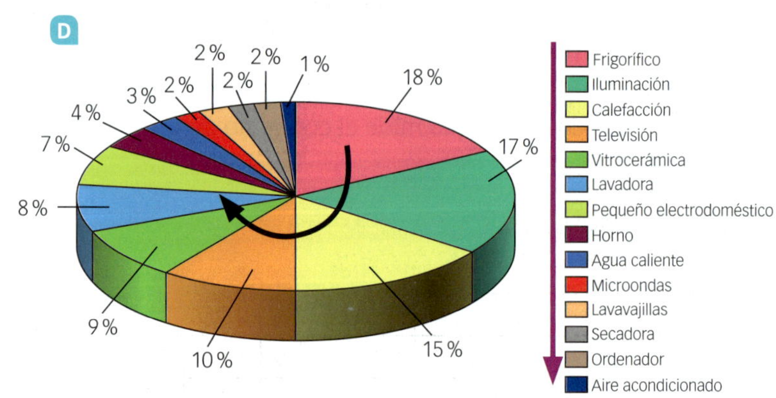

Fuente: Foro de la industria nuclear española.

? INTERPRETA LA IMAGEN

- Analiza el gráfico B que muestra cómo ha evolucionado la producción de energía eléctrica en España a partir de las distintas fuentes y responde:
  a) ¿Por qué crees que ha aumentado la producción de energía eléctrica en los últimos años?
  b) ¿Qué fuente ha aumentado más su producción? ¿A qué crees que se debe?
  c) ¿Qué fuente ha mantenido casi constante su producción? ¿A qué crees que se debe?
  d) En el intervalo entre 2008 y 2010, ¿cómo ha evolucionado la producción de energía eléctrica por combustibles y por energías renovables? Si no es casualidad, ¿a qué crees que pudo deberse?
- Analiza el gráfico D de consumo de energía eléctrica en el hogar:
  a) ¿Qué tres acciones consumen más energía?
  b) Propón una estrategia que permita ahorrar energía en cada una de estas acciones.

ACTIVIDADES FINALES

REPASA LO ESENCIAL

15 Pon en orden los fragmentos siguientes para construir en tu cuaderno dos frases relativas a la corriente continua y otras dos que se refieran a la corriente alterna. Algún fragmento se utiliza más de una vez:

En una corriente continua...	En una corriente alterna...
• el polo positivo y el polo negativo del generador	• siempre en el mismo sentido.
• unas veces en un sentido y otras en otro sentido.	• se intercambian varias veces por segundo.
• las cargas eléctricas circulan	• son siempre los mismos.

16 Escribe en tu cuaderno el nombre de los siguientes generadores e indica si son generadores de corriente continua o alterna:

a) 

c) 

b) 

d) 

17 Localiza nueve palabras relacionadas con las centrales eléctricas y escríbelas en tu cuaderno:

N	L	M	S	Y	E	C	T	F	D	F	B	U	E	J
Z	U	N	H	L	I	U	C	C	Y	R	S	J	Y	P
H	P	C	U	H	R	Y	K	E	E	A	J	F	I	O
P	H	N	L	B	O	K	W	B	C	U	S	O	E	R
W	M	G	I	E	D	W	F	I	A	J	M	T	E	U
Y	F	N	M	I	A	L	M	O	M	G	J	O	N	N
X	A	Z	D	H	R	R	D	K	Q	E	L	V	O	K
R	N	P	Z	Z	E	R	K	Q	F	I	X	O	D	E
C	O	U	C	T	N	H	W	F	C	N	J	L	S	Y
W	O	T	M	N	E	K	F	A	B	L	R	T	A	V
J	C	V	O	E	G	F	M	V	K	E	A	A	R	Z
S	H	I	D	R	O	E	L	E	C	T	R	I	C	A
V	U	V	R	Y	K	Q	E	M	O	O	R	C	I	I
U	B	X	I	E	T	K	S	R	Q	B	V	A	B	G
B	X	B	X	O	A	X	E	D	K	R	S	C	M	B

18 Relaciona en tu cuaderno los distintos tipos de fuentes de energía con las centrales eléctricas que la utilizan:

a) Gas natural.
b) Viento.
c) Carbón.
d) Uranio.
e) Agua.
f) Derivados del petróleo.
g) Sol.

☐ Eólica.
☐ Térmica.
☐ Fotovoltaica.
☐ Hidráulica.
☐ Nuclear.

19 De las siguientes centrales eléctricas señala cuáles tienen turbina y cuáles no; y cuáles producen corriente alterna y cuáles, corriente continua:

a) Térmica. b) Nuclear. c) Hidráulica. d) Eólica. e) Fotovoltaica.

20 Asigna en tu cuaderno el voltaje de la corriente a cada parte de la red de distribución eléctrica:

a) Red de alta tensión.
b) Línea industrial.
c) Línea doméstica.
d) Salida de la central eléctrica.
e) Red de reparto.

☐ 115 V – 230 V
☐ 3 kV – 30 kV
☐ 3 kV – 36 kV
☐ 25 kV – 132 kV
☐ 110 kV – 380 kV

21 Enlaza en tu cuaderno cada tipo de central eléctrica con el impacto medioambiental que provoca:

a) Eólica.
b) Térmica.
c) Fotovoltaica.
d) Hidráulica.
e) Nuclear.

☐ Incrementa el efecto invernadero.
☐ Ocupa mucho terreno.
☐ Altera la vida de las aves.
☐ Provoca lluvia ácida.
☐ No contamina el aire.
☐ Produce residuos muy peligrosos.
☐ Puede originar mareas negras por accidente.
☐ No contamina el agua.

22 En el cuadro eléctrico de tu casa existen tres tipos de interruptores. Indica cuál de ellos se desconecta en los siguientes casos:

a) Para arreglar una avería en la lavadora.
b) Cuando te vas de vacaciones durante una buena temporada y no queda nadie en casa.
c) Cuando se produce una avería en la instalación general.

23 En la producción industrial de energía eléctrica se utilizan distintas fuentes de energía (combustibles fósiles, nuclear, agua, viento, sol). Razona en qué instalaciones se puede decidir cuánta energía queremos producir y en qué casos la producción depende de factores que no podemos controlar.

ACTIVIDADES FINALES

PRACTICA

Tipos de corriente

24 Repasa los aparatos eléctricos que hay en tu casa y señala cuáles funcionan con corriente continua y cuáles funcionan con corriente alterna. Copia y completa la tabla en tu cuaderno.

Aparato	C. continua	C. alterna
Frigorífico		
Videoconsola		
Lámpara		
Aspirador		
Linterna		
Ordenador		
Secador de pelo		
Reproductor de música		

Las fábricas de electricidad

25 En las distintas instalaciones se transforma la energía de una fuente en energía eléctrica. En la tabla siguiente se indica el tipo de energía que se transforma en cada caso. Completa una frase en tu cuaderno que explique la transformación completa:

Central	Energía primaria →	
Térmica de combustión	Química →	
Térmica nuclear	Nuclear →	
Hidráulica	Potencial →	
Eólica	Cinética →	
Fotovoltaica	Radiante →	

26 Repasa el esquema de una central eléctrica térmica y explica el tipo de energía que hay en cada fase de la misma y cómo se transforma.

27 Compara el esquema de una central térmica de combustión con el de una central térmica nuclear.

a) ¿Qué partes son iguales en ambos?

b) ¿Cuáles son diferentes?

28 Imagina que vives en una casa aislada, lejos de las líneas de distribución de electricidad. Razona cuál de las siguientes instalaciones es más adecuada para obtener la energía eléctrica que necesitas:

a) Una central eléctrica.

b) Una central nuclear.

c) Una central hidroeléctrica.

d) Un aerogenerador.

e) Uso de paneles fotovoltaicos.

29 Explica para qué sirve el inversor que existe en las centrales fotovoltaicas. ¿Por qué no existe en las otras centrales eléctricas?

30 Las fuentes renovables de energía se están utilizando cada vez más para generar electricidad. ¿Crees que en España se puede llegar a obtener toda la energía eléctrica a partir de fuentes renovables? Indica, al menos, dos razones que expliquen por qué siempre tendremos que obtener parte de la energía eléctrica de fuentes no renovables.

Transporte y distribución de electricidad

31 Toda la energía eléctrica que se obtiene en las centrales de cualquier tipo que existen en España se distribuye a través de una red eléctrica única. Razona por qué es más ventajosa una red eléctrica única que una red para cada central.

Impacto medioambiental

32 Busca información sobre una central eléctrica próxima a tu ciudad. Prepara una presentación utilizando un ordenador o una tableta en la que expliques el tipo de central, dónde está ubicada y el impacto medioambiental que provoca.

Electricidad en casa

33 Lee el texto y responde a las cuestiones.

«Los fusibles son conductores de gran resistencia y de bajo punto de fusión que se funden cuando pasa por ellos una corriente de intensidad superior a aquella para la que están diseñados. Al fundirse, se interrumpe el paso de la corriente, protegiendo así los aparatos conectados al circuito».

a) ¿Por qué crees que antiguamente se llamaba «plomos» a los fusibles?

b) ¿Qué metal será más adecuado como fusible: uno de temperatura de fusión baja o el wolframio?

c) Si se utiliza un hilo de metal como fusible, ¿qué funcionará mejor: el fusible de hilos finos o de hilos gruesos?

d) ¿Cuándo se funde el fusible? ¿Qué ventaja supone que se funda?

34 Indica la función de cada uno de estos elementos:

a) Cable.

b) Interruptor.

c) Diferencial.

d) Transformador.

35 Los electrodomésticos de la tabla se conectan a 230 V.

Aparato	Potencia	Intensidad	Resistencia
Plancha	2000		
Microondas	900		
Ventilador	1000		
Frigorífico	500		

Recuerda las relaciones entre las magnitudes eléctricas y completa la tabla en tu cuaderno.

a) ¿Qué intensidad circula por cada aparato?

b) ¿Cuál será el valor de la resistencia?

c) Si se conectan a 115 V, ¿cómo varían estas magnitudes?

36 Como se observa en el gráfico siguiente, el consumo de energía eléctrica varía según las horas del día.

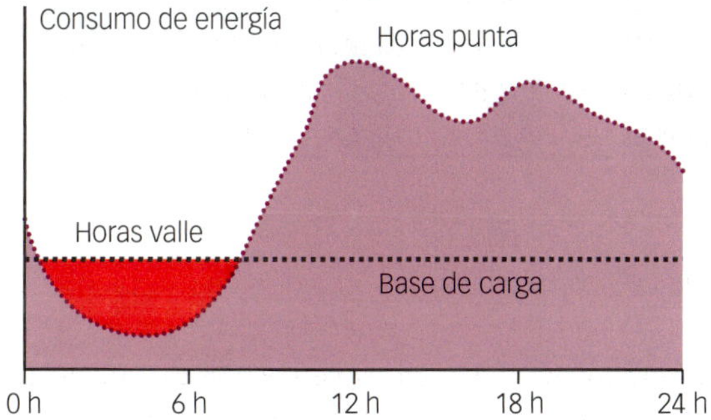

Basándote en el gráfico, argumenta por qué se debería diferenciar en el recibo de la luz la energía que consumimos a unas horas y la que consumimos a otras.

a) ¿A qué horas debe ser más barata?

b) ¿A qué horas debe ser más cara?

Producción y consumo de energía eléctrica

37 En el año 2012, la energía eléctrica producida en España fue de 298 250 millones de kWh, de los cuales 94 119 se obtuvieron a partir de energías renovables. Observa en el gráfico siguiente cómo contribuyó a esta cantidad cada una de las energías renovables.

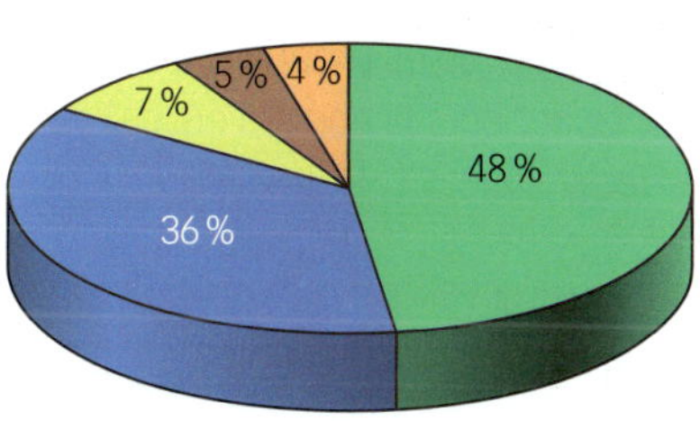

a) ¿Qué porcentaje de la energía eléctrica producida se obtuvo de energías renovables?

b) ¿Qué cantidad de energía eléctrica se obtuvo del viento? ¿Y del agua? ¿Y del sol?

AMPLÍA

38 La energía hidráulica tiene un importante impacto medioambiental porque inunda muchos terrenos de cultivo e incluso pueblos enteros. En los últimos años han cobrado impulso las centrales minihidráulicas, centrales mucho más pequeñas que aprovechan el agua que circula en pequeños ríos, sin necesidad de construir grandes embalses.

Observa el mapa que indica la cantidad de energía que se puede obtener de estas instalaciones en las distintas Comunidades Autónomas.

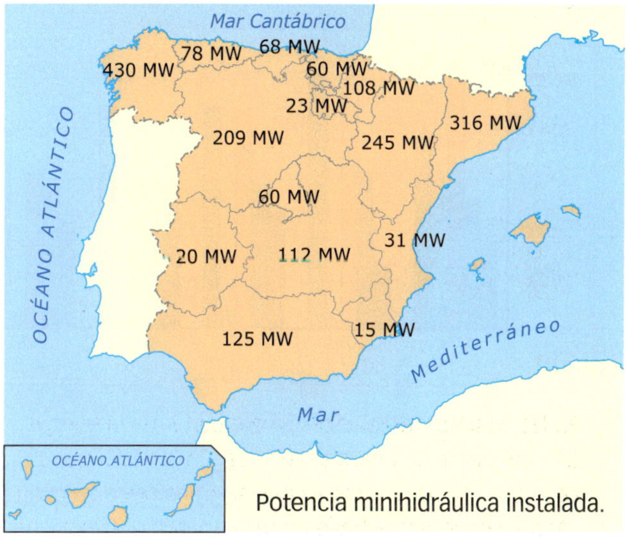

Potencia minihidráulica instalada.

Fuente: Comisión Nacional de Energía (CNE).

a) Localiza tu Comunidad Autónoma y calcula el porcentaje de la energía minihidráulica española que se produce en ella.

b) Traza una línea horizontal que pase por Madrid. ¿Se produce más energía minihidráulica en las comunidades que están al norte de esta línea o en las que están al sur?

c) Utiliza un mapa de los ríos de España y elabora un razonamiento que explique el resultado que has obtenido en el apartado anterior.

39 Además de los cinco tipos de centrales eléctricas señaladas en esta unidad, también se puede obtener energía eléctrica de otras fuentes:

- Biomasa. Quemando residuos orgánicos o forestales.
- Geotérmica. Aprovechando el calor interno de la Tierra.
- Mareomotriz. Aprovechando la subida y bajada de agua en las mareas.

Elabora un razonamiento que permita explicar por qué la energía eléctrica que se obtiene de estas instalaciones representa una parte muy pequeña del total de la energía eléctrica que se produce.

TÉCNICA. Analizar gráficos sobre la producción y el uso de la energía

En España se emplean cada vez más las fuentes de energía renovables. Sin embargo, la mayor parte de la energía que consumimos se obtiene de fuentes no renovables.

Con el fin de impulsar estas fuentes de energía limpias se fijó el objetivo de que en 2020 el 20 % de la energía consumida en España proceda de fuentes renovables.

Producción de energía eléctrica en España

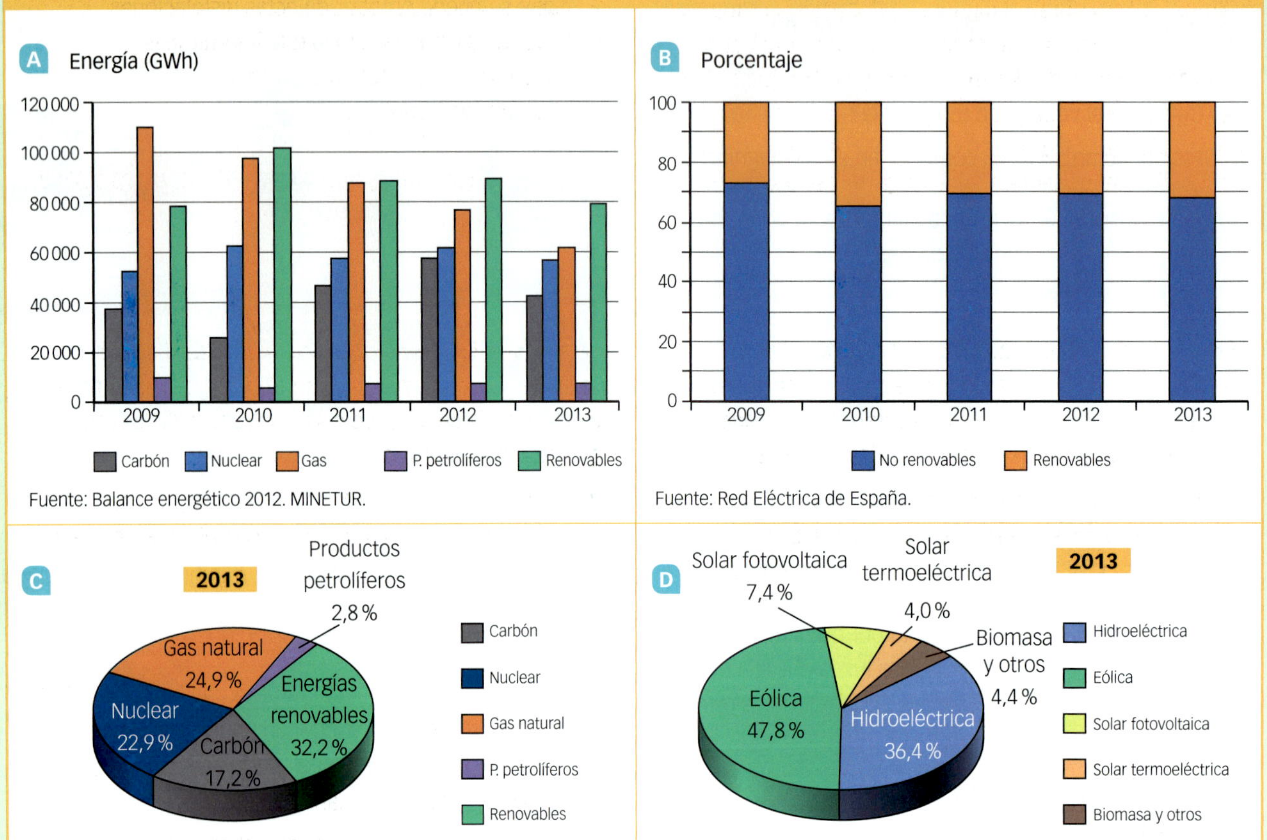

40 Observa las ilustraciones y contesta:

a) ¿Qué dos fuentes de energía proporcionan la mayor parte de la energía eléctrica?

b) ¿Son renovables o no renovables?

c) ¿Cuál fue la fuente de energía más empleada en España en 2013 para producir energía eléctrica? ¿Es renovable o no renovable?

d) Explica la tendencia observada en el uso de energías renovables en los últimos años. ¿Se usan cada vez más o cada vez menos?

e) ¿Cuál es la tendencia en el uso de las demás fuentes de energía? ¿Cuáles se usan cada vez menos? ¿Y cada vez más?

f) ¿De dónde procede la mayor parte de la energía eléctrica producida en España, de fuentes renovables o de fuentes no renovables?

g) Si en 2013 las energías renovables produjeron 79 370 GWh, ¿cuántos GWh se deben a la energía eólica? ¿Cuántos a la solar fotovoltaica?

41 El petróleo es un recurso muy valioso que proporciona una riqueza enorme a los países con reservas.

a) ¿Por qué es el petróleo la mayor fuente de energía que usamos? ¿Qué máquinas lo emplean?

b) ¿Qué inconveniente tiene para España el uso de grandes cantidades de petróleo? Piensa en la economía, el medio ambiente…

FORMAS DE PENSAR. Análisis científico. ¿Aprobarías la construcción de una central eólica cercana?

Los últimos meses de 2012 y el primer mes de 2013 se han convertido en meses muy productivos, sobre todo para algunas energías renovables, como la eólica.

De noviembre hasta febrero la energía eólica ha batido un récord en España, produciendo más del 27 % de la generación total. El viento que hemos sufrido durante algunos días de los últimos meses ha hecho que se produzca un 36 % más que en el mismo periodo del año pasado [...]. Aunque el 27 % de la energía que se produce pueda parecer una cifra baja, es la cantidad de energía suficiente que demandan mensualmente los hogares de nuestro país.

Esto quiere decir que si dejamos fuera a la industria, la agricultura y al sector servicios, la energía eólica podría ser capaz de abastecer a la mayoría de los hogares españoles.

El viento está siendo así uno de los motores de la producción de energía este invierno, ya que los otros sistemas de energía limpia han supuesto un 17 %, con lo que las energías renovables han representado un 44 % de la producción total. [...]

Diego Quero, http://www.ideal.es, 4/02/2012.

A menudo se dice que el impacto de las fuentes de energía renovables es nulo, pues no emiten gases a la atmósfera, como las centrales térmicas, ni generan residuos peligrosos, como las centrales nucleares.

Pero las centrales eólicas sí tienen un impacto ambiental sobre su entorno. Por ejemplo, al girar las aspas producen ruido que puede molestar a los habitantes de zonas cercanas y la recepción de la señal de televisión se altera. Además, muchas aves mueren cada año como consecuencia del choque contra las aspas de los molinos o contra el tendido eléctrico de la central.

Y para todos es evidente la alteración del paisaje que provocan, transformando por completo el panorama a su alrededor.

42 COMPRENSIÓN LECTORA. Escribe en tu cuaderno cuál es la idea principal de cada texto.

43 Observa la potencia eléctrica instalada para diferentes fuentes de energía.

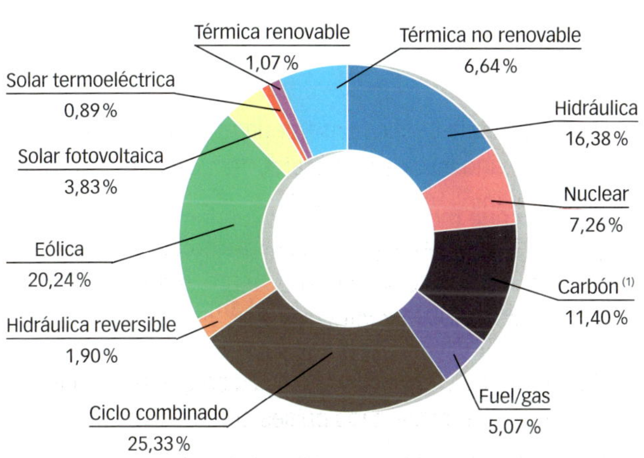

Ciclo combinado: se obtiene energía eléctrica y térmica a partir de un combustible.

(1) A partir del 1 de enero de 2011 incluye GICC (Elcogás).
Fuente: REE y AEE.

a) ¿Qué porcentaje de la potencia instalada constituyen las energías renovables?

b) ¿Por qué las centrales eólicas o solares no producen siempre la misma cantidad de energía?

c) La hidráulica reversible se obtiene bombeando por las noches agua hacia arriba en un embalse para aprovechar luego la energía generada de día. ¿Por qué se hace esto?

44 Contesta. ¿Cuáles son las ventajas de la energía eólica sobre otras fuentes de energía?

45 Observa el mapa que estudiaste al hablar de las centrales eólicas.

a) ¿Por qué crees que no se construyen más centrales eólicas en algunas regiones?

b) ¿Las regiones con vientos más intensos son siempre las más adecuadas para ubicar en ellas centrales eólicas? Justifica tu respuesta.

46 TOMA LA INICIATIVA. Ahora contesta: ¿aprobarías la construcción de una central eólica cerca de donde vives?

GENERAR UNA CORRIENTE ELÉCTRICA ALTERNA

En 1831 el físico británico Michael Faraday logró obtener una corriente eléctrica moviendo un imán dentro de una bobina. A partir de esta experiencia se puede construir un generador de corriente alterna y lograr, por ejemplo, que una bombilla se ilumine.

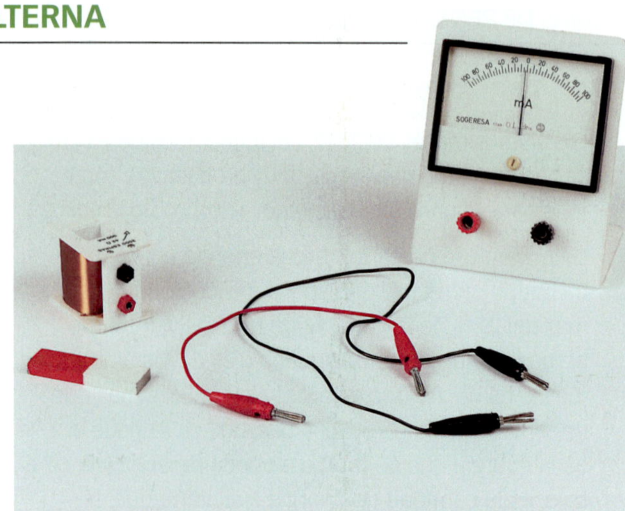

A. EXPERIENCIA DE FARADAY

MATERIAL

- Imán de barra.
- Bobina.
- Amperímetro.
- Cables de conexión.

PROCEDIMIENTO

1. Conecta la bobina al amperímetro y observa la indicación de la aguja.

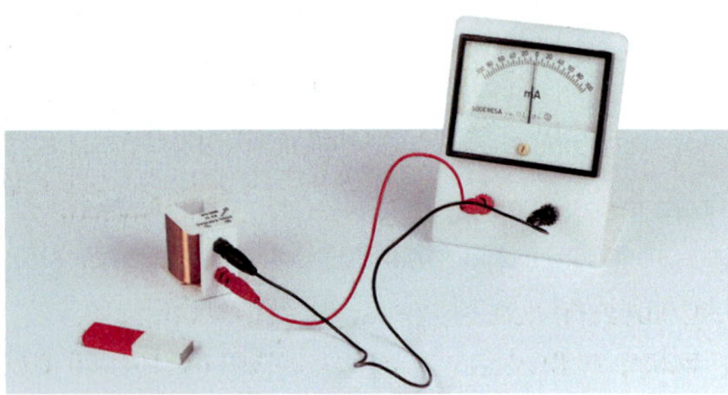

2. Pon el imán con la parte roja hacia abajo. Muévelo hacia la bobina hasta que llegue a penetrar en ella. Observa la indicación de la aguja del amperímetro.

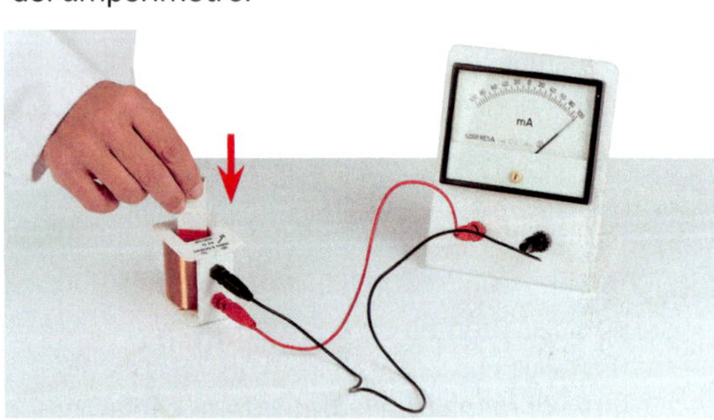

3. Deja el imán dentro de la bobina y observa el amperímetro.

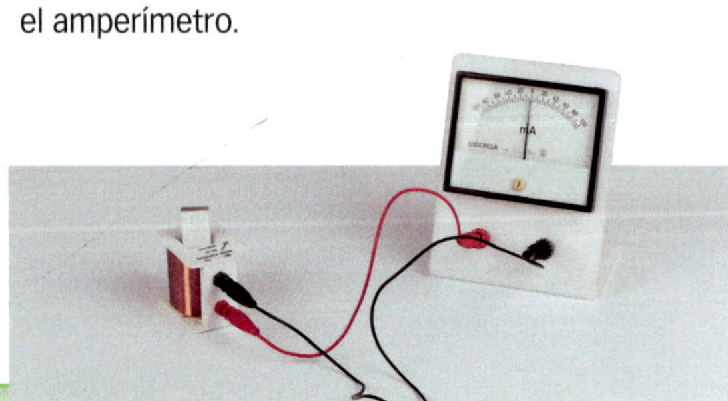

4. Saca el imán verticalmente hasta que esté completamente fuera de la bobina. Observa el amperímetro.

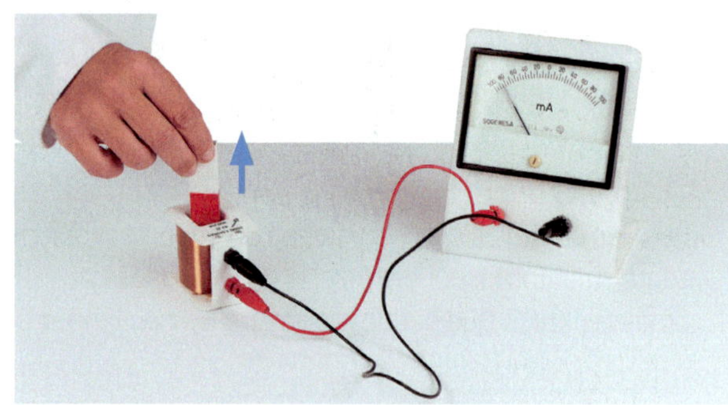

5. Repite los pasos 2, 3 y 4 haciendo que el imán tenga la parte blanca hacia abajo.
6. Repite la experiencia haciendo que el imán baje o suba hasta el interior de la bobina con más o menos rapidez.

ACTIVIDADES

47 Cuando la aguja del amperímetro marca cero, ¿qué indica?

48 ¿En qué momentos de la experiencia marca cero la aguja del amperímetro?

49 ¿Qué indica que la aguja del amperímetro se desplace hacia un lado y hacia el otro?

50 ¿De qué tipo es la corriente que se produce en esta experiencia?

51 ¿Cómo puedes lograr que la corriente producida en esta experiencia tenga más o menos intensidad?

B. GENERADOR DE CORRIENTE ALTERNA

Sobre la base de la experiencia de Faraday, montamos un generador de corriente alterna. La corriente producida nos servirá para hacer que se ilumine una pequeña bombilla.

MATERIAL

- Generador didáctico de corriente alterna.
- 2 imanes de barra.
- Amperímetro.
- Portalámparas y bombilla.
- Cables de conexión.

PROCEDIMIENTO

1. Conecta el generador didáctico al amperímetro. Asegúrate de que cada escobilla se apoye en uno de los anillos del colector. Haz girar la manilla y comprueba que gira la bobina pero la aguja del amperímetro no marca corriente.

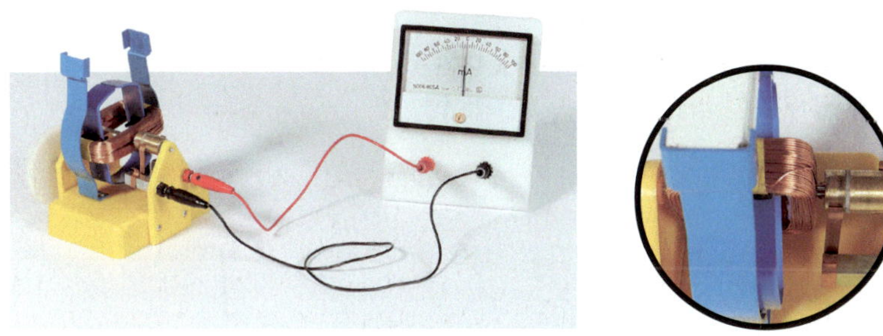

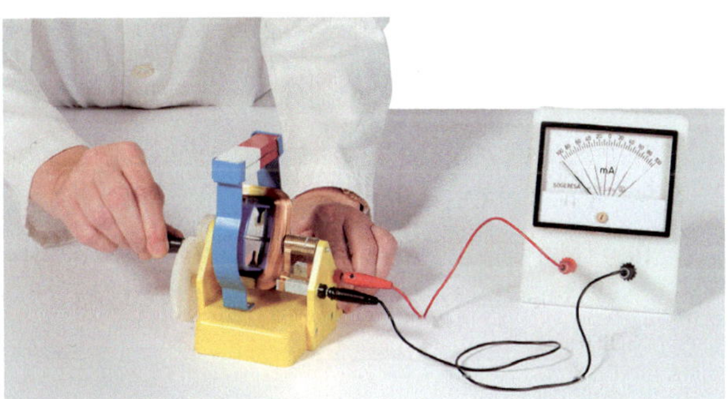

2. Coloca los dos imanes encima de la bobina. Haz que queden unidas las partes del mismo color para que el efecto magnético sea mayor. Haz girar la manilla y comprueba que, al girar la bobina, la aguja del amperímetro se desplaza a un lado y a otro indicando el paso de corriente alterna.

3. Monta un circuito colocando un portalámparas con bombilla al generador. Conecta un voltímetro a los extremos de la lámpara para ver el paso de la corriente. Haz girar la manilla y comprueba que, si la velocidad es suficientemente elevada, la bombilla se enciende.

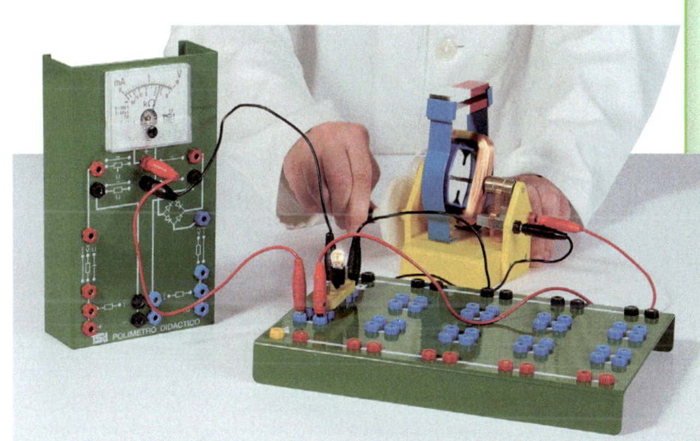

ACTIVIDADES

52 ¿Por qué hace falta colocar el imán para que el amperímetro marque paso de corriente cuando gira la bobina?

53 ¿Por qué la bombilla se ilumina si el generador gira muy rápido y se mantiene apagada si gira despacio?

ANEXOS

ANEXO 1: Formulación inorgánica

ANEXO 2: Sistema periódico de los elementos

PRESTA ATENCIÓN

- Los metales solo tienen números de oxidación positivos. Están en la parte izquierda y central del sistema periódico.
- Los no metales pueden tener números de oxidación positivos y negativos. Están en la parte derecha del sistema periódico.
- En general, los números de oxidación de un elemento dependen del grupo en el que se encuentra. Se pueden establecer reglas para recordarlos. Por ejemplo, todos los elementos del grupo 1 tienen número de oxidación +1, y todos los del grupo 17, −1. Los elementos del grupo 17 que tienen números de oxidación positivo tienen +1, +3, +5 y +7, que son los números impares hasta la unidad del número de grupo.

Busca relaciones parecidas para los números de oxidación de los elementos de los grupos 2 y 16, 13 y 15, etc.

1 Nombres y fórmulas de los compuestos químicos

Del mismo modo que utilizamos palabras para denominar objetos, en química recurrimos a las **fórmulas** para representar y denominar los compuestos. Hay reglas para construir las fórmulas y reglas para nombrarlas. Pero antes de aprender a formular y nombrar compuestos debemos estudiar los conceptos de valencia y número de oxidación.

1.1. Valencia

La **valencia** es la capacidad que posee un elemento para combinarse con otro.

Se toma como referencia el átomo de hidrógeno, de valencia 1. Así, se define la valencia como el número de átomos de H que se puede combinar con un átomo de cualquier otro elemento. Por ejemplo, la fórmula del agua es H_2O, y la del amoniaco es NH_3. Se dice que la valencia del O es 2 porque se combina con 2 H; y la valencia del N es 3 porque se combina con 3 H.

1.2. Número de oxidación o de valencia

El concepto de valencia es limitado y no explica muchas fórmulas de compuestos. Para evitar esto se define el número de oxidación.

El **número de oxidación** es el número de electrones que un átomo capta o cede (total o parcialmente) al formar un compuesto.

Es negativo si gana electrones y positivo si los pierde. En esta tabla aparecen los números de oxidación de los elementos más comunes.

1	2	3	4	5	6	7	8	9	10	11	12	13	14	15	16	17
H −1 +1																
Li +1	Be +2											B −3 +3	C −4 +2 +4	N −3 +1 +3 +5 +2	O −2 −1	F −1
Na +1	Mg +2											Al +3	Si −4 +2 +4	P −3 +3 +5	S −2 +2 +4 +6	Cl −1 +1 +3 +5 +7
K +1	Ca +2	Sc +3	Ti +2 +3 +4	V +5 +2 +3 +4	Cr +6 +2 +3	Mn +6 +7 +2 +3 +4	Fe +2 +3	Co +2 +3	Ni +2 +3	Cu +1 +2	Zn +2	Ga +3	Ge −4 +2 +4	As −3 +3 +5	Se −2 +2 +4 +6	Br −1 +1 +3 +5 +7
Rb +1	Sr +2								Pd +2 +4	Ag +1	Cd +2	In +3	Sn +2 +4	Sb −3 +3 +5	Te −2 +2 +4 +6	I −1 +1 +3 +5 +7
Cs +1	Ba +2								Pt +2 +4	Au +1 +3	Hg +1 +2	Tl +1 +3	Pb +2 +4	Bi +3 +5	Po +4 +6	At −1 +1 +3 +5 +7

2 Compuestos binarios

Los compuestos binarios resultan de la combinación de átomos de dos elementos químicos. Uno de ellos tendrá número de oxidación positivo, elemento electropositivo; y el otro, número de oxidación negativo, elemento electronegativo.

Los átomos de ambos elementos se deben combinar en una proporción tal que el compuesto resultante sea neutro.

En la tabla siguiente se muestran los elementos del sistema periódico en el orden de electronegatividad que se sigue para elaborar las fórmulas. Este orden ha sido establecido por la IUPAC por convenio.

Entre dos elementos, se considera más electronegativo el que está más próximo al origen de la flecha (extremo derecho) y el más electropositivo, el que está más próximo a la punta (extremo izquierdo); el elemento más electronegativo es el flúor, y el más electropositivo, el francio; observa la colocación del H.

PRESTA ATENCIÓN

A medida que se producían avances en el conocimiento de la química, las reglas han ido cambiando, hasta ser cada vez más precisas. Algunos compuestos, como el agua, que se conocen desde antiguo, mantienen su nombre tradicional, pero otros han ido cambiando su nombre por otro más adecuado a su composición. Así, lo que antiguamente se conocía como ácido muriático ha pasado a denominarse ácido clorhídrico y, más tarde, cloruro de hidrógeno.

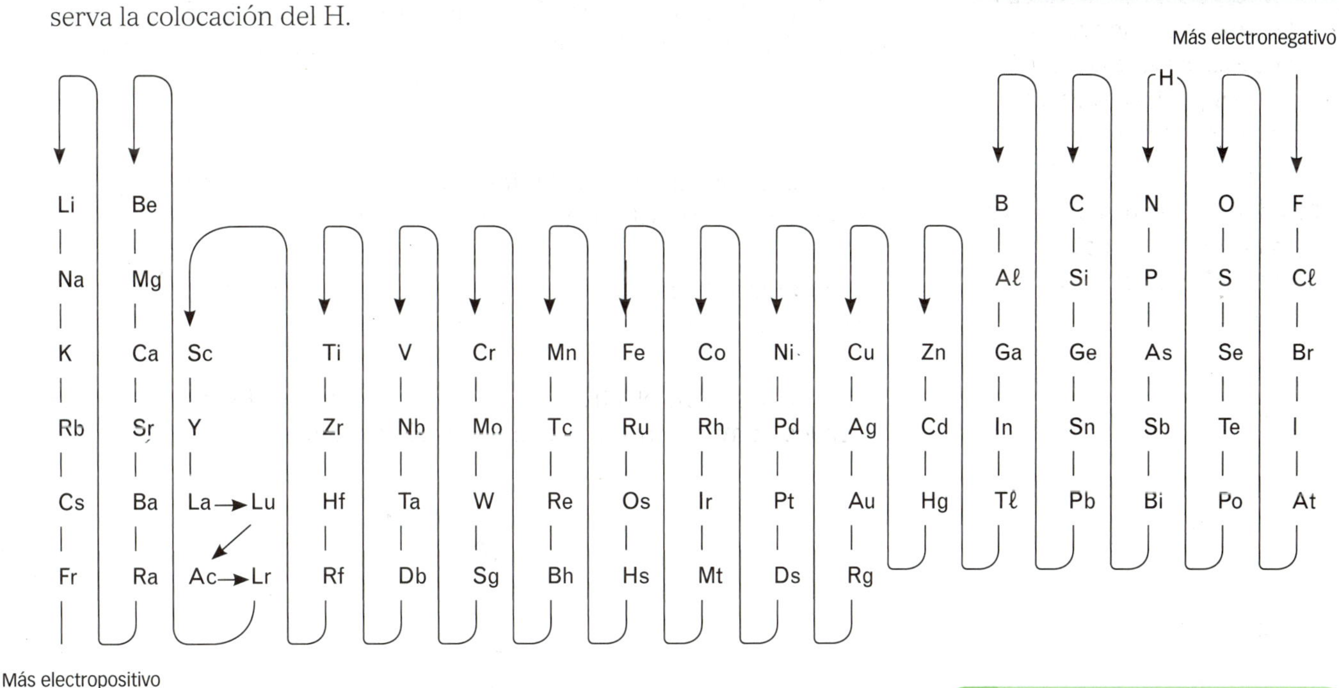

2.1. Formular un compuesto binario

1. Escribe el símbolo de los elementos que se combinan con su número de oxidación. Coloca a la izquierda el del elemento más positivo.	C^{+4} S^{-2}
2. Haz que el número de oxidación de un elemento pase a ser el subíndice del otro.	C^{+4} S^{-2} → C_2S_4
3. Salvo excepciones, simplifica la fórmula obtenida.	**CS_2**

RECUERDA

La Unión Internacional de Química Pura y Aplicada (IUPAC) es el organismo internacional que dicta las reglas para formular y nombrar los compuestos químicos. Las últimas se han publicado en el año 2005.

2.2. Nombrar un compuesto binario

La IUPAC admite varias formas de nombrar un compuesto binario. Estas reglas no se aplican a aquellos compuestos en los que el oxígeno es el elemento electronegativo.

Nomenclatura de composición. Se forma así:

Nombre del elemento electronegativo + *-uro* + *de* + nombre del elemento electropositivo

El nombre de cada elemento va precedido de una partícula que indica el número de átomos de ese elemento en la fórmula:

- *mono*, para uno. En la mayoría de los casos, si no ofrece duda, el prefijo mono se puede omitir.
- *di*, para dos.
- *tri*, para tres.
- *tetra*, para cuatro.
- *penta*, para cinco.
- *hexa*, para seis.
- *hepta*, para siete.

CS_2

*Di*sulf*uro* *de* carbono

Nomenclatura de Stock. Se admite como una variante de la anterior: prescinde de los prefijos que indican el número de átomos de cada elemento. El nombre de Stock de un compuesto se obtiene del modo siguiente:

Nombre del elemento electronegativo + *-uro* + *de* + nombre del elemento electropositivo

Si el elemento electropositivo puede actuar con varios números de oxidación, se escribe el que utiliza en este compuesto entre paréntesis y en números romanos a continuación del nombre sin dejar espacio entre ellos.

CS_2 (viene de C_2S_4)

Sulf*uro* *de* carbono(IV)

1. EJEMPLO RESUELTO

Fórmula	Nombre de composición	Nombre de Stock
$A\ell Br_3$	Tribromuro de aluminio	Bromuro de aluminio
Na_2S	Sulfuro de disodio	Sulfuro de sodio
IF_7	Heptafluoruro de yodo	Fluoruro de yodo(VII)
Ba_3N_2	Dinitruro de tribario	Nitruro de bario
$CuC\ell_2$	Dicloruro de cobre	Cloruro de cobre(II)

PRESTA ATENCIÓN

En el nombre de Stock es incorrecto añadir el número de oxidación del elemento positivo si ese elemento solo tiene un número de oxidación. Por ejemplo, sería incorrecto decir bromuro de aluminio(III).

ACTIVIDADES

1 Formula:

a) Cloruro de bario
b) Tetrayoduro de estaño
c) Trifluoruro de nitrógeno
d) Dicloruro de mercurio
e) Pentacloruro de fósforo
f) Sulfuro de hierro(III)
g) Bromuro de cobalto(II)
h) Nitruro de aluminio

2 Nombra:

a) $PbC\ell_2$
b) $CsC\ell$
c) $A\ell F_3$
d) BaI_2
e) Cr_2S_3
f) Na_3N
g) SrTe
h) K_2S

3 Combinaciones del hidrógeno

Observa la colocación del H en la tabla de electronegatividades de la IUPAC: está entre el grupo 15 y el 16. Esto significa que:

- El H es más negativo que el N y todos los elementos que están a su izquierda. Las combinaciones del H con estos elementos se llaman **hidruros**. En las fórmulas de estos compuestos el H se coloca a la derecha.
- El H es menos negativo que los elementos de los grupos 16 y 17. En las fórmulas de los compuestos del H con elementos de los grupos 16 y 17, el H se coloca a la izquierda. Las combinaciones del H con los elementos de estos grupos se nombran así:

Nombre del otro elemento + *-uro* + *de hidrógeno*

Excepción: la combinación con el O (H_2O, agua).

2. EJEMPLO RESUELTO

Fórmula	Nombre de composición	Nombre de Stock
RbH	Hidruro de rubidio	Hidruro de rubidio
H_2S	Sulfuro de dihidrógeno	Sulfuro de hidrógeno
HCℓ	Cloruro de hidrógeno	Cloruro de hidrógeno
BaH_2	Dihidruro de bario	Hidruro de bario
NiH_3	Trihidruro de níquel	Hidruro de níquel(III)

ACTIVIDADES

3 Formula:

a) Tetrahidruro de platino
b) Hidruro de sodio
c) Monohidruro de cobre
d) Hidruro de hierro(III)
e) Hidruro de plomo(II)
f) Seleniuro de hidrógeno
g) Trihidruro de cobalto
h) Fluoruro de hidrógeno
i) Trihidruro de oro
j) Hidruro de plata
k) Trihidruro de boro
l) Dihidruro de hierro

4 Nombra:

a) CaH_2
b) HI
c) PbH_4
d) LiH
e) CrH_3
f) H_2S
g) PtH_4
h) H_2Te
i) ZnH_2
j) HBr
k) CuH_2
l) NH_3

PRESTA ATENCIÓN

La IUPAC admite el nombre agua para H_2O y el de amoniaco para NH_3. Estos son los nombres que utilizaremos.

3.1. Combinaciones del H con elementos de los grupos 13 al 17

Las combinaciones del hidrógeno con los elementos de los grupos 13 a 17 tienen, además del nombre sistemático anterior, un nombre que se utiliza para formular otros compuestos derivados; se llaman *nombres progenitores de los hidruros*, algunos de los cuales son el nombre con que se conocía tradicionalmente a estos compuestos.

En la tabla siguiente se muestran estos nombres, aunque este curso solo debes recordar los nombres destacados en rojo.

Nombres progenitores de los hidruros

BH_3	Borano	CH_4	Metano	NH_3	Azano o amoniaco	H_2O	Oxidano o agua	HF	Fluorano
$A\ell H_3$	Alumano	SiH_4	Silano	PH_3	Fosfano	H_2S	Sulfano	$HC\ell$	Clorano
GaH_3	Galano	GeH_4	Germano	AsH_3	Arsano	H_2Se	Selano	HBr	Bromano
InH_3	Indigano	SnH_4	Estannano	SbH_3	Estibano	H_2Te	Telano	HI	Yodano
$T\ell H_3$	Talano	PbH_4	Plumbano	BiH_3	Bismutano	H_2Po	Polano	HAt	Astatano

3.2. Compuestos hidrácidos

Con la mayoría de los elementos de los grupos 16 y 17 el H forma compuestos que se conocen tradicionalmente como hidrácidos, debido a su carácter ácido. Además del nombre sistemático, la IUPAC admite que se les dé el nombre tradicional, ya que su uso está muy extendido.

El nombre tradicional comienza con las palabras *ácido de* y va seguido del nombre del otro elemento terminado en *hídrico*:

	Nombre tradicional	Nombre sistemático		Nombre tradicional	Nombre sistemático
			HF	Ácido fluorhídrico	Fluoruro de hidrógeno
H_2S	Ácido sulfhídrico	Sulfuro de hidrógeno	$HC\ell$	Ácido clorhídrico	Cloruro de hidrógeno
H_2Se	Ácido selenhídrico	Selenuro de hidrógeno	HBr	Ácido bromhídrico	Bromuro de hidrógeno
H_2Te	Ácido telurhídrico	Telururo de hidrógeno	HI	Ácido yodhídrico	Yoduro de hidrógeno

ACTIVIDADES

5 Formula:

a) Metano
b) Ácido sulfhídrico
c) Arsano
d) Ácido telurhídrico
e) Ácido yodhídrico
f) Ácido bromhídrico
g) Fosfano
h) Ácido selenhídrico
i) Borano
j) Silano
k) Amoniaco
l) Ácido clorhídrico

6 Nombra estos compuestos con el nombre sistemático y el nombre tradicional que acepta la IUPAC:

a) HF
b) SbH_3
c) H_2Se
d) CH_4
e) HI
f) SiH_4
g) H_2S
h) PH_3
i) $HC\ell$
j) BH_3
k) HBr
l) BiH_3

4 Combinaciones del oxígeno

Observa la colocación del O en la tabla de electronegatividades de la IUPAC. Esto significa que:

- El O es el más electronegativo de todos los elementos del sistema periódico a excepción de los elementos del grupo 17 (F, Cl, Br, I). Los compuestos formados por el oxígeno con los elementos de los grupos 1 a 16 se llaman óxidos. En su fórmula el O se coloca a la derecha. Ejemplo: CO_2.
- El O es menos electronegativo que los elementos del grupo 17 (F, Cl, Br, I). En las fórmulas de los compuestos del O con elementos del grupo 17 el O se coloca a la izquierda. Estos compuestos se nombran así:

Nombre del otro elemento + *-uro* + *de oxígeno*

Ejemplo: OCl_2. En cursos superiores verás que el F es el único elemento más negativo que el O. Cuando se combinan el número de oxidación del F es −1, y el del O, +2. Con los demás elementos el O actúa con número de oxidación −2, y el otro elemento, con número de oxidación positivo.

Ten en cuenta que la colocación del elemento en la fórmula viene dada por su situación en la tabla de electronegatividades de la IUPAC, pero el signo del número de oxidación depende de las propiedades reales de los elementos. Observa los ejemplos de la tabla.

	N.º de oxidación	N.º de oxidación		Fórmula	Nombre
F	−1	O	+2	OF_2	Difluoruro de oxígeno
Cℓ	+3	O	−2	$O_3Cℓ_2$	Dicloruro de trioxígeno
Cℓ	+7	O	−2	$O_7Cℓ_2$	Dicloruro de heptaoxígeno

4.1. Óxidos

Los **óxidos** son las combinaciones del oxígeno con un elemento más electropositivo que él, es decir, que esté a su izquierda en la tabla de electronegatividades.

En los óxidos el oxígeno actúa con número de oxidación −2.

Formular un óxido

1. A la izquierda, escribe el símbolo del otro elemento con su número de oxidación. A la derecha, escribe el símbolo del oxígeno con número de oxidación −2.	$C^{+4}\ O^{-2}$
2. Haz que el número de oxidación del elemento pase a ser el subíndice del oxígeno, y viceversa.	$C^{+4}\ O^{-2} \rightarrow C_2O_4$
3. Simplifica la fórmula obtenida.	$\mathbf{CO_2}$

ACTIVIDADES

7 Escribe la fórmula de los siguientes óxidos:

a) $Cr^{+3}\ O^{-2}$

b) $Ca^{+2}\ O^{-2}$

c) $N^{+5}\ O^{-2}$

d) $S^{+6}\ O^{-2}$

Nombrar un óxido

Nomenclatura de composición. Se nombran así:

Óxido de + nombre del elemento electropositivo

Tanto la palabra óxido como el nombre del otro elemento van precedidos de partículas que indican el número de átomos de cada elemento en la fórmula:

- *mono*, para uno. En la mayoría de los casos, si no ofrece duda, el prefijo mono se puede omitir.
- *di*, para dos.
- *tri*, para tres.
- *tetra*, para cuatro.
- *penta*, para cinco.
- *hexa*, para seis.
- *hepta*, para siete.

CO_2

***Di*óxido de carbono**

Nomenclatura de Stock. Se admite como una variante de la anterior: prescinde de los prefijos que indican el número de átomos de cada elemento. El nombre de Stock de un compuesto se obtiene del modo siguiente:

Óxido de + nombre del otro elemento

Si el otro elemento puede actuar con varios números de oxidación, se escribe el que utiliza en este compuesto entre paréntesis y en números romanos a continuación del nombre sin dejar espacio entre ellos.

CO_2 (viene de C_2O_4)

Óxido *de* carbono(IV)

3. EJEMPLO RESUELTO

Fórmula	Nombre de composición	Nombre de Stock
Cr_2O_3	Trióxido de dicromo	Óxido de cromo(III)
CaO	Monóxido de calcio	Óxido de calcio
N_2O_5	Pentaóxido de dinitrógeno	Óxido de nitrógeno(V)
SO_3	Trióxido de azufre	Óxido de azufre(VI)

PRESTA ATENCIÓN

En el nombre de Stock es incorrecto añadir el número de oxidación del elemento positivo si ese elemento solo tiene un número de oxidación. Por ejemplo, sería incorrecto decir óxido de calcio(II).

ACTIVIDADES

8 Formula:

a) Óxido de plomo(II)
b) Óxido de dicobre
c) Pentaóxido de dinitrógeno
d) Óxido de platino(IV)
e) Óxido de estaño(II)
f) Dióxido de manganeso
g) Dióxido de azufre
h) Óxido de mercurio(I)
i) Óxido de plata
j) Dióxido de silicio
k) Trióxido de diboro
l) Óxido de magnesio

9 Nombra

a) CrO
b) As_2O_3
c) MnO
d) ZnO
e) TeO_3
f) Ni_2O_3
g) SnO_2
h) P_2O_5
i) Bi_2O_3
j) HgO
k) Ag_2O
l) SrO

4.2. Peróxidos

Los **peróxidos** son las combinaciones del grupo peroxo O_2^{2-} con metales o con hidrógeno.

El ejemplo más común es el peróxido de hidrógeno (H_2O_2) conocido como agua oxigenada.

Formular un peróxido

1. A la izquierda, escribe el símbolo del otro elemento con su número de oxidación. A la derecha, escribe el grupo peroxo.	Cu^{+1} O_2^{2-}
2. Haz que el número de oxidación del elemento pase a ser el subíndice del grupo peroxo, y viceversa.	Cu^{+1} O_2^{2-} → Cu_2O_2
3. La fórmula de un peróxido debe tener un número par de átomos de O. La mayoría de las fórmulas de los peróxidos no se pueden simplificar.	Cu_2O_2

Nombrar un peróxido

Nomenclatura de composición. Se escribe así:

Óxido de + nombre del elemento electropositivo

Tanto la palabra óxido como el nombre del otro elemento van precedidos de partículas que indican el número de átomos de cada elemento:

- *mono*, para uno. En la mayoría de los casos, si no ofrece duda, el prefijo mono se puede omitir.
- *di*, para dos.
- *tri*, para tres.
- *tetra*, para cuatro.
- *penta*, para cinco.
- *hexa*, para seis.
- *hepta*, para siete.

Cu_2O_2

Dióxido ***de*** dicobre

Nomenclatura de Stock. Se escribe así:

Peróxido de + nombre del otro elemento

Si el otro elemento puede actuar con varios números de oxidación, se escribe el que utiliza en este compuesto entre paréntesis y en números romanos a continuación del nombre sin dejar espacio entre ellos.

Cu_2O_2

Peróxido ***de*** cobre(I)

4. EJEMPLO RESUELTO

$Cr^{+3}\ O_2^{-2} \rightarrow Cr_2(O_2)_3 \rightarrow Cr_2O_6$

Esta fórmula no se puede simplificar.
Se obtendría un número impar de átomos de O.

$Ca^{+2}\ O_2^{-2} \rightarrow Ca_2(O_2)_2 \rightarrow Ca_2O_4 \rightarrow CaO_2$

Esta fórmula sí se puede simplificar.
En la fórmula resultante tenemos un número par de átomos de O.

ACTIVIDADES

10 Formula:

a) Peróxido de aluminio
b) Dióxido de disodio
c) Peróxido de manganeso(II)
d) Peróxido de bario

11 Nombra:

a) CuO_2
b) H_2O_2
c) Fe_2O_6
d) Li_2O_2

5. EJEMPLO RESUELTO

Fórmula	Nombre de composición	Nombre de Stock
Cr_2O_6	Hexaóxido de dicromo	Peróxido de cromo(III)
CaO_2	Dióxido de calcio	Peróxido de calcio
K_2O_2	Dióxido de dipotasio	Peróxido de potasio
H_2O_2	Dióxido de dihidrógeno	Peróxido de hidrógeno

5 Hidróxidos

Los hidróxidos son los compuestos que resultan de la combinación de los metales con el ion **hidróxido (OH^-)**.

Formular un hidróxido

1. A la izquierda, escribe el símbolo del otro elemento con su número de oxidación. A la derecha, escribe el grupo hidróxido, entre paréntesis, con su número de oxidación.	Co^{+2} $(OH)^-$
2. Haz que el número de oxidación del elemento pase a ser el subíndice del grupo hidróxido. Si el subíndice es 1, no hace falta escribir los paréntesis.	Co^{+2} $(OH)^-$ → **$Co(OH)_2$**

Nombrar un hidróxido

Nomenclatura de composición. Se escribe así:

Hidróxido de + nombre del elemento electropositivo

La palabra hidróxido va precedida de la partícula que indica su subíndice en la fórmula, como en otros casos ya vistos.

$Co(OH)_2$

***Di*hidróxido *de* cobalto**

Nomenclatura de Stock. Se admite como una variante de la anterior: prescinde del prefijo que indica el subíndice del grupo hidróxido. El nombre de Stock de un hidróxido se obtiene del modo siguiente:

Hidróxido de + nombre del otro elemento

Si el otro elemento puede actuar con varios números de oxidación, se escribe el que utiliza en este compuesto entre paréntesis y en números romanos a continuación del nombre sin dejar espacio entre ellos.

$Co(OH)_2$

Hidróxido *de* cobalto(II)

ACTIVIDADES

12 Formula:

a) Dihidróxido de cobre
b) Dihidróxido de cinc
c) Hidróxido de platino(IV)
d) Hidróxido de mercurio(II)

13 Nombra:

a) $Ni(OH)_2$
b) $Al(OH)_3$
c) $Fe(OH)_2$
d) $CsOH$

6. EJEMPLO RESUELTO

Elementos	Fórmula	Nombre de composición	Nombre de Stock
Na^+ $(OH)^-$	NaOH	Hidróxido de sodio	Hidróxido de sodio
Ca^{2+} $(OH)^-$	$Ca(OH)_2$	Dihidróxido de calcio	Hidróxido de calcio
Cr^{3+} $(OH)^-$	$Cr(OH)_3$	Trihidróxido de cromo	Hidróxido de cromo(III)

6 Ácidos ternarios

Los **ácidos ternarios** son compuestos de carácter ácido en cuya fórmula intervienen tres elementos químicos diferentes: el H, el O y un elemento no metálico o bien el Cr o el Mn.

Fórmula	Nombre
HNO_3	Ácido nítrico
$HClO_3$	Ácido clórico
H_2CO_3	Ácido carbónico
H_2SO_4	Ácido sulfúrico
H_3PO_4	Ácido fosfórico

Ácidos ternarios más frecuentes, junto con su nombre tradicional, también admitido por la IUPAC.

6.1. Aniones de los ácidos ternarios

Cuando un ácido ternario se disuelve en agua, pierde sus hidrógenos y forma aniones. El ácido puede perder uno o más hidrógenos. El anión resultante tiene tantas cargas negativas como hidrógenos haya perdido.

El nombre del anión deriva del nombre del ácido, cambiando la terminación *ico* por la de *ato*. Si el anión conserva uno o más hidrógenos, el nombre lo indica. En la tabla se muestran los nombres de los aniones.

Fórmula	Nombre
$(NO_3)^-$	Nitrato
$(ClO_3)^-$	Clorato
$(HCO_3)^-$	Hidrogenocarbonato
$(CO_3)^{2-}$	Carbonato
$(HSO_4)^-$	Hidrogenosulfato
$(SO_4)^{2-}$	Sulfato
$(H_2PO_4)^-$	Dihidrogenofosfato
$(HPO_4)^{2-}$	Hidrogenofosfato
$(PO_4)^{3-}$	Fosfato

6.2. Sales de los ácidos ternarios

Se forman por combinación de un anión que procede de un ácido ternario y un metal.

Formular una sal

1. A la izquierda escribe el símbolo del metal con su n.º de oxidación. A la derecha escribe el anión, entre paréntesis, con su carga.	Cu^{+1} $(SO_4)^{2-}$
2. Haz que el n.º de oxidación del metal pase a ser el subíndice del anión, y viceversa.	$Cu^{+1}(SO_4)^{2-} \rightarrow Cu_2SO_4$
3. Simplifica la fórmula final. Si el subíndice es 1, no hace falta escribir los paréntesis.	$\mathbf{Cu_2SO_4}$

Nombrar la sal

Nomenclatura de composición

Nombre del anión + *de* + nombre del catión

Nomenclatura de Stock

Nombre del anión + *de* + nombre del catión sin las partículas que indican cantidad

7. EJEMPLO RESUELTO

Fórmula	Nombre de composición	Nombre de Stock
Cu_2SO_4	Sulfato de dicobre	Sulfato de cobre(I)
$Ca(HCO_3)_2$	Dihidrogenocarbonato de calcio	Hidrogenocarbonato de calcio

ACTIVIDADES

14 Formula:

a) Sulfato de bario
b) Clorato de aluminio
c) Hidrogenofosfato de calcio
d) Hidrogenosulfato de cinc

15 Nombra:

a) $Ni(NO_3)_2$
b) $Ca_3(PO_4)_2$
c) $Fe(HSO_4)_3$
d) $NaHCO_3$

ANEXO 2: Sistema periódico de los elementos

* El hidrógeno, aunque esté a la izquierda del sistema periódico, no es un metal.

Número atómico: 20 — Masa atómica (u): 40,08 — Símbolo: Ca (los elementos artificiales, como Tc, se representan con caracteres huecos) — Nombre: Calcio

GRUPO / PERIODO	1	2	3	4	5	6	7	8
1	1 **H*** 1,008 Hidrógeno							
2	3 **Li** 6,941 Litio	4 **Be** 9,012 Berilio						
3	11 **Na** 23,00 Sodio	12 **Mg** 24,31 Magnesio						
4	19 **K** 39,10 Potasio	20 **Ca** 40,08 Calcio	21 **Sc** 44,96 Escandio	22 **Ti** 47,87 Titanio	23 **V** 50,94 Vanadio	24 **Cr** 52,00 Cromo	25 **Mn** 54,94 Manganeso	26 **Fe** 55,85 Hierro
5	37 **Rb** 85,47 Rubidio	38 **Sr** 87,62 Estroncio	39 **Y** 88,91 Itrio	40 **Zr** 91,22 Circonio	41 **Nb** 92,91 Niobio	42 **Mo** 95,96 Molibdeno	43 **Tc** (98) Tecnecio	44 **Ru** 101,1 Rutenio
6	55 **Cs** 132,9 Cesio	56 **Ba** 137,3 Bario	57-71 Lantanoides	72 **Hf** 178,5 Hafnio	73 **Ta** 180,9 Tántalo	74 **W** 183,8 Wolframio	75 **Re** 186,2 Renio	76 **Os** 190,2 Osmio
7	87 **Fr** (223) Francio	88 **Ra** (226) Radio	89-103 Actinoides	104 **Rf** (265) Rutherfordio	105 **Db** (268) Dubnio	106 **Sg** (271) Seaborgio	107 **Bh** (270) Bohrio	108 **Hs** (277) Hassio

	Periodo						
Lantanoides →	6	57 **La** 138,9 Lantano	58 **Ce** 140,1 Cerio	59 **Pr** 140,9 Praseodimio	60 **Nd** 144,2 Neodimio	61 **Pm** (145) Prometio	62 **Sm** 150,4 Samario
Actinoides →	7	89 **Ac** (227) Actinio	90 **Th** 232,0 Torio	91 **Pa** (231) Protactinio	92 **U** 238,0 Uranio	93 **Np** (237) Neptunio	94 **Pu** (244) Plutonio

NO METALES

SEMIMETALES

METALES

GASES NOBLES

9	10	11	12	13	14	15	16	17	18
									2 **He** Helio 4,003
				5 **B** Boro 10,81	6 **C** Carbono 12,01	7 **N** Nitrógeno 14,01	8 **O** Oxígeno 16,00	9 **F** Flúor 19,00	10 **Ne** Neón 20,18
				13 **Al** Aluminio 26,98	14 **Si** Silicio 28,09	15 **P** Fósforo 30,97	16 **S** Azufre 32,06	17 **Cl** Cloro 35,45	18 **Ar** Argón 39,95
27 **Co** Cobalto 58,93	28 **Ni** Níquel 58,69	29 **Cu** Cobre 63,55	30 **Zn** Cinc 65,38	31 **Ga** Galio 69,72	32 **Ge** Germanio 72,64	33 **As** Arsénico 74,92	34 **Se** Selenio 78,96	35 **Br** Bromo 79,90	36 **Kr** Kriptón 83,80
45 **Rh** Rodio 102,9	46 **Pd** Paladio 106,4	47 **Ag** Plata 107,9	48 **Cd** Cadmio 112,4	49 **In** Indio 114,8	50 **Sn** Estaño 118,7	51 **Sb** Antimonio 121,8	52 **Te** Teluro 127,6	53 **I** Yodo 126,9	54 **Xe** Xenón 131,3
77 **Ir** Iridio 192,2	78 **Pt** Platino 195,1	79 **Au** Oro 197,0	80 **Hg** Mercurio 200,6	81 **Tl** Talio 204,4	82 **Pb** Plomo 207,2	83 **Bi** Bismuto 209,0	84 **Po** Polonio (209)	85 **At** Astato (210)	86 **Rn** Radón (222)
109 **Mt** Meitnerio (276)	110 **Ds** Darmstadtio (281)	111 **Rg** Roentgenio (280)	112 **Cn** Copernicio (285)	113 **Uut** Ununtrio (284)	114 **Fl** Flerovio (289)	115 **Uup** Ununpentio (288)	116 **Lv** Livermorio (293)	117 **Uus** Ununseptio (294)	118 **Uuo** Ununoctio (294)

63 **Eu** Europio 152,0	64 **Gd** Gadolinio 157,3	65 **Tb** Terbio 158,9	66 **Dy** Disprosio 162,5	67 **Ho** Holmio 164,9	68 **Er** Erbio 167,3	69 **Tm** Tulio 168,9	70 **Yb** Iterbio 173,1	71 **Lu** Lutecio 175,0
95 **Am** Americio (243)	96 **Cm** Curio (247)	97 **Bk** Berkelio (247)	98 **Cf** Californio (251)	99 **Es** Einstenio (252)	100 **Fm** Fermio (257)	101 **Md** Mendelevio (258)	102 **No** Nobelio (259)	103 **Lr** Lawrencio (262)

Dirección de arte: José Crespo.

Proyecto gráfico: Estudio Pep Carrió.
Fotografía de portada: Leila Méndez.

Jefa de proyecto: Rosa Marín.
Coordinación de ilustración: Carlos Aguilera.
Ilustración: Enrique Cordero, Emilio del Peso, Roberto Hernández y Eduardo Leal.
Jefe de desarrollo de proyecto: Javier Tejeda.
Desarrollo gráfico: Raúl de Andrés, Rosa Barriga, Olga de Dios, Jorge Gómez y Julia Ortega.

Dirección técnica: Jorge Mira Fernández.
Subdirección técnica: José Luis Verdasco Romero.

Coordinación técnica: Francisco Moral.
Confección y montaje: Fernando Calonge, José Yugo y Alejandro Martínez.
Corrección: Ángeles San Román y Nuria del Peso
Cartografía y mapas: Tania López y Marcos Testón.
Documentación y selección fotográfica: Nieves Marinas.

Fotografía: C. Díez Polanco; E. Marín; F. Orte; J. A. Gutiérrez; J. Jaime/Sony, Sansumg, EA Sport Grand Slam Tennis; KAIBIDE DE CARLOS FOTÓGRAFOS; M. G. Vicente; Michele di Piccione; Prats i Camps; S. Padura; 123RF; A. G. E. FOTOSTOCK/Eckhard Slawik, Paul Lawrence, Science Source, Ludger Banneke-wilkin, Science Photo Library, Image Asset Managemen, NYPL/Science Source, Steffen Schellhorn, Sunstar, FLPA/Roger Tidman, euroluftbild de; COMSTOCK; DIGITALVISION; EFE/ Esteban Cobo; EFE/SIPA-PRESS/Pascal Fayolle; GARCÍA-PELAYO/Juancho; GETTY IMAGES SALES SPAIN/Thinkstock, Photos.com Plus; HIGHRES PRESS STOCK/AbleStock.com; I. PREYSLER; ISTOCKPHOTO/ Getty Images Sales Spain; NASA/NASA, ESA, M. Robberto (Space Telescope Science Institute/ESA) and the Hubble Space Telescope Orion Treasury Project Team, NASA, ESA, S. Beckwith, and The Hubble Heritage Team (STScI/AURA), ESA, and The Hubble Heritage Team (STScI/AURA), NASA, ESA, and R. Thompson (Univ. Arizona), ESA/M.Buie (Southwest Research Institute), NASA/JPL/Space Science Institute, Star Shadows Remote Observatory, NASA, ESA and AURA/Caltech, Matthew Spinelli, T. Rector (University of Alaska Anchorage), Z. Levay and L. Frattare (Space Telescope Science Institute) and National Optical Astronomy Observatory/Association of Universities for Research in Astronomy/National Science Foundation, Hubble; PHOTODISC; Ministerio de Trabajo y Asuntos Sociales; SWATCH; Meade; WD; AUDI AG, Volkswagen-Audi España, S.A.; ESA/Rosetta/MPS for OSIRIS Team MPS/UPD/LAM/IAA/SSO/INTA/UPM/DASP/IDA; J. Gómez; MATTON-BILD; REAL ACADEMIA NACIONAL DE MEDICINA, MADRID; SERIDEC PHOTOIMAGENES CD; Sony Computer Entertainment Inc.Playstation; ARCHIVO SANTILLANA

Avenida de los Artesanos, 6
28760 Tres Cantos, Madrid
Printed in Spain

ISBN: 978-84-680-1742-6
CP: 508715
Depósito legal: M-18636-2015